# 『老子』

## その思想を読み尽くす

池田知久



講談社学術文庫

# 前書き

我々はなぜ『老子』を読むのであろうか。言い換えれば、現代も二十一世紀社会の住人である我々は、なぜ中国、戦国時代の一書『老子』の思想に惹《ひ》かれ、それを手に取ってひもといたりするのであろうか。恐らく、『老子』の作者たち、すなわち中国古代の感受性の豊かで、かつ大きく深い思考力のある知識人たち（本書ではこれを老子と呼ぶ）が、当代社会の中に見出していた重要問題およびその解決を模索した方向と、我々が現代社会の中に感取する重要問題およびその解決を願う方向との間に、何らかの共通点あるいは類似点があるためではなかろうか。

『老子』の作者たちが当代社会に見出していたと思われる重要問題を、『老子』に即して考えてみると、以下の四点を挙げることができよう。

第一は、戦国時代の各国はいずれも富国強兵政策を推進する中で、日常不断に他国との戦争を行っていたが、このような戦争が人々にもたらす悲惨で深刻な被害である（『老子』第三十章・第三十一章・第四十六章・第六十九章・第七十九章などを参照）。

第二は、以上の対外戦争による被害とも関連して、中国古代史上の巨大な変革のうねりが引き起こす各国の政治秩序の混乱と、例えば盗賊の横行など、それが人々に与える困窮と苦

どを参照)。

第三は、以上の政治秩序の混乱とも関連して、統治者と民衆との間のさまざまの格差の拡大、すなわち統治者の特権化と民衆の生存難・飢餓・貧困の激化である(『老子』第九章・第五十章・第五十三章・第五十七章・第七十二章・第七十五章などを参照)。

第四は、以上のいずれとも関連して、中国古代の伝統社会を基礎づける、家族の紐帯の希薄化、「孝慈」を始めとする素朴な倫理の消失、これらとは裏腹に人々の欲望追求の強烈化である(『老子』第三章・第十二章・第十八章・第十九章・第三十八章・第四十四章・第四十六章・第五十七章などを参照)。

以上のような重要問題に対して、『老子』が書かれるより前の時代に、すでに他の知識人たちによって解決策が提案され実施に移されていた。春秋末期の孔子に始まり老子の時代に至るまでの諸子百家が思慮を尽くして実現を試みていたのは、以上の重要問題の解決策についてであった。それらは『老子』の中に反映されているものに限っても、分量の上で多数あり分野の上で多岐にわたっている。それらの解決策の内、特に注目されるものがいくつかある。

最も目立つものは、戦国中期以降の儒家の倫理思想である。老子に先立つかまたは同じ時代の儒家の思想家たちは、具体的には人々が「仁・義・礼・前識(知)」や「孝慈」などを身につけるべきことを提案し、これらの倫理をもって以上の重要問題の解決を図ろうとした

のである。『老子』の中に反映されているものとしては、底本（馬王堆甲本）第五章に、

天地は仁ならず、万物を以て芻狗《すうく》と為す。声《せい》（聖）人《じん》は仁ならず、百省《ひゃくせい》（姓）を以て〔芻〕狗と〔為す〕。

第十八章に、

故《ゆえ》に大道廃《たいどうすた》れて、案《すなわ》（焉）ち仁義《じんぎ》有り。知快《ちえ》（慧）出《い》でて、案《すなわ》（焉）ち大偽《だいい》（為）有り。六親和《りくしんわ》せずして、案（焉）ち畜《こう》（孝）茲《じ》（慈）〔有り〕。邦家閽《ほうかこん》（昏）乱《らん》して、案（焉）ち貞臣《ていしん》有り。

第十九章に、

声《せい》（聖）を絶《た》ち知《ち》を棄《す》つれば、民の利は百負《ひゃくばい》（倍）す。仁を絶ち義を棄つれば、民は畜《こう》（孝）茲《じ》（慈）に復《かえ》る。巧《こう》を絶ち利を棄つれば、盗賊《とうぞく》有ること无《な》し。

第三十八章に、

故に道を失いて而《しか》る后《のち》（後）に徳あり、徳を失いて而る后（後）に仁あり、仁を失いて而る后（後）に義あり、〔義を失いて而る后（後）に礼あり。夫《そ》れ礼なる者は、忠信《ちゅうしん》の泊《うす》（薄）きものにして〕、乱の首《はじ》めなり。〔前識《ぜんしき》なる者は〕、道の華《はな》にして、愚《ぐ》の首《はじ》めなり。

などとある。言うまでもなく、『老子』はこれらの倫理を無意味かつ有害として批判するわけであるが（後述）、このような『老子』の儒教倫理に対する批判を、単に道家対儒家の学派対立の現われとのみ見なすならば、我々はことの真相を把え損なうであろう。

これらの儒教倫理以外に、上引の文章の中では、『老子』第十八章に反映している「知快（慧）」、第十九章の「声（聖）知」、第三十八章の「前識（知）」は、老子に先立つ儒家・墨家を始めとする諸子百家の唱えた重要問題解決策の一つであった。また、第二十章に、

〔学《がく》を絶《た》てば憂《うれ》い无《な》し〕。唯《い》と訶《か》とは、其の相い去ること幾何《いくばく》ぞ。美と悪《あく》とは、其の相い去ること何若《いかん》。

とある「学」も、以上の「知」とほぼ同じ。言い換えれば、諸子百家の思想家たちは、上述の世直しのために「知」「学」が有効な力を持つと認め、それに重要な意義を与えたのである。これに対して、『老子』はここに引用した諸章だけでなく、この書の至るところで彼らの言う「知」「学」を批判し「無知」「無学」を提唱している。

また、上引の文章の中で、『老子』第十八章に反映している「大偽《だいい》（為）」も、同じような世直しのための方法の一つであった。この言葉は「大偽《たいぎ》」つまり大いなる偽《いつわ》りという意味ではなく、「大為《だいい》」つまり人間の偉大な行為・実践という意味である。諸子百家の思想家たちは、この「大為」「有為」をも有効であると認め、それを高く評価したのである。これに対して、『老子』はその書の至るところで彼らの言う人為・作為を批判し「無為」を提唱している。

さらに、同じく戦国末期に成った墨家の政治思想にも重要問題解決策があるが、『老子』の中に反映されているものとしては、第三章の、

賢《かしこ》きを上《とうと》ばざれば、〔民をして争わざらしむ。得難きの貨《たから》を貴ばざれば〕、民をして〔盗みを〕為さざら〔しむ。欲す可《べ》きを見《しめ》さ〕ざれば、民をして乱れざらしむ。

がある。本章の「上賢」（賢きを上ぶ）は、『墨子』尚賢上・中・下篇の「尚賢」（賢きを尚ぶ）と同じ言葉であり、富国強兵政策を行うために官僚には「賢い」（倫理的・行政的な能力のある）者だけを民間から挙用すべきだとする主張である。これに類似するのが、同じ時代の儒家・墨家・法家などが共通して唱えた「貞臣」を賛美する政治思想であり、上引の第十八章に見えていた。これらに対しても、『老子』は同様に批判している。

以上の「仁・義・礼・前識（知）」などを重んずる倫理思想、「賢きを上ぶ」などの政治思

想、知恵・学問・人為などによる重要問題の解決を、『老子』は全て例外なく批判して退けている。そのために、今日に至るまで『老子』思想の全体像を、世間的なプラス価値の積極的な態度に背を向けて、マイナス価値の消極的な態度に終始するものとして画《えが》くのが、通り相場となってきた。しかし、これはことの本質を見ない浅薄な誤解である。

『老子』が以上に挙げた種々さまざまの世直し策を、全て例外なく批判して退ける理由は、上引の第十八章や第三十八章にあるように、老子自身の口を通じて明確に述べられている。それは、「仁義」「大為」「孝慈」「貞臣」（第十八章）や「仁」「義」「礼」「前識（知）」（第三十八章）などが、この世界の窮極的根源的な実在である「道」の疎外形態であり、「道」からの壊廃（崩壊・堕落）の果てに世界に現われた諸現象（「万物」）でしかないからである。したがって、老子にとってみれば、以上のもろもろの世直し策は全て誤った方法による対症療法でしかないことになる。当代社会の罹《かか》っている重大な病気の原因を知らずに、表面に現われた病状のみを診《み》て治療しようとするけれども、それではかえって病状を悪化させるばかりだと見ているのである。老子によれば、病気の真の原因は、世界の窮極的な根源者たる「道」の壊廃（崩壊・堕落）にあった。

『老子』が以上のものに代えて、重要問題のありうべき解決策として提唱するのは、世界（人類）が再び「道」に立ち帰ることであった。より具体的には、人間が世界の窮極的な根源者たる「道」と「徳」（「道」の働き）に融即《ゆうそく》（participate）することであり、またそれらの親戚筋に当たる「無知」「無学」「無為」などを身につけることである。一例を挙げれ

ば、『老子』第三十七章に、

道《みち》は恒《つね》に名《な》无《な》し。侯王《こうおう》若《も》し〔能《よ》く〕之《これ》を守れば、万物将《まさ》に自《みずか》ら𢡺《な》（為）さんとす。……辱《はずかし》められずして以て情《しず》（静）かなれば、天地も将に自《みずか》ら正さんとす。

とあるとおり。通常のやり方では把握することができないこの窮極的な根源者に対しては、人間が知恵・学問・人為や特に欲望などといった諸現象（「万物」）レベルの夾雑物から離脱し（「無知」「無学」「無為」「無欲」）、またその主体たる「我」「己《おのれ》」やその「心」を撥無《はつむ》し（「無我」「無己」「無心」）、かつそれを徹底的に推し進めるという緊張の過程を経ることを通じて、老子は何とかかろうじて接近することができると言う（『老子』第四章・第十六章・第五十二章・第五十六章などを参照）。このようにして、人間が「道」に接近しまた「道」を把握し、最後に「道」それ自体になりきることが、『老子』の思想にとっての最終的目標の過半なのであるが、それはまた老子が上述の如く当代社会に見出していた重要問題のありうべき解決策でもあったと思われる。

　日本を含めて現代二十一世紀の世界は、まさに混沌たる状況のただ中にある。二、三の状況を思い浮かべるだけでも、例えば、イスラミック・ステートなどの自爆テロによる無差別殺戮、北朝鮮の核実験やミサイル発射の強行と東アジアの緊張、中国の海洋進出による近隣諸国との摩擦の激化、発展途上国における飢餓・貧困・病気の蔓延や人権問題、国内秩序の破壊に伴う大量の難民の発生とその受け入れ拒否、自然環境の破壊の継続と地球の温暖化、石油エネルギーの枯渇と代替エネルギー開発の未成熟、原子力発電所の重大事故の発生と核政策の行方等々がある。これらを解決するための有効な政策や方針はほとんど提起されたことがなく、また解決の方向を指し示す深い理論や哲学もまだ議論されるに至っていない。世界と日本がこれからどうなっていくのか、その中で我々がこれからどうなるのかは誰にも分からず、全てお先真っ暗と言う他はない。しかも、これらは世界の表層に現われた顕著な現象にすぎないのであって、その深層にわだかまる人間の心の苦悩の深刻さには計り知れないものがある。

このような現代世界の重要問題に直面している我々にとって、『老子』の「道」の哲学が、そのままの形で問題解決に効果を発揮するなどということは、到底ありえない。そのような主張は単なる時代錯誤でしかなく、それ故、何の意味も持ちえないであろう。しかしながら、上文に略述したように、『老子』が中国古代の重要問題の解決に際して、諸現象（「万物」）レベルの対症療法的な処方箋を書くことを全て批判したことに含まれる独特の倫理的エートスには、生きる時代を隔てて我々も注目しなければならない。『老子』における重要問題の解決は、右の批判を抜本的にひっくり返すことによって得られる。すなわち、人間が諸現象（「万物」）を存在論的な意味で存在・運動・変化させている窮極的な根源者（「道」）のところにまで降り立ち、「道」に近づき「道」を把え、最後に「道」そのものになった上で、その「道」の持つ全能の能力を世界において発揮することを通じてなされるのである。この解決策がそのままで役に立つことがないことは、上述のとおりであるが、重要問題の解決をそれらを引き起こす窮極的な根源者（「道」）レベルにおいて図ろうとする姿勢は、今日もやはり重要なものではなかろうか。また、人間が「道」そのものになりきるために、諸現象（「万物」）レベルの夾雑物からの離脱や、また主体たる「我」「己《おのれ》」「心」の撥無《はつむ》を推し進める緊張の過程の提唱も、今日やはり貴重な姿勢と言いうるのではなかろうか。そして、これらのことは、我々が現代社会の中で解決を願う重要問題の解決策の方向と、何らかの共通点や類似点があるように感じられるのである。

始めの問いに戻ってみよう。我々はなぜ『老子』を読むのであろうか。――そこに「道」があると思われるからだ。

目次

『老子』その思想を読み尽くす

前書き……3
凡　例……23
I　老子の人物と書物……29
第1章　老子という人……30
1　司馬遷の著わした『史記』老子列伝　31
2　謎に包まれた老子という人物　34
3　老子イメージの展開と「道家」の形成　39
4　ラインアップした道家の書物と人物　43
注　46
第2章　『老子』という書……49
1　戦国時代末期における『老子』の編纂　49
A　『荀子』『呂氏春秋』に現われた『老子』　50
B　『韓非子』に現われた『老子』　55
C　『荘子』に現われた『老子』　57

2　馬王堆帛書『老子』の出土　67
A　馬王堆帛書『老子』の甲本と乙本　68
B　馬王堆帛書『老子』甲本から乙本への発展　70
C　馬王堆帛書甲本・乙本以後の『老子』　76
3　郭店楚簡『老子』の新たな登場　77
A　郭店楚簡『老子』甲本・乙本・丙本　77
B　郭店楚簡『老子』は戦国末期の成書　80
C　形成途上にある最古のテキストとしての郭店楚簡『老子』　83
4　北京大学簡『老子』の新たな出現　93
A　北京大学簡『老子』の構成　94
B　北京大学簡『老子』第十六章の経文　95
a　第十六章の「正しきを積む」　95
b　「正しきを積む」は儒家に由来する言葉　98
C　北京大学簡『老子』は前漢後期〜末期の編纂　100
5　結論　101
注　104

## II 『老子』の思想……117

始めに 118

第1章 『老子』の哲学……124

A 『老子』の形而上学 125

a 形而上の「道」と形而下の「万物」 125

b 「道」は人間が把えることのできないもの 132

c 「道」は無名である 139

d 無知によって「道」を把える 145

B 『老子』の万物生成論 149

a 始源の「道」から「天地」「万物」が生まれた 149

b 万物生成論と退歩史観の結合 155

C 『老子』の存在論 162

a 「道」の虚静から「万物」が生み出される 162

b 「万物」は「一」を得て存在する 166

注 170

## 第2章　『老子』の倫理思想……203

A　『老子』における人間疎外の克服と主体性の獲得　205

a　「道」の形而上学・存在論における人間の位置づけ　205

b　『老子』に見える反疎外論と主体性論の残滓　207

c　『周易』の道器論　211

B　『老子』における柔弱の提唱と堅強の否定　215

a　水にならう柔弱・不争《ふそう》・謙下《けんか》の倫理　216

b　雄《おす》よりも雌《めす》を、牡《おす》ではなく牝《めす》を——女性的原理の重視　その1　223

c　母への賛美——女性的原理の重視　その2　228

d　柔弱の提唱における逆説的・弁証法的な構造　231

e　プラス価値ではなくマイナス価値を　238

C　『老子』の無学・無知・無言による否定的超出　248

a　無学・不学の提唱　248

b　無知・不知の提唱　255

c　無言・不言の提唱　272

d　無我・無心の境地　282

D 『老子』の無欲・無為による否定的超出 286
a 無欲・不欲の提唱 286
b 無為・不為の提唱――有為の否定的超出 その1 306
c 無事の提唱――有為の否定的超出 その2 322
注 331
第3章 『老子』の政治思想……430
A 『老子』の「道」の形而上学・存在論と天子・皇帝の一元的な統治 430
a 「道」を把握して「天下」全体を統治する 431
b 柔弱・謙下・無欲・無為によって「天下」全体を統治する 436
c 無事・無為によって「天下」を取る 443
B 『老子』の「道」の形而上学・存在論と国君・臣下の政治 447
a 「道」・柔弱・謙下・無為によって「邦」を統治する 448
b 「道」をもって君主の統治を助ける臣下 453
C 『老子』における「天下」全体の政治秩序の構想 462
a 『老子』第五十四章の全「天下」政治秩序の構想 その1 462

b 『礼記』大学篇「八条目」の全「天下」政治秩序の構想 468
c 『管子』牧民篇の全「天下」政治秩序の構想 474
d 『老子』第五十四章の全「天下」政治秩序の構想 その2 481
D 『老子』の非戦思想 489
a 不争の倫理に基づく非戦 490
b 「道」の哲学に基づく非戦 495
c やむをえず行う戦争 500
E 『老子』に見る君主たる者の心構え 504
a 聖人の統治は人民の心を虚しくして腹を実たす 505
b 聖人の統治は善人も不善人もともに貴ぶ 513
c 聖人の統治は富貴に驕らないが威厳がある 517
注 527
第4章 『老子』の養生思想……580
A 先秦儒教にとっての養生 580
B 養生思想の誕生と初期道家の養生 583

a 楊朱《ようしゅ》の「我《われ》」の重視 583
b 子華子《しかし》と詹何《せんか》の生命・身体の重視 585
c 初期道家にとっての養生 589
C 『老子』の養生思想 596
a 『老子』中に残る養生批判 596
b 「道」「徳」の把握によって養生を実現する 599
c 養生と赤子・嬰児の比喩 602
d 無知・無欲・無為によって養生を実現する 604
D 『老子』における養生と政治 609
a 戦国道家における養生と政治の対立 609
b 『老子』における養生と政治との絡みあい 613
c 『老子』における人生の最終目的としての養生 621
注 626
第5章 『老子』の自然思想…………654
A 『老子』の形而上学・存在論――「道」と「万物」 655

a 「道」の万能性――「道」が「万物」を支配する 655
b 「道」の重要性――哲学と倫理思想・政治思想において 657
c 道家の形而上学・存在論の伝統と『老子』 661
B 『老子』や道家における「自然」という言葉 661
a 「自然」の出現状況と性質 662
b 「自然」の古い意味――「みずから」 668
c 古い道家の「自然」――『呂氏春秋』義賞篇において 671
C 『老子』自然思想の構造 674
a 主体の「無為」と客体の「自然」 その1 674
b 主体の「無為」と客体の「自然」 その2 680
c 主体の「無為」と客体の「自然」 その3 686
D 『老子』自然思想における政治 688
a 自然思想の民本主義――「百姓」「民」の主体化 689
b 自然思想の政治における君主像 691
E 『老子』の形而上学・存在論と自然思想との矛盾・対立 694
a 古い形而上学・存在論と新しい自然思想 694

b　道家の哲学と政治思想の危機　700
c　「道」の形而下化に向かって　704
F　「自然」の行き過ぎをめぐって　709
a　自然思想に含まれる危険性　709
b　「自然」の行き過ぎに対する規制　710
G　後漢以後における自然思想史の素描　713
a　王充の自然思想　713
b　鄭玄の万物生成論における「忽然《こつぜん》として自《みずか》ら生ず」　723
c　魏晋玄学の「自《みずか》ら化し自ら生ず」を経て宋学の「天理自然」へ　727
注　738
終わりに……759
『老子』原文・読み下し・現代語訳……769
後書き……858

# 凡例

一、本書は、『老子』という書に含まれる諸思想を総合的・体系的に解明し、一般読者にその諸思想のありのままの内容を分かりやすい形で提供しようとした教養書である。その際、馬王堆帛書《まおうたいはくしょ》甲本を始めとする各種の出土資料本『老子』を重視して、古い『老子』の本来の姿を紹介することに努めた。

内容は、Ⅰ「老子の人物と書物」とⅡ「『老子』の思想」の二部から成る。そのⅠは、第1章「老子という人」、第2章「『老子』という書」の二つの章から成り、そのⅡは、主として第1章「『老子』の哲学」、第2章「『老子』の倫理思想」、第3章「『老子』の政治思想」、第4章「『老子』の養生思想」、第5章「『老子』の自然思想」の五章から成る。

二、底本には、国家文物局古文献研究室『馬王堆漢墓帛書〔壱〕』（文物出版社、一九八〇年）の「老子甲本」を用いた。本書の中で「底本（馬王堆甲本）」と呼ぶのがそれである。ただし、底本（馬王堆甲本）には残欠した（損なわれ欠けた）部分がある。その部分は主として以下の諸テキストを用いて補った。

国家文物局古文献研究室『馬王堆漢墓帛書〔壱〕』の「老子乙本」。略称は「馬王堆乙本」または「乙本」。

荊門市博物館『郭店楚《かくてんそ》墓《ぼ》竹簡《ちくかん》』（文物出版社、一九九八年）の「老子甲・乙・丙」。略称は「郭店楚簡『老子』」または「郭店『老子』」または「郭店本」。

北京大学出土文献研究所『北京大学蔵西漢竹書　弐』（上海古籍出版社、二〇一二年）の「老子」。略称は「北京大学簡『老子』」または「北京大学簡」。

本」。

楼宇烈『老子道徳経注校釈』（中華書局、二〇〇八年）。略称は「王弼『老子注』」または「王弼本」。

王卡『老子道徳経河上公章句』（中華書局、一九九三年）。略称は「河上公『老子注』」または「河上公本」。

また、底本（馬王堆甲本）の文字作りやその意味解釈などは、出土資料本『老子』や通行本（王弼本）『老子』に対する日本国内外や旧新の注釈、および筆者自身の研究に基づいて、改めた個所も少なくない。その場合は、章末の注にそのことを略記した。

三、本文と注において引用する『老子』は、全て読み下し文で示した。これは本書が一般向けの教養書であることを考慮したためである。ただし、文字作りや微妙な解釈に影響する場合は、例外的に原文（漢文）を引用することもある。また、底本（馬王堆甲本）だけは、巻末に「『老子』原文・読み下し・現代語訳」を付した。

また、『老子』経文の形成・展開の過程を理解するために、三種類の出土資料本と通行本（王弼本）の諸テキスト間の異同を、本書の関係する各章・各節の本文や注の中に記す場合がある。これらは読み下し文を用いているので厳密さに欠けるが、それなりに有益であろうと思う。厳密さを求める読者におかれては、それぞれの専門書をひもといていただきたい。

四、『老子』の「第一章」「第二章」「第三章」などという章分け、およびその配列の順序については、三種類の出土資料本はいずれも通行本（王弼本）とは異なるが、読者の便宜を考慮して通行本（王弼本）の章分けと順序を採用した。ただし、第十七章と第十八章、第四十章と第四十二章など、二章を合わせて一つの章として取り扱った方がよい個所がある。これらは底本（馬王堆甲本）に従い、かつその旨を本文や注に明記した。

また、底本（馬王堆甲本）・乙本・北京大学簡は第三十八章～第八十一章の「徳経」が前にあり、第一章～第三十七章の「道経」が後にある。しかし、本書では巻末の『老子』原文・読み下し・現代語訳」などにおいて、通行本（王弼本）のように道経を前に置き、徳経を後に置いた。一般の読者に受け容れられやすいと考えたからである。

五、本書の本文と注で引用する『老子』の読み下し文は、日本語の古文による直訳というつもりで訓読した。ただし、仮名づかいは現代仮名づかいである。

使用する漢字は、常用漢字であるが、『老子』中の異体字・仮借字（当て字）・略字・誤字は、そのままとして改めなかった。その上で、異体字・仮借字・略字の場合はその文字の下に何の異体字・仮借字・略字であるかを括弧「（　）」に入れて示し、誤字の場合はその文字の下に正字を山括弧「〈　〉」に入れて示した。衍字《えんじ》（過剰の字）は適宜削除した。

残欠した文字や判読できない文字および脱字については、それが何の字であるかを推測できない場合は一字ごとに「□」を用いて表わした。推測できる場合には亀甲括弧「〔　〕」の中に文字を入れた。

三種類の出土資料本『老子』には、文章頭または文章末に「■」「乚」「●」などの独特の符号が打ってあって文章の切れ目を示している。また、文頭・文末に「-」「―」などの文の切れ目を示す点（鉤号）もある。本書では一部の例外を除いて、基本的にこれらを省略した。また、重文符号（おどり字）や合文符号の「=」もあるが、それらは文字・文句に改めた。

日本語式の句点「。」と読点「、」と中黒点「・」や引用符号の「『　』」などは、『老子』原文にはなく、筆者が付したものである。

六、巻末の「『老子』原文・読み下し・現代語訳」の「原文」は、基本的に正漢字（旧漢字）を使用した。その上で、底本（馬王堆甲本）が筆写された時点における本来の文字を復元しようと努めて、篆文ないし隷書の字体を楷書化した。

その中の異体字・仮借字・略字・誤字・衍字は、そのままとして改めなかった。異体字・仮借字・略字の場合は正字を示さず、衍字の場合は削除していない。誤字の場合はその文字の下に正字を山括弧「〈 〉」に入れて示した。

残欠した文字や判読できない文字および脱字については、それが何の字であるかを推測できない場合は一字ごとに「□」を用いて表わした。推測できる場合には亀甲括弧「〔 〕」の中に文字を入れた。

巻末の「『老子』原文・読み下し・現代語訳」の「読み下し」と「現代語訳」の凡例は、基本的に上記五のそれに準拠する。

七、各章末に置いた注は、本書の本文を読むために必要な諸問題を解明した注釈である。

底本（馬王堆甲本）の文字・句・文・文章の意味や各章の章旨を、可能な限り正確かつ深く把えるために、内外と古今の注釈書・研究書などに眼を通して、若干の考証を行ったものである。それだけでなく『老子』の諸思想への正確かつ深い理解を求めて、関係する事項を必要に応じて検討した。読者におかれてはこれを活用していただければ幸いである。

# 『老子』

## その思想を読み尽くす

# I

# 老子の人物と書物

# 第1章　老子という人

中国古代に花開いた多種多様の知識人たち、諸子百家の中の一つの学派である「道家」が、老子を開祖として始まり文子・荘子・列子などはそれを祖述した者であるということは、近年に至るまで我々の常識であった。しかしながら、今日ではこれは確かな歴史的事実と認めるわけにはいかない。

この通説を初めて述べたのは、前漢時代、武帝期（紀元前一四〇年～八七年）の司馬遷（紀元前一四五年～？）である。道家系の諸思想をまとめて表現する言葉は、司馬遷に少し先だつ時代にすでに「黄老」「老荘」「道家」という言葉が存在していた。これらの内、「黄老」はその思想が老子ではなく黄帝に由来するという意味であるし、「老荘」は確かに老子を開祖として始まり荘子に継承された思想という意味ではあるが、早くとも前漢時代、景帝期（紀元前一五六年～一四一年）に全天下においてではなく、せいぜい淮南《わいなん》というローカルな国において用いられていた言葉でしかなかった。そして、「道家」は誰それを開祖として学派が発生したというような発生的な見方ではないのである。

ここでは、道家系の思想家たちの開祖とされた老子の形象をさぐるために、まず最初に司馬遷の『史記』老子列伝によって、老子の伝記を検討してみよう。(1)

## 1　司馬遷の著わした『史記』老子列伝

道家の思想家であり『老子』の著者としての老子について、初めてまとまった伝記を書いたのは『史記』老子列伝である。それは同時にまた、初めて老子を道家の開祖であると認める説を述べた文献でもあった。

従来の『老子』研究の中には、『老子』の著者である老子と、古代の有名人である老子とを切り離し、あまり関係のない二人として議論しているものもある。こういう議論のやり方は適当とは思われない。なぜなら、人々にとって関心を引き起こす古代の有名人としての老子は、あくまで『老子』の著者としての老子なのだから。事実、『老子』という著書があると明言しているか否かは別にしても、戦国時代（前四〇三年～二二一年）以来一貫して、道家系の教えを説く老子を老子その人と見なしてきたのであった。そうした意味で、『老子』と同じ思想を抱いており『老子』を著わした可能性がある、老子その人に該当しうる候補者としては、司馬遷が挙げた三名、すなわち老耼《ろうたん》・老莱子《ろうらいし》・周の太史《たいし》儋《たん》以外に、選択の範囲をさらに拡げて、『荘子《そうじ》』知北遊篇の老龍吉《ろうりゅうきつ》や『漢書《かんじょ》』芸文志《げいもんし》の老成子《ろうせいし》などをも、有力な候補者に数えても差し支えないであろう。

また、老子の思想のまとまった紹介は、前漢時代、文帝期（前一七九年～一五七年）～景帝期に書かれたと考えられる『荘子』天下篇においてすでになされているが、これには老子の姓名・出身地・職業・活動年代などといった生涯に関する記述が一つもなく、まだ総合的・体系的な伝記とはなっていない。他方、老子の生涯に関する多種多様のエピソードは、『荘子』『呂氏春秋《りょししゅんじゅう》』『淮南子《えなんじ》』などの中の戦国時代後期〜前漢時代（前二〇二年〜後八年）初期の道家系の書いた部分にたくさん見えている。けれども、それらは彼らが自己の思想を表明するフィクションとして老子に仮託した、「寓言」または「重言」つまり老子物語である[2]。それ故、老子に関する歴史的事実とは到底見なすことができない上に、全体としては各個ばらばらで何のまとまりもない代物《しろもの》でしかなかった。ところが、紀元前一〇〇年ごろになって、以上のような老子物語の中から適当に材料を取り、道家の思想家で『老子』の著者としての老子について、まとまった伝記を著わすという冒険を敢行する者が現われた。それが司馬遷に他ならない。

そこで、少し長くなるけれども、『史記』老子列伝を引用してみよう。

老子《ろうし》なる者は、楚《そ》の苦県《くけん》の厲郷《れいきょう》の曲仁里《きょくじんり》の人なり。姓は李氏《りし》、名は耳《じ》、字《あざな》は聃《たん》、周の守蔵《しゅぞう》室《しつ》の史《し》なり。

孔子 周に適《ゆ》き、将《まさ》に礼を老子に問わんとす。老子曰わく、「子《し》の言う所の者は、其の人と骨と皆な已《すで》に朽《く》ちたり、独り其の言《げん》在るのみ。且《か》つ君子は其の時を得れば則ち駕《が》し、其の時を得ざれば則ち蓬累《ほうるい》して行く。吾之《われこれ》を聞けり、「良賈《りょうか》は深く蔵して虚《むな》しきが若《ごと》く、君子は盛徳あるも容貌は愚《ぐ》なるが若《ごと》し。」と。子《し》の驕気《きょうき》と多欲と、態色《たいしょく》と淫志《いんし》とを去れ、是《これ》皆な子《し》の身に益無し。吾《われ》の子に告ぐる所以《ゆえん》は、是《かく》の若きのみ。」と。孔子去り、弟子《ていし》に謂《い》いて曰わく、「鳥は吾其の能《よ》く飛ぶを知り、魚《うお》は吾其の能く游《およ》ぐを知り、獣《けもの》は吾其の能く走るを知る。走る者は以《もっ》て罔《あみ》を為す可《べ》く、游ぐ者は以て綸《いと》を為す可く、飛ぶ者は以て矰《いぐるみ》を為す可し。龍《りゅう》に至りては、吾其の風雲に乗りて上天《じょうてん》するを知る能わず。吾今日《こんにち》老子を見るに、其れ猶《な》お龍のごときか。」と。

老子 道徳を脩《おさ》め、其の学は自《みずか》ら隠《かく》れ無名《むめい》なるを以て務めと為す。周に居《お》ること之《これ》を久しくして、周の衰えたるを見、迺《すなわ》ち遂《つい》に去りて関《かん》に至る。関令《かんれい》の尹喜《いんき》曰わく、「子将《まさ》に隠れんとす、彊《し》（強）いて我《わ》が為めに書を著《あら》わせ。」と。是《ここ》に於いて老子 迺《すなわ》ち書上下篇《しょじょうげへん》を著わし、道徳の意を言うこと五千余言にして去り、其の終わる所を知るもの莫《な》し。或《ある》ひと曰わく、老萊子《ろうらいし》も亦た楚人《そひと》なり。書十五篇を著わして、道家の用を言い、孔子と同時と云う。蓋《けだ》し老子は百有《ゆう》六十余歳、或ひと言う二百余歳、其の道を脩めて寿《よわ》いを養うを以てなり。孔子死しての後《のち》自《よ》り百二十九年にして、史に記《しる》す 周の太史《たいし》儋《たん》 秦の献公に見《まみ》えて曰わく、「始め秦は周と合《がっ》し、合して五百歳にして離れ、離れて七十歳にして霸王《はおう》なる者出《い》でん。」と。或ひと曰わく、「儋《たん》は即《すなわ》ち老子なり。」と。或ひと曰わく、「非なり。」と。世に其の然否《ぜんひ》を知るもの莫し。老子は、隠君子《いんくんし》なり。

老子の子《こ》は名は宗《そう》、宗は魏の将《しょう》と為り、段干《だんかん》に封《ほう》ぜらる。宗の子は注、注の子は宮《きゅう》、宮の玄孫《げんそん》は仮、仮は漢の孝文帝《こうぶんてい》に仕《つか》う。而《しこ》うして仮の子《こ》解《かい》は膠西王卬《こうせいおうこう》の太傅《たいふ》と為り、因《よ》りて斉《せい》に家《いえ》す。

世の老子を学ぶ者は則ち儒学を絀《しりぞ》け、儒学も亦た老子を絀《しりぞ》く。「道同じからざれば相い為めに謀らず。」とは、豈《あ》に是を謂《い》うか。李耳は無為にして自《みずか》ら化し、清静にして自ら正しくす。

## 2　謎に包まれた老子という人物

この文章は古来、曖昧さや矛盾を含んだものとして有名であり、その内容の真偽について今日に至るまで多くの議論が行われてきた。ここでは重要と思われるいくつかの問題にしぼって検討してみたい。

第一に、初めてまとまった老子の伝記を書いた司馬遷にして、そもそも老子が一体誰であるかについて、すでに確信を持っていなかったという事実が指摘されなければならない。ここには、老子は老耼である、老莱子である、周の太史儋であるとする三説が並記されているのだ。列伝の冒頭に「老子《ろうし》なる者は、……姓は李《り》氏《し》、名は耳《じ》、字《あざな》は耼《たん》。」とあったように、司馬遷が老耼を最も有力な候補者と見ていることは疑いないけれども、他の二名も否定しているわけではない。特に周の太史儋をもう一人の有力候補者と見ていることは、以下に指摘するとおりであるが、その周の太史儋について、

或《ある》ひと曰わく、「儋《たん》は即《すなわ》ち老子なり。」と。或ひと曰わく、「非なり。」と。世に其の然否《ぜんぴ》を

知るもの莫し。

と述べた後に、「老子は、隠君子《いんくんし》なり。」と付記している。これを読むと、司馬遷は誰が老子であるかを決めるのは不可能だと匙《さじ》を投げてしまった感さえ受ける。前漢、武帝期の前一〇〇年ごろに成った最古の伝記ですら、老子のアイデンティティーという最も基本的な事項の記述がこのように不確実なのである。

そうだとすれば、老子の出身地・姓名・職業・活動年代などの生涯に関する具体的な記述や、その子から前漢初期、景帝期の後裔に至るまでの八代に及ぶ子孫の具体的な系図も、ほとんど信用することができないのではないかと思う(3)。

第二に、老子の年齢の設定が著しく不合理であり、かつ列伝の内部に相互矛盾をもたらしていることに注目したい。「蓋《けだ》し老子は百有《ゆう》六十余歳」という句は、恐らく唐代の司馬貞『史記索隠』が注釈したとおり、その生年より数えて孔子（前五五一年～四七九年）と会見するに至った老聃と、孔子と同時に活動していた老萊子とについて、その長寿を述べたものであろう。また、「或ひと言う二百余歳」という句は、周の太史儋が孔子に先んじてこの世に生を受け、以後ずっと生き続けて秦の献公（前三八四年～三六二年在位）に見《まみ》えて始皇帝の出現を予言した、とする長寿を述べたものと考えると計算の数値が合う。だとすれば、老子の有力候補者は三名が三名とも実在の人物らしい形跡がないことになる。なぜなら「百有《ゆう》六十余歳」や「二百余歳」の長寿者などは、常識的に考えるならば実在の人物であるはずがなく空想の産物に違いないからである。

また、列伝の下文には、老子の子から前漢初期、景帝期の後裔までの八代の子孫の系図が載っている。八代の年数の合計を二〇〇年～二三〇年として試算してみると、この老子の年代は上文の秦の献公の在位年代と大体一致するから、これは周の太史儋が老子であると認めた上での系図に相違ない。しかし、そうなると、司馬遷の生きている当代に到達する内容の、具体的な系図を伴って老子と認めるこの周の太史儋は、上文で最も有力な候補者と見てきたあの老聃との間に矛盾を来たしてしまう。ちなみに、道家系の思想が「其の道を脩めて寿《よわ》いを養うを以てなり」のように養生思想もしくは神仙思想に傾き、老子をそれを実現した代表者のように画くのは、戦国末期以後に多く現われる現象である。

第三に、司馬遷が列伝を構成するに際して採用した材料を検討してみると、それらの多くが道家系の諸文献の中でも、比較的新しい戦国末期～前漢初期に成った部分から取られており、より古い戦国中期～後期に成った部分からは取られていないことが注目される。例えば、老子が「周の守蔵室《しゆぞうしつ》の史《し》」であったと言うのは、『荘子』天道篇の孔子と老聃との会見物語から取ったようであって、そこには、

孔子西のかた書を周室に蔵《ぞう》せんとす。子路《しろ》謀《はか》りて曰わく、「由《ゆう》聞く 周の徴蔵《ちようぞう》の史に、老聃《ろうたん》なる者有り、免《や》めて帰居《ききよ》す、と。夫子 書を蔵せんと欲すれば、則《すなわ》ち試みに往きて焉《これ》に因《よ》れ。」と。孔子曰わく、「善し。」と。

とあるが、これは戦国末期～前漢初期の作であると考えられる。

また、孔子が周に適《ゆ》き礼を老子に問うた時、老子が発した言葉の「子《し》の驕気《きょうき》と多欲と、態《たい》色《しょく》と淫志《いんし》とを去れ、是《これ》皆な子《し》の身に益無し。」は、『荘子』外物篇の仲尼《ちゅうじ》と老莱子との会見物語において老莱子が諭《さと》した言葉、「曰わく、「丘《きゅう》よ、汝の躬矜《きゅうきょう》と汝の容知《ようち》とを去れば、斯《すなわ》ち君子と為らん。」と。」から取ったに相違ない。後者は前漢初期の作であると思われる。そして、列伝の下文に老莱子が老子の有力候補者として出てくるのは、作者が材料を『荘子』外物篇の仲尼と老莱子の会見物語から取ったことの端的な証拠に他ならない。

さらに、老子と会見した後、孔子が弟子に向かって、

孔子去り、弟子に謂いて曰わく、「……龍《りゅう》に至りては、吾其の風雲に乗りて上天《じょうてん》するを知る能わず。吾今日《こんにち》老子を見るに、其れ猶《な》お龍のごときか。」と。

と語るのは、『荘子』天運篇の孔子と老耼との会見物語における同じ状況下の孔子の感想、

孔子曰わく、「吾れ乃《すなわ》ち今是《ここ》に於《お》いてか龍《りゅう》を見たり。龍は……雲気に乗りて、陰陽《いんよう》に養《かけ》(翔)る。」と。

から取ったものであることが明らかである。後者は前漢、文帝期～武帝期の作であろう。

　この種の孔老会見物語は歴史的事実ではない。道家の思想家たちが、自らの思想の表現のために好き勝手に作ったフィクションである。――当代の対立する強力なライヴァル、儒家の人々やその思想の優位に立ちたいという願望から、自らの代表と言うべき老子・老莱子などと、儒家の大先生、孔子やその弟子たちとを登場させて、孔子や弟子たちをさんざんに貶《おと》しめるという構成を持ったフィクションなのである。そして、この種の物語が多く作られたのは、諸子百家の学派対立が激化した戦国末期～前漢初期のことであった。

　第四に、老子は儒家の開祖、孔子よりもかなりの先輩という設定であるから、道家の開祖としてその思想を始めた者と画いているはずである。関令の尹喜が『老子』書を著作することを求めた言葉の「関令《かんれい》の尹喜《いんき》曰わく、「子将《まさ》に隠れんとす、彊《し》（強）いて我《わ》が為めに書を著《あら》わせ。」と。」も、そのような取り扱い方の一つと把えられる。また、『史記』老子韓非列伝では、上引の老子列伝を除いて、他に荘子列伝に、

　荘子《そうじ》なる者は、……其の学は闚《うかが》わざる所無し。然れども其の要《よう》は老子の言《げん》に本帰《ほんき》す。……漁父《ぎょほ》・盗跖《とうせき》・胠篋《きょきょう》を作りて、以て孔子の徒《と》を詆訿《ていし》し、以て老子の術を明らかにす。

と言い、申不害列伝に「申不害《しんふがい》の学は黄老《こうろう》に本づきて刑名《けいめい》を主とす。」と言い、韓非列伝に「韓非《かんぴ》なる者は、……刑名・法術の学を喜びて、其の帰《き》は黄老に本づく。」と言う。後二者の

「黄老」は、また孟子荀卿列伝にも「慎到《しんとう》は、……。田駢《でんぺん》・接子《しょうし》は、……。環淵《かんえん》は、……。皆な黄老・道徳の術を学ぶ。」とあって、「黄帝老子」の略称である。したがって、司馬遷はこれら数名の思想はいずれも老子に基づくと見ていることになる。黄帝の問題はさておくとして。

ただし、『史記』老子列伝の世界だけに閉じこもらず、眼を転じて広く春秋時代（前七七〇年～四〇三年）～前漢初期の諸文献を眺めてみると、「老子を開祖とし彼から源を発した道家（または道徳）という思想上の一学派」というこの考えも、決して春秋・戦国時代の道家に関するリアル・タイムの歴史的事実ではないことに気づかされる。これは、司馬遷の父で道家の熱心な信奉者であり、やはり太史令の職（前一四〇年～一一〇年在職）にあった司馬談において萌し始め[4]、その数十年後、司馬遷が初めて本格的に唱えるようになったものであって、それ以前には前漢初期の時点に下ってさえ、影も形も見えなかった全く新しいアイディアなのだ。とすれば、この考えは、春秋・戦国時代の諸子百家が一とおり開花し終えた後に位置して、前漢、武帝期の知識人がそれらの諸思想を整理するために必要とするに至った、学問上の道具と把えるのが適当であろう。

## 3　老子イメージの展開と「道家」の形成

以上から出てくる結論は以下のとおり。『史記』老子列伝によるならば、道家の思想家で

『老子』の著者としての老子は、三名の有力候補者がいるにはいるけれども、誰が老子であるかは決められず、また誰に決まってもその人物の実在性は疑わしい。「老子」という言葉は、上記の三名の他に老龍吉や老成子などをも加えて、道家系の理想的な人物という意味の一種の集合名詞として理解するのがよいのではなかろうか。

老龍吉という人物は、『荘子』知北遊篇の、

妸荷甘《あかかん》 神農《しんのう》と同じく老龍吉《ろうりゆうきつ》に学ぶ。……妸荷甘……曰わく、「老龍《ろうりゆう》死せり。」と。神農 几《き》に隠《よ》り杖《つえ》を擁《いだ》きて起《た》ち、嚗然《ばくぜん》として杖を放《はな》ちて笑いて曰わく、「……夫子《ふうし》は予を発《ひら》く所の狂言《きようげん》无《な》くして死せるかな。」と。弇堈弔《あんこうちよう》 之を聞きて曰わく、「夫《そ》れ道を体《たい》する者は、天下の君子の繫《つな》がる所なり。今道に於《お》いて、秋豪《しゆうごう》の端《たん》の、万分《まんぶん》して未《いま》だ一《いち》だに処《お》るを得ざるに、而《しか》も猶《な》お其の狂言を蔵《おさ》めて死するを知れり。又《ま》た況《いわ》んや夫《か》の道を体する者をや。之を視るも形无《な》く、之を聴くも声无《な》し。」と。

という文章の中に見える。ここでは、老龍吉は、「道」の「之を視るも形无く、之を聴くも声无し。」という本質を「体《たい》し」て、「其の狂言を蔵《おさ》めて死す」を実践した者として高く評価されている。その「之を視るも形无く、之を聴くも声无し。」は、『老子』第十四章（馬王堆《まおうたい》漢墓《かんぼ》帛書《はくしよ》甲本）が「道」のことを述べた、

視れども見えず、之を名づけて幾《こまか》（微）しと曰う。之を聴けども聞こえず、之を名づけて希《かす》かと曰う。之を捪《なづ》れども得ず、之を名づけて夷《おぼつかな》しと曰う。

とよく似ているではないか。(5) この老龍吉も老子の候補者として挙げられる十分な資格があろう。

　また、老成子は『漢書』芸文志「諸子略」の道家の項目に「老成子十八篇」とある。『老成子』という書は散佚して今日に伝わらないが、人物としては『列子』周穆王篇にも出てくる。この老成子もまた老子の候補者に挙げられる相当な資格があると考えられる。

　こういう次第であるから、先に見た老子の出身地・姓名・職業・活動年代・子孫の系図などの具体的な記述が、ほとんど信用するに足りないのは当然と言わなければならない。とりわけ、老子の活動年代を春秋時代の孔子よりも早い、あるいは孔子と同時と画くのは、歴史的事実としては到底成立しがたい。逆に道家系の思想家たちが戦国末期～前漢初期に盛んに作ったフィクションに他ならないから、それらの材料によって把えられる限りの老子は、むしろ戦国末期～前漢初期という時代の文化状況が生み出した人物と見なすのが適当である。『史記』老子列伝の記述から離れてそれとは別個に、『荘子』『荀子』『呂氏春秋』『韓非子』などの諸文献に登場する老子という人物や彼の語った言葉を調べてみると、老子の名は、戦国後期にはぼつぼつ知られ始めていたことが分かる。また、近年出土・出現した最古の『老子』のテキストに、郭店楚墓竹簡《かくてんそぼちくかん》『老子』甲本・乙本・丙本、馬王堆漢墓帛書《まおうたいかんぼはくしょ》『老子』甲本・乙本、北京大学蔵西漢竹書『老子』の三種類がある。これらの諸テキストの文章表現や思想内容の相互比較・相互対照に基づいて『老子』という書の形成過程を推測するならば、『老子』テキストの編纂は、人物としての名が知られた少し後の戦国末期〜前漢初期にあったと考えられる。

さらに、「老子を開祖とし彼から源を発した道家という一学派」なる概念に至っては、春秋・戦国時代の歴史的事実でないことは言わずもがな、前漢初期に下ってもまだ思いつかれず、前漢、武帝期になって初めて諸思想を整理するために使用された全く新しいアイディアなのである。したがって、道家の開祖として画かれた老子は、むしろ前漢、武帝期以後という時代の文化状況を背負った人物と見なすべきである。――話を分かりやすくするために極端に単純化してしまえば、老子は戦国末期〜前漢初期の人であり、彼が道家の開祖となるのは前漢、武帝期のことである。

そして、今ここに述べたような、老子のイメージの時代とともに移りゆく展開は、実は道家系の諸思想が次第に整理されて「道家」に向かって進んでいく過程の現われでもあった。なぜなら、道家系の人物・思想・書物などは戦国中期に「道」という窮極的・根源的な実在を思索の中心にすえて誕生して以来、全天下にばらばらに分散して存在しており、相互の間にはっきりした繫《つな》がりがないという実態にあったのであるが、戦国末期以後、それらを「黄老」「老荘」「道家」「老荘申韓」などの概念を用いてグルーピングする試行錯誤が行われた挙げ句の果て、ついに老子を中心とするこのグルーピングが他を抑えて「老子を開祖とし彼から源を発した道家という思想上の一学派」が形作られ、以後そのままこれが定着していったというのが、諸思想の学問的な整理の歴史的事実だからである。この展開をうながしたものは、直接的には諸子百家の学派対立の激化の趨勢であるけれども、その背景には秦漢統一帝国の形成に向かう歴史社会のあわただしい動きがあった。

## 4　ラインアップした道家の書物と人物

旧中国の学問分類の基礎を築いたのは、後漢時代の班固（紀元後三十二年～九十二年）の『漢書』芸文志である。この学問分類は、前漢末期の劉向《りゅうきょう》（前七十九年～前八年）の、前二十六年～前七年の長きに及ぶ『別録』の図書整理に由来し、その子、劉歆《りゅうきん》（？～紀元後二十三年）の『七略』に受けつがれた図書目録に、若干手を加えたものである。その諸子百家に関する分類「諸子略」には「道家」の項目が設けられている。

その「道家」の前半部分は、『老子』を中心にすえつつ老子系列の思想家の書物およそ二十四家を並べており、劉向の当時存在していた「老子を開祖とし彼から源を発した道家という思想上の一学派」の著わした書物、すなわち老子を出発点とする道家の思想家たちの継起的な出現という構想の下、彼らの著作であると見なした全ての書物を、大体のところ網羅していると考えられる。「道家」の後半部分は、『黄帝四経』四篇を先頭に置いて黄帝系列の思想家の書物、およそ十三家を並べている。前半部分と合わせると、コンセプトは「黄老」ではなく「老黄」である。[6]

その前半部分によれば、『老子』の先駆をなした思想家の書物として、『伊尹《いいん》』『太公』『辛甲』『鬻子《いくし》』『筦子《かんし》』の五種が著録されており、『老子』の弟子や後輩の書物として『蜎子《けんし》』『文子』『関尹子』『荘子』『列子』『老成子』『長盧子《ちょうろし》』『王狄子《おうてきし》』『公子牟《こうしぼう》』『田子』『老莱子』『黔婁子《けんろうし》』『宮孫子』『鶡冠子《かつかんし》』『周訓』の十五種が著録されている。

これらの内、現存するものは『鬻子』『筦子』『文子』『関尹子』『荘子』『列子』『鶡冠子』の七種だけであって、他はすでに散佚して伝わらず、しかも現存する『鬻子』『文子』『関尹子』『列子』の四種は後世の人が作った偽書であるらしい。通行本『鶡冠子』も同様に後世の偽書と見なされてきたが、一九七三年、湖南省長沙市の郊外の馬王堆にある前漢、文帝期の墓（三号墓）から、大量の文献すなわち馬王堆漢墓帛書が出土して、その中にあった『黄帝四経』と共通部分が少なくないために、偽書ではないことが確認された。『筦子』はすなわち『管子』であり、『漢書』芸文志では道家に入れているけれども、『隋書』経籍志以後はこれを法家に入れている。

以上のことを人物つまり思想家に即して考えてみよう。『漢書』芸文志は、老子の先駆者として伊尹・太公・辛甲・鬻子・筦子の五家を挙げているが、失われた書物の作者を除外することにすれば、筦子つまり管仲だけが残る。しかし、現存する『管子』の内容から判断して管仲を道家の先駆者と見るわけにはいくまい。ただ、『管子』中には道家的な色彩の強い心術上・心術下・白心・内業の四篇が含まれており、それら四篇を著わした思想家たちが戦国末期～前漢初期に『管子』を生んだ斉の地で活動をしていたことは疑いない。
また、『漢書』芸文志は、老子の弟子や後輩として蜎子・文子・関尹子・荘子・列子・老成子・長盧子・王狄子・公子牟・田子・老萊子・黔婁子・宮孫子・鶡冠子の十四家を挙げている。これらの内、蜎子は環淵のこと、田子は田駢のことで、両者は斉の宣王（前三一九年～三〇一年在位）時代の稷下の学士である。彼らは慎到[7]・接子とともに、戦国中期～後期の道家系の思想家で、道家の直接の先駆者と見なしてよいと思われる。[8]公子牟は魏牟のこと、戦国後期の道家系の思想家である。[9]関尹子・列子・老成子・老萊子もまた道家の書物の中に思想家としてしばしば名が出るけれども、仮託された人物であって実在してはいないようだ。鶡冠子はその書物の内容から考えて前漢初期の人であろう。その他の思想家のことは不明である。

道家の思想家として他にもう一人忘れてはならない人物がいる。漢の高祖、劉邦の孫で、淮南国《わいなんこく》（寿春を都とする淮水中流域の国）の王である劉安（前一七九年～一二二年）である。『漢書』芸文志が「諸子略」の「雑家」の中に押しこんだ『淮南内』二十一篇と『淮南外』三十三篇の内、『淮南内』二十一篇は現存する『淮南子』二十一篇に当たる。この書が道家に列せられるべき内容を具えていることは、今日すでに定説となっているが、その編纂者が前漢、景帝期・武帝期の劉安であり、実際の作者は戦国末期より生き残って全天下から淮南王の下に蝟集した諸子百家であった。彼らの中に道家系の思想家たちが多く含まれていたことは、『淮南子』の内容によって正確に推測することができる。

以上、ここでは「老子という人」という題目を立てて、その人物に関する若干の考証を行ってきたが、考証の赴くところ、老子と相い前後する道家の思想家たちをも併わせて検討せざるをえなくなった。

道家の思想家たちの名はこれだけに止まらず、魏晋南北朝時代まで下って以上の数倍、数十倍を挙げることもできよう。しかし、最初に道家の思想を思索した戦国中期～前漢、武帝期の主な思想家たちは、これでほぼ尽くされている。そして、彼らの中でもその書物が現存していて、かつ最も重要視されるべき思想家は、戦国中期～前漢、武帝期の『荘子』を著わした思想家たちとしての荘子、戦国末期～前漢初期の『老子』の著者たちとしての老子、それに前漢、景帝期～武帝期の劉安と『淮南子』の作者たちである。

**注**

(1)『史記』老子列伝を批判的に検討した日本人の論著としては、津田左右吉『道家の思想とその展開』(『津田左右吉全集』第十三巻、岩波書店、一九六四年)の第一編、第一章「『老子』」、武内義雄『老子の研究』(『武内義雄全集』第五巻「老子篇」、角川書店、一九七八年)の第一章「老子伝の変遷と道家思想の推移」と第二章「老子およびその後学の年代」が重要である。

(2)「寓言」「重言」は、『荘子』寓言篇に見える言葉。荘子は自分の語る言葉を「寓言《ぐうげん》は十の九、重言《じゅうげん》は十の七、卮言《しげん》は日に出ず。」と述べているが、これによれば、九十パーセントが寓言(他人に仮託して述べた言葉)、七十パーセントが重言(長老により重みをつけた言葉)、日ごとに出るのが卮言(つじつまの合わないでたらめの言葉）である。本書のI、第2章、1、C「『荘子』に現われた『老子』」を参照。

（3）老子列伝の下文に載っている老子の子孫の系図は、周の太史儋を老子と認めた上での系図である。しかし、その記述に具わっている奇妙な具体性は、上文の三名の老子候補者、中んづく周の太史儋についての記述の不確実さと全く調和しない、相互に矛盾しあう性質のものであって、それ故かえって読む者をして老子の子孫の系図であることに疑いを抱かしめる。『史記』老子列伝の中に後代の造作がまぎれこんでいることについては、孫以楷「今本《史記・老子伝》質疑」（『中国哲学史』一九九九年第二期、中国哲学史学会、一九九九年五月）にも指摘がある。

（4）「老子を開祖とし彼から源を発した道家という思想上の一学派」という概念が初めて萌芽したのは、『史記』太史公自序の「六家の要指」においてである。

（5）第十四章冒頭の三文の解釈については、本書のII、第1章、A、b「『道』は人間が把えることのできないもの」とその注（13）を参照。

（6）『漢書』芸文志の「道家」の配列――老子系列を前に置き、黄帝系列を後に置く。――の中に、撰者である劉向や劉歆の黄帝系列の思想家に対する批判の視線を感ずることができる。この問題については、拙著『道家思想の新研究』の第3章、第4節「『黄帝』を批判する『道家』」を参照。

（7）慎到は、『漢書』芸文志の「諸子略」では「法家」に列せられている。「道家」とか「法家」とか「名家」とかの学派を表わす名称は、学派の成立の早かった「儒家」と「墨家」を除いて、当時はまだ存在しておらず前漢初期に入って定められたものである。したがって、「儒家」「墨家」の二学派は確かに存在していたけれども、それ以外は「道家」も「法家」も「名家」も実はまだ存在していなかった。当時の思想家たちの思想は、後世にできた言葉をさかのぼって適用して説明するならば、ある部分は道家的、同時にある部分は法家的、また他の部分は名家的、のごとく複雑に絡みあって構成されていた、というのが実態である。『漢書』芸文志はこのような戦国時代の生きた思想の実態を無視して、前漢初期以後に諸思想を整理するために作られた理念型を用いて諸子百家の書物・人物・思想などを無理に分類したので、このような混乱が生じているわけである。ここの慎到、先の『管子』、また『淮南子』はその典型的な例に他ならない。筆者は、同じ一人の思想家の思想が同時に道家的でもあり、法家的でもあり、名家的でもあるといったようなことが、特に学派の未分化な戦国時代には十分に起こりえたという前提に立った上で、「道家」「法家」「名家」などの言葉を使用したいと思う。中んづく道家については、「老子を開祖とし彼から源を発した道家という思想上の一学派」という概念にこだわらずに、主として「道」という窮極的・根源的な実在を思索の中心にすえている老子的なもの・荘子的なもの・淮南子的なものを、道家・道家的あるいは道家系と呼ぶことにする。

(8) 慎到の思想と行動については、『荀子』非十二子篇、『荘子』天下篇の彭蒙・田駢・慎到論、および『史記』田敬仲完世家・孟子荀卿列伝などで論じられている。

(9) 公子牟つまり魏牟の思想と行動については、『荘子』秋水篇の公孫龍・魏牟問答、および『荀子』非十二子篇を参照。

# 第2章　『老子』という書

老子の人物や思想が中国古代の思想界に広く知られるのは、戦国末期になってからである。そして、『老子』という書物が編纂されるのは戦国末期～前漢初期のことであって、司馬遷『史記』老子列伝が言うような、春秋末期というそんな早い時代のことではない。それも、一人または少数の思想家が一時または短時に書き上げたものではなく、多数の道家系の思想家たちが戦国末期～前漢初期の数十年間、執筆・補足・修正・編纂し書きついで、一まずその原形を形成したものと考えられる。

## 1　戦国時代末期における『老子』の編纂

今日では、戦国末期～前漢末期の墳墓などから新たに出土してきた、竹簡《ちくかん》・帛書《はくしょ》の上に書かれた最古の『老子』のテキストが、合計三種類、存在している。――一九九八年に出版・公表された郭店楚墓竹簡《かくてんそぼちくかん》『老子』甲本・乙本・丙本の三本、一九七四年に出版・公表された馬王堆漢墓帛書『老子』甲本・乙本の二本、および二〇一二年に出版・公表された北京大学蔵西漢竹書『老子』の一本である。これらは『老子』を理解する上で極めて重要な資料である。これらを合理的なやり方で使用するならば、『老子』の編纂の時代や状況などを実証的な根拠を持って正確に解明することが、十分に可能だからだ。その「合理的なやり方」の一つとしては、以上の三種類の出土資料本『老子』をそれらだけ単独で切り離して解読・分析するのではなく、従来の通行本（王弼本など）の『老子』や他の諸文献とつき合わせて検討・研究することが、必要・不可欠であると思う。

以下、まず古典的な諸文献に現われる老子の人物や思想の記述に基づいて、『老子』の編纂の時代や状況などを推測してみたい。

### A 『荀子』『呂氏春秋』に現われた『老子』

老子の人物や思想は、春秋末期の孔子とその弟子たちの言行録である『論語』、戦国初期以来の墨家（墨子学派）の書である『墨子』、戦国中期の儒家の孟子学派の書である『孟子』（孟子は前三七二年ごろ～二八九年の人）の中には、まだ登場してこない。『荘子』を除く現存の諸文献の中で最も早く老子の人物や思想に言及しているのは、『荀子』と『呂氏春秋』である。

『荀子』は、戦国後期～末期の代表的な儒家である荀子（前三一五年～二三八年）の著わした文章を、後人が編纂してできあがった書である。その天論篇に「老子は詘（屈）に見ること有りて、信（伸）に見ること無し。」とあって、明らかに老子の人物や思想を知っている。また、『荀子』の中には、道家系の諸思想から影響を受けたと思われる文句や観念が散

見する。例えば、解蔽篇の中に含まれている、

曰わく、「道に精《せい》なる者なり、物に精なる者に〔非《あら》ざる〕なり。」と。物に精なる者は以て物を物とし、道に精なる者は物を物とするを兼ぬ。

という、世界を「道」と「万物」との二つから成ると見る二世界論や、「虚壱《きょいつ》にして静か」という否定超出の知識論などがそれである。[1] したがって、荀子の当時、道家系の人物や思想がすでに誕生していたことは、疑うことができない。けれども、『荀子』には『老子』から直接引用した文句・文章が一条もないので、荀子の当時、出土資料本や通行諸本の原形となる『老子』はまだ編纂されていなかったと判断される。

『呂氏春秋』という書は、戦国末期の前二三九年以後間もなく、秦の相国であった呂不韋の下で編纂された一種の百科全書である。この『呂氏春秋』になると、老子の人物や思想についての言及は増えてきておよそ五条に上る。例えば、次のようにある。

荊人《けいひと》に弓を遺《うしな》う者有り、而れども肯《あ》えて索《もと》めず。曰わく、「荊人之を遺いて、荊人之を得たり。又《ま》た何ぞ索《もと》めんや。」と。孔子之を聞きて曰わく、「其の荊を去れば可なり。」と。老耼《ろうたん》之を聞きて曰わく、「其の人を去れば可なり。」と。故に老耼は則ち至公なり（貴公篇）。

孔子は老聃《ろうたん》・孟蘇夒・靖叔に学ぶ（当染篇）。

群衆人の議を聴きて以て国を治むれば、国危きこと日無からん。何を以て其の然るを知るや。老耽《ろうたん》は柔《やわ》らかきを貴《とうと》び、孔子は仁を貴び、……（不二篇）。

『呂氏春秋』に現われる老子としては、以上の他に、去尤篇に「老聃」が、重言篇に「老耽」がそれぞれ一例ずつ見える。しかし、『呂氏春秋』には『老子』からの引用であると明言して、『老子』と一致または類似する文句・文章を挙げる例が一条もない。だから、この段階になっても原本『老子』は、やはりまだ編纂されていなかったのである。

とは言うものの、『呂氏春秋』には、老子または『老子』の言葉であると明言しないまま、通行諸本の『老子』と一致または類似する文句・文章が相当多く載せられている。二、三の例を挙げてみよう。貴公篇には、上に引用した文章の直後に、

天地は大なり。生ずれども子《こ》とせず、成れども有せず。万物は皆な其の沢を被り其の利を得れども、其の由りて始まる所を知る莫し。此《これ》三皇五帝の徳なり。

とある。この文章は、底本（馬王堆甲本）『老子』の次の諸章と類似するところがある。

〔万物昔《お》（作）これども始《おさ》（治）めざる〕なり、為《な》れども志《たの》（恃）まざるなり、功を成せ

ども居《お》らざるなり（第二章）[2]。

之《これ》を生じ之を畜《やしな》うに、生ずれども〔有せ〕ず、〔長ずれども宰《つかさど》らざるなり〕（第十章）。

〔道は大なり〕、天は大なり、地は大なり、王《おう》も亦《ま》た大なり（第二十五章）[3]。

道は〔渢《はん》（氾）呵《こ》（乎）として、其《そ》れ左《さ》右《ゆう》す可《べ》きなり。功を成し〕事を遂《と》ぐれども名有《めいゆう》せざるなり（第三十四章）[4]。

道之《みちこれ》を生じ之を畜《やしな》い、之を長《ちょう》じ之を遂《と》げしめ、之を亭《さだ》め〔之を毒《あつ》くし、之を養い之を復《おお》（覆）う。生ずれども〕有《ゆう》せざるなり、為《な》れども寺《たの》（恃）まざるなり、長《ちょう》ずれども宰《つかさど》らざるなり（第五十一章）[5]。

〔是《ここ》を以《もっ》て声《せい》（聖）人《じん》は為《な》れども又《ゆう》（有）せず、功を成せども居《お》らざるなり〕（第七十七章）[6]。

また、大楽篇には、

道なる者は、之を視れども見えず、之を聴けども聞こえず、状を為す可《べ》からず。不見の見、不聞の聞、無状の状を知る者有れば、則ち之を知るに幾《ちか》し。道なる者は、至精なり。形を為す可からず、名を為す可からず。彊《し》（強）いて之が〔名を〕為して、之を太乙《たいいつ》（一）と謂う。

とある。この文章は、底本（馬王堆甲本）『老子』の次の諸章と一致または類似している。

之を視《み》れども見えず、之を名づけて聲《こまか》（微）しと曰《い》う。之を聴《き》けども聞こえず、之を名づけて希《かす》かと曰う。之を捪《なづ》れども得ず、之を名づけて夷《おぼつかな》しと曰う。三者は、至《ち》（致）計《きっ》（詰）す可《べ》からず、故に園《くく》（捆）り〔て一と為す〕。一なる者は、其の上は攸《とお》（悠）からず、其の下は忽《ちか》からず。尋《じょう》（縄）尋《じょう》（縄）呵《こ》（乎）として名づく可からざるなり、无物《むぶつ》に復帰《ふっき》す。是《これ》を无状《むじょう》の状《じょう》、无物の〔象《しょう》〕と胃《い》（謂）う（第十四章）[7]。

孔徳《こうとく》の容《かたち》は、唯《た》だ道に是従《これしたが》う。道の物《もの》たる、唯《こ》れ朢《こう》（恍）唯《こ》れ忽《こつ》。〔忽呵《こつこ》（乎）たり朢《こう》（恍）〕呵《こ》（乎）たり、中に象《しょう》有るかな。朢《こう》（恍）呵《こ》（乎）たり忽呵《こつこ》（乎）たり、中に物有るかな。灣《ゆう》（幽）呵《こ》（乎）たり鳴《めい》（冥）呵《こ》（乎）たり、中に請《じょう》（情）有るかな。其の請（情）甚《はなは》だ真なり、其の中に〔信《まこと》有り〕（第二十一章）。

物有り昆（混）成し、天地に先だちて生ず。繡《せき》（寂）呵《こ》（乎）たり繆《りょう》（寥）呵《こ》（乎）たり、独立〔して玹《あらた》（改）まらず〕、以《もっ》て天地の母と為《な》す可《べ》し。吾未《いま》だ其の名を知らず、之に字《あざな》して道《みち》と曰《い》う。吾強いて之が名を為《な》して大《だい》と曰う（第二十五章）[8]。

また、君守篇には、

故に曰わく、「戸《と》を出《い》でずして、天下を知り、牖《まど》を窺《うかが》わずして、天道を知る。其の出《い》ずること爾《いよ》（弥）いよ遠き者は、其の知ること爾《いよ》（弥）いよ少なし。」と。……出でざる者は、之より出ずる所以なり。為さざる者は、之を為す所以なり。

とある。この文章の中の傍線部分は、底本（馬王堆甲本）『老子』第四十七章の、

戸《と》を出《い》でずして、以《もっ》て天下を知り、牖《まど》を規《うかが》（窺）わずして、以て天道を知る。亓《そ》（其）の出《い》ずること彌《いよ》（弥）いよ遠ければ、亓（其）の〔知ること彌《いよ》（弥）いよ少なし。是《ここ》を以て声《せい》（聖）人《じん》は行《ゆ》かずして知り、見ずして名《あき》（明）らかに〕、為《な》さずして〔成る〕。

と相当程度一致している。(9)

以上に基づいて推測するならば、『呂氏春秋』成書の当時、道家系の思想家たちが多数活動し、道家系の思想書が多数書かれていて、後者は間もなく『老子』に編纂されることになる一歩手前にまで接近していた。――道家系の思想書から『老子』の編纂に転ずる臨界点にほとんど達していたのである。

## B　『韓非子』に現われた『老子』

下って『韓非子』に至れば、『老子』の編纂はすでに開始されていた。何よりも『韓非子』にはもっぱら『老子』を解釈することを目的とした解老篇・喩老篇の二篇があって、こ

れらは歴史上初めて現われた『老子』の注釈書であるが、『老子』中のおよそ二十一条の文章を引用して逐条的に解釈を加えている。また、解老・喩老の二篇以外にも、『韓非子』には「老聃」「老子」の言葉であると明言して『老子』の文を引く例が三条ある。例えば、六反篇には次のようにある。

老聃《ろうたん》に言有りて曰わく、「足《た》るを知れば辱《はずかし》められず、止《とど》まるを知れば殆《あや》うからず。」と。

この「老聃の言」は、底本（馬王堆甲本）『老子』第四十四章の「故《ゆえ》に足《た》るを知れば辱《はずかし》められず、止《とど》まるを知れば殆《あや》うからず、……。」と完全に一致する。[10]したがって、この時、『老子』の編纂はすでに開始されていたはずである。

他の二条は、内儲説下篇に、

権勢は以て人に借《か》す可からず。上其の一を失えば、臣以て百と為す。故に臣借るを得れば則ち力多く、力多ければ則ち内外用を為し、内外用を為せば則ち人主壅《ふさ》がる。其の説は老聃の魚を失うを言うに在るなり。

とあり、これは、底本（馬王堆甲本）『老子』第三十六章の「魚は潚《ふち》（淵）より脱《だつ》す可《べ》か〔ら〕ず、邦《くに》の利器《りき》は以て人に視《しめ》（示）す可からず。」を指すと思われる。また、難三篇に、老子曰わく、「智を以て国を治むるは、国の賊なり。」とは、其れ子産の謂《い》いなり。

とあり、これは、底本（馬王堆甲本）『老子』第六十五章の「故に知を以て邦を知《おさ》（治）むるは、邦《くに》の賊《ぞく》なり。」を引用したものであろう[11]。

ただし、これらの諸篇は、今日、韓非（前二八〇年〜二三三年）の自著ではなく、彼よりやや後の後学の手に成るものであることが判明しているし、それに韓非の自著と認められる孤憤・説難・姦劫弑臣・五蠹《ごと》・顕学などの諸篇には、老子の人物と思想が全然見えていないから、結局のところ、『老子』の編纂は、韓非の卒した後の戦国最末期〜前漢最初期に開始されたものと考えられる。解老篇・喩老篇などの用いた『老子』は、恐らく編纂されたばかりの最もホットなテキストだったのである。筆者はここに、「『老子』の編纂はすでに開始されていた」と書いたが、解老篇・喩老篇などの用いた『老子』の経文と郭店本・馬王堆本や通行諸本の『老子』とを比較してみると、両者の間にまだ若干の距離があり相異がある。それ故、『老子』の編纂はこの段階で終了したわけではなく、なおしばらくは編纂の作業が続けられたと考えなければならない。

### C　『荘子』に現われた『老子』

本節の終わりに、老子の人物や思想に言及することが諸文献の中で最も多い『荘子』について触れておく。『荘子』には、老子または『老子』の言葉であると明言しないで、底本(馬王堆甲本)『老子』と一致または類似する文句・文章が非常に多く載せられている。『老子』の編纂を推測するという観点からそれらを論ずるならば、大体のところは『呂氏春秋』の場合に『韓非子』の場合を加えたような状況となっている。——『荘子』のある文句・文章は『老子』の編纂に先だって書かれ、『老子』に取り入れられる材料を提供している。また、ある文句・文章は『老子』の編纂とほぼ同時に並行して書かれ、『老子』と共通の文献群から持ってこられたもののようであり、『老子』との先後・影響関係については決定的なことは何とも言いがたい。さらに、ある文句・文章は『老子』の編纂がすでに開始された後に書かれ、『老子』の強い影響をこうむっている。(12) なぜこのような状況になるのかと言えば、『荘子』は一人または少数の思想家が一時または短時に書き上げた書物ではなく、多数の道家系の思想家たちが戦国中期〜前漢、武帝期の約二〇〇年間に、書きついで成った一種の全集だからである。

ところで、『荘子』には「老聃」「老子」が登場する老子物語がおよそ十七条含まれる。(13) これらの物語も『老子』の編纂に先だつ文章、『老子』と並行して書かれた文章、『老子』の後のその影響を受けて書かれた文章、に三大分することができよう。

『老子』の編纂に先だつ例を一つ挙げれば、養生主篇の秦失《しんいつ》・弟子《ていし》問答がある。

老聃死す。秦失《しんいつ》之を弔《とむら》い、三たび号して出ず。弟子《ていし》曰わく、「夫子《ふうし》の友に非ずや。」と。曰わく、「然《しか》り。」と。「然らば則ち弔うこと此《かく》の若《ごと》くして、可《か》なるか。」と。曰わく、「然り。始めや吾《われ》其の人と以為《おも》えども、今は非《しから》ず。向《さき》（曩）に吾入りて弔うに、老いたる者は之を哭《こく》すること其の子を哭するが如く、少《わか》き者は之を哭すること其の母を哭するが如き有り。彼《かれ》其の之に会する所以《ゆえん》は、必ず言うを蘄《もと》められずして言い、哭するを蘄《もと》められずして哭する者有らん。是《これ》天を遁《の》がれ情に倍《そむ》き、其の受くる所を忘るるなり。古《いにしえ》者之を天を遁がるるの刑と謂う。適《たま》たま来たるは、夫子《ふうし》の時なり。適たま去るは、夫子の順りなり。時に安《やす》んじて順りに処《お》れば、哀楽も入る能わざるなり。古《いにしえ》者是を帝の県解《けんかい》と謂う。窮《きわ》まりを薪為《たきぎた》るに指《ゆびさ》すも、火の伝わるや、其の尽くるを知らざりしなり。」と。

この文章は、老聃をまだ死生の理に達していない未熟者として批判しており、しかもここには『老子』と一致または類似する表現が全く現われていない。これは、老子を登場人物とする問答の中では比較的早く現われたものであって、戦国後期の作と考えられる。

次に、『老子』と並行して書かれた例を一つ挙げれば、次のような諸文章がある。

故に聖を絶《た》ち知を弃《す》つれば、大盗は乃《すなわ》ち止《や》み、玉《ぎょく》を擿《なげう》ち珠《たま》を毀《こぼ》てば、小盗も起こらず、……（胠篋篇）。

老聃曰わく、「汝《なんじ》慎《つつし》みて人の心を攖《みだ》す无《な》かれ。……故に曰わく、「聖を絶《た》ち知を弃《す》つれば、而《すなわ》ち天下大いに治まる。」と。」と（在宥篇）。

前者では地の文で「聖を絶《た》ち知を弃《す》つれば、大盗は乃《すなわ》ち止《や》む。」と言い、後者では老耼が、「故に曰わく」を冠して「聖を絶《た》ち知を弃《す》つれば、而《すなわ》ち天下大いに治まる。」を引用している。これは、底本（馬王堆甲本）『老子』第十九章の「声《せい》（聖）を絶《た》ち知を棄《す》つれば、民の利は百負《ひやくばい》（倍）す。」に類似する(14)。両者の関係は、『荘子』両篇の「大盗は乃《すなわ》ち止《や》む」「而《すなわ》ち天下大いに治まる」と『老子』第十九章の「民の利は百負《ひやくばい》（倍）す」とが表現の点で相当に異なっているので、必ずしも『老子』が先に書かれた藍本《らんぽん》で『荘子』はそれに手を加えて後に成ったとは言うことができず、ほぼ同時（戦国末期～前漢初期）に並行して書かれたものと把えるのが適当であろう。

さらに、『老子』の後に書かれた例を挙げれば、天下篇の関尹・老耼論がその代表である。ここには老耼の言葉が四条引かれている。その一は、

老耼曰わく、「其の雄《おす》を知り、其の雌《めす》を守れば、天下の谿《たに》と為る。其の白《あか》るきを知り、其の辱《けが》（黷）れたるを守れば、天下の谷と為る。」と。

であり、その二は、「曰わく、「天下の垢《よご》れを受けん。」と。」であり、その三は、「曰わく、「苟《いやしく》も咎《とが》を免《まぬか》れん。」と。」であり、その四は、「曰わく、「堅《かた》ければ毀《こぼ》たれ、鋭《するど》ければ則ち挫《くじ》かる。」と。」である。

その一は、底本（馬王堆甲本）『老子』第二十八章に、

其の雄《おす》を知り、其の雌《めす》を守れば、天下の渓《たに》と為《な》る。……其の白《あか》るきを知り、其の辱《けが》（黷）れたるを守れば、天下の浴《たに》（谷）と為る。……其の〔白《しろ》き〕を知り、其の黒きを守れば、天下の式《しき》と為る。

とあるのとほぼ一致する。(15) その二は、底本（馬王堆甲本）『老子』第七十八章に、

故《ゆえ》に聖人《せいじん》の言《げん》に云《い》いて曰《い》わく、「邦《くに》の詢《よご》（垢）れを受く、是《これ》を社稷《しやしよく》の主《しゆ》と胃《い》（謂）う。邦の不祥《ふしよう》を受く、是を天下の王と胃（謂）う。」と。

とあるのと類似する。(16) その三は、底本（馬王堆甲本）『老子』第九章に「貴富《きふ》にして驕《おご》（驕）れば、自ら咎《とが》を遺《のこ》すなり。」とあり、(17) 底本（馬王堆甲本）『老子』第四十六章に「咎《とが》は得んと欲するより憯《いた》ましきは莫し。」とあるのと、趣旨はほぼ一致する。あるいは底本（馬王堆甲本）『老子』第六十二章の「求めて〔以て〕得られ、罪《つみ》有るも以て免《まぬか》ると胃《い》（謂）うにあらずや。」に対応する文であろうか。ただし、これらは表現は類似していない。その四は、底本（馬王堆甲本）『老子』第九章に「〔㨎《きた》（揣）えて〕之を兌《するど》（鋭）くすれば、長く之を葆《たも》（保）つ可《べ》からず。」とあるのと、(18) 趣旨は類似する点がある。ただし、これも表現はや

はり類似していない。

その一とその二に基づくならば、『荘子』天下篇の成書の時点（前漢初期、文帝期から景帝期にかけて）で、『老子』の原形がすでに編纂されていたことは疑いえない。しかしながら、その三とその四によるならば、『老子』のテキストは、通行本（王弼本など）の源となった馬王堆両本の一種類だけしか存在しないという状態ではなく、郭店本・馬王堆両本とは系統の異なる諸テキストが同時に存在していた、と考えなければなるまい。『荘子』天下篇の作者はその種のテキストを見ていたのではなかろうか。こういうわけで、当時の『老子』はテキストとしてまだ不安定で流動的な状態にあったのである。

ちなみに、前漢、武帝期の紀元前一〇〇年ごろ、司馬遷が『史記』老子列伝において老子のまとまった伝記を著わした際、彼はその時までに世に出ていた『荘子』などの中に含まれる老子物語を利用しながら、それを行った。すなわち、老子物語を老子に関する歴史的事実と見なして、そこから伝記の材料を取ったのであった。『史記』老子列伝に取られている老子物語の例に関しては、すでに引いて述べたことであるが、ここでさらに若干の考察を加えておく。

例の一、『史記』老子列伝に、老子が「周の守蔵室《しゅぞうしつ》の史《し》なり」であったと言うのは、『荘子』天道篇の孔子《こうし》・老耼《ろうたん》会見物語の、

孔子西のかた書を周室に蔵《ぞう》せんとす。子路《しろ》謀《はか》りて曰わく、「由《ゆう》聞く　周の徴蔵《ちょうぞう》の史に、老耼《ろうたん》

なる者有り、免《や》めて帰居《ききよ》す、と。」と。
から取ったようである。例の二、『史記』老子列伝にある、孔子が周に適《ゆ》き礼を老子に問おうとした時、老子が発した言葉、「子《し》の驕気《きようき》と多欲と、態色《たいしよく》と淫志《いんし》とを去れ、是《これ》皆な子《し》の身に益無し。」は、既述のとおり『荘子』外物篇の仲尼《ちゆうじ》・老莱子《ろうらいし》会見物語において老莱子が諭した言葉、「曰わく、「丘《きゆう》よ、汝の躬矜《きゆうきよう》と汝の容知《ようち》とを去れば、斯《すなわ》ち君子と為らん。」と。」から取ったに違いない。例の三、『史記』老子列伝に、老子と会見した後、孔子が弟子に向かって、「孔子……曰わく、「……龍《りゆう》に至りては、吾其の風雲に乗りて上天《じようてん》するを知る能わず。吾今日《こんにち》老子を見るに、其れ猶《な》お龍のごときか。」と。」と語るのは、既述のとおり『荘子』天運篇の孔子《こうし》・老聃《ろうたん》会見物語における同じ状況下の孔子の感想、

孔子曰わく、「吾乃《すなわ》ち今是《ここ》に於《お》いてか龍《りゆう》を見たり。龍は……雲気に乗りて、陰陽《いんよう》に養《かけ》(翔)る。」と。

から取ったものであることが明らかである。

ところで、『荘子』の書には、その作者たちの語る言葉が「寓言《ぐうげん》」「重言《じゆうげん》」「卮言《しげん》」であることを自ら解説した文章がある。『荘子』寓言篇は、「寓言は十《じゆう》の九《きゆう》、重言《じゆうげん》は十《じゆう》の七《しち》、卮言《しげん》は日に出で、和《わ》するに天倪《てんげい》を以てす。」のように、作者たちの語る言葉を「寓言」「重言」「卮

言」に三大別した後、これを受けて第一に「寓言」を、

寓言の十に九なるは、外に藉《か》りて之《し》を論ず。親父《しんぷ》其の子の為《た》めに媒《なかだち》せず。親父の之を誉《ほ》むるは、其の父に非ざる者に若かざればなり。

と解説する。他人に仮託して述べる言葉である。第二に「重言」を、

重言の十に七なるは、言を已《つ》くす所以《ゆえん》なり。是者《これき》艾《がい》にして年先《としさき》んずるが為めなり。而《しか》れども経緯《けいい》本末《ほんまつ》の、以て年耆《ねんき》に期《あ》う无《な》き者は、是《これ》先んずるに非ざるなり。

と解説する。長老の言を借りて重みをつけた言葉である。第三に「卮言」を、

卮言日に出で、和《わ》するに天倪《てんげい》を以てし、因《よ》らしむるに曼衍《まんえん》を以てするは、年を窮《きわ》むる所以《ゆえん》なり。言わざれば則ち斉《ひと》しく、斉しきと言うとは斉しからず、言うと斉しきとは斉しからざるなり。故に曰わく、「言う无からん。」と。

と解説する。世間の常識から「たわごと」と見なされる言葉である。荘子自身のこの解説によれば、その文章は十分の九が他人に仮託した言葉、また十分の七が長老の言を借りた言葉

なのである。

そうだとすれば、『荘子』中に含まれる、上引の天道篇・外物篇・天運篇の孔子・老子会見物語を始めとするおよそ十七条の老子物語は、「老聃」「老莱子」「老子」などという他人もしくは長老に仮託して、『荘子』作者たちが好き勝手にこしらえた「寓言」または「重言」と理解しなければならない。したがって、この種の孔老会見物語は史実ではなく、荘子などの道家の思想家たちが、自らの思想を表現するために自由気ままに作ったフィクションに他ならない。――当代の対立する強力なライヴァル、儒家の風上に立ちたいという願いから、自らの代表とも言うべき老聃・老莱子・老子などと、儒家の大先生、孔子やその弟子たちとを登場させて、孔子や弟子たちをさんざんに貶《おとし》めるという構成を持ったフィクションなのである。そして、この種の物語が多く作られたのは、春秋末期ないし戦国後期といった古い時代のことではなく、諸子百家の学派対立が激化した戦国末期〜前漢初期のことであった。

『史記』において老子の伝記を著わした司馬遷は、当時たくさん作られていたこの種の老子物語のフィクションのからくりを見抜くことができず、誤ってそれを史実と思いこんでしまった。この時以来、老子についての根本的な誤解、すなわち老子は春秋末期の人、孔子とほぼ同時代の人で、その先輩だとする通説が形作られたわけである。

司馬遷が老子物語のフィクション性に対して批判的な態度を取ることができなかったのには、いくつかの理由がある。その一つは、司馬遷の個人的事情である。彼の父であり、前漢、武帝期に司馬遷と同じ太史令（前一四〇年〜一一〇年在職）の職にあった司馬談《しばだん》が、極めて熱心な道家の信奉者であって、老子を孔子よりも古くかつ偉いと信じていた、ということから来る影響が考えられる。その二つは、司馬遷の生きた時代の社会的事情である。前漢初期〜武帝期初年の間には黄老思想（黄帝・老子の術）が盛行していた。そのため、司馬遷も無意識の内にその影響を受けて、老子を孔子より古くて偉いと思いこむ社会思潮から自由にはなれなかった、という理由である。その三つは、当時の儒家サイドも道家に始まり、『史記』にも受けつがれたこのフィクションに対して格別異議を唱えることはなく、史実として受け入れてしまった。それ故、このフィクションは前漢初期以後、道家・儒家の学派の相異を越えた史実となって定着していったという理由である。前漢時代の儒家の作品である『礼記』曽子問篇には、弟子の曽子と子夏が「礼」に関して問うたのに対して、孔子が「吾《われ》諸《これ》を老耼に聞けり」と前置きした上で、老耼の「礼」の理論を肯定的に引用して答える問答がおよそ四条含まれる。司馬遷が『史記』孔子世家において、孔子が老子に会見して「礼」を問うたと画いて以来、前漢の儒家もそれを史実であると信じて、それがもともと道家が孔子や儒家を貶めるために作ったフィクションであることを忘れてしまったらしい。思うに、『礼記』曽子問篇における老耼の画き方は、一方では、前漢時代の儒家が前漢初期の黄老思想の盛行の中から、それと競争しつつ成長してきた歴史的経緯の投影であろうけれども、他方ではそれ以上に、道家思想の洗礼を受けそれを克服してその後は次第に隆盛に向かって進んでいった（儒教の国教化の開始）として、自らの思想に深みと重みを増すための計算の所産だったのではなかろうか。[19]

そもそも老子と『老子』がいつの時代の人物であり書物であるかという問題については、歴史上、まず最初に道家サイドの『荘子』の思想家たちが筆を下ろし、次に『史記』孔子世家・老子列伝がそれを史実として継承し、さらに『礼記』曽子問篇などの儒家サイドもそれを容認したために、前漢初期以来、上述のフィクションが史実と誤解されて通行し、今日に至るまで不動の通説となっていた。しかしながら、現代の我々は、この通説を根本的に再検討して新たな老子と『老子』の実像を画きなおすのに、有利な歴史的な地点に立っている。なぜなら、我々は、従来の通行諸本の『老子』をそのまま使用することができるだけでなく、さらに戦国末期〜前漢初期の当時、リアル・タイムに筆写・読解・講説・討論されていた出土資料本の『老子』をも、新たに使用することができるようになったからである。出土資料本『老子』を合理的なやり方で使用するならば、従来の通行諸本だけによる研究が多大の混乱に逢着しているのとは異なって、大した混乱もなく容易に老子と『老子』の歴史的真実に接近することができると期待されるのである。

## 2　馬王堆帛書『老子』の出土

今日では、伝世の通行諸本の『老子』以外に、新たに出土した竹簡本《ちくかんぼん》・帛書本《はくしょぼん》の『老子』が合計三種類存在している。以下、出土・公表の古い順にそれらを主として形式の面から検討しながら、『老子』という書物の成立・編纂の過程を追いかけることにする。

## A　馬王堆帛書『老子』の甲本と乙本

一九七三年、湖南省長沙市の郊外の馬王堆にある前漢時代の墓（三号墓）から、副葬品として大量の帛書・竹簡とともに二種類の『老子』のテキストが出土した。それが馬王堆漢墓帛書『老子』の甲本と乙本の二本である。墓主人は、長沙国《ちょうさこく》の丞相である軑侯利蒼《だいこうりそう》の息子で、文帝の初元十二年（前一六八年）に下葬されたことが判明している。

まず、馬王堆帛書『老子』甲本は、縦幅約二十四センチの帛《はく》の上に、篆文《てんぶん》と隷書《れいしょ》の中間の字体で墨書されている。その体裁は、『老子』あるいは『道徳経』などという書名がつけられていない、「一章」「二章」……「八十一章」の分章も行われていない、まして「体道」「養身」などの章名もつけられていない、また、約五四〇〇字の全体が二つの部分に大分されてはいるけれども、それぞれに「徳経《とくけい》」「道経《どうけい》」という名称がつけられていない、という古樸なものである。その筆写年代はいつかという問題について述べれば、それを推測するために使用される客観的な方法には、第一に筆写の字体、第二に皇帝の避諱《ひき》、の二つがある。第一の、筆写に用いられている字体は、秦の始皇帝が文字を統一した後の、篆文から隷書に向かって変化しつつある過渡期の字体である。第二の、皇帝の諱《いみな》を避ける文字は、前漢の恵帝劉盈《りゅうえい》の「盈」、高后呂雉《りょち》の「雉」、文帝劉恒《りゅうこう》の「恒」などは、いずれもみな避けていないものの、高祖劉邦《りゅうほう》の「邦」を避けて「国」に改めている個所がある。以上の二点を根拠にして、前漢、恵帝期（前一九四年〜一八八年）ないし呂后期（前一八七年〜一八〇年）の筆写であろうと推測することができる。

ところが、従来の研究は少数の例外を除いて大多数が、『老子』甲本およびその巻後古佚《かんごこいつ》書《しょ》四篇において、劉邦以下の諱が全て避けられていないと述べている。[20] けれども、この見解は誤りである。なるほど従来の研究が述べているとおり、『老子』甲本およびその巻後古佚書四篇の中で、『老子』甲本では劉邦の「邦」は避けられていないものの、しかし、『老子』甲本と同じ帛に同じ字体で筆写された『五行』には、その第十八章経・説に「国家」という語が三例現われている。これは、『老子』甲本第十八章・第五十七章などに「邦家」とあるように、もともとは「邦家」と書いていたのを、『老子』乙本と同じように「邦」を避けて「国家」に改めたものである。ちなみに、戦国末期に筆写された郭店楚簡『五行』の当該個所つまり第十五章も「国家」ではなく「邦家（家）」に作っている。とするならば、馬王堆『老子』甲本および巻後古佚書の中に、劉邦の諱を避けている事実があると認めなければならない。

一方、『老子』乙本は、縦幅約四十八センチの帛上に隷書の字体で墨書されている。その体裁は、甲本と同じように、『老子』『道徳経』などの書名、「一章」「二章」……「八十一章」の分章、「体道」「養身」などの章名が全て存在しないが、しかし、甲本と異なって、全体が二つに大分された部分の末尾に、それぞれ「徳　三千卌一」「道　二千四百廿六」のごとく篇名と字数が記されている。その筆写年代は、用いられている字体が、よく整えられるに至った時期の美しい隷書であることと、皇帝の避諱の文字が、高祖の「邦」を避けているけれども、恵帝の「盈」以下をいずれも避けていないことの二点によって、文帝期（前一七九年〜一五七年）の初年で、前一六八年までであろうと推測したい。

### B　馬王堆帛書『老子』甲本から乙本への発展

馬王堆『老子』の甲本と乙本の二つは、甲本が古く乙本が新しいという相異はあるけれども、同一の系統に属するテキストである。甲本と乙本が同一の系統に属するテキストであると認める理由を、ここで一つだけ挙げておく。——それは章の順序という問題であり、章の順序が馬王堆『老子』両本が通行諸本と異なっている三個所で、甲本と乙本とは完全に同一なのである。

第一に、通行本（王弼本）の第四十一章が馬王堆『老子』では第三十九章の後、第四十章の前に置かれており、第二に、通行本（王弼本）の第八十章・第八十一章が馬王堆『老子』では第六十六章と第六十七章の中間に置かれており、第三に、通行本（王弼本）の第二十四章が馬王堆『老子』では第二十一章の後、第二十二章の前に置かれている。これらの三個所の章の順序は、馬王堆『老子』甲本と乙本が全く同一であるのに対して、諸他のテキストの中でこのようになっているものは一つも存在しない。この事実に基づいて推測するならば、馬王堆甲本と乙本の章序が『老子』の比較的古い章序であり、通行本（王弼本）は後代になってそれを変更したもの、と考えることができる。

さて、『韓非子』解老篇・喩老篇が最も早く、編纂され始めたばかりのホットなテキストを用いて『老子』に解釈を施したことは、上述したとおり。その解老篇・喩老篇が用いた『老子』から馬王堆甲本・乙本の筆写に至るまでの間は、わずかに三十年〜五十年しか隔たっていないが、解老篇・喩老篇の『老子』と馬王堆甲本・乙本とを比較してみると共通点もあれば相異点もある。

共通点とは、両者ともに「徳経」に当たる部分が前にあり「道経」に当たる部分が後にあるという構成になっていることであり、古いテキストは解老篇・喩老篇の『老子』の順序に文章を並べていたのである。(21) また、経文の文章を比較すると、通行本(王弼本)よりも解老篇・喩老篇の『老子』と馬王堆甲本・乙本とがより近い関係にあることであり、この例は相当に多い。一例を挙げれば、第四十六章の経文《けいぶん》は、解老篇の『老子』は、

禍《わざわ》いは欲《ほっ》す可《べ》きより大なるは莫《な》く、禍《わざわ》いは足るを知らざるより大なるは莫く、咎《とが》は利を欲するより憯《いたま》しきは莫し。

に作り、喩老篇の『老子』は、

罪は欲《ほっ》す可《べ》きより大なるは莫《な》く、禍《わざわ》いは足るを知らざるより大なるは莫く、咎《とが》は得んと欲するより憯《いたま》しきは莫し。

に作る。一方、馬王堆『老子』甲本は、

罪は欲《ほっ》す可《べ》きより大なるは莫《な》く、𡁏《わざわ》(禍)いは足《た》るを知らざるより大なるは莫く、咎《とが》は得んと欲するより憯《いた》ましきは莫し。

に作り、乙本は、

罪は欲す可きより大なるは莫く、禍いは〔足るを知らざるより大なるは莫く、咎は得んと欲するより憯ましきは莫し〕。

作って、完全に喩老篇と同じである。(22) それに対して、通行本(王弼本)は、

禍いは足るを知らざるより大なるは莫《な》く、咎《とが》は得んと欲するより大なるは莫し。

に作って、第一句が省略されている。ちなみに、河上公本は、

罪は欲《ほっ》す可《べ》きより大なるは莫《な》く、禍いは足るを知らざるより大なるは莫く、咎《とが》は得んと欲

するより大なるは莫し。

に作る。テキストの変遷史の大枠は、いくつかの文言が徐々に通行諸本に向かって整えられていったと認めることができよう。その中で第三句の「憯」の字に注目すれば、これを「憯」に作って「大」に作らない点で、解老篇・喩老篇の『老子』と馬王堆甲本・乙本が同一のグループをなし、相互に通行諸本よりも親近であることは明らかである。

相異点とは、馬王堆甲本・乙本が解老篇・喩老篇の『老子』にあった文章をいくらか捨て去り、なかった文章を大量に追加・補充して成っていることであり、また表現の修辞をかなり加筆・修正してよく整ったものに改めていることなどである。後者について、上に引用した第四十六章の経文を見てみよう。第一句の「禍」の字は、解老篇と喩老篇とで一致せず揺れていたところであるが、馬王堆甲本・乙本が喩老篇のを襲って「罪」に作って以後は、通行本（河上公本）も「罪」に作って安定するに至っている。解老篇のは第二句も「禍」であるので、表現修辞が最も古拙である。第三句の「利」の字は、解老篇のが「欲」「足」と韻を踏まずやはり古拙であったのを、馬王堆甲本・乙本が喩老篇のを襲って押韻する「得」に作って以後、通行本（王弼本）も「得」に作っている。なお、第三句の通行本（王弼本）の「大」の字は、解老篇・喩老篇と馬王堆甲本・乙本がいずれも「憯」であったのを、第一句・第二句ともに「大」であるのに合わせて、通行本（王弼本）が表現修辞を整えたのであろう。(23)

馬王堆『老子』の甲本と乙本は、同一の系統に属するテキストではあるが、筆写年代が約二十年離れているために、甲本↓乙本のような発展の跡が認められる。

第一に、甲本はテキストの全体が二つに大分されていたけれども、それぞれに何の名称もつけられていなかった。それに対して、乙本は二つの大分された部分にそれぞれ「徳」と「道」の名称を与えている。これらは、前半部分の冒頭（第三十八章の冒頭）に「〔上徳《じょうとく》は徳《とく》ならず、是《ここ》を以《もっ》て徳有り〕。」とあり、後半部分の冒頭（第一章の冒頭）に「道の道《みち》とす可《べ》きは、恒《つね》の道に非《あら》ざるなり。」とある、それぞれの始めの「徳」の字と「道」の字を取ってきて、そのまま機械的に篇名としたものであろうが、その後『老子』のことを『道徳経《どうとくけい》』と呼ぶようになる起源は、ここに胚胎していた。

第二に、甲本は縦幅約二十四センチの帛上《はくじょう》に筆写されていた。それに対して、乙本は縦幅約四十八センチの帛上に筆写されている。これはテキストの中身の発展ではないけれども、甲本の段階では、『老子』はまだ一般的な書物として取り扱われるに過ぎなかったのが、乙本の段階になると、経典的な書物と見なされるに至ったのである。と言うのは、後漢時代の王充（紀元後二七年～一〇〇年ごろ）が『論衡』謝短篇において、

彼の人曰わく、「二尺四寸は、聖人の文語なり。朝夕に講習し、義類の及ぶ所なり、故に務めて知る可《べ》し。漢の事は未だ経に載せず、名づけて尺籍《しゃくせき》・短書《たんしょ》と為す。小道に比《なぞら》うれば、其れ能く知るも、儒者の貴ぶものに非ざるなり。」と。

と述べ、同じく書解篇において、

屋《おく》の漏るるを知る者は宇下に在り、政の失を知る者は草野に在り、経《けい》の誤りを知る者は諸《しょ》子《し》に在り。諸子の尺書《しゃくしょ》は、文明らかに実是《じつぜ》なり。

と述べているように、前漢・後漢時代の書物用の木簡・竹簡には長短二種類の尺度があり、長簡は漢尺の二尺四寸で経典を筆写するのに用い、短簡は一尺ないし一尺二寸で諸子を筆写するのに用いた。これとほぼ見合って、帛書にも全幅と半幅の二種類の尺度があり、全幅の帛上に筆写された文献は重要な経典であるのに対して、半幅の帛上に筆写された文献は一般的な読み物であった、と考えられるからである。それ故、ここには黄老思想がまだ盛行する以前の一般的な書物としての甲本から、黄老思想がまさに盛行している時代の経典的な書物としての乙本への発展があったことになる。[24]

第三に、『老子』の経文の文章についても、乙本は甲本を加筆・修正して整った文章に改めている個所が少なくない。ここでは、実例を挙げるのは煩瑣にわたるので省略する。拙著『老子』(馬王堆出土文献訳注叢書、東方書店、二〇〇六年)の「老子(甲本)」、「徳経」と「道経」を参照していただければ幸いである。

## C　馬王堆帛書甲本・乙本以後の『老子』

本節の最後に、馬王堆『老子』甲本・乙本の後世に向けた顔も眺めておこう。

すでに述べたように、『荘子』天下篇の見た『老子』は馬王堆乙本に二、三十年後れるテキストであるが、通行本（王弼本）よりは馬王堆本に近い。しかし、『老子』のテキストは、当時、馬王堆両本の一種類だけしか存在しないという状態ではなく、それらとは系統の異なる諸テキストも存在していた。そして、天下篇が見ていたのはそれであったらしい。だから、『老子』はまだ馬王堆本だけに収斂してはいなかったのである。

その後、馬王堆乙本に七、八十年後れるテキストを見たのが、司馬遷である。『史記』老子列伝は、I、第1章、1「司馬遷の著わした『史記』老子列伝」で引用したように、「是《ここ》に於いて老子廼《すなわ》ち書上下篇《しょじょうげへん》を著わし、道徳の意を言うこと五千余言にして去る。」と記す。馬王堆甲本・乙本に初めて認められた全体を二つに大分する処置は、この段階でも維持されて「上下篇」となった。乙本が初めてそれぞれに名称を与えた「徳」「道」を、ここでは「道徳の意」としたのかもしれない[25]。また、乙本が初めて計算した「徳　三千卌一」と「道　二千四百廿六」の総字数、約五四〇〇字は、ここでも変更がなく「五千余言」である。こうして、多数存在したと思われる系統の異なる諸テキストを蹴落として、馬王堆『老子』両本は通行本（王弼本）の形成に向かって進んでいったのであった[26]。

以上のような経緯に基づいて、枝葉の細かな相異は除いて根本の本質を極めて大雑把に押さえるならば、馬王堆『老子』甲本・乙本は、通行本（王弼本）『老子』の原形であると言って差し支えない。

## 3　郭店楚簡『老子』の新たな登場

一九九八年、今日我々が見ることのできる最古の『老子』が新たに出版・公表された。荊門市博物館『郭店楚墓竹簡』所収の郭店楚墓竹簡『老子』甲本・乙本・丙本である。(27)

### A　郭店楚簡『老子』甲本・乙本・丙本

『郭店楚墓竹簡』は、一九九三年の冬に中国湖北省荊門市郭店村の一号楚墓より出土した八百余枚の竹簡の「図版」(写真版)と「釈文　注釈」を収めている。八百余枚の竹簡は、荊州市博物館や荊門市博物館の整理者の手によって十六種類の文献にまとめられた。――『老子』甲・乙・丙、『太一生水』、『緇衣』、『魯穆公問子思』、『窮達以時』、『五行』、『唐虞之道』、『忠信之道』、『成之聞之』、『尊徳義』、『性自命出』、『六徳』、『語叢』一・二・三・四、である。(28)この『郭店楚墓竹簡』中の『老子』甲本・乙本・丙本の三本は、疑いもなく今日我々が見ることのできる最古の『老子』の筆写本であり、したがって、原本『老子』に最も近いテキストである。なお、本書では以下、郭店『老子』の甲本と乙本と丙本を馬王堆の甲本と乙本のように区別することなしに取り扱う。

三本ともに戦国時代の楚系文字をもって墨書されている。竹簡の長さは、甲本が約三十二センチ、乙本が約三十センチ、丙本が約二十六センチであるが、これらの間にある長短の相異は、上述したような、漢代の書籍用の木簡・竹簡・帛書に認められた長短二種類の尺度を意味しているわけではないらしい。三本の体裁は、『老子』あるいは『道徳経』などという書名がつけられておらず、また全体が二つの部分に大分されてそれぞれに「徳経」「道経」という名称が与えられる、という処置も施されていない。さらに、「一章」「二章」……「八十一章」の分章も行われておらず、まして「体道」「養身」などの章名もつけられていない。その上、各章の配列は「一章」「二章」「三章」……の馬王堆両本や通行諸本の順序のようには並んでおらず、各章の文章構成も馬王堆本や通行本（王弼本）のようには完全具足していない（後述）、といった最も古樸なテキストである。

郭店『老子』三本に含まれる（基準は通行本）章とその配列の順序は、以下のとおり。

甲本

第十九章↓第六十六章↓第四十六章中段・下段（上段を欠く）↓第三十章上段・中段（下段を欠く）↓第十五章上段・中段（下段を欠く）↓第六十四章下段（上段を欠く）↓第三十七章↓第六十三章上段・下段（中段を欠く）↓第二章↓第三十二章。

第二十五章↓第五章中段（上段・下段を欠く）。

第十六章上段（下段を欠く）。

第六十四章上段（下段を欠く）↓第五十六章↓第五十七章。

第五十五章上段・中段・下段（最下段を欠く）↓第四十四章↓第四十章↓第九章。

乙本

第五十九章↓第四十八章上段（下段を欠く）↓第二十章上段（下段を欠く）↓第十三章。

第四十一章。

第五十二章中段（上段・下段を欠く）↓第四十五章↓第五十四章。

丙本

第十七章↓第十八章。

第三十五章↓第三十一章中段・下段（上段を欠く）。

第六十四章下段（上段を欠く）。

これらの内、「中段・下段（上段を欠く）」などという付記のない、単に「第十九章」とか「第六十六章」とか書かれているのは、当該章の文章がほぼ通行本のとおりに完全具足していることを意味する。また、「↓」印は、綴合《てつごう》した竹簡の中で、前の章を受けて後の章が連続して筆写されていることを示す。また「。」の記号は、その連続がそこに至って断絶していることを示す。全体として、通行本を基準に考えるならば、郭店『老子』三本で出現した章は、『老子』八十一章中の三十一章であり（第六十四章下段の一個所だけは重複して出現）、三本の合計字数は二〇四六字である。したがって、通行本の合計字数五〇〇〇字余りの約五分の二が出現したことになる。

以上に紹介した郭店『老子』三本に対して、筆者の行った研究によれば、以下の結論を導き出すことができる。――上段・中段・下段の完全具足していない諸章を含む郭店『老子』三本は、歴史上ほとんど最初にこの世に現われた古い『老子』であり、それ故、原本に最も近い内容を持った『老子』である。また、その内部にそれほどの矛盾や齟齬を含まない本来の姿を保っているが、同時に、テキストとしてはまだ形成途上にある甚だ不安定なものでもある。それに引き替え、各段の完具している馬王堆甲本・乙本や通行諸本は、前漢初期までにあるいはそれ以後に、新たな文章が著作されたり捜求されたりして成った新しい『老子』の姿を示しており、だから、内部に矛盾や齟齬を抱えつつもテキストとして一歩一歩安定するようになっていった時代の『老子』である。

### B　郭店楚簡『老子』は戦国末期の成書

郭店楚墓は、一体いつごろ下葬されたものであろうか。下葬年代が重要であるのは、今回出土した諸文献の成書年代や筆写年代がいつであるかを測る基礎になるのが、下葬年代だからである。この問題については、すでに中国の学者に一定した見解があり、今日の学界では、その紀元前三〇〇年前後の下葬とする見解が最も盛行している。しかしながら、筆者はこの見解に疑問を抱いており、下葬はそのような早い時期にはなく、正しくは戦国末期であろうと推測している。と言うのは、筆者はかつて郭店楚簡の中の一篇である『窮達以時』という文献を、詳細に研究したことがある。(29) この『窮達以時』の中に、郭店楚墓の下葬年代（すなわち『郭店楚簡』の十六種類の文献の成書年代・筆写年代）を推測することのできる資料が含まれていたからである。それは、『荀子』天論篇の「天人の分」の思想に由来する文章である。

研究の方法は、『窮達以時』の文章表現および思想内容を、これと密接に関連する諸文献――『荀子』天論篇・『荀子』宥坐篇・『呂氏春秋』慎人篇・『韓詩外伝』巻七・『説苑』雑言篇・『孔子家語』在厄篇など――と比較・対照することである。研究の結果、上述の盛行している見解とは根本的に異なる郭店楚墓の下葬年代を想定せざるをえないという結論に達した。――その下葬年代は、戦国末期であり、前二六五年前後～二五五年より少し後であろうと考える。

その理由を以下に簡略に示そう。第一に、『荀子』天論篇の「天人の分」の思想は、戦国後期、斉の稷下《しょっか》に遊学していた荀子が、荘子学派と接触してその「天人」関係論（「人」を排除して「天」を称賛する）から強い影響をこうむりながらも、彼らの「人」の否定を覆して「人」の肯定に転ずる思想の革新を起こす中で、斉の土地において形成していった思想である。そして、『荀子』天論篇の成書年代は、荀子がこの土地に滞在していた前二六五年か二六四年～二五五年の約十年の間にあると推測することができる。第二に、『窮達以時』は、『荀子』天論篇が世に出た少しばかり後、その影響の下に「天人の分」の思想を大体のところは忠実に襲って、荀子の後学が筆を振るって成書した儒家の文献と判定すべきである。第三に、『窮達以時』の成書された土地は、荀子をして荘子学派の「天人」関係論の影響からほぼ完全に自由になることを可能ならしめた楚の蘭陵よりも、むしろそれ以前の斉の稷下の方が適《ふさ》わしい。ところで、荀子が楚の蘭陵に家を構えて生活していたのは前二五五年～二三八年の約十八年間である。それ故、『窮達以時』の成書年代の下限も大まかながら決定することができると思う。第四に、「天人の分」の思想内容からする分析をも加えなければならない。大体のところ、忠実に襲いはしたものの、しかし、『窮達以時』には『荀子』天論篇の「天人の分」の思想を修正した点も見受けられる。この点において、『窮達以時』は『荀子』天論篇より後の『呂氏春秋』慎人篇・『荀子』宥坐篇などに接近しているのである。第五に、結局、『窮達以時』の成書年代は、『荀子』天論篇の成書年代（前二六五年前後～二五五年）よりやや後で、荀子が斉の稷下に滞在していた前二六五年前後～二五五年より少し後の期間にあるが、『呂氏春秋』編纂年代（前二三九年ないし前二三五年）に至る過程にあると考えるべきである。――ざっと以上のとおりである。

そして、もし郭店楚墓の下葬年代を以上のように想定することが許されるならば、郭店『老子』三本の成書年代あるいは筆写年代の下限を、戦国末期、前二六五年前後～二五五年より少し後までに置くことが、決して荒唐無稽ではなくなる。我々は、このことを通じて、郭店『老子』三本の中に荀子の思想を踏まえている個所があることを始めとして、郭店『老子』三本の抱く思想内容全体に対しても、より正確な分析、一層合理的な解明を行うことが可能となるわけである。

### C　形成途上にある最古のテキストとしての郭店楚簡『老子』

郭店『老子』は、現存する『老子』の中で最も古い写本であり、その意味では『老子』の原本に最も近いテキストである。そのテキストとしてのあり方は、形式・内容ともに相当多くの点で、馬王堆甲本・乙本やそれに由来する各種通行本とは相異している。その相異のいくつかの重要な点については、すでに上述した。それら以外のもう一つの相異に、『老子』諸章の「上段・中段・下段」の問題がある。(30)——馬王堆甲本・乙本や通行諸本が、諸章それぞれに「上段・中段・下段」の全部が完全具足しているのに対して、郭店『老子』は、合計十二の章（十四個所）において、「中段・下段」は具足するが「上段」が欠けるとか、「上段・中段」は具足するが「下段」が欠けるとか、等々のように「上段・中段・下段」の一部分だけが現われる、という問題である。

今日までにこの問題を研究した論著の大多数は、諸章の「上段・中段・下段」の完全具足した『老子』がすでに春秋末期から戦国中期までの間に成書されていたことを不動の前提としている。言い換えれば、『老子』というテキストの形成過程を解明することを可能にする問題として、これを解こうと試みた論著はほとんど存在しないのである。それらの論著の多くは、郭店『老子』は、完全具足本『老子』を中国大陸の中原から遠く離れた辺鄙な南方、楚の国で筆写したテキストだから、このように精善には写せなかったのだとか、または、完具本の省略版を作って教育などの目的のために使用したのがこのテキストだから、このような形式・内容を具えているのだとか、さらには、筆写者の学力が低く『老子』の思想を理解することが難しかったために、このような不完全な結果に陥ってしまったのだとか、などといった説明を行っている。しかし、これらの説明は、いずれも立論の根拠が薄弱であったり、または思考の過程が曖昧であったりで、当該論著の著者の自由・奔放な思いこみでしかないように感じられる。

ここでは、この問題を示す代表的な例として第五章と第十八章の両章を取り上げ、これらについて検討を行ってみよう。第一に、郭店『老子』第五章は、中段は具わっているが、上段と下段を欠く章である。その文章は、次のとおりである。

天陛《てんち》（地）の勿《あいだ》（間）は、丌《そ》（其）れ猷《な》（猶）お囩《たく》（槖）籗《やく》（籥）のごときか。虚《むな》しくして屈《つ》（竭）きず、遀《うご》（動）きて愈《いよ》いよ出《い》ず■。

また、馬王堆甲本『老子』第五章の全文は、次のとおり。

天地は仁ならず、万物を以て芻狗《すうく》と為す。声《せい》（聖）人《じん》は仁ならず、百省《ひゃくせい》（姓）を以て〔芻〕狗と〔為す〕。天地〔の〕間《あいだ》は、其れ猶《な》お槖籥《たくやく》のごときか。虚《むな》しくして淈《つ》（竭）きず、踵《うご》（動）きて兪《いよ》（愈）いよ出《い》ず。多く聞けば数《しば》しば窮《きゅう》す、中《むな》（盅）しきを守るに若《し》かず。

さらに、通行本（王弼本）『老子』第五章の全文は、次のとおり。

天地は仁ならず、万物を以て芻狗《すうく》と為す。聖人は仁ならず、百姓《ひやくせい》を以て芻狗と為す。天地の間《あいだ》は、其れ猶《な》お槖籥《たくやく》のごときか。虚《むな》しくして屈《つ》（竭）きず、動きて愈《いよ》いよ出《い》ず。多く言えば数《しば》しば窮《きゆう》す、中《むな》（盅）しきを守るに如《し》かず。

まず、これらを形式の上から比較・対照して検討しよう。郭店本は、上段と下段が具わっておらず、ただ中段だけのあるテキストとして出現した。その末尾には「■」の符号がついていて、文章のまとまりがここで切れることを明示している。これに対して、馬王堆甲本・乙本のこの個所の前後には、章頭を表示する「●」の符号が一つもつけられていない。馬王堆甲本・乙本のこの処置は、そのまま通行本に受けつがれていったものであるが、しかし、郭店本の段階では中段だけで一つの章を成していたのである。

次に、内容の上からこれらを検討すれば、第五章は上段と中段と下段が密接に関連する文章であるとは見なしがたい。なぜなら、上段の思想は、「天地」の「万物」に対する対応のし方が、人間・社会の中だけでしか通用しない「仁」などという狭い儒教倫理に背を向け、それを超越していることをモデルとして、「声（聖）人」の「百省（姓）」に対する対応のし方も、「仁」などに背を向け、それを超越すべきだという政治思想を逆説的に主張するものである。それに対して、中段の思想は、「天」と「地」に囲まれた巨大な空間が、実有ではなく虚無であるからこそ、かえって生産的なのだと説いて、「道」に関する形而上学・存在論を比喩的・象徴的に画いている。そして、下段の思想は、多くの知識を摂取して自己を充実させるよりも、「中（盅）」（空虚の意）を守る方がよいと言って、「中（盅）」の生き方を勧めるものである。こういう具合に、上段と中段と下段は、相互に異なった語彙による文章表現を用いて、異なった領域の思想内容を、薄い関連づけの中で述べていると見なされるからである。強いて関連づければ関連づけられないこともなく、特に中段（「虚」）と下段（「中（盅）」）はほぼ同じく虚無の徳を述べた文章であるから、関連があると認めても悪くはない。その場合、下段は中段の意味を一定の方向に限定するために、郭店本より後代に付加されたものということになる。

しかしながら、上段と中段・下段は、ただ「天地」という同じ一つの共通語によってかろうじて繫がっているに過ぎず、思想の上では深い関連があるとは言えない。だから、郭店本第五章が、中段は具わるが上段・下段を欠くという形態で出現したのは当然であり、まさしくそれが古い『老子』の本来の姿だったのである。恐らく郭店本から馬王堆甲本・乙本に向かう過程で、上段の文章と下段の文章が新たに著述あるいは捜求されて、中段の前後に挿入されるようになったのであろう。試みに、『老子』第五章を引用した文章を調査してみると、戦国・秦・前漢の諸文献の中に、この大して長くもない第五章の全文を引用するものが一つもない。例えば、『淮南子』道応篇は、下段だけを引用しているが、中段・上段は引用していない。また、成書年代がいつの時代であるか不明の『文子』では、自然篇が上段だけを引用して解説し、道原篇が下段だけを引用して解説しているが、これらにあっても第五章の上段と中段と下段は、相互に異なった思想をばらばらに述べていると考えられているようである。(31)

第二に、郭店『老子』第十八章を取り上げる。その経文は次のとおりである。

古《ゆえ》(故)に大道癹《たいどうすた》(廃)れて、安《すなわ》(焉)ち息《じん》(仁)義《ぎ》又《あ》(有)り。六新《りくしん》(親)和《わ》せずして、安《すなわ》(焉)ち孝孳《こうじ》(慈)又《あ》(有)り。邦彖《ほうか》(家)緍《こん》(昏)〔乱《らん》〕して、安《すなわ》(焉)ち正臣又《あ》(有)り■。

同じ個所を馬王堆甲本『老子』第十八章は、次のように作る。

故《ゆえ》に大道廃《たいどうすた》れて、案《すなわ》(焉)ち仁義《じんぎ》有り。知快《ちえ》(慧)出《い》でて、案《すなわ》(焉)ち大偽《だいい》(為)有り。六親《りくしん》和《わ》せずして、案(焉)ち畜《こう》(孝)茲《じ》(慈)〔有り〕。邦家《ほうか》閽《こん》(昏)乱《らん》して、案(焉)ち貞臣《ていしん》有り。

また、通行本(王弼本)『老子』第十八章は、次のように作っている。

大道《たいどう》廃《すた》れて、仁義《じんぎ》有り。慧智出《い》でて、大偽《だいい》（為）有り。六親和《りくしんわ》せずして、孝慈有り。国家昏乱《こんらん》して、忠臣有り。

本章において注目したい郭店『老子』の特徴は、二つある。——一つは、第十八章の冒頭に「古」（故）の字があり、馬王堆甲本・乙本にもともに「故」の字があり、したがって、郭店本より馬王堆甲本・乙本に至る戦国末期〜前漢初期の『老子』は、第十八章を上文の第十七章と一つのまとまり（一章）と把えていたことである。[32] 本来冠せられていた「故」を削去して、第十七章と第十八章を二つの章に分けるのは、全ての通行本に見られる措置である。しかし、原本に近い『老子』はそうなっていなかったことが、郭店本によって確認されたことになる。二つは、馬王堆甲本・乙本および通行諸本に例外なく含まれる第二文の「知《ち》快《え》（慧）出《い》でて、案《すなわ》（焉）ち大偽《だいい》（為）有り。」（馬王堆甲本）が、郭店本には見出されないことである。恐らくこれは偶然の欠落ではなくて、古い『老子』原本に最初から書かれていなかったものであろう。この六字ないし七字のない郭店本の方が、第十八章の文章として古樸・単純な自然性を保持しているからだ。[33] この事実によるならば、これは郭店本のような古い『老子』にはもともと存在しない文であり、以後、馬王堆甲本・乙本の形成過程で新たに付加されたものと考えられる。そして、郭店本の段階ではまだ存在していない文・句が、後の馬王堆本の段階で新たに付加された例は、相当に多いのである。[34]

この一文は、一体いかなる意味であろうか。従来の解釈の代表例として、諸橋轍次『掌中老子の講義』（大修館書店、一九六六年）の「老子　上篇」、第十八章（以下、諸橋轍次『掌中　老子の講義』第十八章などと略称）を引いてみよう。諸橋轍次は、

ただ第二句の、「智慧出でて大偽有り」は、若干他の四句と形を異にしており、人間にさかしらな知識、利口さが出て来ると、必ずそこに大いなる偽りが生ずるとの意味である。

と解釈する。その後に世に出た日本人学者の研究も、大多数は同様の解釈をくり返している。また、中国人学者も以上と類似する解釈を述べる者が圧倒的に多い。しかしながら、諸橋轍次およびその後の諸家の解釈は不適当である。なぜなら、この四連対文の第二文を、前後の三文と同じ構造、同じ趣旨の文として読もうとしないからである。[35]

まず、「知快《ちえ》（慧）出《い》でて」（馬王堆甲本、以下同じ）は、前後の「大道廃《たいどうすた》れて」「六親和《りくしんわ》せずして」「邦家《ほうか》闒《こん》（昏）乱《らん》して」と同様に、老子の目から見てマイナス価値の意味である。したがって、人間の有する本来の「無知」あるいは「素樸」さが失われたために、という意味でなければならない。次に、「大偽《だいい》（為）有り」は、前後の「仁義《じんぎ》有り」「畜《こう》（孝）茲《じ》（慈）有り」「貞臣《ていしん》有り」と同様に、当代社会の常識的な目から見てプラス価値の内容を有し、なおかつ老子のそれに対する揶揄あるいは逆説がこめられているはずである。とすれば、この「大偽有り」を「大いなる偽《いつわ》りが生ずる」と解釈した諸橋轍次などが不適当であることは、自《おの》ずから明らかではなかろうか。その「偽」という言葉は、「いつわり」というマ

イナス価値の意味と把えることはできず、世間の常識的な目から見てプラス価値の意味と把えるべきである。それ故、「偽」は、文字としては「為」の仮借字と取るのがよい。そして、「大偽」は、大いなる人為つまり人間の偉大な努力という意味であり、「仁義」「畜(孝)茲(慈)」「貞臣」と並んで当代の主に儒家が唱えていた倫理の一つとして、世間の常識的な目からプラス価値の評価を受けていたものと考えなければならない。結局のところ、第二文の大意は、「あざとい理知が出現したために、偉大なる作為などという人間の努力が唱えられるようになった。」ということになる。

そもそも第十八章の思想の大筋は、当代社会に出現している「仁義」「畜(孝)茲(慈)」「貞臣」といった、一見、立派なプラスの価値を有する諸規範の存在を、それらが存在するに至った基盤たる「大道廃る」「六親和せず」「邦家閲(昏)乱す」にさかのぼって把握しなおし、結局、それらを何の解決にもならないと言って揶揄し批判しようということである。とすれば、仮りにもし『老子』経文中に第二文が含まれていたとするならば、「大偽(為)」も立派なプラスの価値を有する規範でなければならないし、「知快《ちえ》(慧)出《い》ず」も大きなマイナスの基盤崩壊の叙述でなければならない。とは言うものの、馬王堆『老子』の「大偽(為)」批判が、郭店『老子』の段階ですでに存在していたと想定することは、思想史の展開過程を考慮すれば、かなり難しいと思う。ちなみに、福永光司『老子』(朝日新聞社、一九七八年)の「上篇(道経)」、第十八章(以下、福永光司『老子』第十八章などと略称)は、この部分を「さかしらの智恵が発達すると、人為の掟が盛んに作られる。」と現代語訳した

上で、

「大偽」は大いなる人為。おそらく荀子のいわゆる「偽」としての礼楽の教えなどを背後に意識した言葉であろう。

と注釈している。筆者はこれを正しくかつ画期的な解釈と認める者であるが、「大偽（為）」が「礼楽」だけを指すとする理解は、少しばかり窮屈ではなかろうか。その後、木村英一・野村茂夫『老子』（講談社、一九八四年）の上篇、十八章（以下、木村英一・野村茂夫『老子』十八章などと略称）も、福永光司を襲った見解を述べている。

このように見てくると、前半の「知快（慧）出ず」は、郭店『老子』中に含まれる「智（知）」に対する批判や「無智（知）」の提唱と軌を一にする思想であることに、誰しも容易に気づかされよう。馬王堆『老子』甲本・乙本の第十八章にこの句が書きこまれた時、『老子』の「智（知）」への批判や「無智（知）」の提唱は、すでに世間に広く浸透してよく知られるようになっていたに違いない。しかし、それだけでは馬王堆甲本・乙本が第二文を書き加えなければならなかった理由としては不十分である。その決定的理由は、福永光司・木村英一・野村茂夫の認めるとおり、郭店本以後、盛行するようになった荀子の人為の思想にあったと理解すべきである。後半の「大偽（為）」については、それが「仁義」「畜（孝）茲（慈）」「貞臣」と並んで主に儒家が唱えていた倫理として、世間的常識からプラス価値の評価を受けるものであったとすれば、それは荀子の人為を勧める思想に対する、揶揄あるいは逆説と認める他はないからである。

『老子』とほぼ同時代の儒家荀子が、性悪説という人間理解に立脚しつつ、その「性悪」を矯正するために種々さまざまの人為の必要性を強調したことは、周知のとおり。そうした意味の人為を、『荀子』では、「為」という字を用いて表現する場合も勿論少なくない（例えば、勧学篇・脩身篇を参照）。それとともに、また「偽」という字を用いて表現する場合もある。例えば、性悪篇に「人の性は悪なり、其の善なる者は偽《い》なり。」とある（同じく正名篇を参照）。とするならば、第二文「知快《ちえ》（慧）出《い》でて、案《すなわ》（焉）ち大偽《だいい》（為）有り。」を含まない郭店本第十八章の成書は、荀子の作為の思想がぼつぼつ世に知られ、かつ注目されるようになってはいるものの、まだ老子がその強い影響をこうむるに至る以前の時代にあった。それに対して、第二文を含む馬王堆甲本・乙本第十八章の成書は、荀子の作為の思想が十分に世に知られるようになって、すでに老子がその強い影響をこうむるに至っただけでなく、老子自らもその「為」への批判と「無為」の提唱の立場から、強烈な揶揄・逆説を加えざるをえない状況になった時代にあった。このように解釈するのが最も合理的ではないかと考える。[36] こういうわけで、第二文は郭店本の原本に最初から存在しておらず、当時は他の三文だけで完全に具足していた。それが追加されたのは、戦国末期の郭店本より前漢初期の馬王堆甲本に至る、『老子』のテキストが加筆・修正され整理されていく過程においてのことである。それは、道家の内部に、思想内容の点で、戦国末期最大の儒家荀子学派との対抗上、第二文をどうしても必要とする新たな事情が発生していたためと考えられる。

以上、郭店『老子』の中から、性質の異なったテキスト上の問題を有する個所を二つ取り上げて検討してきた。この検討を通じて、郭店『老子』がすでに完成している『老子』の一部分などではないことが明らかになった。それとは正反対に、思想内容の点では、馬王堆甲本・乙本や通行諸本と基本的に一致するけれども、しかし、分量の点では、郭店本で出現した文章は通行本の約五分の二しか成書・編纂されていないし、また体裁の点では、上述のとおり著しく未整理である。だから、郭店本は、原本に最も近い一種の『老子』であるには違いないが、しかし通行本に直接連なるテキストと認めることはできない。この段階では、『老子』の成書・編纂はまだ緒に就いたばかりであった。郭店本は、今まさに形成途上にある『老子』の最も早い時期のテキストに他ならなかったのである。

## 4　北京大学簡『老子』の新たな出現

二〇一二年、さらに新しく『老子』の竹簡本が出版された。北京大学簡『老子』の一本である。ここでは、出版・公表された北京大学出土文献研究所『北京大学蔵西漢竹書　弐』に基づいてその概略を紹介し、その編纂年代を推測しよう。

## A　北京大学簡『老子』の構成

同書所収の韓巍《かんぎ》「西漢竹書《老子》的文本特徴和学術価値」と「前言」によれば、竹簡の枚数は、残簡《ざんかん》を綴合《てつごう》した完整簡《かんせいかん》で換算すれば「老子上経」が一一三枚、「老子下経」が九十八枚残っており、原本はもともと二二三枚（「上経」が一二五枚、「下経」が九十八枚）であったと考えられる。竹簡一枚の大きさは、縦の長さが約三十二センチ、横の幅が八ミリ〜九ミリ。経文は一枚に文字を完全に満たすと通常二十八字、「上経」の末尾に「●凡二千九百卌二」、「下経」の末尾に「●凡二千三百三」という字数の記載があり、総字数は約五三〇〇字。それが成熟した漢代の隷書で筆写されている。

全体は二つの部分から構成され、それぞれの始めの竹簡の背面に「老子上経」「老子下経」という篇題が書かれている。これは上文において言及した、『史記』老子列伝の「是《ここ》に於いて老子　廼《すなわ》ち書上下篇《しょじょうげへん》を著わし、道徳の意を言うこと五千余言にして去る。」に関連する。ただし、「上経」は通行本の「徳経」に相当し、「下経」は通行本の「道経」に相当している。それ故、この構成の大枠は馬王堆甲本・乙本と一致し、逆に通行本とは異なる。また、『老子』各章の前には、円形黒点の分章符号「●」がついている。しかし、その分章は通行本と完全に同じではなく、分章の異なる個所もいくつか存在する。筆写年代については、それを推測する手段とされる避諱《ひき》の実際を調べてみると、前漢の高祖劉邦の「邦」はみな避けて「国」に改めているが、恵帝の「盈」、文帝の「恒」、景帝の「啓」、武帝の「徹（徹）」はいずれも避けていない。『北京大学蔵西漢竹書』の中には、このように避諱が必ずしも厳密でない現象が普遍的に見られるから、これによって筆写年代を推測することはできない。ちなみに、『北京大学蔵西漢竹書』に含まれる数術類の一枚の竹簡に「孝景元年」の紀年がある(同書の「前言」)。一方、使用されている漢字の字体が成熟した漢代の隷書であるところから、筆写年代は前漢、武帝期の前期であろう。——以上が韓巍の説明である。以上の説明の内、筆写年代を前漢、武帝期の前期と推測した点については、筆者は不賛成であり、正しくは前漢後期ないし末期であろうと考える。以下、この問題について論ずることにする。

## B　北京大学簡『老子』第十六章の経文

### a　第十六章の「正しきを積む」

さて、北京大学簡『老子』第十六章には、

虚《むな》しきを至《いた》(致)すこと極《きわ》まり、正しきを積むこと督《あつ》(篤)ければ、万物は並びに作《お》こりて、吾以て其の復《かえ》るを観る。

という文章がある。この個所は、郭店本(第十六章は上段だけが出土)は、虚《むな》しきを至《いた》（致）すこと亙《きわ》〈亟（極）〉まり、中《むな》（盅）しきを獣《まも》（守）ること箁《あつ》（篤）ければ、万勿《ばんぶつ》（物）は方《なら》（並）びに复《お》（作）こり、居《お》りて以て复《かえ》（復）るを須《ま》つなり。

馬王堆甲本（底本）は、

虚《むな》しきを至《いた》（致）すこと極《きわ》まり、情《しず》（静）かなるを守ること表《あつ》〈裻（篤）〉ければ、万物は旁《なら》（並）びに作《お》こり、吾以《われもつ》て其の復《かえ》るを観るなり。

馬王堆乙本は、

虚《むな》しきを至《いた》（致）すこと極《きわ》まり、精《しず》（静）かなるを守ること督《あつ》（篤）ければ、万物は旁《なら》（並）びに作《お》こり、吾以《われもつ》て亓《そ》（其）の復《かえ》るを観るなり。

通行本（王弼本）は、

虚《むな》しきを致すこと極《きわ》まり、静かなるを守ること篤ければ、万物は並びに作《お》こり、吾以《われもつ》て復《かえ》るを観る。

にそれぞれ作る。この文章は、主体である「吾」（実際は「聖人」または「侯王」）が「虚《むな》しきを至《いた》（致）すこと極《きわ》まり、情《しず》（静）かなるを守ること表《あつ》〈裻（篤）〉し。」という原因を作り出すならば、それに呼応して客体である「万物」が自主的・自律的に一斉《いっせい》に「作《お》こり」、「雲《うん》（貟）雲《うん》（貟）として、各《おの》おの其の根に復帰《ふっき》し」ていく結果が生ずるという、「無為→自然」の主客・因果の関係を提唱したものである。[37]

これらの中で、特に注目されるのは傍線を施した個所――北京大学簡の「正しきを積む」、郭店本の「中《むな》（盅）しきを獣《まも》（守）る」、馬王堆甲本の「情《しず》（静）かなるを守る」、馬王堆乙本の「靜（静）かなるを守る」、王弼本の「静かなるを守る」、の相異である。これらの歴史的変遷を考えてみると、戦国末期の郭店本がほとんど初めて「盅しきを守る」と表現したこの言葉を、前漢初期の馬王堆両本が修辞の上から整えて「静かなるを守る」に改め、それがそのまま後代の王弼本にも受けつがれ『老子』の経文として定着していった、ということになる。その「盅しきを守る」と「静かなるを守る」とは、両者の間に本質的な相異はなく、どちらもともに上文の「虚しきを致す」と綺麗な対《つい》をなして「無為」のカテゴリーの範囲内に収まり、かつ道家にとってより重要な「無為→自然」の思想を構成する必要・不可欠の要素となっている。よって、「盅しきを守る」「静かなるを守る」こそが、『老子』本来の表現であったと認めなければならない。

## b 「正しきを積む」は儒家に由来する言葉

ところが、北京大学簡の「正しきを積む」は、「静かなるを守る」などとは本質的に異なって道家の用語ではなく、それと対立する儒家の用語である。また上文の「虚しきを致す」と対をなすことができず、「無為」のカテゴリーの範囲内に収まらず、さらにより重要な「無為→自然」の思想を構成することもできない。恐らく前漢、文帝期の馬王堆乙本以後のある時期に、強まった儒家思想の影響をこうむって筆写者が本来の「静かなるを守る」を改めてしまったものではなかろうか。

この「正しきを積む」は、前後する時代の『老子』の諸経文に全然現われることのない言葉であり、『老子』テキストの歴史上、ここに初めて登場した例外的な文字である。その上、この言葉は、古典諸文献の中でも現われることが稀《まれ》なものであって、前漢・後漢以前の文献では、以下の四例しか発見することができない。すなわち、『新序』雑事一篇に、

孔子……既に司寇と為れば、季孟 郈費《こうひ》の城を堕《こぼ》ち、斉人《せいひと》 侵《おか》す所の魯の地を帰すは、正しきを積むの致す所に由るなり。

とあり、『新序』節士篇に、

故に孔子 席正しからざれば坐せず、割《さ》くこと正しからざれば食《くら》わず、盗泉の水を飲まざ

るは、正しきを積むなり。

とあり、『説苑』修文篇に、

彼《か》の舜《しゅん》は匹夫なるを以て、正しきを積み仁に合し、中《ちゅう》を履《ふ》み善を行いて、卒《つい》に以て興こる。

とあり、『潜夫論』慎微篇に、

独り山川のみに非ざるなり、人の行いも亦た然り。布衣《ほい》善を積みて怠らざること有れば、必ず顔閔《がんびん》の賢きを致し、悪を積みて休《や》まざれば、必ず桀跖《けつせき》の名を致す。独り布衣のみに非ざるなり、人臣《じんしん》も亦た然り。正しきを積みて倦《う》まざれば、必ず節義の志を生じ、邪《よこしま》を積みて止まざれば、必ず暴弑《ぼうしい》の心を生ず。独り人臣のみに非ざるなり、国君《こくくん》も亦た然り。教えを政《ただ》(正)し徳を積めば、必ず安泰の福を致し、挙錯《きょそ》数《しば》しば失えば、必ず危亡の禍《わざわ》いを致す。

とある。

これらの用例を検討してみると、「正しきを積む」は間違いなく儒家の用語であり、前漢末期の劉向が編纂した『新序』と同じく『説苑』に現われる三例が最も早い。劉向は生卒が前七十九年ごろ~八年ごろの人である。また、後漢末期の王符の編纂した『潜夫論』によれば、「正しきを積む」は戦国末期の荀子の「微《び》を積む」(小さな善を日々積み重ねてやがて大成に至る)という思想の影響を強く受けた言葉である。『新序』と『説苑』のも多少不明瞭な点はあるが、やはり荀子の「微《び》を積む」の影響下に成ったものであろう。

**C　北京大学簡『老子』は前漢後期~末期の編纂**

この点から推測すると、北京大学簡『老子』第十六章の筆写者は、当時の儒家が使用していた用語、特に荀子の「微《び》を積む」に由来する「正しきを積む」を外部から取り入れて、『老子』の経文の「静かなるを守る」を勝手に改めたものと思われる。しかしながら、『老子』第十六章の思想の中に置いてみると、儒家の「正しきを積む」という用語は、その章旨に全然マッチしない浮きあがった言葉である。なぜなら、道家の頻用する「静かなるを守る」とは正反対の方向を向いた言葉であるから。それ故、経文のこのような強引な改変を伴って編纂された北京大学簡の筆写年代は、恐らく前漢後期ないし末期にあると思われる。その編纂は、儒家思想が隆盛を極めるに至った時代、例えば元帝期(前四九年~三三年)あたりを背景に置いて考えると、理解しやすいのではなかろうか。

## 5　結論

以上の考察に基づいて、『老子』という書の編纂についての結論を出すことにする。

中国の古典諸文献の通常の一般的な編纂のやり方の例に漏れず、『老子』も一人または少数の思想家が一時または短時に書き上げたものではない。多数の道家の思想家たちが戦国末期〜前漢初期の数十年間を費やして編纂し、一まずその原形を成したものである。

より具体的に述べよう。伝世の通行諸本と新出土の簡帛資料の『老子』のテキストを全てひっくるめて、今日我々がこの目で確認することのできる最古の『老子』は、郭店『老子』である。[38] 全体の分量は通行本の五分の二しか具わっておらず、『道徳経』などの書名、「道経」「徳経」の二大分の構成、出現した三十一章の適切な分章と配列、各章内の上段・中段・下段の完具、等々が全て不備であり未整理である。したがって、これは歴史上ほぼ最初にこの世に現われた『老子』であり、原本に最も近い『老子』である。また、内部にそれほどの矛盾や齟齬を含まない本来の姿を保っているが、同時に、テキストとしてはまだ形成途上にある甚だ不安定なものでもある。その編纂年代は、前二六五年前後〜二三五年より少し後の、戦国末期にあった。このように把えるならば、春秋末期の孔子の言行録である『論語』、戦国初期以来の墨家の書である『墨子』、戦国中期の孟子学派の書である『孟子』の中に、老子や『老子』への言及・引用が一つも存在しない事実を、我々は合理的に説明することができるようになる。また、戦国末期の儒家荀子の書である『荀子』は、老子の人物と思想を知っていたけれども、『老子』からは一文も引用していない事実、戦国末期の呂不韋の編纂した『呂氏春秋』は、老子の人物と思想をより多く知っており、中には老子風の文章をいくつか書き記しているけれども、しかし『老子』からの引用であると明言したものが一例も存在しない事実を、やはり合理的に説明することができるようになるのである。

次に現われた『老子』は出土資料の馬王堆甲本である。編纂・筆写年代は前一九四年〜一八〇年の間であろう。つまり前漢初期である。このテキストは総字数は約五四〇〇字で、郭店『老子』や『韓非子』解老篇・喩老篇の見た『老子』に大幅な加筆・修正を施しており、(39)通行本とほぼ同じ分量に達している。『老子』はここに至って一まずその原形が成ったと認めて差し支えあるまい。それ故、本書では馬王堆甲本を行論のための底本として使用する。

しかし、書名はまだつけられておらず、全体を二大分する措置が初めて施されているものの、それぞれに「徳」「道」の名称がまだつけられていないし、また通行本の「道経」「徳経」とは配列の順序が逆である。この配列の順序は『韓非子』解老篇・喩老篇の見た『老子』の順序を踏襲したものとなっている。そして、全体を章分けした分章の数は通行本よりも相当に多く、また、各章の配列の順序も通行本とは異なるところがあり、その上、各章の内容をなす文章も通行本とは異なる点が少なくない。

これに続くのが馬王堆乙本である。編纂・筆写年代は前一七九年〜一六八年の間であろう。前漢初期の文帝期である。このテキストは直接、馬王堆甲本を受けつぐもので、総字数はやはり通行本とほぼ同じ分量に達しており、約五四〇〇字である。書名はまだつけられていないが、全体を二大分する措置は甲本を踏まえて行われており、それぞれに「徳」「道」の名称が初めてつけられた。後代の『道徳経』という書名の起こりであろう。「徳」と「道」の配列の順序はやはり通行本の「道経」「徳経」とは逆である。そして、テキストの分章や各章の配列の順序も通行本とは異なるところがあり、その上、各章の内容をなす文章も通行本とは異なる点が少なくない。馬王堆甲本と乙本との形態上の相異の一つは、甲本が縦幅約二十四センチの帛上に筆写されていたのに対して、乙本は縦幅約四十八センチの帛上に筆写されていることである。甲本の段階では『老子』はまだ一般的な書物に過ぎなかったのが、乙本の段階になると経典的な書物と見なされて重視されたのである。使用する簡帛の長短のことはともかくとして、『老子』を経典扱いするというこの措置は、次の北京大学簡にも継承されていった。

現在までのところ、出土資料本として最後に現われた『老子』は北京大学簡である。総字数は約五三〇〇字で、通行本とほとんど同じ。書名は初めて『老子』とつけられ、全体を二大分する措置は馬王堆両本を踏襲した上で、それぞれに「老子上経」「老子下経」の名称が与えられた。ただし、通行本の「道経」「徳経」とは配列の順序が逆である。「下経」の内容たる「道経」が前に置かれ、「上経」の内容たる「徳経」が後に置かれるという通行本の成立は、さらに後の時代まで待たなければならない。そして、全体を章分けした分章の数は馬王堆両本よりも通行本に接近しているが、通行本よりも若干少ないようである。しかし、各章の配列の順序は通行本と同じになっている。また、各章の内容をなす文章も通行本とは異なるところがある。まとめて言えば、北京大学簡は馬王堆両本が通行本に移行する過程の、中間にあるテキストと言うことができよう。その編纂・筆写年代は前漢後期ないし末期にあり、前四九年～三三年あたりではなかろうか。

このように、『老子』という書物は、多数の道家の思想家たちが戦国末期～前漢初期の数十年間をかけて成書・編纂し、一まずその原形を作りあげた（馬王堆甲本）。したがって、この書物に盛りこまれている諸思想は、戦国末期～前漢初期の道家の思想家たちの脳裏に起こったものと把える必要がある。しかしながら、これで編纂が完了したわけではなく、さらに前漢後期～末期（北京大学簡）、およびそれ以後も編纂の作業は続けられ、通行本（王弼本・河上公本など）の形成に向かって進んでいったのである。

**注**

（1）荀子は儒家の思想家であるにもかかわらず、当時の道家の諸思想から重大な影響を受けている。その代表例である、「道—万物」関係を基軸とする二世界論については、拙著『道家思想の新研究』の第6章、第1節「二つの世界の理論——「道」と「万物」」を参照。また、弁証法的な知識論については、拙著『道家思想の新研究』の第13章、第4節「弁証法的な論理——否定による超出」を参照。

（2）第二章の「為れども志（恃）まざるなり、功を成せども居らざるなり。」の含意については、本書のⅡ、第2章、B、e「プラス価値ではなくマイナス価値を」の注（41）、Ⅱ、第2章、D、c「無事の提唱」、Ⅱ、第5章、C、c「主体の「無為」と客体の「自然」その3」とその注（38）を参照。

第二章末尾の経文「成功而弗居也」（底本（馬王堆甲本））について諸テキスト間の異同を調べると、郭店本は「成れども居らず」、馬王堆乙本は「功を成せども居らざるなり」、北京大学簡は「功を成せども居らず」、通行本（王弼本）は「功成れども居らず」にそれぞれ作る。最古の郭店本が「成る」とだけ言って「功を成す」と言わないのは、『呂氏春秋』貴公篇の「成る」とだけ言う表現に近い。

（3）第二十五章後半の経文の諸テキスト間の異同について述べれば、郭店本は「天は大なり、陸《ち》（地）は大なり、道は大なり、王《おう》も亦《ま》た大なり。」、底本（馬王堆甲本）は本文に引用したとおり。乙本は「道は大なり、天は大なり、地は大なり、王《おう》も亦《ま》た大なり。」、北京大学簡は「天は大なり、地は大なり、道は大なり、王《おう》も亦《ま》た大なり。」、通行本（王弼本）は「故に道は大なり、天は大なり、地は大なり、王《おう》も亦《ま》た大なり。」にそれぞれ作る。最古の郭店本がまっ先に「道の大」を言わずに、「天と地の大」を言うのは、『呂氏春秋』貴公篇の「天地の大」だけを言う表現に近い。

（4）第三十四章の「功を成し事を遂《と》ぐれども名有《めいゆう》せざるなり」の意味については、本書のII、第2章、B、e「プラス価値ではなくマイナス価値を」の注（41）、II、第2章、D、b「無為・不為の提唱」とその注（166）、II、第2章、D、c「無事の提唱」を参照。

（5）第五十一章の「生ずれども有せざるなり、為れども寺《たの》（恃）まざるなり。」の意味については、本書のII、第2章、D、b「無為・不為の提唱」とその注（169）を参照。

（6）第七十七章の「為れども又《ゆう》（有）せず、功を成せども居らざるなり。」の意味については、本書のII、第2章、B、e「プラス価値ではなくマイナス価値を」の注（41）、II、第2章、D、b「無為・不為の提唱」とその注（170）を参照。

また、第七十七章の傍線部分の内、底本（馬王堆甲本）の「声《せい》（聖）人《じん》は為《な》れども又《ゆう》（有）せず」は、乙本も「耶《せい》（聖）人は為《な》れども又《ゆう》（有）せず」、北京大学簡も「聖人は為《な》れども有せず」に作るが、通行本（王弼本）は「聖人は為《な》れども恃まず」に作る。このように、比較的古い馬王堆両本と北京大学簡の「又」

「有」の字は、通行本（王弼本）の「恃」よりも『呂氏春秋』貴公篇の「有」に一致している。

（7）第十四章冒頭の三文の解釈については、本書のⅠ、第1章、3「老子イメージの展開と「道家」の形成」、Ⅱ、第1章、A、b「「道」は人間が把えることのできないもの」とその注（13）を参照。

（8）第二十五章の傍線部分「吾未《いま》だ其の名を知らず、……。」の解釈については、本書のⅡ、第1章、A、c「「道」は無名である」とその注（25）を参照。

（9）第四十七章の傍線部分「戸を出でずして、……以て天道を知る。」については、本書のⅡ、第2章、C、b「無知・不知の提唱」とその注（75）を参照。

ここで、第四十七章経文の諸テキスト間の異同について述べれば、郭店本には第四十七章はない。底本（馬王堆甲本）は本文に引用したとおり。乙本は、

戸《と》を出《い》でずして、以《もっ》て天下を知り、〔牖《まど》を〕規《うかが》（窺）わず〔して、以て〕天道を知る。亓《そ》（其）の出《い》ずること籥《いよ》（弥）いよ遠き者は、亓（其）の知ること籥《いよ》（弥）いよ〔少なし〕。是《ここ》を以て耶《せい》（聖）人《じん》は行《ゆ》かずして知り、見ず〕して名《あき》（明）らかに、為《な》さずして成る。

北京大学簡は、

戸を出でずして、以て天下を智《し》（知）り、牖を規《うかが》（窺）わずして、以て天道を智（知）る。其の出ずること彌《いよ》（弥）いよ遠ければ、其の智（知）ること彌《いよ》（弥）いよ少なし。是を以て聖人は行かずして智（知）り、見ずして命《あき》（明）らかに、為さずして成る。

通行本（王弼本）は、

戸を出でずして、天下を知り、牖を闚《うかが》（窺）わずして、天道を見る。其の出ずること弥いよ遠ければ、其の知ること弥いよ少なし。是を以て聖人は行かずして知り、見ずして名《あき》（明）らかに、為さずして成る。

にそれぞれ作る。比較的古い底本（馬王堆甲本）・乙本・北京大学簡の「以て天道を知る」の句が、通行本

（王弼本）の「天道を見る」の句よりも『呂氏春秋』君守篇の「而《しこう》して天道を知る」に一致する。また、馬王堆乙本の「遠き者」の字も『呂氏春秋』君守篇に一致する。修辞の観点から見れば、『呂氏春秋』君守篇が最も素樸・稚拙であって、通行本（王弼本）『老子』が最も整っているから、『老子』のこの個所は『呂氏春秋』などを材料として、

　『呂氏春秋』君守篇→馬王堆甲本→馬王堆乙本→北京大学簡→通行本（王弼本）

のように順次彫琢の手が加えられ、次第にテキストが形成されていったのであろう。

（10）第四十四章の「足るを知れば辱められず、止まるを知れば殆うからず。」の解釈については、本書のⅡ、第2章、D、a「無欲・不欲の提唱」、Ⅱ、第4章、C、d「無知・無欲・無為によって養生を実現する」を参照。

（11）第六十五章中の政治における「不知」の提唱については、本書のⅡ、第2章、C、b「無知・不知の提唱」、Ⅱ、第3章、B、a「「道」・柔弱・謙下・無為によって「邦」を統治する」、Ⅱ、第3章、E、a「聖人の統治は人民の心を虚しくして腹を実たす」を参照。

（12）『荘子』の中に、『老子』の編纂に先だつ文章、『老子』と並行して書かれた文章、『老子』の後のその影響を受けて書かれた文章、があることについては、本書のⅡ、第2章、A、a「「道」の形而上学・存在論における人間の位置づけ」、Ⅱ、第5章、A、c「道家の形而上学・存在論の伝統と『老子』」、拙著『道家思想の新研究』の第5章「「万物斉同」の哲学」、第6章「「道」の形而上学」、第10章「「養生」の説と「遊」の思想」などを参照。

（13）十七条とは、養生主篇の秦失・弟子問答、徳充符篇の叔山无趾・仲尼問答、応帝王篇の陽子居・老耼問答、在宥篇の崔瞿・老耼問答、天地篇の夫子・老耼問答、天道篇の孔子・老耼問答、同じく士成綺・老子問答、天運篇の孔子・老耼問答（一）、同じく孔子・老耼問答（二）、同じく子貢・老耼問答、同じく孔子・老耼問答（三）、田子方篇の孔子・老耼問答、知北遊篇の孔子・老耼問答、庚桑楚篇の庚桑楚・南栄趎問答、

則陽篇の柏矩・老耼問答、寓言篇の陽子居・老子問答、天下篇の関尹・老耼論、以上である。

(14)『荘子』胠篋篇の「聖を絶《た》ち知を弃《す》つれば、大盗は乃《すなわ》ち止《や》む。」、同じく在宥篇の「聖を絶ち知を弃つれば、而《すなわ》ち天下大いに治まる。」と『老子』第十九章の「声(聖)を絶ち知を棄つれば、民の利は百負(倍)す。」との関係については、本書のII、第1章、B、b「万物生成論と退歩史観の結合」、II、第2章、C、b「無知・不知の提唱」とその注(65)を参照。

第十九章前半の経文の諸テキスト間の異同について述べれば、郭店本は「智《ち》(知)を迯《た》(絶)ち叏《べん》(辯)を弃(棄)つれば、民の利は百伓《ひゃくばい》(倍)す。」、底本(馬王堆甲本)は本文に引用したとおり。乙本は「耶《せい》(聖)を絶《た》ち知《ち》を棄《す》つれば、而《すなわ》ち民の利は百倍す。」、北京大学簡は「聖を絶《た》ち智を棄《す》つれば、民の利は百倍す。」、通行本(王弼本)は「聖を絶ち智を棄つれば、民の利は百倍す。」にそれぞれ作る。三種類のテキストを比較・対照してみると、郭店本と馬王堆両本・通行本(王弼本)との間で『老子』の経文が動揺していてまだ不安定である様子が、容易に読み取れる。『荘子』在宥篇の「聖を絶《た》ち知を弃《す》つれば、而《すなわ》ち天下大いに治まる。」も、郭店本とほぼ同じかまたは少し前の時代の道家系の文献群から引用したものではなかろうか。

(15)通行本(王弼本)第二十八章前半の「其の雄を知り、其の雌を守れば、天下の谿《たに》と為る。」から「天下の谷と為れば、常徳乃《すなわ》ち足《た》り、樸に復帰す。」までの部分は、『老子』の原文ではなく後世の修飾や竄入が含まれているとして、激しいテキスト・クリティークにさらされてきた。特に、易順鼎『読老札記』、馬叙倫『老子校詁』(中華書局、一九七四年)の巻第二、第二十八章(以下、馬叙倫『老子校詁』第二十八章などと略称)、高亨『老子正詁』(中国書店、一九八八年影印)の巻上、二十八章(以下、高亨『老子正詁』二十八章などと略称)などは、『荘子』天下篇の文章が本来の『老子』であると見なして、そこに含まれない、

其の黒きを守れば、天下の式《しき》と為る。天下の式と為れば、常徳忒《たが》わず、無極に復帰す。其の栄《さか》えを知り、(王弼本)

の合計二十三字を、本来の『老子』ではないので削除すべしと主張した。しかし、馬王堆両本・北京大学簡が登場した今日、これらの出土資料本も通行本とそれほど異なってはおらず、通行本の若干の文字の修正で事足りることが判明した。ただし、「天下の式《しき》と為る」の部分、すなわち、

　其の白《しろ》きを知り、其の黒きを守れば、天下の式《しき》と為る。天下の式と為れば、恒徳貣《たが》（忒）わず。恒徳貣《たが》（忒）わざれば、无極《むきょく》に復帰す（馬王堆甲本）。

という文章は、その前の「天下の渓《たに》と為《な》る」の部分、「天下の浴《たに》（谷）と為る」の部分とトーンが異なる上に、馬王堆両本・北京大学簡では「天下の渓《たに》と為《な》る」「天下の浴《たに》（谷）と為る」の両部分の後に追加されており、またやはり『荘子』天下篇にも含まれていないので、成立がやや後れる可能性があると考えられる。逆に言えば、第二十八章冒頭の三部分の内、両部分は比較的早く（前漢初期までに）成書されていたのではなかろうか。なお、第二十八章前半の引用個所の解釈については、本書のⅡ、第2章、B、b「雄《おす》よりも雌《めす》を、牡《おす》ではなく牝《めす》を」とその注（20）、Ⅱ、第4章、C、c「養生と赤子・嬰児の比喩」とその注（16）を参照。

　第二十八章前半（引用個所を含む）経文の諸テキスト間の異同について述べれば、郭店本には第二十八章はない。底本（馬王堆甲本）は、

　其の雄《おす》を知り、其の雌《めす》を守れば、天下の渓《たに》と為《な》る。……其の白《あか》るきを知り、其の辱《けが》（⿰黒辱）れたるを守れば、天下の浴《たに》（谷）と為る。……其の〔白《しろ》き〕を知り、其の黒きを守れば、天下の式《しき》と為る。

乙本は、

　亓《そ》（其）の雄《おす》を知り、亓（其）の雌《めす》を守れば、天下の雞《たに》（渓）と為《な》る。……亓（其）の白《あか》るきを〔知り〕、亓（其）の辱《けが》（⿰黒辱）れたるを守れば、天下の浴《たに》（谷）と為る。……亓（其）の白《しろ》きを知り、亓（其）の黒きを守れば、天下の式《しき》と為る。

北京大学簡は、

其の雄《おす》を智《し》（知）り、其の雌《めす》を守れば、天下の谿《たに》と為《な》る。……其の白《あか》るきを智（知）り、其の辱《けが》（黷）れたるを守れば、天下の谷と為る。……其の白《しろ》きを智（知）り、其の黒きを守れば、天下の武《しき》〈式〉と為る。

通行本（王弼本）は、

其の雄《おす》を知り、其の雌《めす》を守れば、天下の谿《たに》と為る。……其の白《しろ》きを知り、其の黒きを守れば、天下の式《しき》と為る。……其の栄《さか》えを知り、其の辱《はじ》を守れば、天下の谷と為る。

にそれぞれ作る。馬王堆甲本・乙本・北京大学簡は、いずれも第二文の表現が通行本（王弼本）よりも『荘子』天下篇に近い。それ故、『荘子』天下篇が古い『老子』の表現を残していることは明らかである。

(16) 第七十八章の「聖人の言」の引用文については、本書のⅡ、第2章、B、d「柔弱の提唱における逆説的・弁証法的な構造」、Ⅱ、第2章、C、c「無言・不言の提唱」、Ⅱ、第3章、A、b「柔弱・謙下・無欲・無為によって「天下」全体を統治する」、Ⅱ、第5章、A、b「「道」の重要性」とその注（9）を参照。

(17) 第九章の引用個所に基づいて、「自ら咎を遺さない」ためには「貴富にして驕（驕）る」ことを避けることが必要であるとすれば、『荘子』天下篇の当該個所に「人皆な福を求むるも、己独り曲がりて全し。曰わく、「苟も咎を免れん。」と。」とあるのと、趣旨はほぼ一致する。第九章の引用個所の解釈については、本書のⅡ、第2章、D、a「無欲・不欲の提唱」とその注（125）、Ⅱ、第3章、E、c「聖人の統治は富貴に驕らないが威厳がある」とその注（80）を参照。

(18) 第九章の引用個所の解釈については、本書のⅡ、第2章、B、e「プラス価値ではなくマイナス価値を」とその注（41）を参照。『荘子』天下篇中の引用のその三とその四が『老子』第九章の趣旨とほぼ一致するところから、この二個所は古い『老子』第九章を引用したものであって、当時の『老子』のテキストに『荘子』天下篇のように作る本があったとも考えられる。

(19) この問題に関する楠山春樹『道家思想と道教』(平河出版社、一九九二年)所収の論文「『礼記』曽子問篇に見える老耼について」は、『礼記』曽子問篇の老耼は本来儒家の人であったと主張する。しかし、この説は、孔子・老子関係についての知識社会学的な観点を欠いており、あまり説得力がない。

(20) 例えば、最近の研究では、神塚淑子『『老子』――〈道〉への回帰』(岩波書店、二〇〇九年)の第I部、第一章、「帛書『老子』と楚簡『老子』の出土」、『北京大学蔵西漢竹書 弐』所収の韓巍「西漢竹書《老子》的文本特徴和学術価値」、一「保存状況和筆写年代」は、馬王堆『老子』甲本が劉邦の「邦」を避けていないので、劉邦の没年以前の時代の抄写であると唱えている。

(21) 『韓非子』解老篇・喩老篇の用いたテキストに最初から『老子』という書名がついていたか否かは、未詳である。『老子』という書名、および「解老」「喩老」という篇名は、むしろ後世になってつけられた可能性が高いと思う。

(22) 第四十六章中段の経文の『老子』諸テキストの異同の中で、郭店本の、

辠《つみ》(罪)は甚だ欲《ほっ》するより厚きは莫《な》く、咎《とが》は㝵《え》(得)んと欲するより僉《いた》(憯)ましきは莫《な》く、化《わざわ》(禍)いは足《た》るを智《し》(知)らざるより大なるは莫《な》し。

という表現は、三句の順序が本文に引用した『韓非子』解老篇・喩老篇の『老子』および馬王堆甲本・乙本や北京大学簡とは異なっており、総合的に考えれば、解老篇・喩老篇の『老子』よりもいくらか早く成ったテキストである可能性がある。本章のこの個所に関して郭店本の相対的な古さについては、本書のII、第2章、D、a「無欲・不欲の提唱」の注(120)を参照。

(23) 第四十六章の修辞に注目して諸テキストを眺めれば、解老篇の表現が最も古拙で通行本(王弼本)が最もよく彫琢されている。それ故、『老子』の諸テキストの先後・旧新は、

郭店本→解老篇→喩老篇→馬王堆甲本→馬王堆乙本→北京大学簡→通行本

のごとく展開したのではなかろうか。

(24) 馬王堆帛書の他の文献では、『黄帝四経』四篇や『周易』七篇などが全幅の帛上に筆写されている。

(25) 新出の北京大学簡『老子』は、前漢後期～末期の編纂と考えられるテキストである。その全体は、「老子上経」と「老子下経」の二つの部分から構成されている。「老子上経」の内容は馬王堆乙本の「徳」に当たり、「老子下経」の内容は馬王堆乙本の「道」に当たっている。それ故、前漢後期～末期の北京大学簡にまで下っても、『老子』は「徳道経」だったのである。

(26) 上文で述べたように、馬王堆甲本と乙本の全体的構成は、両者ともに「徳経」が前半にあり「道経」が後半にある。これが両者の共通点の一つであるが、この点は前漢後期～末期の北京大学簡『老子』の、「老子上経」と「老子下経」とも共通している（上の注(25)を参照)。

また、章の順序が通行本（王弼本）と異なる個所が三個所あるが、馬王堆甲本・乙本は全く同じ順序に並べられていた。これに対して、北京大学簡は、第一の問題個所は第三十九章↓第四十章↓第四十一章の順序、第二の問題個所は第六十六章↓第六十七章↓……第八十章↓第八十一章の順序、第三の問題個所は第二十一章↓第二十二章↓第二十三章↓第二十四章の順序、に並べられている。これは通行本（王弼本）と全く同じであり、馬王堆乙本から北京大学簡に至る過程で変更が加えられて、それが以後も継承されていったものと考えられる。このように、通行本（王弼本）『老子』の形成は、長い時間を費やして少しずつ進められていったのである。

(27) 郭店『老子』の形式・筆写年代・成書年代・思想内容などについて、筆者は今日まで多くの論著を世に問うてきた。詳しい内容を知りたい読者には、以下の拙論を参照していただきたい。拙著『郭店楚簡老子研究』（東京大学文学部中国思想文化学研究室、一九九九年第一刷）の「前書き」、拙著『池田知久簡帛研究論集』（曹峰訳、中華書局、二〇〇六年）の「郭店楚簡《老子》——形成階段的《老子》最古文本」、拙著『道家思想の新研究』の付録1「郭店楚簡『老子』諸章の上段・中段・下段——『老子』のテキスト形成史の探究」。

(28) 以上の十六種類の内、『太一生水』と名づけられて『老子』丙本と別扱いされることになった十四枚の竹簡は、その字体・竹簡の長さ等々の仕様が『老子』丙本と完全に同じであり、その内容も郭店『老子』三本とよく調和する。本来は『老子』丙本の一部分をなす章と考えるべきかもしれない。

(29) 『窮達以時』に関する筆者の研究については、以下の拙論を参照。池田知久編『郭店楚簡儒教研究』（汲古書院、二〇〇三年）の「郭店楚簡『窮達以時』の研究」、拙著『池田知久簡帛研究論集』の「郭店楚簡《窮達以時》研究」。

(30) 本項で述べる諸点のさらに詳しい内容については、以下の拙論を参照。拙著『道家思想の新研究』の付録1「郭店楚簡『老子』諸章の上段・中段・下段――『老子』のテキスト形成史の探究」、拙著『郭店楚簡老子の新研究』（汲古書院、二〇一一年）の第六編「郭店楚墓竹簡『老子』諸章の上段・中段・下段――『老子』のテキスト形成史の中で」。

(31) 第五章の上段と中段・下段とが思想内容の点で深い関係のないことについては、本書のII、第1章、C、a「『道』の虚静から『万物』が生み出される」とその注（52）を参照。

　こういうわけで、本章を一つの章とすることには、明代・清代になっても異見が出ていた。例えば、紀昀によれば『永楽大典』所収の『老子』は本章と次章とを併わせて第五章としているし、姚鼐《ようだい》『老子章義』は「多く言えば数《しば》しば窮《きゅう》す、中（盅《むな》）しきを守るに如《し》かず。」の二句を、次の「谷神は死せず、是《これ》を玄牝《げんぴん》と謂う。」の章に属させて読んでいる（以上は馬叙倫『老子校詁』第五章に基づく）。ただし、北京大学簡は第五章章頭に「●」符号をつけ上・中・下段を一まとまりとして、第四章と第六章とから明確に分けているので、前漢後期ないし末期には第五章を一章として取り扱うことが定着したと考えられる。

(32) 馬王堆乙本・北京大学簡も第十八章の経文は、冒頭に「故」の字があり、かつその上に章頭を示す「●」印がないので、第十七章と第十八章を一つの章と把えていた。このように、両章を合わせて一つの章とすべきことについては、本書のII、第1章、B、b「万物生成論と退歩史観の結合」の注（47）を参照。

郭店本を除く諸本において、第十八章の「知快《ちえ》（慧）」が結局「道」を損なうものであるとする否定的評価については、本書のⅡ、第2章、C、b「無知・不知の提唱」を参照。また、第十八章の「仁義」「大偽（為）」などの倫理的・政治的なプラス価値が「大道」「知快（慧）の未出」などの廃壊の結果生じたものとされていることについては、本書のⅡ、第1章、B、b「万物生成論と退歩史観の結合」とその注（48）、Ⅱ、第2章、C、b「無知・不知の提唱」、Ⅱ、第2章、D、b「無為・不為の提唱」を参照。

（33）第十八章の「知快（慧）出でて、案（焉）ち大偽（為）有り。」の一文が『老子』原本には書かれておらず、戦国末期以降になって追加されたものであることについては、本書のⅡ、第2章、D、b「無為・不為の提唱」を参照。なお、北京大学簡第十八章にはこの一文が含まれている。

（34）郭店本に欠けていて後代の通行本（王弼本）の段階で追加された文・文章が少なくないことは、本書のⅠ、第2章、3、A「郭店楚簡『老子』甲本・乙本・丙本」によっても明らかである。この問題の詳細な解明については、拙著『道家思想の新研究』の付録1「郭店楚簡『老子』諸章の上段・中段・下段——『老子』のテキスト形成史の探究」を参照。

（35）第十八章の「慧智出でて大偽有り」の通説の基礎は、王弼『老子注』・河上公『老子注』が作り出したものである。以後の諸説はこれを一歩も踏み出すことがなかった。一文の中でも「大偽」に対する王弼の「姦偽」とする注、河上公の「大偽姦詐」とする注に、疑いを抱く者が一人として出なかったのである。その中で、ここに引用した諸橋轍次の説明は、この一文が前後の三文と対文にならないことを発見した点で、評価すべきかもしれない。「知快（慧）出でて、案（焉）ち大偽（為）有り。」が四連対文の第二文としてスムーズに読みうることについては、本書のⅡ、第2章、D、b「無為・不為の提唱」を参照。

（36）『老子』中に荀子の思想を踏まえた部分があることについては、本書のⅡ、第1章、B、b「万物生成論と退歩史観の結合」、Ⅱ、第2章、C、a「無学・不学の提唱」、Ⅱ、第2章、D、a「無欲・不欲の提唱」、Ⅱ、第5章、B、a「「自然」の出現状況と性質」とその注（15）を参照。老子の荀子思想に対する批判（負）と受容（正）の影響は、一部分は戦国末期の郭店本から始まり、前漢初期の馬王堆両本に至って全面化した。影響を受けた問題は、第十八章の「大偽（為）」（負）、第三十八章の「礼」（負）、第四十八章の学問観（負）、第二十五章の「三才」（正）などの重要な領域に及ぶ。

(37) 第十六章の「虚し・情（静）か」と「万物旁（並）びに作こる」との間に主体の原因→客体の結果という関係が設けられていることについては、本書のII、第1章、C、a「「道」の虚静から「万物」が生み出される」とその注（54）、II、第2章、B、b「雄《おす》よりも雌《めす》を、牡《おす》ではなく牝《めす》を」、II、第5章、C、c「主体の「無為」と客体の「自然」その3」とその注（39）、II、第5章、F、b「「自然」の行き過ぎに対する規制」を参照。また、『老子』およびそれ以後の道家の自然思想については、後出のII、第5章「『老子』の自然思想」で述べる。

(38) 上述したように、『韓非子』解老篇・喩老篇の見た『老子』は、郭店『老子』よりも整理が若干進んでおり、郭店『老子』よりも多少、遅い成立である。ただし、それは『老子』のテキストとしての形を具えて今日残っているわけではない。

(39) 馬王堆甲本・乙本の直接の源になった原本の一つは、郭店本である。この問題の詳細については、以下の拙著を参照。拙著『郭店楚簡老子の新研究』の第一編、四「第二十章上段と第十三章の連続と断絶」、拙著『道家思想の新研究』の付録1、第4節、E「乙本第二十章」。

# II 『老子』の思想

# 始めに

『老子』という書、通行諸本に最も近くそのほとんど最初の形態である底本（馬王堆甲本）は、一体いかなる思想を唱えていたのであろうか。Ⅱ「『老子』の思想」では、底本『老子』に含まれる枝葉末節の諸思想は脇に置いて、その根幹をなす主要な思想を五つの領域にわたって解明する。

第一に、Ⅱで解明する『老子』の主要な諸思想の基礎・根底に位置するものとして設定されているだけでなく、『老子』のあらゆる思想の基礎・根底に設定されている、「道」をめぐる哲学である。この「道」は、根源的な実在としてこの世界に存在する「万物」を超越した、人間には把握することができない独自の存在形態を持っており（形而上学）、また、その固有の作用・働き・機能である「徳」を通じて、「万物」の一切のあり方を根源的に主宰もしくは支配している何ものかであり（存在論）、さらに、以上の議論に時間性を導入しつつ、太初の「無」や「混沌」という存在形態からさまざまの途中段階を経て、世界の「万物」を今あるような姿《すがた》形《かたち》に生み出した何ものかである（万物生成論）。

この「道」をめぐって展開された思索は、『老子』だけでなく『荘子』『淮南子』を始めとする道家の諸思想にとっても基礎・根底をなす哲学であり、その上、戦国末期～前漢初期以後は、儒家も自らの諸思想を基礎づけるためにこれを摂取・吸収したことによって、やがて旧中国の歴史全体を通じて、道家・儒家に止まらずあらゆる思想に基礎・根底を提供することになった重要な哲学なのである。

第二に、人々が第一の「道」や「道」の働きである「徳」(1)を抱いて、現実社会の中でいかに生きていくべきかを追求する、広義の倫理思想である。この思想は、当時の有力な対立学派、儒家の「仁」「義」「礼」などを立てる倫理思想や、また、一般社会で行われている「孝」「慈」などによる常識的な倫理思想を、批判し否定して超越していこうとするのが常である。それらを越えた向こう側の絶対の高みに人間の真実の生き方があると予測して、そこに到達しそこに自らの立場を建てようとする思想だからである。

また、この思想は、儒家の思想家たちや一般社会の人々が、上述の「仁」「義」「孝」「慈」などのように、プラスの価値を帯びた積極的な境地に身を置いて、あるべき倫理を唱えていることを、斜に構えて冷笑しながら自らの倫理を唱える場合が多い。あえて「下《した》」や「後《うし》ろ」の立場、「為す無し」(無為《むい》)の(世間的な意味で)マイナスの価値を持った消極的な境地に身を置いて、それらがかえって「上」や「前」の立場に変わり、「為さざる无し」(いかなることも為し遂げる)のプラス価値の積極性に転じていくことを見通しているからである。――このような逆説的な論理、弁証法的な論理を含んだ、あるゆる価値の価値転換が、『老子』の倫理思想の重要な特徴の一つである。

第三に、「聖人」や「侯王」などの統治者が「天下を取っ」て「天下の貴いもの」となる、すなわち天子・皇帝となることを目指す政治思想である。これは、第一に述べた哲学における、「道―万物」の主宰―被宰の関係、支配―被支配の関係をそのまま政治思想にスライドさせて、「道」に相当する「聖人」などの統治者が「万物」に相当する「天下」の万民を、一元的に統治することを承認しようとするものに他ならない。また「聖人」「侯王」などが「邦」(「国」に同じ)や「天下」を善く統治することを目指すとか、さらに臣下が「聖人」「侯王」などの統治を善く補佐するとか、といった目的も画かれてはいるけれども、『老子』に特徴的な政治思想の目的は、あくまでも天子・皇帝となることを目指す点にある。ここには、やがて終焉を迎えようとしている戦国末期の時代背景、間近に迫りつつある天下統一の気運のみなぎりが、甚だ強く感じられる。

統治者が天子・皇帝となったり、「邦」「天下」などを善く統治したりすることを可能にする方法は、「道」や「徳」を把握することである。「道」「徳」だけでなく、それらと親戚筋の「無為」「虚静《きょせい》」「無知」などといったより具体的な態度も、取るべき方法としてしばしば提唱される。これらは、いずれも世間的な観点から見るならば、マイナス価値を帯びた消極的な態度であるが、そうであればこそ、第二に述べたことと同じように、これらは逆説的・弁証法的にプラス価値の積極性に転じていくと考えているのである。

第四に、人間が「道」や「天」から与えられた身体的生命「身」「形」を、本来のままに生き尽くすべきことを訴える養生《ようせい》(生を養う)思想である。「長生久視」とも言う(『老子』第五十九章)。

この思想を中国思想史上最初に唱えたのは、老子を始めとする道家ではなく、戦国中期に民間から自然発生的に起こったものらしい。道家の思想家たちも、戦国後期から末期にかけての早い段階（『荘子』などの古い部分）では、わざわざ人為的に「生を養う」ことを求める点を嫌って、自らの「無為《むい》」の主張に対立する思想と見なしてこれを批判していた。しかし、戦国末期以後、儒家・法家などの他学派と同じかまたはそれ以上に、道家も「生き尽くす」ことを人間存在の原点と認める側に移行した結果、この思想は道家の思想家たちの内部でも次第に隆盛に向かうことになった。そして、『老子』などの比較的早い段階においてそれを可能にする方法は、上述の倫理思想や政治思想の場合と同様に、基本的に「道」「徳」や「無為」「虚静《きよせい》」「無知」などを把えることであった。『老子』の養生思想は、古い戦国中期～後期に現われた、個人がただ単純に「丈夫で長生き」することを求める思想とは異なっており、その政治思想と結びついて「邦」「天下」の人々全体の「養生」を目的とするなど、相当に複雑化・高度化している点に重要な特徴がある。

第五に、哲学・倫理思想・政治思想・養生思想のあるテーマにおいて、主体である「聖人」「侯王」などが「無為」「虚静」といった（世間的な意味で）マイナス価値の態度を取ることを原因として、その結果、客体である「万物」「百姓」などが自主的・自律的に諸活動を展開するようになる、とする「自然」の思想である。「主体・原因の無為→客体・結果の自然」と図式化できるこの思想を、本書では「自然思想」と呼ぶことにする。

自然思想の基礎・根底にあるのは、世界にあって主体である「道」が「無為」などのマイナス価値のあり方をすることが原因となって、客体である「万物」などが「自然」に、つまり「みずから」諸活動を展開する結果に至る、という一種の存在論哲学である。これを基礎・根底にすえて、『老子』の他の思想領域（倫理思想・政治思想・養生思想）においても、自然思想が唱えられた。例えば、政治思想では、主体・原因である「侯王」の「無為」を通じて、客体・結果である「百姓」の「自然」（みずから）が将来される、と言うのである。とは言うものの、この思想は、従来の古い道家思想——「道」が「万物」の発生・変化・消滅などの全てを主宰する、と考える哲学を基礎・根底とする。——の延長線上に発展的に現われたものではない。まさにその正反対で、従来の道家思想の否定・逆転の上に、戦国末期の道家が新たに唱えるようになった新しい思想なのであった。

これらの五つの領域の思想の内容を、底本（馬王堆甲本）『老子』を主な資料として使用しながら、以下、順次解明していく。ところで、『老子』中の各章の文章は、概して言えば、論じている内容が以上の一つの領域だけに限定されているわけではない。例えば、『老子』第一章が第一の領域と第二の領域にまたがる問題を論じたり、『老子』第二章が第二の領域と第五の領域を合わせて論じたり、等々といったことは、常に現われる現象である。それ故本書では、『老子』の各章に関する分析・解明を、以上の五領域の中のただ一つの領域だけにおいて行うのではなく、当該章が述べている限り、他の諸領域においても行うことにしたい。またその際、底本（馬王堆甲本）と郭店本・馬王堆乙本・北京大学簡・通行本（王弼本）などとの異同の考証は、重要な相異がある場合には、煩瑣にわたるのを厭わず丹念に行う方針である。歴史上ほとんど最初に『老子』として形の整えられたテキストである底本の思想内容を正確に理解するためには、諸テキストの間の、特に出土資料諸本の間の異同を知ることが必要・不可欠だからである。

# 第1章　『老子』の哲学

　そもそも『老子』の中に哲学という思惟はない、もしくはあっても乏しいとする見解は、かつて唱えられたことがあったし、今日でもある程度影響力を持っている。その場合、「哲学」という言葉の概念は、第一に、西洋哲学に伝統的な philosophy をそのまま忠実に襲ったものであったり、第二に、それをモデルに内容を拡張して作った日本風の「哲学」であったり、第三に、それぞれの論者が自ら定義して独自に唱えた「哲学」であったりで、論ずる人によってまちまちであるかもしれない。しかし、周知のとおり、この言葉は、西洋伝統の philosophy の翻訳語として江戸末期~明治初期の日本で初めて誕生したものである。このような経緯に鑑みれば、「哲学」の有無を論じようという時、第一の概念 philosophy を最も重視すべきであることは、言うまでもないと思う。

　『老子』の中にそのような内容の哲学は存在しないという見解の代表として、我々は津田左右吉『道家の思想とその展開』を挙げることができよう。津田左右吉は、その第二篇、第一章「『老子』の思想」において、

　「老子」はまた形而上学的もしくは哲学的思索において多く与かるところが無い。……要

するに「老子」はその思想の根拠を説くにおいて極めて曖昧であり、殆どこれに関する思索が無いといってよい。

と述べた。『老子』における「形而上学」「哲学」の存在、すなわちその諸思想を根拠づける思索の存在を否認したわけである。(2) 実はこのような見解をもってしたのでは、『老子』の思想は勿論のこと、その前後の戦国時代ないし前漢時代の思想史の活きた動きは全く把えることができない。筆者は『老子』中に上述の第一の意味でも第二の意味でも、哲学と呼べる思惟があることを是認する者である。その詳しい内容は、以下に述べるとおりであるから、ここではその紹介を省略するが、以上のような『老子』における哲学否認論は、今日ではもはや清算されなければならないものである。

## A　『老子』の形而上学

### a　形而上の「道」と形而下の「万物」

「形而上」と「形而下」という言葉は、『老子』にはない。これらは、『周易《しゅうえき》』繫辞上伝《けいじじょうでん》に「形而上なる者は、之を道と謂い、形而下なる者は、之を器《うつわ》と謂う。」とあるのが、中国思想史上の初出である。ただし、世界を大分して「道」と「万物」または「器」(「物」を作用・機能という観点から見た言い方)との二つから成るとする見方は、もともと戦国後期以来の

『荘子』や『老子』などの道家のオリジナルな哲学であった。その「万物」は、世界に存在するあらゆる「物」を指すのではあるが、その中に人間が含まれており、むしろ人間を中心にすえて言う言葉であった。それ故、「道—万物」の関係を論ずる哲学は、人間を中心とする「万物」がそれ独自で自主的・自律的に存在しているのではなく、「道」によって主宰・支配されていることを論ずる形而上学・存在論なのである。

『周易』繋辞上伝の右の引用文（その前身は馬王堆帛書『易伝』繋辞篇）は、前漢初期になって儒家が、『老子』などの同類の哲学の強いインパクトの下にそれを踏まえながら、「万物」や「器」に対する道家の否定的な価値評価を肯定に転ずるという修正を施しつつ、道家から借用したものであった。(3) その「形而上」とは、物が形を持って現われる以前の世界、「形而下」とは物が形を持って現われた以後の世界を指す。繋辞上伝の趣旨は、「形而上」の「道」が「形而下」の「器」を主宰・支配しており、「器」は「道」によって発生・変化させられている、という両者の哲学的な相互関係を述べることにある。

このような「道—万物」または「道—器」の主宰—被宰、支配—被支配の関係づけは、『老子』第五十一章に、

道之《みちこれ》を生《しょう》じて、徳之《とくこれ》を畜《やしな》い、物之《ここ》に刑《あら》（形）われて、器之《うつわここ》に成《な》る。……道之《みちこれ》を生じ之《これ》を畜《やしな》い、之《これ》を長《ちょう》じ之《これ》を遂《と》げしめ、之《これ》を亭《さだ》め〔之《これ》を毒《あつ》くし、之《これ》を養い之《これ》を復《おお》（覆）う〕。

とある。ここには、根源者たる「道」とその働きたる「徳」が物を発生させ養育すると、そのために存在者「物」とその働き「器」が姿形《すがたかたち》を持って成立してくる、という存在論が表現されている。これが『老子』に古くから具わっていた道器論である。底本（馬王堆甲本）第五十一章の「器」の字は、乙本も同じく「器」であるから、本来の『老子』は「器」に作り「道—器」の関係づけを述べる哲学であった。[4] ところが、北京大学簡に至って「熱（勢）」の字に変えられ、この部分の意味にも変化がもたらされて、そのまま通行本（王弼本・河上公本）の「勢」へと継承されていったのである。

　本来の古い『老子』が「器」の字に作って「道—器」の形而上学・存在論を述べていたと推測するのは、秦代〜前漢初期の作と思われる『荘子』馬蹄篇に、

　夫れ樸《あらき》を残《そこな》いて以て器を為《つく》るは、工匠の罪なり。道徳を毀《こぼ》ちて以て仁義を為るは、聖人の過《あやま》ちなり。

とあって、「器」や「仁義」などの「万物」がこの世に生まれたのは、「樸」や「道徳」という根源者が破壊された結果だとする、同じような「樸—器」「道徳—万物」の関係づけを述べているからである。『老子』第五十一章は、『荘子』馬蹄篇と同類の「道—万物」の哲学を踏まえつつ、その「器」「万物」に対する否定の度合を弱めて成書されたものと考えられる。「樸」は、『荘子』では「器」になる前の原材料の直叙であったのに引き替え、『老子』

諸章では例外なく全て「道」の比喩・象徴となっている。ついでに述べれば、『老子』第二十八章の、

〔恒〕徳乃ち〔足れば、楃《あらき》（樸）に復帰す〕。……楃《あらき》（樸）は散ずれば〔則ち器《うつわ》と為《な》るも、声《せい》（聖）〕人《じん》は用うれば則ち官長《かんちょう》と為る。夫《そ》れ大制《たいせい》は割《さ》くこと无し。

は、第五十一章とほぼ同じ思想を表わしているが、その「器」に対する否定の度合は第五十一章よりも強い。そして、『老子』(5)諸章の「器」は、『荘子』とはやや異なって、全て「万物」「物」の比喩・象徴である。

これと同様の「道―万物」の主宰―被宰の関係づけは、『老子』第四章にも、

〔道は沖《むな》（盅）しけれども、之を用うれば〕盈《み》た〔ざる有る〕なり。潚《えん》（淵）呵《こ》（乎）として万物の宗《もと》に始《に》（似）たり。……吾《われ》〔誰《だれ》の〕子なるかを知らず、帝の先《さき》に象《に》たり。

とあって、「道」が「万物」を生み出す「宗《もと》」であると説かれている。本章上段の「道は沖《むな》（盅）しけれども、之を用うれば盈《み》たざる有るなり。」は、「道」は「沖《むな》（盅）し」い（「虚」と同義）、つまり虚無であるが故にその働きはかえって無尽蔵だという意味である。ここには、「道」が実有《じつゆう》である「万物」とは正反対のものだとする認定がある。(6)それ故、本章の

「沖《むな》（盅）し」さの提唱は、「道―万物」の関係において、「道」が「万物」と同じレベルにあるものではなく、「万物」を超越した窮極的な根源者であることを言うためであった。また、本章下段の「吾誰《われだれ》の子なるかを知らず、帝の先《さき》に象《に》たり。」は、前半は、「道」を生み出したその(7)「宗《もと》」となる父母などはおらず、「道」それ自体が最も根源的な実在であるという意味であり、また後半は、「道」と同じような働きを有するかもしれない「帝」つまり上帝よりも、「道」はさらに根源的（「先」）だという意味である。後者によれば、老子の「道」の哲学は、当時の「帝」を信仰する宗教よりも「先」にあり、宗教に優越するものであることになる。「道」の哲学のこうした超宗教的性格は、『老子』の諸他の章にも画かれており、その哲学の重要な側面として注目する必要がある。

　また、『老子』第十一章に次のようにある。

卅《そう》〔楅《ふく》（輻）は一轂《いっこく》を同じくするに〕、其の无《む》に〔当たりて〕、〔車《くるま》〕の用《よう》〔有るなり〕。……故に有《ゆう》の以て利《り》を為すは、无《む》の以《もっ》て用を為せばなり。

この「无―有」の関係づけも(8)、以上と同じ「道―万物」の主宰―被宰の形而上学的・存在論的なものである。また、『老子』第五十二章に次のようにある。

天下に始《はじ》め有り、以《もっ》て天下の母《はは》と為す。旣《すで》（既）に亓《そ》（其）の母を得て、以て亓（其）の

〔子を〕知り、〔旣《すで》（既）に亓（其）の子を知りて〕、復《ま》た亓（其）の母を守れば、身《み》を没《ぼっ》（歿）するまで殆《あや》うからず。

その上段は、「天下の始め・天下の母」たる「道」が、「亓（其）の子」たる「天下」の「万物」を生み出すという、やはり「道―万物」の存在論・万物生成論を述べる。その上で、「万物」を知るだけでなく「道」を守ることが肝要であり、[9]それにより人々は「身《み》を没《ぼっ》（歿）するまで殆《あや》うからず」という養生を可能にすることもできると説く。

『老子』中には、人間が「道」を把えるべきことをテーマとした文章が少なくない。それどころか、人間がいかにして「道」を把えるかという問題こそ、老子が追求している最大のテーマであると言っても過言ではない。その目的は、以下の各章で述べるように、倫理思想上の目的、政治思想上の目的、養生思想上の目的、自然思想上の目的、などがあった。と同時に、「道―万物」の主宰―被宰の関係を踏まえた、哲学上の目的もあった。――人間が「道」を把え、その「万物」を発生・変化・消滅させる主宰性を手中に収めることを通じて、単なる被宰者の位置から転じ「万物」を高く越えた主宰者となって世界に出で立つ、という形而上学的・存在論的な目的である。以上に引用した諸章からもそれは感じられるが、他の例を挙げれば、『老子』第三十五章に「大象《たいしょう》を執《と》れば、〔天下〕往《ゆ》く。往きて害あらず、安《やす》らか・平《たい》らか・大《ゆたや》（泰）かなり。」とある。本章は、修道者（「聖人」や「侯王」）が「大《たい》象《しょう》」という「道」を把えることによって、「天下」が動き出し（「往く」）、その結果「天下」

は「安《やす》らか・平《たい》らか・大《ゆたや》（泰）か」になるという目的が達成されることを、簡潔な筆致で描写している。[10] その「大象を執れば、天下往く。」は、「大象（道）―天下（万物）」の主宰―被宰関係の形而上学・存在論の表現であると同時に、「天下」の自主性・自律性を容認する自然思想の表現でもある（Ⅱ、第5章「『老子』の自然思想」に後述）、という二律背反の産物であるらしい。詳しく述べれば、大局的には道家の伝統的な哲学にのっとって、修道者が形而上の「道」を把えることによって形而下の「天下」「万物」を主宰・支配するという政治思想を述べるけれども、同時にまた、これと矛盾・対立する新しい自然思想――「道」のコントロールする世界において「天下」「万物」が自らの力で諸活動を展開すると見る思想――を提起する側面をも合わせ持っているようである。ここでは、「道」の把握に哲学上・政治思想上の目的がある側面に注目しておきたい。

また、『老子』第一章に、

道《みち》の道とす可《べ》きは、恒《つね》の道に非《あら》ざるなり。名の名とす可きは、恒の名に非ざるなり。名无《な》きは、万物の始めなり。名有るは、万物の母なり。〔故に〕恒に无欲にして、以て其の眇《みょう》（妙）を観る。恒に有欲にして、以て其の噭《あき》（曒）らかなる所を観る。両者は同じく出で、名を異にし胃《い》（謂）を同じくす。之を玄《げん》にし有《ま》（又）た玄にするは、衆眇《しゅうみょう》（妙）の〔門〕なり。

とある。ここでも、「道」が「万物」を生み出す「始め」「母」であることに基づき、人間がそれを逆説的・弁証法的な方法で把えることを通じて、「衆眇《しゅうみょう》（妙）」つまり多数の霊妙な宝物の蔵されている門にたどりつくことが目的とされている。詳しく述べれば、「道の眇《みょう》（妙）」つまり「恒《つね》の道」「恒の名」と、「道の皦《あき》（皦）らかなる所」つまり「恒《つね》の道に非《あら》ざる道」「恒の名に非ざる名」との「両者」に対して、「之を玄《げん》にし有《ま》（又）た玄にす」という否定的な根源遡及をくり返すことで、最後には「衆眇《しゅうみょう》（妙）の門」に到達しようというのだ[11]。そして、これこそが真の絶対的な「道」なのである。

### b　「道」は人間が把えることのできないもの

『老子』の中には、以上のような形而上の根源者である「道」を、人間が色々と努力して把えようとするけれども、しかし結局、「道」は把えることができない何ものかであるとする思想が、あちこちに多く画かれている。前項に引用した『老子』第一章の冒頭の、

道《みち》の道とす可《べ》きは、恒《つね》の道に非《あら》ざるなり。名の名とす可きは、恒の名に非ざるなり。名无《な》きは、万物の始めなり。名有るは、万物の母なり。

も、人間の把握した「道」（「道《みち》の道とす可《べ》き」）とその「名」（「名の名とす可き」）が、恒常不変の真の「道」（「恒の道」）とその「名」（「恒の名」）ではないことを訴えていた[12]。それ

故、「道」は本来「名无《な》き」ものであったはずである。「道」は把握できないとするのは、人間がその感覚・知覚によって「道」を目で視、耳で聴き、口で味わい、また心で知る、などをすることができない、そういった感覚・知覚によって把握を超越した何かである、という趣旨である。逆に言うならば、感覚・知覚によって人間に把握できるのは、ただ形而下の「万物」だけであって、「道」という形而上の根源者はそれを越えたはるか彼方にある、と老子は考えている。『老子』にはその多くの章で、人間はこのような「道」を視る・聴く・味わう・知る等々がいずれもできない、とする主張が頻繁に展開されている。例えば、『老子』第十四章に、

之《これ》を視《み》れども見えず、之を名づけて聲《こまか》（微）しと曰《い》う。之を聴《き》けども聞こえず、之を名づけて希《かす》かと曰う。之を捪《なづ》れども得ず、之を名づけて夷《おぼつかな》しと曰う。三者は、至《ち》（致）計《きっ》（詰）す可《べ》からず、故に囷《くく》（捆）り〔て一と為す〕。一なる者は、其の上は攸《とお》（悠）からず、其の下は忽《ちか》からず。尋《じょう》（縄）尋《じょう》（縄）呵《こ》（乎）として名づく可からざるなり、无物《むぶつ》に復帰《ふっき》す。是《これ》を无状《むじょう》の状《じょう》、无物の〔象《しょう》〕と胃《い》（謂）う。〔是を沕《こつ》（忽）朢《こう》（恍）と胃（謂）う。隋《したが》（随）えども其の後ろを見ず、迎《むか》う〕れども其の首《こうべ》を見ず。今の道を執《と》りて、以て今の有《ゆう》を御《ぎょ》して、以て古始《こし》を知る。是を〔道紀《どうき》〕と胃（謂）う。

とあるのがその代表的な文章であって、人間による形而上の「道」の不可把握性を明確に論

じている。⒀ また、『老子』第三十五章に、

故《ゆえ》に道《みち》の言《げん》に出《い》ずるや、曰わく、「談《たん》（淡）呵《こ》（乎）として其《そ》れ味無《あじな》きなり。」と。〔之《これ》を視《み》るも〕見るに足《た》らざるなり、之を聴《き》くも聞くに足らざるなり、之を用うるも既《つ》くす可《べ》からざるなり。

とあるのも、「道」の不可把握性を言う表現である。⒁

『老子』中には、「道」を把える「道」に一体化している理想的な人物（「聖人」など）は、人々にとって把握できない存在だとする議論がある。これも「道」の不可把握性に由来するものと見なすことができる。二つの例を挙げておく。第一に、『老子』第十五章に、

〔古《いにしえ》の善《よ》く道を為《おさ》むる者は、微眇《びみょう》（妙）玄達《げんたつ》して〕、深くして志《し》（識）る可《べ》からず。夫《そ》れ唯《た》だ志（識）る可からず、故に強《し》いて之《これ》が容《かたち》を為さん。

とある。⒂ ここに引用した部分の構成は、『老子』第二十五章に、

物有り昆（混）成し、天地に先だちて生ず。繡《せき》（寂）呵《こ》（乎）たり繆《りょう》（寥）呵《こ》（乎）たり、独立〔して玹《あらた》（改）まらず〕、以《もっ》て天地の母と為《な》す可《べ》し。吾未《いま》だ其の名を知らず、之

に字《あざな》して道《みち》と曰《い》う。吾強《し》いて之が名《な》を為《な》して大《だい》と曰う。

とあるのにかなり近い。第二十五章は、まず「道」の把握しがたいありさまを述べて、しかる後その「道」を「強いて」叙述する。第二十五章の「吾強《し》いて之が名《な》を為《な》す」が、第十五章の「強《し》いて之《これ》が容《かたち》を為さん」とほとんど同じ意味であるところから、第十五章の「古《いにしえ》の善《よ》く道を為《おさ》むる者は、微眇《びみょう》（妙）玄達《げんたつ》して、深くして志《し》（識）る可《べ》からず。」も、「道」の不可把握性に由来するものであるに違いない。

第二に、『老子』第五十六章に、

〔知る者は〕言わず、言う者は知らず。亓《そ》（其）の閟《あな》（兌）を塞《ふさ》ぎ、亓（其）の〔門を〕閉ざし、其の光を〔和《やわ》らげ〕、亓（其）の墼《ちり》（塵）に同《どう》じ、亓（其）の閲《するど》（鋭）きを坐《くじ》（剉）き、亓（其）の紛《みだ》れに解《かい》す。是《これ》を玄同《げんどう》と胃《い》（謂）う。故《ゆえ》に得て親しむ可《べ》からず、亦《ま》た得て疏《うと》んず可からず。得て利《り》す可からず、亦た得て害す可からず。〔得〕て貴《とうと》ぶ可からず、亦た得て浅《いや》（賤）しむ可からず。故《ゆえ》に天下の貴《とうと》きものと為《な》る。

とある。本章の上段の「亓《そ》（其）の閟《あな》（兌）・亓（其）の門・其の光・亓（其）の閲《するど》（鋭）き」は、いずれも修道者（「知る者」）の感覚器官・知覚器官を指し、それらを「塞ぎ・閉ざし・和らげ・坐《くじ》（剉）く」とは、あらゆる感官・知官の働きを停止して世界について何ごとも認識しないことを言う。また、「亓《そ》（其）の塹《ちり》（塵）・亓（其）の紛《みだ》れ」は、ともにまだ修道者の認識によって分節化・秩序化される以前の世界それ自体のありさまを指し、それらに「同《どう》じ・解《かい》す」るとは、彼が世界それ自体に融即《ゆうそく》していくことを言う(16)。そして、「玄同」とは、彼が世界それ自体と寸分の間隙もなく合一することであるが、老子はこの状態を修道者による「道」の把握、すなわち彼が「道」と合一した状態と意義づけていると考えられる。このように、本章の上段は、修道者が世界それ自体を一切認識しないことを通じて、かえって「道」を把握することを論じているのである。一種の神秘主義（mysticism）と評することができよう。これを受けて本章の下段は、そのように「道」と一体化した人間が他の誰からも把握されることのない、「天下の貴《とうと》きものと為《な》る」結末を述べている。したがって、これも、通常の人間による形而上の「道」の不可把握性を表わした文章と見なして差し支えなかろう(17)。

　ところで、『老子』には「徳」という言葉が相当多く使用されている。『老子』を始めとする道家の「徳」は、儒家などの「徳」が仁義や孝慈などを始めとする倫理の意味であるのとは異なって、上述した形而上の「道」の作用・機能の側面を指す。それ故ここにあるのは、根源的な実在としての「道」それ自体は、人間の感覚・知覚によっては把えることができないにしても、「道」の作用・機能は、何とか把えることができるという思想である。これは、「道」の「体」（本体）は人間の感覚・知覚を越えているから言表することができず、また言表すべきでない。その代わりに、「道」の「用」（作用）であれば形而下の「万物」の中に現われるので言表することが許され、また言表すべきである。だから、「道」の作用・機能の側面を大いに語ろうという、一種の機能主義ではなかろうか。

二、三の例を挙げれば、『老子』第二十八章に次のようにある。

……天下の渓《たに》と為れば、恒徳《こうとく》雞《はな》〈離〉れず。恒〔徳〕雞〈離〉れざれば、嬰児《えいじ》〔に〕復《ふっ》帰《き》す。……天下の〔浴《たに》（谷）〕と為れば、恒徳乃《すなわ》ち〔足《た》る。恒〕徳乃ち〔足れば、楃《あらき》（樸）に復帰す〕。……天下の式と為れば、恒徳貣《たが》（忒）わず。〔恒〕徳貣《たが》（忒）わざれば、无極《むきょく》に復帰す。

この「恒徳」は、もしも『老子』において「道」を言表することができたとすれば、「恒（常）道」または「大道」または「妙道」などと書いてしかるべきところである。[18] また、『老子』第三十八章に次のようにある。

〔上徳《じょうとく》は徳《とく》ならず、是《ここ》を以《もっ》て徳有り。下徳《かとく》は徳を失わず、是《ここ》を以《もっ》て〕徳〔无《な》し〕。……故に道を失いて而《しか》る后《のち》（後）に徳あり、徳を失いて而る后（後）に仁あり、仁を失いて而る后（後）に義あり、〔義を失いて而る后（後）に礼あり〕。

冒頭の「上徳《じょうとく》は徳《とく》ならず、是《ここ》を以《もっ》て徳有り。下徳《かとく》は徳を失わず、是《ここ》を以《もっ》て徳无《な》し。[19]」の六つの「徳」は、もしも「道」を言表することが許されたとすれば、下文に画かれた「道↓徳↓仁↓義↓礼」という「道」の廃壊過程の並べ方から判断して、全て「道」と書くべきところではなかろうか。さらに、『老子』第五十四章に次のようにある。

善《よ》く建《た》つる〔者は〕抜《ぬ》け〔ず〕、〔善く抱《いだ》く者は脱《ぬ》けず〕、子孫以《もっ》て祭祀《さいし》して〔絶《た》えず。之《これ》を身に脩《おさ》むれば、亓《そ》（其）の徳は乃《すなわ》ち真《まこと》なり。之を家に脩むれば、亓（其）の徳は〕余《あま》り〔有り〕。之を〔郷《きょう》に〕脩むれば、〔亓（其）の徳は乃ち長し。之を邦《くに》に脩むれば、亓（其）の徳は乃ち夆《ゆた》（豊）かなり。之を天下に脩むれば、亓（其）の徳は乃ち愽《あまね》（博）し〕。

本章の「身」「家」「郷」「邦」「天下」それぞれの「亓（其）の徳」は、仮りに「道」を言表することができたとすれば、全て「道」と書くべきものと考えられる[20]。

以上に指摘した『老子』の「道」に関する機能主義は、人間の感覚・知覚は根源的な「道」の本質を決して把えることができないとする、『老子』の形而上学の性格に由来する特殊な思想であったかもしれない。しかしそれにしても、この機能主義がこれ以後の中国思想史の全体、ひいては中国文化史の全体に与えた影響は小さくなかったのでないかと思う。これが一つの源となって、中国思想史・中国文化史の中に、事物の本質・それ自体を探求する学術研究よりも、事物の作用・機能を利用する「経世致用」を重んずる伝統が形成されていくことになったからである。

### c　「道」は無名である

『老子』において、以上のように「道」は人間の把握できないものであるとする思想は、多くの場合「無名」（「名無し」）という形で議論されている。「名」とは、本来、直接的には「道」の何であるかを言い表わす名称・言葉という意味であるが、実際にはそれから引伸して、「道」のありようを知る感性的また悟性的な認識・概念化、「道」の内容を叙述したり教育したりする説明・伝達、等々へと拡大していった。したがって、「名無し」とは、「道」を言い表わすことのできる名称・言葉はない、「道」を知ることのできる認識・概念化はありえない、「道」を叙述・教育することのできる説明・伝達はあるはずがない、等々の意味となる。それだけでなく、さらに、「道」を名称・言葉をもって言い表わそうとしてはならない、「道」を認識・概念化を通じて知ろうとしてはならない、「道」を説明・伝達によって叙述・教育しようとしてはならない、等々のマクシムをも含むことになった。『老子』にはこれらの諸相の全てが現われているが、それもこれも「道」というものが形而上の根源的な実在だからである。

『老子』において「道」を「名無し」「名づく可《べ》からず」という形で議論している例を挙げてみると、例えば、『老子』第一章に、道《みち》の道とす可《べ》きは、恒《つね》の道に非《あら》ざるなり。名の名とす可きは、恒の名に非ざるなり。名无《な》きは、万物の始めなり。名有るは、万物の母なり。……両者は同じく出で、名を異にし胃《い》（謂）を同じくす。之を玄《げん》にし有《ま》（又）た玄にするは、衆眇《しゅうみょう》（妙）の〔門〕なり。

とある。本章によれば、「道」に対する「名有り」という把え方は言うに及ばず、「名无し」という把え方もそれが言表されている限り「道」を把えてはいない。よって、ともに人間の把握を排除する否定の契機が不十分である故に、「名」の「有る・无し」という一次レベルの相対に止まり、「両者は同じく出で、名を異にし胃《い》（謂）を同じくす。」と判断されざるをえない。老子は、このレベルを越えて進み、相対的に相異するだけの「名有り」と「名无し」との両者をともに対象にしつつ、「之を玄にし有（又）た玄にす」という否定的な根源遡及を何度もくり返す。その揚げ句の果てついに到達するのが、無限次レベルの絶対的な否定即絶対的な肯定の「衆眇（妙）の門」であり、それがすなわち真の「道」なのである。そしてこの真の「道」は、上文の相対的な「名无し」を超出した真の「名无き」実在である。

また、『老子』第十四章に、

一なる者は、……尋《じょう》（縄）尋《じょう》（縄）呵《こ》（乎）として名づく可《べ》からざるなり、无物《むぶつ》に復帰《ふっき》す。是《これ》を无状《むじょう》の状《じょう》、无物の〔象《しょう》〕と胃《い》（謂）う。

とある。「一なる者」である「道」は、何とも「名づく可からざ」るものとされている。

その他にも、『老子』第三十二章に、

道《みち》は恒《つね》に名《な》无《な》し。楃《あらき》（樸）は〔小《しょう》なりと〕唯《いえど》（雖）も、〔天下敢《あ》えて臣《しん》とせず〕。……始めて制《せい》して〔名《な》〕有り。〔名も亦《ま》た既《すで》に〕有れば、夫《そ》れ〔亦た将《まさ》に止《とど》まるを知らんとす〕。

とある。「恒に名无き」ものが「道」であり、「楃（樸）」を制裁して「器」を作るように、「道」を初めて制裁して「名有り」となったものが「万物」である。(21)「名有り」の「万物」は、やがて欲望追求の対象にされて、ここに欲望追求をいかに抑止するかといった新たなテーマが起こることになる。『老子』第三十七章に、

道《みち》は恒《つね》に名《な》无《な》し。侯王《こうおう》若《も》し〔能《よ》く〕之《これ》を守れば、万物将《まさ》に自《みずか》ら𢡺《な》（為）さんとす。𢡺《な》（為）して〔作《お》こら〕んと欲すれば、〔吾《われ》将に之を闐《しず》（鎮）むるに〕无名《むめい》の楃《あらき》（樸）を〔以《もっ》てせんとす〕。

とある、「恒に名无き」ものが「道」だとする命題も、第三十二章と同じである。(22) その「楃（樸）」は、「道」の比喩・象徴であるが、ここではこれも「无名」と形容されていて、かつその政治的な意義が主張されている。『老子』第四十一章に、

〔上士《じょうし》 道を聞けば、堇《つと》（勤）めて能《よ》く之を行う。中士《ちゅうし》 道を聞けば、存《そん》するが若《ごと》く亡《な》（無）きが若し。下士《かし》 道を聞けば、大いに之を笑う。笑わざれば、以《もっ》て道と為すに足《た》らず。是《ここ》を以て建言《けんげん》に之《これ》有りて曰わく、「明道《めいどう》は費《くら》（昲）きが如《ごと》く、進道《しんどう》は退《しりぞ》くが如く、夷《い》道《どう》は類《るい》（纇）の如し。上徳は浴《たに》（谷）の如く、大白《たいはく》は辱《けが》（䵐）れたるが如く、広徳《こうとく》は足《た》らざるが如し。建徳《けんとく》は偸《かりそめ》なるが如く、質真《しっしん》は渝《か》わるが如く、大方《たいほう》は禺《かど》（隅）無《な》し。大器《たいき》は免《おそ》（晩）く成り、大音《たいおん》は声希《かそけ》く、大象《たいしょう》は刑《かたち》（形）无し。」と。道は褒《おお》きくして名《な》无《な》し。夫《そ》れ唯《た》だ〕道は、善く〔始めて且《か》つ善く成す〕。

とある。本章は、章頭から章末まで全てが「道」に関する議論であるが、(23)後半の「道は褒《おお》きくして名《な》无《な》し。」の一文の趣旨は、以上に検討してきたものと同じ。(24)

このように、「道」は本来「名无き」実在であるけれども、『老子』中には、それに仮称・形容を与えて呼んでいる例が少なくない。例えば、『老子』第二十五章に、

物有り昆（混）成し、天地に先だちて生ず。……以《もっ》て天地の母と為《な》す可《べ》し。吾未《いま》だ其の名を知らず、之に字《あざな》して道《みち》と曰《い》う。吾強いて之《し》が名《な》を為《な》して大《だい》と曰う。

とあり、(25)第三十四章に、

道は〔渢《はん》（氾）呵《こ》（乎）として、其《そ》れ左右《さゆう》す可《べ》きなり〕。……万物焉《これ》に帰《き》すれども主と為らざるに、則《すなわ》ち恒《つね》に无欲《むよく》なれば、小《しょう》と名《な》づく可《べ》し。万物焉《これ》に帰《き》す〔れども〕主と為ら〔ざれば〕、大《だい》と名づく可し。

とある。(26) これらの内、「大」が「道」の仮称・形容であることは、『老子』第十八章・第五十三章に「大道」という表現があることでもあり、容易に理解することができよう。他方、「道」を「小」とも呼ぶことについては、第三十二章に、

道《みち》は恒《つね》に名《な》无《な》し。樸《あらき》（樸）は〔小《しょう》なりと〕唯《いえど》（雖）も、〔天下敢《あ》えて臣《しん》とせず〕。……道の天〔下〕に在るを俾《たと》（譬）うれ〔ば、猷《な》（猶）お小《しょう》〕浴《こく》（谷）の江海《こうかい》に与《お》（於）けるがごときなり。

とある。この「小」もまた「道」の仮称・形容であることは、第一に、「樸（樸）」という言葉は、『老子』中でしばしば「道」の比喩・象徴として使用されることが知られているが、その「道」は、すぐ上で「恒に名无し」のように「名」づけられないと明言されたにもかかわらず、続いてあえて「樸（樸）は小なり」と言うのだから、「樸（樸）」も「小」もやはり「道」の仮称・形容と把えなければならない。第二に、章末の一文は、「道」と「天下」との

関係を「小浴（谷）」と「江海」との関係として比喩する。「道」という実在が「天下」の万物を存在・発生させるとする存在論または万物生成論であるが、それは譬えてみれば、「小」さな「浴（谷）」が水流の起点となってやがて大きな「江海」を形成する、というのである。ここでも「道」が「小」と仮称・形容されていると認めることができよう。(27) また、『老子』第五十二章に「小《ちい》さきを〔見る〕を〔明《あき》らか〕と曰《い》い、柔《やわ》らかきを守るを強《つよ》しと曰う。」とある「小さき」も、「道」の大きさを持たないが故に人間の言表を拒否するという性質に与えた、その仮称・形容ではなかろうか。(28)

ついでに述べれば、『老子』第二十一章に、

> 孔徳《こうとく》の容《かたち》は、唯《た》だ道に是従《これしたが》う。道の物《もの》たる、唯《こ》れ朢《こう》（恍）唯《こ》れ忽《こつ》。……今自《よ》り古《いにしえ》に及ぶまで、其の名去らず、以て衆佽《しゅうほ》（父）を順《したが》わしむ。

とあるが、この「名」は、「道」の何であるかを言表する名称や「道」のありようを知る認識などではなくて、人々が「道」を誉め称える賞賛の声、つまり名誉の意味である。また、『老子』第四十四章に「名《な》と身《み》とは孰《いずれ》か親《した》しき、身と貨《たから》とは孰《いずれ》か多《た》なる、得《う》ると亡《うしな》うとは孰《いずれ》か病《へい》なる。」とあるが、この「名」もやはり名誉の意味である。老子にとって願わしい健康で長寿の「身」の反対側に置かれ、求めて止まない「貨」の獲得と合わせて否定されている、世間の人々から与えられる賞賛の声に他ならない。(29)

### d　無知によって「道」を把える

老子は、人間はどうあがいても「道」を把えることはできないと考えていたのだろうか。——恐らくそうではない。なぜなら、すでに上文で触れたように、老子は最も重視して、人間がいかにして「道」を把えるかというテーマを追求していたからである。より具体的に述べれば、『老子』の中には、明らかに「道」が把えられることを前提にして述べた文章がある。いくつかの例を列挙してみよう。

〔道は沖《むな》（盅）しけれども、之を用うれば〕盈《み》た〔ざる有る〕なり（第四章）。

〔古《いにしえ》の善《よ》く道を為《おさ》むる者は、微眇《びみょう》（妙）玄達《げんたつ》して〕、深くして志《し》（識）る可《べ》からず。……此《こ》の道を葆《たも》（保）てば、盈《み》つるを欲《ほっ》せず（第十五章[30]）。

道を以て人主《じんしゅ》を佐《たす》くるには、兵を以て天下〔に〕強《きょう》たらず、〔其の事は還《かえ》るを好む〕（第三十章[31]）。

〔上士《じょうし》 道を聞けば、菫《つと》（勤）めて能《よ》く之を行う。中士《ちゅうし》 道を聞けば、存《そん》するが若《ごと》く亡《な》（無）きが若し。下士《かし》 道を聞けば、大いに之を笑う〕（第四十一章[32]）。

〔道《みち》を以《もっ》て〕天下に〔立《のぞ》（莅）めば〕、亓《そ》（其）の鬼《おに》は神《しん》ならず（第六十章[33]）。

故《ゆえ》に曰《い》わく、「道を為《おさ》むる者は、以《もっ》て民を明らかにせんとするに非《あら》ざるなり、将《まさ》に以て之を愚《おろ》かにせんとするなり。」と（第六十五章[34]）。

孰《だれ》か能《よ》く余り有りて以て天に奉《ほう》ずるを取ること有る者ぞ、〔唯《た》だ道を又《ゆう》（有）する者のみならんか〕」（第七十七章）。

これらの文章における「道」は、人々によってすでに把えられているもの、もしくはまさに把えられようとしているもの、と考えることができよう。

それでは、「道」という根源者はいかにして把えられるのであろうか。『老子』の中には、この問題についての多くの思索が残されている。結論を先取りして述べれば、「道」は、人間がそれを「知ら」ないことによって「知る」ことができる。すなわち、「知」を撥無し「知」を超越することを通じて「知り」うるのだ。これがいわゆる「無知の知」に他ならない。それ故、上に引いた「道を用う」（第四章）、「道を為《おさ》む」（第十五章）、「道を以て人主《じんしゅ》を佐《たす》く」（第三十章）、「道を聞く」（第四十一章）、「道《みち》を以《もつ》て天下に立《のぞ》（莅）む」（第六十章）、「道を為《おさ》む」（第六十五章）、「道を又《ゆう》（有）す」（第七十七章）等々は、いずれも「知る」ことの撥無・超越の上に到達した、「道」に対する「無知の知」と理解することができよう。――まさしく『老子』特有の逆説的・弁証法的な思考である。

人間が「道」を把握するためには、感覚・知覚を撥無し超越する必要がある。より具体的には、「道」に向かおうとする人間は、目で視、耳で聴き、口で味わい、また心で知る、などの諸活動を全て撥無・超越する必要がある。例えば、『老子』第四章に「其の〔兌《するど》（鋭）き〕を銼《くじ》（剉）き、其の紛《みだ》れに解し、其の〔光〕を和《やわ》らげ、〔其の塵《ちり》〕に同《どう》ず。」とある。こ

れは、上文で詳説した『老子』第五十六章に、

亓《そ》（其）の悶《あな》（兌）を塞《ふさ》ぎ、亓（其）の〔門を〕閉ざし、其の光を〔和《やわ》らげ〕、亓（其）の塦《ちり》（塵）に同《どう》じ、亓（其）の閱《するど》（鋭）きを坐《くじ》（剉）き、亓（其）の紛《みだ》れに解《かい》す。是《これ》を玄《げん》同《どう》と胃《い》（謂）う。

とあったのと、文章表現も思想内容もほぼ同じ。――「知る者」があらゆる感覚・知覚の働きを停止して[35]世界について何ごとも把握せず、そのことを通じて分節化・秩序化されていない世界それ自体の中に融即《ゆうそく》していき、結局、世界それ自体と寸分の間隙もなく合一することを言う。また、同じ表現が見える『老子』第五十二章の、

亓《そ》（其）の悶《あな》（兌）を塞《ふさ》ぎ、亓（其）の門を閉《と》ざせば、身を終《お》うるまで堇《つか》（勤）れず。亓（其）の悶《あな》（兌）を啓《ひら》き、亓（其）の事《こと》を済《な》せば、身を終《お》うるまで〔来《かえ》らず〕。

も、その一半の内容は、感覚・知覚を撥無することに基づく人間の世界への合一であり、同時にまた「道」の把握でもあると解釈することができよう[36]。

人間が感覚・知覚を撥無するというのは、目で視、耳で聴き、口で味わい、また心で知る、などの働きを撥無することであった。ところで、人間の「我《われ》」「己《おのれ》」は、それらの働き

の本源にあるものであると同時に、それらの働きによって構成されるものであるから、以上のような「道」の把握は、人間が無視・無聴・無知の状態に達するに止まらず、さらに無我・無心の境地にまで進んでいくことによって、初めて実現される状況ということになる。だとすれば、人間が無我・無心の境地に到達した上で、分節化・秩序化されていない世界や根源者「道」に、自ら直接、無媒介に合一するというこの思想は、上述したように、神秘主義（mysticism）の一種と評することが許されよう。ヨーロッパのキリスト教（マイスター・エックハルト Meister Johannes Eckhart やアンゲルス・シレジウス Angelus Silesius 等々）やアラビアのイスラーム教などの神秘主義が、人間がそれぞれの神に直接、無媒介に合一することを目指すのに対して、『老子』を始めとする中国の神秘主義は「道」との合一を目指すという相異があるけれども、神と「道」との相異を除けば、これらは同じタイプの思想と認めて差し支えあるまい。そして、このような神秘主義は、『老子』に先だつ『荘子』諸篇の多くの篇章に明瞭に画かれていた。例えば、『荘子』斉物論篇に、

天下に秋豪《しゅうごう》の末よりも大なるは莫《な》くして、大山《たいざん》を小と為す。殤子《しょうし》よりも寿《いのちなが》きは莫くして、彭祖《ほうそ》を夭《よう》と為す。天地と我と並び生じて、万物と我と一《いつ》為《た》り。

とあり、同じく在宥篇に、

大人《たいじん》……は、……頌論《しょうろん》・形軀《けいく》ともに、大同《たいどう》に合《がつ》す。大同にして己无《おのれな》し。己无ければ、悪《いず》くんぞ有有《ゆうあ》るを得ん。

とある[37]、等々。以上に検討してきた『老子』の神秘主義は、実は道家思想の伝統にほぼ忠実に従ったものだったのである。

## B　『老子』の万物生成論

### a　始源の「道」から「天地」「万物」が生まれた

根源者としての「道」を中心にすえた諸思想の中には、以上の思想とは異なったタイプもある。ここでは、宇宙生成論（cosmogony）と呼ばれる思想について述べる。ただし、「宇宙」という言葉は、古代漢語にもあって西洋由来の宇宙（cosmos や univers）とは異なった意味で用いられるので、本書では「万物生成論」という用語を使用したいと思う。

さて、『荘子』に始まる道家の万物生成論によれば、「道」とは、それが「無」であるかそれとも「有」であるかという問題は別にして、それから「天地」や「万物」などが生成してくる最初の段階、すなわち世界が分節化・秩序化されて現代に至る以前の段階にあって、ただ一つそれしか存在するものがないという状態で存在している混沌である。

一方、万物生成論における「万物」とは、形而上学・存在論における「万物」と同じく、やはり人間を含み、むしろ人間を中心とする言葉である。ただし、万物生成論における「道―万物」の関係は、形而上学・存在論における主宰―被宰、支配―被支配とは異なって、人間がどこから来てどこに行くのかという問題に関心を抱きつつ、「道―万物」の間に時間性を持ちこんで歴史的な考察を加える点に特徴がある。

『老子』の代表的な万物生成論は、第四十章と第四十二章に見えるものである。両章は、底本（馬王堆甲本）[38]と乙本がともに直接繋げ、一つの章として筆写しており、この処置が妥当と考えられるので、ここでもそれに基づいて議論を進めることにする。その『老子』第四十章・第四十二章には、

〔反《はん》なる者は〕、道の動《うご》きなり。弱《じゃく》なる者は、道の用《はたら》きなり。天《てん》〔下《か》の物は有《ゆう》より生じ、有は无《む》より生ず。道《みち》は一《いち》を生じ、一は二《に》を生じ、二は三《さん》を生じ、三は万物を生ず。万物は陰《いん》を負《お》いて陽《よう》を抱《いだ》き〕、中《ちゅう》（沖）気《き》以《もっ》て和《わ》を為す。天下の悪《にく》む所は、唯《た》だ孤《こ》・寡《か》・不《ふ》槖《こく》（穀）なるも、王公《おうこう》は以て自《みずか》ら名《な》づくるなり。勿《もの》（物）或《ある》いは之《これ》を敗《そん》（損）し〔て益《ま》し〕、之を〔益し〕て敗《そん》（損）す。

とある。この文章の内、第四十章は郭店『老子』にすでに含まれているが、その時点では第四十二章はまだ誕生していなかった。だから、第四十二章の、

道《みち》は一《いち》を生じ、一は二《に》を生じ、二は三《さん》を生じ、三は万物を生ず。万物は陰《いん》を負《お》いて陽《よう》を抱《いだ》き、中《ちゅう》（沖）気《き》以《もつ》て和《わ》を為す。

以下の部分は、前漢初期になって書き加えられたものと推測される。言い換えれば、道家の内部で万物生成論という思想が整えられていくのは比較的晩《おそ》く、戦国末期・前漢初期以後に発生した新しい現象だったのである。[39]

　この両章の万物生成論は、「万物」の生成過程を以下のごとくに画くようである。

「无・道」→「有・一」→「二・陰と陽」→「三・陰と陽と中（沖）気」→「天下の物・万物」[40]

ここで注意すべきことは、以下の諸点である。――第一に、「道」が「万物」を生み出す過程は、後代の「自然」の思想が、「万物」の「道」からの「自然」な流出という流出論(Emanationslehre)に移行していった（II、第5章「『老子』の自然思想」を参照）のとは異なって、主宰者である「道」が自ら能動的に「万物」を生み出す、という仕組みになっていることである。これは、道家の伝統的な形而上学・存在論を基礎に成立した、比較的古いタイプの万物生成論であると言えよう。

　第二に、ここでは、「道」は「反・弱・无」という機能や本質を持った（世間的な意味で）マイナス価値であり、だからこそ逆説的・弁証法的にひっくり返って「天下の物・万物」を生ずるというプラス価値に転ずると唱えている。この万物生成論を根拠にして、第四十二章中段の「天下の悪《にく》む所は、唯《た》だ孤《こ》・寡《か》・不《ふ》稾《こく》（穀）なるも、王公《おうこう》は以て自《みずか》ら名《な》づくるなり。」以下は、人間（「王公」など）のあるべき倫理的・政治的な姿を画き出す。この点から考えるならば、万物生成論の『老子』思想における役割は、従来の形而上学・存在論の役割と全く同じである。[41]

第三に、道家の古い「道―万物」関係論は、「道」から「万物」が生み出されてくる過程を、存在論の上では、樸である「道」の自己疎外によって器としての「万物」が出現すると把え（疎外論）、また、歴史論の上では、太初の混沌である「道」が退歩を積み重ねた結果、分節化・秩序化された「万物」に堕落すると把える（退歩史観）ことが多い（上述の『老子』第二十八章を参照）。しかし、この第四十章・第四十二章では、疎外論や退歩史観は影をひそめて、むしろ進歩史観風の明るささえ感じられる。[42]この点は両章の新しさである。結局のところ、両章の思想は、道家の万物生成論が旧から新に移っていく中間に位置づけられるのではないかと考える。

『老子』中の他の万物生成論としては、『老子』第六章に次のようにある。

浴《こく》（谷）神《しん》は死せ（ず）、是《これ》を玄牝《げんぴん》と胃《い》（謂）う。玄（牝）の門は、是《これ》を（天）地の根と胃（謂）う。緜緜《めんめん》呵《こ》（乎）として存するが若《ごと》く、之を用うるも菫《つ》（勤）きず。

これは、「浴《こく》（谷）神《しん》」「玄牝《げんぴん》」（根源的な女性の生殖器）「天地」を「道」の比喩・象徴に用いて、[43]それが「根」となって万物を生み出していく、その多産性を賛美した文章である。最後の「緜緜呵《めんめんこ》（乎）として存するが若《ごと》く、之を用うるも菫《つ》（勤）きず。」も、「道」が万物を生成する働きの無尽蔵性を説いたものと解釈することができよう。

また、『老子』第二十一章に次のようにある。

道の物《もの》たる、唯《こ》れ朢《こう》（恍）唯《こ》れ忽《こつ》。〔忽呵《こつこ》（乎）たり朢《こう》（恍）〕呵《こ》（乎）たり、中に象《しょう》有るかな。朢《こう》（恍）呵《こ》（乎）たり忽呵《こつこ》（乎）たり、中に物有るかな。灣《ゆう》（幽）呵《こ》（乎）たり鳴《めい》（冥）呵《こ》（乎）たり、中に請《じょう》（情）有るかな。其の請《じょう》（情）甚《はなは》だ真なり、其の中に〔信《まこと》有り〕。今自《よ》り古《いにしえ》に及ぶまで、其の名去らず、以て衆佼《しゅうほ》（父）を順《したが》わしむ。吾《われ》何を以《もっ》て衆《しゅう》佼《ほ》（父）の然《しか》るを知るや、此《これ》を以てなり。

これもやはり万物生成論を論じた文章と見なすことができよう。その上段は、「唯《こ》れ朢《こう》（恍）唯《こ》れ忽《こつ》」という混沌たる「道」から、以下、

「道」→「象《しょう》」（形状）→「物」（物の原質）→「請《じょう》（情）」（物の実情）→「真」（その真実性）→「信《まこと》」（人間の信実）

のように、万物が生成されてきた過程を段階づけ、最後には人間の倫理もこの中で生まれたのだと唱える。下段の内容は、上段を踏まえて、「道」が「衆佼《しゅうほ》（父）」（天地・陰陽など）を従属させるという万物生成論の一端であると同時に、また、「道」を把えた統治者が「衆

佼（父）」（王侯・貴族など）を従属させるという政治思想でもあるらしい。

さらに、『老子』第五十二章は、上段・中段のように「道」と「万物」の両者を把えることを通じて、中段・下段のように倫理思想上・養生思想上の目的をも実現することを論じた文章である。その上段に次のようにある。

天下に始《はじ》め有り、以《もつ》て天下の母《はは》と為す。旣《すで》（既）に亓《そ》（其）の母を得て、以て亓（其）の子を知り、旣《すで》（既）に亓（其）の子を知りて、復《ま》た亓（其）の母を守れば、身《み》を没《ぼつ》（歿）するまで殆《あや》うからず。

「道」が「天下」を生み出した「始め・母」であり、「天下」の万物が生み出された「亓《そ》（其）の子」であると認めるが、万物生成論または存在論を踏まえた表現に他ならない。

ついでに付記したいことがある。底本（馬王堆甲本）の『老子』第一章に、「道《みち》の道とす可《べ》きは、……。名无《な》きは、万物の始めなり。名有るは、万物の母なり。」とある。この部分は、従来、通行本（王弼本）が、「道《みち》の道とす可《べ》きは、……。名無きは、天地の始めなり。名有るは、万物の母なり。」に作るのによって、「道・名無し・天地の始め」→「天地・名有り・万物の母」→「万物」のように展開する万物生成を論じた文章と考えられてきたが、馬王堆『老子』が甲本・乙本ともに、問題の個所を「名无《な》きは、万物の始めなり。名有るは、万物の母なり。」に作っている。それ故、馬王堆両本の出土によって右の展開図式が成立しないことが判明した。万物生成論ではなく、存在論と理解すべきであろう(44)。

## b　万物生成論と退歩史観の結合

太初の混沌である「道」からそれが分節化・秩序化されて、「天地」や「万物」が生まれてくることを論ずる万物生成論は、論理上では退歩史観と親和的であり、また実際上でも退歩史観を伴っている場合が少なくない。なぜなら、価値の源である「道」の自己疎外によって人間を始めとする「万物」が生まれたことは、同時に、無価値な「万物」に至る退歩・堕落の過程であったと意味づけられるからである。視点を問題の核心である人間に移してみると、『老子』の作者を始めとする人間は、太初の「道」を去ること最も遠い「万物」に位置づけられており、生成の時間軸の上では最も新しく生まれた、含有する価値の上では最もわずかしか「道」を持っていない、単なる「物」という存在者の一つでしかない。そして、人間という「物」は、主に養生思想が対象とする身体的・物体的な側面を意味するだけでなく、主に倫理思想や政治思想が対象とする精神的・文化的な側面をも意味する、一つのトータルな概念なのである。

『老子』第三十八章を見てみよう。ここには、

〔上徳《じょうとく》は徳《とく》ならず、是《ここ》を以《もっ》て徳有り。下徳《かとく》は徳を失わず、是《ここ》を以《もっ》て〕徳〔无《な》し〕。上徳は

〔為《な》す〕无く〔して〕以て為す无きなり、上仁《じょうじん》は之《これ》を為し〔て〕以て為す〔无き〕なり、上義《じょうぎ》は之を為して以て為す有るなり、上礼《じょうれい》は〔之を為して之に應《おう》(応)ずること莫《な》ければ、則ち〕臂《ひじ》を攘《はら》いて之を乃《つ》(扔)く。故に道を失いて而《しか》る后(後《のち》)に徳あり、徳を失いて而る后(後)に仁あり、仁を失いて而る后(後)に義あり、〔義を失いて而る后(後)に礼あり。夫《そ》れ礼なる者は、忠信《ちゅうしん》の泊《うす》(薄)きものにして〕、乱の首《はじ》めなり。〔前識《ぜんしき》なる者は〕、道の華《はな》にして、愚《ぐ》の首《はじ》めなり。是《ここ》を以て大丈夫《だいじょうふ》は亓《そ》(其)の厚《あつ》きに居りて、亓《そ》(其)の泊《うす》(薄)きに居らず。亓(其)の実《じつ》に居り〔て〕、亓(其)の華に居らず。故に皮《かれ》(彼)を去り此《これ》を取る。

とあって、上述したような意味において、万物生成論が明確に退歩史観を伴って述べられている。「上徳」(「道」に同じ)から万物が生成する過程は、

「上徳」→「上仁」→「上義」→「上礼」

「道」→「徳」→「仁」→「義」→「礼・前識(つまり知)」(45)

である。前者では廃壊のメルクマールにも論及した上で、いずれも根源的な「道」が一歩一歩廃壊を積み重ねながら、当代儒教の倫理規範が生成してきたプロセスを図式化している。これは退歩史観に基づくものである。作者の意図は、本章の後半からも知られるように、当代儒教の倫理規範、特に「礼」と「前識」(つまり「知」)を捨て去って、太初の「道」に復帰していこうと訴える点にある。

　このように、万物生成論が退歩史観と結びついて、退歩の末端に位置する当代の「万物」を批判・否定するケースは、『老子』においてはそれほど多くはない。上文で言及した『老子』第二十八章の、

　楃《あらき》（樸）は散ずれば〔則ち器《うつわ》と為るも、声（聖）〕人は用うれば則ち官長《かんちょう》と為る。夫《そ》れ大《たい》制《せい》は割《さ》くこと无し。

に、「器」「万物」に対する批判の残滓が感じられるのがその例である。(46) また、『老子』第十八章に、

　故《ゆえ》に大道《たいどう》廃《すた》れて、案《すなわ》（焉）ち仁義《じんぎ》有り。知快《ちえ》（慧）出《い》でて、案《すなわ》（焉）ち大偽《だいい》（為）有り。六親和《りくしんわ》せずして、案（焉）ち畜《こう》（孝）茲《じ》（慈）〔有り〕。邦家《ほうか》閲《こん》（昏）乱《らん》して、案（焉）ち貞臣《ていしん》有り。

とある(47)のもその例であるが、これは第二十八章よりも本格的な万物生成論プラス退歩史観である。ここでは、「大道」の廃壊などを原因として当代の「仁義・大偽《だいい》（為）・畜《こう》（孝）茲《じ》（慈）・貞臣《ていしん》」が生まれたと、歴史を批判的にふり返っている。(48)

　ただし、『老子』の全八十一章を総合的に押さえて論ずるならば、万物生成論プラス退歩

史観に基づく当代文化へのこうした批判それ自体は、道家がすでに乗り越えてしまったか、もしくは今まさに乗り越えつつある、古い道家の伝統的な思想であった。こうした批判が多く見られるのは、後代の『老子』よりもむしろ前代の『荘子』である。『荘子』には、上文でその一部分を引用したが、次のようにある。

純樸残《そこな》われざれば、孰《だれ》か犠樽《ぎそん》を為《つく》らん。……道徳廃《はい》せられざれば、安《いず》くんぞ仁義を取らん。性情《せいじょう》離されざれば、安くんぞ礼楽を用いん。……夫れ樸《あらき》を残《そこな》いて以て器《うつわ》を為《つく》るは、工匠《こうしょう》の罪なり。道徳を毀《こぼ》ちて以て仁義を為《つく》るは、聖人の過《あやま》ちなり（馬蹄篇）。

老聃曰わく、「……昔者黄帝《むかしこうてい》始めて仁義を以て人の心を攖《みだ》せり。尭舜《ぎょうしゅん》是《ここ》に於《お》いてか、……其の五蔵《ごぞう》（臟）を愁《うれ》えしめて以て仁義を為《な》し、其の血気《けっき》を矜《くる》しめて以て法度《ほうど》を規《ただ》せり。然《しか》れども猶《な》お勝《た》えざる有るなり。……夫れ施《ひ》きて三王《さんおう》に及びて、天下大いに駭《おどろ》く。……是《ここ》に於《お》いてか、喜怒相《あ》い疑い、愚知《ぐち》相い欺《あざむ》き、善否《ぜんひ》相い非《そし》り、誕信《たんしん》相い譏《そし》りて、天下衰《おとろ》う。大徳《だいとく》同じからずして、性命《せいめい》爛漫《らんまん》たり。……是に於いてか、釿鋸《きんきょ》もて制《せい》し、縄墨《じょうぼく》（纆）もて殺し、椎鑿《ついさく》もて決《けつ》して、天下脊脊《せきせき》として大いに乱る。……今の世は殊死《しゅし》する者相い枕《まくら》するなり、桁楊《こうよう》せらるる者相い推《お》すなり、刑戮《けいりく》せらるる者相い望むなり。……吾未《いま》だ聖知の桁楊の椄槢為《せつしゅうた》らず、仁義の桎梏の鑿枘為《さくぜいた》らざるを知らざるなり。……故に曰わく、「聖を絶《た》ち知を弃《す》つれば、而《すなわ》ち天下大いに治まる。」と。」と（在宥篇）。

後者では、「昔者黄帝《むかしこうてい》」から「今の世」に至る歴史の退歩と「仁義」「法度《ほうど》」「聖知」などの文化の形成との関係が詳論されている。そして、最後の一文「故に曰わく、「聖を絶《た》ち知を弃《す》つれば、而《すなわ》ち天下大いに治まる。」と。」は、底本（馬王堆甲本）の『老子』第十九章に、類似する文が「声《せい》（聖）を絶《た》ち知を棄《す》つれば、民の利は百負《ひゃくばい》（倍）す。」のように存在するが、必ずしも『老子』第十九章の異本からの引用ではなく、古くから道家系の内部に蓄積されていた文献群に由来する文言ではないかと思われる。(49)『荘子』在宥篇のと全く同じ文はどのテキストにも存在しないようである。

ところで、この第三十八章には『老子』という書の成立の時期を推測しうる、いくつかの重要な資料が具わっている。『老子』の編纂という問題については、すでにI、第2章「『老子』という書」において、内在的な方法ではなく外在的な方法を用いて一定の解答を得てきた。――『老子』の思想内容を吟味するという内在的な方法を意識的に避け、『荀子』『呂氏春秋』『韓非子』『荘子』などの『老子』を取り囲む諸書の言及・引用、また、郭店本・馬王堆両本・北京大学簡という出土資料本『老子』の検討を通じて、『老子』テキストの編纂の歴史を解明するという、外在的な方法を用いてその結論を導いたのである。ここでは、第十八章・第三十八章の思想内容（万物生成論と退歩史観）をより正確に把握するという観点に立って、内在的な方法を用いつつ『老子』の編纂を補足的に議論してみたい。『老子』がいつごろ成立した書であるかという問題に関して、以上の第十八章・第三十八章の思想内容に注目した上で、優れた実証的な見解を提出した学者たちが、すでに日本の江戸時代に現われていた。江戸初期の伊藤蘭嵎《いとうらんぐう》（一六九四年〜一七七八年）「題老子巻首」、江戸中期の山片蟠桃《やまがたばんとう》（一七四八年〜一八二一年）『夢の代』、江戸末期の斎藤拙堂（一七九七年〜一八六五年）『老子辨』である。――第十八章・第三十八章を始めとして『老子』の諸章は、儒家の「仁」と「義」を連称して「仁義」と言い、この倫理に対して痛烈な批判を展開している。一方、当の儒家サイドでは、春秋末期の孔子は「仁」や「義」を述べることはあったけれども、各個別々に述べるに止まり「仁義」を連称するまでには至っていない。これを連称したのは戦国中期の孟子である。よって、「仁義」を連称して批判する『老子』は、孟子よりも後に出現した書と認めるべきであり、司馬遷『史記』老子列伝のように、孔子よりも早い時代に置くことはできない、等々と主張したのであった。このように、第十八章・第三十八章の「仁義」という言葉の存在を根拠にして、『老子』の著作年代や編纂年代を戦国中期以後に置くことは、日本の学界においては近世以後、現代に至るまでほぼ不動の定説となっていた。三学者の見解は基本的に正確であって、筆者はその炯眼に心から脱帽する者である。

ただし、二十一世紀の現代となっては、以下のいくつかの理由によって、これに若干の補足・修正を加える必要がある。第一に、江戸初期の伊藤蘭嵎より約二百五十年を経て、現代の我々の手元には三種類の新しい出土資料本『老子』がある。これらを適切に活用するならば、『老子』という書の著作・編纂の問題は、より合理的に解明することができるはずである。本書では、すでにI、第2章「『老子』という書」においてこの道を追究したので、ここでは省略に従う。

第二に、「仁・義・礼・知」というセット・フレーズは、すでに『孟子』に見えている（告子上篇と尽心上篇）から、『老子』第三十八章の「仁・義・礼・前識」は、それを踏まえた上で、時代状況に合わせて「知」を「前識」と言い換えた表現であると考えられる。その「前識」とは、当時の儒家の唱えた特殊なタイプの「知」であり、表面に現われた微小な予兆に基づいて現象全体の到来を推知する「知」を意味する。(50) この言葉の他の用例は、今のところ古典文献中から拾い出すことができないけれども、ほぼ同じ内容の「先識」が戦国末期成書の『呂氏春秋』先識覧先識篇に、また「前知」が前漢初期成書の『礼記』中庸篇に登場する。したがって、それを批判する第三十八章は、戦国末期〜前漢初期の著作と考えないわけにはいくまい。なお、戦国末期成書の郭店本に第三十八章が含まれていないことにも注意する必要がある。

第三に、第三十八章の「夫《そ》れ礼なる者は、忠信《ちゅうしん》の泊《うす》（薄）きものにして、乱の首《はじ》めなり。」の一文における「礼」の性格づけは、前半では、「礼」に「忠信《ちゅうしん》」という内面的な倫理が欠如していることを抉剔《けってき》する。これも儒家に対する批判であるが、孟子の「礼」は善である本性の一要素であり（性善説）まさしく内面的な倫理であるから、孟子に対する批判ではありえない。逆に、「礼」を外面から人間の悪である本性を矯正するものと規定した（性悪説）荀子に対する批判と把えることができる。後半では、それを用いて「治」を実現するために唱えたものでありながら、意に反して「乱」しかもたらさないと言って批判する。このように、「礼」を客観的な社会秩序の問題として把え、「乱」を去って「治」に至るための外面的な規範と見なしたのも、やはり荀子とその学派であった。そうだとすれば、この一文は、当代の代表的な儒家である荀子とその学派をターゲットとした全面的な批判であったことになる。(51)

結局のところ、『老子』第三十八章は、戦国末期〜前漢初期の成立と見るのが最も合理的ではなかろうか。

## C 『老子』の存在論

ここで言う存在論とは、「道」という根源的な実在が「万物」のあれこれを具体的に存在させる、つまり発生・変化・消滅させる、そのありさまを論ずる思想のことである。形而上学が、「天地」「万物」という存在者の根源に形而上の「道」が実在することを論ずる思想であるのとはやや趣きを異にする。実際の場面では両者は同じになることがあるけれども、以上の点に着目して本書では一応、区別して取り扱う。

### a 「道」の虚静から「万物」が生み出される

『老子』には、存在論を論じた文章が多く含まれている。それらの中から代表的な例を二、三取り上げて検討する。

これは、根源者である「道」があれこれの「物」をこの世界において存在させ、発生・変化・消滅させる、という思想であるが、その仕組みは「道」の虚静という性質がこうした現象を可能にすると唱えるケースが少なくない。『老子』第五章に、

> 天地は仁ならず、万物を以て芻狗《すうく》と為す。声《せい》（聖）人《じん》は仁ならず、百省《ひゃくせい》（姓）を以て〔芻〕狗と〔為す〕。天地〔の〕間《あいだ》は、其れ猶《な》お橐籥《たくやく》のごときか。虚《むな》しくして淈《つ》（竭）きず、蹱《うご》（動）きて兪《いよ》（愈）いよ出《い》ず。多く聞けば数《しば》しば窮《きゅう》す、中《むな》（盅）しきを守るに若《し》かず。

とある。本章に言う「天地の間《あいだ》」は、直接「道」を指すのではなく、老子にとって所与の空間的世界を意味するのではあろうが、その中で「道」が「橐籥《たくやく》」（ふいご）のように働いていると述べる。ここでは「天地の間」と「道」とが区別されていないのである。そして、「道」が「虚《むな》しく」「中《むな》（盅）しい」という性質を持つからこそ、「万物」を無尽蔵に生み出し、行きづまることもない、と唱えている[52]。それでは、老子はなぜ「道」の「万物」生成活動の無尽蔵な多産性の原因を、その虚静という性質（ここでは「虚」「中（盅）」）に帰するのであろうか。

一つには、本章上段で、

天地は仁ならず、万物を以て芻狗《すうく》と為す。声（聖）人は仁ならず、百省《ひゃくせい》（姓）を以て〔芻〕狗と〔為す〕。

のように、「天地」のあり方である「仁ならず」という比喩・象徴を利用して、「仁ならず」という人間社会のあるべき倫理または政治を導き出した。それと同じ比喩・象徴をこの中段・下段でも利用しようとしたために、存在論においても「仁ならず」と親近な「虚《むな》しさ・中《むな》（盅）しさ」を提唱したのかもしれない。二つには、本章中段・下段の思想は、「万物」の中のある一つの有力な「物」（例えば「天地」や「気」など）が、諸他の「物」を生み出すと見る存在論とは異なる。そのような思想では実有が実有を生成するという、平板な実有の生成論になってしまう。それに対して、本章のように、「道」が「虚しく・中（盅）しい」と言う根底には、「道」が実《じつ》であり盈《み》ちている「万物」とは正反対のものだとする認定がある。それ故、本章における「虚・中（盅）」の提唱は、「道―万物」の存在論において、「道」が「万物」と同じレベルにあるものではなく、「万物」を超越した窮極的な根源者であることを言うためであったと考えられる。

同様の例としては、『老子』第十一章に、

卅《そう》〔楅《ふく》（輻）は一轂《いっこく》を同じくするに〕、其の无《む》に〔当たりて〕、〔車《くるま》〕の用《よう》〔有るなり〕。……故に有《ゆう》の以て利《り》を為すは、无《む》の以《もっ》て用を為せばなり。

とある。これもまた一種の「道」の存在論である。本章が「道」の代わりに「无」を提唱するのは[53]、上述の第五章が「虚」「中（盅）」を提唱していたのとほぼ同じ。

また、『老子』第十六章に、

虚《むな》しきを至《いた》（致）すこと極《きわ》まり、情《しず》（静）かなるを守ること表《あつ》〈裻（篤）〉ければ、万物は旁《なら》（並）びに作《お》こり、吾《われ》以《もっ》て其の復《かえ》るを観るなり。

とある。これも「吾」という修道者（「聖人」または「侯王」）が、吾が身において「虚《むな》し・情《しず》（静）か」という状態を徹底的に極めるならば、「万物」が一斉に生長するに至る、という（自然思想化された）存在論を述べた文章である[54]。文中の「虚・情（静）」は、第五章の「虚・中（盅）」と同じく「道」の根源者としての性質を指している。

さらに、『老子』第三十四章に、

道は〔渢《はん》（氾）呵《こ》（乎）として、其《そ》れ左右《さゆう》す可《べ》きなり。功を成し〕事を遂《と》ぐれども名有《めいゆう》せざるなり。万物焉《これ》に帰《き》すれども主と為らざるに、則《すなわ》ち恒《つね》に无欲《むよく》なれば、小《しょう》と名《な》づく可《べ》し。万物焉《これ》に帰《き》す〔れども〕主と為ら〔ざれば〕、大《だい》と名づく可し。是《ここ》を〔以《もっ》て〕声《せい》（聖）人《じん》の能《よ》く大を成すや、其の大を為さざるを以てなり、故に能く大を成す。

とある。これもやはり一種の「道」の存在論であり、「道」が左に右にどこまでも拡がって作用を及ぼし、そのお陰で万物が功績を挙げ事業を成し遂げるありさまを画く。その中で「則ち恒に无欲なれば、小と名づく可し。[55]」は、第一章の「恒に无欲にして、以て其の眇(妙)を観る。」と同じように、人間が徹頭徹尾「无欲」であって始めて、大きさを持たない「道」の根源性を把えることができるとしている。

### b 「万物」は「一」を得て存在する

『老子』には窮極的な根源者を指示するものとして、「道」を除いて他に「一」という言葉もある。「一」については、上文ですでに述べたように、『老子』第四十章・第四十二章は、

> 天《てん》下《か》の物は有《ゆう》より生じ、有は无《む》より生ず。道《みち》は一《いち》を生じ、一は二《に》を生じ、二は三《さん》を生じ、三は万物を生ず。万物は陰《いん》を負《お》いて陽《よう》を抱《いだ》き、中《ちゅう》(沖)気《き》以《もっ》て和《わ》を為す。

と画いていた。本章における「一」の位置づけは、「无なる道」が生み出した「有なる一」であって、万物生成論の、

「无・道」→「有・一」→「二・陰と陽」→「三・陰と陽と中(沖)気」→「天下の物・万物」

という図式の中で、「道」より一段階下がった第二段階に置かれている。

しかし、『老子』の諸章における実際の使用例を眺めてみると、「一」の内容・意味は「道」と何ら異なる点がない。例えば、『老子』第三十九章に、

> 昔の一《いち》を得《え》たる者は、天《てん》は一を得て以て清《きよ》く、地は〔一を〕得て以て寧《やす》らかに、神《かみ》は一を得て以て霝《れい》（霊）あり、浴《たに》（谷）は一を得て以て盈《み》ち、侯《こう》〔王《おう》は一を得〕て以て正《せい》と為る。亓《そ》（其）の之《これ》を致《いた》すや、天は已《もつ》（以）て清きこと毋《な》ければ将《まさ》に恐らく〔蓮《さ》（裂）け〕んとすと胃《い》（謂）い、地は〔已《もつ》（以）て寧らかなること〕毋ければ将に恐らく〔発《うご》か〕んとすと胃（謂）い、神《かみ》は已（以）て霝（霊）あること毋ければ〔将に〕恐らく歇《つ》き〔んとす〕と胃（謂）い、浴《たに》（谷）は已（以）て盈つること毋ければ将に恐らく渇《か》（竭）れんとすと胃（謂）い、侯王《こうおう》は已（以）て貴《とうと》くして〔以つ高《か》きこと〕毋ければ〔将に恐らく欮《たお》（蹶）れんとす〕と胃（謂）う。

とある。ここに登場する多くの「一」が、今まで見てきた「道」と同じ内容であることは、自《おの》ずから明らかである。[56]その上、「天」の「已《もつ》（以）て清きこと」とは、「天」が「清き」根拠としての「道」を指し、「地」の「已《もつ》（以）て寧らかなること」とは、「地」が「寧らかなる」根拠としての「道」を指し、……を指すのだから、このように「天・地・神・浴（谷）・侯王」といった多くの存在者に、それぞれの本質的な属性「清し・寧らかなり・霝

（霊）あり・盈つ・貴《とうと》くして以《か》つ高し」を賦与しているものは、存在論的な「道」であると理解して差し支えあるまい。

さらに、同じく存在論的な「道」と同義の「一」は、『老子』第十章にも、

〔営袙《えいはく》（魄）に戴《の》（載）り一《いち》を抱《いだ》きて、能《よ》く离《はな》（離）るること毋《な》からんか。気を槫《もっぱ》（専）らにし柔《やわ》らかきを至《きわ》（致）めて〕、能く嬰児《えいじ》たらんか。……之を生じ之を畜《やしな》うに、生ずれども〔有せ〕ず、〔長ずれども〕宰《つかさど》らざるなり。是《これ》を玄《げん》〕徳《とく》〔と胃《い》（謂）う〕。

とある。ここでは、修道者が「一《いち》を抱《いだ》く」ことを通じて「万物」を「生じ・畜《やしな》う」とする、「一（道）―万物」の関係が簡潔なタッチで画かれている[57]。

道家の思想史をさかのぼって考察するならば、戦国中期に成った『荘子』斉物論篇が初めて、修道者の「我」をもその内に包んで世界の根源的な真実態を「一の無」であるとして「道」を定立した時、「道」と「一」と「無」は、三位一体の同じものであって、それらの間に何の区別・差別も含まれてはいなかった[58]。ところが、戦国末期以後になると、「道―万物」の関係の中に時間性を持ちこんで、「無・道」と「一」との間に事実上の区別と価値上の差別を設けるようになる。上述した『老子』第四十章・第四十二章はその代表的な例に他ならない。その主な原因は、もともと道家の哲学には形而上学・存在論しかなかったのであるが、そこに万物生成論が興こって道家の哲学が多様化したためである。こういうわけで、

上に引用した『老子』第三十九章と第十章が、「一」という言葉を使用して「道」と同じ内容・意味を表現しようとしたのは、実は道家本来の用語法に従ったもの、また道家の古くからの伝統的な実在観を残したもの、と見なすことができよう。

以上、このⅡ、第1章「『老子』の哲学」では三項にわたって「『老子』の哲学」を解明してきた。これらの三項の哲学は全て「道」についての思想である。同時に『老子』の諸思想の基礎・根底をなすものであり、本書に即して言えば、倫理思想・政治思想・養生思想の基礎・根底に位置する思想であった。さらに具体的かつ詳細な基礎づけ・根底づけの様相を知りたければ、以下のⅡ、第2章「『老子』の倫理思想」、第3章「『老子』の政治思想」、第4章「『老子』養生思想」を検討していただきたい。

ただし、哲学と自然思想との関係は、やや複雑で微妙なところがある。自然思想が登場するようになる比較的新しい段階（戦国末期～前漢初期）以降においても、思想としての哲学（形而上学・万物生成論・存在論）は消えてしまったわけではなくまだ存続しており、自然思想と同居している場合もある（例えば、第二十三章・第二十五章・第三十七章・第五十一章など）。その多くの場合、哲学と自然思想の両者は混交しているが、古い道家の哲学における形而上の「道」の根源的な主宰者として役割は、保持されていることが少なくない（例えば、第二十三章・第五十一章など）。けれども、自然思想は戦国末期以前の古い道家の哲学に対して異を唱えつつ、戦国末期~前漢初期の新しい道家が提唱するに至った、「万物」の自主性・自律性を承認する思想であるから、その時代以降は自然思想だけを単独で唱えて哲学・倫理思想・政治思想・養生思想を基礎づけ・根底づける場合もあるし、また哲学と自然思想の両者が混交している場合でも、自然思想をより窮極的な基礎・根底として位置づける場合もある(例えば、第二十五章・第三十七章など)のである。

**注**

(1)『老子』を始めとする道家の使用する「徳」という言葉は、一般的に言って、儒家やその他の思想家の使用する倫理という意味ではない。場合によっては、また特に漢代以後になると、道家も儒家などの影響を受けて倫理の意に使うこともあるが、基本的にそれらとは異なる。この点は注意を要する。「徳」とは、「道」という根源的な実在の持つ、現実の自然や人間に対する機能・働きを指す。宋代以降に頻用されるようになった範疇を借用すれば、「道」が体(本体)であるのに対して、「徳」は用(作用)であると言ってよかろう。

(2)津田左右吉のこうした見解がたまたま現われた偶然ではないことについては、津田左右吉と家永三郎との「問答」(家永三郎『津田左右吉の思想史的研究』(岩波書店、一九七二年)の第六編、第二章「学術著作に見られる思想的変貌」)、および栗田直躬「津田左右吉先生の学問の意味」(栗田直躬『中国思想における自然と人間』、岩波書店、一九九六年)によっても確認することができる。また、近年に至っても、谷中信一「郭店楚簡『老子』及び「太一生水」から見た今本『老子』の成立」(郭店楚簡研究会『楚地出土資料と中国古代文化』、汲古書院、二〇〇二年)が、その第一部、第二章、(3)において、

郭店『老子』には「徳」の概念についての積極的な言及が少なく、かつ「道」についての哲学的思索が

乏しい。

と主張するように、『老子』哲学否認論の現代版が生き残っている。

(3) 道家の「道」と「万物」との二世界論や「道」と「器」との道器論、およびこれらの諸問題をめぐる道家と儒家との交渉の詳細については、拙著『道家思想の新研究』の第6章「「道」の形而上学」を参照。

(4) 第五十一章の「道」が主宰者となって万物を「生じ・為り・長じ」させるという思想については、本書のⅡ、第2章、A、b「『老子』に見える反疎外論と主体性論の残滓」、Ⅱ、第2章、D、b「無為・不為の提唱」とその注(169)、Ⅱ、第5章、A、a「「道」の万能性」を参照。

第五十一章に道器論が存在することを初めて指摘したのは、陳鼓応「《易伝・繫辞》所受老子思想的影響——兼論《易伝》乃道家系統之作」(『哲学研究』一九八九年第一期、哲学研究雑誌社、一九八九年一月)である。その後は、高明『帛書老子校注』(中華書局、一九九六年)の「徳経校注」、五十一(以下、高明『帛書老子校注』五十一などと略称)のように、通行本(王弼本)が「勢」に作っている文字を、馬王堆両本のように「器」に作る方がよいと認める見解が増えている。

(5) 第二十八章の傍線部分の解釈については、本書のⅡ、第1章、B、b「万物生成論と退歩史観の結合」とその注(46)、Ⅱ、第2章、A、b「『老子』に見える反疎外論と主体性論の残滓」とその注(5)を参照。

第二十八章の「樸(樸)は散ずれば則ち器と為る」をも、第五十一章の「道之を生じて、徳之を畜い、物之に刑(形)われて、器之に成る。」や『周易』繫辞上伝の「形而上なる者は、之を道と謂い、形而下なる者は、之を器と謂う。」などと同じように、道器論を論じた文章であると解釈したのは、陳鼓応「《易伝・繫辞》所受老子思想的影響——兼論《易伝》乃道家系統之作」、高明『帛書老子校注』五十一である。金谷治『老子　無知無欲のすすめ』(講談社、一九九七年)の「老子道徳経　下篇」、51「道、これを生じ」(以下、金谷治『老子　無知無欲のすすめ』51などと略称)、神塚淑子『『老子』——〈道〉への回帰』の第Ⅱ部、第一章、「「道」と「徳」（『老子』第五十一章）」（以下、神塚淑子『老子』第五十一章などと略称）は、第二十八章の「器」と第五十一章の「器」とが同義であると指摘はするが、『周易』繫辞上伝の「器」とも同じく道器論の言葉であるとする認識には達していない。

（6）第四章冒頭の一文の解釈については、本書のⅡ、第2章、B、e「プラス価値ではなくマイナス価値を」とその注（40）を参照。

楠山春樹『老子入門』（講談社、二〇〇二年）の第二章、3「帝の先に象たり（四章）」（以下、楠山春樹『老子入門』四章などと略称）は、

ここに「沖《むな》しい」とあるのは、世俗からすれば沖しいように見える「大盈《たいえい》」のことなのであって、つまり「大盈」である「道」という容器は無限の包容性をもつ、……という意味なのである。

と述べて、第四章の「沖」を直接、無媒介に「大盈」と同定する。金谷治『老子　無知無欲のすすめ』4もほぼ同じ。しかし、これでは『老子』に特有の逆説的・弁証法的な構造が消えてしまう。「沖」は、「万物」の実有とは正反対の「道」の虚無でなければならない。

（7）第四章の「吾誰《われだれ》の子なるかを知らず」について、福永光司『老子』第四章は、「氏素姓《すじよう》が分らない、出どころが不明の意。」と解説するが、誤解である。

（8）第十一章の「有の以て利を為すは、无の以て用を為せばなり。」の解釈については、本書のⅡ、第1章、C、a「「道」の虚静から「万物」が生み出される」とその注（53）、Ⅱ、第2章、D、a「無欲・不欲の提唱」とその注（124）を参照。

第十一章を「無用の用」を述べた章とする解釈が多い。例えば、諸橋轍次『掌中　老子の講義』第十一章、森三樹三郎『老子・荘子』（講談社、一九七八年）のⅠ、1、四、「有限の無と無限の無――相対無と絶対無」、木村英一・野村茂夫『老子』十一章、金谷治『老子　無知無欲のすすめ』11等々。しかし、本章は「无」が「用を為す」主宰者であることを述べているのであって、「無用の用」の効能を持つことを述べてい

るのではない。これは初歩的な誤解である。ついでに述べれば、「無用の用」とは、『老子』第二章の「无為の事」「不言の教え」などと同じ構造の句であって、世間的な意味で「無用」（何の働きも持たないもの）こそが、かえって真の意味での「用」（働き）を持つ、という意味である。

（9）第五十二章上段の解釈については、本書のⅡ、第1章、B、a「始源の「道」から「天地」「万物」が生まれた」、Ⅱ、第2章、B、c「母への賛美」、Ⅱ、第4章、C、b「「道」「徳」の把握によって養生を実現する」を参照。

　第五十二章は、「天下の母」である「道」と「亓《そ》（其）の子」である「万物」とを、ともに「得る・知る・守る」ことが必要だと唱える。ただし、「道」の方に重点があるのは明らかであるけれども。そもそも戦国後期の古い道家にとっては、「万物」は「道」の疎外形態であり、それ故否定・貶価すべき存在者でしかなかった。その「万物」をこのように肯定・褒価する本章は、『老子』諸章の中でも比較的後代に成った文章であろうと考えられる。郭店本第五十二章に中段だけがあって、上段・下段がないのは、中段だけが古い道家の思想であって、上段・下段は後代になって追加された部分であることを証《あか》ししている。

（10）第三十五章冒頭の二文の意味については、本書のⅡ、第3章、A、a「「道」を把握して「天下」全体を統治する」、Ⅱ、第5章、C、c「主体の「無為」と客体の「自然」その3」を参照。

「大象を執れば、天下往く。」の「大象」は、大きな「形」つまり「道」を指す。『老子』第十四章に「是《これ》を无状《むじょう》の状《じょう》、无物の象《しょう》と胃《い》（謂）う。」とあり、第四十一章に「大象《たいしょう》は刑《かたち》（形）无《な》し」とあるのを参照。

「天下往く」は、諸橋轍次『掌中　老子の講義』第三十五章、福永光司『老子』第三十五章は、「大象を執りて天下に往けば、……。」と訓読する。また、木村英一『老子の新研究』（創文社、一九五九年）の第三篇、第三章、老子道徳経、（三十五章）は、「大象（道をいふ）を把持して天下中に往くならば、……。」と国訳し、木村英一・野村茂夫『老子』三十五章は、「天下を往かば、……。」と訓読する。しかし、「天下往」は「天下が往く」の意のはずである。「天下に往く」「天下を往く」と読むのは日本語式であって、古代漢語の語法としては無理である。古い王弼『老子注』・河上公『老子注』なども「天下」を「往く」の主語としている。ちなみに、『荘子』天地篇に次のような類似の表現があって、「道」を把握した君子の下で「万物」が各方向に運動・展開することが画かれている。

君子此の十者に明らかなれば、則ち……沛乎として其れ万物の逝くを為すなり。

(11) 第一章は、郭店本には含まれない。それ故、『老子』のテキストが郭店本から底本（馬王堆甲本）に至る過程で著作された、比較的新しい文章と考えられる。本章の新しさは、「道」の「名有る」こと、人の「恒に有欲なる」こと、などを肯定する点にも現われている。これらは従来の道家が提唱することのなかった思想である。拙著『老子』の「老子（甲本）」、「道経」、第一章、【注釈】（四）（六）を参照（以下、拙著『老子』第一章などと略称）。

第一章の「名無《な》きは、万物の始めなり。名有るは、万物の母なり。」の解釈については、本書のⅡ、第1章、A、b「「道」は人間が把えることのできないもの」、Ⅱ、第1章、B、a「始源の「道」から「天地」「万物」が生まれた」とその注（44）、Ⅱ、第2章、B、c「母への賛美」とその注（25）を参照。

なお、「之を玄にし有《ま》（又）た玄にす」という一句は、従来、「玄の有《ま》（又）た玄」と読まれてきた。武内義雄『老子の研究』の「老子の研究（下）　道徳経析義」、「老子道徳経　上篇」、第一章（以下、武内義雄『老子の研究』第一章などと略称）、木村英一『老子の新研究』の第三篇、第三章、老子道徳経、（一章）（以下、木村英一『老子の新研究』一章などと略称）以来、日本と中国の研究は例外なくみなそうである。しかし、この読み方は適当でない。なぜなら、第一に、「玄」はここでは動詞であって名詞や形容詞ではなく、現状を否定して根源にさかのぼっていくという意味だからである。第二に、ほぼ同様の思考と表現が、『老子』第四十八章にも、

道を聞く者は日に云《そん》（損）す。之を云《そん》（損）し有《ま》（又）た云《そん》（損）して、以て為す無《な》きに至る。

とあるからである。他の古典文献にも、『荘子』天地篇に「之を深くし又た深くして、……之を神《しん》にし又た

神にして、……。」、『荘子』達生篇に「精にし又た精にして、……。」、『管子』心術下篇に「之を思い、之を思いて得ざれば、……。」、『管子』内業篇に「之を思い之を思いて、又た重ねて之を思う。之を思いて通ぜざれば、……。」などとある。これらはいずれもみな道家の思想書に見えるものであって、否定的な根源遡及をくり返すことによって窮極的なもの（「道」など）に到達する、という思考と表現を示している。第三に、最新公表の北京大学簡第一章も「之を玄にし有（又）た之を玄にす」に作っているからである。上下ともに客語の「之」があって、「玄」を動詞に読んでいることは明らかである。

(12)　第一章の「道の道とす可きは」の第二の「道」については、高亨『老子正詁』一章が「説く」の意と解釈し、その後、小川環樹『老子』（中央公論新社、二〇〇五年）の「老子　上篇」、第一章（以下、小川環樹『老子』第一章などと略称）、高明『帛書老子校注』一、陳鼓応『老子註訳及評介』（修訂増補本、中華書局、一九八四年）の「注釈今訳与引述」、一章（以下、陳鼓応『老子註訳及評介』一章などと略称）なども「説く」「言う」の意とする。（なお、次の「名の名とす可きは」の第二の「名」についても、これと平衡して「命ず」「称謂す」と誤読するものが少なくない。ここでは主に「道」について述べることとする。）しかし、これは誤読である。

第一に、上下の二つの「道」がともに「道」という文字なのであるから、これが同じ意味の「みち」でなければ、わざわざ「道」の字を使用して、真の「道」の不可把握性を論じようとしたこの部分の目的に適わない。なお、本章における「道」の把握（認識・表現など）に向けた老子の批判を、近年の研究の多くは、たかだか儒家や墨家の「道」の把握に対する批判であると見るけれども、それだけでなく老子自身の「道」の把握に対する批判でもある、言い換えれば、およそ人間が「道」を把えることに関して述べたもの、と見るべきである。

第二に、「道の道とす可きは、恒の道に非ざるなり。名の名とす可きは、恒の名に非ざるなり。」という、人間が「道」とその「名」を把握することに向けた老子の深刻な批判は、以後単純化されて「不道の道、不言の辯（または言）」というスローガンとなっている。例えば、『荘子』斉物論篇・徐无鬼篇、『淮南子』覧冥篇・本経篇、『文子』精誠篇・下徳篇の「不言の辯、不道の道」を見られたい。その「道とせざるの道」の第一の「道」は『老子』本章の第二の「道」と同じく「道とす」という動詞である。

第三に、戦国後期～前漢初期の『老子』の成書と同じ時期に、道家や儒家を始めとする諸子百家の間で、何を道とするかという論題がしきりに論じられていた。その場合「道」の字はしばしば「道とす」という動詞で使用されている。例えば、『荀子』儒効篇に、

道なる者、天の道に非ず、地の道に非ず、人の道とする所以なり、君子の道とする所なり。

とあり、同じく君道篇に「道なる者は、何ぞや。曰わく、君の道とする所なり。」とあり（『韓詩外伝』巻五も同じ）、また、馬王堆帛書『五行』第十八章説に、

聖人　天の道を知るとは、道なる者は、道とする所なり。知りて之を行うは、義なりとは、君子の道とする〔所〕を知りて掾然として之を行うは、義の気なり。……知りて之に安んずるは、仁なりとは、君子の道とする所を知りて〔諠《だん》（煥）〕然として之に安んずる者は、仁の気〔なり〕。

とあり、同じく第十九章説に、

知りて之に安んずるは、仁なりとは、君子の道とする所を知りて諠《だん》（煥）然《ぜん》として之に安んずる者は、〔仁〕の気なり。

とある。さらに、新出の郭店楚簡『性自命出』にも、

道なる者は、羣勿《ぐんぶつ》（物）の道なり。凡そ道は、心述（術）を主と為す。道の四述（術）は、唯だ人道のみを道とす可きと為すなり。其の三述（術）なる者は、之を道とするのみ。

とある。その他、『商君書』開塞篇、『淮南子』の斉俗篇・詮言篇等々にも「道とす」の使用例が見える。これらはいずれも「道とす」であって「言う」ではない。

また、第一章の「名无《な》きは、万物の始めなり。名有るは、万物の母なり。」の解釈については、本書の

Ⅱ、第1章、A、a「形而上の「道」と形而下の「万物」」、Ⅱ、第1章、B、a「始源の「道」から「天地」「万物」が生まれた」とその注（44）、Ⅱ、第2章、B、c「母への賛美」とその注（25）を参照。

（13）第十四章冒頭の三文の解釈については、本書のⅠ、第1章、3「老子イメージの展開と「道家」の形成」、Ⅰ、第2章、1、A「『荀子』『呂氏春秋』に現われた『老子』」を参照。また、第十四章の章旨の理解は、大濱晧『老子の哲学』（勁草書房、一九六二年）の一章「道……存在としての道」が最も正確である。それによれば「道は視覚、聴覚、触覚などの知覚を越える実在である。」とするのが、本章の趣旨ということになる。

（14）第三十五章の「故に道の言に出ずるや、曰わく、「談《たん》（淡）呵《こ》（乎）として其れ味无《な》きなり。」と。」の解釈については、本書のⅡ、第2章、C、c「無言・不言の提唱」とその注（98）を参照。武内義雄『老子の研究』第三十五章は、

　道から出た言葉は……見るべき形もなく（大象は無形なるが故に）耳を悦ばしむる音もなく（楽に対していう）従って人を引きつけることはない。

と解釈し、小川環樹『老子』第三十五章は、

　それは、見つめてよく見るほどのものではないし、耳をすまして聞くほどのものでもない。

と口語訳する。諸橋轍次『掌中　老子の講義』第三十五章の解釈もこれらに近い。一方、木村英一・野村茂夫『老子』三十五章は、「つつましく静かである」ことと意味づける。いずれも適切でない。

（15）第十五章の「古の善く道を為むる者」の解釈については、本書のⅡ、第1章、A、d「無知によって「道」を把える」、Ⅱ、第2章、D、b「無為・不為の提唱」を参照。ここで、誤解を避けるために付記する。本章においては、一方で「道」は「為むる」こと、「葆（保）つ」ことが可能である（Ⅱ、第1章、A、d「無知によって「道」を把える」を参照）けれども、他方で「道を為むる者」は「深くして志（識）る可からず」と書かれている。単純化するならば、「道」は把えることができると同時に、把えることがで

きないとされている。これは一見矛盾するように見えるかもしれないがしかし矛盾ではなく、「道」を「為め」たり「葆（保）っ」たりするのは修道者が通常の「知」を超えた無知を通じて行うことであり、そのような人物を世人が「志（識）る」ことができないのは通常の「知」による場合を想定しているからである。
「古の善く道を為むる者」の部分は、底本（馬王堆甲本）は残欠しているために、乙本によって補った。「道」の字は、通行本（王弼本・河上公本）は「士」に作っていたが、その時代から「道」に作るべきだとする見解があった。例えば、馬叙倫『老子校詁』第十五章、朱謙之『老子校釈』（中華書局、一九六三年）の「老子道経」、十五章（以下、朱謙之『老子校釈』十五章などと略称）、高亨『老子注訳』（清華大学出版社、二〇一〇年）の巻上、十五章（以下、高亨『老子注訳』十五章などと略称）などである。その後、「道」に作る馬王堆乙本の出土によって、高明『帛書老子校注』十五、金谷治『老子　無知無欲のすすめ』15のように、「道」に作るべしとする見解が盛行した。さらに後、郭店本が出土して「士」に作っていたので、陳鼓応『老子註訳及評介』十五章、蜂屋邦夫『老子』（岩波書店、二〇〇八年）の第十五章のように、「士」に作るべしとする説が再登場している。そして、最近では北京大学簡が現われて「士」に作っている。「道」と「士」のどちらが正しい文字であるかは決定しかねるが、テキストは戦国末期の「士」の字を、前漢初期に「道」に改めたけれども、前漢後期ないし末期にも古い「士」に作るテキストが存続していたということであろうか。ここでは、馬王堆乙本に従って「道」の字を採用したが、仮りに郭店本・北京大学簡に従って「士」の字を取ったとしても、「古の善く士為《た》る者」を内容上「古の善く道を為むる者」に等しいと考えるならば、両字の相異による句意の相異は消えてしまう。

(16) 第四章・第五十二章・第五十六章に現われる共通の文言、

亓《そ》（其）の悶《あな》（兌）を塞ぎ、亓（其）の門を閉ざし、其の光を和らげ、亓（其）の塹《ちり》（塵）に同《どう》じ、亓（其）の閲《するど》（鋭）きを坐《くじ》（剉）き、亓（其）の紛《みだ》れに解す。

は、いわゆる「和光同塵」、すなわち自分の能力を包み隠して俗世間と交わるという意味の処世訓として有名である。そのために、これらをその処世訓を述べた文章として解釈する者が少なくない。しかし実は、これらは老子のもっと深刻な哲学・倫理思想を表現した文章なのである。この問題については、本書のⅡ、第1章、A、d「無知によって「道」を把える」とその注(35)(36)、Ⅱ、第2章、C、b「無知・不知の提唱」、Ⅱ、第2章、C、d「無我・無心の境地」、Ⅱ、第3章、A、b「柔弱・謙下・無欲・無為によって「天下」全体を統治する」とその注(10)、Ⅱ、第4章、C、b「「道」「徳」の把握によって養生を実現する」を参照。

また、本文中の融即(participation)は、レヴィ・ブリュールが『未開社会の思惟』上・下(山田吉彦訳、岩波文庫、一九五三年)において使用した言葉を借用したものである。ただし、筆者は該書に認められる、近代西欧が他の劣等社会における特徴的な思惟を抉剔するという立場に立って、この言葉を使用するやり方に賛成しているわけではない。この思惟の、歴史的な進歩の過程における前後や価値の優劣などとは無関係に、『老子』第四章・第五十二章・第五十六章などの同様の思想を理解するために借用したに過ぎない。第五十六章のこの部分のキーワードの一つである「解」は、「道」または「道」を把えた者の精神が分解して、全一的な混沌の世界の隅々にまで浸透していくこと。馬王堆帛書『十六経』成法篇に「一の解は、天地を察《かす》(際)め、一の理は、四海に施す。」とあり、類似の文章が『管子』心術下篇・内業篇、『淮南子』原道篇などにもある。

(17) 第五十六章の「故に得て親しむ可からず」以下の解釈については、本書のⅡ、第2章、D、a「無欲・不欲の提唱」を参照。林希逸『老子鬳斎口義』(華東師範大学出版社、二〇一〇年)の知者不言章第五十六も、要点を巧みに押さえて、

此の玄同の道を有すれば、則ち天下も得て親しむ可からず、又た得て疏んず可からず。其の親疏・利害・貴賤の外に超出するを言うなり。

とする。ところが、この部分を、「道を体する者」(蘇轍の場合)が人々に対して、親疏・利害・貴賤を加え

ることができない、と読解する者がいる。主語の人々と目的語の「道を体する者」を取りちがえた誤解である。現代中国の、朱謙之『老子校釈』五十六章、高亨『老子注訳』五十六章、高明『帛書老子校注』五十六などであるが、その淵源は蘇轍『老子解』の五十六章（焦竑『老子翼』の五十六章所引。以下、蘇轍『老子解』五十六章などと略称）にさかのぼる。

(18) 第二十八章の「恒徳」の諸解釈の中では、第一章の「恒の道」と関係づけて議論している福永光司『老子』第二十八章、金谷治『老子　無知無欲のすすめ』28、神塚淑子『老子』第二十八章の分析が、表面的には妥当のように見えるが、しかし「恒徳」の「恒」は存在論的であり、「恒の道」の「恒」は知識論的であって、両者には相異点もある。この件については、本書のII、第4章、C、c「養生と赤子・嬰児の比喩」とその注（16）を参照。

(19) 第三十八章冒頭の二文の「徳」が「道」とほぼ同義であること、および第三十八章の万物生成論については、本書のII、第1章、B、b「万物生成論と退歩史観の結合」、II、第2章、D、b「無為・不為の提唱」とその注（142）を参照。

「上徳は徳ならず、是を以て徳有り。下徳は徳を失わず、是を以て徳无し。」は、上徳は徳がない、だからこそ徳がある。下徳は徳がある、だからこそ徳がない、という意味である。ここには、『老子』特有の逆説・弁証法がよく利いている。詳しく述べれば、上徳は世間的な意味での徳がない（または、徳ではない）、だからこそ真の徳がある。下徳は世間的な意味での徳がある（または、徳である）、だからこそ真の徳がない、ということになる。従来の日本の解釈は、最初の「徳ならず」または「徳あらず」を、いずれもみな「徳とせず」と訓読してきた。それらの中で、武内義雄『老子の研究』第三十八章、諸橋轍次『掌中　老子の講義』第三十八章、福永光司『老子』第三十八章、森三樹三郎『老子・荘子』のIII、4、「儒教の道徳と老子の道徳」、金谷治『老子　無知無欲のすすめ』38、楠山春樹『老子入門』三十八章、神塚淑子『老子』第三十八章は、いずれも「己《おのれ》に徳あることを意識しない」（楠山春樹の場合）などと日本語訳する。一方、小川環樹『老子』第三十八章、木村英一・野村茂夫『老子』三十八章は、「「徳」を自慢することがない」（小川環樹の場合）と日本語訳する。しかし、そもそも古代漢語の一字の「徳」という動詞を「徳とせず」と訓読し、かつ「己の徳あることを意識しない」や「徳を自慢することがない」と意味づけるのは、どちらも語法上から考えて無理である。「徳ならず」または「徳あらず」と訓読して「徳ではない」または「徳がない」と意味づけるべきである（第五章の「仁ならず」、第三十章・第五十五章の「道ならず」などと同じ語法）。

(20) 第五十四章における「道」の全能性の分析については、本書のⅡ、第3章、C、a「『老子』第五十四章の全「天下」政治秩序の構想　その1」とその注(31)、Ⅱ、第5章、A、a「「道」の万能性」を参照。

(21) 第三十二章全体の根底にある哲学の大枠は、「道→万物」の関係を「名無《なな》し→名《な》有り」の存在論的な展開として押さえ、それらを「樸《あらき》（樸）→器」として比喩的・象徴的に表現することである。単純化すれば、根源的な「道＝無名＝樸」から現象的な「万物＝有名＝器」が生まれるという哲学である。本章のこの大枠と章旨については、本書のⅡ、第2章、D、a「無欲・不欲の提唱」とその注(119)、Ⅱ、第4章、C、d「無知・無欲・無為によって養生を実現する」とその注(19)、Ⅱ、第5章、C、b「主体の「無為」と客体の「自然」　その2」とその注(33)を参照。

　第三十二章の「制」の語は、許慎『説文解字』の「制は、裁なり。」の意で、「樸《あらき》（樸）」の縁語として使用されている。本章の当該個所は、「名无き」状態にある「道」から「名有り」の「万物」が生まれることを比喩的・象徴的に述べた表現であって、第二十八章の「樸（樸）は散ずれば則ち器と為る」などを踏まえる。木村英一『老子の新研究』三十二章、諸橋轍次『掌中　老子の講義』第三十二章以来、多くの研究は同じ解釈である。その起源は、王弼『老子注』の「始めて制するとは、樸散じて始めて官長と為るの時を謂うなり。」であろうが、「官長と為る」のは上文の「名无し」の「道」であって、「名有り」の「万物」ではないことに注意されたい。また、高亨『老子正詁』三十二章は、「始めて制して名有り」に対して、「始めて道の為めに名を制せられ、道は乃ち名有るなり。」と注する。しかし、「道」が名を制すると解釈するのは、適当ではない。

(22) 底本（馬王堆甲本）第三十七章冒頭の「道は恒に名无し」は、乙本も同じであるが、郭店本は「衍《みち》（道）は亘《つね》（恒）に為す亡（無）きなり」、北京大学簡は「道は恒に為す無し」、通行本（王弼本・河上公本）は「道は常に為す無くして為さざる為し」にそれぞれ作る。郭店本第三十七章は、すぐ下文に「侯王能く之を守れば、而《すなわ》ち万勿《ばんぶつ》（物）𤖯《まさ》（将）に自ら𢡺《な》（為）さんとす。」とあり（底本（馬王堆甲本）も同じ）、前半の「衍（道）は亘（恒）に為す亡（無）きなり」と後半の「万勿（物）𤖯（将）に自ら𢡺（為）さんとす」とが前後呼応しているから、郭店本・北京大学簡のように「為す亡（無）し」に作るのが古い『老子』の本来の姿であった。馬王堆両本はその本来の姿を「名无し」に改め、通行本はさらに大幅に「為す無くして為さざる為し」に改めたのである。以上の章頭の一文のテキストの変遷は、郭店本・馬王堆甲本の後半の「万勿（物）𤖯（将）に自ら𢡺（為）さんとす」という本来の姿を、馬王堆乙本・北京大学簡・通行本が「万物将に自ら化せんとす」に改めたことによって推進されたと考えられる。それは後代になって『老子』の思想に変化が生じた（「為す」から「化す」へという教化を重視する思想への変化等々）ために、前半・後半ともに経文を改めたのではなかろうか。

「道は恒に名无し。侯王若し能く之を守れば、万物将に自ら𢡺（為）さんとす。」の解釈については、本書のⅡ、第2章、D、b「無為・不為の提唱」とその注（167）、Ⅱ、第3章、A、a「「道」を把握して「天下」全体を統治する」、Ⅱ、第5章、C、b「主体の「無為」と客体の「自然」その2」とその注（34）、Ⅱ、第5章、D、a「自然思想の民本主義」を参照。

(23) 第四十一章の「建言」の文章は、底本（馬王堆甲本）は全て欠字。《馬王堆漢墓帛書》整理小組『馬王堆漢墓帛書〔壱〕』（文物出版社、一九七四年）の「老子乙本釈文」は、「明道は費《くら》（昧）きが如く、進道は退くが如く、夷道は類なるが如し。」の三句一文だけを引用文と見て、それ以下の十句を地の文と見て、上徳は浴《たに》（谷）の如く、大白は辱の如く、広徳は足らざるが如し。建徳は輸なるが如く、質真は渝なるが如く、大方は禺（隅）无し。大器は免（晩）く成り、大音は声希く、天象は刑（形）无く、道は隠れて名无し。

のように三句一文、三句一文、四句一文と句読する。また、国家文物局古文献研究室『馬王堆漢墓帛書〔壱〕』（文物出版社、一九八〇年）の「老子乙本釈文」は、「明道は費きが如く」から「道は褒きくして名无し」までの十三句全部を引用文として、

明道は費〈昔〉きが如く、進道は退くが如く、夷道は類なるが如し。上徳は浴（谷）の如く、大白は辱の如く、広徳は足らざるが如し。建徳は偸なるが如く、質真は渝なるが如く、大方は禺（隅）无く、大器は免（晩）く成り、大音は声希く、天〈大〉象は刑（形）无く、道は褒きくして名无し。

のように三句一文、三句一文、七句一文と句読する。さらに、高明『帛書老子校注』四十（乙本）は、「明道は費きが如く」から「道は褒きくして名无し」までの十三句全部を引用文として、

明道は費〈昔〉きが如く、進道は退くが如く、夷道は類（纇）なるが如し。上徳は浴（谷）の如く、大白は辱の如し。広徳は足らざるが如く、建徳は偸なるが如し。質真は渝なるが如し。大方は禺（隅）无く、大器は免（晩）く成る。大音は声希く、天〈大〉象は刑（形）无く、道は褒きくして名无し。

のように三句一文、二句一文、二句一文、一句一文、二句一文、三句一文と句読する。なお、『郭店楚墓竹簡』の「老子釈文」や『北京大学蔵西漢竹書　弐』の「老子釈文」にも、それぞれ独自の句読があるがともに誤っている。

正しくは、引用文は「明道は費（昔）きが如く」から「大象は刑（形）无し」までの十二句で、最後の一文「道は褒きくして名无し」は、老子が章頭の「道を聞く」話柄と呼応させつつ以上の引用文を総括した地の文であり、十二句は三句ずつが韻を踏んでそれぞれ一グループをなすので、三句一文、三句一文、三句一文、三句一文と句読すべきである。こういうわけで、木村英一『老子の新研究』四十一章、福永光司『老

子』第四十一章、金谷治『老子　無知無欲のすすめ』40に従うのがよい。それに対して、武内義雄『老子の研究』第四十一章、加藤常賢『老子原義の研究』（明徳出版社、一九六六年）の第一部、(二)、十「道は、上は無名に依り、万物を生育するものだ(41)」（以下、加藤常賢『老子原義の研究』41などと略称）、諸橋轍次『掌中　老子の講義』第四十一章、小川環樹『老子』第四十一章、蜂屋邦夫『老子』第四十一章などは、いずれも句読が混乱している。

(24) 第四十一章の「上士道を聞く・中士道を聞く・下士道を聞く」の意味については、本書のII、第2章、C、c「無言・不言の提唱」を参照。また、「道は褒きくして名无し」は、通行本（王弼本）は「道は隠れて名無し」であるが、馬王堆乙本・北京大学簡が出土して以来、「道は褒きくして名无し」の方が本章に適合すると認める見解が増えつつある。

(25) 第二十五章の傍線部分「吾未だ其の名を知らず、……。」の解釈については、本書のI、第2章、1、A「『荀子』『呂氏春秋』に現われた『老子』」を参照。

「吾強いて之が名を為して大と曰う」について、高亨『老子正詁』二十五章は、「名」の字を「容」に改める。また、加藤常賢『老子原義の研究』25は、「吾強いて之が名を為して大と曰う」以下、章末の「道は自然に法る」までを全て「後から付加されたもの」として、経文から削ってしまう。しかし、郭店楚簡『老子』の第二十五章が登場した今日では、両説の誤りは証明ずみである。

(26) 第三十四章において「道」を「小」とも呼ぶことについては、本書のII、第1章、C、a「「道」の虚静から「万物」が生み出される」、II、第2章、C、b「無知・不知の提唱」とその注(83)、II、第2章、D、a「無欲・不欲の提唱」を参照。

本章の構成について、武内義雄『老子の研究』第三十四章は、王弼本の「万物を衣養すれども主と為らず」以下の四句を「老子の古い部分」ではないとし、同じく「其の終に自ら大を為さざるを以て」以下の二句を第六十三章の錯簡とする。また、木村英一『老子の新研究』三十四章も、王弼本の「万物を衣養すれども」以下、「名づけて大と為す可し」までのおよそ七句を「後人の敷衍の文」とする。以上の武内義雄・木村英一による本章の本文批判はほとんど荒唐無稽であるが、より原本に近い馬王堆両本は王弼本との間に相当の相異があり、特に「万物を衣養すれども」の部分が含まれないから、これらの謬説にも多少の弁解の余地はあるかもしれない。

(27) 第三十二章の「楃（樸）は小なり」の解釈については、本書のII、第2章、C、b「無知・不知の提唱」とその注(82)を参照。また、特に第三十二章末尾の「道の天下に在るを俾《たと》（譬）うれば、猷《な》（猶）お小浴《こく》（谷）の江海に与《お》（於）けるがごときなり。」の比喩関係の把え方について述べれば、従来の日本の研究は、加藤常賢『老子原義の研究』32を例外として、ほとんど全てが誤っている。「江海」を「道」の比喩とし、「小谷」を「天下」の比喩としたのである。例えば、武内義雄『老子の研究』第六十六章、木村英一『老子の新研究』三十二章、大濱晧『老子の哲学』の一章「道……存在としての道」あたりの早期の解釈から始まって、近年の、金谷治『老子　無知無欲のすすめ』32、楠山春樹『老子の人と思想』（汲古書院、二〇〇二年）の第四章、二「『老子』の場合」、蜂屋邦夫『老子』第三十二章などの解釈に至るまで、みな同じ誤りをくり返している。

(28) 第五十二章の「小さきを見るを明らかと曰う」に始まる下段の解釈については、本書のII、第2章、C、b「無知・不知の提唱」とその注(81)、II、第4章、C、b「「道」「徳」の把握によって養生を実現する」とその注(15)を参照。

その「小さき」は、第五十二章上文の「亓《そ》（其）の閲《あな》（兌）を塞ぎ、亓（其）の門を閉ざす。」というやり方を通じて把握した「道」を指すか、さもなくば少なくとも「道」の性質を指すと考えられる。「小さき」の解釈については、大濱晧『老子の哲学』の二章「道……当為としての道」、福永光司『老子』第五十二章、蜂屋邦夫『老子』第五十二章が優れる。それに対して、武内義雄『老子の研究』第五十二章、木村英一『老子の新研究』五十二章、加藤常賢『老子原義の研究』52、楠山春樹『老子の人と思想』の第二章、第三節、４「五十二章中段　乙③」の諸書は、いずれも「亓（其）の悶（兌）を塞ぎ、亓（其）の門を閉ざす。」と「小さきを見るを明らかと曰う」との関係を説明できていない。

(29) 第四十四章の「名と身とは孰か親しき」以下の三句の解釈については、本書のⅡ、第２章、Ｄ、ａ「無欲・不欲の提唱」とその注(129)(132)、Ⅱ、第４章、Ｃ、ｄ「無知・無欲・無為によって養生を実現する」を参照。

(30) 第十五章の「古の善く道を為むる者」の解釈については、本書のⅡ、第１章、Ａ、ｂ「「道」は人間が把えることのできないもの」とその注(15)、Ⅱ、第２章、Ｄ、ｂ「無為・不為の提唱」を参照。また、「古の善く道を為むる者」と「此の道を葆（保）」つ者とは、前者の「道」の字を「道」に作ろうと「士」に作ろうとに関わりなく、結局は同じ意味になると思う。この問題については、福永光司『老子』第十五章、金谷治『老子 無知無欲のすすめ』15を参照。

(31) 第三十章の「其の事は還るを好む」が肯定的な意味であること、およびこの句が諸テキスト間で異なることについては、本書のⅡ、第２章、Ｄ、ｃ「無事の提唱」とその注(181)、Ⅱ、第３章、Ｂ、ｂ「「道」をもって君主の統治を助ける臣下」、Ⅱ、第３章、Ｄ、ｂ「「道」の哲学に基づく非戦」を参照。

　ここで、第三十章傍線部分の諸テキスト間の異同について述べる。郭店本は、

　衍《みち》（道）を以て人宔《じんしゅ》（主）を差《たす》（佐）くる者は、兵を以て天下に怚《きょう》（強）たらんと谷《ほっ》（欲）せず。……丌《そ》（其）の事は好《よ》し。

に作って、「丌（其）の事は好し」を章末に置いている。底本（馬王堆甲本）は本文に引用したとおり。乙本は、

　道を以て人主《じんしゅ》を佐《たす》くるには、兵を以て天下に強《きょう》たらず、亓《そ》（其）の〔事は還《かえ》るを好む〕。

北京大学簡は、

　道を以て人主を佐くるには、兵を以て天下に強たらず、其の事は睘《かえ》（還）るを好む。

通行本（王弼本）は、

　道を以て人主を佐くる者は、兵を以て天下に強たらず、其の事は還るを好む。

にそれぞれ作る。最古の郭店本の「亓（其）の事は好し」は、馬王堆両本・北京大学簡以下のような「還」の字がない上に、この句を馬王堆両本・北京大学簡・通行本の、

　善くする者は果《か》なるのみ、以て強きを取る毋《な》かれ。……是《これ》を果にして強たらずと胃《い》（謂）う。（馬王堆甲本）

の後に置いている。以上の二点から推測するならば、郭店本が古い『老子』の本来の姿を残しているテキストであり、しかも「亓（其）の事は好し」や後代の「其の事は還るを好む」は、もともとプラス価値の肯定的な意味であったと考えられる。

(32) 第四十一章の「道を聞く」について、福永光司『老子』第四十一章は、『老子』の「道を聞く」は『荘子』の「道は聞くべからず」とは異なると解説する。果たしてそのように単純なものであろうか。本章の「上士道を聞く・中士道を聞く・下士道を聞く」の意味については、本書のⅡ、第2章、C、c「無言・不言の提唱」を参照。

(33) 第六十章の「道《みち》を以《もつ》て天下に立《のぞ》（莅）む」の解釈については、本書のⅡ、第3章、B、a「「道」・柔弱・謙下・無為によって「邦」を統治する」とその注（27）、Ⅱ、第3章、E、c「聖人の統治は富貴に驕らないが威厳がある」を参照。

(34) 第六十五章冒頭の「故に曰わく」は、底本（馬王堆甲本）は「故曰」に作るが、馬王堆乙本・北京大学簡・通行諸本（王弼本など）は、いずれも「古之」に作る。郭店本には第六十五章がない。冒頭に「故曰」を冠するとすれば、本章は第六十四章と同一の章になる。章頭に「故曰」を置いて始まる『老子』の章などはありえないからである。そこで、両章の結びつきを求めて検討してみると、第六十四章の下段に「声《せい》（聖）人《じん》は不《ふ》欲《よく》を欲《ほっ》して、……不《ふ》学《がく》を学びて、……敢《あ》えて為さず。」とある。すなわち、聖人の理想的な統治

のやり方として無欲・無学・無為が提唱されている（第六十四章の「不欲《ふよく》を欲《ほっ》す」「不学《ふがく》を学ぶ」を含む下段の解釈については、本書のⅡ、第2章、C、a「無学・不学の提唱」とその注（61）、Ⅱ、第2章、D、a「無欲・不欲の提唱」、Ⅱ、第2章、D、c「無事の提唱」、Ⅱ、第3章、D、b「「道」の哲学に基づく非戦」を参照）。これらは本章のキーワード「愚」「不知」と同じ方向である。したがって、この部分は底本（馬王堆甲本）のように「故曰」に作るのが、本来の表現だったのではなかろうか。これ以下の文章は、もともと第六十四章と同一の章であり、だからこそ上文を踏まえて「故曰」云々と述べたと考えられるからだ。馬王堆乙本以下は、恐らく新しい時代を迎えて古い『老子』の「故曰」に変更を加えたのであろう。高明『帛書老子校注』六十五などは、本来のテキストは馬王堆乙本以下のように「古之」に作っていたのを、底本（馬王堆甲本）が誤写したのではないかと疑うが、適当とは思われない。なお、本書では読者の便宜を考慮して、第六十四章と同一の章とはせず、冒頭に「故曰」を冠する第六十五章として取り扱う。

本章の「道を為《おさ》むる者は、以《もっ》て民を明らかにせんとするに非《あら》ざるなり、将《まさ》に以て之を愚《おろ》かにせんとするなり。」の解釈については、本書のⅡ、第2章、C、b「無知・不知の提唱」とその注（89）、Ⅱ、第2章、D、b「無為・不為の提唱」とその注（161）、Ⅱ、第3章、E、a「聖人の統治は人民の心を虚しくして腹を実たす」を参照。

（35）第四章・第五十二章・第五十六章に含まれるいわゆる「和光同塵」の意味については、本書のⅡ、第1章、A、b「「道」は人間が把えることのできないもの」とその注（16）、Ⅱ、第1章、A、d「無知によって「道」を把える」とその注（36）、Ⅱ、第2章、C、b「無知・不知の提唱」、Ⅱ、第2章、C、d「無我・無心の境地」、Ⅱ、第2章、D、c「無事の提唱」とその注（176）、Ⅱ、第3章、A、b「柔弱・謙下・無欲・無為によって「天下」全体を統治する」とその注（10）、Ⅱ、第4章、C、b「「道」「徳」の把握によって養生を実現する」を参照。

第四章の「其の兌《するど》（鋭）き・其の光」、および第五十六章の「亓《そ》（其）の悶《あな》（兌）・亓（其）の門・其の光・亓（其）の閲《するど》（鋭）き」は、いずれも欲望について言う言葉ではなく、感覚・知覚について言う言葉である。なぜなら、第四章はこの部分の前後に「道」の形而上学・存在論を論じており、第五十六章はこの部分の前後に「知・言」と修道者の不可把握性とを論じていて、欲望の問題が入りこむ余地はないからである。よって、これらの言葉の一部を欲望について言うと解釈する、諸橋轍次『掌中　老子の講義』第五十六章、福永光司『老子』第五十六章、陳鼓応『老子註訳及評介』五十六章、金谷治『老子　無知無欲のすすめ』56などは、不適当。それに引き替え、小川環樹『老子』第五十六章、木村英一・野村茂夫『老子』五十六章などは、感覚・知覚について言うと解釈するが、こちらが正しかろう。

一方、第五十二章の「亓（其）の閲《あな》（兌）・亓（其）の門・亓（其）の閲（兌）」は、欲望と感覚・知覚との両者を包括して言うのではなかろうか（成玄英『老子義疏』天下章が、第五十二章において人間の五官を欲望と認識との二種に分けて説明したのを参照）。なぜなら、第五十二章は、前後に養生思想を含んでいる上に、なお「亓（其）の事を済す」のように事業を成し遂げることにも言及しており、知とだけでなく欲とも関係があると考えられるからである。以上のように、第五十二章と第四章・第五十六章との間には若干の相異もある。

(36) 第五十二章に含まれるいわゆる「和光同塵」の解釈については、前注(35)を参照。その「亓（其）の閲（兌）を塞ぎ、亓（其）の門を閉ざす。」の解釈については、大濱晧『老子の哲学』の四章「道の認識」が比較的優れる。「亓（其）の閲（兌）を塞ぎ、亓（其）の門を閉ざす。」は、感覚・欲望の諸器官を閉ざしてそれらの作用を停止すること。「亓（其）の閲（兌）を啓き、亓（其）の事を済す。」はその反対である。前者において耳目鼻口や心の働きを撥無することを通じて、ここに始めて「道」の把握が可能となるのである。

(37)『荘子』斉物論篇と在宥篇の当該個所の詳しい解釈については、拙著『荘子上　全訳注』（講談社、二〇一四年）の「斉物論　第二」と「在宥　第十一」を参照。

(38) 第四十章・第四十一章・第四十二章の配列について、通行本の配列は錯簡であるから、馬王堆両本の順序に従って、第四十一章・第四十章・第四十二章に改めるべきだとする主張は、高明『帛書老子校注』四十、金谷治『老子 無知無欲のすすめ』40などによって提出されている。ただし、その高明・金谷治も第四十章と第四十二章をまとめて一つの章とはしていない。

(39) 道家の万物生成論は、戦国末期・前漢初期以後になって次第に整えられていった。単純化して述べれば、『荘子』→『老子』→『淮南子』の順で、少しずつ整理され詳細になっていったのである。この問題については、拙著『道家思想の新研究』の第8章、第5節、B「宇宙生成論の形而上学からの分岐と形成」、およびC「本格的な宇宙生成論の登場——『老子』」を参照。

第四十二章の「道《みち》は一《いち》を生じ、……中《ちゅう》(沖)気《き》以《もっ》て和《わ》を為す。」の部分は、『老子』の代表的な万物生成論である。「道」は、上文の第四十章の末尾を受けて「无」を指す。そのような「无」としての「道」が「一」を生ずると言うのは、道家思想の歴史上で、『荘子』斉物論篇の以下の文章が最も古い。

俄《にわ》かにして無有り。……天地と我と並び生じて、万物と我と一為《いった》り。既《すで》に一為《た》り、且《か》つ言う有るを得んや。既已に之を一と謂う、且つ言う無きを得んや。一と言うと二為《た》り、二と一と三為り。此自《よ》り以往《いおう》は、巧歴《こうれき》も得る能わず。而《しか》るを況《いわ》んや其の凡《ぼん》なるをや。

これは、根源者を把握しようとして「無」や「一」を「言う」ことによって、結局その把握に失敗してしまう知識論的な過程を「無→一→二→三→万」と画く文章である。このような内面的な知識論を客観化・外面化したのが、『荘子』天地篇の、

泰《たい》(太)初《しょ》に无《む》有り、有る无《な》く名无く、一《いち》の起こる所なり。一有りて未《いま》だ形《あら》われず、物得て以て生ず、之《これ》を徳と謂《い》う。……留《りゅう》(流)動《どう》して物を生じ、物成《な》りて理《り》を生ず、之を形《かたち》と謂う。

であって、ここでは明確に「无→一→(万)物」という万物生成論を述べている。『老子』第四十二章とほぼ同じ段階の思想と見ることができよう。

「一」は、「道」から生じたばかりの、まだ分節化されていない、混沌たる宇宙の全一体を指す。『老子』第四十二章のこの部分の引用が前漢初期に成った『淮南子』天文篇・精神篇などにあるが、万物生成論として整備されるとともに客観化・外面化が一層進んでいる。本章の「一」は、まだ「一気」や「太極」のようなルーティーン化した具象的な思想概念とはなっていない点にも特徴がある。

「二」は「陰・陽」または「天・地」などに当て、「三」は「天・地・人」または「陰・陽・和気」などに当てる見解が多い。しかし、混沌たる未分節化の宇宙の全一体が次第に分化していくプロセスを一般的に述べたものであって、そのような後代のルーティーン化した具象的な思想概念で把握するのは不適当ではなかろうか。

「中」は、底本（馬王堆甲本）・北京大学簡は「中」、乙本は欠字、通行本（王弼本）は「沖」にそれぞれ作る。「中」は「沖」の仮借字で、許慎『説文解字』の「沖は、涌繇なり。」の意、涌き動くこと、活発に動き回ることを言う。「中」「沖」をこの意味に解釈するのは、中国では、高亨『老子正詁』四十二章、蔣錫昌『老子校詁』（商務印書館、一九三七年）の四十二章、陳鼓応『老子註訳及評介』四十二章、高明『帛書老子校注』四十二など、日本では、木村英一『老子の新研究』四十二章、蜂屋邦夫『老子』第四十二章などがあり、最も有力な説である。それに対して、現代日本では、「二気の交合」（武内義雄の場合）、「陰陽の中間」（加藤常賢の場合）などと解釈する者が多い。例えば、武内義雄『老子の研究』第三十九章、諸橋轍次『掌中　老子の講義』第四十二章、福永光司『老子』第四十二章、加藤常賢『老子原義の研究』42、神塚淑子『老子』第四十二章など。「中和」というできあいの言葉に引きずられた解釈で、適当とは思われない。なお、「中《ちゅう》（沖）気《き》以《もっ》て和《わ》を為す」は、『荘子』田子方篇に、

至陰《しいん》は粛粛《しゅくしゅく》たり、至陽《しよう》は赫赫《かくかく》たり。粛粛は天より出《い》で、赫赫は地より発す。両者交《こもご》も通じ和《わ》を成して、物生ず。

とある文と同義であって、『老子』の「中《ちゅう》（沖）」は『荘子』の「交《こもご》も通ず」に相当する。

以上のような第四十章・第四十二章の万物生成論については、本書のⅡ、第1章、B、a「始源の「道」から「天地」「万物」が生まれた」、Ⅱ、第1章、C、b「「万物」は「一」を得て存在する」、Ⅱ、第5章、A、a「「道」の万能性」を参照。この部分の趣旨は、「道」から生成された後における「万物」の、調和ある一層の発展を述べることである。ただし、本章全体における老子のねらいは、万物生成論それ自体に関心を抱いてそれを叙述することにあるのではない。「道の動《うご》き」「道の用《はたら》き」である「反」「弱」と同類の、世間の人々の好まないマイナス価値の「无」こそが、実はかえって「万物を生ず」る多産のプラス価値の実在であることを証《あか》ししようとしているのである。本章の下文がいずれもこの路線の上を走っていることは、言うまでもない。

(40) 第四十章と第四十二章は、馬王堆両本の段階では一つの章として取り扱うのがよいことについては、本書のⅡ、第1章、B、a「始源の「道」から「天地」「万物」が生まれた」とその注（38）、Ⅱ、第2章、B、d「柔弱の提唱における逆説的・弁証法的な構造」とその注（35）を参照。両章を合わせて考察して、『老子』における一つの万物生成論を画く研究は、あまり多いとは言えない。福永光司『老子』第四十章・第四十二章、森三樹三郎『老子・荘子』のⅠ、1、四、「無からの万物の成生」、木村英一・野村茂夫『老子』四十章ぐらいのものである。ただし、本書では読者の便宜を考慮して、第四十章と第四十二章とを切り離して別々に取り扱う場合もある。

　第四十章・第四十二章の万物生成論については、本書のⅡ、第1章、B、a「始源の「道」から「天地」「万物」が生まれた」とその注（39）、Ⅱ、第1章、C、b「「万物」は「一」を得て存在する」、Ⅱ、第5章、A、a「「道」の万能性」を参照。

(41) 第四十二章における王公の謙遜する自称については、本書のⅡ、第2章、B、a「水にならう柔弱・不《ふ》争《そう》・謙下《けんか》の倫理」、Ⅱ、第2章、C、c「無言・不言の提唱」の注（104）、Ⅱ、第3章、B、b「「道」をもって君主の統治を助ける臣下」を参照。

第四十二章中段の「天下の悪《にく》む所は、唯だ孤・寡・不槖（穀）なるも、王公は以て自ら名づくるなり。」以下は、上段の万物生成論と思想上、無関係であると断じて批判する者がいた。――武内義雄『老子の研究』第三十九章、木村英一『老子の新研究』四十二章、福永光司『老子』第四十二章、森三樹三郎『老子・荘子』のⅢ、4、「一としての道」、陳鼓応『老子註訳及評介』四十二章、神塚淑子『老子』第四十二章など。しかし、すでに王弼『老子注』が第四十二章において、上段の存在論と中段以下の政治思想・倫理思想とを内的関連があるとして正確に解明していた。

(42) 前漢初期に登場する新しい万物生成論は、当代という退歩の末に位置する「万物」であるにしても、それは「道」から生み出され「道」を分有しているが故に、従来のように否定的に評価されなくてもよいと考える。ここに道家の否定の哲学が乗り越えられる可能性が胚胎しているが、この問題については、拙著『道家思想の新研究』の第8章、第5節、D「道家の宇宙生成論の特徴」を参照。

(43) 第六章に含まれる万物生成論については、本書Ⅱ、第2章、B、b「雄《おす》よりも雌《めす》を、牡《おす》ではなく牝《めす》を」とその注（21）を参照。本章の「浴（谷）神」を、武内義雄『老子の研究』第六章、諸橋轍次『掌中　老子の講義』第六章などは、河上公『老子注』に基づいて「穀神」（万物を生成する神）と解釈する。しかし、小川環樹『老子』第六章が的確に批判したとおり、この説は誤りである。

(44) 第一章は最古の郭店本には含まれていない。新出の北京大学簡は問題の個所を「名無きは、万物の始めなり。名有るは、万物の母なり。」に作っており、馬王堆甲本・乙本と同じ。その馬王堆『老子』両本が公表された後になっても、第一章のこの部分を万物生成論として解釈する見解が、金谷治『老子　無知無欲のすすめ』1、楠山春樹『老子入門』一章、神塚淑子『老子』第一章などによってまだ唱えられている。これらに対して、高明『帛書老子校注』一は、本章通行本の「名無きは、天地の始めなり。」の「天地」は、後人が本来の「万物」を改めたものと認めている。

本章の「名无《な》きは、万物の始めなり。名有るは、万物の母なり。」の解釈については、本書のⅡ、第1

章、A、a「形而上の「道」と形而下の「万物」」、Ⅱ、第2章、B、c「母への賛美」とその注(25)を参照。

(45)第三十八章冒頭の二文の「徳」が「道」とほぼ同義であること、および第三十八章の万物生成論の内容については、本書のⅡ、第1章、A、b「「道」は人間が把えることのできないもの」、Ⅱ、第2章、D、b「無為・不為の提唱」とその注(142)を参照。

本章の「前識」という言葉は、当時の儒家の言う「知」を指すと考えてよい。このことについては、拙著『老子』第三十八章、【注釈】(九)を参照。「前識」を含む『老子』第三十八章の「仁・義・礼・前識」というセット・フレーズの思想史的なコンテキストについては、後述を読まれたい。また、本書のⅡ、第3章、E、a「聖人の統治は人民の心を虚しくして腹を実たす」をも参照。

(46)第二十八章の傍線部分の解釈については、本書のⅡ、第1章、A、a「形而上の「道」と形而下の「万物」」とその注(5)、Ⅱ、第2章、A、b「『老子』に見える反疎外論と主体性論の残滓」を参照。

第二十八章の「樸(樸)は散ずれば則ち器と為るも、声(聖)人は用うれば則ち官長と為る。夫れ大制は割くこと无し。」について、武内義雄『老子の研究』第二十八章、木村英一『老子の新研究』二十八章、楠山春樹『老子入門』二十八章などは、この部分の思想は前半の三条と関係がないと主張する。しかし、これは浅薄な誤解である。前半の三条は、人間がしかるべき修道を行うことを通じて、「嬰児・樸(樸)・无極」つまり「道」に復帰することを述べたもの(前提・原因)。後半のこの部分は、修道者が「道」に復帰することの効果、特に政治的な効果を述べたものである(結論・結果)。後者の内容は、「道」に復帰した「声(聖)人」が、その「道」を用いて「官長」つまり天子または皇帝になる、という絶大な政治的効果である。蛇足を付加する。「夫れ大制は割くこと无し」の「大制」はすぐ上の「声(聖)人」を指し、「割く」は上文の「散ず」を指す。

(47)第十八章は、第十七章に直接繫がる章であり、両者を合わせて一章とすべきである。これが今日の学界の定説となっている。両者を分けて二つの章としたのは、王弼本などの通行本であるが、それらはいずれも文頭の「故」の字を削っている。しかしながら、戦国末期の郭店本、前漢初期の馬王堆両本、前漢末期の北京大学簡には、いずれも「故」（または仮借字の「古」）の字があり、両章が本来同一の章だったことを示す。この問題については、本書のⅠ、第2章、3、C「形成途上にある最古のテキストとしての郭店楚簡『老子』」とその注（32）を参照。本書では以下、行論の便宜のために第十八章だけを取り出して論ずる場合もある。

(48) 底本（馬王堆甲本）第十八章の「故に大道廃れて、案（焉）ち仁義有り。」には、老子の儒家の「仁義」に対する批判が、疑問の余地なく存在する。最古の郭店本にも本章は含まれるので、その時点で『老子』の「仁義」批判または儒家批判は、すでに明確に出現していたのだ。ところが、底本第十九章の「仁を絶ち義を棄つれば、民は畜（孝）茲（慈）に復る。」については、郭店本には「悳《い》（為）を亾《た》（絶）ち慮《りょ》を弃（棄）つれば、民は季《こう》〈孝〉子《じ》（慈）に复《かえ》（復）る。」とあり、「仁義」ではなく「為慮」に作る。そこで、二十一世紀の初めごろから中国・台湾の『老子』研究の中に、郭店本のような古い時代の『老子』には「仁義」批判・儒家批判は存在しなかったか、または存在しても強烈な批判ではなかった。『老子』に強烈な「仁義」批判・儒家批判が現われるのは、馬王堆両本のような一部のテキストだけに限られる特殊な現象に過ぎない、などといった見解が登場するに至った。陳鼓応『老子註訳及評介』十九章などがその代表例であって、折しも現代中国において儒学復興運動・国学復興運動が隆盛化しつつある状況を背景にして、最近では、『老子』中に「仁義」批判・儒家批判があるという事実さえ一切認めないという風潮が蔓延している。

最近の日本の学界でもその悪しき影響をこうむって、同じように、郭店本のような古い『老子』には「仁義」批判・儒家批判は存在しないか、または存在しても強烈ではなかった、とする新説が唱えられ始めている。例えば、谷中信一「郭店楚簡『老子』及び「太一生水」から見た今本『老子』の成立」（郭店楚簡研究会『楚地出土資料と中国古代文化』、汲古書院、二〇〇二年）の第一部、第二章、（4）「郭店老子には

「仁・義・聖・智」に対する極端なまでの否定的態度が見られない。」、楠山春樹『老子の人と思想』の第二章、第二節、3「十七章・十八章・十九章について」、神塚淑子『老子』の第Ⅰ部、第一章、「「仁義」批判――帛書・楚簡・現行本の比較（2）」などがそれである。しかし、郭店本第十八章に「仁義」批判・儒家批判があるという単純な事実に目をつぶらなければ、このような暴論を口にすることはできないのではなかろうか。また、『老子』の儒家批判は、ただ単に「仁義」批判に限られるわけではなく、実際には「聖人・君子」に対する批判、「不知足・学・為・事・美・善・孝慈」に対する批判、『礼記』大学篇の八条目に対する批判、等々多岐にわたっている。「仁義」批判だけを取り上げるようでは、視野狭窄のそしりを受けることを免れえまい。この問題の詳細な解明については、拙論「『老子』の儒教に対する批判――郭店『老子』第十八章の「仁義」批判をめぐって――」（大東文化大学『大東文化大学紀要』第四十九号〈人文科学〉、二〇一一年三月）を参照。

なお、第十八章に「仁義」「大偽（為）」などのプラス価値が「大道」「知快（慧）の未出」などの廃壊の結果生じたとする儒教批判があることについては、本書のⅡ、第2章、C、b「無知・不知の提唱」、Ⅱ、第2章、D、b「無為・不為の提唱」を参照。

(49)『荘子』在宥篇の当該個所の「聖を絶《た》ち知を棄《す》つれば、而《すなわ》ち天下大いに治まる。」と、同じく胠篋篇の「聖を絶《た》ち知を棄《す》つれば、大盗は乃《すなわ》ち止む。」の意味内容と道家思想史上の位置づけについては、本書のⅠ、第2章、1、C「『荘子』に現われた『老子』」とその注(14)、Ⅱ、第2章、C、b「無知・不知の提唱」とその注（65）を参照。

(50) 第三十八章の「前識」つまり「知」が「道」と全然相い反するものであることについては、本書のⅡ、第1章、B、b「万物生成論と退歩史観の結合」、Ⅱ、第2章、C、b「無知・不知の提唱」とその注(90)、Ⅱ、第3章、E、a「聖人の統治は人民の心を虚しくして腹を実たす」を参照。

(51)『老子』の中に荀子の思想を踏まえた部分があることについては、本書のⅠ、第2章、3、C「形成途上にある最古のテキストとしての郭店楚簡『老子』」、Ⅱ、第2章、C、a「無学・不学の提唱」、Ⅱ、第2章、D、a「無欲・不欲の提唱」、Ⅱ、第5章、B、a「「自然」の出現状況と性質」とその注（15）を参照。老子の荀子思想に対する批判（負）と受容（正）の影響は、一部分は戦国末期の郭店本から始まり、前漢初期の馬王堆両本に至って全面化した。影響を受けた問題は、第十八章の「大偽」（負）、第三十八章の「礼」（負）、第四十八章の学問観（負）、第二十五章の「三才」（正）などの重要な領域に及んでいる。
（52）第五章の上段と中段・下段とが内容上、深い関係のないことについては、本書のⅠ、第2章、3、C「形成途上にある最古のテキストとしての郭店楚簡『老子』」とその注（31）を参照。また、第五章の「天地の間」が「道」の類義語であることについては、本書のⅡ、第3章、E、a「聖人の統治は人民の心を虚しくして腹を実たす」を参照。

本章の「天地の間」の「虚」を、「道」の哲学における「無」の比喩・象徴とする解釈は多くない。諸橋轍次『掌中　老子の講義』第五章、森三樹三郎『老子・荘子』のⅠ、1、四、「無からの万物の成生」は、その少ない例外である。

底本（馬王堆甲本）第五章の「多く聞けば」は、通行本（王弼本）は「多く言えば」に作っており、意味上若干の相異がある。「多聞」は博学のことで、学の充実を意味する（成玄英『老子義疏』天地章を参照）から、下文の「中《むな》（盅）し」との逆向きの呼応を考慮すれば、やはり「多聞」に作る方が本章には適わしい。また、上文の「虚《むな》し」を受けてその反対を批判するという関係づけも考慮に入れておきたい。「中」は、解釈の最も分かれるところであるが、「盅」の仮借字で「虚し」の意とするのがよい。許慎『説文解字』に、

盅は、器の虚しきなり。皿に従いて中の声。老子曰わく、「道は盅しけれども之を用う」と。

とある。この説で解釈すれば、上文の「橐籥《たくやく》」が中は空虚であるにもかかわらず、その働きは無尽蔵であるのと連絡もつくようになる。これを唱える者は、福永光司『老子』第五章、木村英一『老子の新研究』五

章、加藤常賢『老子原義の研究』5、諸橋轍次『掌中　老子の講義』第五章、高亨『老子注訳』五章、陳鼓応『老子註訳及評介』五章、金谷治『老子　無知無欲のすすめ』5などである。他に、河上公『老子注』虚用第五、小川環樹『老子』第五章は、「心のなか」（小川環樹の場合）とし、成玄英『老子義疏』天地章、呂恵卿『道徳真経伝』（『正統道蔵』所収）の五章は、「道」に一致することとし、武内義雄『老子の研究』第五章、大濱晧『老子の哲学』の九章「無知」は、「本質」（大濱晧の場合）とし、朱謙之『老子校釈』五章、高亨『老子正詁』五章は、簿書・図籍のこと（高亨の場合）とする。

(53) 第十一章の「有の以て利を為すは、无の以て用を為せばなり。」の解釈については、本書のII、第1章、A、a「形而上の「道」と形而下の「万物」」とその注（8）、II、第2章、D、a「無欲・不欲の提唱」とその注（124）を参照。

　本章における「有」と「无」との関係について、森三樹三郎『老子・荘子』のI、1、四、「有限の無と無限の無――相対無と絶対無」は「無を有に対立させたために、無そのものが相対化されてしまった……。」と述べる。その先駆は、大濱晧『老子の哲学』の一章「道……存在としての道」、および同書の十二章「復帰」である。しかし、表現上の「无」と「有」の相対と、思想上の「无」の「有」に対する絶対とは、次元の異なった問題である。『老子』の中には、「道」と「万物」、「樸」と「器」、「一」と「多」、などの相対の表現は少なくないが、それらの「道」「樸」「一」の絶対性は自明のことではなかろうか。

(54) 第十六章の「情《しず》（静）か」の内容・意義については、本書のII、第2章、B、b「雄《おす》よりも雌《めす》を、牡《おす》ではなく牝《めす》を」、II、第5章、C、c「主体の「無為」と客体の「自然」」その3」とその注（39）を参照。

　また、第十六章の「虚し・情（静）か」と「万物旁（並）びに作こる」との間に主客・因果の関係が設けられていることについては、本書のI、第2章、4、B、a「第十六章の「正しきを積む」」、II、第2章、B、b「雄《おす》よりも雌《めす》を、牡《おす》ではなく牝《めす》を」、II、第5章、C、c「主体の「無為」と客体の「自然」」その3」とその注（39）、II、第5章、F、b「「自然」の行き過ぎに対する規制」を参照。ただし、この関係を正確に把えている研究は、現代においては遺憾ながらほとんどない。加藤常賢『老子原義の研究』16、小川環樹『老子』第十六章、金谷治『老子　無知無欲のすすめ』16、神塚淑子『老子』第十六章が、そのごく少数の例外である。しかし、実は王弼『老子注』十六章が、すでに両者を因果関係と把えていたのである。

(55) 第三十四章において「道」を「小」とも呼ぶこと、および「无欲」に徹して始めて「道」は把えられるとする思想については、本書のⅡ、第1章、A、c「「道」は無名である」、Ⅱ、第2章、C、b「無知・不知の提唱」とその注(83)、Ⅱ、第2章、D、a「無欲・不欲の提唱」を参照。

また、本章の「恒に无欲なり」については、武内義雄『老子の研究』第三十四章は、これを含む「万物を衣《い》養《よう》すれども主と為らず」以下、章末に至るまでを、後代の付加や錯簡であるとして削去する。また、木村英一『老子の新研究』三十四章は、「万物を衣養すれども、主と為らず、……大と名づく可し。」を、後人の敷衍の文と言って削去する。また、福永光司『老子』第三十四章は、「常に無欲にして、小と名づく可し。万物、焉に帰して主と為らず。」を、朱謙之『老子校釈』三十四章に基づいて後次的な竄入の文章と見る。さらに、陳鼓応『老子註訳及評介』三十四章は、「常に無欲なり」の三字を衍文として削去してしまう。これらの諸説はいずれも、馬王堆両本が出土した今日、誤りであったことが判明している。それのみならず、これらは、いずれも本章後半のキーワード「恒に无欲なり」を削去したが、これでは本章の趣旨が明らかにならないのは当然である。

(56) 第三十九章の「一」が「道」であることについては、本書のⅡ、第2章、A、b「『老子』に見える反疎外論と主体性論の残滓」、Ⅱ、第2章、D、a「無欲・不欲の提唱」、Ⅱ、第3章、A、a「「道」を把握して「天下」全体を統治する」とその注(7)、Ⅱ、第3章、B、b「「道」をもって君主の統治を助ける臣下」、Ⅱ、第5章、A、b「「道」の重要性」を参照。

ただし、第三十九章の「一」を「道」と同定しない見解もある。――諸橋轍次『掌中　老子の講義』第三十九章は「一とは、一元気であり、陰陽の未だ分れざるものを意味する。」とし、小川環樹『老子』第三十九章や、楠山春樹『老子の人と思想』の第二章、第三節、8「四十八章上段　乙①」なども、「道」と同定はしない。さかのぼって河上公『老子注』法本第三十九も「一は、無為なり、道の子なり。」と注釈する。これらは、『老子』第四十二章の「道は一を生じ、一は二を生じ、……。」に基づいて、「道」と「一」とを異なったものと考えたらしいが、ここでは適当でない。

(57) 第十章の「一を抱く」の哲学的な内容については、本書のⅡ、第4章、C、b「「道」「徳」の把握によって養生を実現する」を参照。

章頭の「営袙《えいはく》（魄）に戴《の》（載）る」は、難解な文句であり、今日に至るまで定解がない。「戴（載）」は、焦竑『焦氏筆乗』の十章（焦竑『老子翼』の十章所引。以下、焦竑『焦氏筆乗』十章などと略称）が「載は、乗なり。」と説くのを取る。「営袙《えいはく》（魄）」は、『楚辞』遠遊篇に「営魄に載りて登霞せん」という句があり、王逸注は「我が霊魂を抱きて上升するなり」と注釈する。また、河上公『老子注』能為第十は、この部分について「営魄は、魂魄なり。人は魂魄の上に載り以て生くるを得、当に之を愛養すべし。」などと注釈する。これらに基づいて「霊魂」を指すとする解釈がやや優勢である。しかし、この解釈では「営」の意味が不明であるし、「魄」の意味も中国古代では身体を指すのが普通である。「営」は、焦竑『焦氏筆乗』十章、木村英一『老子の新研究』十章を参照して、経営する、生命活動を営むの意としてみたい。「魄」にかかる形容詞である。「営袙《えいはく》（魄）に戴《の》（載）る」の主語は、王弼『老子注』と河上公『老子注』が言うように「人」であり、言い換えれば本章の作者老子の「我」であろうが、特にその「魂」つまり人間の精神とするのがよい。

「一《いち》を抱《いだ》く」の解釈も、諸説が甚だ混乱している。『老子』第二十二章に「声《せい》（聖）人《じん》は一《いち》を執《と》りて、以て天下の牧《ぼく》と為る。」とある「一を執る」に同じで、「道」を抱懐すること。『荘子』庚桑楚篇には、老子の言葉として、

衛生の経は、能《よ》く一を抱《いだ》かんか、能く失う勿《な》からんか、……能く児子《じし》たらんか。児子終日《しゅうじつ》嗥《さけ》（号）びて

嗌嗄《のどか》（嗄）れざるは、和《わ》の至りなり。

とあって、『老子』第十章との関係が濃密である。ところが、これを「魂」と「魄」との合一のこととする解釈があり、伝統的な旧説やそれを襲う新説の中に、これを唱える者がある。例えば、林希逸『老子鬳斎口義』、載営魄章第十、李嘉謀『老子註』の十章（焦竑『老子翼』の十章所引。以下、李嘉謀『老子註』十章などと略称）、焦竑『焦氏筆乗』十章、陳鼓応『老子註訳及評介』十章、加藤常賢『老子原義の研究』10、蜂屋邦夫『老子』第十章などであるが、適当ではない。

「能く离《はな》（離）るること毋《な》からんか」は、上文の「一」つまり「道」を抱いたまま、「道」から離れないでいたいものだという願望を表わす。そして、以上の第一文「営魄《えいはく》（魄）に載《の》（載）り一《いち》を抱《いだ》きて、能《よ》く离《はな》（離）るること毋《な》からんか。」は、前半の同じ形式を持つ六つの文を代表する総論に位置づけられており、また後半の「之を生じ之を畜《やしな》うに、……是《これ》を玄徳《げんとく》と胃《い》（謂）う。」という、「道」を把えた者の描写への前提とされている。

また、第十章末尾の「之を生じ之を畜うに、生ずれども有せず、長ずれども宰らざるなり。是を玄徳と胃（謂）う。」について、以下の諸書は、馬叙倫『老子校詁』第十章に基づいて第五十一章からの錯簡・重出として削去してしまう。――武内義雄『老子の研究』第十章、木村英一『老子の新研究』十章、陳鼓応『老子註訳及評介』十章、金谷治『老子　無知無欲のすすめ』10である。これは、第十章の文章構成と思想内容を理解しようとしない荒唐無稽の説である。第十章の構成は、前半は、修道者がさまざまの手だてを尽くして「道」を把えることを述べる（前提・原因）。後半は、そのように「道」を把えた修道者（「道」そのものと化した聖人）が「万物」を「生じ畜う」などの「玄徳」を持つことを述べる（結論・結果）。同じような構成を持つ章は、第十六章（本項の注（54）を参照）・第二十八章（本項の注（46）を参照）など、『老子』には少なくない。

（58）『荘子』斉物論篇に画かれている万物斉同の哲学の概観については、拙著『荘子上　全訳注』の「斉物論第二の【総説】と【解説】を参照。

# 第2章　『老子』の倫理思想

ここに「倫理思想」と言うのは、例えば、中国古代の儒家や墨家のように、「仁」や「義」などの徳目を立てて人間関係を律する規範などを思索したものを、狭く指しているわけではない。前章（II、第1章「『老子』の哲学」）で検討した「道」や「徳」を根底に置いて、人間としてこの現実社会をいかに生きていくべきかを追求した、生き方についての原理的な思索を広く指すことにしたい。

この「倫理思想」という領域の思想にも、前章で述べたのと似たような問題が絡まっている。明治以来の日本の研究の中には、『老子』の中に倫理思想の存在を認めず、これを「保身の道」「処世の法」「処世術」(1)などという言葉で理解することが少なくなかった。これらの言葉は貶義語《へんぎご》の一種であって、これらの言葉の使用者には初めから、老子の倫理思想はせいぜいのところひねこびた世渡りの知恵でしかない、とする低い評価が前提されていた。そして、『老子』の倫理思想に対するこうした低い評価が生まれたことについては、以下の三つの原因が思い浮かんでくる。――その一は、自分が儒家の思想を信奉しているために、それと対立する『老子』を異端と把え、よってその倫理を倫理とは認めまいとする原因（武内義雄の場合）。その二は、哲学の場合と同じように、明治以来の「脱亜入欧」イデオロギーに基づいて西洋流でない倫理は倫理とは認めまいとする原因（津田左右吉の場合）。その三は、これらに先だつ江戸時代の儒者の『老子』理解の中に、その倫理を「老姦」「権謀」などと低く評価するものがあったが、それに影響されたもの。これらの内、その三は、明治時代などにおいてはその一とほぼ同じ現象であって、その一の別の側面であると言いうるかもしれない。いずれにしても、これらの「保身の道」「処世の法」「処世術」などはみな『老子』にとって外在的な理解でしかなく、その倫理思想を把えようとする際に何よりも必要・不可欠な内在的な探求の枠組になっていない。

しかしながら、『老子』の中にあるのは、人間がこの世にある限り必要とされる、生き方についての原理的な思索である。その実際の現われは、人間が「下《した》・後《うしろ》」「為す無し」のマイナス価値に身を置くことを通じて、かえって「上《うえ》・前《まえ》」「為さざる無し」のプラス価値に転じていくことを中心に、いかにこの現実社会に生きていくべきかを追求するものである。しかも、老子はこうした人間の生き方の追求を、世界に存在する「万物」の一般的・普遍的なあり方や、その「万物」を主宰する「道」「徳」のあり方についての、哲学的（存在論的）な思索とともに進めている。その場限りの場当たりな、ひねこびた世渡りの知恵の披露とは、本質的に異なるものと把えなければならない。こういうわけで、筆者はこれを「倫理思想」と呼んで、以下、若干の検討を行いたいと思う。

## A　『老子』における人間疎外の克服と主体性の獲得

### a　「道」の形而上学・存在論における人間の位置づけ

一体、「万物」の一つである人間という「物」は、前章で解明した本来の『老子』の哲学によれば、諸多の「物」と同じように、根源者である「道」によって存在させられている存在者である。すなわち、「道」という世界の主宰者によってただ発生・変化・消滅させられるだけの、被宰者でしかない。それ故、人間は、あるがままの状態では、一人一人が世界の主宰者であることはできず、自らの主人公として自らの人生を主体的に生きることができない。言い換えれば、あるがままの人間は、運命的に「道」の自己疎外によって成った者であり、非主体的な生き方しかできないように定められた者なのである。ここに、『老子』を始めとする道家の思想家たちの反人間疎外論や主体性論は、原因を持っている。

『老子』などの道家の思想家たちにとって、人間のこうした哀れな状態をどのように克服していくかが重大な問題となったのは、当然である。その解答の大筋は、以下のとおり。――人間が人間だけに可能である修道（「道」を把える活動）によって、「道」に近づき「道」を把え「道」と一体化すること、結局のところ、修道者が「道」それ自体になること、であった。その結果、人間はあるがままの哀れな状態を克服して、一人一人が世界の被宰者の地位から脱して正反対の世界の主宰者の地位に立ち、疎外状態から転じて自らの人生を主体的に生きることができるようになる、というものである。筆者が『老子』の中にあると認める「倫理思想」とは、このような内容の思想と、それに加えてこれと関連する諸思想を指して言う。上述のごとく、従来、一部の学者たちは、これらを「保身の道」「処世の法」「処世術」などと押さえて外在的な理解に終始したが、それが不適切であることはすでに十分明らかではなかろうか。

とは言うものの、以上のような反人間疎外論や主体性論は、実際には『老子』よりも『荘子』諸篇に多く現われる思想であって、『老子』にはその残滓がいくらかあるに過ぎない。ちなみに、『荘子』は、一般に『老子』の思想を祖述してその後に成ったものと見なされているけれども、本当のところはそのような単純な成り立ちの書物ではなく、『老子』の編纂に先だつ文章、『老子』と並行して書かれた文章、『老子』の後にその影響をこうむって書かれた文章、などから成る。[3]『荘子』中の古い部分、例えば斉物論篇などは、『老子』に先だつ戦国中期の紀元前三〇〇年ごろの成立と考えられる文章である。その南郭子綦《なんかくしき》・顔成子游《がんせいしゆう》問答の序論の部分は、あらゆる存在者の中で最も主体的であるはずの人間が実はそうではなく、反対にひどく没主体的であり、疎外された存在者であることを抉剔《けってき》するのに当てられている。その抉剔は鋭くかつ深く、いい加減な妥協や曖昧なごまかしによる救いは一切存在しない。例えば、「人籟《じんらい》・地籟《ちらい》・天籟《てんらい》」を述べる個所では、「地籟」を人間の主体的なあり方の比喩・象徴として簡潔な筆致で描写した後、顔成子游の問いに南郭子綦が、子綦曰わく、「夫れ吹くこと万《よろず》に同じからざるに、其《それ》をして己自《おのれよ》りせしむるや、咸《ことごと》く其れ自《みずか》ら取る。怒《ど》する者は其れ誰《だれ》ぞや。」と。

と答える。「地籟」「人籟」の「己自《おのれよ》りす」「自ら取る」という主体性が真の主体性ではありえず、それが背後の「怒《ど》する者」つまり「天籟」（下文の「真宰《しんさい》」「真君」「道」に同じ）によって作り出されたものではないかという示唆である。

### b　『老子』に見える反疎外論と主体性論の残滓

ここで残滓という言葉を使うのは、『老子』中に本格的な反疎外論と主体性論はあまり現われず、ただかつて盛んであったその名残《なごり》がいくらか残っているに過ぎないためである。『老子』と『荘子』の関係について言えば、一般には、まず春秋時代の老子に道家思想の萌芽が起こり、それを戦国時代の荘子が開花させたと理解している。しかし、その逆である場合も少なくない。反疎外論・主体性論というテーマは、初期道家の誕生以来、盛んに行われていた思想であって、例えば、上述のごとく『荘子』斉物論篇の南郭子綦《なんかくしき》・顔成子游《がんせいしゆう》問答のような、本格的な反疎外論・主体性論も書かれていた。ところが、『老子』中の新しい部分では思想家たちの問題意識に変化が生じたために、この思想はすでに背景に退いてしまい、若干の残滓が垣間《かいま》見えるだけになっているのである。

二、三の例を挙げよう。『老子』第五十一章に、上引のとおり、道之《みちこれ》を生《しょう》じて、徳之《とくこれ》を畜《やしな》い、物之に刑《あら》（形）われて、器之《うつわ》に成《な》る。是《ここ》を以《もつ》て万物は道を尊《とうと》びて〔徳を〕貴《とうと》ぶ。

とある。根源者「道」とその働き「徳」が物を発生させ養育すると、そのために存在者「物」とその働き「器」（「物」を作用・機能という観点から見た言い方）が姿形《すがたかたち》を持って成立してくる、という存在論である。「器」は、本来の『老子』の文字使いであるが、しかしこの文章からは、「物」「器」が「道」による「道」の自己疎外の結果であることを克服しようとする、反疎外論・主体性論の香りはあまりただよってこない。「器」の文字使いに多少その残滓が感じられるだけである。(4)

ところが、『老子』とほぼ同じ時代かまたはそれにやや先だつ『荘子』馬蹄篇には、

夫れ樸《あらき》を残《そこな》いて以て器を為《つく》るは、工匠の罪なり。道徳を毀《こぼ》ちて以て仁義を為るは、聖人の過《あやま》ちなり。

とあって、「器」「仁義」などの「万物」がこの世に生まれたのは、「樸」「道徳」という根源者が破壊された結果であるとする、明確で強烈な反疎外論が論じられていた。これによれば、人間の営為である「器」「仁義」などの「万物」の発生は「樸」「道徳」の疎外の結果で

あるが、それだけに止まらず、それらの「万物」は「道徳」を少しも含んでおらず、よって全然無価値であることになる。そこで、『荘子』馬蹄篇は、「器」「仁義」などが発生する以前のアナーキーを、人類の目指すべきユートピアとして反措定的に構想する。『老子』第五十一章に戻って考察すると、ここには「物」や「器」の「万物」を無価値だとして否定する雰囲気はあまり感じられない。むしろ「万物」は「道」の疎外形態であるにしても、「道」から生まれたが故に「道」を含具しており、したがって、「道」も「万物」もともに価値を有するという思想に傾きつつあるように感じられる。上文で「『老子』中の新しい部分では思想家たちの問題意識に変化が生じた」と述べたのは、このような状況を指したものである。

　また、『老子』第二十八章にも、次のようにある。

　　〔恒《こう》〕徳《とく》乃ち〔足れば、楃《あらき》（樸）に復帰す〕。……楃《あらき》（樸）は散ずれば〔則ち器《うつわ》と為るも、声《せい》（聖）人《じん》は用うれば則ち官長《かんちょう》と為る。夫《そ》れ大制《たいせい》は割《さ》くこと无し。

これも第五十一章とほぼ同じ思想を表わしているが、その「器」に対する否定の度合は第五十一章よりも強く、反疎外論・主体性論がより強く残っている。なお、誤解のないように蛇足を加えれば、本章の「声（聖）人」が「用いる」ものは、「器」ではなく「楃（樸）」つまり「道」である。(5)

その他、『老子』第二十三章に、次のようにある。

> 言うこと希《まれ》なれば、自然なり。飄風《ひょうふう》も朝を冬《お》（終）えず、暴雨《ぼうう》も日を冬（終）えず。孰《だれ》か此《これ》を為す、天地なり。〔而《しか》れども久しくする能《あた》わず、有《ま》（又）た兄《いわ》（況）んや人に〕於《お》いて〔をや〕。故に従事《じゅうじ》して道《みち》ある者は道《どう》に同じ、徳ある者は徳に同じ、者《しっ》〈失〉ある者は失に同ず。

「飄風《ひょうふう》・暴雨《ぼうう》」を起こすものは一まず「天地」ではあるけれども、その「天地」でさえ「飄風・暴雨」に「朝を冬（終）えず、日を冬（終）えず。」、「久しくする能わ」ないのは、根源の「道」がそうさせているからだ、まして「天地」より下位の「人」にできることではない、という思想を表明した文章である。世界の主宰者たる「道」を前にした「天地」「人」の被宰者ぶりを画いたものであるが、ここではその「道」の働きが無為化して主宰性が弱まり、「万物」（「飄風・暴雨」）の有する「自然」性に取って代わられつつある。[6] だから、従来あった反疎外論・主体性論が不明瞭になってきているのである。

また、『老子』第三十九章に、次のようにある。

> 昔の一《いち》を得《え》たる者は、天《てん》は一を得て以て清《きよ》く、地は〔一を〕得て以て寧《やす》らかに、神《かみ》は一を得て以て霊《れい》（霊）あり、浴《たに》（谷）は一を得て以て盈《み》ち、侯《こう》〔王《おう》は一を得〕て以て正《せい》と為

る。亓《そ》（其）の之《これ》を致《いた》すや、天は已《もっ》（以）て清きこと毋《な》ければ将《まさ》に恐らく〔蓮《さ》（裂）け〕んとすと胃《い》（謂）い、地は〔已《もっ》（以）て寧らかなること〕毋ければ将に恐らく〔発《うご》か〕んとすと胃（謂）い、神《かみ》は已（以）て霝（霊）あること毋ければ〔将に〕恐らく歇《つ》き〔んとす〕と胃（謂）い、浴《たに》（谷）は已（以）て盈つること毋ければ将に恐らく渇《か》（竭）れんとすと胃（謂）い、侯王《こうおう》は已（以）て貴《とうと》くして〔以《か》つ高きこと〕毋ければ〔将に恐らく欮《たお》（蹶）れんとす〕と胃（謂）う。

この文章は、「天・地・神・浴（谷）・侯王」などの「万物」がそれぞれ「一」つまり「道」を得ることによって、その本質的な属性「清し・寧らか・霝（霊）あり・盈つ・貴《とうと》くして以《か》つ高し」を賦与される、という思想を表明したものである。それのみならず、これらの「万物」は、この「道」を失うならば、以上の本質的な属性を保持することもおぼつかないと言う。ここにも、不明瞭になってはいるが、老子本来の反疎外論・主体性論の残滓を認めることができよう。

### C　『周易』の道器論

上文では『老子』の「樸―器」「道徳―万物」の関係について検討したが、これと同じような「道―器」の関係づけの議論、すなわち道器論が『周易』に含まれることは、よく知られた事実である。この両者の間には一体いかなる繫がりがあるのであろうか。

結論を先に述べれば、『周易』繫辞上伝の道器論は、以上に考察した『老子』の道器論の強いインパクトの下にそれを踏まえて成立したものである。[7]『周易』は儒家の著わした文献であり、『老子』『荘子』の道家とは所属学派も基本思想も大いに異なる。その上、『老子』に即して確認してきたように、道家にあっても時代の経過とともに「物」「器」の価値に対する否定が次第に弱まっていった。それ故、その後に世に現われた『周易』繫辞上伝の「器」に対する評価は、『老子』『荘子』の道器論における「物」「器」とは全く異なって貶価《へんか》することがないどころか、むしろ根源者「道」が生み出した価値や機能を有する「物」「器」であると認めて高い評価を与える。例えば、繫辞上伝の最も古いテキストである馬王堆帛書『周易』繫辞篇[8]（通行本繫辞上伝の第十章）に、

是の故に戸を閭《と》（闔）ざす、之を川《こん》（坤）と胃《い》（謂）う。門を辟《ひら》（闢）く、之を鍵《けん》（乾）と胃（謂）う。一《ある》いは閭（闔）ざし一いは辟（闢）く、之を変と胃（謂）う。往来して窮《きわ》まらざる、之を迵《つう》（通）と胃（謂）う。之を見《あら》わす、之を馬《しょう》〈象〉と胃（謂）う。刑《かたち》（形）づくる、之を器と胃（謂）う。〔制〕して之を用うる、之を法と胃（謂）う。利用・出入して、民一に之を用うる、之を神と胃（謂）う。

とあり、また馬王堆帛書『周易』繫辞篇（通行本繫辞上伝の第十二章）に、

鍵《けん》（乾）川《こん》（坤）は、亓《そ》（其）れ易の経《けい》なるか。……是の故に刑《けい》（形）而上《じじょう》なる者は、之を道と胃《い》（謂）う。刑《けい》（形）而下《じか》なる者は、之を器と胃（謂）う。為して之を施すは、之を変と胃（謂）う。誰《お》（推）して諸《これ》を天下の民に〔錯《お》〕くは、之を事業と胃（謂）う。

とある。両者を一つにまとめて解釈するならば、その大体の趣旨は、乾坤を構成要素とする「刑（形）而上」の「道」の変通の作用によって、「道」の中から「刑（形）而下」の「器」が「刑（形）」を持って「見わ」れてくるが、その「器」は人工による「変」を加えられて「天下の民」に有用な「法」や「事業」となって展開していく、ということである。ここに見られるように、繋辞上伝（帛書繋辞篇）は、「刑（形）而下」の「器」の有する世間的な価値や機能を積極的にプラスに評価しようとする。さらに馬王堆帛書『周易』繋辞篇（通行本繋辞上伝の第十一章）に、

物を備え用を至（致）し、成器《せいき》を位《た》（立）てて以て天下の利を為すは、耶《せい》（聖）人《じん》より大なるは莫し。

とあるのも、聖人の主体性という条件がついてはいるものの、「物」「成器」を「天下の利」をもたらすものとして積極的にプラスに評価した例であると言えよう。

そうは言うものの、ひるがえって考えてみれば、そもそも『周易』繋辞上伝（帛書繋辞

篇）は儒家の手に成る文献であるから、「物」「器」に対して否定的な評価を下さなければならない理由は、格別存在しないはずである。[9]それ故、その「物」「器」に対する積極的な評価を含む道器論は、『老子』の強いインパクトを受けたという事情だけでは説明がつかないように思われる。これ以外に別に、『周易』繫辞上伝（帛書繫辞篇）が道器論を論ずる内面的な理由がなければならない。それは一体、何だったのであろうか。

春秋・戦国時代の儒家の思想家たちには、一つのあまり得意でない思想の分野があった。それは他でもない、形而上学・存在論である。このことは、孔子・孟子・荀子といった儒家を代表する思想家たちが、どのような形而上学・存在論（天論や道論など）を唱えていたかを想起してみれば、容易に首肯されるであろう。それ故、戦国後期に入り、対立する道家が知識社会に登場して根源的実在「道」―存在者「万物」の相互関係を、道器論という形によって初めて論ずるようになると、この分野を不得意とする儒家には、倫理や政治という「万物」の世界しか論じてこなかった自らの思想体系を、新たに何らかの理論をもって基礎づける必要性が生じたのである。そして、この必要性を充たすために選ばれた理論が、道家の創始した「道―万物」の関係論であり、このために選ばれた素材が、この時点までまだ単なる占《うらな》いの書でしかなく、哲学・倫理・政治などとはほとんど縁のなかった『易』であった。こうして、戦国末期ないし秦代より開始して、儒家は、素材の面では、『易』を自らの経典の一つに取り上げて重視し、それを解釈した何篇かの易伝を撰するという方法で[10]『易』を媒介にしながら、理論の面では、その解釈の中に『老子』など道家の「道」の形而上学・存在論を取りこんで自らの思想を豊かにしていく。上に見た繫辞上伝（帛書繫辞篇）は、このような思想的な営みの産物に他ならない。そうだとすれば、繫辞上伝（帛書繫辞篇）が道器論を論ずる内面的な理由は、「器」にはなくむしろ「道」にあったと言うことができよう。

## B　『老子』における柔弱の提唱と堅強の否定

『老子』の中に、柔弱の提唱と堅強の否定が含まれることは、古くから広く知られた事実である。例えば、戦国末期の『呂氏春秋』不二篇に「老耽《ろうたん》は柔《やわ》らかきを貴ぶ」とある[1]のが、その最も早い証言である。前漢初期の『荘子』天下篇の関尹《かんいん》・老耼《ろうたん》論になると、

濡《じゅ》（嬬）弱《じゃく》にして謙下《けんか》するを以て表《おもて》と為し、空虚にして万物を毀《こぼ》たざるを以て実《じつ》と為す。……未《いま》だ嘗《かつ》て人に先んぜずして、常に人に随《したが》う。老耼曰わく、「其の雄《おす》を知り、其の雌《めす》を守れば、天下の谿《たに》と為る。其の白《あか》るきを知り、其の辱《けが》（黷）れたるを守れば、天下の谷と為る。」と。人皆な先を取るも、己《おのれ》独り後を取る。曰わく、「天下の垢《あか》を受けん。」と。……人皆な福を求むるも、己独り曲がりて全《まった》し。曰わく、「苟《いやしく》も咎《とが》を免《まぬか》れん。」と。深きを以て根《ね》と為し、約なるを以て紀《のり》と為す。曰わく、「堅《かた》ければ則ち毀《こぼ》たれ、鋭《するど》ければ則ち挫《くじ》かる。」と。

の一章全体が、プロ柔弱・アンチ堅強の思想をもって老子を画いていると言っても過言ではない。他に、戦国末期の『荀子』天論篇に「老子は詘（屈）に見ること有りて、信（伸）に見ること無し。」とあり、前漢、武帝期の『史記』老子列伝に「李耳は無為にして自《みずか》ら化し、清静にして自ら正しくす。」とあるのも、プロ柔弱・アンチ堅強と評価するのと近い評価である。

以上の引用文からも知られるように、『老子』の柔弱の提唱・堅強の否定は、必ずしも倫理思想の領域の中だけで論じられているのではなく、他の思想領域——哲学・政治思想・養生思想・自然思想——の中でも論じられている。ここでは、主に倫理思想に即して、『老子』の柔弱の提唱・堅強の否定およびその周辺を解明したい。

### a　水にならう柔弱・不争《ふそう》・謙下《けんか》の倫理

『老子』の中には、「水」を例に取りそれをモデルにして、人間の倫理的な生き方を論ずる文章が少なくない。例えば、『老子』第八章に、

上善《じょうぜん》は水に治《に》（似）たり。水は善く万物を利《り》して静《あらそ》（争）わ有〈ず〉、衆《しゅう》〈人〉《じん》の悪《にく》む所に居《お》り、故に道に幾《ちか》し。居るには地を善しとし、心には潚《ふか》（淵）きを善しとし、予《くみ》（与）するには信《まこと》あるを善しとし、正《まつりごと》（政）には治まるを善しとし、事には能《のう》あるを善しとし、踵《うご》（動）くには時にかなうを善しとす。夫《そ》れ唯《た》だ静《あらそ》（争）わず、故に尤《とがな》无し。

とある。その「水」のあり方は、勝ちを求めて他と争おうとせず、大衆の嫌がる下の位置に安住する、「不争《ふそう》」「謙下《けんか》」という倫理の比喩・象徴である。と同時に、「不争」「謙下」の倫理は、「道に幾《ちか》し」(12)と評価されているように、「道」の親戚筋に当たり「道」の内容とほとんど同じものである。それ故、「不争」「謙下」の倫理を身につけることは、「道」を把握することとほとんど違わないことになる。また、『老子』第七十八章に、

> 天下に〔水より〕柔《じゅう》〔弱《じゃく》なるは〕莫《な》く〔して〕、堅強《けんきょう》を〔攻《せ》む〕る者、之《これ》に能《よ》く〔勝つ〕もの莫きや、亓《そ》〔其〕の〔以て之に〕易《か》わること无《な》きを以て〔なり〕。水の剛《つよ》きに勝ち、弱きの〕強きに勝つは、天〔下に知らざるもの莫きも、之《これ》を能《よ》く〕行うもの〔莫き〕なり。

とある。この「水」は全天下で最も柔弱なものであり、堅強なものに勝つことができるとされる。だから老子は、人間はこの柔弱の倫理を行うべきだと唱えるのである。(13)

ちなみに、『老子』第七十六章に、

> 人の生《い》くるや柔弱《じゅうじゃく》なり、亓《そ》〔其〕の死するや𦽽《きん》〔筋〕仞《じん》〔肕〕は賢《けん》〔堅〕強《きょう》なり。万物草木の生くるや柔脆《じゅうぜい》なり、亓〔其〕の死するや椁《こ》〔枯〕槀《こう》〔槁〕なり。故《ゆえ》に曰《い》わく、「堅《けん》強《きょう》なる者は死の徒《と》なり、柔弱微細《じゅうじゃくびさい》なるものは生の徒なり。」と。……強大は下に居《お》り、

柔《じゅう》弱《じゃく》微細《びさい》は上に居り。

とある。この文章が論じているのは養生思想であって倫理思想ではないし、また、取り上げている例も「草木」であって「水」ではないけれども、同じように柔弱を提唱し堅強を否定している点で参考にすることができよう(14)。

さらに、『老子』第六十六章に、

〔江〕海《こうかい》の能《よ》く百浴《ひゃっこく》（谷）の王《おう》と為《な》る所以《ゆえん》の者は、亓《そ》（其）の善く之《これ》に下《くだ》るを以てなり、是《ここ》を以《もっ》て能く百浴（谷）の王と為る。是を以て聖人《せいじん》の民《たみ》に上《のぼ》らんと欲《ほっ》するや、必ず亓（其）の言《げん》を以て之に下る。亓（其）の〔民に〕先《さき》んぜんと欲する〔や〕、必ず亓（其）の身《み》を以て之に後《おく》る。故に前に居《お》るも民害《がい》とせざるなり、上に居るも民重《おも》しとせざるなり。天下隼《お》（推）すを楽しみて猒《いと》わざるや、亓（其）の諍《あらそ》（争）うこと无《な》きを以てに非《あら》ずや、〔故《ゆえ》に天下《てんか》能《よ》く与《とも》に〕静《あらそ》（争）う〔もの莫《な》し〕。

とある。この文章は、第七十八章とともに主として政治思想を述べたものではあるが、同時に、謙下・不争の倫理思想を唱えていると見ることもできよう。この「江海」が「百浴（谷）の王」となることができる理由は、それが善く「百浴（谷）」にへり下るからだ、とされている。そこで、老子は、民の上に上り民の前に先んじようとする「聖人」に対して、

「亓（其）の言を以て」「亓（其）の身を以て」民にへり下り、勝ちを求めて民と争うことがないように、と要求するのである。[15]

なお、『老子』中に現われる「不争」、つまり勝ちを求めて他者と争おうとしないことを善しとする倫理思想は、必ずしも「水」のありさまを画いてそれをモデルとするものばかりではない。以下、参考までにそれを挙げておく。例えば、『老子』第三章に「賢《かしこ》きを上《とうと》ばざれば、〔民をして争わざらしむ〕。」とある。これは、直接「民」の「不争」を言うものである。また『老子』第二十二章に、

曲《ま》がれば則《すなわ》ち金《まった》〈全〉く、枉《ま》がれば則ち定《さだ》まり、洼《くぼ》（窪）めば則ち盈《み》ち、敝《やぶ》るれば則ち新たに、少なければ則ち得《え》、多ければ則ち惑《まど》う。是《ここ》を以《もっ》て声《せい》（聖）人《じん》は一《いち》を執《と》りて、以て天下の牧《ぼく》と為る。……夫《そ》れ唯《た》だ争わず、故に能く之と争うもの莫《な》し。古《いにしえ》〔の所胃《いわ》（謂）ゆる曲《ま》がれば金《まった》〈全〉しなる者は、幾《あ》（豈）に〕語《ことば》ならんや。誠に金《まった》〈全〉きもの之に帰《き》す。

とある。これは、「声（聖）人」の「不争」を言うものである。[16]上文・下文の「曲がる・枉《ま》がる・洼《くぼ》（窪）む・敝《やぶ》る・少なし」などと並ぶ、マイナス価値の消極的な態度であるが、必ずしも「水」とは関係がない。また、『老子』第六十八章に、

善《よ》く士《し》為《た》る者は武《ぶ》ならず、善く戦う者は怒《いか》らず、善く敵に勝つ者は〔与《あた》〕らず、善く人を

用うる者は之が下《した》と為る。〔是《これ》を〕諍《あらそ》（争）わざるの徳と胃《い》（謂）い、……。

とある。これは、「諍（争）わざるの徳」の現われである、主として非戦の軍事思想を述べた文章である。老子は本章において開口一番、「善《よ》く士《し》為《た》る者は武《ぶ》ならず」、すなわち、優れた「士」の身分の者は武事に手を出してはならないという大原則を提唱する。次の「善く戦う者は怒《いか》らず、善く敵に勝つ者は与《あた》らず。」は、戦争による勝利を肯定・賛美する句のようにも見えるが、しかし、以上の大原則にもかかわらず、やむをえず行わざるをえない戦争への冷静な対応と把えるべきではなかろうか。[17] また、『老子』第八十一章に、

聖人《せいじん》は積《つ》むこと无《な》し、〔既《すで》に〕以て〔人の〕為《た》めにして、〔己《おのれ》〕兪《いよ》（愈）いよ有す。既に以て人に予《あた》えて、己兪（愈）いよ多し。故に天の道は、利《り》して害《そこな》わず。人の道は、為《な》して争《あらそ》わず」。

とある。本章の「天の道」は、上文の「聖人」の有する「道」であって、老子が最も高く評価するものである。それに対して「人の道」は、「天の道」よりも低く評価された「道」であるが、しかし全然否定されているというのでもなさそうだ。[18] この「争わざるの道」は、第六十八章の「諍（争）わざるの徳」と同じ内容と考えられるからである。『老子』には、これら以外にも、人間の倫理的な態度として己のポジションを下に取り、

人々に対してへり下るべきことを勧める文章は、甚だ多い。以下に、いくつかの例を列挙しておく。例えば、『老子』第三十九章に、

故に必ず貴《とうと》からんとすれば而《すなわ》ち賤《いや》しきを以て本《もと》と為し、必ず高からんとすれば而《すなわ》ち下《ひく》きを以て基《もと》いと為す。夫《そ》れ是《ここ》を以《もっ》て侯王は自ら胃《い》（謂）いて孤《こ》・寡《か》・不槖《ふこく》（穀）と〔曰《い》う〕。此亓《これそ》（其）の賤《いや》しきを〔之本《これもと》とする〕か、非《あら》ざる〔か〕。

とある。侯王に向かって「賤しき・下《ひく》き」を自己の立場とすべしと説く、謙下の政治思想であるが、侯王が「孤・寡・不槖（穀）」という自称を用いる謙下の態度も、同じ思想の中に含められている。後者は、『老子』第四十二章にも「天下の悪《にく》む所は、唯《た》だ孤《こ》・寡《か》・不《ふ》槖《こく》（穀）なるも、王公《おうこう》は以て自《みずか》ら名《な》づくるなり。」と見える。また、『老子』第六十一章に、

大邦《たいほう》なる者は、下流《かりゅう》なり、天下の牝《めす》なり、天下の郊《こう》なり。牝の恒《つね》に靚《しず》（静）かなるを以て牡《おす》に勝つは、亓（其）の靚（静）かなるが為《た》め〔なり、故に〕宜《よろ》しく下《した》と為《な》るべし。

とある。これも謙下の思想と言うことができよう。また、上引の『老子』第六十八章に、

善《よ》く士《し》為《た》る者は武《ぶ》ならず、善く戦う者は怒《いか》らず、善く敵に勝つ者は〔与《あた》〕らず、善く人を

用うる者は之が下《した》と為る。〔是《これ》を〕諍《あらそ》（争）わざるの徳と胃《い》（謂）い、……。

とあり、『老子』第七十七章に、

天下〔の道は、酉《な》（猶）お弓を張《は》るがごとき〕者なり。高き者は之を印《おさ》（抑）え、下《ひく》き者は之を挙《あ》ぐ。余り有る者は之を敗《そん》（損）し、足《た》らざる者は之を補《おぎな》う。故《ゆえ》に天の道は、〔余り〕有るを敗《そん》（損）し〔て足らざるを益《ま》す。人の道は則《すなわ》ち〕然《しか》らず、〔足らざるを〕敗（損）し〔て〕余り有るに奉《ほう》ず。孰《だれ》か能《よ》く余り有りて以て天に奉《ほう》ずるを取ること有る者ぞ、〔唯《た》だ道を又《ゆう》（有）する者のみならんか〕。

とある。これらも「天の道」を有する者や将軍・統治者などに、謙下の態度を取るように勧める文章と見てよいであろう。

以上に引用した『老子』諸章の「水」「草木」「江海」の柔弱・不争・謙下というあり方は、例えば、第八章で「上善は水に治《に》（似）たり」と明言しているとおり、誤解の余地なく人間のあるべき倫理的（また政治的・養生的）な生き方の比喩・象徴である。しかしながら、これらは、単なる比喩的・象徴的な意味であるに止まらず、それとは違った意味をも与えられていると思われる。世界を構成する「万物」中の一物の有する、望ましいあり方（つまり「道」）という実事的な意味である。――老子は、「水」「草木」「江海」を観察してその柔弱・不争・謙下という姿の中に、「万物」の望ましいあり方（「道」）を見出し、我々もそれにならって生きるべきだとして、人間の倫理思想（また政治思想・養生思想）を導き出してもいるのだ。ここには、人間が倫理思想（また政治思想・養生思想）のモデルを得る源泉は、ただ単に人間の中にあるだけでなく、「水」「草木」「江海」などの自然を含む「万物」の中にもある。それ故、我々は、従来のように視野狭窄《しやきようさく》に陥ったまま人間・社会の中に跼蹐《きよくせき》するのではなく、視野拡大を図って自らの存在を自然を含む「万物」に向かって開放しつつ、その倫理（また政治・養生）を「万物」からも学ぶ必要があるとする、全く新しい思想構築の提唱が認められるのである。

このように、自然を含む「万物」の中から、人間の倫理思想（また政治思想・養生思想）を導き出すという思考の方法は、『老子』に現われる顕著な特徴の一つである。これは、上述した第五十一章・第二十八章における「器《うつわ》」よりも「樸《あらき》（樸）」の尊重、後述する第十章・第二十八章の「雄《おす》」よりも「雌《めす》」の重視、第六章・第六十一章の「牡《おす》」ではなく「牝《めす》」の褒価《ほうか》、などにも見られる。

### b　雄《おす》よりも雌《めす》を、牡《おす》ではなく牝《めす》を——女性的原理の重視　その1

『老子』が柔弱・不争《ふそう》・謙下《けんか》の倫理を導き出したのは、「水」「江海」からだけではない。堅強である「雄《おす》」よりも柔弱である「雌《めす》」のあり方から、また堅強である「牡《おす》」ではなく柔弱である「牝《めす》」のあり方からも、同一かまたは類似する倫理を導き出している。

「雌《めす》」については、『老子』第十章に、

〔気を摶《もっぱ》（専）らにし柔《やわ》らかきを至《きわ》（致）めて〕、能《よ》く嬰児《えいじ》たらんか。……〔天門 啓闔《けいこう》して、能く雌《めす》と為《な》らんか。明白四達《めいはくしたつ》して、能く知を以《もち》うること毋《な》からんか〕。之を生じ之を畜《やしな》うに、生ずれども〔有せ〕ず、〔長ずれども 宰《つかさど》らざるなり〕。

とある。本章上段の説く内容は、多岐にわたっていて決して単純ではないが、「天門 啓闔《けいこう》して、能く雌と為らんか。」の「雌」は、天の門をくり返し開《あ》けたり閉《し》めたりしつつ、そこから「万物」を生み出す「道」の多産性を比喩・象徴した言葉である。[19] その「雌」は、柔弱なものという性質を与えられていると推測してよいであろう。また、『老子』第二十八章に、

其の雄《おす》を知り、其の雌《めす》を守れば、天下の渓《たに》と為《な》る。天下の渓と為れば、恒徳《こうとく》雞《はな》〔離〕れず。恒〔徳〕雞〔離〕れざれば、嬰児《えいじ》〔に〕復帰《ふっき》す。其の白《あか》るきを知り、其の辱《けが》〔黷〕れたるを守れば、天下の浴《たに》（谷）と為る。天下の〔浴（谷）〕と為れば、恒徳乃《すなわ》ち〔足《た》〕る。〔恒〕徳乃ち〔足れば、楃《あらき》（樸）に復帰す〕。其の〔白《しろ》き〕を知り、其の黒きを守れば、天下の式《しき》と為る。天下の式と為れば、恒徳貣《たが》（忒）わず。〔恒〕徳貣《たが》（忒）わざれば、无極《むきょく》に復帰す。

とある。その「其の雌《めす》」は、堅強の性質を持つ「其の雄《おす》」「其の白《あか》るき」「其の白《しろ》き」の対極に置かれており、「其の辱《けが》（黷）れたる」「其の黒き」と並んで柔弱の性質を与えられている。(20) そして、修道者が「其の雌」「其の辱（黷）れたる」「其の黒き」を保ち続けることができれば、彼には恒常不変な「徳」つまり「道」が、完全に具足するようになって、その結果「嬰児《えいじ》に復帰《ふっき》す」（養生思想）・「楃《あらき》（樸）に復帰す」（哲学）・「无極《むきょく》に復帰す」（政治思想）という望ましい状態が全て将来される、と唱えている。

一方、「牝《めす》」については、『老子』第六章に、

> 浴《こく》（谷）神《しん》は死せ〔ず〕、是《これ》を玄牝《げんぴん》と胃《い》（謂）う。玄〔牝〕の門は、是《これ》を〔天〕地の根と胃（謂）う。緜緜呵《めんめんこ》（乎）として存するが若《ごと》く、之を用うるも堇《つ》（勤）きず。

とある。これは、「玄牝《げんぴん》」（根源的な女性生殖器）を「道」の比喩・象徴に用いて、その「道」が「根」となって万物を生み出していくとする、哲学的な万物生成論を画いた文章である。(21) その「玄牝」には柔弱という性質が与えられていると考えられる。また、『老子』第六十一章に、

> 大邦《たいほう》なる者は、下流《かりゅう》なり、天下の牝《めす》なり、天下の郊《こう》なり。牝の恒《つね》に靚《しず》（静）かなるを以て牡《おす》に勝つは、亓《そ》（其）の靚（静）かなるが為《た》め〔なり、故に〕宜《よろ》しく下《した》と為《な》るべし。大邦

は〔以て〕小《しよう》〔邦《ほう》〕に下《くだ》れば、則《すなわ》ち小邦を取《と》る。小邦は以て大邦に下れば、則ち大邦に取《と》らる。……夫《そ》れ皆な亓《そ》（其）の欲《よく》を得《う》れば、〔故に大〕邦なる〔者 宜《よろ》しく〕下《した》と為《な》る〔べし〕。」

とある。これは、主として倫理思想ではなく政治思想を論じた文章である。ここでは、「大邦」を「天下の牝なり」と認めた(22)上で、「牝」が「恒に靚（静）か」であり、へり「下る」ことによって「牡に勝つ」が故に、全ての「小邦」を兼併して最終的に天下統一を達成するために、「大邦」に対して「小邦」に「靚（静）か」にへり「下る」ことを要求している。この「牝」も、柔弱・謙下の性質を具えていると把えてよいであろう。

なお、必ずしも雄に対する雌の「静か」、牡と異なる牝の「静か」には限らないが、『老子』中には「静か」の意義を説く倫理思想も少なくない。ここでは、以上に引用した以外の「静か」の例を、二、三挙げておく。それらの中には、「静か」の意義が本項で検討してきたのと同類のものもある。例えば、『老子』第二十六章に「〔重きは〕巠《かる》（軽）きものの根《ね》為《た》り、清《しず》（静）かなるは趮《さわが》しきものの君《きみ》為《た》り。」とあり、『老子』第四十五章に、

趮《あつ》（燥）きは寒《さむ》きに勝ち、靚《しず》（静）かなるは炅《あつ》（熱）きに勝つ。請《せい》（清）靚《せい》（静）なれば以て天下の正《せい》と為《な》る可《べ》し。

とあるのがそれである。一方、修道者（「聖人」または「侯王」）が「静か」な態度を取ることを通じて、「万物」「天地」「民」の自主的・自律的な活動を呼び起こすとする、自然思想における「静か」の例もある。『老子』第十六章に、

虚《むな》しきを至《いた》（致）すこと極《きわ》まり、情《しず》（静）かなるを守ること表《あつ》〈裻（篤）〉ければ、万物は旁《なら》（並）びに作《お》こり、吾以《われもっ》て其の復《かえ》るを観るなり。天《そ》〈夫〉れ物は雲《うん》（䝧）雲《うん》（䝧）として、各《おの》おの其の〈根〉に復帰《ふっき》す。〈情《しず》（静）かと曰《い》い〉、情（静）かなるは是《これ》を命《めい》に復《かえ》ると胃《い》（謂）う。命に復るは、常《つね》なり。常を知るは、明らかなり。

とあり、(23)『老子』第三十七章に、

道《みち》は恒《つね》に名《な》无《な》し。侯王《こうおう》若《も》し〈能《よ》く〉之《これ》を守れば、万物将《まさ》に自《みずか》ら𢡺《な》（為）さんとす。……辱《はずかし》められずして以て情《しず》（静）かなれば、天地も将に自《みずか》ら正さんとす。

とあり、(24)『老子』第五十七章に「〈是《ここ》を以て声《せい》（聖）人《じん》の言《げん》に曰《い》わく〉、「……我静かなるを好みて、民自ら正《ただ》す。」と。」とあるのがそれである。自然思想における「静か」などについては、後に触れることがある（Ⅱ、第5章、C「『老子』自然思想の構造」を参照）。

### c　母への賛美――女性的原理の重視　その2

『老子』中には、以上に述べた「雌」や「牝」に類似した、母を賛美する文章が含まれており、古来甚だ注目されてきた。例えば、『老子』第一章に、

道《みち》の道とす可《べ》きは、恒《つね》の道に非《あら》ざるなり。名の名とす可きは、恒の名に非ざるなり。名无《な》きは、万物の始めなり。名有るは、万物の母なり。……両者は同じく出で、名を異にし胃《い》（謂）を同じくす。

とある。この「万物の母」は、「恒《つね》の道に非《あら》ざる道」「恒の名に非ざる名」としての「名有る」道であり、それは、「恒《つね》の道」「恒の名」としての「名无《な》き」道が「万物の始め」であるのと対している。ただし、本章の後半の「両者は同じく出で、名を異にし胃《い》（謂）を同じくす。」によれば、「万物の始め」と「万物の母」は、結局同じものであって、「万物」を生み出す「始め」であり「母」であるとされている。(25) それ故、この「母」は、哲学的な存在論において、「道」が「万物」を生み出すことの比喩・象徴なのである。

また、『老子』第二十章に、

〔朢《こう》（恍）呵《こ》（乎）として其れ未《いま》だ央《つく》さざるかな〕。……吾は独り人に異なりて、食母《しょくぼ》を貴《とうと》ばんと欲す。

とある。この「食母」は、直接的には、子供をはぐくみ育てる乳母《うば》の意味であるから、本章の文脈の上では、「万物」をはぐくみ育てる「道」の比喩・象徴ということになろう。(26) 上文で見た『老子』第一章の「万物の母」の趣旨に近いと思われる。

また、『老子』第二十五章に、

物有《あ》り昆《こん》（混）成《せい》し、天地に先だちて生ず。繡《せき》（寂）呵《こ》（乎）たり繆《りょう》（寥）呵《こ》（乎）たり、独立〔して玹《あらた》（改）まらず〕、以《もっ》て天地の母と為《な》す可《べ》し。吾未《いま》だ其の名を知らず、之に字《あざな》して道《みち》と曰《い》う。

とあり、『老子』第五十二章に、

天下に始《はじ》め有《あ》り、以《もっ》て天下の母《はは》と為す。旣《すで》（既）に亓《そ》（其）の母を得て、以て亓（其）の〔子を〕知り、〔旣《すで》（既）に亓（其）の子を知りて〕、復《ま》た亓（其）の母を守れば、身《み》を没《ぼっ》（殁）するまで殆《あや》うからず。

とある。第二十五章の「天地の母」は「天地」を生み出す「母」であり、(27) 第五十二章の「天下の母」は「天下」を生み出す「母」である。どちらも存在論・万物生成論の根源者たる

「道」を指すが、両者の間には若干相異があるように感じられる。――「母」なる「道」から生み出される「天地」の方がまだ「道」に近く（哲学）、「天下」の方は「天地」よりも「道」から遠ざかっている（倫理思想・政治思想）のではなかろうか。

さらに、『老子』第五十九章には「国の母」という例もある。

〔人を治《おさ》め天に事《つか》うるには、嗇《しよく》に若《し》くは莫《な》し。……亓《そ》（其）の極を知る莫ければ〕、以て国を有《たも》つ可《べ》し。国の母《はは》を有《たも》てば、以て長久《ちようきゆう》なる可し。是《これ》を棿《ね》（根）を深《ふか》くし氐《もと》（柢）を固《かた》くすと胃《い》（謂）う、長《ちよう》〔生久視《せいきゆうし》の〕道なり。

これは、「国」を生み出す「母」の意ではなくて、「国」を統治する「母」、つまり国家統治の原理の意であろうが、いずれにしてもやはり「道」を指す（政治思想）(28)。

ここに、注意すべきことが一つある。以上に挙げた『老子』諸章の「母」は、堅強な「父」と対比してその柔弱を賛美されているわけではない、ということである。「父」という文字は、『老子』中にただ一例だけ、第四十二章に、

天下の悪《にく》む所は、唯《た》だ孤《こ》・寡《か》・不橐《ふこく》（穀）なるも、王公《おうこう》は以て自《みずか》ら名《な》づくるなり。勿《もの》（物）或《ある》いは之《これ》を敗《そん》（損）し〔て益《ま》し〕、之を〔益し〕て敗《そん》（損）す。故《ゆえ》に人〔の〕教《おし》うる〔所〕は、夕《ま》（亦）た議《ぎ》して人に教えん。故に強良《きようりよう》（勍）なる者は死《し》を得ず、我《われ》〔将《まさ》に〕

以て学《おし》(教)えの父《ちち》と為さんとす。

のように現われる。本章では、中段・下段は柔弱を提唱し堅強を否定する思想であるにもかかわらず、最後に登場する「父」は格別堅強性の刻印を帯びているわけではない。さらに、「衆俌《しゅうほ》(父)」という言葉が第二十一章に二例あるが、これにも「母」性に対する「父」性という意味づけはない。とすれば、『老子』においては、「父」の堅強に反対して「母」の柔弱を提唱するという思想は、表面的には存在しないことになる。この事実はことによると偶然の結果ではないかもしれない。「母」には、上文で述べたような、「雌」「牝」と同様に柔弱なるが故に「道」の比喩・象徴とされたのとは違った、それらに収まりきれない別の意味があるのかもしれない。それは、恐らく「万物」を多産する「母」なる大地への宗教信仰に連なっていくものと思われるが、残念ながら本書では、実証的な資料をもって学問的にこの問題に切りこむだけの用意がない。

### d　柔弱の提唱における逆説的・弁証法的な構造

以上に挙げた諸例以外にも、『老子』中には柔弱を提唱し堅強を否定する倫理思想を説いた文章は多い。以下、主に政治思想・養生思想・自然思想を論じている文章はなるべく避けて、若干の重要な例を検討する。

『老子』第三十六章に、次のような文章がある。

将《まさ》に之《これ》を拾《おさ》（歙）めんと欲すれば、必ず古《しばら》（姑）く之を張《は》る。将に之を弱《よわ》くせんと欲すれば、［必ず古《しばら》（姑）く］之を強くす。将に之を去《さ》らんと欲すれば、必ず古（姑）く之を与《あ》（挙）ぐ。将に之を奪《うば》わんと欲すれば、必ず古（姑）く之を予《あた》う。是《これ》を微明《びめい》と胃《い》（謂）う。友《じゅう》（柔）弱《じゃく》なるは強きに勝つ。

老子が「将に之を弱くせんと欲すれば、必ず古《しばら》（姑）く之を強くす。」と提唱するのは、以下に「友（柔）弱なるは強きに勝つ」とあるとおり、柔弱なものがいつまでも柔弱のままでいるわけではなく、やがてひっくり返って強いものに勝つようになる、言い換えれば、強いものがいつまでも強いままでいるわけではなく、やがて逆転が起こって柔弱なものに変わってしまう、と考えているからである。しかも、このように堅強が柔弱に、また柔弱が堅強にそれぞれひっくり返るという逆説的・弁証法的な現象は、この一文の前後に、

将《まさ》に之《これ》を拾《おさ》（歙）めんと欲すれば、必ず古《しばら》（姑）く之を張《は》る。……将に之を去《さ》らんと欲すれば、必ず古（姑）く之を与《あ》（挙）ぐ。将に之を奪《うば》わんと欲すれば、必ず古（姑）く之を予《あた》う。

のように、三文を配して三つまでも事例を挙げて、同じ現象を普遍的なルールと画いている

ことから知られるとおり、老子にとっては、世界における「万物」の必然的な変化の理法、運動の法則なのであった。(29)

柔弱と堅強をめぐるこのような逆説的・弁証法的な構造は、また、『老子』第四十二章・第四十三章・第七十六章・第七十八章などにも画かれている。第四十二章には、

天下の悪《にく》む所は、唯《た》だ孤《こ》・寡《か》・不槖《ふこく》（穀）なるも、王公《おうこう》は以て自《みずか》ら名《な》づくるなり。勿《もの》（物）或《ある》いは之《これ》を敗《そん》（損）し〔て益《ま》し〕、之を〔益し〕て敗《そん》（損）す。……故に強良《きょうりょう》（勍）なる者は死《し》を得ず、我《われ》〔将《まさ》に〕以て学《おし》（教）えの父《ちち》と為さんとす。

とあって、「強良《きょうりょう》（勍）」に対する否定的な評価が、王公の謙遜した自称や損益の相互転換とともに語られている。本章においても(30)「強良《きょうりょう》（勍）なる者は死《し》を得ず」は、「万物」の必然的な変化の理法、運動の法則なのである。第四十三章には、

天下の至柔《しじゅう》の、天下の致《し》（至）堅《けん》を〔馳《ち》〕騁《てい》するは、有る无《な》きの間无《あいだ》きに入《い》ればなり。五《われ》（吾）是《ここ》を以《もつ》て无為《むい》〔の〕益《えき》〔有るを〕知るなり。不《ふ》〔言《げん》の〕教《おし》え、无為《むい》の益《えき》は、〔天《てん》〕下《か》能《よ》く之に及《およ》ぶもの希《まれ》なり。

とあって、「天下の至柔の、天下の致（至）堅を馳騁する」ことが、「不言の教え、无為の

益」とともに語られている。(31)「天下の至柔」は、世間的な意味ではマイナス価値であるが、それが「天下の致（至）堅を馳騁する」プラス価値に転ずるという逆説的・弁証法的な構造は、世間的な意味ではマイナス価値の「不言」「无為」が、ひっくり返って「教え」「益」のプラス価値になるのと同じである。本章においても、「天下の至柔の、天下の致（至）堅を馳騁する」ことは、「万物」の必然的な変化の理法、運動の法則なのである。ついでに述べれば、「有る无きの間无きに入ればなり」は、「有る无き」つまり無が「道」の同義語であるから、「道」という根源者のあり方によって、「天下の至柔の、天下の致（至）堅を馳騁する」ことの真理性を根拠づけた文であることになる。(32)

第七十六章には、

　人の生《い》くるや柔弱《じゅうじゃく》なり、亓《そ》（其）の死するや荁《きん》（筋）仞《じん》（肕）は賢《けん》（堅）強《きょう》なり。万物草木の生くるや柔脆《じゅうぜい》なり、亓（其）の死するや棹《こ》（枯）毫《こう》（槁）なり。故《ゆえ》に曰《い》わく、「堅《けん》強《きょう》なる者は死の徒《と》なり、柔弱微細《じゅうじゃくびさい》なるものは生の徒なり。」と。兵は強ければ則ち勝たず、木は強ければ則ち恒《お》（椢）わる。強大は下に居《お》り、柔弱微細《じゅうじゃくびさい》は上に居り。

とあって、文章の最後に「強大は下に居り、柔弱微細は上に居り。」と結論づけられている。これは、「人」だけでなく、「万物草木」(33)「兵」などの「万物」の同じような逆説的・弁証法的なあり方を、総括して得た結論である。第七十八章には、天下に〔水より〕柔《じゅう》〔弱《じゃく》なるは〕莫《な》く〔して〕、堅強《けんきょう》を〔攻《せ》む〕る者、之《これ》に能《よ》く〔勝つ〕もの莫きや、亓《そ》（其）の〔以て之に〕易《か》わること无《な》きを以て〔なり。水の剛《つよ》きに勝ち、弱きの〕強きに勝つは、天〔下に知らざるもの莫きも、之《これ》を能《よ》く〕行うもの〔莫き〕なり。故《ゆえ》に聖人《せいじん》の言《げん》に云《い》いて曰《い》わく、「邦《くに》の詢《よご》（垢）れを受く、是《これ》を社稷《しゃしょく》の主《しゅ》と胃《い》（謂）う。邦の不祥《ふしょう》を受く、是を天下の王と胃（謂）う。」と。〔正言《せいげん》は〕反《はん》するが若《ごと》し。

とあって、ここでも「弱きの強きに勝つ」と唱えている。その逆説的・弁証法的な構造は、世間的な意味でマイナス価値の「弱き」が、ひっくり返ってプラス価値の「強き」に勝つというものであるが、老子は「聖人の言」を引用しつつ、それはただ単に「弱き」と「強き」の関係にだけ起こることではなく、マイナス価値の「邦の詢（垢）れを受く」る者がプラス価値の「社稷の主」となり、マイナス価値の「邦の不祥を受く」る者がプラス価値の「天下の王」となる、という政治の領域にも貫かれている、普遍的な真理なのだと主張する。そして、老子がこの逆説・弁証法を自覚して使用していたことは、最後の「正言は反するが若し」の一文によっても推測することができよう[34]。

柔弱と堅強をめぐる、「万物」の必然的な変化の理法、運動の法則としての逆説・弁証法は、老子の場合、最終的には「道」のあり方に基づいて定立されるものである。そのことを示す資料が、『老子』第四十章に「〔反《はん》なる者は〕、道の動《うご》きなり。弱《じゃく》なる者は、道の用《はたら》きなり。」とある。ここでは、「万物」の柔弱という性質は根源者「道」の「用き《はたら》」によって出現するものであり、それが逆説的・弁証法的に逆転して堅強に勝つのは「道」の「動き《うご》」の結果である、と述べている。[35] このように、本章は、柔弱が逆転して堅強に勝つという倫理上の逆説・弁証法が、「道」のあり方に基づく普遍的な真理であると認めた。それ故、『老子』の中には、マイナス価値を持った消極的な境地に身を置くことにより、逆にプラス価値の積極的な境地に転じていくことを目指して、あるゆる価値の価値転換を図ろうという倫理思想が、普通・一般のこととして至るところに登場することになる。そして、以上のような逆説・弁証法こそが、「万物」の必然的な変化の理法、運動の法則に他ならないとする思考は、『老子』に現われるもう一つの顕著な特徴である。

なお、『老子』中には、時として堅強を肯定する表現も現われる。それは、一次レベルで柔弱と対立しあう低い堅強ではなくて、それを逆説的・弁証法的に超越した二次レベルのより高い堅強である。例えば、『老子』第三十三章に「〔人に勝つ〕者は力《ちから》有るなり、自ら勝つ者は〔強《つよ》きなり〕。」とあり、[36] また、『老子』第五十二章に「小《ちい》さきを〔見る〕を〔明《あき》らか〕と曰《い》い、柔《やわ》らかきを守るを強《つよ》しと曰う。」とある、二つの「強し」はそのような堅強の例である。[37] ただし、この二次レベルの堅強はふたたび逆転して三次レベルの柔弱になり、その三次レベルの柔弱は三たび逆転して四次レベルの柔弱になり、……というように永遠に逆説・弁証法をくり返す循環論、言い換えれば、哲学・倫理思想・政治思想などの相対主義の方向に向かっていくものなのであろうか。その可能性もあるにはあったが、しかしこうした問題

は、老子の思考の中には発生することがなかったようである。『老子』第五十八章に、

旤《わざわ》（禍）いは、福《ふく》の倚《よ》る所なり。福は、旤《わざわ》（禍）いの伏《ふく》する所なり。孰《だれ》か亓《そ》（其）の極《きょく》を知らん、亓（其）れ正无《せいな》きなり。正は復《ま》た奇《き》と為《な》り、善《ぜん》は復た妖《よう》と為る。人の悉《まよ》（迷）うや、亓（其）の日《ひ》固《もと》（故）より久《ひさ》し」。

とある。これは、一般には誤解されているけれども、実は禍福が永遠に逆転をくり返すという循環論を述べた文章ではなく、禍いの陰に福が身を寄せており、福の下に禍いが隠れているために、禍福（また正奇・善妖）の区別が把えがたいことを述べた文章なのである。(38)そして、これもまた『老子』の倫理思想の一つである。

前漢、景帝期・武帝期に編纂された『淮南子』は、『老子』にやや後れて世に出た書物であるが、その人間《じんかん》篇に有名な「塞翁が馬」の物語が載っている。

近《ほく》〈北〉塞上《さいじょう》の人に術《わざ》を善くする者有り。馬故《ゆえ》無くして亡《に》げて胡《えびす》に入《い》り、人皆な之を弔《とむら》う。其の父曰わく、「此何《これな》拠《ん》ぞ〔乃《すなわ》ち〕福《ふく》と為らざらんや。」と。居ること数月、其の馬胡の駿馬《しゅんめ》を将《ひき》いて帰り、人皆な之を賀う。其の父曰《いわ》わく、「此何《これな》拠《ん》ぞ能《すなわ》（乃）ち禍《わざわ》いと為らざらんや。」と。家富《いえと》み良《うま》〈馬〉馬《よ》〈良〉く、其の子騎《の》るを好み、堕ちて其の髀《もも》を折り、人皆な之を弔《とむら》う。其の父曰わく、「此何《これな》拠《ん》ぞ〔乃《すなわ》ち〕福《ふく》と為らざらんや。」と。居るこ

と一年、胡《こ》人《ひと》大いに塞《さい》に入る、丁壮《ていそう》なる者は絃《げん》を引《ひ》〈控〉きて戦い、近〈塞〉《さい》塞〈上〉《じょう》の人、死する者十に九なり。此独《これひと》り跛《あしなえ》の故《ゆえ》を以て、父子相《あ》い保《たも》てり。故に福の禍いと為り、禍いの福と為るは、化すること極《きわ》む可《べ》からず、深きこと測《はか》る可《べ》からざるなり。

この文章は、禍福は永遠に逆転をくり返すものだとする循環論、また、人間がそこから禍福を導き出す倫理の相対主義、を述べたものである。そして、物語の最後に、

故に福の禍いと為り、禍いの福と為るは、化すること極《きわ》む可《べ》からず、深きこと測《はか》る可《べ》からざるなり。

とある一文は、『老子』第五十八章を踏まえていると思われる。しかしながら、これは『老子』以後の道家思想の歩み始めた、倫理思想の一つの新しい方向であった。

### e　プラス価値ではなくマイナス価値を

以上のII、第2章、B、a・b・cの各項で論じてきたもの以外に、本項第2章、B「『老子』における柔弱の提唱と堅強の否定」において取り上げるべき倫理思想は、少なくない。それらは、大雑把に押さえるならば、プラス価値ではなくマイナス価値を、積極的態度よりも消極的態度を尊重する倫理思想とまとめることができる。ここでは、以上の第2章、

B、a・b・cの補遺の意味をこめて、以下、三点にわたって簡単な考察を行う。

第一に、「曲がる」「枉《ま》がる」「洼《くぼ》（窪）む」「敝《やぶ》る」「少なし」という状況に自己の身を置く倫理思想がある。例えば、『老子』第二十二章に、

曲《ま》がれば則《すなわ》ち金《まった》〈全〉く、枉《ま》がれば則ち定《さだ》まり、洼《くぼ》（窪）めば則ち盈《み》ち、敝《やぶ》るれば則ち新たに、少なければ則ち得《え》、多ければ則ち惑《まど》う。是《ここ》を以《もっ》て声《せい》（聖）人《じん》は一《いち》を執《と》りて、以て天下の牧《ぼく》と為る。……古《いにしえ》〔の所胃《いわ》（謂）ゆる曲《ま》がれば金《まった》〈全〉しなる者は、幾《あ》（豈）に〕語《ことば》ならんや。誠に金《まった》〈全〉きもの之に帰《き》す。

とある。このような一見、マイナス価値・消極性と見える態度も、「金〈全〉し・定まる・盈つ・新たまる・得らる」というプラス価値・積極性に転ずるための、逆説的・弁証法的な前提である。(39) これらの内、世間的な充実を嫌う「洼（窪）めば則ち盈つ」とほぼ同じ思想は、『老子』第四章に「〔道は沖《むな》（盅）しくして、之を用うれば〕盈《み》た〔ざる有る〕なり。」とあり、(40) 第九章に、

揰《じ》（持）して之を盈《み》たすは、〔其の已《や》むるに若《し》か〕ず。〔摳《きた》（揣）えて〕之を兌《するど》（鋭）くすれば、長く之を葆《たも》（保）つ可からず。金玉《きんぎょく》室に盈《み》つれば、之を守るもの莫《な》きなり。……功述《こうと》（遂）げ身芮《しりぞ》（退）くは、天〔の道なり〕。

とあり、(41)第十五章に、

此《こ》の道を葆《たも》（保）てば、盈《み》つるを欲《ほっ》せず。夫《そ》れ唯《た》だ〔盈つる〕を欲せず、〔是《ここ》を以《もっ》て能《よ》く弊《たお》（敝）るれども〕成《な》る。

とあり、(42)第四十五章に「大盈《たいえい》は蛊《むな》（蛊）しきが若きも、亓《そ》（其）の用《はたら》きは竆《きわ》（窘）まらず。」とある。

また、世間的な破敝を避けない「敝るれば則ち新たなり」とほぼ同じ思想は、『老子』第十五章に「夫れ唯だ〔盈つる〕を欲せず、〔是を以て能く弊（敝）るれども〕成る。」として既出。また、財富を多く貯めこむことを嫌う「多ければ則ち惑う」とほぼ同じ思想は、『老子』第四十四章に「甚《はなは》だ〔愛《おし》めば必ず大いに費《つい》やし、多く蔵《ぞう》すれば必ず厚《あつ》く〕亡《うしな》う。」とあり、『老子』第八十一章に、

善〔なる者は多からず、多き〕者は善ならず。聖人《せいじん》は積《つ》むこと无《な》し、〔既《すで》に〕以て〔人の〕為《た》めにして、〔己《おのれ》兪《いよ》（愈）いよ有す。既に以て人に予《あた》えて、己 兪（愈）いよ多し〕。

とある。(43)

第二に、自分を外に向かって誇示・顕示してはならず、他に対して自分の功績を誇耀《こよう》・矜《きょう》持《じ》してはならないと命ずる、「自ら視《しめ》（示）さず」「自ら見《あら》わさず」「自ら伐《ほこ》らず」「矜《ほこ》らず」という倫理思想がある。上に引用した『老子』第二十二章に、

是《ここ》を以《もっ》て声《せい》（聖）人《じん》は一《いち》を執《と》りて、以て天下の牧《ぼく》と為る。〔自《みずか》ら〕視《しめ》（示）さず故に明らかに、自ら見《あら》わさず故に章《あき》（彰）らかに、自ら伐《ほこ》らず故に功有り、矜《ほこ》らず故に能《よ》く長し。

とあるとおりである。[44] 同じ倫理思想は、『老子』第二十四章に、

炊《つまだ》（企）つ者は立たず、自《みずか》ら視《しめ》（示）す〔者〕は章《あき》（彰）らかならず、〔自ら〕見《あら》わす者は明らかならず、自ら伐《ほこ》る者は功無く、自ら矜《ほこ》る者は長からず。其の道に在りては、粽《よ》（余）食贅行《しょくぜいこう》と曰《い》う。物或《ある》いは之を悪《にく》む、故に欲《よく》有る者は居《お》ら〔ず〕。

とあり、[45]『老子』第七十二章に、

亓《そ》（其）の居《お》る所に閘《な》（狎）るる母《な》（毋）かれ、亓（其）の生《い》くる所に猒《あ》く毋《な》かれ。夫《そ》れ唯《た》だ猒《あ》かず、是《ここ》を〔以《もっ》て〕猒《あ》かれず。是を以て声《せい》（聖）人《じん》は自《みずか》ら知れども自ら見《あら》わさざるなり、自ら愛すれども自ら貴ばざるなり。

とある。第七十二章の「自ら見《あら》わさず」と「自ら貴ばず」は、上引の第二十二章・第二十四章の倫理とほぼ同じものであろう。(46)

第三に、「慈しみ」「倹《つつま》やか」「敢えて天下の先と為らず」というマイナス価値の消極的な倫理思想がある。これらは『老子』第六十七章に「三⿰王葉《さんぽう》（宝）」として一緒に出てくる倫理である。そこには以下のようにある。

〔天下《てんか》皆《み》な我《われ》を大《だい》なりと胃《い》（謂）うも、大にして不宵《ふしょう》（肖）なり〕。夫《そ》れ唯《た》だ〔大なり〕、故に不宵《ふしょう》（肖）なり。若《も》し宵《しょう》（肖）ならば、細《こま》きこと久しからん。我恒《つね》に三⿰王葉《さんぽう》（宝）有り、〔市《じ》（持）して〕之《これ》を〔⿰王呆《たも》（保）つ〕。一《いち》に曰《い》わく茲《いつく》（慈）しむ、二《に》に曰わく検《つつま》（倹）やかなり、〔三に曰わく敢《あ》えて天下の先《さき》と為《な》らず。夫《そ》れ茲《いつく》（慈）しむ、故《ゆえ》に能《よ》く勇《ゆう》なり。検《つつま》（倹）やかなり〕、故に能く広し。敢えて天下の先と為らず、故に能く事《こと》を成《な》すの長《ちょう》と為る。今《いま》亓《そ》（其）の茲（慈）しみを舍《す》（捨）てて且《まさ》に勇ならんとし、〔亓（其）の検（倹）やかなるを舍（捨）てて且に広からんとし〕、亓（其）の後《おく》るるを舍（捨）てて且に先んぜんとすれば、則《すなわ》ち必ず死せん。夫《そ》れ茲（慈）しみは、〔以て単《たたか》（戦）えば〕則ち勝ち、以て守れば則ち固《かた》し。天将《てんまさ》に之を建《た》てんとす、女《なんじ》（汝）茲（慈）しみを以て之を垣《まも》れ。

これらは三者ともに消極的な倫理であるが、しかし、最後までそのまま消極性に止まるのではなくて、それぞれ「茲（慈）しむ↓勇なり」「検（倹）やか↓広し」「敢えて天下の先と為らず↓能く事を成すの長と為る」(47)のように、逆説的・弁証法的に積極性へと逆転すると認められている。それ故、それらの「茲（慈）しみ」「検（倹）やか」「後る」という倫理を、あくまで「舎（捨）て」てはならないと唱えるのだ。最後の二文の、

夫れ茲《いつく》（慈）しみは、〔以て単《たたか》（戦）えば〕則ち勝ち、以て守れば則ち固し。天将《まさ》に之を建てんとす、女《なんじ》茲（慈）しみを以て之を垣《まも》れ。

の「茲（慈）しみ」は、「茲（慈）しみ」だけを言うのではなく、「検（倹）やか」「敢えて天下の先と為らず」をも兼ねて言うと把える方がよいと思う。

「三琛（宝）」の中の「茲（慈）しみ」(48)については、『老子』における取り扱いがやや複雑であり、アンビバレントなところがある。例えば、『老子』第十九章には、

声《せい》（聖）を絶《た》ち知《ち》を棄《す》つれば、民の利は百負《ひゃくばい》（倍）す。仁を絶ち義を棄つれば、民は畜《こう》（孝）茲《じ》（慈）に復《かえ》る。巧《こう》を絶ち利を棄つれば、盗賊《とうぞく》有ること无《な》し。

とある。その「畜（孝）茲（慈）」は、「仁義」という儒家的な価値の対極にある態度として

肯定されている。[49] 老子はこれを、素朴な民衆の中に伝統的に保持されてきた消極的な倫理と考えたのではなかろうか。これに対して、『老子』第十八章には、

故《ゆえ》に大道廃《すた》れて、案《すなわ》（焉）ち仁義《じんぎ》有り。知快《ちえ》（慧）出《い》でて、案《すなわ》（焉）ち大偽《だいい》（為）有り。六親和《りくしんわ》せずして、案（焉）ち畜《こう》（孝）茲《じ》（慈）〔有り〕。邦家《ほうか》閽《こん》（昏）乱《らん》して、案（焉）ち貞臣《ていしん》有り。

とある。その「畜（孝）茲（慈）」は、上文・下文の「仁義」「大偽（為）」「貞臣」と並置されており、「大道」が廃壊されたことに伴って当代社会に出現した、儒家の作為した無意味な倫理として揶揄まじりに批判されている。このように、『老子』の中には二種類の「畜（孝）茲（慈）」があって、その取り扱いはアンビバレントなのである。

ところで、第六十七章における「茲（慈）しみ」の反義語は「勇なり」である。とすれば、『老子』中の他の個所に見える「勇」の否定も、「慈しみ」と密接に関係するマイナス価値の消極的な倫理と見てよかろう。その例が一つだけある。『老子』第七十三章に、

敢《あ》えてするに勇《ゆう》なる者は〔則《すなわ》ち殺され〕、敢《あ》えてせざるに〔勇なる〕者は則ち栝《い》（活）く。〔此《こ》の両者《りょうしゃ》は、或《ある》いは利なり或《ある》いは害なるも、天の亜《にく》（悪）む所なり、孰《だれ》か亓《そ》（其）の故《ゆえ》を知らん。〕天の道は、単《たたか》（戦）わずして善く朕《か》（勝）ち、言わずして善く応じ、召《め》

さずして自《みずか》ら来たり、弾《たん》（坦）として善く謀《はか》る。

とあるのがそれである。本章によれば、「敢えてするに勇なる者」と「敢えてせざるに勇なる者」との両者の「勇」は、いずれも根源の「天の道」により相対的であるとして否定される(50)。そして、両者の否定を通じて超出したその向こう側にある絶対的なものこそが、「天の道」としての「勇」ならぬ「勇」、すなわち真の「勇」なのである。そのように否定的に超出した「勇」は、下文で「天の道は、単（戦）わずして善く朕（勝）つ」などと説明されているが、第六十七章に「夫れ茲（慈）しみは、以て単（戦）えば則ち勝つ」とあった「茲（慈）しみ」と、表現も思想も同一であることに注意する必要がある。

また、「三瑑（宝）」の中の「検（倹）やか」については、『老子』第五十九章に、

〔人を治《おさ》め天に事《つか》うるには、嗇《しょく》に若《し》くは莫《な》し。夫《そ》れ唯《た》だ嗇なり、是《ここ》を以て蚤《はや》（早）く服《そな》（葡）う〕。……国の母《はは》を有《たも》てば、以て長久《ちょうきゅう》なる可《べ》し。是《これ》を槿《ね》（根）を深《ふか》くし氐《もと》（柢）を固《かた》くすと胃《い》（謂）う、長《ちょう》〔生久視《せいきゅうし》の〕道なり。

とある、その「嗇」が意味の上では最も近い言葉である。そして「嗇」もやはりマイナス価値の消極的な倫理であるが、やがて逆説的・弁証法的にプラス価値の積極性にひっくり返り、最後には「長生久視」という養生思想の目的を実現できると結んでいる(51)。

さらに、「三琛（宝）」の中の「敢えて天下の先と為らず」については、『老子』第六十九章に、

兵《へい》を用うるに言《げん》有りて曰わく、「吾《われ》敢《あ》えて主と為らずして客と為り、吾寸《すん》を進まずして尺《しゃく》を芮《しりぞ》（退）く。」と。……懸《わざわ》（禍）いは適《てき》（敵）无《な》きより於《だい》〈大〉なるは莫《な》く、適《てき》（敵）无《な》きは吾が葆《たから》（宝）を亡《うしな》うに斤《ちか》（近）し。

とある、その「吾敢えて主と為らずして客と為る」とほとんど同じで、マイナス価値の消極的な態度である。(52) 第六十九章の「葆（宝）」は、第六十七章の「三琛（宝）」を受けているか(53)ら、たとえこの部分が当時の兵家の言葉であるにしても（Ⅱ、第3章「『老子』の政治思想」に後述）、問題の「吾敢えて主と為らずして客と為る」が、「三琛（宝）」の一つである「敢えて天下の先と為らず」とほぼ同じ態度になるのは、当然と言わなければならない。そして、『老子』第六十二章に「〔道《みち》〕なる者は、……善人《ぜんにん》の琛《たから》（宝）なり、不善人《ふぜんにん》の琛《たも》（保）つ所なり。」とある。とするならば、「三琛（宝）」は結局「道」と同定することができるのではなかろうか(54)。

「三琛（宝）」の一つである「敢えて天下の先と為らず」について、さらに述べてみたい。『老子』第七章に、

是《ここ》を以て声《せい》（聖）人《じん》は其の身を芮《しりぞ》（退）けて身先んじ、其の身を外にして身存す。其の〔私《わたくし》〕无《な》きを以てならずや、故に能く其の私を成す。

とあり、[55]『老子』第三十四章に、

道は〔渢《はん》（氾）呵《こ》（乎）として、其《そ》れ左右《さゆう》す可《べ》きなり〕。……万物焉《これ》に帰《き》すれども主と為らざるに、則《すなわ》ち恒《つね》に无欲《むよく》なれば、小《しょう》と名《な》づく可《べ》し。万物焉《これ》に帰《き》す〔れども〕主と為ら〔ざれば〕、大《だい》と名づく可し。是《ここ》を〔以《もっ》て〕声《せい》（聖）人《じん》の能《よ》く大を成すや、其の大を為さざるを以てなり、故に能く大を成す。

とある。第七章の「其の身を芮《しりぞ》（退）けて身先んず」は、「声（聖）人」の政治的な態度であり、第三十四章の「万物焉に帰すれども主と為らざるに、……万物焉に帰すれども主と為らざれば、……。」は、「道」の形而上学的・存在論的なあり方であって、両者の論ずる内容は完全には一致しない。しかし、それらはともに第六十七章の「敢えて天下の先と為らず」と同じく、マイナス価値の消極的な態度であり、それらがひっくり返ってプラス価値・積極性に転じていく、という点で何の相異もない。そして、第六十七章において「三瑤（宝）」の「敢えて天下の先と為らず」というマイナス価値・消極性を原因として、獲得するプラス価値・積極性の結果は、すでに見たとおり「能く事を成すの長と為る」であった。底本（馬王堆甲本）第六十七章のこの「事を成すの長」は、乙本では「器を成すの長」に作る。前者は事業を為し遂げる政治の長、後者は「器」を作り出す政治の長、を言うと思われるが、内容は全く同じ。また、『老子』第二十八章では、「楃《あらき》（樸）は散ずれば〔則ち器《うつわ》と為るも、声《せい》（聖）〕人《じん》は用うれば則ち官長《かんちょう》と為る。」とあるように、「官長」に作っている。その後半は、「声（聖）人」がこの「楃（樸）」つまり「道」を用いて文武百官の長になる、という意味であろう。[56]そうだとすれば、「事を成すの長」「器を成すの長」「官長」の三つは、類似するコンテキストで使われたほぼ同じ内容の言葉であって、天下的レベルで万民・文武百官の上に君臨する、天子または皇帝を指していると考えられる。なお、『周易』繫辞上伝・下伝に聖人・君子の「器を成す」様子が画かれていて、『老子』の理解の参考になる。

### C　『老子』の無学・無知・無言による否定的超出

#### a　無学・不学の提唱

『老子』の中には、主に人間としていかに生きていくべきかという、倫理思想の問題領域において、人間が無学・無知・無言であるべきことを主張する文章が少なくない。

まず、「無学」「不学」の提唱について考察する。例えば、『老子』第二十章に、

〔学《がく》を絶《た》てば憂《うれ》い无《な》し〕。唯《い》と訶《か》とは、其の相い去ること幾何《いくばく》ぞ。美と悪《あく》とは、其の相い去

ること何若《いかん》。……我は禺《ぐ》(愚)人《じん》の心なり、惷惷呵《ちゅんちゅんこ》(乎)たり。鬻《ぞく》(俗)〔人《じん》は昭昭《しょうしょう》たるも、我独り〕閒《こん》(昏)呵《こ》(乎)たる〔が若《ごと》し〕。鬻《ぞく》(俗)人《じん》は蔡《さつ》(察)蔡《さつ》(察)たるも、我独り閔《びん》(紊)閔《びん》(紊)呵《こ》(乎)たり。

とある。[57] 老子にとって、「学」とは、人々に「唯《い》と訶《か》との相い去ること」「美と悪《あく》との相い去ること」、敷衍して言えば、「万物」の中にあると認められる価値・事実・存在の区別を教えるものである。本章がこれらを「学を絶てば憂い无し」と喝破する理由は、何であろうか。文気から推測するに、それらの区別に何の意味もない、と考えるからであろう。それでは、これらの区別にはなぜ意味がないのであろうか。

第二十章と同様に、「唯《い》と訶《か》」「美と悪《あく》」などを区別する人間の営為について論じている『老子』第二章を見てみると、そこには次のような文章がある。

天下皆《み》な美《び》の美為《びた》るを知るも、悪《あく》なるのみ。皆な善を知るも、訾《こ》(斯)れ不善なり。有无《うむ》の相い生ずるや、難易の相い成るや、長短の相い刑《あら》(形)わるるや、高下《こうげ》の相い盈《み》つるや、意《おん》〈音〉声《せい》の相い和するや、先後の相い隋《したが》(随)うや、恒《つね》なり。是《ここ》を以て声《せい》(聖)人《じん》は无為《むい》の事に居《お》り、〔不言の教えを〕行う。[58]

老子は、「美と悪」「善と不善」「難と易」「長と短」「高と下」「音と声」「先と後」

の事実、「有と無」の存在、といった一切の区別が、本来万物に存在していないものだと考える。それらの諸性質の全ては、人間の知（「学」もその一つ）が作り出した虚妄の幻影でしかない、と言うのだ。これこそが第二十章で「学を絶てば憂い无し」と喝破した本当の理由であろう。それ故、以下において老子は、万物の諸性質に基礎を置く「為」「言」を否定・排除して、「无為」「不言」を提唱するわけであるが、この「无為」「不言」は、また同時に根源的な「道」を把えることを可能にする方法でもあった。だとすると、「唯と訶」「美と悪」などの区別を教える「学」は、せいぜいのところ、万物に存在しない虚妄の諸性質を人々に提供するだけであって、老子にとって最も重要な「道」を把えることのできない代物《しろもの》でしかないのである。第二十章の後半、中でも「我は禺《ぐ》（愚）人の心なり」以下には、「学を絶ち」て「禺（愚）人」となった「我」の、そのことを通じてかえって逆説的・弁証法的に「道」を把えている様子が画かれている。これは、第二章で言えば、「声（聖）人は无為の事に居り、不言の教えを行う。」に相当する部分であり、両章の仕組みが一致または類似するのは、決して偶然ではないと思われる。

また、『老子』第四十八章に、

〔学《がく》を〕為《な》す〔者は日に益《ま》し、道を聞く者は日に云《そん》（損）す。之を云《そん》（損）し有《ま》（又）た云《そん》（損）して、以て為す无《な》きに至る。為す无くして為さざる无し〕。

とある。本章は、一般には、ただ「学を為す」と「道を聞く」とを対比的に述べて「道を聞く」の意味を強調した文章であるに過ぎず、必ずしも「学を為す」を否定しているわけではない、と理解されている。(59) しかしそうではなく、老子は「学」を否定しているのだ。一つには、すでに上に見たとおり、第二十章に「学を絶てば憂い无し」とあって、「学」は明確に否定されていたからである。二つには、本章において「学を為す者」に関する「日に益す」と「道を聞く者」に関する「日に云（損）す」とは、百パーセント反対方向を向いている。老子が「道を聞く者」を肯定していることは明らかだから、その百パーセント反対の「学を為す者」を否定していることは、論ずるまでもあるまい。

本章における「道」を修める修め方は、修道者が既得の知識・倫理などを自己の内部から否定・排除していき、「之を云（損）し有（又）た云（損）す」とあるように、その否定・排除を何度もくり返して徹底的に否定・排除した後、ついに最終的に「為す无し」という境地に到達する、というものである。本章においては、その「為す无き」境地への到達こそが最終的な「道」の修得なのである。それに反して、「学」を修める修め方は、修学者がさまざまの知識・倫理などを自己の外部から学習・摂取していき、その学習・摂取を何度も積み重ねた後、自己の内部に多くの知識・倫理などを豊かに蓄積させる、というものであろう。老子がここに述べた学問観は、当時、知識人社会に広く受け入れられていた学問観を念頭に置いて、それを学問それ自体の一般的なあり方として批判したものと思われるが、実際のところは、当時の儒家の中でも、学問の外部からの学習・摂取を考える荀子学派の学問観に近い。[60] しかし、このようなあり方の学問は、到底、老子の承認するものとはなりえず、それどころか、まっ正面から否定する対象なのであった。

また、『老子』第六十四章に、

〔之《これ》を為《な》す者は之を敗《やぶ》り、之を執《と》る者は之を失う。是《ここ》を以《もっ》て声《せい》（聖）人《じん》は為す无《な》き〕なり、〔故に〕敗《やぶ》る无き〔なり〕。執《と》る无きなり、故に失う无きなり。民の事《こと》に従《したが》うや、恒《つね》に亓《ほとん》（幾）ど事を成さんとするに於《お》いて之を敗る。故に終わりを慎《つつし》むこと始めの若《ごと》くすれば、則《すなわ》ち〔事を敗る无し。是《ここ》を以《もっ》て声（聖）人は〕不欲《ふよく》を欲《ほっ》して、得難《えがた》きの⿰月爲《たから》（⿰貝爲）を貴ばず。不学《ふがく》を学びて、衆人《しゅうじん》の過《す》ぐる所に復《かえ》る。能《よ》く万物の自《し》〔然《ぜん》〕を輔《たす》け〔て〕、敢《あ》えて為さず。

とある。文中の「衆人の過ぐる所」は、根源の「道」を指すと考えられるから、この部分は、「不学を学ぶ」つまり「学」から離脱することを通じて、「道」に「復《かえ》る」ことが可能になる、という思想を表明していることになる。[61]「不学を学ぶ」は、まさに「無学」「不学」の提唱であった。

ところで、『老子』には少数ではあるが、「学」を肯定する文章も存在する。しかし、これらは以上に検討してきたような内容を伴った、「無学」「不学」の提唱とは異なっている。端的に言えば、それは「道」を把える「学」、または「道」を内容とする「学」であり、これを否定・排除の枠からはずして、例外的な取り扱いをしたのである。

例えば、『老子』第二十章に次のようにある。

〔学《がく》を絶《た》てば憂《うれ》い无《な》し〕。唯《い》と訶《か》とは、其の相い去ること幾何《いくばく》ぞ。美と悪《あく》とは、其の相い去ること何若《いかん》。人の〔畏《おそ》るる〕所は、亦《ま》た〔以て畏れざる可《べ》から〕ず。〔朢《こう》（恍）呵《こ》（乎）として其れ未《いま》だ央《つく》さざるかな〕。

前半は、上述のように「唯と訶」「美と悪」などの区別を教える「学」を否定する。それを踏まえて後半は、「人の畏るる所は、亦た以て畏れざる可からず。」と述べる。それは、文脈上「学を絶つ」の例外であるらしいから、人々が「畏れ」るが故にわたしもまた「畏れ」ざるをえないものとは、やはりある種の「学」の対象なのであろう。そして、すぐ下の「朢《こう》（恍）呵《こ》（乎）として其れ未だ央《つく》さざるかな」では、根源者「道」のおぼろげで、人間が把握することのできない様子を画く。とすれば、老子はここでは、「道」を人我ともに「畏れ」つつ「学ば」なければならない対象と考えているのではなかろうか(62)。

また、『老子』第四十二章に、

故《ゆえ》に人〔の〕教《おし》うる〔所〕は、夕《ま》（亦）た議《ぎ》して人に教えん。故に強良《きょうりょう》（勍）なる者は死《し》を得ず、我《われ》〔将《まさ》に〕以て学《おし》（教）えの父《ちち》と為さんとす。

とある。引用文の最後の「学」は、「教」の仮借字であって、「故に人の教うる所は」以下では、「教え」を重視している。これは必ずしも「学」を直接肯定する文章ではないにしても、「教え」は「学」と密接にリンクする文化である。そして、ここで老子が重視する「教え」の内容は、「強良（勍）なる者は死を得ず」という堅強の否定、柔弱の提唱であった。これは「道」そのものではないけれども、「道」の親戚筋に当たるものである。(63) それ故、本章における「教え」の重視は、「道」の親戚筋のものを内容としている、と見て差し支えない。この点で、本章と第二十章とは類似しているのである。さらに、本章の「人の教うる所は、夕《ま》（亦）た議して人に教えん。」の一文は、第二十章の「人の畏るる所は、亦た以て畏れざる可からず。」と、言い回しにも類似した点がある。(64) 第二十章では、わたしが自ら積極的に「道」を「畏れ」つつ「学ぶ」べきだと唱えるのではなく、人々の「道」への「畏れ」を理由に、わたしもやむをえずそうせざるをえない、と述べていた。本章でも、状況は同じだと思われる。——わたしが自ら積極的に堅強の否定、柔弱の提唱を「教える」と唱えるのではなく、人々が「教え」ているのを理由に、わたしもそうせざるをえない、と述べるのである。

したがって、『老子』における「学」の肯定は、「道」とその同類を把える「学」の場合だけに限って認められる、基本的・原則的な「無学」「不学」の提唱の例外的な取り扱いである。そして、一方で、そうした基本的・原則的な「無学」「不学」の提唱を大々的に行っている手前、人々の「道」への「畏れ」や「道」と同類の「教え」を理由に、遠慮がちで控えめに語るより他にやり方のないものであった。

### b　無知・不知の提唱

次に、「無知」「不知」の提唱について考察する。例えば、『老子』第十九章に、

声《せい》（聖）を絶《た》ち知《ち》を棄《す》つれば、民の利は百負《ひゃくばい》（倍）す。仁を絶ち義を棄つれば、民は畜《こう》（孝）茲《じ》（慈）に復《かえ》る。巧《こう》を絶ち利を棄つれば、盗賊《とうぞく》有ること无《な》し。此《こ》の三言《さんげん》は、以《もっ》て文《ぶん》未《いま》だ足らずと為す、故に之をして属《つづ》（続）く所有らしめん。「素《そ》を見《あら》わし〔樸《ぼく》〕を抱《いだ》き、〔私《わたくし》を少なくして欲を寡《すくな》くす。」と〕。

とある。これは、「仁義」「巧利」と並べて「声（聖）知」を否定した文章であるから、儒家の「知」を否定のターゲットにしている傾きがあるにはあるが、その「声（聖）知」などは、下文において「素樸」の反義語であり、「私欲」の類義語であると意味づけられている。だから、基本的・原則的な立場からの「無知」の提唱と理解するのがよいと思う。本章における「知」の否定の理由は、それが「民の利」を損なうからだとされているが、では、なぜ「知」が「民の利」を損なうのであろうか。これについて老子は何も具体的に語っていないので、本章からは詳しいことは分からない[65]。

しかしながら、老子が「知」を否定する理由、また「知」が「民の利」を損なうとする原因は、他章をひもとけばいくつかのことが知られる。例えば、『老子』第三章に、

賢《かしこ》きを上《とうと》ばざれば、〔民をして争わざらしむ。得難きの貨《たから》を貴ばざれば〕、民をして〔盗みを〕為さざら〔しむ〕。〔欲す可《べ》きを見《しめ》さ〕ざれば、民をして乱れざらしむ。是《ここ》を以て声《せい》(聖)人の〔治《ち》や、……〕恒に民をして无知《むち》・无欲ならしめ、〔夫の知《ち》をして敢えてせざら〕しむ。〔為さざるのみなれば、則ち治《おさ》まらざる无し〕。

とある。これによれば、統治者が「賢きを上ぶ」「得難きの貨を貴ぶ」「欲す可きを見《しめ》す」ことが原因となって、「民」が常に「无知・无欲」ではなくなり、また「知」者(知識人)が望ましからぬことを「敢えてす」るようにもなる。(66) そのために、「民」が「争う」「盗みを為す」「乱れる」という当代社会の混乱が生じている、という結果になる。「民」の「有知・有欲」と「知」者(知識人)の「知」に、当代社会の混乱の直接的原因を見出すこの原因追及は、上文で提起した、なぜ「知」が「民の利」を損なうのかという問題への一つの回答と言ってよかろう。

ついでに述べる。本章冒頭の「賢き」は、上文で述べてきた「知」と類似した性質を持つ。しかし、本章の「賢きを上ぶ」は、同時代の墨家の「尚賢」(賢きを尚ぶ)思想を指し、それを批判して言ったものではなかろうか。――墨家における「賢き」は、人々が官僚

となるのに必要な倫理的・行政的な諸能力を広く指し、また「賢きを上ぶ」は、統治者が人々をただ「賢き」能力の有無でもって判定して、官僚には「賢き」者だけを民間から挙用すべきだとする主張であった。それ故、「賢きを上ばざれば、民をして争わざらしむ。」は、こうした「賢きを上ぶ」が富国治政のための政策の一つであり、人民を無用な競争に走らせている現実に向かって打ち鳴らした警鐘なのである。したがって、老子にとって「賢」は、初めから「知」のような内在的・主体的な問題とはなりえず、同時代の統治者の富国治政を追求する政策という外在的・客体的なテーマとして、単に批判するだけのものに止まったと考えられる。この点から推測してみると、『老子』第七十七章に、

故《ゆえ》に天の道は、〔余り〕有るを敗《そん》（損）し〔て足らざるを益《ま》す。人の道は則《すなわ》ち〕然《しか》らず、〔足らざるを〕敗（損）し〔て〕余り有るに奉《ほう》ず。……〔是《ここ》を以《もっ》て耶《せい》（聖）人《じん》は為《な》れども又《ゆう》（有）せず、功を成せども居《お》らざるなり。此《かく》の若《ごと》く亓《そ》（其）れ〕賢《かしこ》きを見《あら》わすを〔欲《ほっ》せざる〕なり。

とある、その「賢きを見わすを欲せず」という結句は、老子の「声（聖）人」が、墨家の唱える「尚賢」思想の賢人ごとき者と間違えられては迷惑だ、とする願いを表明したものかもしれない(67)。

また、『老子』第五十七章に「人に知《ち》多くして、何《き》（奇）物《ぶつ》茲《いよ》（滋）いよ〔起こる〕。」と

ある。この文章中の「人に知多し」(68)という当代社会の状況に対する批判も、第三章と同じように理解することができよう。また、『老子』第六十五章に、

故《ゆえ》に曰《い》わく、「道を為《おさ》むる者は、以《もっ》て民を明らかにせんとするに非《あら》ざるなり、将《まさ》に以て之を愚《おろ》かにせんとするなり。」と。民の〔治め〕難《がた》きや、亓《そ》（其）の知《ち》あるを以てなり。故に知を以て邦《くに》を知《おさ》（治）むるは、邦《くに》の賊《ぞく》なり。不知《ふち》を以て邦を知《おさ》（治）むるは、〔邦の〕徳《とく》なり。恒《つね》に此《こ》の両者《りょうしゃ》を知るは、亦《ま》た稽《かい》（楷）式《しき》なり。恒に稽《かい》（楷）式を知る、此《これ》を玄徳《げんとく》と胃（謂）う。玄徳は深《ふか》し遠《とお》し、物と〔反《はん》す〕。

とある。人民を統治するという目的にとって人民に「知」があることが障害であり、また、統治者が人民に「知」をつけさせて国家を統治することも国家を毀損することになる、という「知」に対する批判である。これも第三章・第五十七章と同じように理解することができよう。ただし、ここには、国家統治の手段としての「知」と「不知」の「両者」を「知」ることが、「稽《かい》（楷）式」であり「玄徳」であるとして最も高く評価されている。(69)この最後の「知」は、「道」にまつわる逆説的・弁証法的な明知であると思われる。

なお、『老子』第十二章に、

五色《ごしょく》は人の目をして明《めしい》（盲）ならしめ、馳騁田臘《ちていでんりょう》（猟）は人の〔心をして発狂せ〕しめ、

得難きの價《たから》（貨）は人の行いをして方《さまた》（妨）げしめ、五味《ごみ》は人の口をして𠹳《そこな》（爽）わしめ、五音《ごおん》は人の耳をして聾《みみしい》ならしむ。

とある。これは、「人の目」「人の心」「人の行い」「人の口」「人の耳」における「五色」「馳騁田臘（猟）」「得難きの價《たから》（貨）」「五味」「五音」に対する人間の欲望追求が、それぞれの身体器官を「明《めしい》（盲）ならしめ」「発狂せしめ」「方《さまた》（妨）げしめ」「𠹳《そこな》（爽）わしめ」「聾《みみしい》ならしむ」という、危害をもたらすことを論じた主として欲望否定の文章である。それと同時に、その基礎には、「目」「心」「行い」「口」「耳」を通じて人間が感覚・知覚、つまり「知」を過度に働かせることがそれぞれの身体器官をスポイルしてしまうという、「知」の否定の倫理思想も横たわっている。

しかし、「知」が「民の利」を損なうものであり、より広く考えれば、「知」が否定されるべきものであることについては、これらよりもさらに重要な原因がある。それは「知」の誕生に伴って、また「知」の発生と密接に関連して、老子にとって最も重要な「道」がスポイルされてしまうことである。例えば、『老子』第十八章に次のようにある。

故《ゆえ》に大道《たいどう》廃《すた》れて、案《すなわ》（焉）ち仁義《じんぎ》有り。知快《ちえ》（慧）出《い》でて、案《すなわ》（焉）ち大偽《だいい》（為）有り。六親和《りくしんわ》せずして、案（焉）ち畜《こう》（孝）茲《じ》（慈）〔有り〕。邦家《ほうか》閽《こん》（昏）乱《らん》して、案（焉）ち貞臣《ていしん》有り。

この「知快（慧）出ず」は、前後の「大道廃る」「六親和せず」「邦家閻（昏）乱す」と並置されている。これらの四者は、相互にどのように関係づけられているのであろうか。推測するに、最初の「大道廃る」が最も重要な原因となって、それ以後「知快（慧）出ず」「六親和せず」「邦家閻（昏）乱す」の三者が同時に、または継起的に発生した、と見ているのではなかろうか。本章の趣旨は、それらがまた原因となって「仁義」「大偽（為）」「畜（孝）茲（慈）」「貞臣」が当代社会に出現したが、後者の「仁義」「大偽（為）」などに何の意味もない、と言って揶揄し批判しようとする点にある。そして、問題の焦点である「知快（慧）」は、「大道」の廃壊に伴って当代社会に出現したものである。いずれにしても、「知快（慧）」の発生は、「大道」の崩壊を意味するものなのであった。[70]

また、『老子』第三十八章に次のようにある。

故に道を失いて而《しか》る后《のち》（後）に徳あり、徳を失いて而る后（後）に仁あり、仁を失いて而る后（後）に義あり、（義を失いて而る后（後）に礼あり。夫《そ》れ礼なる者は、忠信《ちゅうしん》の泊《うす》（薄）きものにして）、乱の首《はじ》めなり。（前識《ぜんしき》なる者は）、道の華《はな》にして、愚《ぐ》の首《はじ》めなり。

本章の「前識」は、既述のとおり、「知」の一種である。[71] それは、「道の華にして、愚の首めなり。」のように、「道」の対極にあるものとして否定されている。また、引用文の前半には、「道↓徳↓仁↓義↓礼」のごとく「道」が次第に廃壊していく過程が画かれているが、「前識」は廃壊の窮極にある「礼」と並ぶ位置に置かれている倫理である。ここでも、「知」は「道」の廃壊に伴って出現したものなのであった。

ひるがえって「知」と「道」との関係を考えてみると、「知」は、耳目鼻口による感覚と心による知覚であり、それが把えることができる対象は「道」ではなく、ただ「万物」「物」という存在者でしかない。一方、「道」は、「万物」「物」の対極にある真の実在であり、「万物」「物」に関する「知」を徹底的に否定・排除した後に現われてくる何ものかである。したがって、「道」と「知」とは正反対の方向を向いており、「道」を把えるための方法は「知」を徹底的に否定・排除することなのであった。このような思考は、『老子』中のいくつかの文章に画かれている。以下のとおりである。

〔道は……〕。潚《えん》（淵）呵《こ》（乎）として万物の宗《もと》に始《に》（似）たり。其の〔兌《するど》（鋭）き〕を銼《くじ》〔剉〕き、其の紛《みだ》れに解し、其の〔光〕を和《やわ》らげ、〔其の塵《ちり》〕に同《どう》ず（第四章）。

天下に始《はじ》め有り、以《もっ》て天下の母《はは》と為す。……亓《そ》（其）の閲《あな》（兌）を塞《ふさ》ぎ、亓（其）の門を閉《と》ざせば、身を終《お》うるまで堇《つか》（勤）れず。亓（其）の閲《あな》（兌）を啓《ひら》き、亓（其）の事《こと》を済《な》せば、身を終《お》うるまで〔来《かえ》らず〕（第五十二章）。

〔知る者は〕言わず、言う者は知らず。亓《そ》（其）の閲《あな》（兌）を塞《ふさ》ぎ、亓（其）の〔門を〕閉ざし、其の光を〔和《やわ》らげ〕、亓（其）の墼《ちり》（塵）に同《どう》じ、亓（其）の閲《するど》（鋭）きを坐《くじ》

（剉）き、亓（其）の紛《みだ》れに解《かい》す。是《これ》を玄同《げんどう》と胃《い》（謂）う（第五十六章）。

以上の三章に含まれる類似の文章は、大体のところ同じ内容である。(72)――人間があらゆる感覚器官・知覚器官の働きを停止して世界について何ごとをも「知ら」ず、そのことを通じて分節化・秩序化されていない世界それ自体の中に融即《ゆうそく》し、結局、分節化・秩序化されていない世界それ自体と寸分の間隙もなく合一することを述べている。そして老子は、この状態を人間による「道」の把握、すなわち修道者が「道」と合一した状態と評価していると考えられる。このように、以上の三章は、人間が世界それ自体を一切「知ら」ないことを通じて、かえって「道」を「知る」ことを論じているのである。

ただし、『老子』には「知」を肯定する文章もかなり存在する。それは、上文で検討した、「無学」「不学」の提唱における例外的な「学」の肯定に似て、基本的には「道」およびそれと同類のものを把える「知」、または「道」およびそれと同類のものを内容とする「知」である。その数は相当に多い。例えば、『老子』第五十三章に、

我をして摞《かか》（挈）ぐるに知《ち》有らしむれば、大道《たいどう》〔を行きて〕、唯《た》だ〔他《よこしま》（迆）なるを是《こ》れ畏《おそ》れん。大道は〕甚《はなは》だ夷《たい》らかなるも、民は甚だ解《こみち》（径）を好む。朝《ちょう》は甚だ除《きよ》められ、田《た》は甚だ芜《あ》（蕪）れ、倉《くら》は甚だ虚《むな》しきに、文采《ぶんさい》を服《ふく》し、利《り》〔剣《けん》を〕帯《お》び、食〔に猒《あ》き〕、貨〔財に余《あま》り有り。是《これ》を盗杅《とうう》（竽）と胃《い》（謂）う。道に非《あら》ざるかな〕。

とあるのは、「大道を行きて、唯だ他《よこしま》（迆）なるを是れ畏れん。」こと、単純化して言えば「大道」を内容とする「知」を肯定したものである。(73)

また、『老子』第五十六章に、

〔知る者は〕言わず、言う者は知らず。亓《そ》（其）の悶《あな》（兌）を塞《ふさ》ぎ、亓（其）の〔門を〕閉ざし、其の光を〔和《やわ》らげ〕、亓（其）の墼《ちり》（塵）に同《どう》じ、亓（其）の閲《するど》（鋭）きを坐《くじ》（剉）き、亓（其）の紛《みだ》れに解《かい》す。是《これ》を玄同《げんどう》と胃《い》（謂）う。

とあるのも、「知」を肯定した文である。「知」の内容は表面的には世界の諸現象を全般的に言うが、実際は以下の文脈から判断して「道」であると考えられる。(74)

また、『老子』第四十七章に、

戸《と》を出《い》でずして、以《もつ》て天下を知り、牖《まど》を規《うかが》（窺）わずして、以て天道を知る。亓《そ》（其）の出《い》ずること彌《いよ》（弥）いよ遠ければ、亓（其）の〔知ること彌《いよ》（弥）いよ少なし。是《ここ》を以て声《せい》（聖）人《じん》は行《ゆ》かずして知り、見ずして名《あき》（明）らかに〕、為《な》さずして〔成る〕。

とあるのも、「天下・天道」を内容とする「知」であるが、前者の「天下」は本章では「万物」の意ではなくて、「道」の同類とされているらしい。[75]「亓《そ》（其）の出ずること彌《いよ》（弥）いよ遠ければ、亓（其）の知ること彌（弥）いよ少なし。」と付記するのによれば、老子が「天下・天道」を知る「知」を、「万物」に関する客観的な対象知の対極に置いていることは、明らかである。

第五十六章・第四十七章と似た点のある例が、『老子』第八十一章に「（知る）者は博《ひろ》からず、（博き）者は知らず。」とある。これも「知る者」を肯定しているが「知」の内容は実際上は「道」であり、「博き者」の「博き」が「万物」に関する客観的な対象知であるのとは、正反対となっている。[76]

さらに、『老子』第七十一章に「知らざることを知るは、尚《うえ》（上）なり。知らざることを知らざるは、病《やま》いなり。」とある。己の無知を知る「知」を肯定的に評価する文章である[77]が、必ずしも「道」を内容とする「知」とは言えないかもしれない。「万物」に関する客観的な対象知ではないというだけで、肯定したものであろうか。

以上のような、「道」とその同類を把える「知」、または「道」とその同類を内容とする「知」を肯定的に述べる場合、老子はそうした「知」をしばしば特別な用語を用いて呼ぶ。「明」である。例えば、『老子』第十章に、

（民を）愛し（邦《くに》を栝《い》（活））かして、能《よ》く為《な》すを以《もち》うること毋《な》からんか。……明白四達《めいはくしたつ》して、能く知を以《もち》うること毋からんか）。

とある。これは、「知」という方法・手段を用いることなしに、根源者「道」を把える絶対的な「明白」などに到達したいという願望を表現した例である。(78)

また、『老子』第十六章に、

天〈夫〉《そ》れ物は雲《うん》（賦）雲《うん》（賦）として、各《おの》おの其の〈根〉に復帰《ふつき》す。〈情《しず》（静）かと曰《い》い〉、情（静）かなるは是《これ》を命《めい》に復《かえ》ると胃《い》（謂）う。命に復るは、常《つね》なり。常を知るは、明らかなり。常を知らざれば、宀《みだ》（妄）りなり。宀（妄）りに作《な》すは、兇《きょう》（凶）なり。

とある。これは、「吾」という修道者が徹底的に「虚情（静）」を守ることを原因として、「万物」が生々として根源の「道」に復帰していく結果がもたらされる様子を画く文章である。その中の「常」は、「命に復る」ことであり、「情（静）かなる」ことであり、結局、「万物」が「道」に復帰することである。それ故、「常を知るは、明らかなり。」の「知」は、「道」を内包する「知」であって、「明らか」として肯定されるのである。(79)これとほとんど同じ例が『老子』第五十五章に、

〈徳を含むこと〉の厚《あつ》き〈者は〉、赤子《あかご》に比《なぞら》う。……終日号《しゅうじつさけ》ぶも㤅《むせ》（嚘）ばざるは、和《わ》の至りなり。和を常《つね》と曰《い》い、和を知るを明らかと曰い、生を益《ま》すを祥《わざわ》（妖）いと曰い、心気

を使うを強《つよ》しと曰う。

とある。これは、「徳を含むことの厚き者」つまり「道」を修めえた者が、「赤子」にもなぞらえられる生命力を獲得して、養生に成功するありさまを画いた文章である。その中の「和」は、修道者の身体の（気の）調和を言うのであろうが、元にさかのぼれば、彼が「徳」（「道」の働き）を「厚く含ん」だ結果に他ならない。だから、「和を知るを明らかと曰う」の「知」は、「道」の働きを内包する「知」であって、「明らか」として肯定的に評価されるのである。[80]

さらに、『老子』第五十二章に、

小《ちい》さきを〔見る〕を〔明《あき》らか〕と曰《い》い、柔《やわ》らかきを守るを強《つよ》しと曰う。亓《そ》（其）の光《ひかり》を用いて、亓（其）の明《あき》らかなるに復帰《ふっき》し、身《み》の央《わざわ》（殃）いを遺《のこ》す毋《な》き、是《これ》を常《つね》に襲《い》ると胃《い》（謂）う。

とある。文中の「小さきを見るを明らかと曰う」も、「道」を見る「明らかさ」として肯定された「知」である。[81] この「小さき」については、『老子』諸章に、

道《みち》は恒《つね》に名《な》無《な》し。楃《あらき》（樸）は〔小《しょう》なりと〕唯《いえど》（雖）も、〔天下敢《あ》えて臣《しん》とせず〕。……道の

天〔下〕に在るを俾《たと》（譬）うれ〔ば、猷《な》（猶）お小《しょう》〕浴《こく》（谷）の江海《こうかい》に与《お》（於）けるがごときなり（第三十二章）[82]。

道は〔渢《はん》（氾）呵《こ》（乎）として、其《そ》れ左右《さゆう》す可《べ》きなり〕。……万物焉《これ》に帰《き》すれども主と為らざるに、則《すなわ》ち恒《つね》に无欲《むよく》なれば、小《しょう》と名《な》づく可《べ》し（第三十四章）[83]。

とあって、「道」を「小」と仮称・形容している事実が参照される。

ところが、『老子』第三十三章に、

人を知る者は知《ち》あるなり、自《みずか》ら知る〔者は明《あき》らかなり〕。人に勝つ〕者は力《ちから》有るなり、自ら勝つ者は〔強《つよ》きなり〕。

とある。本章の「人を知る者は知あるなり」は、「人に勝つ者は力有るなり」と並んで低く評価されており、それに引き替え「自ら知る者は明らかなり」は、「自ら勝つ者は強きなり」と並んで高く評価されているようである。その「自ら知る者は明らかなり」は、「人を知る者は知あるなり」という一次レベルの客観的な対象への「知」を否定した後に到達する、二次レベルの主体的な根源への「明らか」なのであろう。「道」を把える「知」、または「道」を内容とする「知」に繫がるものがあるように感じられる[84]。この件について参照される文章が、『老子』第七十二章に、

> 亓《そ》（其）の居《お》る所に闇《な》（狎）るる母《な》（毋）かれ、亓（其）の生《い》くる所に猒《あ》く毋《な》かれ。夫《そ》れ唯《た》だ猒《あ》かず、是《ここ》を〔以《もっ》て猒《あ》かれず。是を以て声《せい》（聖）人《じん》は自《みずか》ら知れども自ら見《あら》わさざるなり、自ら愛すれ〕ども自ら貴ばざるなり。

とある。本章における「声（聖）人」の「自ら知る」は、「明らか」とは言われていないものの、肯定的な評価を受けている。その理由は、聖人が人民との関係の中で、「亓《そ》（其）の居る所に闇《な》（狎）るる母（毋）かれ、亓（其）の生くる所に猒く毋かれ。」を実践しえており、それ故、自分の高く豊かな地位・生活に胡坐《あぐら》をかかず、逆に自分の内心・身体を大事にするからであろう。こうした内容の「自ら知る」は、やはり自己内在の「道」を把握する方向に向かっているのではなかろうか(85)。なおまた、『老子』第三十六章に、

> 将《まさ》に之《これ》を拾《おさ》（歙）めんと欲すれば、必ず古《しばら》（姑）く之を張《は》る。将に之を弱《よわ》くせんと欲すれば、〔必ず古《しばら》（姑）く〕之を強くす。将に之を去《さ》らんと欲すれば、必ず古（姑）く之を与《あ》（挙）ぐ。将に之を奪《うば》わんと欲すれば、必ず古（姑）く之を予《あた》う。是《これ》を微明《びめい》と胃《い》（謂）う。

とある。この「微明」も、「将に之を拾《おさ》（歙）めんと欲すれば、必ず古（姑）く之を張る。」以下を内容とする、世界の逆説的・弁証法的な存在構造、すなわち「道」を知る「知」であ

る。(86) さらに、『老子』第二十七章に、

是《ここ》を以て声《せい》（聖）人《じん》は恒《つね》に善く人を怺《すく》（救）いて、棄人《きじん》无《な》く、物に棄財《きざい》无し。是《これ》を怈《じょう》（畳）明《めい》と胃《い》（謂）う。故に善〔人は、善人〕の師《し》なり。不善人《ふぜんにん》は、善人の齎《たから》（資）なり。其の師を貴《とうと》ばず、其の齎（資）を愛せざれば、知ありと唯《いえど》（雖）も大いに眯《まよ》（迷）う。是《これ》を眇《みょう》（妙）要《よう》と胃（謂）う。

とある。この「怈《じょう》（畳）明《めい》」は、二重の明知という意味であろうが、「不善人」をも「善人」をもともに「怺《すく》（救）う」真の知恵、「不善物」をも「善物」をもともに「棄て」ない真の知恵、を意味するものと思われる。(87) これもまた、第三十六章に類似して、世界の逆説的・弁証法的なあり方を把える「知」と言ってよい。

本項の最後に、「知」や「明」の反対は、「無知」「不知」以外に「愚」という言葉もあるが、それについて簡単に考察しておく。『老子』第二十章に、

〔衆人《しゅうじん》は〕皆な余《あま》り有るも、我独《われひと》り遺《とぼ》（匱）し。我は禺《ぐ》（愚）人《じん》の心なり、惷惷呵《ちゅんちゅんこ》（乎）たり。鬻《ぞく》（俗）〔人《じん》は昭昭《しょうしょう》たるも、我独り〕閽《こん》（昏）呵《こ》（乎）たる〔が若《ごと》し〕。鬻《ぞく》（俗）人《じん》は蔡《さつ》（察）蔡《さつ》（察）たるも、我独り閔《びん》（紊）閔《びん》（紊）呵《こ》（乎）たり。忽呵《こつこ》（乎）として其れ〔海〕の若く、朢《こう》（恍）呵《こ》（乎）として其れ止《とど》まる所无《な》きが若し。

とある。本章の「禺《ぐ》（愚）人」は、「衆人」や「鬻《ぞく》（俗）人」に対立して、「我」つまり老子自身のことを言う。ここでは、「衆人」「鬻（俗）人」が「昭昭・蔡（察）蔡（察）」という敏捷な「知」の持ち主であるのに引き替え、「我」は、「惷惷《ちゅんちゅん》呵《こ》（乎）・閒《こん》（昏）呵《こ》（乎）・閔《びん》（紊）閔《びん》（紊）呵《こ》（乎）」という「禺（愚）人の心」の持ち主として画かれている。しかし、この「禺（愚）人」は、文字どおり愚昧な人間として否定されているのではない。なぜなら、「学を絶ち」て「禺（愚）人」となった「我」(88)は、そのことによってかえって逆説的・弁証法的に、「忽呵《こ》（乎）として其れ海の若く、朢《こう》（恍）呵《こ》（乎）として其れ止まる所无きが若し。」とイメージされた「道」を把えることができている、と認められるからである。

また、『老子』第六十五章に、

故《ゆえ》に曰《い》わく、「道を為《おさ》むる者は、以《もっ》て民を明らかにせんとするに非《あら》ざるなり、将《まさ》に以て之を愚《おろ》かにせんとするなり。」と。民の〔治め〕難《がた》きや、亓《そ》（其）の知《ち》あるを以てなり。故に知を以て邦《くに》を知《おさ》（治）むるは、邦《くに》の賊《ぞく》なり。不知《ふち》を以て邦を知（治）むるは、〔邦の〕徳《とく》なり。恒《つね》に此《こ》の両者《りょうしゃ》を知るは、亦《ま》た稽《かい》（楷）式《しき》なり。恒に稽（楷）式を知る、此《これ》を玄徳《げんとく》と胃（謂）う。玄徳は深《ふか》く遠《とお》し、物と〔反《はん》す〕。

とある。古来、老子が愚民政治を述べた文章であるか否かをめぐって、議論のあった文章である。[89]しかし、本章の「愚か」や「不知」も第二十章の「禺（愚）人の心」と、内容と意味の点でほとんど異ならない。なぜなら、ここでは、国家を統治する上で、人民に「知」をつけさせるという方法のもたらすマイナス価値と彼らを「不知」にするという方法のもたらすプラス価値とを常に知ることが「稽（楷）式」とされているが、また、この「稽（楷）式」を常に知ることが「玄徳」（ほぼ「道」に同じ）と言い換えられている。しかもその「玄徳」は、「物」という世間普通の存在者とは正反対の実在であることが、念を押すように明記されている。であるから、本章の「愚か」「不知」は、世間的な一次レベルから言えばそのまま「愚か」「不知」であるけれども、老子の「道」の思想の中ではひっくり返って二次レベル以上の真の「明らか」「知」に転ずる、と見通されているはずである。したがって、我々は、本章冒頭の、

道を為むる者は、以て民を明らかにせんとするに非ざるなり、将に以て之を愚かにせんとするなり。

の内容を、「道を為むる者」つまり理想的な統治者の統治は、世間的な意味では人民を「愚か」にしようとするけれども、真の意味では逆説的・弁証法的にひっくり返って人民を「明らか」にしようとする思想、として理解すべきではなかろうか。

さらに、『老子』第三十八章に「〔前識《ぜんしき》なる者は〕、道の華《はな》にして、愚《ぐ》の首《はじ》めなり。」とある。この「愚」は、以上の「愚か」とは異なって単なる愚かであり、本当の愚かである。しかし、視点を移して「前識」サイドから考えてみると、ここには、以上の場合と同じような逆説的・弁証法的な思考が働いていることが知られる。——儒家思想の影響の下、世間的にはプラス価値を帯びた倫理としてもてはやされている「知」ではあるが、真の意味ではひっくり返って「愚の首め」でしかないとマイナス価値に評価されているのだ。(90)

### c　無言・不言の提唱

終わりに、「無言」「不言」の提唱について考察する。

『老子』の中に「言」を否定する文章は少なくないが、一見、単純な否定であるように見えても、そうでないものが多い。例えば、『老子』第八十一章に「〔信言《しんげん》は美《うるわ》しからず、美言《びげん》は信《まこと》ならず。」とある。この「美言」は、「信言」が「道」を把えた言葉であるのに対して、「道」を含まない華美な言葉として単純に否定されている「言」である。(91) ただし、同じ「美言」は、『老子』第六十二章にも、

〔道《みち》〕なる者は、万物の注《しゅ》（主）なり、善人《ぜんにん》の琛《たから》（宝）なり、不善人《ふぜんにん》の琛《たも》（保）つ所なり。美言《びげん》は以《もっ》て市《う》る可《べ》く、尊行《そんこう》は以て人に賀《くわ》（加）う可し。人の不善《ふぜん》は、何《なん》の〔棄《す》つることか之《これ》〕有らん。……故に天下の貴《とうと》きものと為る。

のように現われる。この「美言」は、「尊行」と並んで世間的な意味で価値を認められた「言」であり、(92)下文の「人の不善」と対置されるべき相対的な一次レベルの「人の善」の一つである。老子のこれに対する態度は、決して頭ごなしに否定してしまうのではなく、一応「善い」ものとして肯定する。より正確に言うならば、「人の善」と「人の不善」の両者の対立を乗り越えた、絶対的に高いレベルの「善」である「道」の立場に立って、これを皮肉るわけである。また、『老子』第五十六章に「〔知る者は〕言わず、言う者は知らず。」とあるのも、「言う」を否定して「言わず」を提唱したものである。しかし、この「言」の否定も、つまるところ「道」についての「知」を内包しない「言」に向けたものである。(93)さらにまた、『老子』第七十三章に、

〔天の道は、単《たたか》（戦）わずして善く朕《か》（勝）ち〕、言わずして善く応じ、召《め》さずして自《みずか》ら来たり、……。

とあるのも、「天の道」の立場から見れば、「言」に価値がないから単純に否定されるのであろう。(94)

『老子』における「無言」「不言」の提唱の中でより重要なものは、以上のような単純な否定ではなく、「言」の否定・排除が積極的なプラスの価値を生み出すとする思想である。例

えば、『老子』第二章に、

声《せい》（聖）人《じん》は无為《むい》の事に居《お》り、〔不言の教えを〕行う。〔万物昔《お》（作）これども始《おさ》（治）めざる〕なり、為《な》れども志《たの》（恃）まざるなり、功を成せども居らざるなり。

とあるのが、その代表的な例である。ここではまず、理想的な人物である「声（聖）人」が「无為の事に居り、不言の教えを行う。」と述べるが、これらは、第六十三章の「无為を為し、無事を事とし、無味を味わう。」や、第六十四章の「不欲を欲す・不学を学ぶ」に類似する。「无為・不言」を肯定的な形で言い表わして強調した表現である。続いて、「声（聖）人」の「无為・不言」という原因によって、かえって「万物」は自らの力で「昔（作）こる・為る・功を成す」という結果を将来する、という逆説的・弁証法的な諸現象を画く。[95] そして終わりに、「始《おさ》（治）めず・志《たの》（恃）まず・居らず」などとつけ加えるが、これは「声（聖）人」のその後の態度に言及した部分である。このように、本章の「不言」の提唱は、単純な「言」の否定ではなく、「万物」の自主的・自律的な諸活動を惹起するためであった。これは後述する「自然」の思想の一環である（Ⅱ、第5章「『老子』の自然思想」）が、その根底には、「无為・不言」が「道」を把えるための手立てである、もしくは「道」の内容をなすものである、とする位置づけがあると考えられる。この第二章とほぼ同じ表現が、『老子』第四十三章に、天下の至柔《しじゅう》の、天下の致《し》（至）堅《けん》を〔馳《ち》〕騁《てい》するは、有る无《な》きの間无《あいだな》きに入《い》ればなり。五《われ》（吾）是《ここ》を以《もっ》て无為《むい》〔の〕益《えき》〔有るを〕知るなり。不《ふ》〔言《げん》の〕教《おし》え、无為《むい》の益《えき》は、〔天《てん》〕下《か》能《よ》く之に及《およ》ぶもの希《まれ》なり。

とある。修道者の「不言・无為」という態度を受けまたそれを原因として、その後「万物」がどのように振る舞うことになったかという結果は、ここには何も画かれていない。しかし、上文の記述からそれを推測することはそれほど困難ではない。すなわち、「天下の致（至）堅」がその間に「馳騁する」のと全く同じように、「万物」は自らの力で諸活動を展開することになるのではなかろうか。

これらとほとんど同じ思想は、『老子』第十七章にも、

大上《たいじょう》は下之《したこれ》有るを知り、……。〔猷《ゆう》（猶）呵《こ》（乎）として〕其《そ》れ言を貴《す》（遺）つるや、功を成し事を遂《と》げて、百省《ひゃくせい》（姓）は我《われ》自然なりと胃《い》（謂）う。

とあり、『老子』第二十三章にも「言うこと希《まれ》なれば、自然なり。飄風《ひょうふう》も朝を冬《お》（終）えず、暴雨《ぼうう》も日を冬（終）えず。」とある。第十七章の「言を貴（遺）つ」(96)と第二十三章の「言うこと希なり」(97)は、単純化すれば「無言」「不言」という意味であり、その異なった表現

に他ならない。そして、第十七章では、「大上」の統治者が「猷（猶）呵（乎）として其れ言を貴《す》（遺）つ」という内容の「无為」の政治を行うならば、それが原因となって「百省（姓）」の「自然」（自主性・自律性）を通じて「功を成し事を遂げ」るという望ましい結果がもたらされる。また、第二十三章では、統治者が「言うこと希なり」という内容の「无為」の政治を行うならば、それを原因として、飄風が吹いても「朝を冬《お》（終）えず」に止《や》み、暴雨が降っても「日を冬（終）えず」に止むといった、「万物」の自主的・自律的な諸活動が展開するという結果がもたらされるのである。

ところで、『老子』中の「言」には、また肯定されるものも少なくない。以下、簡略に紹介しよう。その一は、「道」について述べる「言」、また「道」を内容とする言葉である。例えば、『老子』第三十五章に、

楽《がく》と餌《じ》とには、過格《かきやく》（客）も止《とど》まる。故《ゆえ》に道《みち》の言《げん》に出《い》ずるや、曰わく、「談《たん》（淡）呵《こ》（乎）として其《そ》れ味无《あじな》きなり。」と。（之《これ》を視《み》るも）見るに足《た》らざるなり、之を聴《き》くも聞くに足らざるなり、之を用うるも既《つ》くす可《べ》からざるなり。

とある「言」は、「道」が人の口から言葉となって出たものであり、その具体的な内容は「道」は「談（淡）呵（乎）として其れ味无きなり」ということであるが、勿論、肯定されている。[98]

その二は、聖人が語る「言」、また『老子』の作者（老子）たる「吾」の言葉である。これは実際には、その一で言及した「道」の「言」と同じ。例えば、『老子』第七十章に、

吾《わ》が言《げん》は甚《はなは》だ知り易《やす》きなり、甚だ行《おこな》い易きなり。而《しか》れども人之《これ》を能《よ》く知るもの莫《な》きなり、而《しこ》うして之を能く行うもの莫《な》きなり。言《げん》に君《きみ》有り、事《こと》に宗《もと》有り。

とあるのは、『老子』作者たる老子の「言」である。[99] ここでは、それを人々が「知り」かつ「行う」べきだと唱えている。また、『老子』第七十八章に、

故《ゆえ》に聖人《せいじん》の言《げん》に云《い》いて曰《い》わく、「邦《くに》の詬《よご》（垢）れを受く、是《これ》を社稷《しゃしょく》の主《しゅ》と胃《い》（謂）う。邦の不祥《ふしょう》を受く、是を天下の王と胃（謂）う。」と。〔正言《せいげん》は〕反《はん》するが若《ごと》し。

とある。この「聖人の言」が、老子によって肯定されていることは、言うまでもない。その内容である「邦《くに》の詬《よご》（垢）れを受く、是《これ》を社稷《しゃしょく》の主《しゅ》と胃《い》（謂）う。邦の不祥《ふしょう》を受く、是を天下の王と胃（謂）う。」は、その一で言及した、「道」について述べた言葉であり、特にその逆説的・弁証法的な「言」である。章末の「正言」は、一見すると「反」と対立する「正」の言葉であるかのように見えるが、そうではない。「反」つまりこの逆説・弁証法を内包する「言」であり、だから「道」について述べた言葉なのである。[100]

その三は、内容から考えて、老子と同じ思想を含んだ「言」である。この例は非常に多く、枚挙するに暇がないほどであるが、ここでは代表的な例を二、三挙げるに止める。例えば、『老子』第四十一章に次のようにある。

「上士《じょうし》道を聞けば、菫《つと》(勤)めて能《よ》く之を行う。中士《ちゅうし》道を聞けば、存《そん》するが若《ごと》く亡《な》(無)きが若し。下士《かし》道を聞けば、大いに之を笑う。笑わざれば、以《もっ》て道と為すに足らず。是《ここ》を以て建言《けんげん》に之《これ》有りて曰わく、「明道《めいどう》は費《くら》(替)きが如《ごと》く、進道《しんどう》は退《しりぞ》くが如く、夷《い》道《どう》は類《るい》(纇)の如し。上徳は浴《たに》(谷)の如く、大白《たいはく》は辱《けが》(黷)れたるが如く、広徳《こうとく》は足《た》らざるが如し。建徳《けんとく》は偸《かりそめ》なるが如く、質真《しっしん》は渝《か》わるが如く、大方《たいほう》は禺《かど》(隅)无《な》し。大器《たいき》は免《おそ》(晩)く成り、大音《たいおん》は声希《かそけ》く、大象《たいしょう》は刑《かたち》(形)无し。」と」。

この「建言」は、「道」を打ち建てて述べた格言の意であろうが、その内容は、老子にとって最も重要な「道」とその同類のものに関する言葉である。こうした「道」の「言」は、話して構わないのであるから、「聞く」ことができるのも当然である。[101]

また、『老子』第六十九章に次のようにある。

「兵《へい》を用うるに言《げん》有りて曰わく、「吾《われ》敢《あ》えて主と為らずして客と為り、吾寸《すん》を進まずして尺《しゃく》を芮《しりぞ》(退)く。」と。是《これ》を行く无《な》きを行き、臂《ひじ》无きを襄《はら》(攘)い、兵无きを執《と》り、敵无きを乃《つ》（扔）くと胃《い》（謂）う。旤《わざわ》（禍）いは適《てき》（敵）无《な》きより於《だい》〈大〉なるは莫《な》く、適《てき》（敵）无《な》きは吾が葆《たから》（宝）を亡《うしな》うに斤《ちか》（近）し。

この「兵を用うるに言有り」の「言」は、従来諸説が説いてきたように、当時の兵家が唱えていた言葉なのであろうか。しかし、それ以下の文章は、全て老子の思想であるから、本章冒頭の兵家言も老子思想の許容する範囲内にあるものという位置づけであるに相違ない。特に、この兵家言を解説した「是《これ》を行く无《な》きを行き、臂《ひじ》无きを襄《はら》（攘）い、兵无きを執《と》り、敵无きを乃《つ》（扔）くと胃《い》（謂）う。」の部分は、戦争において、絶対的に軍隊を行軍させないこと、絶対的に宣戦を布告しないこと、絶対的に武器を振るわないこと、絶対的に他国と戦闘しないことの四点、まとめて言えば、根本的な戦争反対の思想を唱えた個所である。したがって、解説された当の兵家言も、その方向で老子思想として解釈されるべきであって、兵家本来の思想として解釈されるべきではない(102)。

また、『老子』第二十七章に次のようにある。

善《よ》く行く者は勶《てつ》（轍）迹无《せきな》く、〔善く〕言う者は瑕《か》適《たく》（謫）无く、善く数うる者は檮《ちゅう》（籌）䇲《さく》（策）を以《もち》いず、善く閉《と》ざす者は闗《かん》（関）籥《やく》（鑰）无くして啓《ひら》く可《べ》からざるなり、善く結ぶ者は纆《ぼく》約《やく》〔无く〕して解《と》く可からざるなり。是《ここ》を以て声《せい》（聖）人《じん》は恒《つね》に善く人を怵《すく》（救）いて、棄《き》人《じん》无く、物に棄《き》財《ざい》无し。是《これ》を怈《じょう》（畳）明《めい》と胃《い》（謂）う。故に善

〔人は、善人〕の師《し》なり。不善人《ふぜんにん》は、善人の齎《たから》（資）なり。

「声（聖）人」の「言」は、ここでも肯定的な評価を受けている。ただし、その肯定は、「声（聖）人」の「不善人」をも「善人」をもともに救う真の知恵、「不善物」をも「善物」をもともに棄てない真の知恵の方向に沿って、真に「善く言う者」として「瑕適《かたく》（謫）」が有ることを否定的（「无し」）に超出した「言」であると考えられる。真に「善く行く者」「善く数うる者」「善く閉ざす者」「善く結ぶ者」が、それぞれ「勶《てつ》（轍）迹《せき》」の有、「檮《ちゅう》（籌）䇲《さく》（策）」の有、「闔《かん》（関）籥《やく》（鑰）」の有、「纆約《ぼくやく》」の有、を否定的（「无し」）に超出した諸行為を行って、肯定的に評価されるのと同じ方向である。(103) したがって、この「言」にも老子特有の、逆説・弁証法を通じて「道」の絶対性に迫ろうとする思考が顔をのぞかせているわけである。

また、『老子』第六十六章に次のようにある。

〔江《こう》〕海《かい》の能《よ》く百浴《ひやつこく》（谷）の王《おう》と為《な》る所以《ゆえん》の者は、亓《そ》（其）の善く之《これ》に下《くだ》るを以てなり、是《ここ》を以《もつ》て能く百浴（谷）の王と為る。是を以て聖人《せいじん》の民《たみ》に上《のぼ》らんと欲《ほつ》するや、必ず亓（其）の言《げん》を以て之に下る。……故に……上に居るも民重《おも》しとせざるなり。

ここでも「声（聖）人」の人民にへり下ることを内容とする「言」は、肯定されている。この「言」の故に逆説的・弁証法的に「民に上る」ことが可能になるからである(104)。

以上、本項では、「学」「知」「言」を否定・排除して、「無学」「無知」「無言」を提唱する、老子の倫理思想を検討してきた。それは基本的・原則的には、既存の世間的な「学」「知」「言」を何度もくり返して徹底的に撥無して、最後には真に絶対的な「学」「知」「言」である根源的な「道」に到達する、という内容を有していた。筆者はこれを否定的超出の倫理思想と呼ぶが、老子の「学」「知」「言」の否定・排除が単なる否定の思想ではなく、絶対的な肯定に向かう思想であることは、正確に理解する必要がある。

しかし、老子の「無学」「無知」「無言」の提唱は、これだけに止まらず、「道」とその同類を把える「学」をも例外的に肯定し許容するものであった。こうした例外的な肯定・許容は、「知」になると少し拡大し、「知」の否定はややゆるく穏やかになる。「言」に至っては、その肯定・許容はさらに拡大し、その否定は一層ゆるく穏やかになっている。勿論、上述した基本・原則はそのまま生きているのだけれども。これはなぜであろうか。恐らく、老子にとってこれら三者の有する人為性の強弱にあるためと考えられる。すなわち、三者の中では、「学」が最も人為性が強く、それ故その否定は最もきつく厳しい。「知」は「学」に次ぐ。そして、「言」は最も人為性が弱く、それ故その否定は最もゆるく穏やかにならざるをえなかったのではなかろうか。

### d　無我・無心の境地

以上に述べてきた「学」「知」「言」などの否定・排除の窮極に、また以下に述べる「欲」「為」「事」などの否定・排除の窮極に、老子はそれらの主体としての「我《われ》」の撥無、「我《わ》」が「心」の撥無を考えていたであろうか。本項ではこの問題について若干の考察を行う。

現在の『老子』の中には、「心无し」という言葉は出るが、「我無し」「己無し」という言葉は出てこない。しかしながら、それらを使用しても当然と考えられる思想内容は存在する。例えば、『老子』第四章に、

其の〔兌《するど》（鋭）き〕を銼《くじ》（剉）き、其の紛《みだ》れに解し、其の〔光〕を和《やわ》らげ、〔其の塵《ちり》〕に同《どう》ず。

とあり、第五十二章に、

亓《そ》（其）の閼《あな》（兌）を塞《ふさ》ぎ、亓（其）の門を閉《と》ざせば、身を終《お》うるまで堇《つか》（勤）れず。亓（其）の閼《あな》（兌）を啓《ひら》き、亓（其）の事《こと》を済《な》せば、身を終《お》うるまで〔来《かえ》らず〕。

とあり、第五十六章に、

亓《そ》（其）の悶《あな》（兌）を塞《ふさ》ぎ、亓（其）の〔門を〕閉ざし、其の光を〔和《やわ》らげ〕、亓（其）の墊《ちり》（塵）に同《どう》じ、亓（其）の閱《するど》（鋭）きを坐《くじ》（剉）き、亓（其）の紛《みだ》れに解《かい》す。

とある。これら三章の類似する文章はほぼ同じ内容を持つ。[105]——人間が全ての感官・知官の働きを停止して世界について何も把えず、そのことを通じて分節化・秩序化されていない世界それ自体の中に融即《ゆうそく》していき、その結果、世界それ自体と寸分の間隙もなく合一する、という思想である。この最後に到達した結果を、修道者の主観とそれに対峙する「万物」の客観との両面から画くとすれば、修道者の主観は「我無し」「己無し」「心無し」という心境、「万物」の客観は未分節化・未秩序化の混沌たる世界であって、主客両面のあり方はぴたりと整合していると思われる。

それ故、以上の三章は、思想内容の点では「無我」「無己」「無心」を含んでいるのではなかろうか。現に、以上の三章と同じような思想を述べる『荘子』斉物論篇は「天地と我と並び生じて、万物と我と一為《いった》り。」と言い、『荘子』在宥篇は「頌論《しょうろん》・形軀《けいく》ともに、大同《たいどう》に合《がっ》す。大同にして己《おのれ》无し。己无ければ、悪《いず》くんぞ有有《ゆうあ》るを得ん。」と言う。両篇の引用個所はほぼ同じ意味内容であり、『荘子』など道家の伝統的な万物斉同の哲学の現われである。ここでは後者の『荘子』在宥篇を主な参照資料としよう。その在宥篇は、理想的人物たる「大人」の精神・身体が、混沌たる世界に合一する状況を画くが、その時「大人」の主観は「己无し」、客観は「大同」であって、両者は「合す」ると述べている。しかし、『老子』の三章は、文章表現の点では「無我」「無已」「無心」を明言することがない。一つには、三章の主な目的は、修道者の如上の内容の主客合一による「道」の定立や「道」の把握にあった。道家の伝統的な「無我」「無已」「無心」は、すでに必ずしも重要な関心事ではなくなっていたからであろう。二つには、『老子』の中には、思考や行為の主体としての「我」「吾」を前面に押し出しながら、その倫理思想・政治思想などを唱える文章が少なくない。『老子』中のこうした一般的な主体意識と道家の伝統的な「無我」「無已」「無心」とは、もはや折り合いがつかない状況になっていたからであろう。『老子』には「無我」「無已」という言葉は登場することがないものの、これらに近い表現がなくはない。例えば、『老子』第三章に、

　是《ここ》を以て声（聖）人の〔治《ち》や、亓《そ》（其）の心を虚《むな》しくして、亓（其）の腹を実《み》たし、亓（其）の志《こころざし》を弱くして〕、亓（其）の骨を強くす。恒《つね》に民をして无知《むち》・无欲ならしめ、〔夫《か》の知《ち》をして敢えてせざら〕しむ。

とある。「亓（其）の心」とは人民の心であり、「虚しくす」るとは「知」や「欲」を持たせないことである[106]。この「虚心」は、道家本来の深刻な「無心」とは径庭《けいてい》があると言うべきかもしれない。また、第二十章に、

我泊《われはく》（怕）焉《えん》として未だ佻《きざ》（兆）さず、〔嬰児《えいじ》の未だ咳《わら》わざるが〕若《ごと》く、纍《るい》（儽）呵《こ》（乎）として〔帰る所无《な》き〕が如《ごと》し。……吾は独り人に異なりて、食母《しょくぼ》を貴《とうと》ばんと欲す。

とある。その「我泊（怕）焉として未だ佻《きざ》（兆）さず」は、「無我」の状態を画くようにも見えるが、しかし倫理・養生の観点からの取り扱いが勝っていて、必ずしも十分に道家本来の哲学的な内容を具えてはいない(107)。また、第四十九章に、

〔声（聖）人は恒《つね》に心無《な》く〕、百《ひゃく》〔姓《せい》〕の心を以て〔心と〕為す。善《ぜん》なる者は之《これ》を善《よ》しとし、不善《ふぜん》なる者も亦《ま》た〔之《これ》を〕善しとして、〔善しとせらるるを徳《う》（得）るなり。……〔声（聖）人〕の天下に在《あ》るは、[忄+翕]《きゅう》（翕）[忄+翕]《きゅう》（翕）焉《えん》として天下の為《た》めに心を渾《なが》す。

とある。これは『老子』に現われる唯一の「无心」の例である。その内容は、天下のために自分の「心を渾《なが》し」、「百姓の心」を自分の「心」とする、というものである。道家本来の哲学に基礎を置いた深刻な「无心」ではなく、主に為政者として民衆統治の拡がりを確保したいという目的から、自分自身の一定の心を持つことをやめるという思想を述べたものとなっている(108)。

## D 『老子』の無欲・無為による否定的超出

### a 無欲・不欲の提唱

そもそも中国古代において、人間の持つ「欲」について、善いとか悪いとかの判断を下す価値問題は別にして、その事実問題はどのように考えられていたのだろうか。当時「欲」について深く思索した思想家を挙げるとすれば、まず儒家の荀子《じゅんし》に指を屈する。

春秋時代～戦国時代の儒家（孔子や孟子など）は、独自の倫理思想の立場からその実現を阻害するものとして人々の「欲」の追求を批判し、大雑把にまとめれば、寡欲説を唱えた。すなわち、儒教の倫理の実現のために「欲」の追求をなるべく低く抑えるべきだと主張したのである。この点において、儒家の寡欲説と老子・荘子の無欲の思想には、共通点が相当に多い。思想史の経緯を踏まえるならば、老子・荘子の無欲の思想は、それ以前の儒家の寡欲説の影響を受けて成立したものと考えられる。

荀子という人は、春秋・戦国の諸思想が全て開花した戦国末期に思想界に登場した思想家である。それ故、荀子の「欲」に関する思想、すなわち性悪説の根幹部分は、それ以前のあらゆる「性」や「欲」の思想を吸収・摂取し、かつまた批判・克服しながら提唱された。それだけでなく、間近に迫った戦国時代の終焉と秦による天下統一という時代状況に照準を合わせて、その新しい社会・世界を創出していくための基礎に位置づけられる人間論の一環として主張されたものであった。したがって、荀子の「欲」の価値問題についての見解はさておき彼の事実問題についての分析は、老子の「欲」の否定を理解する上で参照することができるのである。

荀子によれば、「欲」というものは、第一、その本質は、人間の生まれながらにして自然的に与えられた本性「性」に根ざすものである。第二、この「性」としての「欲」を持つ点で、いかなる人間も区別はなく、君子であれ小人であれみな同一・平等である。第三、「欲」は、質の上では、耳・目・鼻・口・身体に起こる感覚・官能の欲望、また心に起こる財富・利益の欲望、さらに同じく心に起こる名誉・政治権力の欲望、などの多種多様な欲望から成る。第四、「欲」は、量の上では、どれだけ充足しても満足できずに対象を無限に追求しようとする性質を具えている。第五、こうした多種多様で無限に追求する「欲」を持つ平等の人間が同じ対象の獲得を目指すところから、万人の万人に対する「争い」が発生してそのまま国家・社会の「乱」がもたらされる。それ故、人間の「性」は悪である。第六、この「争い」を遏《あつ》止《し》し「乱」を挽救《ばんきゅう》することによって、全ての人間の「欲」を合理的に充足させうる規範として、荀子は先王の作為した「礼」を提唱した(109)。

老子の人間の「欲」に関する思想は、一言で言えば、「欲」の否定、無欲・不欲の提唱である。しかし、老子は人間の生まれながらに自然的に与えられた「性」を想定しないから、『老子』中に荀子の第一のような「性」という言葉・思想は現われない。それ故、第二の万人が同一の「欲」を持つという考えも、『老子』には明確に語られていない。第三・第四・

第五については、荀子ほど明晰ではないにしても、老子もほぼ同じ思想を抱いていたのではないかと思われる。そして、第六については、老子はまっ向から荀子の思想に反対する。それは主として、荀子が人々の「欲」の充足を、「礼」の実現による理想社会の建設に向かう人間の基礎的エネルギーとして、最終的に肯定するのに対して、老子はそれを基本的に否定するからである。以下、老子の「欲」の否定、無欲・不欲の提唱を検討する。

『老子』における「欲」の否定は、極めて多面的・多層的である。個人レベルでの「欲」否定から天下・国家レベルでの「欲」否定まであり、倫理思想・政治思想・自然思想のいずれにおいても「欲」を否定する、という状況である。ここでは、最も重要ないくつかの問題にしぼって議論したい。

第一に、『老子』における「欲」の否定は、人間の個人レベルの感覚的・官能的な欲望の否定を基礎とする。すなわち、感覚的・官能的な欲望の追求がその人をスポイルすると考えて、それを嫌うことから出発している。そして、それが感覚的・官能的な欲望の否定に止まらず、より広範囲の欲望の否定であるという条件の下、「欲」の否定が「道」を把えるための必要・不可欠の前提と位置づけられる場合もある。例えば、『老子』第十二章に、

五色《ごしょく》は人の目をして明《めしい》（盲）ならしめ、馳騁田臘《ちていでんりょう》（猟）は人の〔心をして発狂せ〕しめ、得難きの貫《たから》（貨）は人の行いをして方《さまた》（妨）げしめ、五味《ごみ》は人の口をして⿰口相《そこな》（爽）わしめ、五音《ごおん》は人の耳をして聾《みみしい》ならしむ。是《ここ》を以て声（聖）人の治《ち》や、腹《はら》の為《た》めにして〔目

の為めにせ」ず。

とある。この文章は、人間の欲望追求の対象である「五色」「馳騁田臘（猟）」「得難きの價《たから》（貨）」「五味」「五音」を批判しているように見えるが、実はそうではない。人間の「目」「心」「行い」「口」「耳」という主に感覚器官・知覚器官における欲望追求を否定しているのである。と言うのは、老子は「目」「心」「行い」「口」「耳」における欲望追求がそれらの感覚器官・知覚器官の正常な働きをスポイルしてしまう、と考えているからである。[110] この「欲」の否定は、そのまま「声（聖）人の治」という理想的な政治に採用されるが、その向こう側には「道」の把握・実現が現われてくるはずである。ちなみに、『老子』には、耳・目・鼻・口などの五官を挙げてそれらの感覚的・官能的な欲望追求の非を論ずる文章は多くはないが、同様の思考を踏まえた上で無欲・不欲を提唱していると推測される文章はある。例えば、『老子』第六十三章に、

无為《むい》を為し、无事《むじ》を事《こと》とし、无未《むみ》（味）を味《あじ》わい、……。難《かた》きを〔亓《そ》（其）の易《やす》きに〕図《はか》り、〔大なるを亓（其）の細《こま》かきに為すなり〕。天下の難きは易きに作《お》こり、天下の大なるは細かきに作こる。是《ここ》を以て聖人《せいじん》は冬《つい》（終）に大を為さず、故に能《よ》く〔亓（其）の大を成す〕。

とあるのがそれである。この文は、「无為を為し、无事を事とす。」が、広く無為を提唱する。一方、「无未（味）を味わう」が、直接的には口という感官に起こる「味」の欲望追求の否定であるが、同時にそれに代表させて広く無欲一般を提唱する。(三)そして、無為と無欲が合わさって「聖人」が「大を成す」、すなわち「道」を把握するための必要・不可欠の前提となっている。ここでは、無為と無欲の実践を通じて、「道」を把握すべきことを訴えているのだ。また、『老子』第一章に、

道《みち》の道とす可《べ》きは、恒《つね》の道に非《あら》ざるなり。名の名とす可きは、恒の名に非ざるなり。名无《な》きは、万物の始めなり。名有るは、万物の母なり。〔故に〕恒に无欲にして、以て其の眇《みょう》（妙）を観る。恒に有欲にして、以て其の噭《あき》（曒）らかなる所を観る。両者は同じく出で、名を異にし胃《い》（謂）を同じくす。之を玄《げん》にし有《ま》（又）た玄にするは、衆眇《しゅうみょう》（妙）の〔門〕なり。

とある。本章の「无欲」「有欲」は、ただ感覚的・官能的な欲望だけを指すのでなく、広く人間の欲望一般を指すのであろうけれども、「恒に有欲」であることが姿形《すがたかたち》の「噭（曒）らかなる所」つまり「万物」を把えるための前提であるのに対して、「恒に无欲」であることが姿形の見えない「眇（妙）」なる「道」を把えるための前提とされている。そして本章の趣旨は、「恒の道」「恒の名」ではない「万物」の把握は言うに及ばず、一まず「恒の道」

「恒の名」として把握できる「道」であっても、それが「道の道とす可き」「名の名とす可き」真の根源者となるためには、ともに人間の認識を撥無する否定の契機が不十分である故に、「之を玄にし有《ま》（又）た玄にす」という否定的な根源遡及をくり返す必要がある、ということである。本章の「欲」についての思想は、比較的複雑であるが、ここでも広義の欲望追求の否定が「道」の把握の必要・不可欠の前提となっている(112)。

また、『老子』第三十四章に、

道は〔渢《はん》（氾）呵《こ》（乎）として、其《そ》れ左右《さゆう》す可《べ》きなり〕。……万物焉《これ》に帰《き》すれども主と為らざるに、則《すなわ》ち恒《つね》に无欲《むよく》なれば、小《しょう》と名《な》づく可《べ》し。

とある。その中の「則ち恒に无欲なれば、小と名づく可し。」は、第一章の「恒に无欲にして、以て其の眇（妙）を観る。」と同様、人間は「无欲」に徹して始めて、単なる認知を越えた至小の「道」の根源性を把えられることを言う(113)。

さらに、『老子』第四十六章に、

天下に道有れば、走馬《そうば》を〔却《か》り〕て以て糞《ふん》す。天下に道无《な》ければ、戎馬《じゅうば》郊《こう》に生む。罪は欲《ほっ》す可《べ》きより大なるは莫《な》く、𩨗《わざわ》（禍）いは足《た》るを知らざるより大なるは莫《な》く、咎《とが》は得んと欲するより憯《いた》ましきは莫し。〔故《ゆえ》に足《た》るを知るの足るは〕、恒《つね》に足るなり。

とある。本章の「欲」の否定も、「天下」における「道」の「有无」に直接関係づけられた、人間の個人レベルの欲望否定である。ここでは、第十二章のように「目」「心」「口」「耳」などの感覚器官・知覚器官を挙げて論じていないから、その「欲」の否定は、個人レベルの欲望追求の否定ではあっても、単に感覚的・官能的な欲望追求の否定に止まらないと推測することができる。言い換えれば、同時にまた「心」に起こる財富・利益を追いかける欲望追求や、名誉・政治権力を求める欲望追求など、広範囲の「欲」の否定が意図されていると考えられる。そして、本章後半の「欲」の否定は、このテーマについての総合的・体系的な議論を行ったものである。――第一文の「罪は欲す可きより大なるは莫し」が、人間の欲望追求の活動は、国家の法律に違反して犯罪を犯すことに繋がるという視角からの議論、第二文の「既《わざわ》(禍)いは足るを知らざるより大なるは莫し」が、家庭・郷里の日常生活において誰もが願う幸いとは逆の禍い、「禍福」の「禍」に帰結するという視角からの議論、第三文の「咎は得んと欲するより憯《いた》ましきは莫し」が、天・鬼神の意思に背いて宗教的な「咎」(『周易』に頻出する言葉)を得ることになるという視角からの議論を、それぞれ行っている。これによれば、人間の欲望追求こそが「天下」をして「道无き」に至らしめる、世界における諸悪の根源ということになる。そして、この問題の解決は、「足るを知るの足るは、恒に足るなり。」のように、人間の個人レベルの「知」の力による欲望のコントロールに委ねられているのである。(14)

第二に、『老子』における「欲」の否定には、天下・国家という社会的・政治的な世界の中で、統治者が自ら「無欲」の態度を取ったり、また統治の方針として「無欲」を掲げたり、また「民」を「無欲」にしたりして、その結果、統治の目的が達成されると考えるものがある。これは勿論政治思想であり、次章で詳述する。ここでは、簡単に触れるに止めよう。例えば、『老子』第三章に、

〔欲す可きを見さ《しめ》〕ざれば、民をして乱れざらしむ。是《ここ》を以て声（聖）人の〔治《ち》や〕、……恒に民をして无知《むち》・无欲ならしめ、〔夫《か》の知《ち》をして敢えてせざら〕しむ。

とある。このように、「无欲」は「声（聖）人」の重要な統治方針の一つである。[115] また、『老子』第十九章に、

声《せい》（聖）を絶《た》ち知《ち》を棄《す》つれば、民の利は百負《ひやくばい》（倍）す。仁を絶ち義を棄つれば、民は畜《こう》（孝）茲《じ》（慈）に復《かえ》る。巧《こう》を絶ち利を棄つれば、盗賊《とうぞく》有ること无《な》し。此《こ》の三言《さんげん》は、以《もっ》て文《ぶん》未《いま》だ足らずと為す、故に之をして属《つづ》（続）く所有らしめん。「素《そ》を見《あら》わし（樸《ぼく》）を抱《いだ》き、〔私《わたくし》を少なくして欲を寡《すくな》くす。」と〕。

とある。その「私を少なくして欲を寡くす」つまり「私欲」の否定は、上述の第三章と同

様、「声（聖）人」の重要な統治方針の一つである。ただし、ここでは「声（聖）知」「仁義」「巧利」の絶棄という「三言」に対する補足なのではあるけれども。さらに、『老子』第五十七章に「〔是《ここ》を以て声（聖）人の言《げん》に曰《い》わく〕、「……〔我〕不欲《ふよく》を欲《ほっ》して、民自ら樸《ぼく》なり。」と〕。」とあり、『老子』第六十四章に「〔是《ここ》を以《もっ》て声（聖）人は〕不欲《ふよく》を欲《ほっ》して、得難《えがた》きの䐠《たから》（䝔）を貴ばず。」とある。(116) これらの「不欲を欲す」は、「不欲」の提唱であるが、上述の第三章・第十九章と同様、「聖人」の重要な統治方針の一つである。

第三に、『老子』における「欲」は、「私」という言葉で表現される場合があるが、その「私」の否定は「欲」の否定とほとんど同じである。また、「欲」の否定は、「止まるを知る」「足るを知る」という句を用いて述べられる場合もある。これらも「無欲」「不欲」と大体同じ意味であって、欲望追求を抑止する倫理思想であるが、上述の第四十六章のようにやや異なったニュアンスを含む場合もある。(117)

「私」については、『老子』第十九章に「私を少なくして欲を寡くす」とあることは上述した。また、『老子』第七章に、

是《ここ》を以て声《せい》（聖）人《じん》は其の身を芮《しりぞ》（退）けて身先んじ、其の身を外にして身存す。其の〔私《わたくし》〕无《な》きを以てならずや、故に能く其の私を成す。

とある。章末の一文は、「私」という字を「欲」に置き換えても思想内容に違いはない。こ

の「私」の否定は、「私」がないからこそかえって「私」を成し遂げることができるというものであって、上来検討してきた逆説・弁証法がここでも貫徹している点に注目する必要がある。しかも、この「私无し↓能く私を成す」という「私」の否定的超出は、上文の聖人の「身を芮（退）く↓身先んず」「身を外にす↓身存す」の根底に位置づけられている、その意味ではそれらの基礎理論であるとも言えよう[118]。

「止まるを知る」については、『老子』第三十二章に、

道《みち》は恒《つね》に名《な》无《な》し。……始めて制《せい》して〔名《な》〕有り。〔名も亦《ま》た既《すで》に〕有れば、夫《そ》れ〔亦た将《まさ》に止《とど》まるを知らんとす。止まるを知るは殆《あや》うから〕ざる所以《ゆえん》なり。

とある。本章の「止まるを知る」は、「名无し」の「道」から生まれた「名有り」の「万物」に対して、侯王がそれらを所有する欲望の充足を一定の限界内で抑止する、という内容の倫理である。この「止まるを知る」というマイナス価値の消極的な倫理が、ひっくり返って「殆うからず」という養生思想上のプラス価値・積極性に転ずることは、本項の諸他のケースと全く同じ[119]。また、『老子』第四十四章に「故《ゆえ》に足《た》るを知れば辱《はずかし》められず、止《とど》まるを知れば殆《あや》うからず、以て長久《ちょうきゅう》なる可《べ》し。」とある。本章の「止まるを知る」と「足るを知る」はほぼ同じ内容であって、第三十二章の「止まるを知る」とともに欲望追求を抑止する倫理に他ならない。そして、ここでも「止まるを知る」「足るを知る」のマイナス価値・消

極性が、「辱められず」「殆うからず」のプラス価値・積極性に転ずるのであるが、それのみならず、さらに大きな「以て長久なる可し」という養生をも可能にする、と謳《うた》われている。「足るを知る」については、『老子』第四十四章に「足るを知れば辱められず」とあることは上述した。また、『老子』第三十三章に「〔足《た》るを知る者は富《と》む〕なり、強《し》いて行う者は志《こころざし》有るなり。」とある。ここでも「足るを知る」という消極的な倫理が、逆転して「富む」という積極性に結実している。さらに、『老子』第四十六章に、

罪は欲《ほっ》す可《べ》きより大なるは莫《な》く、旤《わざわ》（禍）いは足《た》るを知らざるより大なるは莫《な》く、咎《とが》は得んと欲するより憯《いた》ましきは莫し。〔故《ゆえ》に足《た》るを知るの足るは〕、恒《つね》に足るなり。

とある。本章の「足るを知らず」は、前後に並べられた「欲す可し」「得んと欲す」という欲望追求と意味の上でほとんど同じ。だから、章末の「足るを知る」は、欲望追求を抑止するという意味である。ただし、「足るを知る」と単なる「足る」とは区別されているらしく、前者は「恒に足る」つまり恒常不変の真の充足であるとされている。その区別は「知」の有無に存することが明らかであるから、老子は欲望追求を抑止・否定するプロセスの中で、心の「知」の起こす働きを重視していたと認めて差し支えあるまい[120]。

第四に、『老子』における「欲」の否定は、「无欲」「不欲」、「无私」、「止まるを知る」「足るを知る」という言葉を使用して、総括的・理論的に表現されているだけでなく、感覚・官

能の欲望、財富・利益の欲望、名誉・政治権力の欲望などを示す多種多様の言葉を用いて、具体的・個別的にも表現されている。それらは枚挙するに遑がないほど例が多い。ここでは、二、三の代表例を挙げてみる。

その一は、「利」という言葉を使用してその追求を否定する倫理がある。これは以上に見てきた「欲」の否定と何ら相異はない。例えば、『老子』第十九章に、

声《せい》（聖）を絶《た》ち知《ち》を棄《す》つれば、民の利は百負《ひゃくばい》（倍）す。……巧《こう》を絶ち利を棄つれば、盗賊《とうぞく》有ること无《な》し。

とある。本章は、「巧を絶ち利を棄つ」のように「利」を否定する。ただし、「民の利は百負（倍）す」の「利」は肯定している。「巧利」のような当代文明の最先端をいく「利」は否定するけれども、民衆の素朴な「利」は構わないと言うのであろう。[121] また、『老子』第七十三章に、

敢《あ》えてするに勇《ゆう》なる者は〔則《すなわ》ち殺され〕、敢《あ》えてせざるに〔勇なる〕者は則ち栝《い》（活）く。〔此《こ》の両者《りょうしゃ》は、或《ある》いは利なり或《ある》いは害なるも、天の亜《にく》（悪）む所なり、孰《だれ》か亓《そ》（其）の故《ゆえ》を知らん。天の道は、単《たたか》（戦）わずして善く朕《か》（勝）ち〕、……。

とある。本章の前半の趣旨は、「敢えてするに勇なる者」と「敢えてせざるに勇なる者」、すなわちいずれも「勇なる者」としてプラス価値・積極性に向かおうとする者を、「天の亜（悪）む所なり」と言って批判する点にある。(122) この趣旨の中で、相い異なる殺される「害」と栝《い》（活）きる「利」は、ともに根源の「天の道」ならぬ表層の「人の道」でしかないとして否定されるか、もしくは根源者の立場から低次元のどうでもよいものとして相対化されるのである。「利・害」についての同様の例は、『老子』第五十六章に、

〔知る者は〕言わず、言う者は知らず。……得て利《り》す可《べ》からず、亦た得て害す可からず。……故《ゆえ》に天下の貴《とうと》きものと為《な》る。

とある。この文章は、根源者たる「道」もしくは「道」を把えた者を、低次元の他の人々は「利」することも「害」することも不可能だ、と説くものである。(123) ただし、『老子』の「利」に関する言説は、以上に略述してきたもので全て統一されているわけでなく、実際には相当にばらついている。例えば、『老子』第八章に、

上善《じょうぜん》は水に治《に》（似）たり。水は善く万物を利《り》して静《あらそ》（争）わ有〈ず〉、衆《しゅう》〔人《じん》〕の悪《にく》む所に居《お》り、故に道に幾《ちか》し。

とあり、第十一章に「有《ゆう》の以て利《り》を為《な》すは、无《む》の以《もつ》て用を為せばなり。」とあり、(124)第八十一章に「〔天の道は、利《り》して害《そこな》わず。人の道は、為《な》して争《あらそ》わず〕。」とある等々。これらは「利」を肯定する思想であるが、一次レベルの相対的な「利・害」から超出して、「道」の立場に立った高次元の肯定と見なすことができるであろうか。

その二は、「得難きの貨」「金玉」といった財富の追求を否定する倫理がある。これは以上の「欲」の否定を、より具体化して述べたものである。例えば、『老子』第三章に「〔得難きの貨《たから》を貴ばざれば〕、民をして〔盗みを〕為さざら〔しむ〕。」とあり、第十二章に「得難きの貨《たから》（貨）は人の行いをして方《さまた》（妨）げしめ、……。」とあり、第六十四章に「〔是《ここ》を以《もつ》て声（聖）人は〕不欲《ふよく》を欲《ほつ》して、得難《えがた》きの䐠《たから》（䝿）を貴ばず。」とある。また、『老子』第九章に、

金玉《きんぎよく》室に盈《み》つれば、之を守るもの莫《な》きなり。貴富《きふ》にして驕《おご》（驕）れば、自ら咎《とが》を遺《のこ》すなり。功述《こうと》（遂）げて身芮《しりぞ》（退）くは、天〔の道なり〕。

とある。(125)また、『老子』第二十章に「〔衆人《しゆうじん》は〕皆な余《あま》り有るも、我独《われひと》り遺《とぼ》（匱）し。」とあり、(126)第五十三章に、

文采《ぶんさい》を服《ふく》し、利《り》〔剣《けん》を〕帯《お》び、食〔に猒《あ》き〕、貨〔財に余《あま》り有り。是《これ》を盗杅《とうう》（竽）と胃《い》（謂）う。道に非《あら》ざるかな〕。

とあり、第七十七章に、

天下〔の道は、西《な》（猶）お弓を張《は》るがごとき〕者なり。高き者は之を印《おさ》（抑）え、下《ひく》き者は之を挙《あ》ぐ。余り有る者は之を敗《そん》（損）し、足《た》らざる者は之を補《おぎな》う。故《ゆえ》に天の道は、〔余り〕有るを敗《そん》（損）し〔て足らざるを益《ま》す。人の道は則《すなわ》ち〕然《しか》らず、〔足らざるを〕敗（損）し〔て〕余り有るに奉《ほう》ず。孰《だれ》か能《よ》く余り有りて以て天に奉《ほう》ずるを取ること有る者ぞ、〔唯《た》だ道を又《ゆう》（有）する者のみならんか〕。

とある。[127] さらに、第二十二章に「少なければ則ち得《え》、多ければ則ち惑《まど》う。」とあり、[128] 第四十四章に、

名《な》と身《み》とは孰《いずれ》か親《した》しき、身と貨《たから》とは孰《いずれ》か多《た》なる、得《う》ると亡《うしな》うとは孰か病《へい》なる。甚《はなは》だ〔愛《おし》めば必ず大いに費《つい》やし、多く蔵《ぞう》すれば必ず厚《あつ》く〕亡《うしな》う。

とあり、[129] 第八十一章に、

善〔なる者は多からず、多き〕者は善ならず。聖人《せいじん》は積《つ》むこと无《な》し、〔既《すで》に〕以て〔人

の〕為《た》めにして、〔己《おのれ》兪《いよ》（愈）いよ有す。既に以て人に予《あた》えて、己兪（愈）いよ多し。〕

とある。[130]

その三は、「貴」「誉」「名」などといった言葉を使用して、社会における高貴な地位や名誉を追求することを否定する倫理がある。例えば、『老子』第九章に「貴富《きふ》にして驕《おご》（驕）れば、自ら咎《とが》を遺《のこ》すなり。」とある。ここには、社会における高貴な地位・身分の追求を否定する思想が見える。また、第三十九章に「数与《すうよ》（誉）を致《いた》せば与《ほ》（誉）まれ无《な》し」とあり[131]、第四十四章に「名《な》と身《み》とは孰《いず》れか親《した》しき」とあるが、これらも高い名誉の追求を否定した文と読むことができよう。[132]

ただし、『老子』の中では、以上のような思想はむしろ少数派である。老子の政治思想は、後に詳述することであるが、天子または皇帝となることを始めとして、「天下の正」となることを積極的に肯定するものの方が主流派となっている。その理由は、政治上の最高位者である天子・皇帝が、容易に「道」を把えた統治者であると認められたり、または「道」に比擬される統治者であったりするためである。例えば、『老子』第三十九章に、

昔の一《いち》を得《え》たる者は、……侯《こう》〔王《おう》は一を得〕て以《もっ》て正《せい》と為る。亓《そ》（其）の之《これ》を致《いた》すや、……侯王《こうおう》は已《もっ》（以）て貴《とうと》くして〔以《か》つ高きこと〕毋《な》ければ〔将に恐らく欮《たお》（蹶）れんとす〕と胃《い》（謂）う。故に必ず貴《とうと》からんとすれば而《すなわ》ち賤《いや》しきを以て本《もと》と為し、必ず高からん

とすれば而《すなわ》ち下《ひく》きを以て基《もと》いと為す。夫《そ》れ是《ここ》を以《もつ》て侯王は自ら胃（謂）いて孤《こ》・寡《か》・不《ふ》槖《こく》（穀）と〔曰《い》う〕。此亓《これぞ》（其）の賤《いや》しきを〔之本《これもと》とする〕か、非《あら》ざる〔か〕。

とある。本章のこの部分では、政治的な統治者である「侯王」が「一」つまり「道」を得ることによって、その本質的な属性である「正」（天下の正長の地位、天子・皇帝のこと）や「貴くして以《か》つ高し」を獲得する、という思想が表明されている。のみならず、「侯王」は「道」を失うならば、その本質的な属性を保持することもおぼつかないと言う。その「道」の実際の内容は、高貴な地位・身分に上るためには「賤しき」「下《ひく》き」が基本となるという逆説・弁証法の法則であるが、いずれにしても、本章は、「侯王」がこの「道」を把えて天子・皇帝になることを積極的に肯定しているのである。[133]

ちなみに、『老子』には「天下の貴《とうと》きものと為《な》る」ことを積極的に肯定する文章も含まれている。例えば、『老子』第五十六章に、

是《これ》を玄同《げんどう》と胃《い》（謂）う。……〔得〕て貴《とうと》ぶ可《べ》からず、亦た得て浅《いや》（賤）しむ可からず。故《ゆえ》に天下の貴《とうと》きものと為《な》る。

とあり、[134]第六十二章に、

〔道《みち》〕なる者は、万物の注《しゆ》（主）なり。……古《いにしえ》の此を貴《とうと》ぶ所以《ゆえん》の者は、何ぞや。求むれば〔以て〕得られ、罪《つみ》有れば以て免《まぬか》ると胃《い》（謂）うにあらずや。故に天下の貴《とうと》きものと為る。

とある。これらの文章の趣旨は、第一義的には、「玄同」なる「道」が天下の最も貴い実在であることを示す点にある。同時に第二義的には、それを基礎に踏まえて有力な侯王が、上述のような政治思想における天子・皇帝の地位に上ることを肯定する点にもある、と解釈することができよう(135)。

第五に、『老子』における「欲」やそれと同類の具体的な諸現象は、実は全てが否定されるものばかりではない。中には、例外的に肯定されているものもある。それらは二つのタイプに分けられる。

その一は、「欲」の追求の対象が他ならぬ「道」それ自体であったり、あるいは「道」を修める活動の中で何かを「欲す」る追求であったり、あるいは「道」を抱いている者が何かを「欲す」る追求であったりする場合である。結局、「道」と密接な関係がある場合に例外的に認められる「欲」の追求と言えよう。その二は、当代文明の最先端をいく高度な「欲」の追求ではなく、民衆の生活に根ざす素朴な「欲」の追求である場合は、老子は構わないと考えている。そして、以上のような二つのタイプの例外のあることについては、前々項のII、第2章、B「『老子』における柔弱の提唱と堅強の否定」と前項のII、第2章、C「『老子』の無学・無知・無言による否定的超出」において、しばしば指摘してきた。

その一の、「道」と密接な関係がある場合の「欲」の追求は、例えば、『老子』第二十四章に、

炊《つまだ》（企）つ者は立たず、自《みずか》ら視《しめ》（示）す〔者〕は章《あき》（彰）らかならず、〔自ら〕見《あら》わす者は明らかならず、自ら伐《ほこ》る者は功无く、自ら矜《ほこ》る者は長からず。其の道に在りては、粽《よ》（余）食贅行《しょくぜいこう》と曰《い》う。物或《ある》いは之を悪《にく》む、故に欲《よく》有る者は居《お》ら〔ず〕。

とあり、[136]第三十一章に「夫《そ》れ兵《へい》なる者は、不祥《ふしょう》の器《うつわ》〔なり〕。物或《ある》いは之を悪《にく》む、故に欲《よく》有る者は居《お》らず。」とある。[137]これらは、自分を外に向かって誇示しないという倫理の根底にある、「道」を修めようという「欲」であり、戦争反対・平和実現という非戦思想の根底にある、「道」を修めようという「欲」である。ともに老子が賛成する「欲有る者」のタイプである。また、『老子』第六十一章に、

大邦《たいほう》なる者は、下流《かりゅう》なり、天下の牝《めす》なり、天下の郊《こう》なり。……大邦は〔以て〕小《しょう》〔邦《ほう》〕に下《くだ》れば、則《すなわ》ち小邦を取《と》る。小邦は以て大邦に下れば、則ち大邦に取《と》らる。故に或《あ》るものは下りて以て取り、或るものは下りて取らる。〔故《ゆえ》に〕大邦なる者は兼《か》ねて人を畜《やしな》わんと欲《ほっ》するに過ぎず、小邦なる者は入《い》りて人《ひと》に事《つか》えんと欲するに過ぎず。夫《そ》れ皆な亓《そ》（其）の欲《よく》

を得《う》れば、〔故に大〕邦なる〔者宜《よろ》しく〕下《した》と為《な》る〔べし〕。

とある。本章は、大邦のへり下ることによって小邦を兼併《けんぺい》したいという「欲」、小邦のへり下ることによって大邦に兼併されたいという「欲」、この両者の「欲」をともに肯定しつつ、天下統一を実現すべきだとする政治思想を述べた文章である。『老子』中でも特に奇妙な議論ではあるが、この天下統一の構想も「道」を実現したいという「欲」を根底にすえたものなのかもしれない。(138)

また、『老子』第三十三章に「〔足《た》るを知る者は富《と》む〕なり、強《し》いて行う者は志《こころざし》有るなり。」とある「富」の肯定も、このタイプに入れることができよう。さらに、『老子』第五十四章に、

善《よ》く建《た》つる〔者は〕抜《ぬ》け〔ず〕、〔善く抱《いだ》く者は脱《ぬ》けず〕、子孫以《もっ》て祭祀《さいし》して〔絶《た》えず。

……之を家に脩むれば、亓《そ》（其）の徳は〕余《あま》り〔有り〕。……之を邦《くに》に脩むれば、亓（其）の徳は乃ち夆《ゆた》（豊）かなり。

とある。本章が「家」と「邦」における財富の「余り有り」と「夆《ゆた》（豊）かなり」を肯定するのは、(139)これらが根源的な「道」の建立と抱懐に伴って現われる、望ましい世界秩序の一環だからである。

その二の、民衆の生活に根ざす素朴な「欲」の追求については、本項の上文ですでに指摘したとおり、『老子』第十九章に「声《せい》（聖）を絶《た》ち知《ち》を棄《す》つれば、民の利は百負《ひゃくばい》（倍）す。」のごとく、「民の利」の肯定が述べられていた。他に、『老子』第五十七章に「〔声（聖）人の言《げん》に曰《い》わく〕、「……我事《こと》とする无くして、民〔自ら富《と》む。」と〕。」とある。本章において民衆の「自《みずか》ら富む」という欲望追求が肯定されているのは、大局的に言うならば、老子の自然思想から出てくることである。すなわち、聖人の「事とする无し」という一種の「无為」が原因となって、その結果民衆が「自《みずか》ら富む」つまり一種の「自然」に向かう、という構造である。[140] しかし同時に、この「民自ら富む」を、彼らの生活に根ざした素朴な「欲」の追求と理解して、悪くはあるまい。

### b　無為・不為の提唱——有為の否定的超出　その1

老子が「無為」「不為」という思想を唱えたことは、古来極めて有名な事実である。例えば、『荘子』天下篇の関尹・老耼論に「其の身を行うや、徐《おもむ》ろにして費《ついや》さず、為す無くして巧みなるを笑う。」のように老耼を画き、『史記』老子列伝に「李耳は無為にして自《みずか》ら化し、清静にして自ら正しくす。」のように李耳（つまり老子）を画いている。

この「無為」「不為」の思想は、上に述べてきた柔弱・不争・謙下・無学・無知・無言・無欲などを全て包含するものであるから、それらの中で最も守備範囲の大きな、何でもありの包括的な思想と言うことができる。包括的だと言う主な理由は、「為す」という言葉が、人間の考える・知る・言う・欲する・行う、等々のありとあらゆる人為（人間のさまざまの行為）の領域を含むものであって、その否定の形が「無為」「不為」であるからである。それに加えて、本書が『老子』の五つの主要思想として掲げた哲学・倫理思想・政治思想・養生思想・自然思想の全てに、この「無為」「不為」は直接、間接重要な関係を持つ。本項では、以上に述べた哲学と倫理思想の既述部分、および後述する政治思想・養生思想・自然思想と重複するものはなるべく触れないことにして、『老子』の基本的な倫理思想の一端を解明するという視角から「無為」「不為」を論じてみたい。

ところで、老子が「有為」と言って否定する人為とは一体、どういうものを想定しているのであろうか。人間は、誰しも一切の人為を捨て去っては、生きていくことができない。より具体的に、個人の生活の基礎である衣食住のそれぞれを考えてみても、多少なりとも人為がなければ、生き続けることができないのは明らかである。老子はこのような人為までも「有為」と言って否定しているわけではない。老子が否定するのは、ある許容できる質と量を越えた領域や程度の人為であろうけれども、それが『老子』の中に明示されていないために、今日我々の理解を困難にしているように感じられる。老子が許容できない「有為」だと言って否定する領域は、主として上に挙げた柔弱・不争・謙下・無学・無知などとは逆の広義の倫理、および天下・国家の統治権力を握ってそれらを統治する政治にある。また、「有為」と「無為」とを線引きする人為の程度は、通常以下の些小な人為であるか否かに置かれており、それを低く抑えれば「無為」にカウントされる、と言うことができよう。

前者の、「有為」を否定する主な領域の一つが倫理にあることについては、例えば、『老子』第三十八章に、

〔上徳《じょうとく》は徳《とく》ならず、是《ここ》を以《もっ》て徳有り。下徳《かとく》は徳を失わず、是《ここ》を以《もっ》て〕徳〔无《な》し〕。上徳は〔為《な》す〕无く〔して〕以て為す无きなり、上仁《じょうじん》は之《これ》を為し〔て〕以て為す〔无き〕なり、上義《じょうぎ》は之を為して以て為す有るなり、上礼《じょうれい》は〔之を為して之に應《おう》（応）ずること莫《な》ければ、則ち〕臂《ひじ》を攘《はら》いて之を乃《つ》（扔）く。故に道を失いて而《しか》る后《のち》（後）に徳あり、徳を失いて而る后（後）に仁あり、仁を失いて而る后（後）に義あり、〔義を失いて而る后（後）に礼あり。夫《そ》れ礼なる者は、忠信《ちゅうしん》の泊《うす》（薄）きものにして〕、乱の首《はじ》めなり。〔前識《ぜんしき》なる者は〕、道の華《はな》にして、愚《ぐ》の首《はじ》めなり。

とある[141]。本章は、「无為」と「有為」との関係について論じた文章としては『老子』中で最も詳しいものであるが、それを論ずる領域は、自らの「道」と「徳」を除けば「仁・義・礼・前識（つまり知）」に集中している。ここでは、「為す无し」（無為）と「之を為す」（有為）というメルクマールと、「以て為す无し」（人為の意図が無い）と「以て為す有り」（人為の意図が有る）というメルクマール、合計四つのメルクマールを使用して、自らの「道」が一歩一歩と廃壊しながらついに当代儒教の倫理規範が生成してきたプロセスを、以下のように図式化している[142]。

「上徳」↓「上仁」↓「上義」↓「上礼」
「道」↓「徳」↓「仁」↓「義」↓「礼・前識（つまり知）」

また、『老子』第十八章に、

故《ゆえ》に大道《たいどう》廃《すた》れて、案《すなわ》（焉）ち仁義《じんぎ》有り。知快《ちえ》（慧）出《い》でて、案《すなわ》（焉）ち大偽《だいい》（為）有り。六親《りくしん》和《わ》せずして、案（焉）ち畜《こう》（孝）茲《じ》（慈）（有り）。邦家《ほうか》閽《こん》（昏）乱《らん》して、案（焉）ち貞臣《ていしん》有り。

とある。本章の「知快（慧）出でて、案（焉）ち大偽（為）有り。」は、上文に詳述したとおり、戦国末期の儒家である荀子の人為を勧める思想を踏まえて、それを揶揄し批判したものである。その「大偽（為）」は、直接的には「有為」に対して「大」の字を冠した美称であるが、荀子流の人為の思想に向けて痛烈な揶揄を放った措置と考えられる。そしてまた、「大偽（為）」は、上文・下文の「仁義」「畜（孝）茲（慈）」「貞臣」と並置されており、「大道」が廃壊されたことに伴って当代社会に出現した、儒家の作為した無意味な倫理という扱いを受けているのだ。以上の第三十八章と第十八章の二例の検討から、老子が「有為」を否定する主な領域の一つが倫理にあることは、間違いあるまい。

前者の、「有為」を否定する主な領域の他の一つが政治にあることについては、例えば、『老子』第三章に、是《ここ》を以て声（聖）人の〔治《ち》や〕、……恒に民をして无知《むち》・无欲ならしめ、〔夫《か》の知《ち》をして敢えてせざら〕しむ。〔為さざるのみなれば、則ち治《おさ》まらざる无し〕。

とある。このように、理想的な統治者である「声（聖）人」の行う政治は、「无知・无欲」を含む「為さず」であることが強調されている。[143] また、『老子』第二十九章に、

将《まさ》に天下を取らんと欲して之を為せば、吾《われ》其の〔得〕ざるを見る〔のみ。夫《そ》れ天下は、神《しん》〕器《き》なり、為《な》す可《べ》き者に非《あら》ざるなり。為す者は之を敗《やぶ》り、執《と》る者は之を失う。

とある。このように、理想的な統治者たる「声（聖）人」は、「天下」を統治する権力を獲得するためには、政治を「為し」てはならないと主張されている。[144] 以上の第三章と第二十九章の二例から、「有為」を否定する主な領域の他の一つが政治にあったことは、明らかである。

後者の、「有為」と「無為」とを区別する程度が、通常以下の些小な人為であるか否かに置かれていたことについては、すぐ上に引用した『老子』第二十九章に「是《ここ》を以《もっ》て声《せい》（聖）人《じん》は甚《はなは》だしきを去り大《おお》（泰）いなるを去り楮《す》（奢）ぎたるを去る。」とある。理想的な統治者たる「声（聖）人」の政治は、「甚だしき」「大（泰）いなる」「楮《す》（奢）ぎたる」人為を

全て取り去ると言うのであるが、これが本章における「無為」の内容となっている。(145) また、『老子』第三十四章に、

万物焉《これ》に帰《き》すれども主と為らざるに、則《すなわ》ち恒《つね》に无欲《むよく》なれば、小《しょう》と名《な》づく可《べ》し。万物焉《これ》に帰《き》す〔れども〕主と為ら〔ざれば〕、大《だい》と名づく可し。是《ここ》を〔以《もっ》て〕声《せい》（聖）人《じん》の能《よ》く大を成すや、其の大を為さざるを以てなり、故に能く大を成す。

とある。ここでも、理想的な人物たる「声（聖）人」のあり方は、「其の大」なる事業を「為す」人為を行わないのであるが、かえってその故に「大き」な事業を為し遂げることができると言う。(146) 本章の「其の大」を為さない、つまり「小」を為す「声（聖）人」のあり方は、次に引用する第六十三章の共通する表現と思想から判断して、老子はこれを「無為」の内容と見なしていると思われる。その『老子』第六十三章に、

无為《むい》を為し、无事《むじ》を事《こと》とし、无未《むみ》（味）を味《あじ》わい、大小も多少も、怨《うら》みに報《むく》ゆるに徳を以てす。難《かた》きを〔亓《そ》（其）の易《やす》きに〕図《はか》り、〔大なるを亓（其）の細《こま》かきに為すなり〕。天下の難きは易きに作《お》こり、天下の大なるは細かきに作こる。是《ここ》を以て聖人《せいじん》は冬《つい》（終）に大を為さず、故に能《よ》く〔亓（其）の大を成す〕。

とある。ここでも、第三十四章と同様に、理想的な人物「声（聖）人」は、最後まで「大き」な事業を「為そ」うとしないのであるが、だからこそかえって「大き」な事業を為し遂げうると説く。まず、本章冒頭の「无為《むい》を為し、无事《むじ》を事《こと》とし、无未《むみ》（味）を味《あじ》わい、大小も多少も、怨《うら》みに報《むく》ゆるに徳を以てす。」は、「无為を為し、无事を事とす。」が無為に、「无未（味）を味わう」が無欲に、それぞれ相当し、無為と無欲を合わせて根源の「道」を確立することを述べる。[147]「大小も多少も、怨みに報ゆるに徳を以てす。」は、「大小・多少」のいかなる「怨み」に対しても、その確立した「徳」（「道」の働き）で対処することを言う。[148]通俗的な解釈とは異なって、この「徳」は「怨み」の反義語としての恩徳ではなく、『老子』本来の哲学的な意味である。[149]次に、

難《かた》きを亓《そ》（其）の易《やす》きに図《はか》り、大なるを亓（其）の細《こま》かきに為すなり。天下の難きは易きに作《お》こり、天下の大なるは細かきに作こる。

は、「聖人」の「冬（終）に大を為さず」という主体的な態度に帰結する、「天下」一般のあらゆる現象を貫く客観的な法則を示した文句であって、「亓（其）の易き」「亓（其）の細かき」事業つまり「小」を「為す」ことによって、「難き」「大なる」事業つまり「大」を為し遂げる、という第六十三章の倫理思想の核心を表明したものである。[150]

そして本章は、「亓（其）の易き・亓（其）の細き」事業を「為す」ことを「道」「徳」の

立場に立つ態度であるとして肯定している。だから、こうした「易き・細かき」事業を為す人為こそが本章における「無為」の内容なのである。以上をまとめれば、後者について、老子は、普通以下の些小な人為であれば「無為」にカウントし、それを越えた程度になると「有為」にカウントするのであった。

続いて、『老子』の中に現われた「有為」と「無為」とに関する重要ないくつかの問題を検討する。第一に、『老子』において、「有為」はなぜ否定されるのであろうか、「無為」はなぜ提唱されるのであろうか。——最も広い意味では、聖人など修道者の「無為」という態度が、万物の自律的な生起・成長・成功を呼び起こすからだと説かれる。逆に言えば、人間の「有為」こそが万物の自律的な諸活動を阻害する張本であることになる。したがって、「有為」の否定と「無為」の提唱は、一見、マイナス価値・消極性を目指すように見えながら、実はその正反対であって、真のプラス価値・積極性に向かうという性質を持っているのだ。このような「無為」は、哲学・倫理思想・政治思想・養生思想のいずれにも現われる思想であるけれども、実は自然思想の主な内容の一部を占めるものである。以下のII、第5章「『老子』の自然思想」において詳述するので、ここでは一、二の例を挙げるに止めたい。例えば、『老子』第二章に、

是《ここ》を以て声《せい》（聖）人《じん》は无為《むい》の事に居《お》り、〔不言の教えを〕行う。〔万物昔《お》（作）これども始《おさ》（治）めざる〕なり、為れども志《たの》（恃）まざるなり、功を成せども居らざるなり。

とある。ここでは、理想的な人物たる「声（聖）人」が「无為の事・不言の教え」を行うならば、それを原因として「万物」が自らの力で「昔（作）こる・為る・功を成す」という結果が将来されると言う。単純化するならば、「声（聖）人」の「无為」が「万物」の自律的な発展を呼び起こすという思想である。[151] また、『老子』第四十三章に、

五《われ》（吾）是《ここ》を以《もっ》て无為《むい》〔の〕益《えき》〔有るを〕知るなり。不《ふ》〔言《げん》の〕教《おし》え、无為《むい》の益《えき》は、〔天《てん》〕下《か》能《よ》く之に及《およ》ぶもの希《まれ》なり。

とある。修道者の「无為」が天下に何ものも及びえない「益」をもたらすと言うのであるが、その「益」とは、第二章を参照して推測すれば、恐らく「万物」の自律的な発展のことではなかろうか。

第二に、第一に掲げた、「有為」はなぜ否定されるのか、「無為」はなぜ提唱されるのかという問題に対して、より狭い具体的な意味の答えは、政治思想上のことである。すなわち、「無為」は、修道者に天下・国家を統治する政治権力をもたらす、また、修道者をして天子・皇帝の地位に押し上げる、さらに、統治者の行う政治を万民への一元的な統治たらしめる、ものだからである。このテーマは、次章（Ⅱ、第3章「『老子』の政治思想」）において詳述するので、ここでは詳析は省略してただ若干の例を挙げるに止める。例えば、『老子』

第三章に「声（聖）人の〔治《ち》や〕、……〔為さざるのみなれば、則ち治《おさ》まらざる無し〕。」とあり、「声（聖）人」が「為さず」であれば万物の一切を「治める」ことができると言う。また、『老子』第十章に「〔民を〕愛し〔邦《くに》を栝《い》（活）かして、能く為《な》すを以《もち》うること毋《な》からんか〕。」とあり、修道者が「為す」ことを捨てるならば、「民を愛し邦を栝（活）かす」統治がもたらされると言う[152]。また、『老子』第四十七章に「声《せい》（聖）人《じん》は……、為《な》さずして〔成る〕。」とあり、「声（聖）人」の「為さざ」ることが事業の成就に繫がっていると言う（自然思想）。この「成る」は、具体的な記述を欠くので何が「成る」のか不明であるが、少なくとも政治上の目的を排除することはできまい[153]。また、『老子』第四十八章に、

〔為す無くして為さざる無し。将《まさ》に〕天下を取らんと〔欲《ほっ》する〕や、恒《つね》に〔事《こと》とする無し。亓《そ》（其）の事とする有るに及《およ》びてや、以て天下を取るに足《た》らず〕。

とあり、修道者が「為す無し」であるならば、いかなることをも為しうると言う。この「いかなること」の中心は、下文の「天下を取る」つまり天下を統治する政治権力を手中に握ることである[154]。また、『老子』第五十七章に「〔声（聖）人の言《げん》に曰《い》わく〕、「我《われ》為《な》す無くして、民自《みずか》ら化《か》す。……。」と。」とあり、「聖人」が「為す無し」であれば、人民が「自ら化す」と言う。「化す」とは教化されることを指すが、それは人民がよく統治された状態であろう[155]。また、『老子』第六十三章に、

无為《むい》を為し、无事《むじ》を事《こと》とし、无未《むみ》（味）を味《あじ》わい、大小も多少も、怨《うら》みに報《むく》ゆるに徳を以てす。……天下の難きは易きに作《おこ》り、天下の大なるは細かきに作こる。是《ここ》を以て聖人《せいじん》は冬《つい》（終）に大を為さず、故に能《よ》く〔亓《そ》（其）の大を成す〕。

とあり、「聖人」の「无為」が説かれているが、目的は「亓（其）の大を成す」ことである。その「大を成す」とは根源の「道」を把握・確立することであろうけれども、しかしその中から政治上の目的を除外する必要はあるまい(156)。また、『老子』第六十四章に「〔声（聖）人は〕……能《よ》く万物の自《し》〔然《ぜん》〕を輔《たす》け〔て〕、敢《あ》えて為さず。」とあり、「聖人」の「敢えて為さざ」る態度が説かれているが、その目的は天下・国家の社会的な混乱を「未だ有らざる」「未だ乱れざる」未然・萌芽の段階で統治する、という政治上のことにある(157)。また、『老子』第七十五章に、

人の飢《う》うるや、亓《そ》（其）の䢵《ぜい》（税）を取食《しゅしょく》するの多きを以《もっ》てなり、是《ここ》を以《もっ》て飢《う》う。百姓《ひゃくせい》の治《おさ》まらざるや、亓《そ》（其）の上《うえ》の以て為す有る以て〔なり〕、是を以て治まらず。民の死を巠《かろ》（軽）んずるは、亓（其）の生《せい》を求むるの厚《あつ》きを以てなり、是を以て死を巠（軽）んず。夫《そ》れ唯《た》だ生《せい》を以て為す无《な》き者は、是《これ》生を貴《とうと》ぶより賢《まさ》れり。

とある。本章は、取り扱うテーマが前半は政治思想、後半は養生思想というように截然と分かれている。そして、この政治思想は、統治者である「亓（其）の上」が「以て為す」という人為のねらいを持つことを、人民がうまく統治されない原因だと言って否定する。これは「有為」それ自体の否定ではなく、「有為」の所以の否定であるけれども、上述したような「無為」提唱の趣旨を補強する資料として参照することができよう。[158] ちなみに、『老子』第十三章に、

龍《ちよう》（寵）辱《じよく》に驚《おどろ》くが若《ごと》くし、大梡《たいかん》（患）を貴ぶこと身の若くす。苛《なに》（何）をか龍（寵）辱に驚くが若くすと胃《い》（謂）う。龍《ちよう》（寵）の下《げ》為《た》るも、之を得《う》れば驚くが若くし、〔之を〕失えば驚くが若くす、是《これ》を龍（寵）辱に驚くが若くすと胃（謂）う。何をか大梡（患）を貴ぶこと身の若くすと胃（謂）う。吾に大梡（患）有る所以《ゆえん》の者は、吾《われ》に身有るが為《た》めなり。吾に身无《な》きに及《およ》びては、有《ま》（又）た何をか梡《うれ》（患）えん。故に身を為《おさ》むるを天下を為むるよりも貴べば、若《すなわ》ち以て天下を迈《たく》（託）す可《べ》し。身を以《おさ》（為）むるを天下を為むるよりも愛すれば、女《すなわ》（如）ち以て天下を寄《よ》す何《べ》（可）し。

とある傍線部分は、「天下を為《おさ》む」という政治上の人為を否定はしないが、「身を為む」という養生上の人為よりも低く評価している点で、参考にすることができる。[159]

第三に、以上の第一と第二で述べた「有為」の否定、「無為」の提唱と密接に関係するこ

とであるが、『老子』中には否定されることのない「有為」が存在する。その一は、「道」に対する「有為」、すなわち「道を為《な》す」あるいは「道を為《おさ》め」ることである。その二は、「道」や「聖人」の「無為」という原因の下、その結果として万物や万民が行う「有為」である。

その一は、上文でしばしば指摘したところであって、「道」を内容とする「学」、「道」を把える「知」、「道」を述べる「言」等々を老子は例外的に肯定し許容していたのに類似して、「道を為め」ることを肯定・許容するものである。例えば、『老子』第十五章に「〔古《いにしえ》の善《よ》く道を為《おさ》むる者は、微眇《びみよう》（妙）玄達《げんたつ》して〕、深くして志《し》（識）る可《べ》からず。」とあり[160]、『老子』第六十五章に「故《ゆえ》に曰《い》わく、「道を為《おさ》むる者は、……将《まさ》に以て之を愚《おろ》かにせんとするなり。」と。」とあるとおり[161]。これらは「道」の把握に向かう人為を肯定したものである。さらに、『老子』第四十八章に「〔学《がく》を〕為《な》す〔者は日に益《ま》し、道を聞く者は日に云《そん》（損）す〕。」とある。その「道を聞く」は、底本（馬王堆甲本）の欠けているところを、乙本で補ったものであるが、郭店本・北京大学簡・通行本（王弼本）はいずれも「道を為む」に作っている。それ故、「道を聞く」は「道を為む」と事実上同じと考えてよい。これも参照することのできる資料である。

ところで、以上に述べたその一は、必ずしも自然思想と直接結びつかない場合も含んでいる。そこで、自然思想よりも古くから存在していた老子本来の哲学[162]に即して考えてみると、「道―万物」の形而上学的・存在論的な関係は主宰―被宰の関係であるから、「道」は主宰者として「万物」を発生・変化・消滅させる等々の「有為」性を具えている。したがって、『老子』には、「道」の行うさまざまの「有為」、また抽象化すれば「道が成す」ことも、別段否定されず肯定的に画かれるわけである。その例を一つだけ挙げておく。『老子』第四十一章に「〔道は褒《おお》きくして名无《なな》し。夫《そ》れ唯《た》だ〕道は、善く〔始めて且《か》つ善く成す〕。」とある(163)のがそれである。

その二は、自然思想に多く見える思想である。「無為」が「道」「聖人」という根源者・理想人について述語し、「有為」がその主宰下・統治下にある「万物」「百姓」について述語する、という役割分担の中で起きている。例えば、『老子』第二章に、

是《ここ》を以て声《せい》（聖）人《じん》は无為《むい》の事に居《お》り、〔不言の教えを〕行う。〔万物昔《お》（作）これども始《おさ》（治）めざる〕なり、為れども志《たの》（恃）まざるなり、功を成せども居らざるなり。

とある。「声（聖）人」の作り出した「无為」「不言」という原因の下、「万物」は自律的に「昔《お》（作）こる・為る・功を成す」という結果を将来する、と言うのである(164)。その中で、「万物」の「為る」または「為す」の有為性が積極的に肯定されている。また、第十七章に、

大上《たいじょう》は下之《したこれ》有るを知り、……。〔猷《ゆう》（猶）呵《こ》（乎）として〕其《そ》れ言を貴《す》（遺）つるや、功を成し事を遂《と》げて、百省《ひゃくせい》（姓）は我《われ》自然なりと胃《い》（謂）う。

とある。これも以上の第二章とほぼ同じ。「大上」の統治者の作り出した「言を貴《す》（遺）つ」という原因のために、その結果「百省（姓）」は自律的に「功を成し事を遂ぐ」と言うのである。[165] また、第三十四章に、

道は〔汎《はん》（氾）呵《こ》（乎）として、其《そ》れ左《さ》右《ゆう》す可《べ》きなり。功を成し〕事を遂《と》ぐれども名《めい》有《ゆう》せざるなり。

とある。これも以上の第二章・第十七章と同様であって、「道」の主宰性の下で万物・万民が「功を成し事を遂ぐ」と言うのであろう。[166] また、第三十七章に「道《みち》は恒《つね》に名《なな》无し。侯王《こうおう》若《も》し〔能《よ》く〕之《これ》を守れば、万物将《まさ》に自《みずか》ら𢡺《な》（為）さんとす。」とある。これも以上の第二章・第十七章・第三十四章とほぼ同じ。「侯王」という統治者の作り出した「恒に名无し」という原因があれば、「万物」は自律的に何かを「𢡺（為）そ」うとする結果になるのである（自然思想）。[167] また、第四十七章に「〔声《せい》（聖）人《じん》は行《ゆ》かずして知り、見ずして名（明）《あき》らかに〕、為《な》さずして〔成る〕。」とある。これも以上の第二章・第十七章・第三十四章・第三十七章とほぼ同じで、「声（聖）人」の「為さず」という原因の下、「万物」は自律的に「成る」という結果をもたらす、と言うのではなかろうか（自然思想）。[168] また、第五十一章に、

道《みち》之《これ》を生じ之を畜《やしな》い、之を長《ちょう》じ之を遂《と》げしめ、之を亭《さだ》め（之を毒《あつ》くし、之を養い之を復《おお》（覆）う。生ずれども有《ゆう》せざるなり、為《な》れども寺《たの》（恃）まざるなり、長《ちょう》ずれども宰《つかさど》らざるなり。此《これ》を之玄徳《これげんとく》と謂《い》う。

とある。ここでは、「道」は「無為」「不為」ではない。逆に、主宰者として万物を「生じ・畜い、長じ・遂げしめ、亭《さだ》め・毒《あつ》くし、養い・復《おお》（覆）う」という、万物生成の諸活動を行う。それ故、これは自然思想ではないが、万物は被宰者として「生ず・為る・長ず」る結果になるのである。この中で、万物の「為る」の有為性は肯定的に評価されている。[169] また、第七十七章に、

孰《だれ》か能《よ》く余り有りて以《もっ》て天に奉《ほう》ずるを取ること有る者ぞ、（唯《た》だ道を又《ゆう》（有）する者のみならんか。是《ここ》を以《もっ》て声《せい》（聖）人《じん》は為《な》れども又《ゆう》（有）せず、功を成せども居《お》らざるなり）。

とある。これも以上の第二章・第十七章・第三十四章・第三十七章・第四十七章とほぼ同じで、「道を又（有）する者」である「声（聖）人」の下で、万物・万民が「為る・功を成す」ことを画いている。[170]

ところで、『老子』第八十一章に「聖人《せいじん》は積《つ》むこと无《な》し、……。（故に天の道は、利《り》して害《そこな》わず。人の道は、為《な》して争《あらそ》わず）。」とある。『老子』を始めとする道家の文献においては、

「天」と「人」は正反対の内容を持ち、そのために「天」を肯定し「人」を否定するのが普通である（第七十七章を参照）。しかし、本章では必ずしもそうではなく、「天の道」と「人の道」との相異を述べているだけのようである。「人の道」は「天の道」よりも低く評価されていると思われるが、「争わず」とあるところから百パーセント否定されてはいないらしい。ただし、その何かを「為す」という性質は否定しているのではなかろうか。[17] とすれば、本章は今まで述べてきた例外的な諸章とは異なって、「人」の人為を肯定しない、ごく普通の例と見なすべきものかと思われる。

### c　無事の提唱——有為の否定的超出　その2

『老子』の中には「有事」と「無事」という一対の言葉がある。「有為」と「無為」と大体は同じ意味内容であり、「事とすること有り」「事とすること無し」と訓読する。ただし、「有為」「無為」が人間の主観的な側面を表わす場合があるのに引き替え、「有事」「無事」は主に事業・仕事を行うことの有り無しなどの客観的な側面を言い、また「有為」「無為」よりも人為の有り無しの集中度が高い思想概念のようである。『老子』の「事とする有り」は、前項で検討した「有為」と同様に、人間が世間的な生活の中で人為を行って行為することを言い、老子は一般的にはそれを本来の行為の疎外された形態として否定・排除する、もしくは低く評価する。他方、「事とする無し」は、前項の「無為」「不為」と同様に、人間が根源的な「道」とともにある真の生活の中で人為を撥無することを言い、人為を撥無したその向こう側に、真の倫理・政治・養生などが現われることを構想する。

「無事」「有事」が前項の「無為」「有為」と同じ内容・意味の思想概念であることを示す文章は、例えば、『老子』第四十八章に、

〈道を聞く者は日に云《そん》（損）す。之を云《そん》（損）し有《ま》（又）た云《そん》（損）して、以て為す无《な》きに至る。為す无くして為さざる无し。将《まさ》に〉天下を取らんと〈欲《ほっ》する〉や、恒《つね》に〈事《こと》とする无し。亓《そ》（其）の事とする有るに及《およ》びてや、以て天下を取るに足《た》らず〉。

とある。本章における「道」を修める過程は、修道者が既得の知識・倫理などを自己の内部から否定・排除していき、それを何度もくり返して徹底的に否定・排除した後、ついに「為す无し」の境地に到達する、というものである。そしてまた、修道者が「為す无し」であるならば「為さざる无し」になるとも述べるが、章末の文章は、その「為す无し」を「事とする无し」と言い換えている。本章のコンテキストでは、この「无為」に到達することが最終的な「道」の修得なのであって、修道者は「道」を修得した結果、いかなることをも為しうる全能性を手中にしたわけである。その全能性の中心が「天下を取る」こと、すなわち天下を統治する政治権力を獲得して、人間・社会の最高かつ最大の権力者となること、であると解釈されるから、全能性の前提たる「无為」と「天下を取る」ことの前提たる「无事」とは、実は同じものと理解することができる。章末の「事とする有り」が「為す有り」の言い

換えであることは、言うまでもあるまい(172)。

ちなみに、戦国末期の郭店『老子』第四十八章は上段があるのみで、下段の、

将《まさ》に天下を取らんと欲《ほっ》するや、恒《つね》に事《こと》とする无し。亓《そ》（其）の事とする有るに及《およ》びてや、以て天下を取るに足《た》らず。

は、まだこの世に生まれていなかった。この部分は、前漢初期に筆写された馬王堆甲本の段階になって、新たに書き加えられた文章であろうと推測される。前半の「為す无し」という言葉を後半でも一貫して使用せず、後半に至って「事とする无し」という言葉で言い換えた事情の一つは、前半と後半との成書年代が異なっていたためではなかろうか。

同じような「無事」の提唱は、他に『老子』第五十七章に、

正《ただ》しきを以《もっ》て邦《くに》を之《おさ》（治）め、畸《き》（奇）なるを以て兵を用い、事《こと》とする无《な》きを以て天下を取る。……（是《ここ》を以て声（聖）人の言《げん》に曰《い》わく）、「……我事《こと》とする無くして、民（自《みずか》ら富《と》む。」と）。

とあり(173)、第六十三章に、

无為《むい》を為し、无事《むじ》を事《こと》とし、无未《むみ》（味）を味《あじ》わい、……。是《ここ》を以て聖人《せいじん》は冬《つい》（終）に大を為さず、故に能《よ》く〔亓《そ》（其）の大を成す〕。

とある。両章ともに「聖人」の「事とする无し」という態度を画くが、第五十七章は、その結果、彼は天下を統治する政治権力を握ったり、または統治下の人民が自力で豊かになったりする、と述べる。第六十三章は、同様に「无事を事とす」るなど、最後まで「大を為さ」ないその結果、彼は真に大きな人為などを成就しうるのだ、と述べる。ことほどさように、これらの「事とする无し」がマイナス価値の消極性の実現を目指すものではないことは、自《おの》ずから明らかである。[174] なお、第二章に、

是《ここ》を以て声《せい》（聖）人《じん》は无為《むい》の事に居《お》り、〔不言の教えを〕行う。〔万物昔《お》（作）これども〕……、為れども……、功を成せども……。

とあるのは、一章全体の思考の大枠は第五十七章と類似して自然思想に基づく。その「无為の事に居り」は第六十三章の「无為を為し、无事を事とす。」と同じであって、その結果、「万物」が自力で「昔（作）こる・為る・功を成す」という状況がもたらされる、と画いている。[175]

ところで、『老子』の中には、「無事」の反義語、「有事」の類義語として、「事を遂ぐ」

「事に従う」「事を済《な》す」「事を成す」という表現が存在する。これらを否定するのが『老子』の基本的な思想であるが、中にはまた肯定する場合もある。老子が「遂事」「済事」「成事」に与えた評価の諸相は、「有為」について述べた状況と大体のところ同じである。第一に、一般的な人為としての「事を済す」は、人間の本来性をスポイルするものとして「為す有り」「事とする有り」と同様にやはり否定される。例えば、『老子』第五十二章に、

亓《そ》（其）の閼《あな》（兌）を塞《ふさ》ぎ、亓（其）の門を閉《と》ざせば、身を終《お》うるまで堇《つか》（勤）れず。亓（其）の閼《あな》（兌）を啓《ひら》き、亓（其）の事《こと》を済《な》せば、身を終《お》うるまで〔来《かえ》らず〕。

とある「亓（其）の事を済す」は、上に見た第四十八章の「亓（其）の事とする有り」と比べて目的以外は何ら異ならない(176)。また、第六十四章に、

〔是《ここ》を以《もっ》て声《せい》（聖）人《じん》は為《な》す无き〕なり、〔故に〕敗《やぶ》る无き〔なり〕。執《と》る无きなり、故に失う无きなり。民の事《こと》に従《したが》うや、恒《つね》に亓（幾《ほとん》）ど事を成さんとするに於《お》いて之を敗る。故に終わりを慎《つつし》むこと始めの若《ごと》くすれば、則《すなわ》ち〔事を敗る无し〕。是《ここ》を以《もっ》て声（聖）人は〕不欲《ふよく》を欲《ほっ》して、得難《えがた》きの⿰月爲《たから》（⿰貝爲）を貴ばず。不学《ふがく》を学びて、衆人《しゅうじん》の過《す》ぐる所に復《かえ》る。能《よ》く万物の自《し》〔然《ぜん》〕を輔《たす》け〔て〕、敢《あ》えて為さず。

とあり、人民の「事に従う」「事を成す」「事を敗る无し」は、いずれも老子が世間的な「事」を肯定しているかのように見える。しかし、実はそうではない。「民の事に従うや、……則ち事を敗る无し。」は本章下段中の挿入文であって、下段全体の趣旨は「為す无し」「執る无し」、また「不欲を欲す」「不学を学ぶ」「敢えて為さず」、一言で言えば無為を唱えることにある。挿入文は、「始め」から「終わり」まで無為を為すことに「慎む」べし、という意味に取るのがよいと思う。それ故、「事に従う」「事を成す」「事を敗る无し」も、老子は別に肯定しているわけではないのである。[177]

第二に、しかし、自然思想の主な内容である、万物・万民が自律的に「事を遂ぐ」ることは、逆に積極的に肯定される。例えば、『老子』第十七章に、

大上《たいじょう》は下之《したこれ》有るを知り、……。〔猷《ゆう》（猶）呵《こ》（乎）として〕其《そ》れ言を貴《す》（遺）つるや、功を成し事を遂《と》げて、百省《ひゃくせい》（姓）は我《われ》自然なりと胃《い》（謂）う。

とあり、[178]第三十四章に、

道は〔渢《はん》（氾）呵《こ》（乎）として、其《そ》れ左右《さゆう》す可《べ》きなり。功を成し〕事を遂《と》ぐれども名有《めいゆう》せざるなり。

とあるとおりである。[179] また、第二十三章に、

言うこと希《まれ》なれば、自然なり。……故に従事《じゅうじ》して道《みち》ある者は道に同《どう》じ、徳ある者は徳に同じ、者〈失《しつ》〉ある者は失に同ず。〔徳に〕同ずる〔者は〕、道も亦《ま》た之を徳とす。失《しつ》に同ずる者は、道も亦た之を失とす。

とある。これも自然思想の下に生まれた、万物・万民の「事に従う」の例であるが、その対象が「道」「徳」である場合は肯定され、「失」である場合は否定されている。[180] だから全面的な肯定の例とは言えないのではあるけれども。

第三に、「道」と密接に関係する「有事」、すなわち「道」を内容とする「事」や、「道」の下にある「事を成す」などは、やはり積極的に肯定される。例えば、『老子』第三十章に、

道を以て人主《じんしゅ》を佐《たす》くるには、兵を以て天下〔に〕強《きょう》たらず、〔其の事は還《かえ》るを好む〕。……善《よ》くする者は果《か》なるのみ、以て強きを取る毋《な》かれ。果《か》にして驕《おご》（驕）る毋かれ、果《か》にして矜《ほこ》る勿《な》かれ、果《か》にして〔伐《ほこ》る勿かれ〕、果《か》にして已《や》むを得ること毋かれ。是《これ》を〔果《か》〕にして強《きょう》たらずと胃《い》（謂）う。

とある。本章の主なテーマは戦争批判である。ここに現われた「事」は、「道を以て人主を佐くる」臣下が自分の仕える君主を根源の「道」に立ち返らせる「事」であり、その実際の内容は、君主が天下の各国に対して軍事力に訴えて「強たる」姿勢を取らないようにさせる、というものである。[181] また、第六十七章に、

我恒《つね》に三瑧《さんぽう》（宝）有り、〔市《じ》（持）して〕之《これ》を〔琛《たも》（保）つ〕。一《いち》に曰《い》わく茲《いつく》（慈）しむ、二《に》に曰わく検《つつま》（倹）やかなり、〔三に曰わく敢《あ》えて天下の先《さき》と為《な》らず〕。……敢えて天下の先と為らず、故に能く事《こと》を成《な》すの長《ちょう》と為る。

とある。本章は「能く事を成すの長と為る」こと、端的に言って「事を成す」ことを積極的に肯定するが、その理由は、前提となる、

一《いち》に曰《い》わく茲《いつく》（慈）しむ、二《に》に曰わく検《つつま》（倹）やかなり、〔三に曰わく敢《あ》えて天下の先《さき》と為《な》らず〕。

の「三瑧（宝）」が、老子にとって「道」と深い関係にあるから、さらに言えば「道」の内容であるから、ではなかろうか。[182] また、第七十章に、

吾《わ》が言《げん》は甚《はなは》だ知り易《やす》きなり、甚だ行《おこな》い易きなり。而《しか》れども人之《これ》を能《よ》く知るもの莫《な》きなり、而うして之を能く行うもの莫《な》きなり。言《げん》に君《きみ》有り、事《こと》に宗《もと》有り。

とある。本章の「事」は、主として老子の「言」を「行う」ことを言う。そして、「言に君有り、事に宗有り。」の「君・宗」は、根源的な「道」を指す。このような「道」とともにある「事」は、当然ながら積極的にプラス評価されるのである。(183)

以上、本章（Ⅱ、第2章「『老子』の倫理思想」）では、簡単な序論の後、『老子』の倫理思想として四つの問題領域を設定し、それらにおいて老子が唱えている倫理思想を一つ一つ検討してきた。A「『老子』における人間疎外の克服と主体性の獲得」、B「『老子』における柔弱の提唱と堅強の否定」、C「『老子』の無学・無知・無言による否定的超出」、D「『老子』の無欲・無為による否定的超出」、の四領域である。これらの内、序論とAは『老子』の倫理思想の総論に当たり、B・C・Dはそれぞれ各論に当たっている。総論では、修道者が「道」を把えることに関する諸問題を抽象的・理論的に論じた思想を中心に取り上げ、各論では、「柔弱」「無学・無知・無言」「無欲・無為」などの個別的・具体的な諸問題を述べた思想を広く取り上げた。

総論と各論とは相互に緊密に結びついている。本文のあちこちで指摘したように、各論における、例えば「柔弱」「無言」「無為」などは、総論における、修道者の「道」の把握のために必要・不可欠な前提である。言い換えれば、修道者は「柔弱」「無言」「無為」などを行うという前提を具えてこそ、始めて「道」を把えるという目的を実現できるのである。しかし、実際の『老子』諸章においては、「柔弱」「無言」「無為」などは単に修道者の行為・態度であることを越えて、「道」それ自体の内容をなすもの、もしくは少なくとも「道」の一端であると意味づけられている場合が少なくない。一例を挙げれば、『老子』第四十八章では「无為」「无事」が「道」の内容である。そうだとすれば、「道」というものの全体像は、「柔弱」「無言」「無為」等々を集めた総和によって見えてくることになるのではなかろうか。我々にとって『老子』における最大のテーマ、そもそも「道」とは何であるかという難問は、このようなアプローチを通じて始めて明確になるものと考えられる。本章において各論をこのように繁多・詳細に述べたのは、主に以上の事情によるものである。

**注**

(1)「保身の道」「処世の法」という言葉で、『老子』の倫理思想を押さえたのは、津田左右吉『道家の思想とその展開』の第二篇、第一章「『老子』の思想」である。本章において、津田左右吉は、それ（『老子』の書）が天下を治める術と世に処する法とを反覆縷説したものに過ぎないことを容易に看取するであらう。

と記している。『老子』にあるのは、ただ「天下を治める術」と「世に処する法」だけだと見たのである。また、「処世術」という言葉を用いるのは、武内義雄『中国思想史』（『武内義雄全集』第八巻「思想史篇」

一、角川書店、一九七八年）の「上世期（上）諸子時代」、第五章、一「老子」である。

（2）湯城吉信「中井履軒の老荘観」（『中国研究集刊』金号（第四十六号）、大阪大学中国哲学研究室編輯、二〇〇八年六月）の指摘を参照。

（3）『荘子』の中に、『老子』の編纂に先だつ文章、『老子』と並行して書かれた文章、『老子』の後のその影響をこうむった文章、があることについては、本書のⅠ、第2章、1、C「『荘子』に現われた『老子』」、Ⅱ、第5章、A、c「道家の形而上学・存在論の伝統と『老子』」、拙著『道家思想の新研究』の第5章「「万物斉同」の哲学」、第6章「「道」の形而上学」、第10章「「養生」の説と「遊」の思想」などを参照。

（4）第五十一章の「道」が主宰者となって万物を「生じ・為り・長じ」させるという哲学については、本書のⅡ、第1章、A、a「形而上の「道」と形而下の「万物」」とその注（4）、Ⅱ、第2章、D、b「無為・不為の提唱」とその注(169)、Ⅱ、第5章、A、a「「道」の万能性」を参照。また、『老子』に含まれる道器論の解明については、拙論「『老子』の道器論——馬王堆漢墓帛書本に基づいて」（『東方学会創立五〇周年記念東方学論集』、東方学会、一九九七年五月）を参照。

（5）第二十八章の傍線部分の解釈については、本書のⅡ、第1章、A、a「形而上の「道」と形而下の「万物」」とその注（5）、Ⅱ、第1章、B、b「万物生成論と退歩史観の結合」とその注（46）を参照。

第二十八章の「声（聖）人」が「用いる」ものを「樸」と正解した著書は甚だ少なく、蔣錫昌『老子校詁』二十八章、諸橋轍次『掌中　老子の講義』第二十八章、陳鼓応『老子註訳及評介』二十八章などに限られる。相互に関連しあう『老子』第二十八章・第五十一章、『荘子』馬蹄篇、『周易』繫辞上伝の三者において、「樸」はどの場合も「道」を指し、「器」はどの場合も「万物」を指している。だとすれば、『老子』中の理想的な「聖人」が「用いる」に適わしいものが「器・万物」ではなく、「樸・道」であることは自明ではなかろうか。なお、後者は河上公『老子注』反朴第二十八に基づく解釈である。

（6）第二十三章の構成と趣旨については、本書のⅡ、第2章、C、c「無言・不言の提唱」とその注

（97）、Ⅱ、第2章、D、c「無事の提唱」とその注（180）、Ⅱ、第5章、C、a「主体の「無為」と客体の「自然」その1」とその注（29）を参照。

「言うこと希なれば、自然なり。」の内容・意味と思想的コンテキストの理解は、他の諸説が全て誤解している中で、馬其昶《ばきちょう》『老子故』（厳霊峰『無求備斎老子集成続編』所収、芸文印書館、一九七〇年影印）の二十三章、蔣錫昌『老子校詁』二十三章が比較的優れている。大体のところは、これらに従って解釈する。ここでは、蔣錫昌の説を引用しておく。

　「希言」と「不言」「貴言」とは誼《ぎ》を同じくして、「多言」と相い反す。「多言」なる者は、声教・法令多きの治なり。「希言」なる者は、声教・法令少なきの治なり。……「自然」は即ち自《みずか》ら成すの誼なり。「希言自然」とは、聖人応《まさ》に無為の治を行いて、百姓の自《みずか》ら成すに任《まか》すべきなるを謂うなり。

「言うこと希なり」は、「言わず」「言う無し」「言を貴《す》（遺）つ」とほぼ同じ意味。主語は上文の「人」つまり統治者である。一文の前提・原因に当たる。

「自然」は、「おのずから」ではなく「みずから」、すなわち自分で行うの意で、主語は「万物」つまり万民である。また、「自然なり」は一文の結論・結果に当たる。一文の思想的コンテキストは、蔣錫昌の指摘したように、『老子』第十七章の、

　猷（猶）呵（乎）として其れ言を貴（遺）つるや、功を成し事を遂げて、百省（姓）は我自然なりと胃《い》（謂）う。

と同じとするのが、ほぼ適切（本書のⅡ、第2章、C、c「無言・不言の提唱」、Ⅱ、第5章、C、a「主体の「無為」と客体の「自然」その1」を参照）。本章の「道」は、以上の「言うこと希なれば、自然なり。」に含まれる因果構造の全体を指すようである。

（7）『周易』の六十四卦と易伝とは、前漢初期の原型を止める最古のテキストが馬王堆漢墓から出土している。筆者の検討によれば、それらはいずれも文帝期初年の筆写である。そのころ繫辞伝はまだ上下に分けら

れておらず、また通行本の上伝に当たる部分はほぼ今の形に近く完成の域に達していたが、下伝に当たる部分はまだ下書きの類が準備された段階にあるに過ぎず、全体として繫辞伝はその形成過程のただ中にあった。ここに引用する繫辞上伝、つまり馬王堆帛書『周易』繫辞篇の成書年代は、戦国最末期〜前漢初期の文帝期初年であろうと思われる。以上の諸点について詳しくは、拙論「『馬王堆漢墓帛書周易』要篇の研究」(『東京大学東洋文化研究所紀要』第百二十三冊、一九九四年）を参照。

(8) 馬王堆帛書『周易』繫辞篇からの引用は、基本的に傅挙有・陳松長『馬王堆漢墓文物』(湖南出版社、一九九二年）および張政烺『馬王堆帛書経伝校読』(中華書局、二〇〇八年）を使用した。

(9) 近年、陳鼓応は、「《易伝・繫辞》所受老子思想的影響——兼論《易伝》乃道家系統之作」(『哲学研究』一九八九年第一期、哲学研究雑誌社、一九八九年一月)、「《繫辞伝》的道論及太極・大恒説」(『道家文化研究』第三輯、上海古籍出版社、一九九三年）などの多くの論文を次々に精力的に発表して、繫辞伝を始めとする『易伝』の多くが戦国中期〜後期の道家の書いた作品であると主張している。筆者の考えを述べれば、確かに陳鼓応の言うとおり、繫辞伝などが道家の強いインパクトを受けて成立したことは間違いないが、しかし、それらはやはり儒家の作品と認めるべきである。

(10) 現存する易伝の中で最も古いものは、前漢初期の原型を止める馬王堆帛書『周易』の、二三子問・繫辞・易之義・要・繆和・昭力の六篇である。なお、本文のこの前後の叙述については、拙論「『馬王堆漢墓帛書周易』要篇の研究」を参照。

(11) 『呂氏春秋』不二篇の思想史的分析については、拙論「儒教の国教化と『淮南子』」(『シリーズ　知のユーラシア』第三巻所収、明治書院、二〇一三年）を参照。

(12) 第八章の「水の不争」が「道」のモデルであることについては、本書のⅡ、第3章、D、a「不争の倫理に基づく非戦」を参照。

「居るには地を善しとす」以下の六句（通行本は七句）について、意味が前後と連属しない上に、王弼も注をつけていないので、古い注文または古い成語の竄入であると見て、削去すべしなどとする解釈が少なくない。例えば、武内義雄『老子の研究』第八章、木村英一『老子の新研究』八章、福永光司『老子』第八章、楠山春樹『老子入門』八章などである。しかし、古い注文や成語の竄入とするのは、何の根拠もない憶測に過ぎない。これらの諸説は、『老子』という書物を、一人または少数の思想家が一時または短時に書き上げたものと考えるので、こうした実りのない本文批判に走ったのだ。確かに本章は、郭店本には含まれていないので最古のテキストではないが、馬王堆両本にはすでに含まれているので、前漢初期には確実に存在したものである。「居るには地を善しとす」以下の六句は、人々がさまざまの行為をする場合「地・潚（淵）・信・治・能・時」のように、「水」と同じ不争・謙下の倫理に従うのがよい、という意味であろう。その上、実を言えば王弼『老子注』も、「人〈水〉は皆な治〈此〉の道に応ずるを言うなり」と解釈していたのであった。

(13) 第七十八章の「柔弱」の逆説的・弁証法的な意味については、本書のⅡ、第2章、B、d「柔弱の提唱における逆説的・弁証法的な構造」とその注 (34)、Ⅱ、第3章、A、b「柔弱・謙下・無欲・無為によって「天下」全体を統治する」を参照。

第七十八章の章旨は、本文に述べたとおりであり、『老子』本来の倫理思想の現われである。ところが、楠山春樹『老子の人と思想』の第六章、第四節「思想形成の順序」は、

郭店本以後における顕著な変化として「柔弱は剛強に勝つ」という命題を生じたこと、それとともに『老子』には、功利主義的発想や権謀術数に接近する章が新たに加えられることになった……。

などと説く。以下のⅡ、第2章、B、d「柔弱の提唱における逆説的・弁証法的な構造」でも触れるが、この説は事実認定と価値評価の両面において誤っている。

(14) 第七十六章における「柔弱」の提唱と「堅強」の否定については、本書のⅡ、第2章、B、d「柔弱の提唱における逆説的・弁証法的な構造」とその注 (33)、Ⅱ、第3章、D、a「不争の倫理に基づく非戦」、

Ⅱ、第4章、C、d「無知・無欲・無為によって養生を実現する」を参照。また、第七十六章に養生思想が含まれていることについては、本書のⅡ、第3章、D、a「不争の倫理に基づく非戦」、Ⅱ、第4章、C、d「無知・無欲・無為によって養生を実現する」とその注（21）を参照。

　第七十六章章末の「強大は下に居り、柔弱微細は上に居り。」という結論について、王弼『老子注』は「木の本なり。枝条《しじょう》是《これ》なり。」と注し、河上公『老子注』も同じ方向である。王弼注・河上公注の趣旨は、木の根本は下に位置することによって逆転して強大になったのであり、枝葉は上に位置することによって逆転して柔弱になったのだ、ということである。この解釈でも何とか通ずるので、武内義雄『老子の研究』第四十二章を始めとする日本の比較的古い研究は、これに従っている。ところが、王弼注を表面的に理解して、木の根本は下位にあって否定されるべきもの、枝葉は上位にあって肯定されるべきもの、という趣旨だと見なす誤解が現われた。木村英一『老子の新研究』七十六章、楠山春樹『老子の人と思想』の第六章、第四節「思想形成の順序」、楠山春樹『老子入門』七十六章などである。こうしてみると、『老子』や王弼・河上公などの逆説的・弁証法的な思考を正確に理解することは、我々現代日本人にとって相当難しいことのようである。ただし、本章章末の趣旨は、王弼・河上公の木の比喩による解釈から離れて、「強大」な態度は否定されるべきであり、「柔弱微細」な態度こそ肯定されるべきである、と解釈するのがよい。加藤常賢『老子原義の研究』76以下、多くの研究がこの方向を歩んでいる。

(15) 第六十六章の章旨については、本書のⅡ、第2章、C、c「無言・不言の提唱」とその注（104）、Ⅱ、第3章、A、b「柔弱・謙下・無欲・無為によって「天下」全体を統治する」とその注（12）、Ⅱ、第3章、D、a「不争の倫理に基づく非戦」を参照。

　また、河上公本後己第六十六章の「聖人は上に処るも民重んぜず、前に処るも民害せず。」について、河上公『老子注』は、

　聖人は民の上に在りて主と為り、尊貴を以て下を虚〈虐〉げず、故に民戴くも重んずることを為さず。

> 聖人は民の前に在り、光明を以て後を蔽わざれば、民之に親しむこと父母の若く、害せんと欲するの心有る無きなり。

と注する。これによれば、底本の「民弗害也・民弗重也」は、「民害せざるなり・民重んぜざるなり」と訓読することになる。加藤常賢『老子原義の研究』66は、「民重《おも》しとせず・民害《そこ》なはず」と訓読して、一方だけは河上公注に従っている。「害・重」の字は、「害とす・重しとす」と読むよりも河上公注に従って「害す・重んず」と読むのがよいかもしれない。一つには、その方が、動詞「害・重」の読み方として語法的に普通であり自然であるから。二つには、その方が、本章における老子の理想的な「聖人」像として、第十七章に「大上《たいじょう》は下《した》之《これ》有るを知る」と画かれたような、君臨すれども統治せざる君主像に、一層合致するからである。

(16) 第二十二章の「不争」の内容・意義については、本書のⅡ、第3章、D、a「不争の倫理に基づく非戦」を参照。

(17) 第六十八章の「諍《あらそ》(争)わざるの徳」については、本書のⅡ、第3章、D、a「不争の倫理に基づく非戦」とその注(55)を参照。

(18) 第八十一章の「人の道は、為《な》して争《あらそ》わず。」の解釈については、本書のⅡ、第2章、D、b「無為・不為の提唱」とその注(171)、Ⅱ、第3章、D、a「不争の倫理に基づく非戦」を参照。

本章の「人の道」の諸テキスト間の異同については、郭店本には第八十一章がない。底本(馬王堆甲本)は欠字、乙本は「人の道」、北京大学簡は「人の道」、通行本(王弼本)は「聖人の道」にそれぞれ作る。これらによって判断すると、本来の『老子』は「聖人の道」ではなく、「人の道」に作っていたのだ。従来も「人の道」に作るテキストはあった(朱謙之『老子校釈』八十一章を参照)が、通説は今日までほとんど例外なく「聖人の道」で解釈を進めてきた。しかし、馬王堆乙本・北京大学簡の新たな登場によって、「人の道」に作るべきことが判明したのである。この問題についての分析は、高明『帛書老子校注』六十八、陳鼓応『老子註訳及評介』八十一章が優れている。

(19) 第十章の「天門啓闔して、能く雌と為らんか。」の意味については、諸説があってなかなか一つにしぼりがたい。

第一、直接的には、加藤常賢『老子原義の研究』10が、「天門(性器)を開閉して異性に接して子供を生む女になりたい」と日本語訳した意味があるであろう。第二、同時にこれを踏まえて拡大して、木村英一『老子の新研究』十章が、

「天の門が開き或は閉ぢる」につれて、(万物が生滅変化するのに適応して、)「随順者である」ことが出来たならば、……。

と国訳した意味があるであろう。第二は賛同者が比較的多い。筆者は以上の第一と第二とをミックスした解釈がよいと考える。第三、武内義雄『老子の研究』第十章は、

天門開闔というは……心の作用が起こったり息《や》んだりすることを意味するのである。……心が種々の事を考えて嗜慾喜怒の情を起こすにあたりつねに雌牝のごとく柔弱安静ならむことにつとめよとの意である。

と解説する。「天門啓闔す」を、心耳目鼻口の知覚・感覚・欲望の働きの意と見る解釈である。これには、高亨『老子正詁』十章など、中国の研究に賛同者が多い。しかし、本文の下文の「明白四《めいはくし》達《たつ》して、能く知を以《もち》うること毋からんか。」と内容が重複するので、取ることはできない。

(20) 第二十八章の引用個所の解釈については、本書のII、第4章、C、c「養生と赤子・嬰児の比喩」とその注(16)を参照。

本章の「其の雄を知り、其の雌を守れば、天下の渓と為る。」について、これを柔弱の提唱と堅強の否定を述べた文とする点では、諸説の間に意見の相異はない。ただし、ここに女性的原理の重視を見出す研究は、それほど多くはない。加藤常賢『老子原義の研究』は、この方面の研究の第一人者と見なされており、

この書の至るところで、男女の性交による子孫の生殖、その中における女性の役割の重視といった人間の現象を基礎にして、『老子』の万物生成論を読もうとしている。他に、『老子』に女性的原理の重視を見ている研究としては、森三樹三郎『老子・荘子』のⅠ、１、三、「女性原理の哲学――柔は剛に勝つ」がある。

(21) 第六章に含まれる万物生成論については、本書のⅡ、第1章、B、a「始源の「道」から「天地」「万物」が生まれた」とその注(43)を参照。

第六章の「浴（谷）神」の意味は、王弼『老子注』が、

谷神は、谷の中央の谷〈無〉なる者なり。形無く影無く、逆らうこと無く違《たが》うこと無く、卑《ひ》きに処りて動かず、静けきを守りて衰えず、谷〈物〉之を以て成れども其の形を見《あら》わさず、此至物《これしぶつ》なり。

と注したのが正しい。谷間の神を言う。ただし、この「浴（谷）神」は、単に「道」の万物生成論上の哲学的な意味を比喩・象徴するに止まらず、また女性的な原理に立った柔弱なもののシンボル、という趣旨をも含むであろう。そのような解釈は、小川環樹『老子』第六章を始めとして、今日では多数派である。これに対して、河上公『老子注』は「谷は、養なり。人能く神を養えば則ち死せず、神とは五蔵（臓）の神を謂う。」と注した。（五臓の）神を養うと読む解釈である。今日これを支持する者は少ないが、谷神を（万物を）養う神、とする見解は、河上公注に由来するものである。高亨『老子正詁』六章、諸橋轍次『掌中　老子の講義』第六章などがその例である。

(22) 第六十一章に含まれる謙下の思想については、本書のⅡ、第2章、B、a「水にならう柔弱・不争《ふそう》・謙《けん》下《か》の倫理」、Ⅱ、第2章、D、a「無欲・不欲の提唱」とその注(138)を参照。

第六十一章冒頭の「大邦なる者は、下流なり、天下の牝なり、天下の郊なり。」の句作りは、一つの主語「大邦なる者」に述語が三句連続して並ぶという構成である。同じ句作りは、第六十二章冒頭の「道なる者は、万物の注（主）なり、善人の瑑（宝）なり、不善人の瑑（保）つ所なり。」にも見られる。これに対して、木村英一『老子の新研究』六十一章、加藤常賢『老子原義の研究』61などは、この構成を大幅に改めた

ので、意味を正確に把えられなくなっている。「下流」「牝」「郊」は、三者ともに世間的な意味でプラス価値の言葉ではありえず、柔弱・謙下の方向のマイナス価値の言葉である。特に「郊」は、王弼『老子注』・河上公『老子注』以来、天下の人々の交会するところ、とする解釈が定着してしまったが、今日では馬王堆甲本に基づいて正解に接近することができるようになっている。

(23) 第十六章の「虚し・情（静）か」と「万物旁（並）びに作こる」との間に主客・因果の関係が設けられていることについては、本書のⅠ、第2章、4、B、a「第十六章の「正しきを積む」」、Ⅱ、第1章、C、a「「道」の虚静から「万物」が生み出される」、Ⅱ、第5章、C、c「主体の「無為」と客体の「自然」その3」とその注（39）を参照。

(24) 第三十七章の「情（静）《しず》か」の内容と意義については、本書のⅡ、第5章、C、b「主体の「無為」と客体の「自然」　その2」を参照。

(25) 第一章の「名无《な》きは、万物の始めなり。名有るは、万物の母なり。」の解釈については、本書のⅡ、第1章、A、a「形而上の「道」と形而下の「万物」」とその注（11）、Ⅱ、第1章、A、b「「道」は人間が把えることのできないもの」、Ⅱ、第1章、B、a「始源の「道」から「天地」「万物」が生まれた」とその注（44）を参照。

　第一章の「母」に、女性的原理の重視を感じ取った解釈は、河上公『老子注』に始まる。しかし、その後これを受けついだ解釈は少なく、ひとり朱謙之『老子校釈』一章、加藤常賢『老子原義の研究』1が目立つに過ぎない。この両書はともに「始」について、許慎『説文解字』の「始は、女の初めなり。」を引用しつつ、「万物の母」だけでなく「天地の始め」（通行本）にも女性的原理の重視を認めている。

(26) 第二十章の「食母」は、『礼記』内則篇に「大夫の子には、食母有り。」とあり、鄭玄注は「傅御《ふぎょ》の中より選ぶ。喪服に所謂《いわ》ゆる乳母是《これ》なり。」と言う。本章の「食母」を初めて「乳母」のことだとしたのは、元の呉澄『道徳真経註』（『正統道蔵』所収）であるらしい。現代の『老子』の研究書は、これを採用するものが少なくない。

(27) 第二十五章の「天地の母」は、底本（馬王堆甲本）・乙本・北京大学簡いずれも「天地の母」である。一方、最古の郭店本は「天下の母」に作り、通行本（王弼本）も同じ。両者は表現には相異があるけれども、意味にはあまり相異はない。ただし、コンテキストの上では、上文に「天地に先だちて生ず」という句が出ているのだから、本来は「天地の母」でなければなるまい。

(28) 第五十九章の「国の母」は、「国」を統治するための「母」である「道」のことで、それを「有《たも》つ」ことを通じて修道者（統治者）は「国」を「長久」に存続させることができるの意。それと同時に、彼の生命・身体を「長久」に保持することができるという意味をも、ここにダブらせていると思われる。本書のⅡ、第3章、B、a「「道」・柔弱・謙下・無為によって「邦」を統治する」、Ⅱ、第4章、D、b「『老子』における養生と政治との絡みあい」とその注（34）を参照。

　底本（馬王堆甲本）第五十九章の「国の母を有てば、以て長久なる可し。」の一文を、以下の諸書は「国を有つの母は、……。」と読むが、誤りである。武内義雄『老子の研究』第五十九章、木村英一『老子の新研究』五十九章、諸橋轍次『掌中　老子の講義』第五十九章、福永光司『老子』第五十九章、木村英一・野村茂夫『老子』五十九章、金谷治『老子　無知無欲のすすめ』59。一つには、この読み方では文意が通じないからである。二つには、第五十二章に類似する「天下の母」という言葉があるからである。王弼『老子注』・河上公『老子注』は、意味の取り方は別にして、正しく「国の母を有てば、以て長久なる可し。」と読んでいた。

(29) 第三十六章の章旨については、本書のⅡ、第2章、C、b「無知・不知の提唱」とその注（86）を参照。

「将に之を弱くせんと欲すれば、必ず古（姑）く之を強くす。」と「友（柔）弱なるは強きに勝つ。」を含む、第三十六章の主な思想について、諸橋轍次『掌中　老子の講義』第三十六章、福永光司『老子』第三十六章、金谷治『老子　無知無欲のすすめ』36、楠山春樹『老子の人と思想』の第二章、第六節「郭店本以後における『老子』の展開」、楠山春樹『老子入門』三十六章の諸書は、「極めて戦国法家の陰謀の説に近いものがある」（諸橋轍次の場合）、「三十六章は権謀術数の言であって『老子』にふさわしくない」（楠山春樹の場合）、などと認定し評価する。しかし、これらの認定・貶価は、『老子』に特有な逆説・弁証法に対する無理解から出たものである。なぜなら、本章の主な思想は、柔弱と堅強をめぐる倫理の事実問題としては、逆に『老子』に全く適わしい思想であり、また、その倫理を評価する価値問題としては、他の不争・謙下などの倫理と比べて格別低い思想とも思われないからである。老子は、このような逆説的・弁証法的な構造を一切の「万物」を貫く必然的な変化の法則の現われと見なして、この法則を手中に収めつつ実際の倫理思想・政治思想に適用しているだけのことである。

（30）第四十二章の「強良（勍）」に対する否定については、本書のⅡ、第2章、B、c「母への賛美」、Ⅱ、第2章、B、d「柔弱の提唱における逆説的・弁証法的な構造」とその注（35）、Ⅱ、第2章、C、a「無学・不学の提唱」とその注（63）、Ⅱ、第3章、B、b「「道」をもって君主の統治を助ける臣下」を参照。「強良（勍）なる者は死を得ず」の趣旨は、やはり柔弱の提唱と堅強の否定である。この点を最も明確に解明した著書は、高明『帛書老子校注』四十二に指を屈する。

（31）第四十三章の「不言の教え、无為の益」の解釈については、第二章の「声《せい》（聖）人《じん》は无為《むい》の事に居《お》り、不言の教えを行う。」という文との共通性をも含めて、本書のⅡ、第2章、C、c「無言・不言の提唱」、Ⅱ、第2章、D、b「無為・不為の提唱」を参照。「不言の教え、无為の益は、天下能く之に及ぶもの希なり。」の一文については、武内義雄『老子の研究』第四十三章は、もともと第二章にあった経文の錯簡であるとして本章から削去する。しかし、何の根拠もない荒唐無稽の処置である。一つには、最古の郭店本に第二章があるが、そこにもこの一文は含まれないからである。二つには、第四十三章の思想内容は、「至柔」こそがかえって真に「致（至）堅を馳騁する」のと同様に、「不言」こそがかえって真に「教え」になり、「无為」こそがかえって真に「益」をもたらす、というものだからである。一文中の「不言の教え、无為の益」は、上文の「天下の至柔の、天下の致（至）堅を馳騁す」を引伸して普遍化した句であり、また「天下能く之に及ぶもの希なり」のように「天下」に言及するのは、上文の「天下の至柔」「天下の致（至）堅」の「天下」を踏まえたためである。それ故、この一文が本章に不可欠であるのは、自明なことである。

(32) 第四十三章の「天下の至柔の、天下の致（至）堅を馳騁す」については、類似する表現と思想が『老子』第七十八章に、

> 天下に水より柔弱なるは莫くして、堅強を攻むる者、之に能く勝つもの莫きや、亓《そ》（其）の以て之に易わること无きを以てなり。

とあるので、「天下の至柔」は「水」のことを言うと理解する者が圧倒的に多い。（それに比べると、「天下の致（至）堅」が何を指すかについては見解が分かれる。）筆者は必ずしも「水」にこだわらなくてもよく、「至柔」の性質を持つ全てのものを指すと考える。また、「有る无きの間无きに入る」の「有る无き」も、「水」を指すと理解し、よって章頭の二文は内容上並列であると見なす者が多い。例えば、武内義雄『老子の研究』第四十三章、木村英一『老子の新研究』四十三章、福永光司『老子』第四十三章、金谷治『老子　無知無欲のすすめ』43、蜂屋邦夫『老子』第四十三章などである。「有る无し」は、古代漢語の語法では「無い」の最も普通の表現である。これを思想概念化すると「無」の一字となる。したがって、これが有である「水」を指すことなどはありえない。『老子』『荘子』などの道家の思想書において、「無」が「道」を指すことは疑いないから、「有る无きの間无きに入る」は、万物の現象である「天下の至柔の、天下の致（至）堅を（馳）騁す」を根底から支えている、「道」の世界を画く句ではなかろうか。以下の両書が参照される。――河上公『老子注』偏用第四十三、馮振『老子通証』（華東師範大学出版社、二〇一二年）の「老子通証下篇」、四十三章（以下、馮振『老子通証』四十三章などと略称）。

(33) 第七十六章における「柔弱」の提唱と「堅強」の否定については、本書のⅡ、第2章、B、a「水にならう柔弱・不争《ふそう》・謙下《けんか》の倫理」とその注（14）、Ⅱ、第3章、D、a「不争の倫理に基づく非戦」、Ⅱ、第4章、C、d「無知・無欲・無為によって養生を実現する」とその注（21）を参照。

また、第七十六章における「柔弱」と「賢（堅）強」との関係論は、その材料を広く「人」「万物草木」「兵」「木」から取っている。だから、章末の「強大は下に居り、柔弱微細は上に居り。」という結論は、人間界（「人」「兵」）と自然界（「万物草木」「木」）にまたがって、世界に存在する一切の「万物」のあり方をカバーする普遍的なルール、という意味づけを与えられていると考えられる。この点については、陳鼓応『老子註訳及評介』七十六章に優れた指摘がある。ところが、楠山春樹『老子の人と思想』の第二章、第六節「郭店本以後における『老子』の展開」、および同書の第六章、第四節「思想形成の順序」、楠山春樹『老子入門』七十六章の両書は、次のように主張している。

七十六章に、剛強に対する柔弱の優位を述べる文は、もっぱら自然界の事象を根拠とする、強引さだけが目立つ拙劣な論説であって、……（『老子の人と思想』の場合）。

(34) 第七十八章の「聖人の言」の引用文については、本書のⅠ、第2章、1、C「『荘子』に現われた『老子』」、Ⅱ、第2章、C、c「無言・不言の提唱」、Ⅱ、第3章、A、b「柔弱・謙下・無欲・無為によって「天下」全体を統治する」、Ⅱ、第5章、A、b「「道」の重要性」とその注（9）を参照。また、第七十八章の「柔弱」の逆説的・弁証法的な意味については、本書のⅡ、第2章、B、a「水にならう柔弱・不争《ふそう》・謙下《けんか》の倫理」とその注（13）を参照。

本章末尾の「正言は反するが若し」の一文については、武内義雄『老子の研究』第七十八章は、評語が本文に混入したものとして削去する。しかし、これは本章の趣旨と密接に関連する一文であるから、削去するわけにはいかないものであり、今日まで賛同する者は一人も生まれていない。また、「正言は反するが若し」の意味を、福永光司『老子』第七十八章、小川環樹『老子』第七十八章の両書は、本当に正しい言葉は、一見、真実とは反対のように聞こえるものである（福永光司の場合）。

と日本語訳する。しかし、『老子』に特有の逆説・弁証法に基づいて、「真実とは反対」ではなくて、「世間の常識とは反対」と理解すべきである。

(35) 第四十章の「反なる者は、道の動きなり。」の「反」は、王弼『老子注』が、

高きは下《ひく》きを以て基《もと》いと為し、貴《とうと》きは賤《いや》しきを以て本《もと》と為し、有は無を以て用を為す、此其の反なり。

と注したように、反対の意。「万物」のあり方や世間の常識の反対、ということ。『老子』の他の章では、第六十五章に「玄徳は深し遠し、物と反す。」とあり、第七十八章に「正言は反するが若し」とある。第四十章は、馬王堆両本の段階では第四十二章と同一の章であったことが判明しているので、ここでも第四十章・第四十二章を一つに合わせて考察する。両章における「反」とは、「有は无より生ず」ること、「天下の悪む所は、唯だ孤・寡・不槖（穀）なるも、王公は以て自ら名づくる」こと、「勿（物）或いは之を敗（損）して益し、之を益して敗（損）す」ること、「強良（勍）なる者は死を得ざ」ること、に他ならない。武内義雄『老子の研究』第四十章、木村英一『老子の新研究』四十章などを始めとする日本の研究は、従来、ほとんど例外なく「反」を復帰の意と理解してきたけれども、今日ではもはや改めなければならない。

第四十章において「弱」という性質を「道」に根拠づける点については、本書のⅡ、第３章、B、b「「道」をもって君主の統治を助ける臣下」を参照。

(36) 第三十三章の内容や特徴については、本書のⅡ、第２章、C、b「無知・不知の提唱」とその注(84)、Ⅱ、第４章、D、c「『老子』における人生の最終目的としての養生」を参照。また、第三十三章の「自ら勝つ者は強きなり」と第五十二章の「柔らかきを守るを強しと曰う」の「強し」が、同じような肯定的な堅強であることについては、武内義雄『老子の研究』第三十三章以来、指摘する者が少なくない。

(37) 第五十二章の「柔らかきを守るを強しと曰う」の意義づけについては、本書のⅡ、第４章、C、b「「道」「徳」の把握によって養生を実現する」とその注（15）を参照。

(38) 第五十八章の「〓（禍）いは、福の倚る所なり。福は、〓（禍）いの伏する所なり。」については、王弼『老子注』がこれを禍福の循環論と解釈していないことに注意されたい。また、これを『老子』から引用した古代の文献は多いが、それらの中で成立の比較的古い戦国末期の『荀子』正名篇・大略篇、『呂氏春秋』制楽篇などは、禍福の循環論とは理解していない。前漢初期の賈誼「服鳥賦」・『鶡冠子』世兵篇などに下ると、循環論と理解するようになるようである。

(39) 第二十二章の「一」は「道」を指す。この問題については、本書のII、第3章、A、a「「道」を把握して「天下」全体を統治する」とその注（1）を参照。また、「一」を把えた「声《せい》（聖）人《じん》」が全「天下」を統治する天子・皇帝となるという思想を含む、第二十二章の章旨については、本書のII、第2章、D、a「無欲・不欲の提唱」とその注（128）、II、第3章、A、a「「道」を把握して「天下」全体を統治する」とその注（2）を参照。なお、第三十九章の「一」も同じであり、本書のII、第1章、C、b「「万物」は「一」を得て存在する」とその注（56）を参照。

従来の「一」の解釈の内、武内義雄『老子の研究』第二十二章が「神」のこととし、高亨『老子正詁』二十二章が「身」のこととし、加藤常賢『老子原義の研究』22が「曲の意」とするのは、いずれも誤り。また、成玄英『老子義疏』曲則章が、高下などのものの性質の一方に滞らない「一中の道」であるとし、高明『帛書老子校注』二十三、蜂屋邦夫『老子』第二十二章がこの方向を取るのも、不適当。「道」を指すと正解している者の中でも、李載贇『老子解』の二十二章（焦竑『老子翼』の二十二章所引）、焦竑『焦氏筆乗』二十二章、馮振『老子通証』二十二章、朱謙之『老子校釈』二十二章、諸橋轍次『掌中　老子の講義』第二十二章、金谷治『老子　無知無欲のすすめ』23は、本章上文の「少なければ則ち得、多ければ則ち惑う。」を受けて、「少なし」の極致が「一」であるから、ここでも「道」のことを「一」と言ったのだと解釈するが、あまりに表面的。この諸橋轍次説・金谷治説は実は王弼『老子注』に基づくものである。しかし、「道」のことを「一」と言うのは、多者である「万物」の対極にある「道」の根源的な一者性を指したもので、道家の古くからの伝統的な哲学である。上文の「少なし」「多し」の議論と直接の関係はない。なお、「一」である「道」のここでの実際の内容は、

曲がれば則ち金〈全〉く、枉がれば則ち定まり、洼（窪）めば則ち盈ち、敝るれば則ち新たに、少なければ則ち得、多ければ則ち惑う。

に現われている、この世の事物の逆説的・弁証法的なあり方（認識と存在の両方）がそれに該当するのであろう。

(40) 第四章の引用文の趣旨は、「道」は空虚な器のようなものである（兪樾『諸子平議』の説）が、その作用は無限である、ということ。本書のⅡ、第1章、A、a「形而上の「道」と形而下の「万物」」とその注(6)を参照。

「之を用うれば盈たざる有るなり」は、「道」の作用を、空虚な器に物（例えば水）を入れる場面を画いて比喩している。小川環樹『老子』第四章が「いくら汲み出しても、あらためていっぱいにする必要はない。」と口語訳したのは、比喩の入れる・出すの方向が逆である。また、本章と類似する第四十五章の「大盈は盅《むな》（盅）しきが若きも、亓《そ》（其）の用《はたら》きは竆《きわ》（窘）まらず。」は、趣旨は本章と全く同じであるが、その「亓（其）の用きは竆（窘）まらず」は、「道」の作用を、空虚な器から物を取り出す（例えば水を汲み出す）場面を画いて比喩している。楠山春樹『老子入門』二十五章は、両者を混同したために不可解な解釈となっている。

(41) 第九章の「揯（揣）えて之を兌（鋭）くすれば、長く之を葆（保）つ可からず。」は、『荘子』天下篇の関尹《かんいん》・老耼《ろうたん》論に「曰わく、「堅ければ則ち毀たれ、鋭ければ則ち挫かる。」と。」とあるのと趣旨は一致する。『荘子』天下篇のは古い『老子』第九章からの引用と思われるが、第九章の引用個所の解釈については、本書のⅠ、第2章、1、C「『荘子』に現われた『老子』」とその注(18)を参照。また、第九章における「盈たさない」「盈ちない」ことへの賛美については、本書のⅡ、第2章、D、a「無欲・不欲の提唱」

とその注(125)を参照。これが第九章の章旨でもある。

本章の章旨については、近年の日本の大多数の研究書は、木村英一『老子の新研究』九章、小川環樹『老子』第九章あたりから始まって、最近の楠山春樹『老子入門』九章、神塚淑子『老子』第九章に至るまで、功成り名遂げた後は引退することを勧める章と解釈する。しかし、この解釈は不適当。その理由は以下のとおり。

第一に、本章の「功述(遂)げて身芮(退)く」の一句の『老子』における類似表現は、第二章・第七十七章の「功を成せども居らざるなり」、第十七章の「功を成し事を遂げて、百省(姓)は我自然なりと胃(謂)う。」、第三十四章の「功を成し事を遂ぐれども名有せざるなり」がある。これらは、「声(聖)人」の下で万物・万民が功績を挙げるが、「声(聖)人」はその功績に居坐らない、またはそれに命名したり自分の所有としたりしないという謙下の倫理を唱えたものであって、引退を勧めるものではないからである。この点では、陳鼓応『老子註訳及評介』九章、および蜂屋邦夫『老子』第九章が優れる。

第二に、「功述(遂)げて身芮(退)くは、天の道なり。」の一文を引用して解釈した比較的早い文献としては、『淮南子』と『文子』がある。その『淮南子』道応篇の魏武侯と李克の問答や『文子』上徳篇の文章は、これを引用して、物が極まるとやがて亡ぶという道理を導き出しており、引退の勧めなどとは理解していないからである。ただし、後代に成った『漢書』疏広伝の引用・解釈は引退の勧めとしている。

第三に、『老子』の古くかつ重要な注釈である王弼『老子注』は、この一文に対して「四時更わりて運り、功成れば則ち移る。」と注し、また、河上公『老子注』は、

> 言うこころは人の為す所、功成り事立ち、名迹《おこな》われ称遂げて、身を退け位を避けざれば、則ち害に遇う、此乃ち天の常道なり。譬えば日中すれば則ち移り、月満つれば則ち虧け、物盛んなれば則ち衰え、楽しみ極まれば則ち哀しむなり。

と注する。河上公注は、前半と後半とがバッティングするけれども、前半の引退の勧めは新しい思想に基づ

く解釈であるらしいと同時に、後半の比喩に吸収されるものとなっている。両注は、河上公注の「身を退け位を避けざれば、則ち害に遇う。」（「虚」の現象の一つ）をも含めて、万物の上に発生する各種各様の「盈→虚」の変化が「天の道」として必然的で不可避だと説いているのである。

第四に、「功述（遂）げて身芮（退）く」とは、功が遂げられて「盈」の状態に上昇しきった後は、当人の意思とは無関係に必ず下降して「虚」の状態に陥る。「天の道なり」とは、それが万物・人類の世界全体をカバーする「天」の、人間の力では避けることのできない運命的な変化の法則である、という意味である。引退すればこの運命から逃れられるというのは、あまりにノーテンキな解釈ではなかろうか。それ故、本章に読者に勧める思想があるとすれば、それはあくまで「虚」に止まって「盈」に上昇しないことであろう。第十五章の「此の道を葆（保）てば、盈つるを欲せず。」は、本章の以上の解釈と整合的である（武内義雄『老子の研究』第九章を参照）。

(42) 第十五章の「是を以て能く斃（敝）るれども成る」については、底本（馬王堆甲本）は最後の「成」の字以外は全て欠字。乙本は「是《ここ》を以て能く斃（敝）れて成らず」に作っており、これによって補足した。その際、乙本の「成らず」の「不」の字は、易順鼎『読老札記』および高亨『老子正詁』十五章が「不」を「而」の誤りとしたのに従って改めた。『老子』第二十二章にも「敝るれば則ち新たなり」という句が見える。ただし、「不」のままでよい可能性も排除できない。その理由は、一つには、馬王堆乙本には「而不」の二字が並んで出ていること。二つには、王弼本・河上公本だけでなく、新出の北京大学簡にも「不」があること。三つには、『淮南子』道応篇・『文子』九守篇などの本章の引用にも「不」があることである。

(43) 第八十一章の財富を多く貯めこむことを嫌う思想については、本書のⅡ、第2章、D、a「無欲・不欲の提唱」とその注(130)、Ⅱ、第3章、E、c「聖人の統治は富貴に驕らないが威厳がある」を参照。

第八十一章前半の経文の諸テキスト間の異同については、郭店本には第八十一章がない。底本（馬王堆甲本）は「善〔なる者は多からず、多き〕者は善ならず。」、乙本は「善なる者は多からず、多き者は善ならず。」、北京大学簡は「善なる者は弁ぜず、弁ずる者は善ならず。」、通行本（王弼本）は「善なる者は弁ぜず、弁ずる者は善ならず。」にそれぞれ作る。馬王堆両本の経文の「善なる者は多からず、多き者は善ならず。」は、北京大学簡・通行本の「善なる者は弁ぜず、弁ずる者は善ならず。」と表現も異なり、また意味も異なる。その「多」の字について、蜂屋邦夫『老子』第八十一章は「多弁の意味」とするが、本章後半の「聖人《せいじん》は積《つ》むこと无《な》し」以下のコンテキストから判断して、賛成できない。

(44) 第二十二章の「自ら視（示）さず故に明らかに、自ら見わさず故に章（彰）らかなり。」（第二十四章のアンチテーゼも同じ）について、その内容の大枠は、武内義雄『老子の研究』第二十二章、木村英一『老子の新研究』二十二章以来、日本では通説が形成されている。例えば、福永光司『老子』第二十二章は、

　己れを誇示しないから、その存在が明らかとなり、己れを是《よ》しとしないから、その善が世にあらわれる。

と日本語訳する。筆者もこの方向に賛成である。『老子』第七十二章にも「声（聖）人は自ら知れども自ら見わさざるなり」という類似句がある。ところが、最近、前句の「視（示）す」（通行本では「見わす」）を「見る」と読み、「明らか」を「ものごとがよく見える」とする解釈が現われた。蜂屋邦夫『老子』第二十二章である。これは河上公『老子注』に従ったものであるが、不適当。両句は同じ構造の句だから、「自分を他に示さないからこそかえって自分が現われ、自分を外に現わさないからこそかえって自分が彰われる。」という意味のはずである。後句の「自分を外に現わさないからこそかえって自分が彰われる」については、河上公・蜂屋邦夫ともに通説と同じ方向であり、だから、河上公・蜂屋邦夫は両句を異なる構造として読んでいるのである。

(45) 第二十二章と第二十四章の配列の順序は、通行本（王弼本）は第二十二章→第二十三章→第二十四章であるが、馬王堆甲本・乙本はともに第二十四章→第二十二章→第二十三章である。郭店本には第二十二章と第二十四章がなく、北京大学簡は通行本と同じ。第二十四章の、

　　自ら《みずか》視《しめ》（示）す〔者〕は章《あき》（彰）らかならず、〔自ら〕見《あら》わす者は明らかならず、自ら伐《ほこ》る者は功无く、自ら矜《ほこ》る者は長からず。

は、内容上、第二十二章の、

　　〔自ら《みずか》〕視《しめ》（示）さず故に明らかに、自ら見《あら》わさず故に章《あき》（彰）らかに、自ら伐《ほこ》らず故に功有り、矜《ほこ》らず故に能《よ》く長し。

の前提になっているから、両者を隣り合わせの接近した場所に置く、馬王堆『老子』の方が優れており、これが『老子』本来の順序に違いない。この問題については、高明『帛書老子校注』二十二・二十三、金谷治『老子　無知無欲のすすめ』21を参照。楠山春樹『老子の人と思想』の第二章、第五節「孟子の影響による思想の変化」は、第二十二章が郭店本に含まれるとし、また第二十二章が第二十四章よりも後出であるとするが、ともに事実に反する議論である。

　本章の章旨は、自分の外に無理にも世間的な価値を求めようとしたり、また、自分の偉大さを外に向かって誇示しようとしたりする生き方を、「粽《よ》（余）食贅行《しよくぜいこう》」だと言って否定し、それに代わって「道」を実現しようとする大きな「欲」を持つべきことを訴えることである。

(46)　第七十二章前半の趣旨については、本書のⅡ、第3章、E、c「聖人の統治は富貴に驕らないが威厳がある」とその注（85）を参照。

「自ら知れども自ら見わさざるなり、自ら愛すれども自ら貴ばざるなり。」の内容については、本書のⅡ、第2章、C、b「無知・不知の提唱」とその注（85）を参照。前半の趣旨を受けて、「聖人」は自分（の内心）を知り、自分（の身体）を愛するけれども、自分を人民の前に現わしてアピールし、自分を人民に向かって貴くして誇ることはしない、ということ。木村英一『老子の新研究』七十二章、陳鼓応『老子註訳及評介』七十二章が優れる。その「自ら知る」は、第三十三章に「人を知る者は知あるなり、自ら知る者は明らかなり。」とあって、「人を知る」と対比されているから、己《おのれ》（に内在する「道」）を知る、という意味であろう。この文脈においては、それが「明知」であるか否かは主要なテーマではないが、諸橋轍次『掌中　老子の講義』第七十二章、福永光司『老子』第七十二章、金谷治『老子　無知無欲のすすめ』72は、「明知」に拘泥するあまりに、解釈に混乱を来たしている。

(47) 第六十七章の「慈しみ」「倹やか」「敢えて天下の先と為らず」の意義づけについては、本書のⅡ、第2章、D、c「無事の提唱」、Ⅱ、第3章、D、c「やむをえず行う戦争」を参照。また、第六十七章の「道」の下での「事を成す」については、本書のⅡ、第2章、D、c「無事の提唱」、Ⅱ、第3章、A、b「柔弱・謙下・無欲・無為によって「天下」全体を統治する」とその注(13)を参照。

　本章の「能く事を成すの長と為る」については、通行本の王弼本・河上公本ともに「能成器長」に作るので、その意味の取り方に通行本以来、現代に至るまで大混乱が生じている。第一に、底本（馬王堆甲本）と乙本の「為る」という動詞は、王弼本・河上公本にはないけれども不可欠であって、これを欠くために王弼注の系統・河上公注の系統は歴代、誤りを重ねてきた。しかし、通行本でも范応元本や司馬光本には「為」の字があり、また本章を引用した『韓非子』解老篇にも「為」の字がある。さらに、北京大学簡は「能為成器長」に作ってやはり「為」の字がある。

　第二に、底本の「事を成す」は、『韓非子』解老篇が同様に「事を成す」に作る。それ故、古い『老子』の一部に「器」ではなく「事」に作るテキストが流布していたと推測される。「事を成す」は、『老子』では他に第六十四章にも見え、第五十二章に「事を済す」とあるのも同じ内容である。世間一般の諸事業を成し遂げることを言う。この「事を成す」が馬王堆乙本に至って「器を成す」に改められ、以後「器を成す」が定着していったわけであるが、それは「万物」という「器」(＝「万物」をその機能面から言った表現）を成し遂げるという意味で、「事を成す」と言うのと何ら相異がない。ただし、「器を成す」という表現は、「道」の比喩・象徴である「樸《あらき》」を制割して「万物」の比喩・象徴である「器」を為《つく》った（『老子』第二十八章・第五十一章を参照）というニュアンスを含んでおり、背景に『老子』の道器論という形の形而上学または存在論が横たわっている（本書のⅡ、第1章、A、a「形而上の「道」と形而下の「万物」」を参照）。福永光司『老子』第六十七章は、前漢初期に成った儒家文献に「器を成す」という言葉があることを理由に、『老子』が当時の儒家から影響を受けたかのように唱えるが、事実はその正反対である。「道―万物」「道―器」の形而上学的・存在論的な関係づけは、『老子』を始めとする道家が創始した哲学であって、当時の儒家はこのような哲学を持っていなかった。『周易』繋辞上伝の道器論は、儒家が先行する道家の道器論を借用して書かれたものなのである（本書のⅡ、第2章、A、c「『周易』の道器論」を参照）。

第三に、底本（馬王堆甲本）の「事を成すの長」は、乙本の「器を成すの長」と同じく、哲学的には、一切万物という「器」を作り上げていく得道者たる聖人、政治的には、世間一般の諸事業を成し遂げる者たちの上に君臨する正長、を指す。分かりやすい政治の面に即して言えば、「事を成すの長と為る」とは、第二十八章の「官長と為る」と同じ。つまり、天子・皇帝となることを言う。本章の上文に「茲（慈）しむ↓勇なり」「検（倹）やか↓広し」「天下の先と為らず↓事を成すの長と為る」とあるごとく、マイナス価値・消極性↓プラス価値・積極性という逆説的・弁証法的な展開が老子の思想であるから、「事を成すの長」は「天下の先」と同等かまたはそれを上回る高レベルの聖人や統治者を言うのであろう。

(48)『老子』の中に二種類の「孝慈」があって、両者に対する老子の肯定・否定の評価が異なるという問題については、拙論「『老子』の二種類の「孝」と郭店楚簡『語叢』の「孝」」（郭店楚簡研究会『楚地出土資料と中国古代文化』所収、汲古書院、二〇〇二年）を参照。大濱皓『老子の哲学』の二章「道……当為としての道」、注11は、このアンビヴァレンスの前で立ち尽くし困惑している。

(49)第十九章の引用個所は、郭店本は、

智《ち》（知）を㡭《た》（絶）ち弁《べん》（辯）を弃（棄）つれば、……。攷（巧）を㡭（絶）ち利を弃（棄）つれば、……。愄《い》（為）を㡭（絶）ち慮を弃（棄）つれば、……。

に作る。絶棄すべきものが、底本では「聖知」「仁義」「巧利」であるのに対して、郭店本では「知辯」「巧

利」「為慮」となっている。そこで今日では、特に郭店本に「仁義」の字が見えないことを根拠にして、中国・台湾だけでなく日本においても、郭店本のような古い『老子』にはもともと「仁義」批判・儒家批判は強くはなかった、それが強くなるのは馬王堆両本以後の新しい現象に過ぎない、などといった見解が登場するに至っている。例えば、谷中信一「郭店楚簡『老子』及び「太一生水」から見た今本『老子』の成立」の第一部、第二章、（4）「郭店老子には「仁・義・聖・智」に対する極端なまでの否定的態度が見られない。」、楠山春樹『老子の人と思想』の第二章、第二節、3「十七章・十八章・十九章について」、神塚淑子『老子』の第Ⅰ部、第一章、「「仁義」批判――帛書・楚簡・現行本の比較（2）」などである。しかし、郭店本第十九章の「知辯」「巧利」「為慮」の絶棄も、すでに十分儒家批判となっているが、それだけでなく、郭店本第十八章に、

古《ゆえ》（故）に大道發《すた》（廢）れて、安《すなわ》（焉）ち𢘓《じん》（仁）義又《あ》（有）り。六新《りくしん》（親）和せずして、安《すなわ》（焉）ち孝學《こうじ》（慈）又（有）り。邦冡《ほうか》（家）緍《こん》（昏）乱《らん》して、安《すなわ》（焉）ち正臣又（有）り。

とある。この明確な「仁義」批判・儒家批判の事実に目をつぶってはならない。この問題については、本書のⅡ、第1章、B、b「万物生成論と退歩史観の結合」とその注（48）を参照。

（50）第七十三章のテーマは世間的な「勇」の否定的超出である。このことについては、本書のⅡ、第2章、D、a「無欲・不欲の提唱」、Ⅱ、第3章、D、b「「道」の哲学に基づく非戦」を参照。本章の「単（戦）わず・言わず・召さず・弾（坦）たり」が「天の道」の内容として肯定されるのも、以上のテーマと同じ方向にある。例えば、『淮南子』道応篇はある説話を述べた後、以下のように記している。

故に老子曰わく、「敢えてするに勇なる者は則ち殺され、敢えてせざるに勇なる者は則ち活く。」と。此に由りて之を観れば、大勇は反って不勇たるのみ。

これは本章に対する最古の注釈であり、十分に依拠することができるものである。

ところが、本章のテーマを、江戸末期の儒者大田晴軒『老子全解』の説を取って、裁判に関する叙述だと

する特異な解釈がある。武内義雄『老子の研究』第七十三章、福永光司『老子』第七十三章、金谷治『老子　無知無欲のすすめ』73、楠山春樹『老子入門』七十三章である。しかし、本章が裁判のことだと判断できる根拠は皆無であり、このような望文生義の前近代的な研究方法は、実証性を無視した学問以前のやり方としてなるべく早く捨て去った方がよい。

(51)　第五十九章の「嗇」は、広く万般について派手なむだ使いを省いて控えめに生きることを言う。陳鼓応『老子註訳及評介』五十九章は、「精気」「精力」を節約することと解釈する。本章の下文に「長生久視」という養生思想で使用される言葉が現われ、また本章と相い前後して成った『呂氏春秋』情欲篇に、「知　早く嗇となれば、則ち精　竭《つ》きず。」という養生思想を表わす文もあるので、本章の「嗇」にも、生命エネルギーのむだ使いを抑えるという養生上の意味があることは否定できない。しかし、本章の「長生久視」には養生上の意味だけでなく政治上の含意もあり（本書のⅡ、第４章「『老子』の養生思想」に後述）、また「嗇」という生き方は『晏子春秋』内篇問下などが財産の節用を主とする「君子の道」であると規定してもいるから、ここでは広い意味に取った方がよいと思う。

第五十九章における政治思想と養生思想との絡みあった意味については、本書のⅡ、第２章、B、c「母への賛美」とその注(28)、Ⅱ、第３章、B、a「「道」・柔弱・謙下・無為によって「邦」を統治する」、Ⅱ、第４章、D、b「『老子』における養生と政治との絡みあい」とその注(34)を参照。

(52)　第六十九章の「吾《われ》敢えて主と為らずして客と為る」の解釈については、本書のⅡ、第２章、C、c「無言・不言の提唱」とその注(102)、Ⅱ、第３章、D、b「「道」の哲学に基づく非戦」とその注(59)を参照。また、第六十九章の「吾敢えて主と為らずして客と為り、吾寸を進まずして尺を芮（退）く。」が、第六十七章の「敢えて天下の先と為らず」とほぼ同じ内容であることは、金谷治『老子　無知無欲のすすめ』69が指摘している。

(53)　第六十九章の「葆（宝）」は、第六十七章の「三璞（宝）」を受けており同じ内容であるとする解釈は、王弼『老子注』六十九章に由来するもので今日通説となっている。この問題については、本書のII、第2章、C、c「無言・不言の提唱」とその注(102)、II、第3章、D、b「『道』の哲学に基づく非戦」とその注(59)を参照。

この「葆(宝)」は、結局のところ「道」を指していると考えられる(本書のII、第3章、D、b「『道』の哲学に基づく非戦」とその注(59)を参照)。これに対して、河上公『老子注』は第六十九章の「宝」を「身」のこととして、高亨『老子正詁』六十九章がこれを襲い、また、福永光司『老子』第六十九章、木村英一『老子の新研究』六十九章、木村英一・野村茂夫『老子』六十九章は、財宝などのこととする。河上公以下の諸説はいずれも不適当。

(54) 第六十七章前半のコンテキストは以下のとおり。――冒頭の「大なり」は、『老子』においては「道」の性質の一つであり、底本(馬王堆甲本)第二十五章に、

物有り昆(混)成し、天地に先だちて生ず。……吾未《いま》だ其の名を知らず、之に字《あざな》して道《みち》と曰《い》う。吾強《し》いて之が名《な》を為《な》して大《だい》と曰う。

とあり、底本(馬王堆甲本)第三十四章に「道は……。万物焉《これ》に帰《き》すれども主と為らざれば、大《だい》と名づく可し。」とある。よって、「大なり」の主語「我」は「道」それ自体または「道」を把えた「聖人」を指す。

「大にして不宵《ふしょう》(肖)なり」は、「道」が「大」きいばかりで、世間的な評価から見てマイナス価値であることを言う。

「我恒《つね》に三琛《さんぽう》(宝)有り」は、このような「大」なる「道」に三つの重要な内容があることを総括的に示すテーゼである。その内容は、

一《いち》に曰《い》わく茲《いつく》(慈)しむ、二《に》に曰わく検《つつま》(倹)やかなり、三に曰わく敢《あ》えて天下の先《さき》と為《な》らず。

である。こういうわけで、「三琛(宝)」は「道」と同定して差し支えあるまい。本章の「三琛(宝)」が結局は「道」であることについては、本書のII、第2章、D、c「無事の提唱」、II、第3章、A、b「柔

弱・謙下・無欲・無為によって「天下」全体を統治する」、II、第3章、D、b「「道」の哲学に基づく非戦」」、II、第3章、D、c「やむをえず行う戦争」を参照。また、第六十二章の「瑧（宝）」が第六十七章の「三瑧（宝）」と同義であるとは、楼宇烈『老子道徳経注校釈』六十二章、「校釈」（二）の主張である。この件については、本書のII、第3章、D、b「「道」の哲学に基づく非戦」を参照。第六十二章の中で、「道」が「善人の瑧（宝）」であると同時に「不善人の瑧（保）つ所」でもあるとする、一見相い矛盾する唱道は、「道」の存在論的な働きから出たものである。この問題については、大濱晧『老子の哲学』の三章「存在と当為の合一」が、「万物、善人、不善人はいずれも道に支えられることによって存在している」と解釈したのがよいと思う。

(55) 第七章の後半部分における養生と政治との絡みあった様相については、本書のII、第4章、D、b「『老子』における養生と政治との絡みあい」を参照。

　また、「其の身を芮（退）けて身先んず」などの表現と思想の底辺を、老子独特の逆説・弁証法が支えていることについては、本書のII、第2章、D、a「無欲・不欲の提唱」とその注(118)、II、第4章、C、a「『老子』中に残る養生批判」とその注(8)を参照。老子の逆説・弁証法に対する理解は、日本の学者よりも現代中国の学者の方が敏感である。高亨『老子注訳』七章、陳鼓応『老子註訳及評介』七章、高明『帛書老子校注』七、蜂屋邦夫『老子』第七章を参照。

(56) 第二十八章の「声（聖）人は用うれば則ち官長《かんちょう》と為る」の意味については、本書のII、第1章、B、b「万物生成論と退歩史観の結合」とその注(46)、II、第2章、A、b「『老子』に見える反疎外論と主体性論の残滓」とその注(5)、II、第2章、B、e「プラス価値ではなくマイナス価値を」の注(47)、II、第3章、A、a「「道」を把握して「天下」全体を統治する」を参照。本章の「官長」が文武百官の長、つまり君主を指し、特に天下に君臨する天子・皇帝を指すと解釈したのは、諸橋轍次『掌中 老子の講義』第二十八章、木村英一・野村茂夫『老子』二十八章、陳鼓応『老子註訳及評介』二十八章、高明『帛書老子校注』二十八などである。これらは、河上公『老子注』や成玄英『老子義疏』に基づいているらしい。
(57) 第二十章冒頭の「学を絶てば憂い无し」について、以下の諸書は、馬叙倫『老子校詁』第二十章や蔣錫昌『老子校詁』二十章などに従って、これを錯簡として第十九章の章末に移動させる。——武内義雄『老子の研究』第二十章、高亨『老子正詁』二十章、加藤常賢『老子原義の研究』20、高明『帛書老子校注』二十、金谷治『老子　無知無欲のすすめ』19。今日では、郭店『老子』の中に第二十章上段が含まれており、その章頭にこの一文が存在するところから、これらの諸説の誤りであることが確定的となった。その上、本章の「学」は、下文の「唯と訶」「美と悪」の区別を教える学問一般であるが、旧説のままでよいとする理解は、上記の諸説を除けば、従来よりむしろ多数派であったのである。ただし、その多数派は概して言えば、この「学」の内容を、儒教の学問、特に礼学（礼を教える学問）であると狭く理解する。しかし、「美と悪」を区別する学問は儒教だけではなく、『老子』第二章の世間知をも広く指すはずであるし、また、この「学」を学ぶ第二十章下文の「衆人」「鬻（俗）人」も儒教の徒だけには限られまい。したがって、大濱晧『老子の哲学』の六章「無為」の言うように、「儒家に限定することなく、学一般とする方がよいと思う」。
(58) 第二十章の「唯と訶とは、其の相い去ること幾何ぞ。美と悪とは、其の相い去ること何若。」の部分を、第二章の「天下皆な美の美為るを知るも、悪なるのみ。皆な善を知るも、訾（斯）れ不善なるのみ。」以下と同じとする指摘は、蔣錫昌『老子校詁』二十章、金谷治『老子　無知無欲のすすめ』20、神塚淑子『老子』第二十章に見える。また、第二章の「声（聖）人は无為の事に居り、不言の教えを行う。」の解釈については、本書のⅡ、第2章、C、c「無言・不言の提唱」とその注（95）、Ⅱ、第2章、D、b「無為・不為の提唱」、Ⅱ、第2章、D、c「無事の提唱」、Ⅱ、第5章、C、c「主体の「無為」と客体の「自然」その3」とその注（38）を参照。
(59) 第四十八章において、老子は「学を為す」を必ずしも否定していないと解釈する研究には、馮振『老子通証』四十八章、大濱晧『老子の哲学』の六章「無為」、諸橋轍次『掌中　老子の講義』第四十八章、陳鼓応『老子註訳及評介』四十八章、高明『帛書老子校注』四十八などがある。これらの解釈に見られるような物わかりのよい近代的な啓蒙主義と、老子は全く無縁であることを我々は理解しなければならない。なお、本章の「学」は広く「学」一般を指して言い、基本的に一切の「学」の否定であるが、しかし、そのように理解せず主に儒家のそれを指すと取る解釈も多い。本章前半の趣旨を、老子は儒家の「学」は否定するが「学」一般を否定するわけではない、とする誤解の基礎には、こうした「学」の内容についての誤解が横たわっている。

(60)『老子』の中に荀子の思想を踏まえた部分があることについては、本書のⅠ、第2章、3、C「形成途上にある最古のテキストとしての郭店楚簡『老子』」、Ⅱ、第1章、B、b「万物生成論と退歩史観の結合」、Ⅱ、第2章、D、a「無欲・不欲の提唱」、Ⅱ、第5章、B、a「「自然」の出現状況と性質」とその注(15)を参照。老子の荀子思想に対する批判(負)と受容(正)の影響は、一部分は戦国末期の郭店本から始まり、前漢初期の馬王堆両本に至って全面化した。影響をこうむった問題は、第十八章の「大偽」(負)、第三十八章の「礼」(負)、第四十八章の学問観(負)、第二十五章の「三才」(正)などの重要な領域に及んでいる。

(61)第六十四章は、「亓(其)の安らかなるは持し易きなり」以下の上段と、「之を為す者は之を敗り」以下の下段との、二つの部分から構成されている(本書のⅡ、第2章、D、a「無欲・不欲の提唱」の注(116)を参照)。最古の郭店本はこの両者を一つの章として取り扱ってはおらず、別々の二つの章とする。その上、郭店本下段は二種類あって、経文それ自体が流動的で不安定である(本書のⅡ、第2章、D、a「無欲・不欲の提唱」の注(116)を参照)。郭店楚簡の段階では『老子』のテキストはまだ形成途上にあった。それが少しずつ手を加えられて馬王堆甲本、次に乙本へ、さらに北京大学簡を経て、通行本へと整理されていったのである。ただし、馬王堆甲本は当該個所が残欠しており不明、乙本は上段と下段を合わせて一つの章とするが、北京大学簡は上段と下段とを二つの章とする。それ故、両者を分けて二章とするのが穏当かもしれないが、ここでは通行本（王弼本）に従って一章として、章旨を検討したい。

第六十四章全体の章旨は、事物がまだ「安らかなる・未だ兆さざる・脆き・微かなる」状態にある間は、人間がそれに対処することは容易であるので、そうした萌芽の状態つまり「未だ有らざる・未だ乱れざる」にある段階で、対処すべきだ。換言すれば、事物への「毫末・羸（蘽）土・足下」といった微小な努力を積み重ねるのがよい。そして、「之を為す者・之を執る者」は失敗することになるので、「声（聖）人」にならって「為す无きなり・執る无きなり」つまり無為の態度を取るべきである。そうすれば、「敗るる无きなり・失う无きなり」でめでたい結果を得ることができる。章末の「声（聖）人」が「不欲を欲す・不学を学ぶ・敢えて為さず」を行うと言うのも、一言で言うならば、無為の態度を取ることに他ならない。こうしてみると、本章においては、上段の小さな努力を積み重ねることと、下段の無為の態度を取ることとが、矛盾しないどころか同一の態度と見なされているのである。この点は第六十三章の章旨も同じ（本書のⅡ、第2章、D、a「無欲・不欲の提唱」の注（111）を参照）。

第六十四章の「不学を学びて、衆人の過ぐる所に復る。」については、今日までのところ優れた解釈が存在しない。「不学を学ぶ」は、『老子』にしばしば現われる「不欲を欲す」（本章）、「无為を為し、无事を事とし、无未（味）を味わう。」（第六十三章）などと同類の表現で、不学または無学であることの強調である。本章の「不欲《ふよく》を欲《ほっ》す」「不学《ふがく》を学ぶ」を含む当該個所の解釈については、本書のⅡ、第1章、A、d「無知によって「道」を把える」の注（34）、Ⅱ、第2章、D、a「無欲・不欲の提唱」、Ⅱ、第2章、D、c「無事の提唱」、Ⅱ、第3章、D、b「「道」の哲学に基づく非戦」を参照。

「復」は、一文を解釈した最古の文献『韓非子』喩老篇（前漢初期の成書）がこれを引用して「衆人の過ぐる所に復帰するなり」に作るところから、「もどす」ではなく「かえる」の意。「過」は、動詞の「復」が「かえる」であるから、客語の一部をなす「過」も「あやまつ」ではなく「通り過ぎる」の意である。また、『老子』中に現われる「過」の字が、全て「過《す》ぐ」「過《す》ぎる」と読む点にも注意されたい。「衆人の過ぐる所」は、大衆が通り過ぎて顧みようとしない「道」を指す。本章の後半は、「声（聖）人」の「為す无し・執る无し」「欲せず・学ばず・為さず」をくり返し述べる。それらの動詞の対象はいろいろと考えられるが、「学ばず」の対象として適わしいものは、根源的な「道」以外にありえない。諸書の中では、大濱晧『老子の哲学』の二章「道……当為としての道」、蜂屋邦夫『老子』第六十四章が妥当である。

ちなみに、第六十四章下段の諸テキスト間の異同の最大のものは、底本（馬王堆甲本）が「民の事《こと》に従《したが》うや、恒《つね》に亓《ほとん》（幾）ど事を成さんとするに於《お》いて之を敗る。」の部分にある。この部分を、郭店甲本は「事に臨むの紀は」、郭店丙本は「人の敗るるや、亘（恒）に亓《ほとん》（其）ど戱《まさ》（且）に成らんとするに於いてや之を敗る。」、馬王堆乙本は「民の事《こと》に従《したが》うや、恒《つね》に亓《ほとん》（幾）ど成らんとするに於《お》いて之を敗る。」、北京大学簡は「民の事に従うや、恒に其《ほとん》（幾）ど事を成さんとするに於いて之を敗る。」、通行本（王弼本）は「民の事に従うや、常に幾《ほとん》ど成らんとするに於いて之を敗る。」にそれぞれ作る。まだ不安定であった『老子』の経文が、最古の郭店甲本に始まり以後少しずつ整理が加えられて、ついに通行本（王弼本）に至って安定するようになった経緯がよく窺われる例である。この問題の詳細については、拙著『郭店楚簡老子の新研究』の第一編、三「第六十四章における上段と下段」を参照。

(62) 第二十章の上段は郭店本に含まれているが、中段・下段は郭店本にはない。後者は、馬王堆甲本の編纂に至るまでに追加されたものであろう。「朢（恍）呵（乎）として其れ未だ央さざるかな」は、中段冒頭の一文である。本来はそれ以下の「衆人」「鬻（俗）人」の優等生ぶりと対比した、

我泊（怕）焉として未だ佻（兆）さず、嬰児の未だ咳わざるが若く、纍（儽）呵（乎）として帰る所无きが如し。……我独り遺《とぼ》（匱）し。我は禺（愚）人の心なり、惷惷呵（乎）たり。……我独り閽（昏）呵（乎）たるが若し。……我独り閩（紊）閩（紊）呵（乎）たり。忽呵（乎）として其れ海の若く、朢（恍）呵（乎）として其れ止まる所无きが若し。……我独り閞（頑）なにして以て悝《ひな》（俚）びたり。

といった「我」の劣等生的な姿形の、根底にある「道」を述べたものと考えられる。その前提をなすのが「人の畏るる所は、亦た以て畏れざる可からず。」であると見て、ここでは一緒に引用した。なお、「塱(恍)呵(乎)として其れ未だ央さざるかな」が、「道」の奥深く人々に把えがたいありさまを述べた文であることについては、呂恵卿『道徳真経伝』二十章を参照。

「人の畏るる所は、亦た以て畏れざる可からず。」は、上の一文の前提となった文であるから、その「人の畏るる所」はやはり「道」を指すのではなかろうか。本章の「人の畏るる所は、亦た以て畏れざる可からず。」に似た言い回しの文が、第四十二章に「人の教うる所は、夕(亦)た議して人に教えん。」とある(本書のⅡ、第2章、C、a「無学・不学の提唱」を参照)。その「人の教うる所」は、直接的には「強良(勍)なる者は死を得ず」であろうが、それだけでなく前後に配置されている、無や一からの万物の生成、王公の謙抑の自称、物の損益の相互逆転、人生における堅強の貶斥など、世界のあらゆる場面における逆説的・弁証法的な存在構造を指している。これはほぼ「道」に相当するものである。

(63) 第四十二章の「人の教うる所」の内容である「強良(勍)なる者は死を得ず」が、章頭の「道」と密接に繋がっていることについては、金谷治『老子 無知無欲のすすめ』42、神塚淑子『老子』第四十二章を参照。

第四十二章の「強良(勍)」に対する否定については、本書のⅡ、第2章、B、c「母への賛美」、Ⅱ、第2章、B、d「柔弱の提唱における逆説的・弁証法的な構造」とその注(30)(34)、Ⅱ、第3章、B、b「「道」をもって君主の統治を助ける臣下」を参照。また、第四十二章の「学《おし》(教)えの父《ちち》」については、本書のⅡ、第2章、B、c「母への賛美」を参照。

(64) 第四十二章の「人の教うる所は、夕(亦)た議して人に教えん。」と第二十章の「人の畏るる所は、亦た以て畏れざる可からず。」とが表現上、類似することについては、馮振『老子通証』四十二章、福永光司『老子』第四十二章に指摘がある。この点については、本書のⅡ、第2章、C、a「無学・不学の提唱」とその注（62）を参照。

(65) 第十九章の「声《せい》（聖）を絶《た》ち知《ち》を棄《す》つれば、民の利は百負《ひゃくばい》（倍）す。」以下の三文の趣旨については、本書のⅡ、第2章、D、a「無欲・不欲の提唱」とその注（121）、Ⅱ、第3章、E、a「聖人の統治は人民の心を虚しくして腹を実たす」を参照。

　また、第十九章の「声（聖）を絶ち知を棄つれば、民の利は百負（倍）す。」の一文について、老子はなぜ「知」などが「民の利」を損なうと唱えるのであろうか。本章の内部だけで考えるならば、下文に「素を見わし樸を抱き、私を少なくして欲を寡くす。」とあるのに注目して、「知」などが人民の間に「私欲」を増大させ「素樸」を消滅させるからだ、という答えが得られる。呂恵卿『道徳真経伝』十九章、高明『帛書老子校注』十九がこの方向に向かう。ただし、抽象的な答えであって十分な説得性に欠ける。一方、本書の外部に理由を求めるならば、この一文と類似する文を含む長大な論説が『荘子』などに見える。『荘子』胠篋篇の「聖を絶ち知を弃（棄）つれば、大盗は乃ち止む。」、同じく在宥篇の「聖を絶ち知を弃（棄）つれば、而ち天下大いに治まる。」である。これらに基づくならば、「知」などは大泥棒が国家を盗み、小泥棒が財貨を盗むといった、悪党の本質を覆い隠す隠れ蓑でしかないからだ、という答えとなる。この方向は、成玄英『老子義疏』絶学章、馮振『老子通証』十九章、朱謙之『老子校釈』十九章、福永光司『老子』第十九章が追求している。具体的な答えであって十分な説得性がある。上引の『荘子』胠篋篇・在宥篇などは『老子』第十九章とほぼ同じ時代に成立した文章と考えられる。

(66) 第三章における「知」の否定については、本書のⅡ、第2章、D、b「無為・不為の提唱」とその注(143)、Ⅱ、第3章、E、a「聖人の統治は人民の心を虚しくして腹を実たす」を参照。また、第三章において「无欲」が「声（聖）人」の重要な統治方針であることについては、本書のⅡ、第2章、D、a「無欲・不欲の提唱」を参照。

　第三章冒頭の三文の意味を含む本章全体の趣旨については、本書のⅡ、第2章、D、a「無欲・不欲の提唱」、Ⅱ、第3章、D、a「不争の倫理に基づく非戦」、Ⅱ、第3章、E、a「聖人の統治は人民の心を虚しくして腹を実たす」とその注（68）、Ⅱ、第4章、C、d「無知・無欲・無為によって養生を実現する」とその注（17）を参照。

冒頭の三文の主語は、河上公『老子注』が明確に記すとおり「人君」「上」であり、これが不動の定説である。ところが、諸橋轍次『掌中　老子の講義』第三章、小川環樹『老子』第三章は、一般化して「われわれ」としているが、不適当。第三章後半の「夫の知をして敢えてせざらしむ」の「知」は、馬王堆甲本（底本）は欠字、乙本は「知」に作り、北京大学簡は「智」に作る。これらに基づいて、「知」の意味を抽象的な知恵・知識のことと把えるのがよいかもしれない。しかし、通行本（王弼本）は「智者」に作っているので、ここではこれに従って解釈した。

（67）第七十七章の傍線部分の直接的な内容は、「声（聖）人」が「天の道」を把握して行った統治の結果、万物・万民が事業を「為」し「功を成す」けれども、それらの事業や功績を所有・支配する貴顕の地位に居坐ろうとしないことである。これは墨家の尚賢思想を知っていてそれを批判する言葉ではなかろうか。また、「此の若く亓（其）れ賢きを見わすを欲せざるなり」は、高亨『老子正詁』七十七章、福永光司『老子』第七十七章の指摘するとおり、『老子』第二十二章の「自ら視（示）さず故に明らかに、自ら見わさず故に章（彰）らかなり。」、第二十四章の「自ら視（示）す者は章（彰）らかならず、自ら見わす者は明らかならず。」と共通の意味を持っている。

（68）第五十七章中段の諸テキスト間の異同の内、底本（馬王堆甲本）の「人に知多し」について、郭店本は「人に智（智）多し」、馬王堆乙本は欠字、北京大学簡は「人に智多し」にそれぞれ作る。通行本の内、王弼本は「人に伎巧多し」に作り、河上公本は「人に技巧多し」に作り、他に異本も多い。これらに基づくならば、郭店本・馬王堆甲本・北京大学簡が本来の『老子』の表現であったと見ることができる。

（69）第六十五章に現われる政治における「不知」の提唱については、本書のⅡ、第3章、B、a「「道」・柔弱・謙下・無為によって「邦」を統治する」、Ⅱ、第3章、E、a「聖人の統治は人民の心を虚しくして腹を実たす」を参照。

第六十五章の「恒に此の両者を知るは、亦た稽（楷）式なり。」の「知る」は、統治の手段としての「知」と「不知」の「両者」を「知っ」た上で、相い対立するそれらを乗り越える絶対的な明知を言うに相違ない。下文の「玄徳」という言葉の重み（『老子』第十章と第五十一章の「玄徳」を参照）から考えても、単に相対的な「知」と「不知」の「両者」を「知る」だけでは、役不足の感を否めないからである。

(70) 第十八章の傍線部分の一文が最古の郭店本にはなく、馬王堆両本に至って追加された経緯とその思想史的な意義については、本書のⅠ、第2章、3、C「形成途上にある最古のテキストとしての郭店楚簡『老子』」とその注（33）（34）（35）、Ⅱ、第2章、D、b「無為・不為の提唱」を参照。また、第十八章の「仁義」「大偽（為）」などの倫理的・政治的なプラス価値が「大道」「知快（慧）未出」などの廃壊の結果生じたものとされたことについては、本書のⅠ、第2章、3、C「形成途上にある最古のテキストとしての郭店楚簡『老子』」、Ⅱ、第1章、B、b「万物生成論と退歩史観の結合」とその注（48）、Ⅱ、第2章、D、b「無為・不為の提唱」を参照。

(71) 第三十八章の「前識」が「道」と全然相い反するものであることについては、本書のⅡ、第1章、B、b「万物生成論と退歩史観の結合」、Ⅱ、第2章、C、b「無知・不知の提唱」とその注（90）、Ⅱ、第3章、E、a「聖人の統治は人民の心を虚しくして腹を実たす」を参照。

(72) 第四章・第五十二章・第五十六章のいわゆる「和光同塵」の含意については、本書のⅡ、第1章、A、b「「道」は人間が把えることのできないもの」とその注（16）、Ⅱ、第1章、A、d「無知によって「道」を把える」とその注（35）（36）、Ⅱ、第2章、C、d「無我・無心の境地」、Ⅱ、第3章、A、b「柔弱・謙下・無欲・無為によって「天下」全体を統治する」とその注（10）、Ⅱ、第4章、C、b「「道」「徳」の把握によって養生を実現する」を参照。また、第五十二章と第四章・第五十六章との間に若干の相異があることについては、本書のⅡ、第1章、A、d「無知によって「道」を把える」とその注（35）を参照。

(73) 第五十三章の「知」が「大道」を知る明知であるという指摘については、福永光司『老子』第五十三章を参照。また、第五十三章が「大道」を知る「知」に基づいて、当代の奢侈にふける統治者を非難する章であることについては、本書のⅡ、第3章、E、c「聖人の統治は富貴に驕らないが威厳がある」とその注(81) を参照。

(74) 第五十六章の「知る者は言わず、言う者は知らず。」の解釈については、本書のⅡ、第2章、C、c「無言・不言の提唱」を参照。この文は、『荘子』天道篇・知北遊篇、『淮南子』道応篇などにも現われる。否定詞を「弗」に作って「不」に作らない古い『老子』の場合は、世界について「知る」こと全般を肯定し、世界について「言う」こと全般を否定する文であって、前後の文脈から「道」がテーマであると判断される。否定詞を「不」に作る後世の表現では、「知る」と「言う」の客語が直接「道」となる。後者のように解釈するのは、成玄英『老子義疏』知者章、林希逸『老子鬳斎口義』知者不言章第五十六以来の定説である。ただし、蔣錫昌『老子校詁』五十六章のように、「知者」を「道を知るの君を謂う」、つまり君主とするのは、適当ではあるまい。

(75) 第四十七章の傍線部分の「戸を出でずして、以て天下を知り、牖を規（窺）わずして、以て天道を知る。」については、本書のI、第2章、1、A「『荀子』『呂氏春秋』に現われた『老子』」とその注（9）を参照。この文は、『呂氏春秋』先己篇・君守篇、『韓非子』喩老篇、『淮南子』精神篇・主術篇・道応篇などに類似文があり、当時の諸子百家が共通に口にしていた文句であって、老子や道家の創始したオリジナルなものではない。『老子』の普通の用語法と調和しない点があるのはそのためである。本章のコンテキストでは、「戸を出でず・牖を規（窺）わず」が原因たる「無知・無為」に当たり、「天下を知る・天道を知る」がその結果の「道」を把握することに当たり、「道」の把握のさらに先に「万物」の認識や成就が可能になる（「声（聖）人は……知り、……名（明）らかに、……成る。」）とされている。

(76) 第八十一章の「知る」の対象が「道」であることは、河上公『老子注』以来の定説である。その他、成玄英『老子義疏』信言章、蘇轍『老子解』八十一章、呂恵卿『道徳真経伝』八十一章、林希逸『老子鬳斎口義』信言不美章第八十一を参照。日本の近年の研究は、この肝腎の点を明確にしていない。また、「博し」は、「万物」「物」に対する知を言う。この点についても、成玄英『老子義疏』信言章、呂恵卿『道徳真経伝』八十一章、林希逸『老子鬳斎口義』信言不美章第八十一を参照。

(77) 第七十一章の引用した二文の意味については、古来諸説紛々である。それらの整理は、大濱晧『老子の哲学』の九章「無知」が行っている。ここでは、王弼『老子注』に従って読んだ。河上公『老子注』の読み方によれば、「知って知らざるは上《じょう》なり。知らずして知るは病《へい》なり。」となり（福永光司『老子』第七十一章の場合）、日本でも中国でも河上公注系統の解釈がやや優勢を占める。しかし、筆者は王弼注の方が優れると考える。第一に、「知らざるを知る」と類似する言い回し、例えば、第六十三章の「无為を為す・无事を事とす・无未（味）を味わう」、第六十四章の「不欲を欲す・不学を学ぶ」などが『老子』に多いからである（上の注（61）を参照）。

第二に、本章の趣旨は、修道者が自分の至らなさを自ら省察する点にあり、下文の「亓（其）の病いを病いとす」と言うのも、この章旨を端的に述べた句である。しかし、この章旨を河上公注は読み取っておらず、ただ王弼注だけがこれを読み取っているからである。

第三に、諸説が河上公注を支持する根拠は、『呂氏春秋』別類篇に「知不知上矣。過者之患、不知而自以為知。」とあり、また『淮南子』道応篇に「故老子曰、知而不知、尚矣。不知而知、病也。」とあることである。しかしながら、『呂氏春秋』は形式から判断しても『老子』からの引用ではなく、逆に『老子』がこれに基づいて本章を構成したと考えられる上に、その前半を「知らざるを知るは上なり」と読み、後半をその反対である「知らずして自ら以て知ると為す」を批判した句と読めば、むしろ王弼注の正しさの根拠となりうる。また、『淮南子』の『老子』からの引用文は、文字をこのままにして河上公注で読もうとしても道応篇の説話の内容（以下に略述する秦穆公と蹇叔との故事）と合致しないので、引用文に誤りがあると思われる。もしも引用文を底本（馬王堆甲本）のように「知不知、尚矣。不知不知、病矣。」に作っていたとすれば、秦国の敗れることを、秦穆公が知らないと秦の蹇叔は知っていたので、「尚（上）なり」と高く評価し、秦穆公自身は自分が知らないとは知らなかったので、「病いなり」と低く評価した、のように説話と引用文の両者をともに合理的に解釈することができる。

第四に、底本（馬王堆甲本）『老子』本章の当該部分は「不知不知、病矣。」である。これが最古のテキストであるから、これに基づいて「知らざることを知らざるは、病いなり。」と読むべきである。乙本は「不知知、病矣。」であるのは、下の「不」の字が残欠したのであろう。そして、それがそのまま北京大学簡の「不智智、病矣。」や河上公本の「不知知、病。」に引き継がれたと考えられる。

(78) 第十章の「民を愛し邦を栝（活）かして、能く為すを以うること毋からんか。……明白四達して、能く知を以うること毋からんか。」の部分には、テキスト上の問題があるために、混乱が生まれている。大分すると次の二つのテキストがある。王弼本は「民を愛し国を治めて、能く知ること無からんか。……明白四達して、能く為すこと無からんか。」に作り、河上公本は「民を愛し国を治めて、能く為すこと無からん。……明白四達して、能く知ること無からん。」に作る。両者をミックスするテキストも少なくない。この内「無為」と「無知」の順序については、かつて兪樾『諸子平議』が主張したとおり、河上公本が正しく王弼本は誤り。よって、王弼本に従った諸説はいずれも誤りであった。「以」の字は、両者ともにないが、「以」のあるテキストもいくつかあり、王弼注の中にも「以」があるから、金谷治『老子　無知無欲のすすめ』10の説くとおり、これがあるのが本来のテキストであろう。「為すを以うること毋し」は、「民を愛し邦を栝（活）かす」ための方法としての「為す」ことの否定、「知を以うること毋し」は、「明白四達する」ための方法としての「知る」ことの否定である。以上のテキスト上の諸問題は、馬王堆両本の出土によって基本的に解決された。ただし、底本（馬王堆甲本）は当該個所がほとんど残欠しており、乙本は、民を愛し国を栝（活）かして、能く知を以うること毋からんか。……明白四達して、能く知を以うること毋からんか。

のように、問題の個所に同じ句を重複させているので誤っており、前句は「知」を「為す」に改めなければならない。ちなみに、北京大学簡は前句・後句ともに「智」に作る。このテキストは馬王堆乙本の系統であろう。

「明白」の意味については、大濱皓『老子の哲学』の十章「自然」および十二章「復帰」に優れた解明があり、十二章「復帰」では、「いたるところを知りぬく明知」「絶対知たる明」と解釈する。基本的にはこれを支持するが、さらに一歩を進めて「道」を把える明知を言う、と理解する必要があると考える。

(79)　第十六章の「明らか」は、「道」を知る明知を言う。河上公『老子注』帰根第十六、林希逸『老子鬳斎口義』致虚極章第十六、大濱皓『老子の哲学』の二章「道……当為としての道」と十一章「対立と統一」、高明『帛書老子校注』十六を参照。

(80)　第五十五章の養生思想の解釈については、本書のⅡ、第4章、C、a「『老子』中に残る養生批判」とその注（6）、Ⅱ、第4章、C、c「養生と赤子・嬰児の比喩」を参照。

本章の「明らか」の意味は、「道」を知る絶対の明知とするのが古くからの定説である。河上公『老子注』玄符第五十五、成玄英『老子義疏』含徳章、蘇轍『老子解』五十五章、林希逸『老子鬳斎口義』含徳之厚章第五十五を参照。底本（馬王堆甲本）の「和を常と曰い、和を知るを明らかと曰う。」は、乙本は「〔和を〕常と〔曰い〕、常を知るを明らかと曰う。」、通行本（王弼本・河上公本）は「和を知るを常と曰い、常を知るを明らかと曰う。」にそれぞれ作る。これらに基づいて、高明『帛書老子校注』五十五は、底本を通行本のとおり「和を知るを常と曰い、常を知るを明らかと曰う。」に改めるべしと主張した。しかし、新登場の郭店本が「和を祟（常）と曰い、和を智（知）るを明らかと曰う。」に作り、北京大学簡が「和を常と曰い、和を智（知）るを明らかと曰う。」に作るので、高明説は正しくないことが確定した。

(81) 第五十二章の「小さきを見るを明らかと曰う」に始まる下段の解釈については、本書のⅡ、第1章、A、c「「道」は無名である」とその注（28）、Ⅱ、第2章、B、d「柔弱の提唱における逆説的・弁証法的な構造」とその注（37）、Ⅱ、第4章、C、b「「道」「徳」の把握によって養生を実現する」とその注（15）を参照。その「小さき」は、「道」のことを逆説的に言う表現。第十四章の「黴（微）し・希か・夷し」などと同じ趣向である。成玄英『老子義疏』天下章、馮振『老子通証』五十二章、大濱晧『老子の哲学』の一章「道……存在としての道」を参照。「明らか」は、「道」を知る絶対の明知を指すが、また「道」と一体化することによって獲得される明知でもある。

(82) 第三十二章の「楃（樸）は小なり」について、「小なり」は、「道」が大きさを持つ「万物」の対極にあるので、絶対的な小という意味で「小なり」と言う。郭店本はこれを「妻（細）し」に作る。上の注（81）をも参照。本章の「小なり」の思想的背景の説明については、そこに引いた諸書以外に、河上公『老子注』聖徳第三十二、呂恵卿『道徳真経伝』三十二章、焦竑『焦氏筆乗』三十二章などが優れる。また、下文の「道の天下に在るを俾（譬）うれば、猷（猶）お小浴（谷）の江海に与（於）けるがごときなり。」との照応関係については、本書のⅡ、第1章、A、c「「道」は無名である」とその注（27）を参照。

(83) 第三十四章の「万物焉に帰すれども主と為らざるに、則ち恒に无欲なれば、小と名づく可し。」については、本書のⅡ、第1章、C、a「「道」の虚静から「万物」が生み出される」とその注（55）を参照。本章において「道」を「小」とも呼ぶことと、また「无欲」に徹してこそ「道」は把えられるとする思想の解釈については、本書のⅡ、第1章、A、c「「道」は無名である」、Ⅱ、第1章、C、a「「道」の虚静から「万物」が生み出される」とその注（55）、Ⅱ、第2章、D、a「無欲・不欲の提唱」を参照。

　第三十四章の経文については、馬王堆両本・王弼本・河上公本・北京大学簡はほぼ同じであるが、馬王堆両本が出土する以前には本文校訂をめぐって諸説紛々であった。本章の文脈全体を押さえることが難しいためである。第一に、馬王堆両本の「則ち恒に无欲なれば」は、王弼本では「常に無欲なり」の三字に作るが、奚侗『老子集解』三十四章、蔣錫昌『老子校詁』三十四章、朱謙之『老子校釈』三十四章などは、「常に無欲なり」の句を衍文として削り、さらに上文の「万物焉に帰すれども主と為らず」をも削る（朱謙之の場合）。これらの影響を受けて、日本でも、武内義雄『老子の研究』第三十四章、木村英一『老子の新研究』三十四章、加藤常賢『老子原義の研究』34などが、「常に無欲なり、小と名づく可し。」を含む数句を大幅に削ってしまった。しかし、馬王堆両本の出土によってこれらの本文批判が全てむだであったことが判明したのだ。さて、「則ち恒に无欲なれば」は、北京大学簡は「故に常に無欲なれば」に作る。この句は「道」の性質を述べたものではなくて、「道」に向かう人間の態度を述べたもの。「則ち恒に无欲なれば、小と名づく可し。」は、『老子』第一章の「恒に无欲にして、以て其の眇（妙）を観る。」と同義であって、人間が徹底的に「无欲」であることを通じて、大きさを持たない「道」の根源性を把えることができるの意。「小」とは、そのような「道」に与えた仮称・形容である。

第二に、「小と名づく可し」は「道」を「小」（至小）という仮称・形容で呼んで把握することができる、また、下文の「大と名づく可し」は「道」を「大」（至大）という仮称・形容で呼んで把握することができる、という意味である。両者は綺麗なペアーをなしている。そして、本章の下文に、「声（聖）人」の「是を以て声（聖）人の能く大を成すは、其の大を為さざるを以てなり、故に能く大を成す。」というあり方が画かれているが、それは「道」のあり方を規範としているはずである。それ故、両者の関係は、例えば、「道の能く大を成す（「大と名づく可し」）は、其の大を為さざる（「小と名づく可し」）を以てなり、故に能く大を成す（「大と名づく可し」）。」と理解して差し支えあるまい。とすれば、「小と名づく可し」はやはり不可欠の一句と考えなければならない。朱謙之『老子校釈』三十四章に従った、福永光司『老子』第三十四章、加藤常賢『老子原義の研究』34などは、いずれも誤りであった（高明『帛書老子校注』三十四を参照）。

第三に、本章下文の「是を以て声（聖）人の能く大を成すは、其の大を為さざるを以てなり、故に能く大を成す。」は、第六十三章の「是を以て聖人は冬（終）に大を為さず、故に能く亓（其）の大を成す。」とほぼ同じ表現である。両者の間には少しばかり相異があって、本章下文は「声（聖）人」が「道」という根源的な至大を「成す」（把握する）ことがテーマであるのに対して、第六十三章は「徳」を把握した「聖人」が、それを用いて「大事」「難事」（通行本）を「成す」ことがテーマである。しかし、両者の表現はよく似ているので、意味も大雑把に押さえればほぼ同じ。王弼『老子注』が本章の理解に役立てようとして、第六十三章の「大なるを其の細かきに為し、難きを其の易きに図る。」を引用したのは、確かに適切な処置であった。

(84) 第三十三章の内容や特徴については、本書のII、第4章、D、c「『老子』における人生の最終目的としての養生」とその注（36）を参照。第三十三章の傍線部分の趣旨について、王弼『老子注』は次のように解釈している。

　人を知る者は、智なるのみ。未だ自ら知る者の、智を超ゆるの上なるに若かざるなり。

これでよいと思う。本章の「明らか」が自己内在の「道」を把握することに向かっている点を論じた研究には、河上公『老子注』辯徳第三十三、福永光司『老子』第三十三章、神塚淑子『老子』第三十三章がある。

(85) 第七十二章前半の趣旨については、本書のII、第3章、E、c「聖人の統治は富貴に驕らないが威厳がある」とその注（85）を参照。「自ら知れども自ら見わさざるなり、自ら愛すれども自ら貴ばざるなり。」の内容については、本書のII、第2章、B、e「プラス価値ではなくマイナス価値を」とその注（46）を参照。その「自ら知る」を解釈して、自ら「道」を知ることであると端的に述べるのは、成玄英『老子義疏』民不畏威章、林希逸『老子鬳斎口義』民不畏威章第七十二である。その「道」の内容は、「夫れ唯だ猒かず、是を以て猒かれず。」という、聖人と民との政治的な関係についての逆説・弁証法を含んでいるかもしれない。

(86) 第三十六章の章旨については、本書のII、第2章、B、d「柔弱の提唱における逆説的・弁証法的な構造」とその注（29）を参照。

本章の「微明」は、深遠で把えがたい明知の意。『老子』第十五章の「微眇（妙）玄達」とほぼ同義。「微」は大きさを持たない「道」の把えがたい根源性を言い、「明」は「道」を把える「知」、または「道」を内容とする「知」を言う。この件については、河上公『老子注』微明第三十六、大濱晧『老子の哲学』の十三章「政治思想」を参照。そして、「微明」の実際の内容は、本章の前後の文章から明らかなように、世界の逆説的・弁証法的な存在構造を把えることに他ならない。

(87) 第二十七章の章旨の理解については、本書のⅡ、第2章、C、c「無言・不言の提唱」とその注(103)、Ⅱ、第3章、E、b「聖人の統治は善人も不善人もともに貴ぶ」とその注（83）を参照。本章の底本（馬王堆甲本）の「㥏《じょう》」は、乙本は「曳」、北京大学簡「欲」、通行本（王弼本）は「襲」にそれぞれ作る。郭店本には第二十七章がない。「㥏」は、畳や重の意である。以下の諸書は通行本の「襲」を「重」の意に読んでいて、参考になる。高亨『老子正詁』二十七章、高亨『老子注訳』二十七章、木村英一『老子の新研究』二十七章、木村英一・野村茂夫『老子』二十七章である。

(88) 第二十章の「禺（愚）人の心」が、本章冒頭の「唯と訶とは、其の相い去ること幾何ぞ。美と悪とは、其の相い去ること何若。」という学問離脱を踏まえることについては、早く王弼『老子注』が指摘している。

(89) 第六十五章の傍線部分の解釈については、本書のⅡ、第3章、E、a「聖人の統治は人民の心を虚しくして腹を実たす」を参照。この部分に基づいて、『老子』に愚民政治・愚民政策があると認める研究としては、武内義雄『老子の研究』第六十五章、高亨『老子注訳』六十五章がある。

(90) 第三十八章の「前識」が「道」と全く相い反するものであることについては、本書のⅡ、第1章、B、b「万物生成論と退歩史観の結合」、Ⅱ、第2章、C、b「無知・不知の提唱」、Ⅱ、第3章、E、a「聖人の統治は人民の心を虚しくして腹を実たす」を参照。また、第三十八章の「愚」について、易順鼎『読老札記』は「遇」や「偶」に作るべしとし、「邪偽」の意とする。高亨『老子注訳』三十八章、加藤常賢『老子原義の研究』38がこの説を支持するが、「前識」は「知」の一種であるから、その反義語は「愚」でなければならない。

(91) 第八十一章の「信言」が「道」を把えた言葉であることについては、呂恵卿『道徳真経伝』十九章を参照。「美言」は、『老子』第六十二章にも見えるが、両章の「美言」のニュアンスに若干の違いがあるように感じられる。本章では「道」とは無縁の単に美麗なだけの言葉であるのに対して、第六十二章の「美言」は曲がりなりにも「善」の一種であって、それには「道」が含有されているからである。

(92) 第六十二章の「美言」と「尊行」については、本書のII、第3章、E、b「聖人の統治は善人も不善人もともに貴ぶ」を参照。「美言」と「尊行」の意味は、直接的には、美しい言葉と尊い行いである。本章においては、市場で金銭をもって売り買いしたり、他人にプレゼントしたりするものに堕している、と皮肉られている。しかし、老子はこれを世間的な低レベルの「善」にカテゴライズして、同じく「不善」とともに「道」を（存在論的な意味で）含有するものとして評価している。老子にとっての真の「善」は、これらの世間的な「善」と「不善」を乗り越えた、その先にあるものである。

ちなみに、第六十二章の「美言《びげん》は以《もつ》て市《う》る可《べ》く、尊行は以て人に加う可し。」（通行本（王弼本））の個所には、古来、テキスト上の難問が付着していた。しかし、郭店本には第六十二章はないが、通行本と同じ経文を有する馬王堆甲本・乙本の出土に伴って、通行本のままでよいことが確定した。さらに、北京大学簡も「美言は以て市る可く、奠（尊）行は以て人に賀（加）う可し。」に作っている。

(93) 第五十六章の「知る者は言わず、言う者は知らず。」の解釈については、本書のII、第2章、C、b「無知・不知の提唱」とその注（74）を参照。

(94) 第七十三章のテーマについては、本書のII、第2章、B、e「プラス価値ではなくマイナス価値を」とその注（50）、II、第2章、D、a「無欲・不欲の提唱」、II、第3章、D、b「「道」の哲学に基づく非戦」とその注（62）を参照。

第七十三章の「天の道」は、本章冒頭以下の叙述が「人の道」であるのに対比して言った言葉であるが、必ずしも人間界の道に対する自然界の道の意味ではない。老子の理想とする根源の「道」を広く指すと考えるべきであろう。ただし、本章の主なテーマが政治思想（軍事思想を含む）にある点にも注意をはらう必要がある。したがって、「言わずして善く応ず」は、「天」に比擬される統治者が何かを言葉に発するまでもなく任意の政治状況に対応できる、という意味をも含むのではないかと思う。「言わず」と「応ず」を結びつける文章が『管子』心術上篇に、

言わざるの言は、応なり。応なる者は、其の之を為すの人を以《もち》うる者なり。其の名を執り、其の応に務むるは、之を成す所以にして、応の道なり。

とある。ここでは、これに従って解釈してみた。ただし、本章の「言わずして善く応ず」は、これとは異なって、「天」が言わない中で「万物」が応ずる、君主が言わなくとも臣下・万民が応ずる、という意味である（自然思想）かもしれない。河上公『老子注』任為第七十三、蘇轍『老子解』七十三章、呂恵卿『道徳真経伝』七十三章、諸橋轍次『掌中　老子の講義』第七十三章などがこの方向で解釈している。また、次の「召さずして自《みずか》ら来たる」は、「天」や君主が呼び寄せるまでもなく「万物」や臣下・万民が自《みずか》らやって来る、という自然思想である。この方向の解釈は、王弼『老子注』七十三章、河上公『老子注』任為第七十三、馮振『老子通証』七十三章、諸橋轍次『掌中　老子の講義』第七十三章が採用している。

(95)　第二章の傍線部分の解釈については、本書のⅡ、第2章、C、a「無学・不学の提唱」、Ⅱ、第2章、D、b「無為・不為の提唱」、Ⅱ、第2章、D、c「無事の提唱」、Ⅱ、第5章、C、c「主体の「無為」と客体の「自然」その3」を参照。

また、「声（聖）人は无為の事に居り、不言の教えを行う。」と「万物昔（作）これども……、為れども……、功を成せども……。」との関係は、前者が主体・原因で、後者が客体・結果である。そのことは、第五十七章にほぼ同じ構成の文章が、

声（聖）人の言に曰わく、「我為す无くして、民自ら化す。……我事とする无くして、民自ら富む。

……。」と。

とあることによって明らかである。両者を全然無関係として切り離したのは、高亨『老子正詁』二章であるが、高亨だけでなく同じ処置を加える学者は甚だ多い。これに対して、前後の因果関係をほぼ正確に読み取ったものは、蔣錫昌『老子校詁』二章、大濱皓『老子の哲学』の九章「無知」、楠山春樹『老子入門』九章である。なお、「昔（作）こる・為る・功を成す」は、「万物」の「誕生↓成長↓完成」のプロセスを三段階に分けて述べた言葉であろう。

(96) 第十七章の「言を貴（遺）つ」の解釈については、本書のⅡ、第2章、D、b「無為・不為の提唱」とその注(165)、Ⅱ、第5章、C、a「主体の「無為」と客体の「自然」その1」とその注(27)を参照。また、第十七章における大上の「言を貴（遺）つ」↓百省（姓）の「功を成し事を遂ぐ」という関係については、本書のⅡ、第2章、D、b「無為・不為の提唱」、Ⅱ、第2章、D、c「無事の提唱」、Ⅱ、第5章、C、a「主体の「無為」と客体の「自然」その1」を参照。

「言を貴（遺）つ」は、「言を忘る」「言を棄つ」「言を去る」などと同じく、「言う無し」「言わず」の形を変えた表現であって、後者と意味の違いはない。『老子』だけでなく『荘子』『淮南子』『文子』など道家の文献に頻出する重要な概念である。「貴」は、馬王堆両本・通行本（王弼本・河上公本）・郭店本・北京大学簡はいずれも「貴」に作る。「遺」の省字または仮借字で、「すてる」または「わすれる」と読むことができる。中国と日本の大多数の学者が「貴」を如字に読んでいる中で、「遺」の省字・仮借字としたのは、福永光司『老子』第十七章、木村英一『老子の新研究』十七章、木村英一・野村茂夫『老子』十七章だけである。

(97) 第二十三章の構成と趣旨については、本書のⅡ、第2章、A、b「『老子』に見える反疎外論と主体性論の残滓」とその注(6)、Ⅱ、第2章、D、c「無事の提唱」とその注(180)、Ⅱ、第5章、C、a「主体の「無為」と客体の「自然」その1」とその注(29)を参照。

第二十三章の「言うこと希なれば、自然なり。」の意味については、依拠できる解釈がほとんどない。比較的よいのは、馬其昶『老子故』二十三章、蔣錫昌『老子校詁』二十三章である。「言うこと希なり」は、「希に言う」と読んでもよいが、「道」や「聖人」の無言・不言を言う。上述の馬其昶・蔣錫昌の先駆となったのは、成玄英『老子義疏』希言章、林希逸『老子鬳斎口義』希言自然章第二十三であり、「言うこと希なり」の意味だけは正解している。本章の「自然」の意味については、本書のⅡ、第2章、A、b「『老子』に見える反疎外論と主体性論の残滓」の注（6）、Ⅱ、第5章、C、a「主体の「無為」と客体の「自然」その1」を参照。

(98) 第三十五章の傍線部分の解釈については、本書のⅡ、第1章、A、b「「道」は人間が把えることのできないもの」とその注（14）を参照。上文の「楽と餌と」を受けて、「道」を食物に見立てつつ老子の思想を表現したもの。同時にまた、「道」は感覚によっては把えられないとする下文を導き出す。この前後の解釈は、王弼『老子注』三十五章、成玄英『老子義疏』大象章に従った。

(99) 第七十章の「吾《わ》が言《げん》は甚《はなは》だ知り易《やす》きなり、……。言《げん》に君《きみ》有り。」の解釈については、本書のⅡ、第2章、D、c「無事の提唱」を参照。

本章の「言」は、主に「道」に関する言葉・理論であり、「行い」「事」は、主にそれを実践・事業に移すことを言う。この点については、蘇轍『老子解』七十章、呂恵卿『道徳真経伝』七十章、李嘉謀『老子註』七十章を参照。また、「君」「宗」は、やはり「道」を指す。この点については、蔣錫昌『老子校詁』七十章、福永光司『老子』第七十章、蜂屋邦夫『老子』第七十章が参照される。

「言に君有り、事に宗有り。」は、底本（馬王堆甲本）と乙本・北京大学簡・通行本（王弼本）との間で、「君」と「宗」とが入れ替わっている。馬王堆甲本の「宗」が上文の「行」と押韻する点から判断して、「宗」が下句にある甲本が古い『老子』本来の姿であるに違いない。郭店本には第七十章がない。高亨『老子注訳』七十章は、馬王堆甲本を筆写の誤りとするが、逆に高亨が誤り。

(100) 第七十八章の「聖人の言」の内容が「道」であることについては、本書のⅡ、第3章、A、b「柔弱・謙下・無欲・無為によって「天下」全体を統治する」を参照。

また、第七十八章の章旨と「正言は反するが若し」の意味については、本書のⅡ、第2章、B、a「水にならう柔弱・不争・謙下の倫理」とその注（13）、Ⅱ、第2章、B、d「柔弱の提唱における逆説的・弁証法的な構造」とその注（34）を参照。「正言は反するが若し」の真意は、成玄英『老子義疏』天下柔弱章、蘇轍『老子解』七十八章、林希逸『老子鬳斎口義』天下柔弱章第七十八によって正しく把えられる。

(101) 第四十一章の「上士道を聞く・中士道を聞く・下士道を聞く」の意味については、本書のⅡ、第1章、A、d「無知によって「道」を把える」を参照。

「建言」の意味は、しっかりと打ち建てられた言葉、道を打ち建てて述べた格言の意。その実際の内容も「明道は費（昧）きが如く、……大象は刑（形）无し。」のように、全て道とその同類に関することである。「建」は、本章の下文に「建徳」とあり、第五十四章に「善く建つる者は抜けず」とあるとおり、道を打ち建てるの意。この点については、福永光司『老子』第四十一章を参照。

(102) 第六十九章の「兵を用うるに言有り」については、河上公『老子注』は老子が兵家言に仮託して自分の見解を述べたのだとし、福永光司『老子』第六十九章もその可能性を示唆する。これらの解釈がよいかもしれない。なお、本章の兵家言が第六十七章と同じ内容であること、および本章の「葆（宝）」が第六十七章の「三瑧（宝）」を受けていることについては、本書のⅡ、第2章、B、e「プラス価値ではなくマイナス価値を」とその注（53）を参照。

また、第六十九章の「吾《われ》敢《あ》えて主と為らずして客と為る」の解釈については、本書のⅡ、第2章、B、e「プラス価値ではなくマイナス価値を」とその注（52）、Ⅱ、第3章、D、b「「道」の哲学に基づく非戦」を参照。

(103) 第二十七章の章旨の解釈については、本書のⅡ、第2章、C、b「無知・不知の提唱」、Ⅱ、第3章、

E、b「聖人の統治は善人も不善人もともに貴ぶ」とその注（77）を参照。また、第二十七章に現われる多くの「善」は、世間の人々が言うレベル「善」ではない。老子が考える真の「善」、絶対の「善」であり、結局のところ「道」とともにある「善」である。この点については、本書のⅡ、第3章、E、b「聖人の統治は善人も不善人もともに貴ぶ」とその注（77）を参照。林希逸『老子鬳斎口義』善行無轍迹章第二十七、奚侗『老子集解』二十七章、福永光司『老子』第二十七章などは、それぞれ「道」の理解に相異があるけれども、本章の真の絶対的な「善」を「道」のあり方と関係づけて把えている。

(104) 第六十六章の「聖人の民に上らんと欲するや、必ず亓（其）の言を以て之に下る。」の解釈については、本書のⅡ、第2章、B、a「水にならう柔弱・不争《ふそう》・謙下《けんか》の倫理」とその注（15）、Ⅱ、第3章、A、b「柔弱・謙下・無欲・無為によって「天下」全体を統治する」を参照。

この一文は、統治者が自称を始めとして言葉でへり下ることを言う。例えば、第三十九章に、

必ず貴《とうと》からんとすれば而《すなわ》ち賤《いや》しきを以て本《もと》と為し、必ず高からんとすれば而《すなわ》ち下《ひく》きを以て基《もと》いと為す。夫《そ》れ是《ここ》を以《もっ》て侯王は自ら胃（謂《い》）いて孤《こ》・寡《か》・不橐《ふこく》（穀）と曰《い》う。

とあり、第四十二章に「天下の悪む所は、唯だ孤・寡・不橐（穀）なるも、王公は以て自ら名づくるなり。」とあるのも、同じ思想の現われである。このような柔弱・謙下の態度を取るとそれが逆転するとする思想は、本書のⅡ、第2章、B「『老子』における柔弱の提唱と堅強の否定」、特にそのd「柔弱の提唱における逆説的・弁証法的な構造」に既述のとおり、『老子』に非常に多く存在する。楠山春樹『老子の人と思想』の第二章、第五節「孟子の影響による思想の変化」が、これを戦国末期になってそれ以前にあった『老子』が孟子の王道政治論から受けた影響の結果だとするのは、『老子』の成書年代と『老子』の思想内容について、事実に合わない見解である。

(105) 第四章・第五十二章・第五十六章のいわゆる「和光同塵」の含意については、本書のⅡ、第1章、A、b「「道」は人間が把えることのできないもの」とその注（16）、Ⅱ、第1章、A、d「無知によって「道」

を把える」とその注（35）（36）、Ⅱ、第2章、C、b「無知・不知の提唱」、Ⅱ、第3章、A、b「柔弱・謙下・無欲・無為によって「天下」全体を統治する」とその注（10）、Ⅱ、第4章、C、b「「道」「徳」の把握によって養生を実現する」を参照。

（106）第三章の「亓《そ》（其）の心を虚《むな》しくす」などの句の解釈については、本書のⅡ、第3章、E、a「聖人の統治は人民の心を虚しくして腹を実たす」、Ⅱ、第4章、C、d「無知・無欲・無為によって養生を実現する」とその注（17）、Ⅱ、第4章、D、b「『老子』における養生と政治との絡みあい」を参照。第三章の「亓（其）の心」は、上文・下文にある「民」の心とするのが定説である。ところが、河上公『老子注』安民第三、成玄英『老子義疏』不尚賢章、張舜徽『周秦道論発微』（中華書局、一九八二年）などは、「聖人の心」または「人君の心」であるとする。適切ではあるまい。

（107）第二十章傍線部分の一文の解釈については、本書のⅡ、第2章、C、a「無学・不学の提唱」の注（62）を参照。この一文は、河上公『老子注』に従って、「未だ情欲の形兆有らざるなり」の意とする解釈が最も多い。一方、王弼『老子注』は、より広く「我」の形兆がないことと解釈する。王弼注の方向がよいと感じられる。

（108）第四十九章の章旨の解釈については、本書のⅡ、第3章、E、b「聖人の統治は善人も不善人もともに貴ぶ」を参照。第四十九章の冒頭は底本（馬王堆甲本）は欠字であるが、乙本によって補った。郭店本には第四十九章はない。その「恒に心无し」は、現在の王弼本・河上公本は「常の心無し」に作り、両者の意味に相当の開きがある。ただし、河上公『老子注』任徳第四十九の注、成玄英『老子義疏』聖人常無心章の疏、諸他のテキスト・注釈・引用の中に、「無心」に作るものが少なくない。それ故、「恒」（または「常」）の字の有無は不問に付することにして、本来の『老子』のテキストは底本のように作るのがよいと思われる。この本文批判は、馬王堆両本の出土以前から、張純一『老子通釈』（台湾学生書局、一九八一年）の四十九章、武内義雄『老子の研究』第四十九章、朱謙之『老子校釈』四十九章などがすでに唱えていた。

「渾」は、許慎『説文解字』に「渾は、溷流《こんりゅう》の声なり。」とある。「心を渾す」は、心を水の乱流のようにする、つまり自分の特定の心を持たない、の意ではなかろうか。河上公『老子注』のように「其の心を渾濁す」の意と取るのが通説であり、成玄英『老子義疏』聖人無常心章、武内義雄『老子の研究』第四十九章などがこれを襲って多数派を形成している（「其」が天下の百姓を指すか、それとも聖人を指すかは別にして）。

(109)『荀子』の性悪説の詳細については、以下の拙論を参照。拙論「『荀子』の性悪説——その本質と機能——」（上・下）（『高知大国文』第二号・第三号、高知大学国語国文学会、一九七一年・一九七二年）、拙論「上海楚簡『孔子詩論』に現れた「豊（礼）」の問題——関雎篇評論における人間の欲望を規制するものとしての「豊（礼）」——」（『東方学』第百八輯、東方学会、二〇〇四年七月）。

(110) 第十二章中の「欲」の否定については、本書のⅡ、第2章、C、b「無知・不知の提唱」、Ⅱ、第3章、E、a「聖人の統治は人民の心を虚しくして腹を実たす」、Ⅱ、第4章、C、d「無知・無欲・無為によって養生を実現する」とその注（18）を参照。

第十二章の傍線部分が目指すのは、人の「目」「心」「行い」「口」「耳」などの欲望を抑えつつ、それらが普通・正常に働いてそれらの本来性を発揮することである。この理解については、王弼『老子注』十二章、于省吾『双剣誃諸子新証』（中華書局、一九六二年）の「双剣誃老子新証」（以下、于省吾「双剣誃老子新証」と略称）、諸橋轍次『掌中　老子の講義』第十二章を参照。ところが、「目」「心」などの普通・正常な働きを越えて、直接「道」の把握を目指す文章だとする理解がある。河上公『老子注』検欲第十二、成玄英『老子義疏』五色章、林希逸『老子鬳斎口義』五色章第十二などであるが、不適当（本書のⅡ、第2章、C、b「無知・不知の提唱」を参照）。この理解は、老子が下文で目指す聖人の政治の「腹の為めにす」と、その反対の「目の為めにせず」の理解に影響してくる。聖人の目指す政治は人々の贅沢にわたらない普通以下の欲望追求による養生であり（本書のⅡ、第4章、C、d「無知・無欲・無為によって養生を実現する」とその注（18）を参照）、その反対は贅沢を極めるところまで進まざるをえない欲望追求である。ただし、後者の「欲」の否定の彼方《かなた》に老子が「道」の把握・実現を展望していたことも、また事実であろうと思われる。

(111) 第六十三章の「无未（味）を味わう」は、味を追求することの否定、ひいては欲望追求一般の否定を言う。第五十七章・第六十四章の「不欲を欲す」と同義。本章のコンテキストでは、章頭の無為・無欲を行うことと、「易き・細かき」を為しつつ「難き・大なる」を図ることとが、同一の態度と見なされている。したがって、最後に到達する「大を成す」は、「道」の把握・実現を意味すると考えられる。この問題については、本書のⅡ、第2章、D、b「無為・不為の提唱」とその注（150）を参照。

第六十三章の「无為を為し、无事を事とし、无未（味）を味わう。」の三句の解釈については、本書のⅡ、第2章、D、b「無為・不為の提唱」とその注（147）（156）、Ⅱ、第2章、D、c「無事の提唱」、Ⅱ、第3章、D、b「「道」の哲学に基づく非戦」を参照。また、本章全体の構成と趣旨については、本書のⅡ、第2章、D、b「無為・不為の提唱」とその注（150）を参照。

(112) 第一章の「恒に无欲なり・恒に有欲なり」は、従来より「常に無欲なり・常に有欲なり」とする読み方と、「常に無にして……せんと欲す・常に有にして……せんと欲す」とする読み方との二説が存在していたが、「恒无欲也・恒有欲也」に作る馬王堆両本が出土したことによって、前者の読み方の正しさが確定した。これに伴って、上文の「名无きは・名有るは」も、「無は……に名づく・有は……に名づく」とする読み方が不適当であることが確定している。「恒に无欲にして、以て其の眇（妙）を観る。」は、徹頭徹尾無欲であることを通じて「其の眇（妙）」つまり不可把握性の「道」を認識すること。これは、次の「恒に有欲にして、以て其の噭（曒）らかなる所を観る。」が、徹頭徹尾有欲であることを通じて「其の噭（曒）らかなる所」つまり把握可能性の「万物」を認識すること、であるのに対している。この問題については、本書のⅡ、第1章、A、a「形而上の「道」と形而下の「万物」」を参照。

以上のような解釈を行う上で参照できるのは、王弼『老子注』一章、河上公『老子注』体道第一、呂恵卿『道徳真経伝』一章である。特に呂恵卿は、本章の「恒に无欲にして、以て其の眇（妙）を観る。」の意味を、第三十四章の「則ち恒に无欲なれば、小と名づく可し。」と同じと見ているが、正しい解釈ではなかろうか。本書のⅡ、第1章、C、a「「道」の虚静から「万物」が生み出される」を参照。

(113) 第三十四章において「道」を「小」とも呼ぶこと、また「无欲」に徹してこそ「道」は把えられるとする思想については、本書のⅡ、第1章、A、c「「道」は無名である」、Ⅱ、第1章、C、a「「道」の虚静から「万物」が生み出される」、Ⅱ、第2章、C、b「無知・不知の提唱」とその注(83)を参照。

(114) 第四十六章の「故に足るを知るの足るは、恒に足るなり。」は、欲望充足をもたらすものとして「知」の力を強調した表現である（蜂屋邦夫『老子』第四十六章を参照）。第三十三章・第四十四章の「足るを知る・止まるを知る」も同様で、欲望追求において単に「足る・止まる」のではなく、明知を用いて「足る・止まる」ことを説いた文である。この問題については、本書のⅡ、第2章、D、a「無欲・不欲の提唱」の下文を参照。

(115) 第三章の「欲す可きを見《しめ》さざれば、民をして乱れざらしむ。」について、「欲す可し」は、ほしいの意。統治者のほしいもの（対象）ではなく、統治者のほしがる気持ち（感情）を言う。「所欲」の意とするのは、不適当。「民」の字は、王弼本にはあるが北京大学簡・河上公本にはない。馬王堆両本にはあり、また文脈の上でもあるべきである。朱謙之『老子校釈』三章が「民」のないのが正しいとするが、不適当。また、第三章において「无欲」が「声（聖）人」の重要な統治方針であることについては、本書のⅡ、第2章、C、b「無知・不知の提唱」とその注(66)を参照。

(116) 第六十四章の経文が流動的であったことについては、本項の上文（Ⅱ、第2章、C、a「無学・不学の提唱」とその注(61)）に既述。そのことが原因となって、本章の論旨に把えにくいところがあり、さまざまのテキスト・クリティークが生まれている。例えば、武内義雄『老子の研究』第六十三章・第六十四章、諸橋轍次『掌中　老子の講義』第六十三章・第六十四章を参照。これらは本文校訂の結果はそれぞれ異なるけれども、大雑把に押さえれば、第六十三章と第六十四章を混ぜ合わせて作った文章群の中から、一方で、無為の思想だけを集めて一章とし、他方で、微小な努力を積み重ねる思想だけを集めて別の一章とする、というやり方で経文を綺麗に整理しようとするものであった（これらの先駆は大田晴軒『老子全解』である）。

　第六十四章の「是を以て声（聖）人は不欲を欲して、得難きの⿰月爲（⿰貝爲）を貴ばず。」以下については、武内義雄は章頭の「亓（其）の安らかなるは持し易く、……亓（其）の微かなるは散じ易きなり。」に直接繋げ、また諸橋轍次は第六十三章の章末に移動させる。しかし、郭店本・馬王堆両本・北京大学簡が登場して『老子』の書の成立過程が明らかになった今日では、これらの本文批判や実際の処置の無意味であったことが判明している。本章の「不欲《ふよく》を欲《ほっ》す」「不学《ふがく》を学ぶ」を含む当該個所の解釈については、本書のⅡ、第1章、A、d「無知によって「道」を把える」の注（34）、Ⅱ、第2章、C、a「無学・不学の提唱」とその注（61）、Ⅱ、第2章、D、c「無事の提唱」、Ⅱ、第3章、D、b「「道」の哲学に基づく非戦」を参照。

　なお、第六十四章上段の経文は、郭店本から通行本まで大きな相異はなく、「声（聖）人」が「小」事から始め「小」事を積み重ねることを通じて、最後には「大」事を成し遂げる、という思想を表現している。本書のⅡ、第2章、C、a「無学・不学の提唱」とその注（61）を参照。

(117) 第四十六章の「足《た》るを知るの足るは、恒《つね》に足るなり。」の趣旨については、本書のⅡ、第2章、D、a「無欲・不欲の提唱」とその注（114）を参照。

(118) 第七章の「私がないからこそかえって私を成し遂げることができる」などの表現と思想の底辺を、老子独特の逆説・弁証法が支えていることについては、本書のⅡ、第2章、B、e「プラス価値ではなくマイナス価値を」とその注（55）、Ⅱ、第4章、C、a「『老子』中に残る養生批判」を参照。

　第七章の「私」は、第十九章に「私を少なくして欲を寡くす」とあることから、「私欲」の意であろう。王弼『老子注』七章は、次のように解釈する。

　私無しなる者は、身に為すこと無きなり。身先んじ身存す、故に「能く其の私を成す」と曰うなり。

これによれば、「私」は、自分自身に何かプラスすることを為すの意。「私欲」の意とするよりもやや広い意味となるが、この解釈も十分な説得力を持つ。呂恵卿『道徳真経伝』七章、大濱晧『老子の哲学』の十三章「政治思想」がこれに従う。なお、本文において指摘した老子の逆説・弁証法に関して、福永光司『老子』第七章、金谷治『老子　無知無欲のすすめ』7は、「老子の哲学の陰険な老獪さを示す」（福永光司の場合）などと言うが、これは老子の思考方法に対する無理解を示している。

(119)　第三十二章全体の根底にある哲学の大枠は、「道→万物」の関係を「名無《なな》し→名《な》有り」の存在論的な展開として押さえ、それらを「樸《あらき》（樸）→器」として比喩的・象徴的に表現することである。単純化すれば、根源の「道＝無名＝樸」から現象の「万物＝有名＝器」が生まれるとする存在論である。本章のこの大枠と章旨については、本書のⅡ、第1章、A、c「「道」は無名である」とその注（21）、Ⅱ、第4章、C、d「無知・無欲・無為によって養生を実現する」とその注（19）、Ⅱ、第5章、C、b「主体の「無為」と客体の「自然」その2」とその注（33）を参照。

「名も亦た既に有れば、夫れ亦た将に止まるを知らんとす。」は、それぞれの「名」を有する「万物」が作られた後、侯王は「万物」に対する欲望追求を「止める」ことを知るであろう、という意味。「名無し」「名有り」を述べた後に、それをすぐに引き継いで「无欲」「有欲」を論ずるのは、第一章でも同じ。これは偶然の一致ではない。第一章に次のようにあるのを参照。

　名无きは、万物の始めなり。名有るは、万物の母なり。故に恒に无欲にして、以て其の眇（妙）を観る。恒に有欲にして、以て其の噭（皦）らかなる所を観る。

王弼『老子注』が「名」を政治的な「名分」の秩序とし、小川環樹『老子』第三十二章、楠山春樹『老子入門』三十七章などがそれに従うのは、誤読である。

　また、「止まるを知るは殆うからざる所以なり」は、第四十四章にも本章と同じように、「足るを知れば辱められず、止まるを知れば殆うからず、以て長久なる可し。」とあって、「欲」の否定の思想を表現しており、かつそれを養生思想との関連で論じている。このように、第三十二章後半において「名が有る」状態に至って欲望追求の抑止が課題となることについては、本書のⅡ、第4章、C、d「無知・無欲・無為によって養生を実現する」とその注（29）を参照。

（120）底本（馬王堆甲本）第四十六章の「罪は欲す可きより大なるは莫く」以下の三句は、馬王堆乙本・北京大学簡・河上公本はその句の順序が同じ。王弼本は「禍いは足るを知らざるより大なるは莫く、咎は得んと欲するより大なるは莫し。」の二句しかない。しかし、以上の馬王堆両本・北京大学簡・河上公本以外に郭店本も三句であり、他に三句であるテキストも多いので、「罪は欲す可きより大なるは莫く」の一句が古い『老子』には本来あったに違いない。ところで、郭店本は三句を、

辠（罪）は甚だ欲するより厚きは莫く、咎は㝵（得）んと欲するより憯（憯）ましきは莫く、化（禍）いは足るを智（知）らざるより大なるは莫し。

の順序に並べている。その第三句は、下文の「足るを智（知）るの足る為るは、此亘（恒）に足る。」に直接繋がってスムーズであるから、郭店本こそが古い『老子』の本来の句順だったのではなかろうか（陳鼓応『老子註訳及評介』四十六章を参照）。第四十六章のこの個所に関して郭店本の相対的な古さについては、本書のⅠ、第2章、2、B「馬王堆帛書『老子』甲本から乙本への発展」とその注（22）を参照。

また、本章の「足る」における「知」の重視については、本書のⅡ、第2章、D、a「無欲・不欲の提唱」とその注（114）を参照。

（121）第十九章は、前で「民の利は百負（倍）す」のように「利」を肯定しながら、後で「利を棄つ」のようにそれを否定するが、これは必ずしも矛盾ではない。この問題については、本書のⅡ、第2章、C、b「無知・不知の提唱」とその注（65）、Ⅱ、第3章、E、a「聖人の統治は人民の心を虚しくして腹を実たす」を参照。拙著『郭店楚簡老子の新研究』の第二編、第十九章、注（2）（3）（以下、拙著『郭店楚簡老子の

新研究』第十九章などと略称）でも解明したところである。
(122)　第七十三章の章旨については、本書のⅡ、第2章、B、e「プラス価値ではなくマイナス価値を」とその注（50）、Ⅱ、第3章、D、b「「道」の哲学に基づく非戦」を参照。
(123)　第五十六章のこの個所については、従来の研究に誤解がある。本書のⅡ、第1章、A、b「「道」は人人間が把えることのできないもの」とその注（17）を参照。また、第五十六章において「道」を「利・害」を越えた実在とする点については、本書のⅡ、第3章、A、b「柔弱・謙下・無欲・無為によって「天下」全体を統治する」を参照。
(124)　第十一章の傍線部分の解釈については、本書のⅡ、第1章、A、a「形而上の「道」と形而下の「万物」」とその注（8）、Ⅱ、第1章、C、a「「道」の虚静から「万物」が生み出される」とその注（53）を参照。
　傍線部分の一文について、筆者の理解は王弼『老子注』十一章、成玄英『老子義疏』三十輻章、林希逸『老子鬳斎口義』三十輻章第十一などによったもので、日本ではこれが定説になっている。しかし、現代中国では、一文の構成を、「有」と「无」、「利」と「用」を並列と見なした上で、有が人々に利をもたらすとともに、无はその用を発揮するので、両者同じように大切であると解釈する者が多い。例えば、高亨『老子正詁』十一章、馮振『老子通証』十一章、高明『帛書老子校注』十一、陳鼓応『老子註訳及評介』十一章など、枚挙するに遑がない。その淵源は、蘇轍『老子解』十一章、呂恵卿『道徳真経伝』十一章などであって、解釈史上の長い伝統を持っている。しかし、『老子』においては「无」が「道」と同じ内容であり、「有」が「万物」と同じ内容であるから、これらはいずれも不適切な理解であろう。
(125)　第九章の章旨については、本書のⅡ、第2章、B、e「プラス価値ではなくマイナス価値を」とその注（41）を参照。また、第九章の「貴富にして驕（驕）れば、自ら咎を遺すなり。」は、『荘子』天下篇の「人皆な福を求むるも、己独り曲がりて全し。曰わく、「苟も咎を免れん。」と。」と同じ趣旨であるかもしれない。本書のⅠ、第2章、1、C「『荘子』に現われた『老子』」とその注（17）、Ⅱ、第3章、E、c「聖人の統治は富貴に驕らないが威厳がある」とその注（80）を参照。

第九章の「金玉」と「貴富」に対する思想は、本章を引退の勧めの章であると思いこんだ通説が説くように、それらへの欲望が成就し遂行された後、「金玉」「貴富」を持ったまま引退するのがよい、というものではない。すでに上文の「揰（持）して之を盈たすは、其の已むるに若かず。」が、持盈するのをやめるべきだとする提唱であったように、「金玉」を盈たすことをやめよう、「貴富」に昇ることをやめよう、と訴えているのである。この方向の解釈は、蘇轍『老子解』九章、劉師立『老子節解』の九章（焦竑『老子翼』の九章所引）、利息斎『老子註』の九章（焦竑『老子翼』の九章所引）がすでに主張しており、『老子』第十五章の「此の道を葆（保）てば、盈つるを欲せず。」などの思想とも一致している。本書のⅡ、第2章、B、e「プラス価値ではなくマイナス価値を」とその注（41）、および拙著『郭店楚簡老子の新研究』第九章、注（6）、を参照。

(126) 第二十章の「余り有り」は、財貨があり余っていること。『老子』では他に第五十三章・第五十四章・第七十七章に現われる言葉で、いずれも経済上のことを言う。本書のⅡ、第2章、D、a「無欲・不欲の提唱」とその注（139）を参照。王弼『老子注』は精神上のこととし、河上公『老子注』は物心両面のこととしたので、その影響を受けて精神上のことと見なす者が多い。しかし、木村英一『老子の新研究』二十章、福永光司『老子』第二十章の解釈がよいと思う。「遺」は、奚侗『老子集解』二十章、于省吾「双剣誃老子新証」が「匱」の仮借字で、不足の意としたのが優れる。

(127) 第七十七章の第一の「天下の道は、……余り有る者は之を敗（損）し、足らざる者は之を補う。」は、「天下の道」の比喩・象徴として弓を張るやり方を述べたもの。第二の「天の道は、余り有るを敗（損）して足らざるを益す。」と第三の「人の道は……、足らざるを敗（損）して余り有るに奉ず。」は、財貨の獲得という経済的な欲望充足の活動について二つの相い反するタイプを画いたもの。三つの「道」の関係は、

「天下の道」というものは、その中に理想の倫理「天の道」と現実の政治「人の道」が含まれるけれども、本来は「天の道」であるべきだと主張しているのであろう。その「天の道」は、日月星辰や昼夜・四季の運行などの自然界の法則を言うと見なす者が少なくない。金谷治『老子　無知無欲のすすめ』77、蜂屋邦夫『老子』第七十七章、神塚淑子『老子』第七十七章などである。例えば、余り有る陽を減らして足らざる陰を補ったり、逆に、余り有る陰を減らして足らざる陽を補ったりして、バランスをはかるのが「天の道」だと見るのである。しかし、『老子』中の「天の道」「天道」（第九章・第四十七章・第七十三章・第七十七章・第七十九章・第八十一章）には、そうした自然界の法則としての用例は一つもない。それ故、本章の「天の道」は、『老子』とは無関係なところから持ちこんだ先入観によって解釈するのではなく、まず本章のコンテキストの中で内在的・実証的に解釈しなければならない。

さて、本章の「天の道」は、老子が常に唱える理想的な根源者たる「道」を指し、次の「人の道」が人間・社会に行われている現実的な統治者の政治ルールであることに対している。言い換えれば、「天の道」とは、あり余る者の財貨を削り彼らのこれ以上の欲望追求を停止させて、そこから出る剰余を足らざる者に回すという形の、一種の無欲の倫理である。それに引き替え、「人の道」とは、足らざる者の財貨を奪い彼らの最低限の欲望追求さえ停止させて、そこから奪った財貨をあり余る者に奉るという形の、虐政の一種である。そして、本章の以上の無欲の倫理思想は、『老子』に多く現われる欲望追求の否定という次元を越え出て、「欲」をめぐって統治者が庶民に行う階級的な搾取に対する当代政治批判・当代社会批判となっているところに、重要な特徴があるのではなかろうか。以上の問題については、本書のⅡ、第3章、E、c「聖人の統治は富貴に驕らないが威厳がある」を参照。

(128) 第二十二章の引用個所の「少・多」は、河上公『老子注』が「財・智」のことを言うと注したので、以後の解釈はこれに影響されて意味付与が広い範囲にばらついたが、主として財貨のことを言う。本章冒頭のコンテキストは、章頭の、曲がれば則ち金〈全〉く、枉がれば則ち定まり、洼（窪）めば則ち盈ち、敝るれば則ち新たに、少なければ則ち得、多ければ則ち惑う。

で、「万物」（人や物）のさまざまな現象を画くのを受けて、次に「是を以て声（聖）人は一を執りて、以て天下の牧と為る。」以下のように、「一」つまり「道」を把えた「声（聖）人」の姿形を画く、という構成である。それ故、引用個所は「万物」の中に貫徹している「道」について述べたものと考えられる。『老子』第四十四章に「甚だ愛めば必ず大いに費やし、多く蔵すれば必ず厚く亡う。」とあり、第八十一章に、

善なる者は多からず、多き者は善ならず。聖人は積むこと無し、既に以て人の為めにして、己 兪《いよ》（愈）いよ有す。既に以て人に予えて、己 兪（愈）いよ多し。

とあるのが、主に財貨について言うのを参照。この問題については、小川環樹『老子』第二十二章、高亨『老子注訳』二十二章の解釈が優れる。

なお、第二十二章の、「一」を把えた「声《せい》（聖）人《じん》」が全天下を統治する天子・皇帝となるという思想を含む、第二十二章の章旨については、本書のⅡ、第2章、B、e「プラス価値ではなくマイナス価値を」とその注（39）、Ⅱ、第3章、A、a「「道」を把握して「天下」全体を統治する」とその注（2）を参照。

(129) 第四十四章冒頭部分の趣旨については、本書のⅡ、第2章、D、a「無欲・不欲の提唱」とその注(132)、Ⅱ、第4章、C、d「無知・無欲・無為によって養生を実現する」を参照。また、「多く蔵《ぞう》すれば必ず厚《あつ》く亡《うしな》う」の解釈については、本書のⅡ、第2章、B、e「プラス価値ではなくマイナス価値を」を参照。

第四十四章の「得ると亡うとは孰か病なる」は、何を「得る・失う」のかについて、古来さまざまの解釈が行われてきた。この解釈の歴史は、大濱晧『老子の哲学』の八章「無欲」が整理している。諸説の中では、王弼『老子注』が「名利を得て其の身を亡う、何者ぞ病為るや。」と解釈したために、得るのは「名・貨」、亡うのは「身」とする見解が最も盛行している。例えば、呂恵卿『道徳真経伝』四十四章、諸橋轍次

『掌中　老子の講義』第四十四章、高明『帛書老子校注』四十四などである。筆者は、三句が「名と身」↓「身と貨」↓「貨の得と亡」のように、尻取り形式に並べられていると見て、得るのも亡うのもともに「貨」であると考える。思考過程は以上と異なるが、同じ結論に達したものに、成玄英『老子義疏』名与身孰親章、大濱晧『老子の哲学』の八章「無欲」がある。

(130) 第八十一章の財富を多く貯めこむことを嫌う思想については、本書のII、第2章、B、e「プラス価値ではなくマイナス価値を」、II、第3章、E、c「聖人の統治は富貴に驕らないが威厳がある」を参照。

第八十一章の「善なる者は多からず、多き者は善ならず。」の「多」は、財貨を多く所有すること。この一文は、次の「聖人は積むこと无し」以下の文章の伏線となっている（高明『帛書老子校注』六十八を参照）。

「聖人は積むこと无し、……己愈（愈）いよ多し。」の部分は、諸橋轍次『掌中　老子の講義』第八十一章、高亨『老子注訳』八十一章の言うとおり、全て財貨のことを述べる文章であって、倫理や学問のこととは何の関係もない。その根拠となりうる資料に、『戦国策』魏策一に「魏の公叔痤　魏の将と為る」という文章があり、「老子曰わく」と冠して本章の、

聖人は積むこと無し、尽く以て人の為めにして、己愈いよ有す。既に以て人に与えて、己愈いよ多し。

を引用している。その内容は、魏の将の公叔痤がある合戦で戦功を挙げた後、論功行賞の時に自分は辞退して他の二人に賞田を譲ったが、このことが魏王に評価されて公叔痤自身はさらに広大な賞田を賜った、という物語である。これによっても、本章のこの部分が財貨のことを述べる文章であることは、明らかである。

(131) 第三十九章の「数与（誉）を致せば与（誉）まれ无し」の二つの「与」は、王弼本は「輿」、河上公本は「車」、他に「与」または「誉」にそれぞれ作る本があり、文字作りと意味理解の上で混乱を極めていた。郭店本には第三十九章がなく、馬王堆甲本は「与」、乙本は「輿」、北京大学簡は「輿」にそれぞれ作る。『経典釈文』が「誉」を掲出して「毀誉なり」とするのによって、「誉」を正字とする見解が最も有力で

ある。「輿」「与」は「譽（誉）」の仮借字、「車」は「輿」の誤字であろう。一文の大意は、多くの名誉を受けようとするならば、かえって名誉は受けられない、ということ。

「誉」を正字とする点では同じであるけれども、以下の諸書は一文を『荘子』至楽篇の「至誉は誉まれ無し」と同文になるように改めたり、または同じ意味内容であると解釈している。馬叙倫『老子校詁』第三十九章、馮振『老子通証』三十九章、陳鼓応『老子註訳及評介』三十九章である。しかし、この説は誤り。なぜなら、本章の「与（誉）まれ无し」は絶対的な真の名誉がないの意であるのに対して、『荘子』至楽篇の「誉まれ無し」は世間的な普通の名誉がないの意であり、両者は正反対のものだからである。なお、「輿」や「車」の字を是とする場合は、車の話柄でもって一文を解釈する者が多い。例えば、中国では、河上公『老子注』法本第三十九、成玄英『老子義疏』昔之章、林希逸『老子鬳斎口義』昔之得一章第三十九などがそれである。現代日本でも、諸橋轍次『掌中　老子の講義』第三十九章、木村英一・野村茂夫『老子』三十九章などが、これを襲っている。

(132) 第四十四章冒頭部分の趣旨については、本書のⅡ、第2章、D、a「無欲・不欲の提唱」とその注(129)、Ⅱ、第4章、C、d「無知・無欲・無為によって養生を実現する」を参照。

第四十四章の「名と身とは孰か親しき」は、名声の獲得よりも身体の保持の方が大切である、という意味。当時、諸子百家の中でこうした「名」を重視した学派は儒家である。例えば、『論語』衛霊公篇に「子曰わく、「君子は世を没《お》えて名の称せられざるを疾《にく》む。」と。」とある。それ故、本章のこの部分には儒家の「名」を重視する思想を批判する意図があると考えてよい。ただし、自分の身体保持と対比させて、儒家などの唱える世間的な名声獲得を非難するのは、戦国末期～前漢初期に成った『荘子』駢拇篇・秋水篇・盗跖篇である。本章の思想は、成玄英『老子義疏』名与身孰親章、馮振『老子通証』四十四章の指摘するごとく、以上の『荘子』諸篇と関係が深い。ほぼ同じ時代の同じ思想環境の中で執筆された文章であろう。

(133) 第三十九章の「一」が「道」であることについては、本書のⅡ、第1章、C、b「「万物」は「一」を得て存在する」とその注（56）、Ⅱ、第2章、A、b「『老子』に見える反疎外論と主体性論の残滓」、Ⅱ、第3章、A、a「「道」を把握して「天下」全体を統治する」とその注（7）、Ⅱ、第3章、B、b「「道」をもって君主の統治を助ける臣下」、Ⅱ、第5章、A、b「「道」の重要性」を参照。

底本（馬王堆甲本）第三十九章の「正」は、郭店本には第三十九章がなく、馬王堆乙本は「天下の正」、北京大学簡は「正」、通行本（王弼本）は「天下の貞」にそれぞれ作る。「正」は、「長」または「主」の意（王念孫『読書雑志』志余編を参照）。また、本章と類似する表現が、『老子』第二十二章に「声（聖）人は一を執りて、以て天下の牧と為る。」とあり、第五十六章に「是を玄同と胃（謂）う。……故に天下の貴きものと為る。」とあり、第六十二章に「道なる者は、万物の注（主）なり、……故に天下の貴きものと為る。」とあるのを参照。

第三十九章の「侯王」が「一」なる「道」（「賤《いや》しき・下《ひく》き」）を得ることによって天子・皇帝となるという思想については、本書のⅡ、第3章、A、a「「道」を把握して「天下」全体を統治する」とその注（7）、Ⅱ、第3章、B、b「「道」をもって君主の統治を助ける臣下」、Ⅱ、第5章、A、b「「道」の重要性」を参照。本章のこの部分に、「侯王」が道の把握を通じてその天子・皇帝としての地位を得るという政治思想を読み取った者は、上引の王念孫を除けば、林希逸『老子鬳斎口義』昔之得一章第三十九、高亨『老子正詁』三十九章、加藤常賢『老子原義の研究』39、蜂屋邦夫『老子』第三十九章である。

（134）第五十六章の「天下の貴きものと為る」の意味については、本書のⅡ、第3章、A、b「柔弱・謙下・無欲・無為によって「天下」全体を統治する」とその注（10）、Ⅱ、第5章、A、b「「道」の重要性」の注（9）を参照。また、第五十六章に「道」を把えて天子・皇帝となることを積極的に肯定する政治思想が含まれていると認める研究には、高亨『老子正詁』五十六章、高亨『老子注訳』五十六章がある。拙著『郭店楚簡老子の新研究』第五十六章、注（9）をも参照。

（135）第六十二章傍線部分の一文の意味については、本書のⅡ、第3章、A、b「柔弱・謙下・無欲・無為によって「天下」全体を統治する」、Ⅱ、第5章、A、b「「道」の重要性」の注（9）を参照。この一文に、本文で述べたような政治的な含意があると認める解釈は、河上公『老子注』為道第六十二、高亨『老子正詁』六十二章に見える。

(136) 第二十四章の「物或いは之を悪む、故に欲有る者は居らず。」は、全く同じ文が第三十一章に重出。本書のⅡ、第2章、D、a「無欲・不欲の提唱」とその注（137）を参照。底本（馬王堆甲本）の「故に欲有る者は居らず」の「欲」は、許抗生『帛書老子注訳与研究』増訂本（浙江人民出版社、一九八五年）の第一篇、「《道篇》注訳」、第二十四章（以下、許抗生『帛書老子注訳与研究』第二十四章などと略称）が、字の誤りを疑い、高明『帛書老子校注』二十二が、「裕」の仮借字で「道」の意とするが、ともに不適当。「欲有る者」は、「道」に至らんと欲する者のこと。これについても本書のⅡ、第2章、D、a「無欲・不欲の提唱」とその注（137）を参照。

第二十四章の章旨については、本書のⅡ、第2章、B、e「プラス価値ではなくマイナス価値を」とその注（45）を参照。

(137) 第三十一章の一部の句作りと全体の構成については、本書のⅡ、第3章、D、c「やむをえず行う戦争」とその注（64）を参照。

第三十一章の「物或いは之を悪む、故に欲有る者は居らず。」は、全く同じ文が第二十四章に重出。これについては、本書のⅡ、第2章、D、a「無欲・不欲の提唱」とその注（136）を参照。第三十一章の馬王堆乙本は一文の後半が残欠、郭店本は上段がなく、北京大学簡は「物或いは之を悪む、故に欲有る者は居らざるなり。」に作って底本とほぼ同じ。通行本（王弼本）だけが「物或いは之を悪む、故に道有る者は処らず。」に作る。許抗生『帛書老子注訳与研究』と高明『帛書老子校注』のテキスト・クリティークは本章でも同じであるが、やはりともに不適当。本章の「欲有る者」は、兵を否定する「道」に至らんと欲する者のことであろう。これについても、本書のⅡ、第2章、D、a「無欲・不欲の提唱」とその注（142）を参照。

(138) 第六十一章に含まれる謙下の思想については、本書のⅡ、第2章、B、a「水にならう柔弱・不争《ふそう》・謙《けん》下《か》の倫理」、Ⅱ、第2章、B、b「雄《おす》よりも雌《めす》を、牡《おす》ではなく牝《めす》を」とその注(22)を参照。本章の「大邦」が「小邦」を兼併すべきだとする思想については、本書のⅡ、第3章、A、c「無事・無為によって「天下」を取る」とその注(17)、Ⅱ、第3章、D、c「やむをえず行う戦争」を参照。

　第六十一章の傍線部分の前後は、経文の表現が紛らわしいために意味を把握する上で相当の混乱があった。第一に、「大邦は以て小邦に下れば、則ち小邦を取る。小邦は以て大邦に下れば、則ち大邦に取らる。」は、

　大国でありながら小国に下れば、小国を取ることになる。小国でありながら大国に下れば、大国に取られることになる。

という意味である。その「大邦に取らる」は、通行本(王弼本・河上公本)はともに「取大国」に作るために、「大国を取る」と読んでさまざまの解釈が生じていた。しかし、馬王堆甲本が「取於大邦」に作り、乙本・北京大学簡が「取於大国」に作ることが判明したので、「大邦に取らる」と受け身に読むべきことが確定した。郭店本には第六十一章がない。ただし、通行本のように「取大国」に作っていても、「取」の字を「取らる」と受け身または自動詞に読むことは不可能ではない。

　第二に、「故に或るものは下りて以て取り、或るものは下りて取らる。」は、

　故に一方の大国は下ることによって小国を取り、他方の小国は下ることによって大国に取られる。

という趣旨である。その「或るものは下りて以て取る」は、通行本は「或下以取」に作り、「或るものは下りて取らる」は、通行本は「或下而取」に作る。馬王堆両本・北京大学簡も、一部に欠字はあるもののこれらとほぼ同じ。その「或下而取」は、前後の文脈から判断して「或るものは下りて取らる」と受け身または自動詞に読むべきである。以上の二点の読み方は、諸橋轍次『掌中　老子の講義』第六十一章、加藤常賢『老子原義の研究』61、小川環樹『老子』第六十一章によったものであり、これらの解釈の先駆としては、

王弼『老子注』六十一章、蘇轍『老子解』六十一章がある。

(139) まず、第五十四章の「之を家に脩むれば、亓(其)の徳は余り有り。」は、しっかと確立した道を家のレベルで修めると、その道の働き(「徳」)は家が経済的に裕福になるという結果をもたらす、ということ。「余り有り」という言葉は、『老子』では、他に第二十章・第五十三章・第七十七章に現われるが、いずれも貨財があり余るという経済上のことを言う。本書のⅡ、第2章、D、a「無欲・不欲の提唱」とその注(126)を参照。次に、「之を邦に脩むれば、亓(其)の徳は乃ち夆(豊)かなり。」は、しっかと確立した道を国のレベルで修めると、その道の働き(「徳」)は国が経済的・政治的に富強になるという結果をもたらす、ということ。以上の二つの「徳」の解釈は、主として物質的な内容を持っているが、「徳」の表面的な意味に誤られて、河上公『老子注』修観第五十四のように精神的な徳の意としたり、林希逸『老子鬳斎口義』善建不抜章第五十四のように物心こもごもの意としたり、といった状況である。これらの中では、武内義雄『老子の研究』第五十四章、大濱皓『老子の哲学』の五章「徳」の解釈が優れている。

(140) 第五十七章全体の構成については、本書のⅡ、第3章、A、c「無事・無為によって「天下」を取る」とその注(16)を参照。その大略は以下のとおり。――最初に、「事とする无きを以て天下を取る」のごとく、天下を取るためには「事とする无し」つまり無為の立場に立つ必要があると主張し、続いて、その正反対の有為の立場による悪しき政治の諸相を具体的に描写して(呂恵卿『道徳真経伝』五十七章を参照)、最後に、「声(聖)人の言」を引用しつつ無為の立場の「天下を取る」政治を総合的に提起する、という構成である。本章の「事とする无し」の内容は、したがって、中間の有為の諸相をひっくり返したものであって、「天下に忌諱少なし・民に利器少なし・人に知少なし・法物章らかならず」がそれである。それと同時に、後半の「声(聖)人の言」にあるように、「為す无し・静かなるを好む・事とする无し・不欲を欲す」と同値でもある。そして、「我事とする无くして、民自ら富む。」の意味は、「声(聖)人」が「事とする无し」の態度を取るならば、人民は自《みずか》らの力で裕福になっていく、ということである。

第五十七章下段に含まれる自然思想については、本書のII、第2章、B、b「雄《おす》よりも雌《めす》を、牡《おす》ではなく牝《めす》を」、II、第2章、D、b「無為・不為の提唱」とその注(155)、II、第5章、C、b「主体の「無為」と客体の「自然」その2」、II、第5章、D、a「自然思想の民本主義」を参照。

(141) 第三十八章の当該個所は、通行本(王弼本・河上公本など)の経文に混乱があるために、従来正確な解釈ができなかったところである。馬王堆両本が出土してこの方、今日では何とかテキストが確定して正確な解釈ができるようになった。なお、郭店本には第三十八章はないが、北京大学簡を調べてみるとすでに混乱が始まっている。テキスト上の問題点は、主に以下の二つである。第一は、通行本の「上徳は為す無くして以て為す无きなり」の後半を「……為さざる無きなり」に作るテキストと引用があり、それを支持する説が多かったこと。第二は、通行本の「上徳は……」の句の下、「上仁は之を為して……」の句の上に、「下徳は為す無くして以て為す無し」の一句があることである。以上の二点は、いずれも本章の思想理解に大きな混乱をもたらすものであった。

第一について。本章の本来のテキストは、馬王堆両本(一部の誤字・欠字を訂正した)のように、「上徳は為す无くして以て為す无きなり」に作っていたことが判明した。後半の正文を「……為さざる無きなり」として解釈を施してきたのは、若干のテキストがそのように作ることと、『韓非子』解老篇が『老子』本章を引用してそのように作ることとを根拠にしたものである。例えば、厳遵『老子指帰』上徳不徳章、蘇轍『老子解』三十八章、林希逸『老子鬳斎口義』道常無為章第三十八などがそれである。その後、兪樾『諸子平議』、陶鴻慶『老荘札記』、馬叙倫『老子校詁』第三十八章などがこれに荷担したために、この説が比較的優勢になった。近年の日本でも、武内義雄『老子の研究』第三十八章、大濱晧『老子の哲学』の五章「徳」、小川環樹『老子』第三十八章などがこれを採用している。しかし、馬王堆本の出現によってこの問題は基本的に解決した。北京大学簡も「上徳は為す無くして以て為す無し」に作っている。その上「……為さざる無きなり」説の有力な根拠とされた『韓非子』解老篇の引用も、その内容を詳しく検討すると本来は正しく「……以て為す無きなり」に作っていた可能性が大きい（高明『帛書老子校注』三十八を参照）。

第二について。馬王堆両本には「下徳は為す無くして以て為す無し」の句がない。『韓非子』解老篇の引用にもこれがないだけでなく、ない方が前後のコンテキストが非常に明瞭になるので、この句がないのが本来のテキストであったと考えられる。馬王堆本に基づいて、「下徳は為す無くして以て為す無し」がないのを本来のテキストであると認める見解は、高明『帛書老子校注』三十八、陳鼓応『老子註訳及評介』三十八章、金谷治『老子　無知無欲のすすめ』38など、以後増加の一途をたどっている。ただし、馬王堆本の出土以後、それを目にしながらも旧説を変更しない研究もある。福永光司『老子』第三十八章、木村英一・野村茂夫『老子』三十八章、蜂屋邦夫『老子』第三十八章などである。

(142) 第三十八章冒頭の二文の「徳」が「道」とほぼ同義であること、および第三十八章の万物生成論については、本書のII、第1章、A、b「「道」は人間が把えることのできないもの」、II、第1章、B、b「万物生成論と退歩史観の結合」を参照。

本章の当該個所は、「為す」ことの有無と「以て為す」ことの有無という四点をメルクマールに取って、根源の「道」が廃壊していった過程を論ずる。この中で注意すべきことが二、三ある。

その一は、当該個所の上文に「上徳は徳ならず、是を以て徳有り。」とある「上徳」は、「道」を指すと把えてよい。そして、「下徳は徳を失わず、是を以て徳无し。」とあるが、その「下徳」は「上仁」「上義」「上礼」などの儒教倫理を指す（蘇轍『老子解』三十八章を参照）。「下徳」は上文でも「是を以て徳无し」と否定されているが、当該個所でもみな「之を為し」た有為の産物として否定されている。

その二は、「以」の字の使用方法または意味について、従来の見解には不正確な理解が多い。「以」は介詞であり、方法・理由・根拠・目的などを表わす。その上に「有・無」などの動詞を冠する場合は、「以」以下は名詞化して「有・無」の客語となる。この時「以」は「所以」と同じ働きをする語となる。さて、当該個所の「以て為す无し」は「為す所以无し」の意、「以て為す有り」は「為す所以有り」の意である。この

「以」について、林希逸『老子鬳斎口義』道常無為章第三十八が、「以なる者は、有心なり。」と説くので悪くはないが、もっと広い意味であって人為を行う理由・目的などのこと。この「以」字の理解が不正確であったために、諸橋轍次『掌中　老子の講義』第三十八章、楠山春樹『老子入門』三十八章は、二つのメルクマールを「以て為《ため》にすること無し」「以て為《ため》にすること有り」と読んで、「為す」の字の解釈までも誤ってしまった。

その三は、本章の趣旨は、老子自身の唱える「道」「徳」が廃壊していく過程の末にあるものとして儒家の諸倫理を位置づけ、かつそれらを下等であると言って批判することである。けれども、こうした批判は、一方で、儒教倫理を越えた根源者とその作用であるはずの自らの「道」「徳」を、以上のごとき廃壊過程の本源に置くことを通じて、儒教倫理と何らかの関係を持たせ儒教倫理に接近させていく可能性をも孕んだ処置であった。言い換えれば、「道」「徳」の倫理化の可能性を包含しているのだ。たとえ廃壊過程の末に位置する鬼っ子のような倫理であったとしても、さかのぼって考えれば結局本源の「道」「徳」から出てきたものであるから、多少なりとも「道」「徳」を含有しているとして、「仁」「義」「礼」などの儒教倫理を肯定する方向に転じていく可能性を孕んだ処置である。儒教倫理の容認の可能性を包含しているのだ。その後の道家の文献、特に前漢初期以降のそれの中に、以上に指摘した可能性が現実化している事実が多く現われる。

例えば、『荘子』繕性篇に、

　夫《そ》れ徳は、和《わ》なり。道は、理《り》なり。徳の容《い》れざる無《な》きは、仁なり。道の理《おさ》めざる無きは、義なり。義明らかにして物《もの》親しむは、忠《ちゅう》なり。中《ちゅう》（忠）純実《じゅんじつ》にして、情に反《かえ》るは、楽《がく》なり。信《しん》容体《ようたい》に行われて文《ぶん》に順《したが》うは、礼《れい》なり。

とあり、「徳・道」→「仁・義」→「忠」→「楽・礼」のように、道家の「徳・道」を本とし儒家の「楽・礼」を末としながらも、諸倫理を肯定的に系列づけて整理している。また、『管子』心術上篇に、

　虚無にして形無き、之を道と謂う。万物を化育する、之を徳と謂う。君臣・父子・人間の事、之を義と

謂う。登降・揖譲し、貴賤に等有り、親疏の体ある、之を礼と謂う。物の小（少）しく未だ道に一ならざるを簡《えら》びて、殺僇・禁誅する、之を法と謂う。

とあり、「道」→「徳」→「義」→「礼」→「法」という、道家の「道」からの諸倫理の生成の過程を肯定的に画いている。その後、このような変化はますます顕著になっていったのであるが、『老子』第三十八章はまさにその嚆矢をなすものであった。

(143) 第三章における「知」の否定については、本書のⅡ、第2章、C、b「無知・不知の提唱」とその注(66)、Ⅱ、第3章、E、a「聖人の統治は人民の心を虚しくして腹を実たす」とその注(68)を参照。また、第三章の「為さざるのみなれば、則ち治《おさ》まらざる无し。」の趣旨については、本書のⅡ、第5章、E、a「古い形而上学・存在論と新しい自然思想」とその注(41)を参照。一文は、第四十八章の「為す无くして為さざる无し」という一般的な命題の、具体的な政治への応用でもあろう。

第三章末尾の「夫の知をして敢えてせざらしむ。為さざるのみなれば、則ち治まらざる无し。」は、馬王堆両本に従って読解した。「声（聖）人」の理想的な無為の統治についての説明であるが、「夫の知をして敢えてせざらしむ」は、知者（章頭の「賢き」の類義語）たちに何かをしでかす気を起こさせない、ということ。ここで文気は一旦切れて、以下は上述した「声（聖）人の治」のあれこれの側面を理論的に総括した文である。そして、このような読み取り方は従来の通行本による通説と基本的に相異がない。

ところが、馬王堆本の「為さざるのみ」に相当する通行本の「無為を為す」の句は、馬王堆本が出土する以前から存在しないテキストがあり、それに基づいて「無為を為す」を注文の誤入であるとして削去する説があった。馬叙倫『老子校詁』第三章、加藤常賢『老子原義の研究』3である。しかし、「無為を為す」と全く同じ意味の「為さざるのみ」に作る馬王堆本が出土したことによって、この説の誤りが明らかになった。それと同時に、「無為を為す」という分かりにくい表現の意味が、「無為」「不為」の強調であることも判明したのである。この問題と関連して、高亨『老子注訳』三章、楠山春樹『老子入門』六十五章は、馬王堆本に「無為を為す」がないと認めてこの句を削ってしまうが、それと全く同じ意味の「為さざるのみ」があるので、これらは事実認定と文脈理解の上で不適当。また、馬王堆本を正文として採用したものの中にも、おかしな解釈がある。例えば、高明『帛書老子校注』三は、当該個所を「夫の知をして敢えてせず、為さざらしむるのみなれば、則ち治まらざる无し。」と読解し、「敢えてせず」と「為さず」とを並列させて、「声（聖）人」の知者に向けた対策と理解する（朱謙之『老子校釈』三章に由来する）。しかし、これも通行本「無為を為す」と馬王堆本「為さざるのみ」が同じ意味であることを知らないために起こった歪解である。

(144) 第二十九章冒頭部分の解釈については、本書のⅡ、第3章、A、c「無事・無為によって「天下」を取る」を参照。

第二十九章の「天下を取る」は、全天下を統治する政治権力を獲得することを言う。従来の研究の中には、「天下の心を得」ることであると解説するものが少なくない。例えば、呂恵卿『道徳真経伝』二十九章、林希逸『老子鬳斎口義』将欲取天下章第二十九、武内義雄『老子の研究』第二十九章、諸橋轍次『掌中老子の講義』第二十九章など。しかし、こうした曖昧な理解では『老子』思想の真実を把えることはできない。この句は、福永光司『老子』第二十九章の指摘するとおり、「群雄が「天下を取ろう」として犇《ひし》めく春秋戦国時代の歴史的な現実をふまえて」吐かれた言葉なのだ。また、この「取る」を「治む」の意であるとする説もあり、蔣錫昌『老子校詁』二十九章、陳鼓応『老子註訳及評介』二十九章、蜂屋邦夫『老子』第二十九章がこれを唱える（第四十八章・第五十七章もほぼ同じ）。しかし、「天下を取る」は『老子』に多出する言葉であって、それら全てを合理的に説明できないので、不適当。第六十一章に「大邦は……小邦を取る」という表現があるのを読まれたい。

(145) 第二十九章の引用部分については、大多数の解釈が河上公『老子注』の、「甚だしとは声色に貪淫なるを謂い、奢たりとは服飾・飲食を謂い、泰《おお》いなりとは宮室・台榭を謂う。」という説を採用するが、分析が詳細に過ぎてかえって不正確。蘇轍『老子解』二十九章、林希逸『老子鬳斎口義』将欲取天下章第二十九、薛蕙『老子集解』の二十九章（焦竑『老子翼』の二十九章所引）の諸書が優れる。例えば、林希逸は「甚・奢・泰の三者は、皆な過当の名にして、亦た前章の「余食贅行」の意なり。」としている。

(146) 第三十四章章末の解釈については、本書のⅡ、第2章、C、b「無知・不知の提唱」とその注（83）を参照。「其の大を為さざるを以てなり」については、従来の諸書は、「其の終に自《み》ずから大と為さざるを以て……」と読んで、「己れの偉大さを意識しないものこそ真に偉大でありうる」（福永光司の場合）などと現代語訳するものが圧倒的に多い。例えば、木村英一『老子の新研究』三十四章、大濱晧『老子の哲学』の一章「道……存在としての道」、福永光司『老子』第三十四章などである。近年に至っても、金谷治『老子　無知無欲のすすめ』34、蜂屋邦夫『老子』第三十四章など、枚挙するに遑がない。「大を為さず」と読んだ例外は、ただひとり加藤常賢『老子原義の研究』34だけであろうか。中国の研究も似たり寄ったりであって、やや古い呂恵卿『道徳真経伝』三十四章、李嘉謀『老子註』三十四章、さらにまた、近年の高亨『老子注訳』三十四章、陳鼓応『老子註訳及評介』三十四章も、同じような心理主義的な解釈を施している。

また、「其の大を為さざるを以てなり」によれば、「声（聖）人」は反対の「小を為す」道を歩んでいくことになるはずである。第六十三章の、

難きを〔亓（其）の易きに〕図り、〔大なるを亓（其）の細かきに為すなり〕。天下の難きは易きに作こり、天下の大なるは細かきに作こる。是を以て聖人は冬（終）に大を為さず、故に能く〔亓（其）の大を成す〕。

や、第六十四章の、

亓《そ》（其）の安《やす》らかなるや持《じ》し易《やす》きなり、〔亓（其）の未《いま》だ兆《きざ》さざるや〕謀《はか》り易〔きなり、亓（其）の脆《もろ》きや泮《わか》（判）ち易きなり、亓（其）の微《かす》かなるや散《さん》じ易きなり。之《これ》を亓（其）の未《いま》だ有らざるに為し、之を亓（其）の未だ乱れざるに治む。合抱《ごうほう》の木は〕、毫末《ごうまつ》〔に作《お》こり〕、九成《きゅうせい》の台《うてな》は、羸《るい》（虆）土《ど》に作《お》こ

り、百仁《ひゃくじん》（仞）の高きは、足《そっ》（下《か》）に台《はじ》（始）まる。」が、そのことを示している。したがって、本章の王弼注が第六十三章の経文「大なるを其の細きに為し、難きを其の易きに図る。」を引用して本章を解説したのは、このような意味においてだったと考えられる（上文の注（83）を参照）。

(147) 第六十三章の「无為を為し、无事を事とし、无未（味）を味わう。」三句の解釈については、本書のⅡ、第2章、D、a「無欲・不欲の提唱」とその注（111）、Ⅱ、第2章、D、b「無為・不為の提唱」とその注（156）、Ⅱ、第2章、D、c「無事の提唱」、Ⅱ、第3章、D、b「「道」の哲学に基づく非戦」を参照。

第六十三章冒頭の一文の諸テキストは、底本（馬王堆甲本）から通行本（王弼本）に至るまでほぼ同じ。これによって前漢初期以来、テキストに変更はなかったことが分かる。ところが、戦国末期の郭店本は、

亡（無）為を為し、亡（無）事を事とし、亡（無）未（味）を未（味）わう。大少（小）の㥯（易）しとすること多ければ必ず難（難）きこと多し。

に作り、最後の一句が大いに異なる。これが古い『老子』の本来の姿だったのである。

「无為を為し、无事を事とし、无未（味）を味わう。」は、「无為・无事・无味」の強調表現であり（上文の注（143）における『老子』第三章の通行本と馬王堆本との比較・対照を参照）、それらの内容である無為・無欲は「道」を把えるための最も重要な方法、または「道」の最も重要な構成部分である（『老子』第四十八章・第五十七章・第六十四章を参照）。それ故、この三句は、修道者が「道」を把えて己の立場を確立することを言う。この問題については、本書のⅡ、第2章、D、a「無欲・不欲の提唱」とその注（111）、Ⅱ、第2章、D、b「無為・不為の提唱」とその注（150）を参照。また、従来の研究では、蘇轍『老子解』六十三章、林希逸『老子鬳斎口義』為無為章第六十三、大濱晧『老子の哲学』の附録「老子はいつごろの思想か」を参照。下文に「徳」が提起されるのは、この「道」の把握を受けているのである。上引の蘇轍が「其の大小・多少に于けるは、一に道を以て之を遇するのみ。」と解するのは、「徳」の理解に誤りを含むも

のの、コンテキストを正確に押さえている。

(148) 第六十三章の「大小も多少も」の読み方については、今日に至るまで諸説紛々の状態である。そのためもあって、福永光司『老子』第六十三章、陳鼓応『老子註訳及評介』六十三章が研究史の整理を行っている。大多数の研究は、上文の「无為を為す」以下の三句と同じ句作りと見て、「小を大とし少を多とす」と読む。例えば、木村英一『老子の新研究』六十三章、福永光司『老子』第六十三章、高亨『老子注訳』六十三章、等々。しかし、郭店『老子』第六十三章上段・下段が出土して、この部分を「大少（小）之……」に作っているので、「大小・多少」は事物・現象の形容句であることが判明した。ここでは、「怨み」にかかる形容句とするのが適当ではなかろうか。王弼『老子注』も同じ解釈であることは、この部分に「小怨は則ち……、大怨は則ち……。」と注している点から明らかである。成玄英『老子義疏』為無為章は、

　怨は、罪懟なり。報は、酬償なり。言うこころは無始以来、大小の罪、多少の業あるも、尽く滅除・頓償せしめん。了《あき》らかならしむる者は、必ず須《すべか》らく前の為・事・味等の三種を用うべし。徳心もて之を観れば、則ち三世皆な空、万法 虚浄、物我 冥一なり。何の懟《うら》むことか之有らん。

とパラフレーズする。道教臭・仏教臭があるのを除けば、本章の趣旨を比較的よく把えていると思う。なお、「大小・多少」に類似する句が中国古典に見えることについては、拙著『郭店楚簡老子の新研究』第六十三章上段・下段、注（2）を参照。

(149) 第六十三章の「怨みに報ゆるに徳を以てす」の一句は、郭店本に見えず、戦国末期の古い『老子』には含まれていなかった。馬王堆甲本（乙本は残欠）に見えるので、戦国末期から前漢初期までに書き加えられたものであろう。北京大学簡にもこの一句はある。したがって、馬叙倫『老子校詁』第六十三章、陳鼓応『老子註訳及評介』六十三章などが、『老子』第七十九章に移すべきだとするのは、誤り。また、一句が『論語』憲問篇に引用され、かつ孔子の批判を受けているので、例えば、福永光司『老子』第六十三章、森三樹三郎『老子・荘子』のⅢ、4、「名句集——怨みに報ゆるに徳をもってす」、楠山春樹『老子入門』六十三章

などによって、怨みを安易に許容しない孔子の公正な人間観と、怨みを根に持たず清濁併わせ飲む老子の大らかな人間観と、の相異を指摘する見解が多く表明されてきた。『論語』憲問篇の文章は、

　或るひと曰わく「徳を以て怨みに報いれば、何如《いかん》。」と。子曰わく、「何を以てか徳に報いん。直を以て怨みに報い、徳を以て徳に報いん。」と。

である。しかしながら、「怨み」は、『老子』第六十三章の前後の文章において、特にテーマとなっているわけではない。上文の「大小・多少」の事物・現象の中で老子にとってマイナス価値を持つものの一例として挙げたまでである。また「徳」は、『老子』諸章においては、当時の儒家を始め一般に言うような倫理を意味する言葉ではない。そのような「徳」は、本章の前後の文章の中で、全然問題となっていないのを見られたい。この「徳」は、上文の「无為を為し、无事を事とし、无未（味）を味わう。」を受けて、根源的な「道」の働きとしての「徳」を言うのである。それ故、「怨みに報ゆるに徳を以てす」とは、もし大小・多少の「怨み」が生じたとしても、それらに対して無為・無欲（の「徳」）で対応する、という意味である。『論語』憲問篇の上引の文章は、『老子』第六十三章の真意が忘れ去られた後になって、孔子に仮託して書かれた文章であろう。ちなみに、『老子』第七十九章は、諸国家間の政治的・軍事的な関係において「大怨」を発生させないためには、「有徳」の者の「天道」に基づいた対処が必要であると説くが、本章と多少の共通点がある（本書のII、第3章、E、c「聖人の統治は富貴に驕らないが威厳がある」とその注（87）を参照）。

(150) 第六十三章の全体は、上段・中段・下段の三つから構成されている。——上段は「无為を為し、……怨みに報ゆるに徳を以てす。」の部分で、修道者の無為・無欲の「道」の確立と世間的な事象への「徳」による対処とを説く。中段は「難きを亓（其）の易きに図り、……故に能く亓（其）の大を成す。」の部分で、「聖人」が直接的には難しく大きな「大を為さず」、易しく細かい「小」を為すことを通じて、かえって「大を成す」ことを論ずる。下段は「夫れ軽がるしく若（諾）すれば必ず信寡く、……故に難きこと无きに終わ

る。」の部分で、中段の「小」を為す場合でも難しいと考えて慎重に行うのがよいという戒めを述べる。ここで重要なことは、本章を書いた老子の頭の中では、上段の無為・無欲の「道」を確立することと、中段・下段の「小」を為して「大」に至ることとは、その間に何の矛盾もない同一の事態と見なされている事実である（本書のⅡ、第2章、D、a「無欲・不欲の提唱」とその注（111）、Ⅱ、第2章、D、b「無為・不為の提唱」とその注（156）を参照）。なお、『老子』第六十四章もこれと同じ構成を取っている。

(151) 第二章の「声（聖）人は无為の事に居り、不言の教えを行う。」の解釈については、本書のⅡ、第2章、C、a「無学・不学の提唱」、Ⅱ、第2章、C、c「無言・不言の提唱」とその注（95）、Ⅱ、第2章、D、b「無為・不為の提唱」、Ⅱ、第2章、D、c「無事の提唱」、Ⅱ、第5章、C、c「主体の「無為」と客体の「自然」　その3」とその注（38）を参照。

また、第二章の「声（聖）人は无為の事に居り、不言の教えを行う。」と「万物昔（作）これども……、為れども……、功を成せども……。」との主客・因果の関係については、本書のⅡ、第2章、C、c「無言・不言の提唱」とその注（95）、Ⅱ、第5章、C、c「主体の「無為」と客体の「自然」　その3」を参照。

(152) 第十章の当該個所については、本書のⅡ、第2章、C、b「無知・不知の提唱」とその注（78）、Ⅱ、第3章、B、a「「道」・柔弱・謙下・無為によって「邦」を統治する」とその注（24）を参照。

(153) 第四十七章の「為さずして成る」については、本書のⅡ、第2章、D、b「無為・不為の提唱」とその注（168）を参照。また、「為さずして成る」と類似する表現と思想が『老子』中に多く見えることは、拙著『老子』第四十七章、【注釈】（四）を参照。この句は『老子』を始めとする道家の思想の核心の一つである。恐らく老子の創始した言葉であろうと思われる。それ故、『老子』の強い影響をこうむった『韓非子』喩老篇、『淮南子』原道篇・精神篇・主術篇、『文子』道原篇・精誠篇・九守篇、『管子』戒篇などにこの句が現われるのは当然である。その取り扱う領域は、哲学・倫理思想・政治思想など広範囲に及んでいる。さらに、『荀子』天論篇に「為さずして成り、求めずして得、夫れ是を之天職と謂う。」とあり、『礼記』中庸篇に「此の如き者は、見ずして章らかに、動かずして変じ、為す無くして成る。」とあるが、これらも『老子』の影響下に成った文章である。儒家の文献にさえこの句が現われているところから、当時『老子』思想のインパクトがいかに大きかったかが知られよう。なお、上引の諸文献の中で最も早く成ったものは戦国末期の『荀子』天論篇であり、その他は全て前漢初期ないし前漢中期以降の成書であろう。

(154) 第四十八章の「為す无くして為さざる无し」を中心とする章旨については、本書のⅡ、第2章、D、c「無事の提唱」とその注(172)、Ⅱ、第3章、A、c「無事・無為によって「天下」を取る」、Ⅱ、第3章、C、a「『老子』第五十四章の全「天下」政治秩序の構想　その1」とその注(32)、Ⅱ、第5章、A、a「「道」の万能性」とその注(3)、Ⅱ、第5章、E、a「古い形而上学・存在論と新しい自然思想」を参照。
「為す无くして為さざる无し」の一文は、馬王堆両本が残欠しているためにいかなる文字を補うべきかに関して若干の意見の分岐があった。高明『帛書老子校注』四十八は、「為す無くして以て為す無し」を補う。しかし、これはこの部分のコンテキストを理解しない処置である。その後、「為す亡（無）くして為さざる亡（無）し」に作る郭店本が出土するに及んで、問題は全て解決した。一文の大意は、修道者が無為であれば、どんなことでも為しうる、ということ。以上の補足と解釈については、本書のⅡ、第5章、A、a「「道」の万能性」とその注(3)を参照。

「将に天下を取らんと欲するや」以下は、従来上文と調和しないという理由で、『老子』第五十七章の錯簡ではないかとする疑問が出されていた。例えば、武内義雄『老子の研究』第四十八章のテキスト・クリティークである。しかしそうではなく、上文と十分に調和することができる。「将に天下を取らんと欲するや」以下と上文との関係については、本書のⅡ、第2章、D、c「無事の提唱」とその注(172)、Ⅱ、第3章、A、c「無事・無為によって「天下」を取る」を参照。ただし、「将に天下を取らんと欲するや」以下は郭店本に含まれず、馬王堆両本になって含まれるようになった文章であるから、戦国末期の古い『老子』にはない部分であって、前漢初期に追加されたものと考えるのがよい。

「事とする无し」は、焦竑『老子翼』四十八章、高亨『老子注訳』四十八章の言うとおり、「為す无し」と同義。「無為」が広く人為を排除した総括的な言葉であるのに対して、「無事」は仕事をしない、事業を行わないの意で、より狭く具体的な言葉である、という相異がある。特に本章の文脈においては、上文の「為す无し」を受けて下文の「事とする无し」が提起されるのであるから、両者を全く同じ内容と把えて構わない。武内義雄『老子の研究』第四十八章、木村英一『老子の新研究』四十八章、諸橋轍次『掌中　老子の講義』第四十八章が両者を区別するのは、不適当。また、林希逸『老子鬳斎口義』為学日益章第四十八は、「無事」を主観的な「無心」の意とするが、むしろ逆方向で客観的な「事業を行わない」の意である。

(155) 第五十七章の「我為す无くして、民自ら化す。」以下の四文が、原因・主体の「聖人」の無為→結果・客体の「民」の「自然」、という構造を持った自然思想であることについては、本書のⅡ、第2章、B、b「雄《おす》よりも雌《めす》を、牡《おす》ではなく牝《めす》を」、Ⅱ、第2章、D、a「無欲・不欲の提唱」とその注(140)、Ⅱ、第5章、C、b「主体の「無為」と客体の「自然」その2」、Ⅱ、第5章、D、a「自然思想の民本主義」を参照。

底本（馬王堆甲本）の「化」は、乙本も「化」、北京大学簡・通行本（王弼本・河上公本）も「化」であるが、郭店本にさかのぼると「蟡」に作っている。これは「為」の仮借字であって、「聖人」が「為す无し」であれば「民」は「自ら為す」という関係は、上下が綺麗に呼応している。古い『老子』は「為」の意であったに違いない。テキストの同様の変化は、第三十七章と第十九章でも起きている。第三十七章の郭店本は「𢥞」(二例)、馬王堆甲本も「𢥞」(二例)、乙本は「化」(二例)、北京大学簡・通行本（王弼本）も「化」に作る。古い『老子』の「為」の意味に変化が起こり文字も「化」に変化したのであろう。第十九章の郭店本は「𢥞」に作って「為」の意、馬王堆甲本以下、乙本・北京大学簡・通行本（王弼本）はいずれも「仁」または「義」に作る（本書のⅡ、第1章、B、b「万物生成論と退歩史観の結合」とその注(48)を参照）。なお、郭店本第三十七章・第五十七章の当該個所は、「万物」「民」が自らさまざまの活動を行うようになる、という趣旨である。しかし、馬王堆乙本では、「万物」「民」が自ら化育・教化を受けいれるようになる、という趣旨に変化した。これらの文章に含まれていた民本主義から、当時の統治者たちにとって過激・危険な要素を弱めて、穏当・温和な思想に変化させたのである。

(156) 第六十三章冒頭の「无為を為し、无事を事とし、无未（味）を味わう。」の三句の解釈については、本書のⅡ、第2章、D、a「無欲・不欲の提唱」とその注(111)、Ⅱ、第2章、D、b「無為・不為の提唱」とその注(147)、Ⅱ、第2章、D、c「無事の提唱」、Ⅱ、第3章、D、b「「道」の哲学に基づく非戦」を参照。また、「聖人」の「无為」と「亓（其）の大を成す」との関係については、本書のⅡ、第2章、D、a「無欲・不欲の提唱」とその注(111)、Ⅱ、第2章、D、b「無為・不為の提唱」を参照。

この三句を、王弼『老子注』は「治の極」を述べた文としてもっぱら政治的に解釈し、大濱晧『老子の哲学』の十三章「政治思想」、諸橋轍次『掌中　老子の講義』第六十三章も、同じ方向である。『老子』のこの個所を踏まえて、『文子』道原篇に、

真人なる者は、……道有れば則ち隠れ、道无ければ則ち見《あら》われ、无為を為し、无事を事とし、不知を知るなり。

とあり、荀悦『申鑒《しんかん》』政体篇に、

為す無くして之を為して、自ら之を施さしめ、事とする無くして之を事として、自ら之を交わらしむ。……是を政を為すの方と謂うなり。

とあって参照されるが、『文子』は非政治的な解釈、『申鑒』は政治的な解釈である。

(157) 第六十四章の傍線部分を含む当該個所の解釈については、本書のⅡ、第1章、A、d「無知によって「道」を把える」の注(34)、Ⅱ、第2章、C、a「無学・不学の提唱」とその注(61)、Ⅱ、第2章、D、a「無欲・不欲の提唱」とその注(116)、Ⅱ、第3章、D、b「「道」

の哲学に基づく非戦」、II、第5章、C、a「主体の「無為」と客体の「自然」その1」を参照。

「輔」の字は、郭店『老子』甲本は「専」、郭店丙本は「楠」に作るが、馬王堆両本・通行本（王弼本・河上公本）・北京大学簡はいずれも「輔」に作る。郭店両本ともに「輔」の仮借字であろう。その意味は、「輔は、助くるなり。」（『広雅』釈詁）である。従来より、例えば、河上公『老子注』守微第六十四、焦竑『老子翼』六十四章のように、「聖人」が万物の自《みずか》ら行うのを助けるという解釈は、老子の無為の思想に反するのではないかとする疑問があった。そこで焦竑は「輔」の字を、『韓非子』喩老篇の『老子』本章の引用に基づいて「恃」（たよる）の字に改める。現代でも、馮振『老子通証』六十四章のように、この本文校訂を支持する者がいるし、また金谷治『老子　無知無欲のすすめ』64のように、この方向で解釈を行う者もいる。また、廖名春『郭店楚簡老子校釈』（清華大学出版社、二〇〇三年）の甲本、第一編、第六章、蜂屋邦夫『老子』第六十四章などが、「楠」「輔」を「専」の仮借字として「本」（本づく）の意に読むのも、同じ趣旨であるが、これらはみな不適当。『老子』において聖人が万物の「自然」を助ける程度のことが、「無為」と相い反すると見なされることはないからである。ちなみに、後漢の道家である王充は、その著『論衡』自然篇の中で『老子』本章を踏まえて、「然れども自然なりと雖も、亦た須《すべか》らく輔助を為すこと有るべし。」と説いていた。また、『周易』泰卦の象伝に「象に曰わく、「……后《きみ》以て天地の道を財《さい》（裁）成《せい》し、天地の宜を輔相し、以て民を左右す。」と。」とあるのも、『老子』本章を踏まえた文章と考えられる。

「敢えて為さず」は、「無為」の思想の一種。郭店甲本は「為す能わず（弗能為）」に作り、郭店丙本・馬王堆両本・北京大学簡は「敢えて為さず（弗敢為）」に作り、通行本（王弼本・河上公本）は「敢えて為さず（不敢為）」に作る。本来の『老子』は最古の郭店甲本であろうと思われるが、これもやはり「無為」の思想である。「弗」の字を用いる郭店両本・馬王堆両本・北京大学簡は、無為の対象を「万物の自然」と考えていたが、「不」に改めた通行本になると無為の対象をあらゆる事象に拡大して、無為の思想が一般化したことになる。なお、大濱晧『老子の哲学』の十三章「政治思想」、諸橋轍次『掌中　老子の講義』第六十四章は、本章のこの個所も「治道を論じたもの」（諸橋轍次の場合）と認めて政治思想であることを確認している。

(158) 第七十五章は、前半の二文と後半の二文とを集めて一章としたもののようである（拙著『老子』第七十五章、【注釈】（三）を参照）。一章と見なして全体の構成を考えるならば、人類の遭遇する大きな困難を三つの側面——重税による飢餓・政治社会の混乱・求生軽死の風潮——から論じた文章である。章末の一文から推して、最後の生死の問題が最も重視されている。以上の第七十五章の趣旨と構成については、本書のII、第3章、E、c「聖人の統治は富貴に驕らないが威厳がある」、II、第4章、C、a「『老子』中に残る養生批判」とその注（7）、II、第4章、D、b「『老子』における養生と政治との絡みあい」を参照。

第七十五章経文の諸テキスト間に異同のある部分だけを摘記すれば、郭店本には第七十五章はない。底本（馬王堆甲本）は本文に引用したとおり。乙本は、

人の飢《う》うるや、亓《そ》（其）の跣（税）を取食《しゆしよく》するの多きを以てなり、……。百生（姓）の治《おさ》まらざるや、亓《そ》（其）の上《うえ》の以て為す有るを以てなり、……。民の死を軽んずるや、亓（其）の生《せい》を求むるの厚《あつ》きを以てなり、……。

北京大学簡は、

人の飢《う》うるや、其の脱（税）を取食《しゆしよく》するの多きを以てなり、……。百姓の治《おさ》まらざるや、上《うえ》の以て為す有るを以てなり、……。民の死を軽んずるや、其の生《せい》を〔求むる〕の厚《あつ》きを以てなり、……。

通行本（王弼本）は、

民の饑うるは、其の上の税に食《は》むの多きを以てなり、……。民の治《おさ》め難きは、其の上《うえ》の為す有るを以てなり、……。民の死を軽んずるは、其の生《せい》を求むるの厚《あつ》きを以てなり、……。

にそれぞれ作る。三文の文頭に置かれた主語は、馬王堆両本・北京大学簡の「人・百姓・民」が古い『老子』の元の姿である。通行本（王弼本・河上公本）は三文とも「民」に改めて文章を整えたけれども、元の

ままの方がよい。「人」は人類全体を一般的に指し、「百姓」と「民」はほぼ同じ内容で人民を指す。

第一文の「亓（其）の䢜（税）を取食するの多き」は、人類自身が多く税を取り税に食《は》むことを言う。古い馬王堆両本・北京大学簡の「亓（其）の……を取食す」を、通行本（王弼本・河上公本）は「其の上……に食む」に改めてここに「民」と「上」との階級の相異を持ちこんだ。その後近代に入ると、第三文の「亓（其）の生を求むるの厚きを以てなり」について、馬王堆両本・北京大学簡・通行本（王弼本・河上公本）がみなこのように作って主語を「民」としていたのを、「其の上の生を求むるの厚きを以てなり」などのように改めて、三文ともに「其の上の……を以てなり」に文章を整えて、かつ「民」と「上」との階級の対立を強調するテキスト・クリティークが多く現われた。日本では、木村英一『老子の新研究』七十五章、諸橋轍次『掌中　老子の講義』第七十五章、加藤常賢『老子原義の研究』75、金谷治『老子　無知無欲のすすめ』75、小川環樹『老子』第七十五章、蜂屋邦夫『老子』第七十五章など。中国では、高亨『老子注訳』七十五章、厳霊峰『老子達解』（芸文印書館、一九七一年）の七十五章、陳鼓応『老子註訳及評介』七十五章などである。しかし、これは経文の妄改である。「亓（其）の生を求むるの厚きを以てなり」の「亓（其）」は上文の「民」を受けることは自明であって、同じ思想が底本（馬王堆甲本）『老子』第五十章に、

　而うして民の生生として、動きて皆な死地に之くもの之れ十に三有り。夫れ何の故ぞや、亓（其）の生生たるを以てなり。

とある。この問題については、本書のII、第4章、C、a「『老子』中に残る養生批判」とその注（7）（9）を参照。

第二文の「亓（其）の上の以て為す有る以てなり」の「以て為す有り」（為す所以が有る）は、底本（馬王堆甲本）・乙本・北京大学簡はみな同じ。これが本来の『老子』の表現であったことが分かる。通行本（王弼本・河上公本）はいずれも「為す有り」に作るので、単なる有為を言い、古いテキストとは意味が異なる。「以て為す有り」は、「以て為す无し」とともに『老子』第三十八章に既出（本書のII、第2章、D、 b「無為・不為の提唱」とその注（142）を参照）。上位者が百姓を統治する際の、人為を行う目的（つまり統治目的）の意であり、第三十八章を根拠にして推測すれば、儒家の「仁・義・礼・前識（知）」などの徳治のイデオロギーではなかろうか。第二文の趣旨は、百姓を統治できない原因を追求して、上位者が統治する際、人為を行う目的（統治目的）を持っている事実に求めることである。裏返して言えば、百姓を統治するためには、統治者はその「以て為す有り」を捨てて、反対に「以て為す无し」（統治目的からの離脱）に立脚しなければならない、と考えていることになる。

（159）第十三章の傍線部分の諸テキスト間の異同については、郭店本は、

〔故に身を為《おさ》むるを〕天下を為《おさ》むる〔よりも貴《たっと》べば〕、若《すなわ》ち以て天下を厇《たく》（託）す可《べ》し。身を以《おさ》（為）むるを天下を為むるよりも炁《あい》（愛）すれば、若《すなわ》ち以て天下を迲《よ》（寄）す可し。

底本（馬王堆甲本）は本文に引用したとおり。乙本は、

故に身を為《おさ》むるを天下を為むるよりも貴べば、若《すなわ》ち以て天下を橐《たく》（託）す可《べ》し。身を以《おさ》（為）むるを天下を為むるよりも愛すれば、女《すなわ》（如）ち以て天下を寄《よ》す可し。

北京大学簡は、

故に身を以《おさ》（為）むるを天下を為むるよりも貴べば、若《すなわ》ち以て天下を橐《たく》（託）す可《べ》し。身を以《おさ》（為）むるを天下を為むるよりも愛すれば、若《すなわ》ち以て天下を寄《よ》す可し。

通行本（王弼本）は、

故に身を以《おさ》（為）むるを天下を為むるよりも貴べば、若《すなわ》ち以て天下を寄す可《べ》し。身を以《おさ》（為）むるを天下を為むるよりも愛すれば、若《すなわ》ち以て天下を託す可し。

にそれぞれ作る。

第十三章全体の構成については、本書のⅡ、第4章、D、b「『老子』における養生と政治との絡みあい」とその注（32）を参照。その前半（全章の四分の三）は、栄達するかそれとも零落するかで一喜一憂す

る世間の人々が、獲得したいと願う地位や財産などは「大梡《たいかん》（患）」（大きな災《わざわ》い）でしかないのに、それらを自分の「身」（生命・身体）のように貴んでいると述べて、何にも益して最も貴ぶべきものが「身」に他ならないことを説く。章末の二文（傍線部分）は、以上を受けて「身」の養生と「天下」の政治との関係を論ずる、という構成である。「大梡《たいかん》（患）を貴ぶこと身の若くす」の「貴ぶ」は、章末の「身を為《おさ》むるを天下を為むるよりも貴ぶ」の「貴ぶ」への伏線である。また、「大梡《たいかん》（患）」は、自分の「身」にとっての大きな災《わざわ》いであり、主に立身出世、地位や財産への欲望が生み出すそれを言う。同じような表現と思想は『老子』に多く現われる。例えば、第十章の「脩除玄藍《しゅうじょげんかん》（鑑）して、能く疵《きず》つくこと毋《な》からんか。」の「疵《きず》つく」、第三十二章・第四十四章の「止まるを知るは殆《あや》うからず」の「殆《あや》うし」、第五十二章の「亓（其）の光《ひかり》を用いて、亓（其）の明《あき》らかなるに復帰《ふっき》し、身《み》の央《わざわ》（殃）いを遺《のこ》す毋《な》し。」の「央《わざわ》（殃）い」、第五十五章の「生を益《ま》すを祥《わざわ》（妖）いと曰う」の「祥《わざわ》（妖）い」などは、全く同じではないけれども、本章の「大梡《たいかん》（患）」に近いものである。

　章末の二文の解釈についても、本書のⅡ、第4章、D、b「『老子』における養生と政治との絡みあい」とその注（32）を参照。この二文は経文に乱れがあることも手伝って、意味の解釈が諸説紛々としていた。経文の乱れは、高明『帛書老子校注』十三が一覧表に整理している。傍線部分の重要部分を原文で示せば、郭店本は「〔故貴為身於〕為天下、……。㤅（愛）以身為天下、……。」、馬王堆両本は「故貴為身於為天下、……。愛以身為天下、……。」、北京大学簡・通行本（王弼本）は「故貴以身為天下、……。愛以身為天下、……。」である。経文の重要な相異は、前文の「身を為む」の「為」を「以」に作るテキスト、「身」の下に「於」のないテキストがあること。後文の「身を以（為）む」の「以」は諸本はみな「以」に作り、かつ「身」の下に「於」がないこと、そのために上下が綺麗な対句とは見えないこと、などである。しかし、この二文は対句でありその趣旨は、「身を為む」ることと「天下を為む」ることを比較して、「身を為む」る方を貴び愛する人にこそ「天下を為む」る事業（つまり天子の仕事）を任せることができる、という逆説である。後文の「以」は「為」の仮借字であるが、如字に読んで「用う」の意としても意味はほぼ同じ。後文には比較を表わす「於」の字がないが、なくとも比較の意味は読み取ることが可能である。

章末の二文と類似する思想の表現は、戦国末期～前漢・後漢の道家文献に多く現われるので、意味を取る上でさして困難はない。拙著『老子』第十三章、【注釈】（七）、拙著『郭店楚簡老子の新研究』第十三章、注（９）を参照。類似する表現の最古の例は、戦国末期に成った『呂氏春秋』貴生篇に、

天下は、重物なり、而れども以て其の生を害せず、又た況んや它（他）物をや。惟だ天下を以て其の生を害せざる者にのみ、以て天下を託す可し。

とある。しかし、この二文の趣旨を把えそこねた近年の研究は、中国では、馬叙倫『老子校詁』第十三章、高亨『老子注訳』十三章、陳鼓応『老子註訳及評介』十三章など、日本では、木村英一『老子の新研究』十三章、福永光司『老子』第十三章、蜂屋邦夫『老子』第十三章など、決して少なくない。

(160) 第十五章の「古の善く道を為むる者」のテキスト・クリティークについては、本書のⅡ、第1章、A、b「「道」は人間が把えることのできないもの」の注（15）を参照。また、「古の善く道を為むる者」の解釈については、本書のⅡ、第1章、A、b「「道」は人間が把えることのできないもの」とその注（15）、Ⅱ、第1章、A、d「無知によって「道」を把える」とその注（30）を参照。

(161) 第六十五章の底本（馬王堆甲本）の「故に曰わく、道を為むる者」の句を、後に成った諸テキストが「古の道を為むる者」に改めたことについては、本書のⅡ、第1章、A、d「無知によって「道」を把える」とその注（34）を参照。「道を為む」の解釈は、成玄英『老子義疏』古之章の「道を為むるは、猶《な》お道を修むるがごときなり。」がよく、福永光司『老子』第六十五章、諸橋轍次『掌中　老子の講義』第六十五章も、これを採用する。河上公『老子注』に独自の説があるが、ここでは取らない。

また、第六十五章の「道を為《おさ》むる者は、……将《まさ》に以て之を愚《おろ》かにせんとするなり。」の解釈については、本書のⅡ、第1章、A、d「無知によって「道」を把える」とその注（34）、Ⅱ、第2章、C、b「無知・

不知の提唱」とその注（89）、Ⅱ、第3章、E、a「聖人の統治は人民の心を虚しくして腹を実たす」を参照。

（162）「道—万物」の形而上学・存在論が戦国後期以来の道家のオリジナルな哲学であることについては、本書のⅡ、第1章、A、a「形而上の「道」と形而下の「万物」」とその注（4）（5）を参照。

（163）第四十一章末尾の二文は、上文の「道」に関する叙述を総括して、「道」の名づけようのない超越性と万物を開始させ完成させる主宰性とを強調したもの。「夫れ唯だ道は、善く始めて且つ善く成す。」は、内容を詳しく述べれば、第五十一章の、

道之を生じて、徳之を畜い、物之に刑（形）われて、器之に成る。……道之を生じ之を畜い、之を長じ之を遂げしめ、之を亭め之を毒くし、之を養い之を復（覆）う。

となる（呂恵卿『道徳真経伝』四十一章を参照）。「始む」は、底本（馬王堆甲本）は欠字、乙本は「始む」、北京大学簡は「貣（貸）す」、通行本（王弼本・河上公本）は「貸す」にそれぞれ作る。通行本の「貸す」の字は、敦煌本が「始む」に作るので、従来より于省吾「双剣誃老子新証」などが「始む」に作るべきだとしていた。馬王堆乙本の出土によって「始む」に作るのが本来の『老子』の姿であることが判明したわけである。通行本・北京大学簡の「貸す」「貣（貸）す」は、許慎『説文解字』の「貸すは、施すなり。」の意と取れば、「始む」に近い意味ともなり、かつ「成す」の反義語ともなるのではなかろうか。

（164）第二章の当該個所に含まれる自然思想については、本書のⅡ、第2章、C、c「無言・不言の提唱」とその注（95）、Ⅱ、第2章、D、c「無事の提唱」、Ⅱ、第5章、C、c「主体の「無為」と客体の「自然」その3」とその注（38）を参照。

「万物昔（作）これども始（治）めざるなり」の「昔（作）」は、高亨『老子注訳』二章、蜂屋邦夫『老子』第二章などの言うとおり、「起こる」の意。中国古典に頻見する読み方である。「始《おさ》む」は、従前には「始《はじ》む」、「辞す」（名づける、言葉で説明する）などの諸説があったが、包山楚簡・郭店楚簡などの楚系文字

資料が多量に登場して研究が進んだために、語義もほぼ確定した。諸テキストの「怠・始・辝・辞」などという文字は、みな「治」の仮借字である。また、「始（治）めざるなり」の否定詞の「弗」は、郭店本・馬王堆乙本・北京大学簡はいずれも「弗」に作り、通行本（王弼本など）は「不」と「弗」が混在している。本来は正しく「弗」に作っていた文字を部分的に「不」に改めたものであろう。古代漢語としての「弗」は、指示代詞の「之」が内含されている否定詞。ここでは、立ち上がってきた「万物」を「声（聖）人」は治めないという意味である。このように理解すれば、本章のこの個所ももっとヴィヴィッドに読めるようになる。以下の「弗」もこれに倣う。蜂屋邦夫『老子』第二章が、両字に相異がないとするのは不適当。

「万物昔（作）これども始（治）めざるなり」と「為れども志（恃）まざるなり」との間に、通行本（王弼本）は「生ずれども有せず」の一句がある。この前後は、「声（聖）人」の無為の生き方が原因となって、「万物」の諸方面への展開が結果するという文脈である。その展開は、「万物」の「昔（作）こる↓為る↓功を成す」のように、その「誕生↓成長↓完成」のプロセスが順序よく画かれているので、「生ずれども有せず」の句はない方が文章はスムーズに流れる。なお、郭店本・馬王堆乙本・北京大学簡にもこの一句は存在しない。「志（恃）む」は、諸テキストの文字にややばらつきがあるが、「志・恃」が「恃」の仮借字であることは、すでに通説となっている。成長してきた「万物」を「声（聖）人」は頼りにしないという意味。

「功を成せども居らざるなり」は、「成れども居らず」に作る郭店本が最も正しく本来の『老子』の姿を止めている。その後少しずつ加筆・修正して通行本（王弼本）のようになったのであろう。この句の主語は上の三句と同様に「万物」であり、一句は「万物」が成就するけれども「声（聖）人」はそれに居坐らないという意味。なお、「居」を「処」に作るテキストもあるが、意味は変わらない。

(165) 第十七章の当該個所の内容については、古来甚だ混乱していて優れた解釈がない。底本（馬王堆甲本）の「猷（猶）呵（乎）として其れ言を貴（遺）つるや」の冒頭の二字は、郭店本・馬王堆乙本・北京大学簡・通行本（王弼本）などの諸テキストが「猷虐」「猷呵」「猶虖」「猶兮」などと書く。「猶乎」の仮借字または異体字で、通行本の中には「悠兮」「由兮」に作るテキストもある。意味は、「大上」の統治者のぼんやりとしたさま、ゆったりとしたさま。「言を貴《す》（遺）つ」に係る副詞である。「言を貴（遺）つ」は、「無言」「不言」の意であり、広義の「無為」に包含される概念である。「言を貴（遺）つ」の解釈については、本書のⅡ、第2章、C、c「無言・不言の提唱」とその注（96）、Ⅱ、第5章、C、a「主体の「無為」と客体の「自然」その1」とその注（27）を参照。

「功を成し事を遂げて」は、『老子』中の類似句が全てそうであるように、「万物」（ここでは「百省（姓）」）に関する述語。「大上」の統治者に関する述語ではない。第十七章における大上の「言を貴（遺）つ」→百省（姓）の「功を成し事を遂ぐ」という関係については、本書のⅡ、第2章、C、c「無言・不言の提唱」、Ⅱ、第2章、D、c「無事の提唱」、Ⅱ、第5章、C、a「主体の「無為」と客体の「自然」その1」を参照。「百省（姓）は我自然なりと胃（謂）う」の一句の理解は、許抗生『帛書老子注訳与研究』十七章が最も優れ、諸橋轍次『掌中　老子の講義』第十七章、高亨『老子注訳』十七章がそれに次ぐ。「百省（姓）」は「我々が自力で行ったのであって、統治者のお陰などではない。」と言う、という趣旨。「自然」は、「自《みずか》ら」という言葉の副詞形・名詞形である。

「猷《ゆう》（猶）呵《こ》（乎）として其《そ》れ言を貴《す》（遺）つるや、……百省《ひゃくせい》（姓）は我《われ》自然なりと胃《い》（謂）う。」の趣旨については、本書のⅡ、第2章、C、c「無言・不言の提唱」、Ⅱ、第5章、C、a「主体の「無為」と客体の「自然」その1」、Ⅱ、第5章、D、a「自然思想の民本主義」を参照。

(166) 第三十四章の「道」の主宰の下で万物が「功を成し事を遂ぐ」ることについては、本書のⅡ、第2章、B、e「プラス価値ではなくマイナス価値を」の注（41）、Ⅱ、第2章、D、c「無事の提唱」を参照。

第三十四章冒頭の「道は渢（氾）呵（乎）として、其れ左右す可きなり。」の解釈は、諸説はほぼ一致していて大きな相異はない。底本（馬王堆甲本）・乙本・北京大学簡・通行本（王弼本）に現われる「渢」「泛」「氾」は互いに通ずる字で、「道」がどこまでも広くいきわたるさま（王弼『老子注』を参照）。「其れ左右す可きなり」は、左にも右にも拡がっていくことができるの意。「其れ左右す可きなり」と「功を成し事を遂ぐれども」との間に、北京大学簡は「万物は作こりて生ずるも辤（治）めず」の句があり、通行本（王弼本）は「万物は之を恃みて生ずれども辞（治）めず」の句がある。古い『老子』になかった表現を前漢後期～末期までに追加したものであろう。「功を成し事を遂ぐ」の前段階を説く句として、あっても邪魔にはならない。「辤（治）めず」「辞（治）めず」は、「道」の態度である。

　底本（馬王堆甲本）の「功を成し事を遂ぐれども名有せざるなり」は、「事を遂ぐ」がある点が諸テキストとは異なる。これが古い『老子』の本来の姿であろう。北京大学簡は「功を成せども名有せず」、通行本（王弼本・河上公本）は「功成れども名有せず」にそれぞれ作る。「功を成し事を遂ぐ」の主語は「万物」であり、「道」の主宰の下で現われる状況という文脈である。「名有《めいゆう》す」は珍しい表現であるが、すでに馬王堆両本・北京大学簡にあるので、誤りとすることはできない。易順鼎『読老札記』、馬叙倫『老子校詁』第三十四章が「名」を削除して「功成れども有せず」に改め、大濱晧『老子の哲学』の一章「道……存在としての道」、加藤常賢『老子原義の研究』34、小川環樹『老子』第三十四章などがそれに従うのは不適当。また、日本の研究には、「……名を有せず」と読む者が多い。例えば、武内義雄『老子の研究』第三十四章、福永光司『老子』第三十四章、金谷治『老子　無知無欲のすすめ』34など。古代漢語の語法を無視した日本語式の読み方である。句頭に否定詞「弗」があることを考慮すれば、万物の「成功遂事」を「名づけて（已の）有となさず」という意味であろう。蘇轍『老子解』三十四章、木村英一『老子の新研究』三十四章、高亨『老子注訳』三十四章の解釈がよいと思う。ただし、当該個所の「名」は、下文の二つの「名」への伏線で、三つの「名」は基本的に同じ意味ではなかろうか。

(167) 第三十七章冒頭の「道は恒に名无し」の諸テキスト間の異同については、本書のⅡ、第5章、C、b「主体の「無為」と客体の「自然」　その2」とその注（34）を参照。最古の郭店本の「衍（道）は亘（恒）に為す亡（無）きなり」と、北京大学簡の「道は恒に為す無し」とが基本的に同じであり、これが古い『老子』の本来の姿であった。下文で「万物」の「自《みずか》ら爲（為）す」に言及するのも上文に「為す無し」があるからに他ならない。馬王堆両本は「為す」を「名」に改めたが、これでは下文の「爲（為）す」にうまく呼応しないので、馬王堆乙本はさらに「爲（為）す」を「化す」に改めた。そして通行本（王弼本・河上公本）は、古来の『老子』テキストに依拠しつつ「為さざる無し」を追加したのであろう。高明『帛書老子校注』三十七が、「名无し」を正文としたのは、正しくなかったのである。

「侯王」は、前漢時代の侯や王（諸侯王）を指すのではなかろうか。『老子』では他に第三十二章・第三十九章にも現われ、本章と同様に「侯王」が「道」を得ることによって「万物」の統治者（つまり天子・皇帝）に上昇していくという文脈の中で使用されている。ちなみに、『老子』において単独に「王」と言われる場合は、全天下に君臨する天子・皇帝を指し、第十六章・第二十五章・第二十六章・第六十六章・第七十八章がそれである。「侯王」のこうしたニュアンスを敏感に意識していたのは、北宋時代の政治家である呂恵卿であった。その『道徳真経伝』三十七章で、

　夫れ老子は真人なり。宜しく弊弊然として天下・万物を以て事と為すべからざるに、侯王に于《お》いて此の如く其れ諄諄たるは、何ぞや。……侯王なる者をして知りて之を守らしむれば、則ち之を天下に修むること、亦た普《あまね》からずや。

と解説している。

「道は恒に名无し。侯王若し能く之を守れば、万物将に自ら爲（為）さんとす。」の解釈については、本書のII、第1章、A、c「「道」は無名である」、II、第3章、A、a「「道」を把握して「天下」全体を統治する」、II、第5章、C、b「主体の「無為」と客体の「自然」その2」とその注（34）、II、第5章、D、a「自然思想の民本主義」を参照。この個所は、『老子』中の代表的な自然思想の表現である。なお、本章における「侯王」の無為と「万物」の自然（「自《みずか》ら為す」）との主客・因果の関係をほぼ正確に読み取ったのは、高亨『老子注訳』三十七章、陳鼓応『老子註訳及評介』三十七章である。

(168) 第四十七章の「為さずして成る」については、本書のII、第2章、D、b「無為・不為の提唱」とその注 (153) を参照。前後の三句の趣旨は、「声（聖）人」の「行かず・見ず・為さず」という原因の故に、「天下」の万物が自《みずか》ら「知られ・名（明）らか・成る」という結果になる、ということ。

(169) 第五十一章の「道」が主宰者となって万物を「生じ・為り・長じ」させるという思想については、本書のII、第1章、A、a「形而上の「道」と形而下の「万物」」とその注 (4)、II、第2章、A、b「『老子』に見える反疎外論と主体性論の残滓」、II、第5章、A、a「「道」の万能性」を参照。

「生ずれども有せざるなり」以下は、諸テキスト間の相異は多くない。やや大きな相異は、三連対句の後半の否定詞が通行本（王弼本・河上公本）が三つとも「不」であるのに対して、底本（馬王堆甲本）・北京大学簡が三つとも「弗」であること。「弗」の字を無視しなければ、当該個所の大意は容易に把えられよう。すなわち、「万物」が各段階で「生じ・為り・長じ」て生成・発展してくるけれども、「道」はそれぞれの成果を「有し・寺（恃）み・宰る」ことはしない、という趣旨である。本章における「万物」の「誕生→成長→発展」のプロセスは、『老子』第二章の三段階とほぼ同じ（本書のII、第2章、C、c「無言・不言の提唱」とその注 (95)、II、第2章、D、b「無為・不為の提唱」とその注 (164) を参照）。また、第十章と第七十七章にも類似句があるが、これらの生成・発展のプロセスは二段階に短縮されている。

従来の研究の中には、「生ず・為る・長ず」の主語をいずれも「万物」とせず、三つの動詞をいずれも自動詞と読まないものが多い。例えば、成玄英『老子義疏』道生之章、武内義雄『老子の研究』第五十一章、木村英一『老子の新研究』五十一章、福永光司『老子』第五十一章などである。

(170) 第七十七章の「為《な》れども又《ゆう》（有）せず、功を成せども居らざるなり。」の含意については、本書のII、第2章、B、e「プラス価値ではなくマイナス価値を」の注 (41) を参照。

「為《な》れども又《ゆう》（有）せず」は、底本（馬王堆甲本）は残欠、乙本は「為れども又（有）せず」、北京大学簡は「為れども有せず」、通行本（王弼本・河上公本）は「為れども恃まず」にそれぞれ作る。馬王堆乙本・

北京大学簡の「為れども有せず」が古い『老子』の本来の姿で、通行本は後にそれを修正したのである。「為る・功を成す」の主語はどちらも万物。「又（有）せず・居らざるなり」は、主語はどちらも「声《せい》（聖）人《じん》」で、為った成果を所有せず、功を成した結果に居坐らない、という意味である。「声《せい》（聖）人《じん》は為れども又（有）せず」については、「聖人は為して恃まず」と読む者（福永光司の場合）が圧倒的に多い。しかし、それでは聖人が無為ではなくて有為となり、老子の最も核心的な思想と矛盾してしまう（第二章・第五十一章の類似句についても同じ）。例えば、河上公『老子注』天道第七十七、成玄英『老子義疏』天之道章、陸希声『道徳真経伝』七十七章、林希逸『老子鬳斎口義』天之道章第七十七あたりから始まって、金谷治『老子　無知無欲のすすめ』77、楠山春樹『老子入門』七十九章、神塚淑子『老子』第七十七章などが、このような読解を行っている。

底本（馬王堆甲本）の「功を成せども居らざるなり」は、乙本・北京大学簡も基本的に同じ。通行本（王弼本・河上公本）は「功成れども処らず」に作る。古い『老子』の本来の姿は馬王堆両本・北京大学簡で、通行本はそれを後になって改めたのであろう。この句の今日までの読解の問題点は、上の「為れども又（有）せず」について述べたところと基本的に同じ。また、本来の『老子』の表現では、本章の以上の二句にあっても、否定詞は「弗」を使用しており、「不」を使用していない事実にも注意されたい（上文の注(164)(169)を参照）。

(171) 第八十一章の「人の道は、為《な》して争《あらそ》わず。」の解釈については、本書のⅡ、第2章、B、a「水にならう柔弱・不争《ふそう》・謙下《けんか》の論理」とその注(18)、Ⅱ、第3章、D、a「不争の論理に基づく非戦」を参照。

底本（馬王堆甲本）第八十一章の「故に天の道は、利して害わず。人の道は、為して争わず。」の文章は、馬王堆甲本は全て欠字、乙本によって補った。北京大学簡は「天の道は、利して害わず。人の道は、為して争わざるなり。」に作り、通行本（王弼本・河上公本）は「天の道は、利して害わず。聖人の道は、為して争わず。」に作る。馬王堆甲本によれば、上文の「聖人は積むこと无し」の上に黒丸印「●」が打ってあり、ここから段落が始まることを示している。そして、傍線部分の冒頭に「故に」とあるので、この「天の道」は上文の「聖人」を受けて、「聖人」の優れた態度の根底にある根源的な「天の道」を言うのであろう。それ故、「故」の字のある馬王堆乙本が古い『老子』の本来の姿である。また、「人の道」は、通行本は「聖人の道」に作るが、古い馬王堆乙本・北京大学簡が「人の道」に作るので、「人の道」を正文としなければならない。「聖人……。故に天の道……、聖人の道……。」とするのでは、同類の言葉が重複する上に、思想内容の上で根本的な矛盾を含むことになるからだ。近年の研究の中では、高明『帛書老子校注』六十八、陳鼓応『老子註訳及評介』八十一章は、「人の道」に作るのを是《ぜ》とするけれども、蜂屋邦夫『老子』第八十一章は、「聖人の道」に作るのを是としている。

「天の道」は、『老子』では他に第七十三章・第七十七章にも見える。第七十七章では、「天の道」と「人の道」が対立的に把えられている。第七十三章ではその上文に「人の道」に相当するものが画かれているので、そこでもやはり両者は対立的である。本章の「人の道」は「為す」つまり有為であるから、老子の否定する思想と考える必要がある。もしもこれを「聖人の道」に作るならば、老子の無為の思想と根本的に矛盾することは、自明ではなかろうか。

(172) 第四十八章の「為す无くして為さざる无し」を中心とする章旨については、本書のⅡ、第2章、D、b「無為・不為の提唱」とその注(154)、Ⅱ、第3章、A、c「無事・無為によって「天下」を取る」、Ⅱ、第3章、C、a「『老子』第五十四章の全「天下」政治秩序の構想　その1」とその注(32)、Ⅱ、第5章、A、a「「道」の万能性」とその注(3)、Ⅱ、第5章、E、a「古い形而上学・存在論と新しい自然思想」を参照。

「天下を取る」の意味については、本書のⅡ、第2章、D、b「無為・不為の提唱」とその注(154)を参照。本章の「取る」を「治む」の意であるとする誤解が、蔣錫昌『老子校詁』四十八章、馮振『老子通証』四十八章、陳鼓応『老子註訳及評介』四十八章、蜂屋邦夫『老子』第四十八章などによって唱えられているが、その源は河上公『老子注』忘知第四十八のようである。「天下を取る」ことは、人間の行う政治的な事業の中で最大の難事の一つである。であればこそ、「為さざる无し」（どんなことも為し遂げうる）の中心的なテーマとしてこれを挙げたのだと考えられる。

(173) 第五十七章の「正」は、「政」に作るテキストと引用があり（朱謙之『老子校釈』五十七章を参照）、特に『尹文子』大道下篇に、

　老子曰わく、「政を以て国を治め、奇を以て兵を用い、無事を以て天下を取る。」と。政なる者は、名法是なり。名法を以て国を治むるは、万物の乱す能わざる所なり。奇なる者は、権術是《これ》なり。権術を以て兵を用うるは、万物の敵する能わざる所なり。

とある。本章では、「正」と「畸（奇）」とは明らかに対立しているので、「正」の字でなければならないが、意味の上では『尹文子』の「名法」でよいと考える。また、成玄英『老子義疏』以政章は、「正」を「政」に作って、「政は名教・法律を謂うなり」と注する。「政」の字は不適当であるが、内容は『尹文子』に類似し、正しい解釈ではなかろうか。一方、「畸（奇）」は、「正」と対立する言葉であるところから、「邪」の意と見る者が少なくない。例えば、劉師培『老子斠補』五十七章、馬叙倫『老子校詁』第五十七章、高亨『老子注訳』五十七章、高明『帛書老子校注』五十七などである。また、「奇」を「譎詐」や「詐術」と見る以下の解釈もこれに近い。成玄英『老子義疏』以政章、林希逸『老子鬳斎口義』以政治国章第五十七、小川環樹『老子』第五十七章などである。しかし、これらの諸説では老子が「兵を用い」ることを百パーセント否定していることになって、不都合である。上引の『尹文子』大道下篇に言う「奇なる者は、権術是なり。」、また、呂恵卿『道徳真経伝』五十七章に言う「奇なる者は、一時の変に応ずる者なり。」あたりが妥当ではないかと考える。

　第五十七章上段の諸テキスト間の異同については、郭店本・馬王堆両本・北京大学簡・通行本の間に仮借字・異体字は多いけれども、大きな意味の違いはない。これらの三句は、第一句と第二句が有事・有為のや

り方を言い、第三句が無事・無為のやり方を言うと押さえられる。しかし、このように理解する者は、意外にも多くない。わずかに、呂恵卿『道徳真経伝』五十七章、金谷治『老子　無知無欲のすすめ』57ぐらいのものである。なお、章頭の三句の構成、および「事とする无し」と「天下を取る」との関係については、本書のⅡ、第3章、A、c「無事・無為によって「天下」を取る」とその注（16）、Ⅱ、第3章、D、c「やむをえず行う戦争」を参照。

（147）（156）を参照。

（174）第六十三章冒頭の「无事」については、本書のⅡ、第2章、D、b「無為・不為の提唱」とその注（175）第二章の「声（聖）人は无為の事に居り、不言の教えを行う。」の解釈と第二章に現われる自然思想については、本書のⅡ、第2章、C、a「無学・不学の提唱」、Ⅱ、第2章、C、c「無言・不言の提唱」とその注（95）、Ⅱ、第2章、D、b「無為・不為の提唱」、Ⅱ、第5章、C、c「主体の「無為」と客体の「自然」　その3」とその注（38）を参照。

（176）第五十二章の当該個所の「亓（其）の閲（兌）・亓（其）の門」は、人間の感覚・欲望の諸器官を指す。この件については、本書のⅡ、第1章、A、b「「道」は人間が把えることのできないもの」の注（16）、Ⅱ、第1章、A、d「無知によって「道」を把える」とその注（35）（36）、Ⅱ、第2章、C、b「無知・不知の提唱」、Ⅱ、第2章、C、d「無我・無心の境地」、Ⅱ、第3章、A、b「柔弱・謙下・無欲・無為によって「天下」全体を統治する」とその注（10）、Ⅱ、第4章、C、b「「道」「徳」の把握によって養生を実現する」を参照。

「亓（其）の閲（兌）・亓（其）の門」を「塞ぎ・閉ざし・啓く」ことを、もっぱら欲望追求の停止と放縦だけを言うと見る解釈が、以下のように少なくないが、含意が狭過ぎて不適当。例えば、福永光司『老子』第五十二章、陳鼓応『老子註訳及評介』五十二章、蜂屋邦夫『老子』第五十二章などである。その源は河上公『老子注』帰元第五十二にある。

第五十二章における「事を済す」の否定については、本書のII、第4章、D、b「『老子』における養生と政治との絡みあい」を参照。「済」は、「成」の仮借字。『爾雅』釈言に「済は、成なり。」とある。河上公注は「済は、益なり。」とし、奚侗『老子集解』五十二章、馮振『老子通証』五十二章、小川環樹『老子』第五十二章、陳鼓応『老子註訳及評介』五十二章などがこれに従うが、養生思想に拘泥するあまり文脈の把握に混乱が生じており、不適当。「事を済す」は、「事を成す」と同じで、有為・有事の意。上に指摘したことと関連して「欲望を充足させる営みを……思い通りにやってのける」（福永光司の場合）などとする狭い解釈が多い。しかし、そういう意味ではなく、広く人間の行う人為的な仕事・事業を指す。呂恵卿『道徳真経伝』五十二章、金谷治『老子 無知無欲のすすめ』52の両書が適切であり、参照される。

「来《かえ》らず」は、郭店本・馬王堆乙本（甲本は残欠）・北京大学簡はいずれも同じく「来らず」に作る（従来の出土資料本の研究は文字の判読に問題がある）。通行本（王弼本・河上公本）は「救われず」に作るが、養生思想を重視して文字まで改めてしまったものらしい。「来る」は、朱駿声『説文通訓定声』に従って「還る・反る・帰る」という意味。したがって、「亓（其）の事を済せば、身を終うるまで来らず。」は、『荘子』徐无鬼篇の「其の形性を馳せ、之を万物に潜《ひそ》め、身を終うるまで反らず。」、同じく天下篇の「恵施の才は、駘蕩して得ず、万物を逐いて反らず。」などとほぼ同じ趣旨で、外界の事物を追いかけて人為に走り、一生本来の自己を見失ったままでいる、ということ。

(177) 第六十四章の「不欲《ふよく》を欲《ほっ》す」「不学《ふがく》を学ぶ」を含む下段の解釈については、本書のII、第1章、A、d「無知によって「道」を把える」の注（34）、II、第2章、C、a「無学・不学の提唱」とその注（61）、II、第2章、D、a「無欲・不欲の提唱」、II、第3章、D、b「「道」の哲学に基づく非戦」を参照。

(178) 第十七章における大上の「言を貴（遺）つ」→百省（姓）の「功を成し事を遂ぐ」という関係については、本書のII、第2章、C、c「無言・不言の提唱」、II、第2章、D、b「無為・不為の提唱」、II、第5章、C、a「主体の「無為」と客体の「自然」その1」とその注（27）を参照。

(179) 第三十四章の「道」の主宰の下で万物が「功を成し事を遂ぐ」ることについては、本書のⅡ、第2章、B、e「プラス価値ではなくマイナス価値を」の注(41)、Ⅱ、第2章、D、b「無為・不為の提唱」とその注(166)を参照。

(180) 第二十三章の構成と趣旨については、本書のⅡ、第2章、A、b「『老子』に見える反疎外論と主体性論の残滓」とその注(6)、Ⅱ、第2章、C、c「無言・不言の提唱」とその注(97)、Ⅱ、第5章、C、a「主体の「無為」と客体の「自然」 その1」とその注(29)を参照。

第二十三章後半の「従事して道ある者」は通行本の言う「道に従事する者」の意、「徳ある者」は「徳に従事する者」の意、「者〈失〉ある者」は「失に従事する者」の意、であろう(兪樾『諸子平議』を参照)。そして、「徳に従事する者」とは、「道」の働きである「徳」を把握しようと努める者であるが、「道」それ自体の把握よりも一段低く見ているようである。また、「失に従事する者」とは、第三十八章で「下徳」とされた「仁・義・礼・前識」などを把握しようと努める者ではなかろうか。「失」が「仁・義・礼・前識」などを指すことは、馬其昶『老子故』二十三章、木村英一『老子の新研究』二十三章を参照。第三十八章には「下徳は徳を失わず」以下に本章と同じ「失」という言葉が用いられている。また、本章後半の、「人」の「言うこと希なり」が「風・雨」などの「万物」の「自然」をもたらすという因果応報のメカニズムについては、本書のⅡ、第5章、C、a「主体の「無為」と客体の「自然」 その1」とその注(29)を参照。

なお、通行本の本章末尾の「信足らざれば、焉ち信じられざること有り。」の部分は、馬王堆両本のように本来の『老子』にはなかった文であって、その後加筆されたものと考えられる。

第二十三章後半の諸テキスト間の異同については、郭店本には第二十三章がない。馬王堆甲本・乙本が古い『老子』の本来の形であり、最も理解しやすい。通行本の最後の三文は混乱があるようで、理解しがたい(高明『帛書老子校注』二十四を参照)。

(181) 冒頭の一文の非戦思想を含む第三十章の章旨については、本書Ⅱ、第3章、B、b「「道」をもって君主の統治を助ける臣下」とその注（29）、Ⅱ、第3章、D、b「「道」の哲学に基づく非戦」を参照。

本章の「兵を以て天下に強たり」は、軍事力をたのんで天下の各国に強腰で臨むこと。「其の事」は、「道を以て人主を佐くる」者の事業、すなわち政治的な仕事。「好」は、『経典釈文』が「其の事は好し」を掲出して「呼報の反なり」と言うとおり、このむの意。「還るを好む」は、臣下が自分の仕える君主を「道」に立ち返らせるのを好むの意であろう。一句の内容を以上のように解釈するのは、王弼『老子注』三十章、木村英一『老子の新研究』三十章、大濱晧『老子の哲学』の十三章「政治思想」、福永光司『老子』第三十章などであり、これに従った。一方、「其の事は好く還る」などと読んで、武力で天下に対して強い態度を取ることはしばしば武力による報復を受ける、とする解釈も少なくない。例えば、成玄英『老子義疏』以道章、蘇轍『老子解』三十章、呂恵卿『道徳真経伝』三十章、高明『帛書老子校注』三十、蜂屋邦夫『老子』第三十章などである。しかしながら、「其の事は還るを好む」の句は、最古の郭店本「丌《そ》（其）の事は好し」の方向で理解すべきであるから、マイナス価値の否定的な意味に解釈する成玄英以下の諸説は不適当ではなかろうか。この問題については、本書のⅡ、第1章、A、d「無知によって「道」を把える」とその注（31）、Ⅱ、第3章、B、b「「道」をもって君主の統治を助ける臣下」とその注（29）を参照。

（182）第六十七章の「三瑑（宝）」が結局は「道」であることについては、本書のⅡ、第2章、B、e「プラス価値ではなくマイナス価値を」とその注（54）、Ⅱ、第3章、A、b「柔弱・謙下・無欲・無為によって「天下」全体を統治する」、Ⅱ、第3章、D、b「「道」の哲学に基づく非戦」、Ⅱ、第3章、D、c「やむをえず行う戦争」を参照。

本章の「慈しみ」「倹やか」「敢えて天下の先と為らず」の意義づけについては、本書のⅡ、第2章、B、e「プラス価値ではなくマイナス価値を」、Ⅱ、第3章、D、c「やむをえず行う戦争」を参照。また、「事《こと》を成《な》すの長《ちょう》と為る」の内容については、本書のⅡ、第2章、B、e「プラス価値ではなくマイナス価値を」とその注（47）、Ⅱ、第3章、A、b「柔弱・謙下・無欲・無為によって「天下」全体を統治する」とその

注（13）を参照。

（183）第七十章の傍線部分の解釈については、本書のII、第2章、C、c「無言・不言の提唱」とその注（99）を参照。

# 第3章　『老子』の政治思想

『老子』の形而上学・存在論は、Ⅱ、第1章「『老子』の哲学」ですでに見たように、根源の「道」が一切の「万物」を存在・運動・変化させる世界の主宰者・支配者であるのに対して、「万物」は「道」によって存在・運動・変化させられる被宰者・被支配者である、という両者の哲学的な相互関係を述べるものであった。

考えてみれば、このような「道―万物」の主宰―被宰、支配―被支配の哲学的な関係は、政治的な意味に転じやすい性質を持っている。その際、「道」には「道」を把えていると観念される、もしくは「道」に比擬される天子・皇帝などの君主が当てられ、「万物」には現実社会にあって君主の統治を受けている、もしくは「万物」に比擬される万民が当てられて、ここに哲学からのスライドによって、一君万民の中央集権的な政治思想が容易にできあがることになるであろう。

## A　『老子』の「道」の形而上学・存在論と天子・皇帝の一元的な統治

実際、『老子』の中に見出される政治思想の中心の一つは、以下のような内容を持っている。――「道」に相当する「聖人」「侯王」などの君主が、「万物」に相当する「百姓」「民」を、一元的に統治する政治思想が、「道―万物」の哲学的な基礎をもって唱道されている、という内容である。

### a　「道」を把握して「天下」全体を統治する

いくつかの例を挙げてみよう。『老子』第二十二章に、

> 曲《ま》がれば則《すなわ》ち金《まった》〈全〉く、枉《ま》がれば則ち定《さだ》まり、洼《くぼ》（窪）めば則ち盈《み》ち、敝《やぶ》るれば則ち新たに、少なければ則ち得《え》、多ければ則ち惑《まど》う。是《ここ》を以《もっ》て声《せい》（聖）人《じん》は一《いち》を執《と》りて、以て天下の牧《ぼく》と為る。……古《いにしえ》〔の所胃《いわ》（謂）ゆる曲《ま》がれば金《まった》〈全〉しなる者は、幾《あ》（豈）に〕語《ことば》ならんや。誠に金《まった》〈全〉きもの之に帰《き》す。

とある。本章の「一」は「道」を指すが、その実際の内容は上文の、

> 曲がれば則ち金〈全〉く、枉がれば則ち定まり、洼（窪）めば則ち盈ち、敝るれば則ち新たに、少なければ則ち得、多ければ則ち惑う。

に現われている、この世の事物の逆説的・弁証法的なあり方を言うのであろう。[1]「牧」は統

治者のこと、彼が人民を統治することを牛飼いが牛を牧《か》うのに見たてて「牧」と言う。(2)『管子』に牧民篇という篇があり、『荘子』徐无鬼篇の黄帝・牧馬童子問答で「天下を為《おさ》むる」ことが議論されているのを参照されたい。それ故、当該個所は、まさに「道」を把えた「声《せい》（聖）人《じん》」が全「天下」を統治する天子・皇帝となる、という意味である。

また、『老子』第二十八章に、

……天下の渓《たに》と為《な》れば、恒徳《こうとく》雞《はな》〈離〉れず。恒〔徳〕雞〈離〉れざれば、嬰児《えいじ》〔に〕復《ふっ》帰《き》す。……天下の〔浴（谷）〕と為れば、恒徳乃《すなわ》ち〔足〕《た》る。〔恒〕徳乃ち〔足れば、楃《あらき》（樸）に復帰す〕。……天下の式と為れば、恒徳貣《たが》（忒）わず。〔恒〕徳貣《たが》（忒）わざれば、无極《むきょく》に復帰す。楃《あらき》（樸）は散ずれば〔則ち器《うつわ》と為るも、声《せい》（聖）〕人《じん》は用うれば則ち官長《かんちょう》と為る。

とある。ここでは、「嬰児」「楃《あらき》（樸）」「无極《むきょく》」に復帰することによって「道」を把握した「声（聖）人」は、その「楃《あらき》（樸）」つまり「道」を用いて、「官長」つまり天子・皇帝となることができる、と唱えている。(3) 本章の「官長《かんちょう》」は文武百官の長であろうが、上文に「天下の渓《たに》と為《な》る」「天下の浴《たに》（谷）と為る」「天下の式《しき》と為る」とあるように、老子の視野は「天下」全体をカバーする全人類の領域にまで達するものであるから、この「官長」も「邦」以下のレベルの統治者ではあるまい。

また、『老子』第三十五章に「大象《たいしよう》を執《と》れば、〔天下〕往《ゆ》く。往きて害あらず、安《やす》らか・平《たい》らか・大《ゆたや》（泰）かなり。」とある。本章は、人間（「聖人」や「侯王」）が「大象《たいしよう》」（「道」に同じ）を把握することによって、「天下」が動き始め（「往く」）、その結果「天下」は「安《やす》らか・平《たい》らか・大《ゆたや》（泰）か」になる、というありさまを画いている。(4) ここには、「天下」「万物」についての自然思想（Ⅱ、第5章「『老子』の自然思想」に後述）がすでに萌芽しているように感じられるが、大局的には、これもまた「聖人」などの「道」の把握を通じた「天下」統治の政治思想の一種なのであろう。

さらに、以下に引用するように、「侯王」が「道」を把えることにより全「天下」を統治する天子・皇帝になる、というテーマを論じた文章がある。『老子』第三十二章に、

道《みち》は恒《つね》に名《な》无《な》し。楃《あらき》（樸）は〔小《しよう》なりと〕唯《いえど》（雖）も、〔天下敢《あ》えて臣《しん》とせず。侯《こう》〕王《おう》若《も》し能《よ》く之を守れば、万物は将《まさ》に自《みずか》ら賓《ひん》せんとし、天地も相い谷《がっ》〈合〉して、以て甘洛《かんろ》（露）を兪《いた》（輸）し、民《たみ》も之《これ》に〔令《れい》する〕もの莫《な》く〔して、自《みずか》ら均《ひと》〕しくす。

とあり、(5) 第三十七章に、

道《みち》は恒《つね》に名《な》无《な》し。侯王《こうおう》若《も》し〔能《よ》く〕之《これ》を守れば、万物将《まさ》に自《みずか》ら愿《な》（為）さんとす。……辱《はずかし》められずして以て情《しず》（静）かなれば、天地も将に自《みずか》ら正さんとす。

とあり、(6)第三十九章に、

昔の一《いち》を得《え》たる者は、天《てん》は一を得て以《もっ》て清《きよ》く、地は〔一を〕得て以て寧《やす》らかに、……侯《こう》〔王《おう》は一を得〕て以て正《せい》と為る。……故に必ず貴《とうと》からんとすれば而《すなわ》ち賤《いや》しきを以て本《もと》と為し、必ず高からんとすれば而《すなわ》ち下《ひく》きを以て基《もと》いと為す。夫《そ》れ是《ここ》を以《もっ》て侯王は自ら胃《い》（謂）いて孤《こ》・寡《か》・不《ふ》槖《こく》（穀）と〔曰《い》う〕。此亓《これぞ》（其）の賤《いや》しきを〔之本《これもと》とする〕か、非《あら》ざる〔か〕。

とある(7)のがそれである。

「侯王」という言葉が登場する文章は、『老子』ではこの三章だけであるが、これら三章には共通点があり、特に第三十二章と第三十七章との共通性は、内に自然思想をも含んでいて顕著である。表現形式の点は除外して思想内容についてだけ指摘するならば、一つには、三章とも「侯王」を主体に選んで、彼が「道」を「守る」または「得る」、つまり把握することをテーマとしていること。第三十九章の「一」も「道」と全く同じ意味内容である。二つには、三章ともその結果、「侯王」は「万物」（つまり万民）の「自《みずか》ら賓《ひん》す」「自《みずか》ら慁《な》（為）す」を将来し、「侯王」自身が「以て（天下の）正《せい》と為る」としていること。「自《みずか》ら賓《ひん》す」と「自《みずか》ら慁《な》（為）す」と「以て正《せい》と為る」とは、表現は異なるが実際の内容は近く、「道」を把握した「侯王」の下に「万物」が自ら蝟集《いしゅう》し自ら活動した結果、彼は全「天下」を統治する天子・皇帝となる（「正と為る」）、ということである。

三つには、三章とも、「道」の把握を通じて全「天下」の統治者となった天子・皇帝と並んで、「天地」のあり方が語られていること。大局的に押さえれば、これは天人相関論や「天地人」の三才思想にカテゴライズされる事象であろうが、(8)三章の「天地」からはまだ漢代以降のように定型化されていないニュアンスがただよってくる。——第三十二章の「天地」は、「道」の把握を通じて全「天下」の統治者となった天子・皇帝の善政を、嘉《よみ》して「甘洛《かんろ》（露）」という瑞祥を下す宗教的な天地の神である（瑞祥説）。一方、第三十七章の「天地」は、「道」の把握によって生じた「万物」の自主的・自律的な諸活動の行き過ぎに対しても、「辱《はずかし》められずして以て情《しず》（静）か」という「道」でもって対処する天子・皇帝の前で、「自《みずか》ら正す」という態度を取る「天地」である。これは「万物」の中でも特に巨大な「物」として挙げられ、かつ天子・皇帝がこの「天地」をも統治するという思想の表明であるが、しかし、ここには格別宗教的な意味はないらしい。さらに、第三十九章の「天地」は、「天・地・神・浴（谷）・侯王」の五者がそれぞれ「道」を得ることを通じて、本来の優れた性質を発揮することができるという文脈の中に置かれている。この「天地」は「万物」中の特に巨大な「物」として挙げられたのだろうから、ここには「侯王」は「道」の把握によって、普通の「物」からぬきんでて「天地」などと肩を並べる巨大な存在者になる、という趣旨がこめられている。このように、三章の「天地」にはそれぞれのニュアンスが含まれているが、いずれも「道」の主宰の下に入るものである。以上、三章の間にある共通性を指摘してきたが、同時に「天地」の取り扱いで見たごとく相異性もないではない。

### b　柔弱・謙下・無欲・無為によって「天下」全体を統治する

以上に検討したのは、『老子』諸章で「道」を把握すると明言して、「聖人」や「侯王」が統治を行う政治思想であった。これらはいずれも、「天下」全体をカバーする天子・皇帝の統治である。以下には、これらとは異なったケースを検討する。

さて、『老子』諸章において統治される「百姓」「民」に目を向けると、それらは「天下」や「邦」(「国」の本来の字、以下同じ)において君主や臣下を始めとする統治者たちの下に置かれている、人民・民衆を指す場合が多いことは言うまでもない。しかし、また「天下」「邦」において君主の下に置かれている、臣下・人民を指す場合があるかもしれないし、さらに特に「天下」において中央の君主や臣下などの統治者たちの下に置かれている、地方の勢力(豪族・人民)を指す場合もあるのではなかろうか。これらの「百姓」「民」の社会的性格を解明することは、『老子』の政治思想を論ずる上で重要であるけれども、残念ながら筆者の能力にあまることなので、本書では取り扱わないことにしたい。

一方、政治を行う統治者の方は、「聖人」と表現される場合が最も多い。その他、「王」「万乗の王」「官長」「侯王」「王公」「天子」「事を成すの長」「社稷の主」「天下の王」等々が登場してくる。種々の呼び名を持つこれらの統治者のタイプは、統治する領域の大きさに応じて、以下の三つの場合に分けることができよう。――第一に、全「天下」を一元的に統治する天子・皇帝を指す場合。第二に、領域国家としての「邦」を統治する国君を指す場合。第三に、「天下」や「邦」の中で天子・国君の下位にある「公」や「侯」を指す場合。第三は、同時に天子・国君に従属する臣下の場合でもある。これらの君主の社会的性格を解明することは、『老子』の政治思想を論ずる上で極めて重要と考えられる。

本項では、第一の場合、つまり全「天下」を一元的に統治する天子・皇帝を押しいただく政治思想を検討する。ただし、「道」を把握すると明言して、君主が全「天下」を統治する政治思想については、前項（Ⅱ、第3章、A、a「「道」を把握して「天下」全体を統治する」）に既述した。ここではそれらを除外して、必ずしも「道」の把握と明言していないものを取り上げる。

『老子』には、主にⅡ、第2章「『老子』の倫理思想」ですでに検討したところであるが、柔弱・謙下・無欲・無為などの（世間的な意味で）マイナス価値の消極的な倫理を述べながら、同時にそれが政治思想にもなっている、という文章が多く存在した。そうした文章の内のいくつかは、君主が柔弱・謙下・無欲・無為などの倫理を実践することによって全天下を統治する、という政治思想を述べるものである。例えば、『老子』第四十五章に、

大成《たいせい》は欠《か》けたるが若《ごと》きも、亓《そ》（其）の用《はたら》きは幣《つ》（敝）きず。大盈《たいえい》は盅《むな》（盅）しきが若きも、亓（其）の用きは窮《きわ》（窘）まらず。大直《たいちょく》は詘《まが》（屈）れるが如《ごと》く、大巧《たいこう》は拙《つたな》きが如く、

大嬴《たいえい》は炳《しりぞ》（黜）くが如し。趮《あつ》（燥）きは寒《さむ》きに勝ち、靚《しず》（静）かなるは炅《あつ》（熱）きに勝つ。請《せい》（清）靚《せい》（静）なれば以て天下の正《せい》と為《な》る可《べ》し。

とある。章末の一文の「請《せい》（清）靚《せい》（静）」の主体は、上文に出ていた「聖人」や「侯王」と見て差し支えない。ここでは、彼が「清くて静か」というマイナス価値の態度を取るならば、やがて全天下を統治する天子・皇帝になることができる、と唱える。[9] そして、本章の「請《せい》（清）靚《せい》（静）」などの倫理は、上文において確認したように、「道」の親戚筋に当たり「道」の内容の一部を構成するものであった。

また、『老子』第五十六章に、

〔知る者は〕言わず、言う者は知らず。亓《そ》（其）の閟《あな》（兌）を塞《ふさ》ぎ、亓（其）の〔門を〕閉ざし、其の光を〔和《やわ》らげ〕、亓（其）の⿱髟土《ちり》（塵）に同《どう》じ、亓（其）の閲《するど》（鋭）きを坐《くじ》（剉）き、亓（其）の紛《みだ》れに解《かい》す。是《これ》を玄同《げんどう》と胃《い》（謂）う。故《ゆえ》に得て親しむ可《べ》からず、亦《ま》た得て疏《うと》んず可からず。得て利《り》す可からず、亦た得て害す可からず。〔得〕て貴《とうと》ぶ可からず、亦た得て浅《いや》（賤）しむ可からず。故《ゆえ》に天下の貴《とうと》きものと為《な》る。

とある。本章にあっては、主体は「知る者」つまり真の知者である。彼はあらゆる感覚器官・知覚器官の働きを停止して、ついに混沌たる世界それ自体の中に融即《ゆうそく》していき、最終的には「道」と奥深く合一する（「玄同」）。このような「道」の把握者は普通の人々のレベルを越え出た存在者であり、誰のコントロールも一切受けない「天下の貴《とうと》きものと為《な》る」とされている。この「天下の貴《とうと》きもの」には哲学的・倫理的な意味があるだけでなく、全「天下」を統治する天子・皇帝という政治的な意味もこめられているであろう。(10) そして、「天下の貴《とうと》きものと為る」ことを可能にする「玄同」の境地は、やはり「道」の親戚筋に当たり「道」の内容の一部を構成するものである。なお、「故《ゆえ》に天下の貴《とうと》きものと為《な》る」の一句は、『老子』第六十二章にも、

〔道《みち》〕なる者は、万物の注《しゆ》（主）なり、善人《ぜんにん》の瑑《たから》（宝）なり、不善人《ふぜんにん》の瑑《たも》（保）つ所なり。美言《びげん》は以《もつ》て市《う》る可《べ》く、尊行《そんこう》は以て人に賀《くわ》（加）う可し。人の不善《ふぜん》は、何《なん》の〔棄《す》つることか之《これ》〕有らん。故に天子を立て、三卿《さんけい》を置くに、之《これ》に璧《へき》を共《すす》（供）めて以て四《し》（駟）馬《ば》に先《さき》だたしむること有りと雖《いえど》も、坐《ざ》して此《これ》を進むるに善《し》〈若〉かず。……故に天下の貴《とうと》きものと為る。

のように現われる。この「天下の貴《とうと》きもの」は、「道」それ自体、また「道」を把えた人を指しており、哲学的・倫理的な意味を主としているように見える。ただし、本章全体のトーンが、「天子を立て、三卿《さんけい》を置く。」場面を想定するなど、大きく政治思想に傾いていることも否定できないので、「天下の貴《とうと》きもの」の中から、上述の第五十六章と同じような政治的な

意味を排除することは適切ではあるまい[11]。

また、『老子』第六十六章に、

〔江《こう》〕海《かい》の能《よ》く百浴《ひやつこく》（谷）の王《おう》と為《な》る所以《ゆえん》の者は、亓《そ》（其）の善く之《これ》に下《くだ》るを以てなり、是《ここ》を以《もつ》て能く百浴（谷）の王と為る。是を以て聖人《せいじん》の民《たみ》に上《のぼ》らんと欲《ほつ》するや、必ず亓（其）の言《げん》を以て之に下る。亓（其）の〔民に〕先《さき》んぜんと欲する〔や〕、必ず亓（其）の身《み》を以て之に後《おく》る。故に前に居《お》るも民害《がい》とせざるなり、上に居るも民重《おも》しとせざるなり。天下隼《お》（推）すを楽しみて猒《いと》わざるや、亓（其）の諍《あらそ》（争）うこと无《な》きを以てに非《あら》ずや、〔故《ゆえ》に天下《てんか》能《よ》く与《とも》に〕静《あらそ》（争）う〔もの莫《な》し〕。

とある。ここでは、まず「江海」が「百浴（谷）の王」となることができる理由を、それが善く「百浴（谷）」にへり下るからだとする。その上で、民の上に上り民の前に先んじたいという「聖人」の願望を是認しつつ、その実現のためには「亓（其）の言を以て」「亓（其）の身を以て」民にへり下り、勝ちを求めて民と争うことがあってはならない、と提唱する。その結果、「天下」が彼を「隼《お》（推）すを楽しみて猒《いと》わず」、「天下」に彼と「与《とも》に静《あらそ》（争）うもの莫《な》し」という状況が作り出されると説くのであるが、この状況は「聖人」が天子・皇帝となって「天下」に君臨することに他ならない[12]。そして、これを実現させたものは、本章によれば謙下・不争の倫理であるが、この倫理もやはり「道」の親戚筋に当たり

「道」の内容の一部なのである。

また、『老子』第六十七章に、

我恒《つね》に三琛《さんぽう》（宝）有り、〔市《じ》（持）して〕之《これ》を〔琛《たも》（保）つ〕。……〔三に曰わく敢《あ》えて天下の先《さき》と為《な》らず〕。……敢えて天下の先と為らず、故に能く事《こと》を成《な》すの長《ちょう》と為る。

とある。(13)本章の「三琛（宝）」は、結局「道」と同定しうるものであった。その「道」の一部である「敢《あ》えて天下の先《さき》と為《な》らず」は、あえて「天下」の先頭に立つ天子・皇帝になろうとしない、という意味である。老子は、そうであればこそかえって逆接的・弁証法的に「能く事《こと》を成《な》すの長《ちょう》と為る」と認めるのだから、「事《こと》を成《な》すの長《ちょう》」はまさに天子・皇帝を指すと考えることができよう。そのために不可欠の条件とされたのが、「三琛（宝）」の謙下を含む（世間的な意味で）マイナス価値の消極的な倫理であった。

さらに、『老子』第七十八章に、

天下に〔水より〕柔《じゅう》（弱《じゃく》なるは）莫《な》く〔して〕、堅強《けんきょう》を〔攻《せ》む〕る者、之《これ》に能《よ》く〔勝つ〕もの莫きや、亓《そ》（其）の〔以て之に〕易《か》わること无《な》きを以て〔なり〕。……故《ゆえ》に聖人《せいじん》の言《げん》に云《い》いて曰《い》わく、「邦《くに》の詢《よご》（垢）れを受く、是《これ》を社稷《しゃしょく》の主《しゅ》と胃《い》（謂）う。邦の不祥《ふしょう》を受く、是を天下の王と胃（謂）う。」と。

とある。[14]　本章の趣旨は極めて明瞭である。「社稷《しゃしょく》の主《しゅ》」「天下の王」たらんとする野心的な君主に向かって、それを実現するために柔弱・謙下であれと要求することに他ならない。「聖人の言」の中の「邦《くに》の詬《よご》（垢）れを受く、是《これ》を社稷《しゃしょく》の主《しゅ》と胃《い》（謂）う。」は、関連する表現が『荘子』天下篇に関尹《かんいん》・老耼《ろうたん》を論じて、「人皆な先を取るも、己《おのれ》独り後を取る。曰わく、「天下の垢《よご》れを受けん。」と。」とあって、これはより古い『老子』からの引用と思われる。これに基づいて推測すれば、本章の「邦《くに》」や「社稷《しゃしょく》」は春秋時代や戦国後期までの国家を意味してはおらず、戦国末期ないし秦漢時代の「天下」を意味しており、だから「社稷《しゃしょく》の主《しゅ》」と「天下の王」とは同じレベルの統治者、つまり天子・皇帝を指すと考えられる。また、「詬《よご》（垢）れを受く」「不祥《ふしょう》を受く」は、『荘子』天下篇の言うように、「先を取る」のではなく「後を取る」という態度、言い換えれば、天下において政治的に先頭に立とうとせず逆に後尾につく、という謙下の倫理思想であろう。後者は、上文の第六十六章・第六十七章において検討した「必ず亓（其）の身《み》を以て之に後《おく》る」「敢《あ》えて天下の先《さき》と為《な》らず」と基本的に同じ。そして、この倫理もやはり「道」の親戚筋、「道」の内容の一部なのである。

以上、本節、A「『老子』の「道」の形而上学・存在論と天子・皇帝の一元的な統治」のaとbにおいて、全「天下」を一元的に統治する天子・皇帝を押しいただく政治思想を検討してきた。これが『老子』の政治思想の中心である。aでは、「道」を把握することを通じてそれを行い、bでは柔弱・謙下・無欲・無為などの倫理を通じてそれを行うとするものであった。「道」の把握と柔弱・謙下・無欲・無為などの倫理とは異なる態度ではなく、両者は親戚関係にあり、ほとんど同じ内容を具えていると見ることができる。

このような政治思想は、現代の我々の立場からすれば、人為的・作為的な人間の「有為」の所産と見えるものである。しかし、老子自身の意識においてはこれらは決して「有為」ではなく、根源者「道」や人為を排除した「無為」などに基づく、と意味づけられていた。

### c　無事・無為によって「天下」を取る

本節の以上のaとbで検討したのは、「道」を把握したり柔弱・謙下・無欲・無為などの態度を取ることによって、全「天下」を統治する天子・皇帝になろうという政治思想であった。これらはいずれも、天子・皇帝としていかに統治するかという問題を解くものではなく、いかに上昇して天子・皇帝の地位につくかという問題を解くものであった。ここに、我々は、『老子』の政治思想の一つの重要な特徴を見出すことができよう。このことはまた、やがて春秋・戦国の分裂国家の時代が終焉を迎えて、近い未来に秦漢の統一帝国の形成を十分に見通すことができる、という時代の大状況を背景にして、『老子』の政治思想が生まれたことを我々に教えるものでもある。

『老子』の政治思想のこの特徴の極めつけがある。『老子』諸章の中に、無事・無為によって「天下」を取るという政治思想がいくつか見えることである。例えば、『老子』第四十八章に次のようにある。

〔将《まさ》に〕天下を取らんと〔欲《ほっ》する〕や、恒《つね》に〔事《こと》とする無し。亓《そ》（其）の事とする有るに及《およ》びてや、以て天下を取るに足《た》らず〕。

本章は、野心的な君主の「将《まさ》に天下を取らんと欲《ほっ》する」願望を是認した上で、そのためには「事とする有り」ではなく「恒《つね》に事《こと》とする無し」であれ、と要求する。「天下を取る」とは天下を統治する政治権力を手中に握ること、「事とする有り」とは「為す有り（有為）」に同じく、「事《こと》とする無し」とは「為す無し（无為）」に同じ[15]。そして、本章全体のテーマに即して考えれば、「事《こと》とする無し」と「為す無し」はどちらもともに「道」なのである。また、『老子』第五十七章に次のようにある。

正《ただ》しきを以《もっ》て邦《くに》を之《おさ》（治）め、畸《き》（奇）なるを以て兵を用い、事《こと》とする无《な》きを以て天下を取る。……夫《そ》れ天下に〔忌《き》〕諱《き》〔多く〕して、民彌《たみいよ》（弥）いよ貧し。民に利器《りき》多くして、邦家《ほうか》茲《いよ》（滋）いよ昏《みだ》る。人に知《ち》多くして、何《き》（奇）物茲《ぶついよ》（滋）いよ〔起こる。法物茲《ほうぶついよ》（滋）いよ章《あき》らかにして〕、盗賊〔多く有り。是《ここ》を以て声（聖）人の言《げん》に曰《い》わく〕、「我《われ》為す無くして、民自《みずか》ら化す。我静かなるを好みて、民自ら正《ただ》す。我事《こと》とする無くして、民〔自ら富《と》む。我 不欲《ふよく》を欲《ほっ》して、民自ら樸《ぼく》なり。」と〕。

本章が目標とする政治的な課題は、上述の第四十八章と完全に同じで「天下を取る」ことであり、またそのための「事《こと》とする无し」という方法も完全に同じ。ただ、ここには、この目標に到達する以前に踏まえるべき二つの段階が画かれており、「天下を取る」という政治思想にリアリティーを与えている。——第一段階は、一つの国家（「邦」）を正攻法で（「正しきを以て」）統治するという出発点に立つこと。第二段階は、奇策を用い（「畸《き》（奇）なるを以て」）軍事力に訴えて諸国を兼併するという通過点を経ること。そして第三段階は、以上の両者の成果の上に最終的な目標に到達することであるが、両者の「有事」の方法を乗り越えた「无事」のやり方でもって、全「天下」を統治する政治権力を獲得することである。そして、以下の文章では、老子の否定する「有事」の方法による悪しき政治の諸相を、「夫《そ》れ天下に忌諱《きき》多くして、……盗賊多く有り。」と詳述した後、さらに、老子の推奨する「無事」の方法による「天下を取る」政治を、「声（聖）人の言」を引用しつつ総合的に提起している。[16]

また、『老子』第六十一章に次のようにある。

大邦は〔以て〕小《しょう》〔邦《ほう》〕に下《くだ》れば、則《すなわ》ち小邦を取《と》る。小邦は以て大邦に下れば、則ち大邦に取《と》らる。故に或《あ》るものは下りて以て取り、或るものは下りて取らる。〔故《ゆえ》に〕大邦なる者は兼《か》ねて人を畜《やしな》わんと欲《ほっ》するに過ぎず、小邦なる者は入《い》りて人《ひと》に事《つか》えんと欲するに過ぎず。夫《そ》れ皆な亓《そ》（其）の欲《よく》を得《う》れば、〔故に大〕邦なる〔者宜《よろ》しく〕下《した》と為《な》る〔べし〕。

ここでは、「大邦」の謙下を通じて「小邦」を兼併したいという「欲」、「小邦」の謙下を通じて「大邦」に兼併されたいという「欲」、この両者の「欲」をともに肯定する。そして、両者の「欲」をともに実現するために、「大邦」こそが謙下して「小邦」を兼併すべきだと主張する。本章の「靚《しず》（静）か」にへり「下る」倫理は、やはり「道」の親戚筋であるが、この謙下の発展的延長線上に「大邦」による全「天下」の政治的統一が目指されていることは、明らかではなかろうか。[17] なお、このようにして「大邦」に兼併された後の「小邦」の姿は、『老子』第八十章に、

小邦寡《しょうほうか》（寡）民《みん》、……〔民をして復《ま》た縄《なわ》を結びて〕之を用い、亓《そ》（其）の食を甘《あま》しとし、亓（其）の服《ふく》を美《うるわ》しとし、亓（其）の俗《ぞく》を楽しみ、亓（其）の居《すま》いに安《やす》んぜしむ。〓《りん》（鄰）邦《ほう》相《あ》い朢《のぞ》（望）み、雞狗《けいく》の声相《こえあ》い聞こゆるも、民〔老死《ろうし》に〕至《いた》るまで〔相い往来《おうらい》せず〕。

のごとく画かれている。[18] この文章は、古来『老子』中のユートピア思想として極めて有名であるが、実際はユートピア思想と言うよりも、「大邦」の主導によって達成された統一「天下」の下に設置された「小邦」であり、秦帝国で言えば郡県制下の郡や県、漢帝国で言えば郡国制下の国や郡、に相当するものと考えられる（後述）。

さらに、『老子』第二十九章に次のようにある。

将《まさ》に天下を取らんと欲して之を為せば、吾《われ》其の〔得〕ざるを見る〔のみ〕。夫《そ》れ天下は、神《しん》器《き》なり、為《な》す可《べ》き者に非《あら》ざるなり。為す者は之を敗《やぶ》り、執《と》る者は之を失う。……是《ここ》を以《もっ》て声《せい》（聖）人《じん》は甚《はなは》だしきを去り大《おお》（泰）いなるを去り楮《す》（奢）ぎたるを去る。

ここでも、老子は、野心的な君主の「将《まさ》に天下を取らんと欲《ほっ》す」る願望を肯定しつつ、そのためには「之を為す」という方法では不可であって、反対に「無為」であるべきだと主張する。章末の「甚だしき」「大（泰）いなる」「楮《す》（奢）ぎたる」人為・作為を全て取り去るというのが、本章における「無為」の内容に他ならない[19]。

以上は、bの始めに挙げた、第一の、全「天下」を一元的に統治する天子・皇帝を押しいただく政治思想の諸相である。

## B　『老子』の「道」の形而上学・存在論と国君・臣下の政治

続いて、第二の場合、つまり領域国家としての「邦」を統治する国君を押しいただく政治思想、および第三の場合、つまり「天下」「邦」の中の一定の領域を統治する「公」「侯」についての政治思想、また天子・国君に従属する臣下についての政治思想を検討する。

### a 「道」・柔弱・謙下・無為によって「邦」を統治する

『老子』の政治思想の中心は、あくまで第一の場合にあるけれども、第二の場合・第三の場合も少数ながら含まれている。本項では、第二の、国君を押しいただいて「邦」を統治する政治思想を検討しよう。例えば、『老子』第五十九章に、

〔人を治《おさ》め天に事《つか》うるには、嗇《しょく》に若《し》くは莫《な》し。夫《そ》れ唯《た》だ嗇なり、是《ここ》を以て蚤《はや》（早）く服《そな》（葡）う。……亓《そ》（其）の極を知る莫ければ〕、以て国を有《たも》つ可《べ》し。国の母《はは》を有てば、以て長久《ちょうきゅう》なる可し。是《これ》を槿《ね》（根）を深《ふか》くし氏《もと》（柢）を固《かた》くすと胃《い》（謂）う、長《ちょう》〔生久視《せいきゅうし》の〕道なり。

とある。これは一応、養生思想を述べた文章であるが、同時に章頭に「人を治《おさ》む」ともあるように、政治思想を述べた文章でもある。老子は言う、修道者が「嗇」というマイナス価値の倫理を身につけるならば、それによって結局のところ「国を有《たも》つ」ことが可能になるが、それだけに止まらず、さらに「国の母《はは》」[20]とも言うべき「道」を有つならば、その「国」の存在も永続させることが可能になる、と。注目すべきは、本章における老子の政治上の目標が国君となって国家を統治することにある点である。こうした目標は『老子』においては少数しか現われない、例外的と言ってもよいものである。なぜなら、『老子』の政治思想は、そ

の多くが「道」やその親戚筋の「啬」などを把握することを通じて、全「天下」を統治する天子・皇帝に上昇することを目標とする、というものだからである。

上の注（20）で言及した『老子』第二十五章は、底本（馬王堆甲本）が第五十九章と同じ「国」という言葉を用いている章である。

〔道は大なり〕、天は大なり、地は大なり、王も亦《ま》た大なり。国中《こくじゆう》に四大《しだい》有りて、王は一《いち》に居《お》り。人は地に法《のっと》り、〔地は〕天に法り、〔天は道に〕法り、〔道は自然に〕法る。

この文章中の「人」つまり「王」は、「地」や「天」のあり方をモデルにし、さらにそれらの上位にある「道」や万物の「自然」というあり方をモデルにすべしと要求されている。こうした文脈から推すならば、この「王」には、領域国家としての「邦」を統治する国君ではなく、全「天下」を一元的に統治する天子・皇帝が想定されていると思われる。

これと類似する点があるのが『老子』第十六章である。そこには、

虚《むな》しきを至《いた》（致）すこと極《きわ》まり、情《しず》（静）かなるを守ること表《あつ》〈裻（篤）〉ければ、万物は旁《なら》（並）びに作《お》こり、吾以《われもっ》て其の復《かえ》るを観るなり。……常を知れば容《い》れ、容るれば乃《すなわ》ち公《こう》なり、公なれば乃ち王なり、王なれば乃ち天なり、天なれば乃ち道なり。

とある。この「公」は王弼『老子注』の言うとおり「公平」の意であるが、次の「王」は現実の君主としての「王」ではなく、理念としての王者に適わしい能力を指すのであろう。ここでは、修道者「吾」が彼自らを徹底的に「虚《むな》し・情《しず》（静）か」にするというマイナス価値の倫理を行うならば、その結果「万物」は一斉に生長するに至るという存在論または万物生成論を述べた後、そのようにして生み出された「万物」は、「容」（包容力）と「公」（公平さ）に基づいてとりあえず「王」（王者らしさ）に達することができるけれども、しかし、彼はさらに上位にある「天」や「道」を目指すべきだ、と方向づけられている。このような「王」には、現実的に領域国家の「邦」を統治する国君ではなく、理念的に「天下」に冠たる天子・皇帝の能力が想定されているのではなかろうか[21]。

ただし、老子が、古い春秋・戦国時代の領域国家としての「邦」であれ、新しい秦漢帝国の下位の行政組織としての「邦」であれ、「邦」の統治に関心を抱き、「道」や柔弱・謙下・無為などによって「邦」を統治すべしとする政治思想を持っていたことは確かである。以下、今まで引用・叙述したものとの重複を避けながら、二、三の例を挙げてみる。

例えば、『老子』第六十五章に、

民の〔治め〕難《がた》きや、亓《そ》（其）の知《ち》あるを以てなり。故に知を以て邦《くに》を知《おさ》（治）むるは、邦《くに》の賊《ぞく》なり。不知《ふち》を以て邦を知（治）むるは、〔邦の〕徳《とく》なり。恒《つね》に此《こ》の両者《りょうしゃ》を知るは、亦《ま》た稽《かい》（楷）式《しき》なり。恒に稽（楷）式を知る、此《これ》を玄徳《げんとく》と胃《い》（謂）う。

とある。本章は、「邦《くに》を知《おさ》（治）むる」にはどういう方法を取るべきかをテーマとする。答えは「知を以て」するのではなく「不知《ふち》を以て」すべきだという、極めて単純・明瞭なものである。その「不知」という方法は、勿論「道」の親戚筋である。ただし、本章の後半にはより深遠な哲学が展開されている。[22] ちなみに、『老子』第五十八章の、

〔亓《そ》（其）の正《まつりごと》（政）閔《びん》（紊）閔《びん》（紊）たれば、亓（其）の民は屯《とん》（惇）屯《とん》（惇）たり〕。亓（其）の正（政）察察《さつさつ》たれば、亓（其）の邦《くに》は夬《かい》（快）夬《かい》（快）たり。

の個所は、内容が第六十五章の傍線部分にかなり近いが、その統治対象はやはり「邦」である。[23]

また、『老子』第十章に「〔民を〕愛し〔邦《くに》を栝《い》（活）かして、能く為《な》すを以《もち》うること毋《な》からんか〕。」とあるのは、無為という方法で「邦」を統治しようという政治思想であり、[24] また、『老子』第十七章・第十八章に、

大上《たいじょう》は下《した》之《これ》有るを知り、……。故《ゆえ》に大道《たいどう》廃《すた》れて、案《すなわ》（焉）ち仁義《じんぎ》有り。知快《ちえ》（慧）出《い》でて、案《すなわ》（焉）ち大偽《だいい》（為）有り。六親和《りくしんわ》せずして、案（焉）ち畜《こう》（孝）茲《じ》（慈）〔有り〕。邦家《ほうか》閽《こん》（昏）乱《らん》して、案（焉）ち貞臣《ていしん》有り。

とある。両章の趣旨は、当代の「大道が廃《すた》れ」「知快《ちえ》（慧）が出《い》で」「六親《りくしん》が和せず」「邦家《ほうか》が閽《こん》（昏）乱《らん》し」ている社会状況を克服して、最善の君主がただ君臨するだけで統治せず、ぼんやりと一切の政令を出すことを捨てた理想的な政治に戻ろう、と訴えることである。(25) その統治対象は全「天下」ではなく「邦家」つまり国家を考えているようである。

また、『老子』第三十六章に、

将《まさ》に之《これ》を拾《おさ》（歙）めんと欲すれば、必ず古《しばら》（姑）く之を張《は》る。……将に之を奪《うば》わんと欲すれば、必ず古（姑）く之を予《あた》う。是《これ》を微明《びめい》と胃《い》（謂）う。友《じゅう》（柔）弱《じゃく》なるは強きに勝つ。……邦《くに》の利器《りき》は以て人に視《しめ》（示）す可《べ》からず。

とある。本章の「邦《くに》の利器《りき》」とは、国家統治のための便利な道具の意であり、具体的には上文の「将《まさ》に之《これ》を拾《おさ》（歙）めんと欲すれば、必ず古《しばら》（姑）く之を張《は》る。」以下の政治的叡知「微明《びめい》」（深遠なる明知）を指す。老子自身の語った寸言を用いれば、「友《じゅう》（柔）弱《じゃく》なるは強きに勝つ」こと、すなわち対立する二項をめぐる政治的世界の逆説的・弁証法的な構造である。老子は、この「微明《びめい》」を人々に公開してはならないという要求を、「邦」の範囲内で考えているのである。(26)

さらに、『老子』第六十章に、次のようにある。

〔大邦《たいほう》を治《おさ》むるは、小鮮《しょうせん》を亨《に》（烹）るが若《ごと》し。道《みち》を以《もっ》て〕天下に〔立《のぞ》（莅）めば〕、亓《そ》（其）の鬼《おに》は神《しん》ならず。

「大邦」を統治する方法は、小魚を烹るように行うのがよいとする提唱である。その内容は、人民に対して刻削な政策を取らず、法律・刑罰によらない寛裕な政治を言うのであろう。[27] そして、老子はこうした統治方法を「道」と同定している。「大邦」という言葉（『老子』中、本章と第六十一章の二章だけにしか出ない。）は、本章ではすぐ下文でこれを「天下」と言い換えているところから推測すれば、老子の頭の中では「大邦」即「天下」であり、このことは目前に迫った秦漢統一帝国を予見するものとなっている。

以上、『老子』の国君を押しいただいて領域国家「邦」を統治する政治思想を検討してきたが、すでにそれらの中にも、天子・皇帝を押しいただいて全「天下」を統治する政治思想が、かなりの程度まで浸透していることを確認できたと思う。

### b　「道」をもって君主の統治を助ける臣下

本章のA、b「柔弱・謙下・無欲・無為によって「天下」全体を統治する」で分類した第三の場合、つまり「天下」「邦」の中の一定の領域を統治する「公」「侯」についての政治思想、また天子・国君に従属する臣下についての政治思想を検討する。

まず、『老子』の「侯」と「公」に関する政治思想を検討する。と言っても、『老子』の「侯」は、「侯王」という言葉以外には存在しない。第三十二章・第三十七章・第三十九章の三章に見える「侯王」が全てである。これらの「侯王」に関する政治思想は、すでに上文において論じたが、「侯王」が「道」を把えることによって全「天下」を統治する天子・皇帝になる、というものである。ところで、三章の「侯王」の内、「王」はともかく少なくとも「侯」は、「天下」「邦」の中で天子・国君の下位にあって彼らに臣従する統治者である。このような地位にある「侯」に対して、老子は「道」の把握を通じて「天下」全体の統治者たる天子・皇帝に上昇していくことを求めているわけである。

『老子』の「公」は、第十六章の公平の意の「公」を除けば、第四十二章に見える「王公」が唯一の例である。『老子』第四十章・第四十二章には、

〔反《はん》なる者は〕、道の動《うご》きなり。弱《じゃく》なる者は、道の用《はたら》きなり。……天下の悪《にく》む所は、唯《た》だ孤《こ》・寡《か》・不槖《ふこく》（穀）なるも、王公《おうこう》は以て自《みずか》ら名《な》づくるなり。勿《もの》（物）或《あ》いは之《これ》を敗《そん》（損）し〔て益《ま》し〕、之を〔益し〕て敗《そん》（損）す。……故に強良《きょうりょう》（勍）なる者は死《し》を得ず。

とある。本章では、「王公」がへり下って「孤《こ》・寡《か》・不槖《ふこく》（穀）」と自称することを、天下の人々の反対を行く柔弱な「道の動《うご》き」「道の用《はたら》き」の現われであると認め、それ故、一見「敗《そん》（損）す」るように見えても逆説的・弁証法的にひっくり返って「益《ま》す」に転ずる、「勿《もの》

（物）」の必然的な運動の法則に従っているのだと主張する。下文の「強良《きょうりょう》（勍）なる者は死《し》を得ず」は、これを反対側から述べた句である。[28] ただし、この文章には、趣旨に曖昧な点があるように感じられる。すなわち、この文章は、「王公」が謙遜の自称を使用したことによって、現在までにすでに高い地位を獲得している事実を述べるものなのか、それとも、「王公」が謙遜の自称を使用することによって、将来さらに高い地位を獲得すべきだとする当為を説くものなのか、という点が曖昧なのだ。

筆者は、後者の趣旨であろうと考える。と言うのは、本章と内容の重複する文章が、『老子』第三十九章に、

昔の一《いち》を得《え》たる者は、……侯《こう》〔王《おう》は一を得〕て以《もっ》て正《せい》と為る。……故に必ず貴《とうと》からんとすれば而《すなわ》ち賤《いや》しきを以《もっ》て本《もと》と為し、必ず高からんとすれば而《すなわ》ち下《ひく》きを以て基《もと》いと為す。夫《そ》れ是《ここ》を以《もっ》て侯王は自ら胃《い》（謂）いて孤《こ》・寡《か》・不槖《ふこく》（穀）と〔曰《い》う〕。此亓《これぞ》（其）の賤《いや》しきを〔之本《これもと》とする〕か、非《あら》ざる〔か〕。

とある。本章の主な思想については、すでに上文において検討した。ここでは、章頭に「一」つまり「道」を得るというテーマを提起するが、その実際の内容は、「天《てん》・地・神《かみ》・浴《たに》（谷）・侯王《こうおう》」を始めとする一切万物の逆説的・弁証法的な存在構造である。それらの中でも、老子は特に「侯王」という政治的な統治者の将来に焦点を当てて、彼がへり下って

「孤《こ》・寡《か》・不槖《ふこく》（穀）」と自称することを、逆説・弁証法の前提である「賤《いや》しき・下《ひく》き」を「本・基い」と為すことだと意味づける。それがやがて逆転して「貴く・高く」なるという望ましい結果を得ることを期待してのことである。その結果、「侯王」は自ら「以て正《せい》と為る」、すなわち全「天下」に君臨する天子・皇帝となることができるのであった。

このように、第三十九章における「侯王」の謙遜の自称の例を参照するならば、それと内容が重複する第四十章・第四十二章の「王公」の謙遜の自称も、同じように把えて差し支えあるまい。それで、第四十章・第四十二章の「公」は、第三十九章の「侯」とほぼ同じく「天下」「邦」において天子・国君の下位にあって彼らに臣従する統治者であり、このような「公」に対しても、老子は「道」の把握を通じて全「天下」に君臨する天子・皇帝に上昇していくべきだと説いていることになる。

次に、『老子』の臣下に関する政治思想を検討しよう。『老子』の中には、一例だけであるが、臣下が「道」を把握しつつ君主の統治を補佐すべきことを説く章がある。『老子』第三十章に「道を以て人主《じんしゅ》を佐《たす》くるには、兵を以て天下〔に〕強《きょう》たらず、〔其の事は還《かえ》るを好む〕。」とあるのがそれである。これは、君主の統治を助ける臣下を主人公とする文章であり、『老子』の中ではそれだけでも珍しい一章である。しかも、老子の説く根源的な実在「道」を身につけて、それをもって君主を助けると言うのだから、珍しい上に妙でもある。なぜなら、そもそも「道」という実在は、本来「万物」という世界全体をカバーするものであるから、政治思想がテーマとなる場合でも、上述のように、天子・皇帝について言及されるのが、最も適わしいからである。ただし、本章の「道」の内容は、下文にあるように「強・壮」でなく弱・脆、つまり軍事力をバックにした強権政治を行わないことであり、『老子』の「道」からかけ離れているわけではない。また、君主を助けるとは、この君主が天子を指すのか国君を指すのかは不明であるが、彼を本来の「道」に立ち返らせる仕事を好んで行うこと（「其の事は還《かえ》るを好む」）である。したがって、本章を『老子』の中でも他と異質な思想を唱えるものと見る必要はあるまい[29]。

同じ道家に属する『荘子』諸篇を調べてみると、そこには政治的な内容・意味を有する二種類の「道」があるとして、君主の執るべき政治手法たる「天道」と臣下の執るべき政治手法たる「人道」とを挙げている。例えば、次のような文章がある。

何をか道と謂《い》う。天道《てんどう》有り、人道《じんどう》有り。无為《むい》にして尊《たっと》き者は、天道なり。有為《ゆうい》にして累《わずら》わしき者は、人道なり。主《しゅ》なる者は、天道なり。臣《しん》なる者は、人道なり。天道と人道との、相《あ》い去ること遠きは、察《さっ》せざる可《べ》からざるなり（在宥篇）。

下上と徳を同じくすれば、則《すなわ》ち臣《しん》たらず。……上下と道を同じくすれば、則ち主《しゅ》たらず。上必ず无為にして天下を用い、下必ず有為にして天下に用いらる、此不《これふ》易《えき》の道なり（天道篇）。

この二種類は、確かに優劣・上下の差異はあるものの、どちらもともに肯定されているのである。これらの先駆に当たるものが、戦国末期の『呂氏春秋』に見えている。

天道は円《まる》く、地道は方なり。……主は円を執り、臣は方に処り、方円易わらざれば、其の国は乃《すなわ》ち昌《さか》んなり（円道篇）。

古の王者は其の為す所少なく、其の因る所多し。因る者は、君の術なり。為す者は、臣の道なり。……故に君道は無知・無為にして、有知・有為より賢《まさ》れりと曰えば、則ち之を得たり（任数篇）。

『呂氏春秋』円道篇は道家・法家を折衷する学派の文献であろうが、任数篇はほぼ純粋な道家の文献である。このように道家・法家の思想家たちの間で戦国末期から前漢初期にかけて、君主の「道」だけでなくそれと並んで臣下の「道」も求められていた。『老子』第三十章の上引個所もそのような文章の一つと考えられる。さらに、前漢初期の景帝期・武帝期に編纂された『淮南子』主術篇にも、以下のようにある。

主道の員《まる》（円）き者は、……。臣道の方なる者は、……。是の故に君臣道を異にすれば則ち治まり、道を同じくすれば則ち乱る。各おの其の宜しきを得、其の当たるを得るに処れば、則ち上下以て相い使う有るなり。

このような老子の「道」を抱いて君主の統治を助ける臣下の存在は、『老子』の中では本章だけにしか現われないが、『老子』から離れて現実社会を見わたすと、前漢初期にはかなり広範囲に拡がって認められる。『史記』によって主な者を挙げてみると、前漢建国の功臣で高祖劉邦の天下統一を助けた留侯の張良（「辟《へき》（避）穀《こく》・道引・軽身を学ぶ」）、同じく建国の功臣で高祖期に斉国相国、恵帝期に漢相国であった曹参《そうさん》（「黄老の術を用う」）、同じく建国の功臣で以後、恵帝期の左丞相、呂后期の右丞相、文帝期の左丞相を勤めた陳平（「黄帝・老子の術を好む」）、高祖期・恵帝期・呂后期の漢中郡太守、景帝期の魯国丞相であった田叔（「黄老の術を学ぶ」）、恵帝期に太子舎人、武帝期に魯国中尉・済南郡太守・江都郡丞相・右内史・詹事・大農令・汝南郡太守を歴任した鄭当時《ていとうじ》（「黄老の言を好む」）、武帝期初年に賢良で挙げられ、後に九卿の一人となった鄧公《とうこう》とその子の章（「黄老の言を脩むるを以て諸公の間に顕わる」）、武帝期初年から約三十年間に太史公となっていた司馬談《しばだん》（「道論を習う」）、武帝期に謁者・中大夫・東海郡太守・主爵都尉・右内史・淮陽郡太守となって活躍した汲黯《きゅうあん》（「黄老の言を学ぶ」）、等々がいる。[30]

ここでは以上の中から、臣下として老子の「道」を身につけて君主の統治を助けた一例として、曹参の場合を少し詳しく検討してみよう。曹参は、高祖六年（前二〇一年）～恵帝二年（前一九三年）の足かけ九年間、悼恵王劉肥《とうけいおうりゅうひ》の丞相・相国として斉国に滞在していた人物である。彼の政治行動について、『史記』曹相国世家は、次のように伝える。

孝恵帝元年、諸侯の相国の法を除き、更《あらた》めて参を以て斉の丞相と為す。参の斉に相たるや、斉は七十城あり。天下初めて定まり、悼恵王《とうけいおう》春秋に富む。参尽く長老・諸生を召し、百姓を安集する所以を問う。斉の故《もと》の諸儒の如きは百を以て数うるも、言うこと人人殊なり、参未だ定まる所を知らず。膠西《こうせい》に蓋公《がいこう》有り、善く黄老の言を治むと聞き、人をして幣《へい》を厚くして之を請わしむ。既に蓋公を見れば、蓋公は為めに治道は清静なれば民自《みずか》ら定まるを貴ぶなりと言い、此の類を推して具《つぶ》さに之を言う。参是《ここ》に於いて正堂を避けて、蓋公を焉《ここ》に舎らしむ。其の治の要は黄老の術を用う、故に斉に相たること九年、斉国安集し、大いに賢相と称せらる。

曹参が補佐した斉王は悼恵王劉肥（高祖の子）である。この文章によれば、曹参は赴任早々に斉の長老・諸生たちを招いて「百姓を安集する」ための方法をたずねた。しかし議論は紛糾して何も決定できなかった。ところが、膠西に「黄老の言」を治めた蓋公という者がいることを聞いて、厚い待遇で迎えると、蓋公は「治道は清静にして民自ら定まるを貴ぶなり」と言い、敷衍してさらに具体的に説明した。曹参は大いに感心し、以後、政治の要として「黄老の術を用いる」ことになったが、曹参が丞相を勤めた九年間で、斉国はよく安定し、また曹参も賢相と称えられた、という。この「黄老の術」の実際の内容は、統治者が「清静」を通じて「民自《みずか》ら定まる」ことを貴ぶ、つまり「百姓」「民」の自主的・自律的な安定指向を引き出す、という思想だと解釈される。この場合の「百姓」「民」は、斉国という地方政権中央（悼恵王を君主とし曹参を補佐役とする）にとっての在地豪族や人民を指すのであろう。そして、世家中に述べられた以上の「黄老の言」の内容は、『老子』の思想を正確に再現したものになっている。詳しく述べれば、統治者の「清静」—人民の「自《みずか》ら定まる」は、『老子』における、主体・原因の「無為」—客体・結果の「自然」という、自然思想の正確な再現なのである。

その後、曹参は、恵帝二年（前一九三年）に前任の蕭何《しょうか》の卒去を受けて漢中央に返り咲き、恵帝五年（前一九〇年）までの三年間、相国の地位にあった。この間の彼の政務執行ぶりも、『史記』曹相国世家に画かれている。

> 参　何《か》に代わりて漢の相国と為り、事を挙ぐるに変更する所無く、一に蕭何の約束に遵《したが》う。郡国の吏の文辞に木《ぼく》（朴）訥《とつ》にして、重厚なる長者を択び、即ち召し除して丞相の史と為す。吏の言文　刻深にして、声名に務めんと欲する者は、輒《すなわ》ち之を斥去す。日夜　醇酒を飲む。卿大夫已（以）下の吏及び賓客は参の事を事とせざるを見て、来たる者皆な言う有らんと欲す。至る者には、参輒ち飲ますに醇酒を以てし、之に間ありて、言う所有らんと欲すれば、復た之に飲ませ、酔いて後去らしめ、終に開説するを得るもの莫く、以て常と為《な》す。……参　漢の相国と為《な》り、出入すること三年。卒して、懿侯《いこう》と諡《おくりな》す。……百姓之を歌いて曰わく、「蕭何　法を為《つく》り、顜《あき》らかなること一を画くが若し。曹参之に代わり、守りて失う勿し。其の清浄を載《おこな》い、民以て寧一なり。」と。

この時、曹参が補佐したのは漢の恵帝である。ところが、彼はこのように連日連夜、酒にひたりきりで相国としての政務を行わなかった。しかし、こうした態度は、恐らく上述の斉国の丞相時代と同じ「黄老の術」に基づいたものであろう。この態度は、卒後に「百姓」が「其の清浄を載《おこな》う」と歌ったが、漢朝中央として曹参が行った「無為」の統治を指している。これも『老子』の政治思想とほぼ一致するのではなかろうか。「百姓」がこれを歓迎したのは、ここには「蕭何の為《つく》った法」を守ったこと以外に明文はないが、あえて憶測するならば、天下レベルの「百姓」各階層の「自然」を彼が承認したため、と考えられる。

## C 『老子』における「天下」全体の政治秩序の構想

老子は以上に見てきたように、主として天子・皇帝などの君主が、「天下」全体の民・百姓を一元的に統治するという政治思想を抱いていた。ところで、その「天下」全体の政治秩序を、どのようなものになるべきだと構想していたのであろうか。

### a 『老子』第五十四章の全「天下」政治秩序の構想　その1

『老子』の中には、ただ一例だけであるが、「天下」全体の政治秩序を大局的に論じた章がある。『老子』第五十四章の次の文章である。

善《よ》く建《た》つる〔者は〕抜《ぬ》け〔ず〕、〔善く抱《いだ》く者は脱《ぬ》けず〕、子孫以《もっ》て祭祀《さいし》して〔絶《た》えず。之《これ》を身に脩《おさ》むれば、亓《そ》（其）の徳は乃《すなわ》ち真《まこと》なり。之を家に脩むれば、亓（其）の徳は〕余《あま》り〔有り〕。之を〔郷《きょう》に〕脩むれば、〔亓（其）の徳は乃ち長し。之を邦《くに》に脩むれば、亓（其）の徳は乃ち夆《ゆた》（豊）かなり。之を天下に脩むれば、亓（其）の徳は乃ち慱《あまね》（溥）し〕。身《み》を以て身《み》〔を観〕、家を以て家を観、郷を以て郷を観、邦を以て邦を観、天〔下〕を以て〔天下を〕観る。〔吾何《われなに》を以て天下の然《しか》るを知るや、此《これ》を以てなり〕。

傍線部分の前半は、善く建て、かつ善く抱いた老子の「道」を、「身」「家」「郷」「邦」「天下」の五つの領域において脩める、つまり適用するならば、それぞれの領域で重要な成果が得られることを述べる。それ故、その「道」は五領域に共通して適用することのできる普遍的・一般的な（また全能の）原理ということになる。それに反して、後半は、五領域には相互に流用・転用することのできない、それぞれの「道」があることを訴える。したがって、それぞれの「道」は一つの領域にのみ適用できる個別的・具体的な原理ということになる。そして、前半の「道」の普遍性・一般性（また全能性）と後半の「道」の個別性・具体性との両者は、統一・総合することは不可能ではない。本章の思想はあくまで後半にウェートをかけながらも、これを統一・総合する点に主なねらいがあると考えられる。(31) 本項ではまず、前半の「道」の普遍性・一般性について考察を加える。

前半において、老子は、「身」「家」「郷」「邦」「天下」の五つを「道」を適用する領域として並挙するが、第一に、これら相互の関係をどのように設定しているのであろうか。また第二に、これらを並挙する目的や意義をどこに置いているのであろうか。『老子』中にはこれらの五つを同時に並挙する章は、他に存在しない。それ故、以上の二点は正確には不明であるが、何とか推測するならば、第一は、人間・社会について「道」を適用する領域としては、「身」が最小・最狭で、以下、順に大きく広くなって、「天下」の最大・最広に至るという、適用領域の小大・狭広という関係づけである。ただし、それらの間にどのような内在的な関係を設けているかは、本章を含めて『老子』諸章からは分からない。また第二は、「道」を適用できる領域は、最小・最狭の「身」から最大・最広の「天下」までさまざまあり、「道」がそれらに対して全能であることを訴えるという目的・意義である。こちらの問題点は、『老子』中に類似する思想がいくつかあり理解することは容易であるが[32]、しかし、「身」「家」「郷」などの言葉を用いて「道」の全能性を述べた文章は、やはり『老子』には存在しない。

『老子』を離れ目を転じて他の世界を見わたしてみると、「身」「家」「国」「天下」の四領域を並挙して、明確に倫理思想・政治思想を論じている儒家の文献がある。『礼記』大学篇の「八条目」である。

古の明徳を天下に明らかにせんと欲する者は、先ず其の国を治む。其の国を治めんと欲する者は、先ず其の家を斉《ととの》う。其の家を斉えんと欲する者は、先ず其の身を脩む。……身脩まりて后《のち》（後）家斉い、家斉いて后（後）国治まり、国治まりて后（後）天下平らかなり。天子自《よ》り以て庶人に至るまで、壱《いつ》に是皆な身を脩むるを以て本と為す。其の本乱れて末治まる者は否《あら》ず、其の厚くする所の者薄くして、其の薄くする所の者厚きは、未だ之有らざるなり。此を本を知ると謂う、此を知の至りと謂うなり。

詳細については後述するが、老子は、この文章とほぼ同じ内容のその前身を知っており、その影響を受けた上でなおそれに反対・批判しながら、第五十四章を著わしたものと考えられる。すなわち、第五十四章の前半では、「道」がただ「身」「家」「郷」「邦」「天下」の五領域の全体をカバーしうる普遍的・一般的な原理であることと、「道」を五領域に適用すれば、それぞれで重要な成果が得られることとだけを述べて、五領域における「道」の適用の相互関係については何も語らなかった。ただし、以上の五領域を並挙したのには、先行する儒家の思想がすでに「身」「家」「国」「天下」という小大・狭広の四領域を並挙したのを知っていて、それから影響を受けそれを模倣したに違いない。ただし、四者を「身を脩む→家を斉う→国を治む→天下を平らかにす」のように、人間の「身」の倫理的修養を根本にしてその拡大・延長線上に「天下」の政治的秩序を構想する、四者の関係づけには賛成しなかった、さらに言えば反対・批判していたのである。

「道」という実在がさまざまの領域に適用されて重要な成果を挙げうる普遍性・一般性を持

つことについては、例えば、『荘子』天道篇に次のようにある。

夫れ虚静恬淡《きょせいてんたん》、寂漠无為《せきばくむい》なる者は、天地の平《へい》にして、道徳の至《いた》りなり。……夫れ虚静恬淡、寂漠无為なる者、万物の本《もと》なり。此を明らかにして以て南郷《なんきょう》（嚮）するは、堯《ぎょう》の君《きみ》為《た》るなり。此を明らかにして以て北面《ほくめん》するは、舜《しゅん》の臣《しん》為《た》るなり。此を以て上に処《お》るは、帝王天子の徳なり。此を以て下に処るは、玄聖素王《げんせいそおう》の道なり。此を以て退居《たいきょ》して間游《かんゆう》すれば、江海山林《こうかいさんりん》の士《し》服す。此を以て進為《しんい》して世を撫《ぶ》すれば、則ち功大《こうだい》に名顕《あら》われて天下一《いつ》なり。

その「虚静恬淡、寂漠无為」は、「道徳の至《いた》り」と解説されているとおり、端的に「道」である。この「道」は、堯が「南郷《なんきょう》（嚮）」する場合、舜が「北面」する場合、帝王天子が「上に処る」場合、玄聖素王《げんせいそおう》が「下に処る」場合、江海山林《こうかいさんりん》の士《し》が「退居《たいきょ》して間游《かんゆう》する」場合、権謀術数の臣が「進為《しんい》して世を撫《ぶ》する」場合、いずれの場合にもこれを把握してそれぞれ重要な成果を挙げることができるとされている。『老子』第五十四章と完全に同じ思想ではないが、相い前後する時代に成った密接に関連する道家の作品であろう。

また、「道」がさまざまの領域で重要な成果を挙げる普遍性・一般性を持つというこうした思想がさらに進展していくと、「道」が一切の「万物」を存在・運動・変化させる実在であるとする従来の形而上学・存在論と結びついて、一切「万物」の中に「道」それ自体が内在すると見る哲学が生まれる方向に向かうであろう。例えば、『荘子』知北遊篇に、

東郭子《とうかくし》　荘子《そうじ》に問いて曰わく、「所謂《いわ》ゆる道は悪《いず》くにか在る。」と。荘子曰わく、「在らざる所无し。」と。……荘子曰わく、「螻蟻《ろうぎ》に在り。」と。……曰わく、「稊稗《ていはい》に在り。」と。……曰わく、「瓦甓《がへき》に在り。」と。……曰わく、「屎溺《しにょう》に在り。」と。

とあり、同じく天下篇に「古《いにしえ》の所謂《いわ》ゆる道術《どうじゅつ》なる者は、果《は》たして悪《いず》くにか在《あ》る。曰わく、「在らざる无し。」と。」とある。『老子』の段階ではまだこうした新しい形而上学・存在論の哲学は成熟していないけれども、しかし、その萌芽はすでにきざし始めている。——第五十四章の前半は、普遍的・一般的な「道」を「身」「家」「郷」「邦」「天下」のそれぞれにおいて脩めると、「道」が五領域のそれぞれで内在化していき、その結果、「真《まこと》なり」「余《あま》り有り」「長し」「夆《ゆた》（豊）かなり」「博《あまね》（博）し」というそれぞれの「徳」（「道」の働き）となって現われる、と述べる。(33)「道」が「万物」の中に生まれながらに与えられているとする哲学、ここでのテーマに引きつけて言い換えれば、「道」が「身」「家」「郷」「邦」「天下」それぞれの中に本来的に内在するとする倫理・政治思想に、まだなっていないのは事実であるが、それに近づきつつあることもまた否定できない。

やがて、こうした哲学（形而上学・存在論）の進展の結果、「万物」の中に本来的に内在する「道」が「理」と呼ばれる状況も出来《しゅつたい》する。例えば、『荘子』秋水篇に、北海若曰わく、「道を知る者は、必ず理に達す。理に達する者は、必ず権《けん》に明らかなり。権に明らかなる者は、物を以て己《おのれ》を害《がい》せず。」と。

とあり、『韓非子』解老篇に、

道なる者は、万物の然《しか》る所なり、万理《ばんり》の稽《あつ》まる所なり。理なる者は、成物の文なり。道なる者は、万物の成る所以なり。故に曰わく、「道は、之を理《おさ》むる者なり。」と。……万物各おの理を異にして、道は尽く万物の理を稽《あつ》む。……凡《およ》そ理なる者は、方円《ほうえん》・短長・粗靡《そび》・堅脆《けんぜい》の分《ぶん》なり。故に理《り》定まりて後 道《みち》を得可《うべ》きなり。

とあるのがそれである。これらは前漢初期に成書された文章であり、だから「道」が「万物」の中に「理」として内在すると認める新しい哲学（形而上学・存在論）も、前漢初期に成ったものであろう。『老子』中に、こうした新しい哲学はまだ生まれていないのは事実であるけれども[34]、生まれる一歩手前まで進んでいたと考えられる。

### b　『礼記』大学篇「八条目」の全「天下」政治秩序の構想

『礼記』大学篇の「八条目」は、上に引用したとおり。一方、その前身の類似の思想から影響を受けた『老子』第五十四章は、前半において、「道」がただ「身」「家」「郷」「邦」「天下」の五領域をカバーしうる普遍性・一般性を持つことと、「道」を五領域に適用すれば、それぞれで重要な成果を得られることとを述べるだけで、五領域における「道」の適用の相互関係については何も語らなかった。――「道」を身に脩めることと「道」を家に脩めることとの相互関係、「道」を家に脩めることと「道」を郷に脩めることとの相互関係、……については何も語らなかった。さらに、第五十四章の後半では、これらの相互関係を明確に絶ちきってそれぞれの個別性・具体性を主張するのである。したがって、『老子』第五十四章は、『礼記』大学篇「八条目」の前身の類似の思想を知悉しており、それに対して不賛成、さらには反対・批判の態度を持していたと考えなければならない。

『礼記』大学篇の著者が誰であり成立はいつごろかという問題については、あれこれ若干の伝説は存在するが、[35]しっかりした証拠に基づいて事実を確定することは至難のわざである。そこで、本書ではこれらの問題には深く立ち入らないことにする。[36]

さて、『老子』第五十四章との関わりにおいて、大学篇「八条目」の中で注目される点は、「脩身→斉家→治国→平天下」のように画いた倫理・政治の発展の図式にある。この図式は、「身」の方から見るならば、個人の倫理的修養である「身を脩む」から出発して、四つの領域における諸課題の相互関係が、その同心円的で有機的な拡大・発展の延長線上に、最終的に「天下を平らかにす」という政治的目標に到達する必要があるとする、人類全体にとっての当為を体系的構想として示す。その上、「天子自り以て庶人に至るまで」のあらゆる人間にとって、「脩身」などの倫理の「道」と「平天下」などの政治の「道」とは本質的に異ならず、また「身を脩む」が「本」、「天下を平らかにす」などは「末」であると規定する。それ故、この体系的構想は、「身」の人間紐帯の血縁的な倫理をあらゆる課題の根本とし全てに優先する前提としつつ、その拡大・発展の延長線上に「天下」の政治秩序を位置づけようとするものであって、春秋・戦国以来の孔子・孟子など儒教の倫理・政治思想を正確に受けついだ上で、政治秩序としては西周時代に行われたと理念される封建制度を再現しようとするものと考えられる。

また、「天下」の方から見るならば、この図式は、「天下」はいくつかの「国」から構成され、「国」は多くの「家」から構成され、「家」は何人かの「身」から構成されるのであろうが、これらの間に起こりうる対立・紛争を、発生するはずのないものとして除去している。すなわち、「天下」と「国」との間、「国」と「家」との間、「家」と「身」との間の対立・紛争、そしてまた恐らく「国」と「国」との間、「家」と「家」との間、「身」と「身」との間の対立・紛争を、これらは実際には春秋・戦国時代には頻発していたものであるが、「天子自り以て庶人に至るまで」のあらゆる人間にとって、「身」における「脩身」、「家」における「斉家」、「国」における「治国」、「天下」における「平天下」が、本質的に異ならず同じ「道」であるはずとして、それらの対立・紛争を理念上全て除去しているのである。この点から考えて、この体系的構想は、かつて唱えられた理念的な封建制度が「身」「家」「国」の多様性を認めるのに比較して、「天下」の中におけるそれらの統一性を志向しようとする性格が強いと言うことができよう。したがって、大学篇の「八条目」は、戦国時代より後に成った思想と把えるべきではなかろうか。大学篇「八条目」の「脩身↓斉家↓治国↓平天下」の論理・政治の発展図式と全く同じではないにしても、これに類似して、「身」「家」における論理をあらゆる課題の根本・前提としながら、その後に「国」「天下」などの政治を位置づけるという思想は、春秋・戦国以来の儒家に特有の思想であり、孔子・孟子以後の儒家がしばしば説いてきたところであった。例えば、『論語』に次のようにある。

有子曰わく、「其の人と為りや、孝弟にして上を犯すを好む者は、鮮《すくな》し。上を犯すを好まずして乱を作すを好む者は、未だ之有らざるなり。君子は本を務む、本立ちて道生ず。孝弟なる者は、其れ仁の本為《た》るか。」と（学而篇）(37)。
或るひと孔子に謂いて曰わく、「子奚《なん》ぞ政《まつりごと》を為さざる。」と。子曰わく、「『書』に云う、孝なるかな惟《こ》れ孝、兄弟に友たりて、有政に施す。」と。是も亦た政を為すなり、奚《なん》ぞ其れ政を為すを為さん。」と（為政篇）(38)。

すでに孔子の門下において、「孝弟」「孝友」という血縁的倫理が、そのままただちに「上」の「国」「天下」における「乱を作すを好ま」ない政治秩序に繋がる、という思想を論ずることが始まっていた。

また、『孟子』離婁《りろう》上篇に、「孟子曰わく、「……天下の本は国に在り、国の本は家に在り、家の本は身に在り。」と。」とあるのは、大学篇「八条目」の当該部分の思想とほとんど同じであって、その藍本《らんぽん》となった文章であると認めることができよう。また、『呂氏春秋』執一篇に、楚王が「国を為《おさ》める」やり方を詹何《せんか》という道家系の思想家に問うたところ、詹何《せんか》が「何《か》は身を為むるを聞くも、国を為むるを聞かず。」のように、身の養生を第一とする立場から回答を拒否した経緯が載っている。これを話の糸口にして、執一篇の作者は次のように説く。

詹子《せんし》は豈に国を為《おさ》むる無かる可しと以《おも》わんや。以《おも》為えらく国を為むるの本は身を為むるに在り。身為《おさ》まりて家為まり、家為まりて国為まり、国為まりて天下為まる。故に曰わく、「身を以て家を為め、家を以て国を為め、国を以て天下を為む。」と。此の四者は、位を異にするも本を同じくす。

これも大学篇「八条目」の当該部分とほとんど同じであって、やはりまたその藍本となった文章と認めることができよう。それだけでなく、『孟子』離婁上篇よりも一層大学篇「八条目」に近づいており、特に「為身→為家→為国→為天下」の倫理・政治の発展図式は、大学篇「八条目」の「脩身→斉家→治国→平天下」の図式と何ら異なるところがない。執一篇の思想的立場は儒家の主張をも取り入れた雑家であるから、以上に引用した部分は同篇のオリジナルな文章ではなく、当時の儒家から借用したものに相違ない。そして、このように純然たる儒家とは言えない『呂氏春秋』執一篇でさえ、大学篇「八条目」とほとんど同じ趣旨の文章を綴っているところから判断して、『呂氏春秋』の編纂された戦国末期までの儒家の思想家たちの間で、後に大学篇「八条目」に精錬されていくことになる、この思想の原形がすでに大略でき上がっていたのではないかと推測される。[40]

その他、戦国末期の儒家の文献から、類似の思想を引用しておく。例えば、『荀子』君道篇に、

国を為むるを請い問う。曰わく、「身を脩むるを聞くも、未だ嘗て国を為むるを聞かざるなり。」と。……故に曰わく、「身を脩むるを聞くも、未だ嘗て国を為むるを聞かざるなり。」と。

とあり、[41]また、『孝経』孝治章に、

子曰わく、「昔者《むかし》明王の孝を以て天下を治むるや、敢えて小国の臣を遺《す》てず、而《しか》るを況《いわ》んや公侯伯子男に於いてをや。故に万国の懽心《かんしん》を得て、以て其の先王に事《つか》う。国を治むる者は敢えて鰥寡《こんか》を侮らず、而るを況んや士民に於いてをや。故に百姓の懽心を得て、以て其の先君に事う。家を治むる者は敢えて臣妾を失わず、而るを況んや妻子に於いてをや。故に人の懽心を得て、以て其の親に事う。……是を以て天下和平に、災害生ぜず、禍乱作《お》こ

らず。故に明王の孝を以て天下を治むるや此《かく》の如し。」と。『詩』に云わく、「覚たる徳行有れば、四国之に順う。」と。

とある。[42] このように、類似する思想の表現は枚挙するに遑がない。

このように、『礼記』大学篇が仮りに前漢中期ないし後期に成書された文献であるにしても、「八条目」と類似するその前身の思想は、早ければ春秋末期から、また特に「脩身→斉家→治国→平天下」という倫理・政治の発展図式と類似するその前身は、遅くとも戦国末期には、間違いなく儒家の思想家たちの間でできあがりつつあった、もしくはすでにできあがっていたと推測される。そして、『老子』第五十四章は、大学篇「八条目」の図式を直接批判した文章ではない可能性が高いけれども、大学篇「八条目」の前身の思想を知悉しており、それに対して不賛成・反対・批判の態度を持していた。だとするならば、老子が構想する全「天下」の政治秩序は、以上に見てきたような、春秋・戦国以来の儒家伝統の「天下」的政治秩序——「身」の人間紐帯の血縁的な倫理の拡大・発展の延長線上に、「天下」のあるべき政治を位置づけようとする封建制度——ではないであろう。

### C 『管子』牧民篇の全「天下」政治秩序の構想

本項では、『老子』第五十四章の後半の「道」の個別性・具体性について考察を加えよう。

『老子』第五十四章後半の主要部分は、

身《み》を以て身を観《み》、家を以て家を観、郷を以て郷を観、邦を以て邦を観、天下を以て天下を観る。吾何《われなに》を以て天下の然《しか》るを知るや、此《これ》を以てなり。

である。(43)この個所において注目すべきことは、次の二点である。
第一に、これが大学篇「八条目」の「身」「家」国」「天下」に対する見方と正反対に対立するものであることである。と言うのは、大学篇「八条目」では、

古の明徳を天下に明らかにせんと欲する者は、先ず其の国を治む。其の国を治めんと欲する者は、先ず其の家を斉《ととの》う。其の家を斉えんと欲する者は、先ず其の身を脩む。……身脩まりて后《のち》（後）家斉い、家斉いて后（後）国治まり、国治まりて后（後）天下平らかなり。

とあったように、「身を脩める」やり方が「家を斉える」やり方と同じ、「家を斉える」やり方が「国を治める」やり方と同じ、「国を治める」やり方が「天下を平らかにする」やり方と同じである。したがって、大学篇「八条目」の「家」の見方は「身を以て家を観る」であり、「国」の見方は「家を以て国を観る」であり、「天下」の見方は「国を以て天下を観る」であることになる。これと同じ「身」「家」「国」「天下」への対処のし方を、大学篇「八条

目」の藍本の一つとなった上引の『呂氏春秋』執一篇は、「故に曰わく、「身を以て家を為め、家を以て国を為め、国を以て天下を為む。」と。」と述べていた。

一方、『老子』第五十四章の後半は、「身」それ自体のあり方（つまり「道」、以下同じ。）に即して「身」を観、「家」それ自体のあり方に即して「家」を観、「郷」それ自体のあり方に即して「郷」を観、「邦」それ自体のあり方に即して「邦」を観、「天下」それ自体のあり方に即して「天下」を観るべきことを提唱する。両者を並べて対照すればその相異は一目瞭然であり、『老子』第五十四章後半の「道」は、「身」「家」「郷」「邦」「天下」のそれぞれで個別的・具体的に異なっていた。後出の文献である『老子』は、当時の儒家にとってすでに伝統となっていた、大学篇「八条目」の前身の思想・図式に単に不賛成であっただけでなく、明確に反対・批判の態度を取っていたのである。言い換えれば、「身」の人間紐帯の血縁的な倫理を、一歩一歩同心円的に「家」「郷」「邦」の諸領域へと拡大・発展させつつ、その延長線上に「天下」のあるべき政治を構想する、という封建制度への道に対して、老子は明確に反対・批判したということになる。そして、大学篇「八条目」の前身のこの思想・図式は、当時の儒教の倫理・政治思想の根幹をなすものであった。

第二に、『老子』第五十四章の後半は、「身」「家」「郷」「邦」「天下」の五領域の中で、老子が最も重視したのが「天下」であることを教えてくれる。すなわち、老子は、第五十四章末尾で「吾何《われなに》を以て天下の然《しか》るを知るや」のように、他の四領域から切り離してただ「天下」だけを取り出して、それがなぜ「然り」（「天下を以て天下を観る」という対処を行うべき）であるのかを問い、それに対して「此《これ》を以てなり」と答えた。答えの内容は、上文の「身《み》を以て身を観《み》、家を以て家を観、郷を以て郷を観、邦を以て邦を観る。」である。[44]——「身」「家」「郷」「邦」それぞれのあり方に即して「身」「家」「郷」「邦」それぞれに対処する、というやり方の個別性・具体性をもって答えたわけである。それ故、第五十四章の後半において老子が最も重視し最も関心を抱いたのは、まさに「天下」それ自体のあり方と「天下」への対処のし方なのであった。

　ここに、『老子』第五十四章の後半と同じ趣旨の文章がある。『管子』牧民篇の、

> 家を以て郷を為《おさ》むれば、郷は為む可《べ》からざるなり。郷を以て国を為むれば、国は為む可からざるなり。国を以て天下を為むれば、天下は為む可からざるなり。家を以て家を為め、郷を以て郷を為め、国を以て国を為め、天下を以て天下を為む。生を同じくせずと曰う毋かれ、遠き者は聴かざらん。郷を同じくせずと曰う毋かれ、遠き者は行かざらん。国を同じくせずと曰う毋かれ、遠き者は従わざらん。地の如く天の如く、何をか私し何をか親しまん。月の如く日の如く、唯だ君を之れ節とせん。

である。この文章は、『老子』とは異なって「道」という言葉は使用しないが、その「家」「郷」「国」「天下」における個別性・具体性だけを述べる。そして、大学篇「八条目」の前身の「脩身→斉家→治国→平天下」という、儒教の倫理・政治の図式を知悉しかつ踏まえた

上で、その一つ一つの失敗に終わる可能性と陥りやすい欠陥を指摘しつつ、結局のところ、『老子』第五十四章の後半と同じ「家を以て家を為め、郷を以て郷を為め、国を以て国を為め、天下を以て天下を為む。」という政治秩序の形成の方法を提唱する。

儒家の図式が失敗に終わる可能性と陥りやすい欠陥は、以下のとおり。——「家を以て郷を為む」を行おうとする場合、「家」のあり方は「生を同じくせざ」る者を排除しがちなので、「遠き者は聴かず」という欠陥があり、それ故「郷は為む可からざるなり」という失敗に終わる。同様に、「郷を以て国を為む」を行う場合、「郷」のあり方は「郷を同じくせざ」る者を排除しがちなので、「遠き者は行かず」の欠陥があり、だから「国は為む可からざるなり」という失敗に終わる。同様に、「国を以て天下を為む」を行う場合、「国」のあり方は「国を同じくせざ」る者を排除しがちなので、「遠き者は従わず」の欠陥があり、だから「天下は為む可からざるなり」という失敗に終わる。このように言うのである。牧民篇の引用個所の思想を正しく理解するために、もう一つ見逃すことのできない点がある。末尾の「地の如く天の如く、何をか私し何をか親しまん。月の如く日の如く、唯だ君を之れ節とせん。」である。これは、前に置かれた「家」や「郷」や「国」を治める家長や郷長や国君に関して述べた文章ではなく、最後に置かれた「天下」を治める天子・皇帝に関して述べた文章であろう。(45) なぜなら、「地の如く天の如し」「月の如く日の如し」という比喩は、国君以下の正長の治政とそれへの国民以下の尊崇には適わしくなく、天子・皇帝の治政とそれへの万民の尊崇にこそ適わしいからである。

だとすれば、牧民篇の引用個所が最も重視し関心を抱くのは、「天下を以て天下を為む」ること、つまり「天下」全体の統治であった、と把えてよかろう。その実現のために、牧民篇は、当時の儒家が唱えていた大学篇「八条目」の前身の思想・図式にまっ正面から反対・批判したのであるが、この点でも『老子』第五十四章の後半と同じである。「天下」全体の政治秩序の実現のためには、「家」「郷」「国」のあり方とそれらへの対処のし方に関する、儒家の思想を採用すべきでないと主張する牧民篇のこの政治思想は、天子・皇帝を頂点にいただき、彼が一元的に万民を直接統治する、後代の郡県制度を志向することになると思われるが、実は『老子』第五十四章の後半の政治思想もこれと同じであった。

『老子』第五十四章の後半と以上のような内容を持つ『管子』牧民篇とが密接に関係し、一方が他方に影響を与えていることは明らかである。両者の先後・影響関係はどう把えればよいのであろうか。

『管子』牧民篇の作者と成書年代については、管仲が春秋初期に著わしたとする伝説が歴史的事実でないことは、今日もはや議論する必要はあるまいが、この問題を実証的な根拠をもつて確実に解明することは難しい。ここでは、『管子』の研究で顕著な成果を挙げた金谷治『管子の研究』（岩波書店、一九八七年）の見解を引用して、読者の参考に供することにしたい。該書の終章、第二節「『管子』諸篇の思想史的展開」、（一）は、

牧民第一――戦国中期の初め。とくに最初の国頌章などは戦国初期あるいはそれ以前にも

遡る古い時代からの伝承を持つ資料と見られる。一部には新しい加筆があると思われるが、全篇中で最も古く、政治思想として全篇の中心思想が見られる。

と結論づけている。また、該書の第三章「「経言」諸篇の吟味」は、『老子』第五十四章の後半と類似する『管子』牧民篇の文章の成立について、『老子』の成書に先行する可能性を、以下のように指摘する。

「家を以て家を為め、郷を以て郷を為め、国を以て国を為め、天下を以て天下を為む。」というのは、『老子』第五十四章に「為」の字が「観」になり、「家」の句の上に「身」の句があるだけの違いで、そのまま見えている。……『老子』との類似の句なども、必ず『老子』の書が成立してからの引用だとは決められないからには、諸派の成立以前の未分の思想状況の反映とも見なせるわけであろう。

ひるがえって『老子』第五十四章、『管子』牧民篇、『礼記』大学篇「八条目」の前身の思想の三者の当該部分を比較・対照してみると、内容上から見て、最も単純な文献は大学篇「八条目」の前身である。その内容を知悉して反対・批判する『管子』牧民篇・『老子』第五十四章がその後の成立であることは、容易に断定することができよう。最も複雑な文献は、五領域における「道」の普遍性・一般性を説く前半と、五領域における「道」の個別性・具体性を説く後半とから成る『老子』第五十四章であり、個別性・具体性だけを唱える『管子』牧民篇は両者の中間にあると認めることができる。それ故、思想発展の道筋の自然性を基準にするならば、最初に大学篇「八条目」の前身が儒家的な図式を画いたのに対して、次に『管子』牧民篇が「家」「郷」「国」「天下」諸領域の個別的・具体的な現実を重視する立場からそれを批判し、最後に『老子』第五十四章が『管子』牧民篇サイドにシフトしつつ、道家の立場から諸領域における「道」の普遍性・一般性と個別性・具体性とを統一・総合しようとした、と押さえることができるように思われる。(46)

### d　『老子』第五十四章の全「天下」政治秩序の構想　その2

以上に論じてきたところを『老子』に即してまとめてみよう。――『老子』第五十四章は、一方では、春秋・戦国以来、儒家の伝統となっていた大学篇「八条目」の前身の思想・図式に反対・批判して、その「身」の人間紐帯の血縁的な倫理の拡大・発展の延長線上に、「天下」のあるべき政治を位置づける封建制度への道を退けた。他方では、『管子』牧民篇などが示した、「天下を以て天下を為める」という方法による「天下」全体の政治秩序の実現に賛成・支持して、これを最も重視し関心を抱きつつ、そのために天子・皇帝を頂点にいただく一元的な万民の直接統治、郡県制度への道を志向した。本章の上文で述べたとおり、『老子』中で論じられる君主が多くの場合、天子・皇帝であることを想定されていたり、またはは天子・皇帝になる者であることを想定されていたりしたのは、以上のような老子の全

「天下」政治秩序の構想と整合的である。

こうした全「天下」の政治秩序の下で、老子の言う「邦」はどのように位置づけられるのであろうか。「邦」の君主である「王」「公」「侯」などを、老子がいかに取り扱ったかについては、上文においてすでに述べた。大雑把にまとめれば、『老子』の中では、古来の封建制度下の君主観と新興の郡県制度下の君主観とが、あまり整理されずに雑然と混在していると言ってよい。ただし、『老子』第五十四章にあっては、その「邦」「郷」は秦漢帝国の郡県制度・郡国制度下の「郡」「県」を先取りした領域（行政単位）であるように感じられる。「邦」について老子の考える理想像としては、『老子』第八十章に、

小邦募《しょうほうか》（寡）民《みん》、十百人《じゅうひゃくにん》の器《うつわ》をして用うること毋《な》からしめ、民をして死を重《おも》んじて徙《うつ》ることより遠《とお》ざからしむ。車周《しゃしゅう》（舟）有るも、之《これ》に乗る所無《な》く、甲兵《こうへい》有るも、〔之を〕陳《つら》ぬる所无し。〔民をして復《ま》た縄《なわ》を結びて〕之を用い、亓《そ》（其）の食を甘《あま》しとし、亓（其）の服《ふく》を美《うるわ》しとし、亓（其）の俗《ぞく》を楽しみ、亓（其）の居《すま》いに安《やす》んぜしむ。鄰《りん》（鄰）邦《ほう》相《あ》い朢《のぞ》（望）み、雞狗《けいく》の声《こえ》相《あ》い聞こゆるも、民〔老死《ろうし》に〕至《いた》るまで〔相い往来《おうらい》せず〕。

とあるのが、古来有名である。(47) そして、近代の学者たちは今日までこれをトーマス・モア『ユートピア』の中国版と見なしてきた。この文章にユートピア性があると称しても悪くはない。けれども、『老子』と並んで道家の代表的な著作である『荘子』馬蹄篇に見えるユー

トピアの描写と比較してみると、『老子』第八十章には見逃すことのできない顕著な表現上・思想上の特徴がある。

第一に、『老子』第八十章の理想国は、太古の時代から自然にでき上がって今に至った「邦」、または民衆が自《みずか》らの力で作り上げてきた「邦」ではなく、これを、

十百人《じゅうひゃくにん》の器《うつわ》をして用うること毋《な》からしめ、民をして死を重《おも》んじて徙《うつ》ることより遠《とお》ざからしむ。……民をして復《ま》た縄《なわ》を結びて之を用い、亓《そ》（其）の食を甘《あま》しとし、亓（其）の服《ふく》を美《うるわ》しとし、亓（其）の俗《ぞく》を楽しみ、亓（其）の居《すま》いに安《やす》んぜしむ。

のように、目的意識的に作った上で外部からコントロールしようという性格が強い。本章の原文に使役の助動詞の「使」が多用されていることに注意されたい。

第二に、「天下」全体は、この「小邦寡《しょうほうか》（寡）民《みん》」が横並びに多数設立されることで構成されており、そのありさまは「[粦+丸]《りん》（鄰）邦《ほう》相《あ》い朢《のぞ》（望）み、雞狗《けいく》の声《こえ》相《あ》い聞こゆ。」と画かれている。ところで、老子は、この理想国「邦」の下位に「郷」を置いているのであろうか。本章の描写した「邦」の様子がほとんど「郷」と変わらないので、老子には恐らく「郷」を置くという考えはなかったであろう。「郷」という言葉は、『老子』では第五十四章にあるだけで他の章には全く登場せず、だから老子は「郷」に対してあまり執心していないようである。加えて、上文で引用したとおり、「身」「家」「国」「天下」などの諸領域を並挙

する文献の内、「郷」を含むのは『管子』牧民篇・形勢篇と『老子』第五十四章だけであって、より古い諸文献は『孟子』離婁上篇あたりから始まっていずれも「郷」がない。したがって、『老子』第五十四章は『管子』両篇の表現に引きずられて「郷」を入れただけだと思われる。さらに、「鄰《りん》（郷）邦《ほう》相《あ》い望《のぞ》（望）み、雞狗《けいく》の声《こえ》相《あ》い聞こゆ。」の藍本は、『荘子』胠篋《きょきょう》篇の「昔者《むかし》斉国《せいこく》は、鄰邑《りんゆう》相《あ》い望み、雞狗《けいく》の音《おと》相い聞こゆ。」であるが、そこでは「邦」ではなく「邑」の字に作っている。以上を総合して考えるならば、『老子』の「邦」は「家」と「天下」を直接結びつける行政領域であって、その間の「郷」「邑」などは「邦」と異なったものとは考えておらず、また異なった「郷」「邑」などを置くことを特に考慮してはいない、と言うことができよう。

第三に、この理想国には、「十百人《じゅうひゃくにん》の器《うつわ》」という統治のための行政機関が置かれており、また統治される「民」がいる。つまり、支配者である「君子」と被支配者である「小人」との階級的な「分」がある。第四に、この理想国には、「十百人《じゅうひゃくにん》の器《うつわ》」や「車周《しゃしゅう》（舟）」や「甲兵《こうへい》」のような文化・文明がすでに存在する。ただしそれらを使用することはないけれども。それ故、この理想国は人類の原始・未開の状態を画いたものではない。

以上から推測するならば、第八十章の理想国は、天子・皇帝が頂点に立って全「天下」の万民を一元的に統治する政治秩序の下にある、行政領域「邦」の最も望ましい状態を画いた一つのデッサンではなかろうか。筆者は、ここに、秦漢帝国の郡県制度・郡国制度下の「天下」の下に置かれた「郡」「県」の、思想的・理論的な先取りを感ずる者である。

ここで、『老子』第八十章の理想国像と対比する目的で、同じ道家の『荘子』のユートピア思想を簡単に一瞥しておきたい(48)。

『荘子』に特有の理想主義的なユートピア思想は、逍遥遊篇や斉物論篇の中心思想と密接に関連して、「遊」を行う場所、万物が斉同である場所が「无何有の郷」「壙埌《こうろう》の野」(『荘子』応帝王篇)や「无人の野」「大莫の国」(『荘子』山木篇)などとして現われる。これらは、万物の窮極的な根源者である絶対の「無」、つまり「道」のメタファーなのであるが、ともかくも人々がここに「処る」べきトポスであると見なされている。しかし、もっと『老子』第八十章に近いユートピア思想を挙げるならば、戦国末期に著作された『荘子』馬蹄篇の「至徳の世」がある。

至徳《しとく》の世は、……山に蹊隧《けいすい》無《な》く、沢に舟梁《しゅうりょう》無く、万物群生《ぐんせい》し、其の郷《きょう》に連属《れんぞく》し、禽獣《きんじゅう》群《むれ》を成し、草木遂長《すいちょう》す。是《こ》の故に禽獣は係羈《けいき》して遊ぶ可《べ》く、鳥鵲《ちょうじゃく》の巣は攀援《はんえん》して闚《うかが》う可し。夫《そ》れ至徳の世は、同じく禽獣と居り、族《あつ》まりて万物と並《なら》ぶ。悪《いず》くんぞ君子小人《くんししょうじん》を知らんや。同乎《どうこ》として无知《むち》なり、其の徳離れず、同乎として无欲《むよく》なり、是を素樸《そぼく》と謂《い》う。素樸にして民《たみ》の性《せい》得らる。聖人《せいじん》に至るに及んで、蹩躠《へっせつ》して仁を為し、踶跂《ていき》して義を為して、天下始めて疑う。澶漫《たんまん》して楽《がく》を為し、摘僻《てきへき》(擗)して礼《れい》を為して、天下始めて分《わ》かる。

上述した『老子』第八十章の特徴と対比すれば、第一に、この「至徳の世」は、太古の時代に自然にでき上がったユートピアであり、恐らく「民」が自《みずか》らの力で作り上げたゲマインシャフトである。第二に、この「至徳の世」は、同じものが横並びに多数設立されていることはなく、それ故、何かより大きな上位の行政領域にたばねられているという状況にはない。それ自体で完結した自立の理想郷である。第三に、この「至徳の世」では、人類は「禽獣」「万物」と仲よく一緒になって暮らしており、人類の内部に「君子」と「小人」の階級的な差別もまだ発生していなかった（「悪《いず》くんぞ君子小人《くんししようじん》を知らんや」）。第四に、この「至徳の世」には、「聖人」という統治者、「仁義礼楽」などの文化・文明もまだ生まれていなかった。そういう意味で、人類の原始・未開の状態と言うことができよう。

このような『荘子』馬蹄篇の「至徳の世」が道家本来のユートピア思想であるのに引き替え、『老子』第八十章の「小邦募《しようほうか》（寡）民《みん》」が上文で述べたとおり、これとは相当に異なった性格を有していることは明らかである。しかし、両者の間には継承関係もあって、『荘子』馬蹄篇の「是の時に当《あ》たりてや、山に蹊隧《けいすい》无《な》く、沢に舟梁《しゆうりよう》无し。」を踏まえて、『老子』第八十章は「車周《しやしゆう》（舟）有るも、之《これ》に乗る所无《な》し。」と書いているのである。

ところで、『荘子』にはもう一つ「至徳の世」のユートピア思想がある。『荘子』馬蹄篇と相い前後して戦国末期に書かれた、『荘子』胠篋《きよきよう》篇の、

昔者斉国《むかしせいこく》は、鄰邑相《りんゆうあ》い望み、雞狗《けいく》の音《おと》相い聞こえ、罔《もう》（网）罟《こ》の布《し》く所、耒耨《らいどう》の刺す所、方二千余里《ほうにせんより》なり。四竟《しきよう》の内を闔《おお》いて、宗廟《そうびよう》社稷《しやしよく》を立て、邑屋《ゆうおく》・州閭《しゆうりよ》・郷曲《きようきよく》を治《おさ》むる所以《ゆえん》

の者は、曷《なん》ぞ嘗《かつ》て聖人に法《のっと》らざらんや。……子《し》は独《ひと》り至徳《しとく》の世を知らずや。昔者《むかし》容成《ようせい》氏《し》・大庭氏《たいていし》・伯皇氏《はくこうし》・中央氏《ちゅうおうし》・栗陸氏《りつりくし》・驪畜氏《りちくし》・軒轅氏《けんえんし》・赫胥氏《かくしょし》・尊盧氏《そんろし》・祝融氏《しゅくゆうし》・伏戯《ふくぎ》氏《し》・神農氏《しんのうし》あり。是《こ》の時に当《あ》たりてや、民は縄《なわ》を結んで之を用い、其の食《しょく》を甘《あま》しとし、其の服を美《うるわ》しとし、其の俗を楽しみ、其の居《すま》いに安《やす》んず。鄰国《りんごく》相《あ》い望《のぞ》み、雞狗《けいく》の音《おと》相い聞こゆるも、民は老死《ろうし》に至るまで相い往来せず。

である。この文章は、馬蹄篇よりもさらに『老子』第八十章に近づいており、中でも、

民は縄《なわ》を結んで之を用い、其の食《しょく》を甘《あま》しとし、其の服を美《うるわ》しとし、其の俗を楽しみ、其の居《すま》いに安《やす》んず。鄰国《りんごく》相《あ》い望《のぞ》み、雞狗《けいく》の音《おと》相い聞こゆるも、民 老死《ろうし》に至るまで相い往来せず。

は、『老子』第八十章の、

民をして復《ま》た縄《なわ》を結びて之を用い、亓《そ》(其)の食を甘《あま》しとし、亓(其)の服《ふく》を美《うるわ》しとし、亓(其)の俗《ぞく》を楽しみ、亓(其)の居《すま》いに安《やす》んぜしむ。⿰粦丸《りん》(鄰)邦《ほう》相《あ》い塈《のぞ》(望)み、雞《けい》狗《く》の声《こえ》相《あ》い聞こゆるも、民 老死《ろうし》に至《いた》るまで相い往来《おうらい》せず。

とほとんど同じである。したがって、『荘子』馬蹄篇について指摘した表現上・思想上の特徴も、ここではむしろ『老子』に接近している。

例えば、第一に、胠篋篇《きょきょう》の「至徳の世」は、「容成氏《ようせいし》・大庭氏《たいていし》……神農氏《しんのうし》」といった、昔の歴代の帝王たちが築いたユートピアであって、自然にでき上がったゲマインシャフトではない。もっとも、この「至徳の世」を目的意識的に作った上で外部からコントロールしようという性格は強くはないけれども。原文に使役の助動詞の「使」が一つも使用されていないことに注意されたい。第二に、胠篋篇《きょきょう》の天下全体は、このユートピアと同じような「国」が横並びにいくつか設立されているようであり、そのありさまは「鄰国相《りんごくあ》い望《のぞ》み、雞狗《けいく》の音《おと》相い聞こゆ。」と画かれている。しかし、この「国」がより大きな上位の行政領域にたばねられているという状況は、ほとんど感取されない。第三に、この「至徳の世」には、すでに「容成氏《ようせいし》・大庭氏《たいていし》……神農氏《しんのうし》」という統治者が存在し、被統治者たる「民」も存在する。しかし、ここには『老子』のように統治のための行政機関「十百人《じゅうひやくにん》の器《うつわ》」を置くことはなく、また「君子」と「小人」の階級的な差別やその支配—被支配関係も意識されていない。第四に、この「至徳の世」は、「縄《なわ》を結んで之を用う」という文化・文明の萌芽があるだけで、人類の原始・未開を脱し始めた状態である。『老子』の「小邦寡《しょうほうか》（寡）民《みん》」が「十百人《じゅうひやくにん》の器《うつわ》」「車周《しやしゆう》（舟）」「甲兵《こうへい》」のような文化・文明をすでに持ち、その上で「民をして復《ま》た縄《なわ》を結びて之を用い、……せしむ。」のように、それを萌芽の状態に復帰させようと企てているのとは大分異なる。

以上をまとめて言えば、『荘子』胠篋篇は、道家のユートピア思想が『荘子』馬蹄篇から『老子』第八十章に転じていく中間の地点に位置しており、『老子』第八十章は、より新しい時代に『荘子』馬蹄篇・胠篋篇などの文章を利用しながら書かれたと考えられる。

## D　『老子』の非戦思想

『老子』の書が反映している時代は、大体のところ、戦国後期から秦代を経て前漢初期までであろう。戦国時代というのは、それぞれの領域国家が中原に覇を唱えて天下統一の主導権を握ろうと努め、また、国家の存亡をかけた熾烈な競争の中で何とか生き残ろうと図って、いずれもみな例外なく対内的には国家の富強化と軍備の強大化に努めつつ、それをもって対外的な侵略と防衛の戦争に明け暮れていた時代である。それと同時にまた、戦国後期ないし末期にもなれば、最初は漠然とではあったけれども、天下統一はどのような国が主導し、いかなる内容を持つかといった方向性も見えてきて、次第にそれが明瞭になりつつあった時代でもある。秦と前漢は、ともに以上のような富国強兵を通じて天下統一を果たして建国した帝国であるが、『老子』の書には、一部にそれらの天下統一のプロセスに対応する思想も含まれているようである。

作者老子は、このような状況下で日常不断に行われている戦争の悲惨さをつぶさに体験していたし、またその「道」の中に「不争」の倫理を含むところから、一般論としては、戦争に反対の立場を取ったと見なすことができる。ただし、老子にはまた別の一面があった。すなわち、前項で述べたように、天子・皇帝を頂点に押しいただいて彼が万民を一元的に直接統治することを内容とする、全「天下」の統一への道を志向した、という具体論の一面である。そのために、老子の戦争に関する思想は、絶対的な反戦思想ではなく、やむをえず戦争を行う場合があることを認める、非戦（戦いを非とする）思想になっているのである。

### a　不争の倫理に基づく非戦

『老子』には戦争を論じた文章が多い。それらは、一般的には非戦思想を表わすが、その根底には「道」の哲学が置かれており、特にその「不争」の倫理思想が置かれている。まず、『老子』中の「不争」の倫理を引用して若干の考察を加えてみる。「不争」と言ってもただ一つのタイプではなく、非戦思想に結実する前の原初的なタイプもある。

第一に、「民」の「争う」ことを当代社会の混乱の一つであると見るけれども、国家間の戦争とは必ずしも結びつけないものがある。例えば、『老子』第三章に、

賢《かしこ》きを上《とうと》ばざれば、〔民をして争わざらしむ〕。……是《ここ》を以て声《せい》（聖）人《じん》の〔治《ち》や〕、……恒に民をして无知《むち》・无欲ならしめ、〔夫《か》の知《ち》をして敢えてせざら〕しむ。

とある。[49] 統治者が「賢きを上ぶ」ことなどが原因となって、「民」が常に「无知・无欲」で

はなくなり、また「知」者が望ましからぬことを「敢えてす」るようになる。そのために、「民」が「争う」などという当代社会の混乱が生じている、と言うのである。ここでは、確かに「民」が「争う」ことを当代社会の混乱の一つであると見ているけれども、しかし、老子の視野はもっぱら同一国内の事情に注がれていて、「民」の「争い」などと国家間の戦争の発生との関連については、明確に論及していないし、「不争」の態度が根源的な「道」であるとも明言されていない。「不争」の倫理思想の原初的なタイプと呼ぶことができるのではなかろうか。

　第二に、「争わない」という倫理を、「道」の性質の一つであり、理想的な人物「声《せい》（聖）人《じん》」の取る優れた態度であると把えるものがある。こうした哲学的・倫理的な背景を持った聖人の「不争」は、その反作用の結果、他者（他国）から「尤《とが》」を受けることもないし、また他者（他国）の中に聖人と「争う」ことのできる者も現われない。言い換えれば、聖人は天下無敵の存在となって、全「天下」に君臨する天子・皇帝の地位につくことも可能であるとする。例えば、『老子』第八章に、

> 上善《じょうぜん》は水に治《に》（似）たり。水は善く万物を利《り》して静《あらそ》（争）わ有〈ず〉、衆《しゅう》〈人《じん》〉の悪《にく》む所に居《お》り、故に道に幾《ちか》し。……夫《そ》れ唯《た》だ静《あらそ》（争）わず、故に尤无《とがな》し。

とあり、[50]『老子』第二十二章に、

是《ここ》を以《もっ》て声《せい》（聖）人《じん》は一《いち》を執《と》りて、以て天下の牧《ぼく》と為る。……夫《そ》れ唯《た》だ争わず、故に能く之と争うもの莫《な》し。

とあり、[51]『老子』第六十六章に、

天下隼《お》（推）すを楽しみて猒《いと》わざるや、亓《そ》（其）の諍《あらそ》（争）うこと无《な》きを以てに非《あら》ずや、〔故《ゆえ》に天下《てんか》能《よ》く与《とも》に〕静《あらそ》（争）う〔もの莫《な》し〕。

とある。[52]以上の三章の「不争」は、内容・意義ともに相互にほとんど同じである。それは天子・皇帝にすでになった、もしくはやがてなるであろう統治者の、「天下」全体の「衆人《しゅうじん》」「民」に向けた倫理的な顔である。ここには、彼が戦争や軍事に対していかなる態度を取るかは明言されていないけれども、「不争」の「道」にのっとって非戦・平和の態度を持すると考えていることは、間違いあるまい。したがって、これらの「不争」は非戦の方向に近づいた、より発展したタイプと呼ぶことができると思う。

なお、『老子』には「不争」ではなく、その親戚筋の「柔弱」の論理を取り上げて戦争や軍事を論じた文章がいくつかある。例えば、『老子』第七十六章に、故《ゆえ》に曰《い》わく、「堅強《けんきょう》なる者は死の徒《と》なり、柔弱微細《じゅうじゃくびさい》なるものは生の徒なり。」と。兵は強ければ則ち勝たず、木は強ければ則ち恒《お》（桓）わる。強大は下に居《お》り、柔弱微細《じゅうじゃくびさい》は上に居り。

とある。(53) この中の「兵は強ければ則ち勝たず」は、上述のごとき非戦思想を述べた文と認めることはさすがに難しいが、単純な軍事「強大」化政策に警鐘を鳴らした文と理解することに、問題はないと思う。また、これと関連して、『老子』第五十章に、

〔生の徒《と》は十に三〕有り、〔死の〕徒は十に三有り、而《しこ》うして民の生生《せいせい》として、動きて皆な死地《しち》に之《ゆ》くもの之《こ》れ十に三有り。……蓋《けだ》し〔聞く、「善《よ》く〕生を執《と》る者は、……軍に入るも甲兵《こうへい》を被《まと》わず。……兵も〔亓《そ》（其）の刃《やいば》を〕容《い》る所无し。」と。〔夫《そ》れ〕何の故《ゆえ》ぞや、亓《そ》（其）の死地《しち》无きを以てなり。

とある。本章のテーマは主に養生思想であるが、戦争・軍事と全く無関係というわけでもない。(54) この中の「蓋《けだ》し聞く、「善《よ》く生を執《と》る者は、……軍に入るも甲兵《こうへい》を被《まと》わず。……兵も亓（其）の刃《やいば》を容《い》るる所无し。」と。」は、軍に入って兵士となった者、言い換えれば、生命を維持することが最も困難な者、の養生について論じた部分である。その「善《よ》く生を執《と》る」やり方は、「死地《しち》に之《ゆ》か」ないこと、「死地《しち》が无い」ことだとされている。さらに突きつめれ

ば、「生の徒《と》」になって、「死の徒《と》」にならないことであろう。ところで、「生の徒《と》」と「死の徒《と》」は、上引の第七十六章に「故《ゆえ》に曰《い》わく、「堅強《けんきょう》なる者は死の徒《と》なり、柔弱微細《じゅうじゃくびさい》なるものは生の徒なり。」と。」と既出していた。したがって、「堅強」の態度を退け「柔弱」の倫理を身につけること、これが戦争・軍事に従事する者にとっても、養生の要諦だったのである。

第三に、「争わざるの徳」の旗幟を鮮明に掲げつつ、その内容に非戦思想を充てるものがある。例えば、『老子』第六十八章の、

善《よ》く士《し》為《た》る者は武《ぶ》ならず、善く戦う者は怒《いか》らず、善く敵に勝つ者は〔与《あた》〕らず、善く人を用うる者は之が下《した》と為る。〔是《これ》を〕諍《あらそ》（争）わざるの徳と胃《い》（謂）い、是を人を用うと胃（謂）い、是を天《てん》と胃（謂）う、古《いにしえ》の極《きょく》なり。

がそれである。[55]「不争」の倫理が明確に非戦の思想と結びついた、もっとも発展したタイプと見ることができよう。もっとも、本章の「善く戦う者」「善く敵に勝つ者」という言葉を読むと、老子は戦争による勝利を肯定・賛美しているように見えるかもしれない。しかし、本章は開口一番、「善《よ》く士《し》為《た》る者は武《ぶ》ならず」と道破する。優れた「士」の身分の者は武事に手を出さないという大原則の唱道に他ならない。次の「善く戦う者は怒《いか》らず、善く敵に勝つ者は与《あた》らず。」は、この大原則にもかかわらず、やむをえず行わなければならない戦争へ

の冷静な対応と把えるべきであろう。老子がこのように自ら画いた「諍《あらそ》（争）わざるの徳」に基づく非戦の態度を、人力を尽くした窮極、天道にも配される崇高、麗しい古典文化の極致（王弼本第六十八章を参照）、と自賛しているのを読まれたい。

また、『老子』第八十一章に「〔故に天の道は、利《り》して害《そこな》わず。〕人の道は、為《な》して争《あらそ》わず〕。」とある[56]。「人の道は、為《な》して争《あらそ》わず。」の内、「為す」という人為への貶価の件はさておいて、老子は「争わない」ことを「道」と認めるのであるから、この一文は上述の「諍《あらそ》（争）わざるの徳」とほぼ同じ内容を持っていると認めることができよう。

## b　「道」の哲学に基づく非戦

『老子』の非戦思想は、前項のD、a「「不争」の倫理に基づく非戦」を除けば、何と言っても「道」に基づいて非戦を唱えるものが主流である。例えば、『老子』第三十章に、

道を以て人主《じんしゅ》を佐《たす》くるには、兵を以て天下〔に〕強《きょう》たらず、〔其の事は還《かえ》るを好む。師の〕居《お》る所は、楚朸《そきょく》（棘）之《ここ》に生ず。善《よ》くする者は果《か》なるのみ、以て強きを取る毋《な》かれ。果《か》にして驕《おご》（驕）る毋かれ、果《か》にして矜《ほこ》る勿《な》かれ、果《か》にして〔伐《ほこ》る勿かれ〕、果《か》にして已《や》むを得ること毋かれ。是《これ》を〔果《か》〕にして強《きょう》たらずと胃《い》（謂）う。物壮《さか》んにして老《お》ゆ、是《これ》を之道《これみち》ならずと胃（謂）う。道ならざれば蚤《はや》（早）く已《や》む。

とある。(57) 本章の上段・中段は、「道」の哲学に基づく戦争批判である。ここでは、「道を以て人主を佐くる」臣下を主人公に選んで、彼の「其の事」つまり政治的な任務が、君主をして根源の「道」に立ち返らせて、君主が天下の各国に対して軍事力に訴えて「強たる」姿勢を取らないようにさせることにあると訴える。下段は、同時にまた養生思想の要素をも持つ。君主の「強たる」戦争政策は、養生思想で言う「物の壮《さか》ん」なる状態でもあろうが、老子はこれを「道ならず」という自らの思想の根底から批判するのである。

また、『老子』第四十六章に、

天下に道有れば、走馬《そうば》を〔却《か》り〕て以て糞《ふん》す。天下に道无《な》ければ、戎馬《じゅうば》郊《こう》に生む。罪は欲《ほっ》す可《べ》きより大なるは莫《な》く、〓《わざわ》（禍）いは足《た》るを知らざるより大なるは莫《な》く、咎《とが》は得んと欲するより憯《いた》ましきは莫し。

とある。(58) ここでは、「走馬《そうば》を却《か》りて以て糞《ふん》す」が戦争のない無事・平和な社会の象徴であり、「戎馬《じゅうば》郊《こう》に生む」が戦争に明け暮れる戦乱の社会の象徴である。社会が平和であるかそれとも戦争であるかは、天下における「道」の有無と直結している。この「道」は、当時、世間で一般的に言う「道」ではなく、また儒家の唱える倫理的な「道」でもなく、まさに老子の訴える根源的な実在に他ならないが、この「道」に近づく具体的な方法は、本章の下文によれば、過度の欲望追求を抑止することにあるのだと言う。

また、『老子』第六十九章に、

兵《へい》を用うるに言《げん》有りて曰わく、「吾《われ》敢《あ》えて主と為らずして客と為り、吾寸《すん》を進まずして尺《しゃく》を芮《しりぞ》（退）く。」と。是《これ》を行く无《な》きを行き、臂《ひじ》无きを襄《はら》（攘）い、兵无きを執《と》り、敵无きを乃《つ》（扔）くと胃《い》（謂）う。懸《わざわ》（禍）いは適《てき》（敵）无《な》きより於《だい》〈大〉なるは莫《な》く、適《てき》（敵）无《な》きは吾が葆《たから》（宝）を亡《うしな》うに斤《ちか》（近）し。

とある。(59) 本章の趣旨は、やはり非戦思想を訴えることにある。まず、章頭で当時の兵家の言葉を引用するが、それは戦争に勝利するための積極的な態度を述べるのかと思いきや、正反対の「吾《われ》敢《あ》えて主と為らずして客と為り、吾寸《すん》を進まずして尺《しゃく》を芮《しりぞ》（退）く。」という消極的な態度を述べる。上句の「吾《われ》敢《あ》えて主と為らずして客と為る」は、『老子』第六十七章に「三宝」の一つに数えられた「敢《あ》えて天下の先《さき》と為《な》らず」とほとんど同じで、こちら側が主となって戦争を仕掛けず、客となって受け太刀する側にまわる、という趣旨である。それ故、下句の「吾寸《すん》を進まずして尺《しゃく》を芮《しりぞ》（退）く」とともども、明確な非戦思想を表わすと把えられよう。次に、この兵家言を解釈した「行く无《な》きを行き、臂《ひじ》无きを襄《はら》（攘）い、兵无きを執《と》り、敵无きを乃《つ》（扔）く。」は、戦争批判の具体的・実際的な諸相を、行軍から戦闘に至る四つの段階にわけて説明し、それらの一つ一つに関して根本的な批判を展開したものである。四句の句作りが、『老子』第六十三章に「无為《むい》を為し、无《む》事《じ》を事《こと》とし、无未《むみ》（味）を味《あじ》わう。」とあり[60]、また『老子』第六十四章に「〔声（聖）人は〕不欲《ふよく》を欲《ほっ》して、……。不学《ふがく》を学びて、……。」とある[61]のと類似するところから、四句は、絶対的に行軍しないこと、絶対的に宣戦布告しないこと、絶対的に武器を手に執らないこと、絶対的に他国と戦闘しないことを、それぞれ意味すると考えられる。同時にまた、これは「道」の立場に立つことでもある。さらに、本章は、国家にとって最大の禍《わざわ》いは、天下無敵の軍事大国にのし上がることだと喝破する。ここで注意されるのは、このような天下無敵の軍事大国にのし上がることを、老子が「吾が葆《たから》（宝）を亡《うしな》う」にも等しいと貶価していることである。なぜなら、前項などで解明したように、第六十九章の「吾が葆《たから》（宝）」は、第六十七章の「我恒《つね》に三琛《さんぽう》（宝）有り」の「三琛《さんぽう》（宝）」と同じものであり、また、『老子』第六十二章に「〔道《みち》〕なる者は、万物の注《しゅ》（主）なり、善人《ぜんにん》の琛《たから》（宝）なり。」とある「善人《ぜんにん》の琛《たから》（宝）」とも同じものだからである。したがって、本章が警告する天下無敵の軍事大国化は、根源的な「道」の喪失という重大事なのであった。

最後に、『老子』第七十三章に、

敢《あ》えてするに勇《ゆう》なる者は〔則《すなわ》ち殺されん〕、敢《あ》えてせざるに〔勇なる〕者は則ち栝《い》（活）く。〔此《こ》の両者《りょうしゃ》は、或《ある》いは利なり或《ある》いは害なるも、天の亜《にく》（悪）む所なり、孰《だれ》か亓《そ》（其）の故《ゆえ》を知らん。天の道は、単《たたか》（戦）わずして善く朕《か》（勝）ち〕、言わずして善く応じ、召《め》さずして自《みず》ら来たり、弾《たん》（坦）として善く謀《はか》る。

とある。[62] 本章の主なテーマは、全体として軍事思想を含む政治思想にあると見ることができる。本章後半の「天の道は、単《たたか》（戦）わずして善く朕《か》（勝）つ。」は勿論のこと、「言わずして善く応じ、召《め》さずして自《みずか》ら来たり、弾《たん》（坦）として善く謀《はか》る。」も、「天」に比擬される統治者が何かを言葉に発するまでもなく任意の政治状況に対応でき、国内の諸勢力はこちらに呼び寄せるまでもなく自らやって来て、自分は平静に構えていながらうまく策謀をめぐらすことができる、という軍事思想・政治思想を語っているからである。その「天の道」は、章首以下の叙述が「人の道」であるのに対比して言った言葉であろうが、人間界の道に対する自然界の道という意味ではない。老子の理想とする根源の「道」を広く指すと理解する必要がある。そして、本章前半によれば、「敢えてするに勇なる者」と「敢えてせざるに勇なる者」の両者の「勇」は、いずれも「天の亜（悪）む所なり」と言って批判される。すなわち、根源の「天の道」によって相対的であるとして否定される。両者の否定を通じて超出したその向こう側にある絶対的なものこそが、「天の道」としての「勇」ならぬ「勇」、つまり真の「勇」なのである。このようにして否定的に超出した真の「勇」は、後半で「天の道は、単（戦）わずして善く朕（勝）つ」などと説明されるわけであるが、これはまさに「道」に基づく非戦思想そのものである。ちなみに、本章の「天の道は、単（戦）わずして善く朕（勝）つ」は、第六十七章に「夫れ茲（慈）しみは、以て単（戦）えば則ち勝つ」とあった文と、表現も思想もほとんど同一であるが、後者は「三瑑《さんぽう》（宝）」つまり「道」の一

つなのであった。(63)

### C　やむをえず行う戦争

老子が絶対的な反戦思想の持ち主ではなくて、時にやむをえず戦争を行う場合があることを認める者であったことは、すでに触れた。上文で論じたように、老子の構想する全「天下」の政治的統一は、主に「大邦」が「小邦」に謙下して「小邦」を兼併することを通じて達成される、というものである。例えば、『老子』第六十一章に、

大邦は〔以て〕小《しょう》〔邦《ほう》〕に下《くだ》れば、則《すなわ》ち小邦を取《と》る。小邦は以て大邦に下れば、則ち大邦に取《と》らる。……〔故《ゆえ》に〕大邦なる者は兼《か》ねて人を畜《やしな》わんと欲するに過ぎず、小邦なる者は入《い》りて人《ひと》に事《つか》えんと欲《ほっ》するに過ぎず。夫《そ》れ皆な亓《そ》（其）の欲《よく》を得《う》れば、〔故に大〕邦なる〔者宜《よろ》しく〕下《した》と為《な》る〔べし〕。

とあったとおりである。ところで、仮りに「大邦」が「小邦」に「靚《しず》（静）か」に謙下したとしても、「小邦」があくまで兼併されることを拒否した場合、「大邦」はいかなる態度を取るのであろうか。中国古代の戦国時代に、普通に起こりうるのは、老子が構想した楽観的な状況とは異なって、「小邦」の兼併の拒否であることは、贅言を要しない。本章はこのような状況が起こりうることを想定しておらず、こうした場合に「大邦」がどうするのかについ

て何の言及もない。しかしながら、老子の政治思想に即するならば、ここに軍事・武力による解決が登場してくる可能性は十分にあると思われる。現に上文で引用・議論した『老子』第五十七章では、「正《ただ》しきを以《もっ》て邦《くに》を之（治《おさ》）め、畸《き》（奇）なるを以て兵を用い、事《こと》とする无《な》きを以て天下を取る。」と述べていた。第一段階で、一つの「邦」を正攻法で統治するという出発点に立った後、第二段階で、奇策を用い軍事力に訴えて諸国を兼併するという通過点を経て、第三段階で、以上の両者の「有事」の方法を乗り越えた「无事」のやり方でもって、ついに全「天下」の政治的統一の実現という到着点に至る、というプロセスを画いていたのである。

以上のような事情を考慮に入れるならば、老子が百パーセント絶対的に戦争反対なのではなく、時にやむをえず戦争を行う場合があることを認めるのは、当然と言えば当然である。そのことを論じた最も代表的な文章は、『老子』第三十一章に、

夫《そ》れ兵《へい》なる者は、不祥《ふしょう》の器《うつわ》〔なり〕。……故に兵なる者は、君子の器に非ざるなり。〔兵なる者は〕、不祥の器なり。已《や》むを得ずして之を用うれば、銛《てん》（恬）襲《しゅう》（慴）なるを上《うえ》と為す、美《び》とする勿《な》かれ。若《も》し之を美とすれば、是《これ》人を殺すを楽しむなり。夫れ人を殺すを楽しめば、以て志《こころざし》を天下に得可からず。是《ここ》を以《もっ》て吉事《きちじ》には左を上《とうと》び、喪事《そうじ》には右を上ぶ。是《ここ》を以て便《へん》（偏）将軍《しょうぐん》左に居り、上将軍《じょうしょうぐん》右に居るは、喪礼《そうれい》を以て之に居るを言うなり。人を殺すこと衆《おお》ければ、悲《ひ》依《あい》（哀）を以て之に立《のぞ》（莅）む。戦いて勝てば、喪礼《そうれい》を以

て之に処《お》り。

とある。[64] 本章は、開口一番、「夫《そ》れ兵《へい》なる者は、不祥《ふしょう》の器《うつわ》なり。」と宣言する。戦争・武力を用いることを批判する非戦思想の表明である。しかし、続いて、「已《や》むを得ずして之を用う」る場合のあることをも容認する。それはどういう場合かと問えば、「志《こころざし》を天下に得」ようとする場合だという答えが用意されている。「志《こころざし》を天下に得」るとは、全「天下」の政治的統一を実現することに他ならない。そして、本章の下段は、たとえやむをえず行う戦争であるにしても、それは「吉事」ではなくて「喪事」であり、多くの敵を殺し戦争に勝利したとしても、「悲依《ひあい》(哀)」の心を持ち「喪礼《そうれい》」をもって対処しなければならない、と締めくくるのである。

今までに検討してきた『老子』諸章の中に、まま戦争・武力に訴えることを容認するものがあるのは、いずれもみな以上のような天下統一を目指すというコンテキストを背景としている。例えば、『老子』第六十九章に、

旤《わざわ》(禍)いは適《てき》(敵)无《な》きより於《だい》〈大〉なるは莫《な》く、適《てき》(敵)无《な》きは吾が葆《たから》(宝)を亡《うしな》うに斤《ちか》(近)し。故に兵を称《あ》ぐること相《あ》い若《し》けば、則《すなわ》ち哀《かな》しむ者勝たん。

とある。本章の戦争における「哀しみ」は、第三十一章の「悲依(哀)」と同じ性質のもの

である。また、『老子』第六十七章に、

我恒《つね》に三璞《さんぽう》（宝）有り、〔市《じ》（持）して〕之《これ》を〔琛《たも》（保）つ〕。……夫《そ》れ茲（慈）しみは、〔以て単《たたか》（戦）えば〕則ち勝ち、以て守れば則ち固《かた》し。天将《てんまさ》に之を建《た》てんとす、女茲《なんじ》（慈）しみを以て之を垣《まも》れ。

とある。本章の「茲《いつく》（慈）しみ」を始めとする「三璞（宝）」は、結局「道」であったが、(65) ここでは、戦争も守禦《しゅぎょ》もこの「道」によって始めて成功すると言う。それ故、「夫《そ》れ茲（慈）しみは、以て単《たたか》（戦）えば則ち勝ち、以て守れば則ち固《かた》し。」の一文は、非戦思想を内包する「道」を用いてやむをえざる戦争・守禦を行うという趣旨ではなかろうか。

さらに、上文で詳しく検討した『老子』第八十章に、

小邦寡《しょうほうか》（寡）民《みん》、……車周《しゃしゅう》（舟）有るも、之《これ》に乗る所無《な》く、甲兵《こうへい》有るも、〔之を〕陳《つら》ぬる所無し。

とあった。これによれば、天下の行政領域としての「小邦」は軍備を具えてはいるが、実際にはそれを行使して戦争を行うことはしないのだと言う。この軍備もやむをえず行う戦争のためのものであろうか。また、『老子』第二十六章に、

〔重きは〕巠《かる》（軽）きものの根《ね》為《た》り、清《しず》（静）かなるは趮《さわが》しきものの君《きみ》為《た》り。是《ここ》を以《もっ》て君《くん》子《し》は衆《しゅう》（終）日《じつ》行くも、其の甾《し》（輜）重《ちょう》を蘺《はな》（離）れず。環官《かんかん》（観）有りと唯《いえど》（雖）も、燕処《えんしょ》すれば〔則《すなわ》ち昭《ちょう》（超）〕若《じゃく》たり。

とある。[66] ここでは、君子の「重く・清《しず》（静）かなる」態度の比喩・象徴として、戦争における「甾《し》（輜）重《ちょう》」部隊の例が取り上げられ、「巠《かる》（軽）く・趮《さわが》しき」態度の比喩・象徴としての、燕処の楽しみにおける「環官《かんかん》（観）」（周囲の景色を観望するための物見台）の例と対比されている。しかし、この「甾《し》（輜）重《ちょう》」という挙例も、老子の非戦思想をくつがえすほどのものではあるまい。

## E　『老子』に見る君主たる者の心構え

以上、『老子』諸章の内容に即して、本章のAでは、全「天下」を一元的に統治する天子・皇帝についての政治思想を、Bでは、「邦」を統治する国君についての政治思想と、天子・国君の下位にある「公」「侯」や天子・国君に従属する臣下についての政治思想を、それぞれ検討してきた。『老子』に現われる統治者のタイプが、三つに分けられることに基づいた処置である。また、Cでは、「天下」全体の政治秩序についての構想が、天子・皇帝が頂点に立って万民を一元的に統治するそれであることを、Dでは、戦争に関する思想が、絶対的な反戦思想ではなく、やむをえず行う戦争を容認する非戦思想であることを、それぞれ解明してきた。

本項では、以上の諸項に収まりきらないために論じ残した重要な政治思想のいくつかを、この第3章「『老子』の政治思想」の補遺として取り上げる。

### a　聖人の統治は人民の心を虚しくして腹を実たす

『老子』中には、聖人の理想的な統治のやり方を画いて、人民の精神を虚弱にして身体を実強にするものだとする文章がある。例えば、『老子』第三章に、

賢《かしこ》きを上《とうと》ばざれば、〔民をして争わざらしむ。得難きの貨《たから》を貴ばざれば〕、民をして〔盗みを〕為さざら〔しむ〕。〔欲す可きを見《しめ》さ〕ざれば、民をして乱れざらしむ。是《ここ》を以て声（聖）人の〔治《ち》や、亓《そ》（其）の心を虚《むな》しくして、亓（其）の腹を実《み》たし、亓（其）の志《こころざし》を弱くして〕、亓（其）の骨を強くす。恒に民をして无知《むち》・无欲ならしめ、〔夫《か》の知《ち》をして敢えてせざら〕しむ。〔為さざるのみなれば、則ち治《おさ》まらざる无し〕。

とある。[67]「声（聖）人」の理想的な統治を傍線部分のように画くのは、直接的には「恒に民をして无知《むち》・无欲ならしむ」ることを通じて、また一方で「民」の養生を可能にしてやりな

がら、最終的には「治《おさ》まらざる無し」という治世を実現するためである。その治政の具体的なありさまが、本章の前半にあるように、「民をして争わざらしむ」「民をして盗みを為さざらしむ」「民をして乱れざらしむ」に他ならない。

このように聖人の理想的な統治を、人民の心志を虚弱にし、腹骨を実強にすることだとするのは、結局、愚民政治を推奨することにならないであろうか。こうした疑問は従来も提出されていたが、(68) 老子の主観的な意図としては愚民政治ではあるまい。なぜなら、すでに上文で見たとおり、『老子』には人間の生き方についての原理的な思索として、「知」「欲」に対する批判や「無知」「無欲」の提唱が盛りこまれており、統治者「声（聖）人」であれ被統治者「民」であれ、政治の主客の相異に無関係に、「知」「欲」は人間の本来性をスポイルするものだと認定されていたからである。したがって、老子の目指す理想的な統治は、その主観的な意図に沿うならば、人民が「知」「欲」を捨てそれらを越えた向こう側で真実の人間の本来性に立ち返る、そのような国家・社会を建設するというものであったことになる。

以上のように、第三章は聖人の理想的な統治の内容として、「知」の批判・「無知」の提唱と「欲」の批判・「無欲」の提唱の両者を挙げるが、『老子』第十九章に、

声《せい》（聖）を絶《た》ち知《ち》を棄《す》つれば、民の利は百負《ひやくばい》（倍）す。仁を絶ち義を棄つれば、民は畜《こう》（孝）茲《じ》（慈）に復《かえ》る。巧《こう》を絶ち利を棄つれば、盗賊《とうぞく》有ること無《な》し。

とある[69]のも、これに類似した点がある。本章は第三章などとは異なって「声《せい》（聖）人《じん》」は登場しないけれども、あるべき理想的な統治を述べた政治思想の文章であることは疑いない。その内容は、理想的な統治の実現のために、「声（聖）知」「仁義」「巧利」の三つを絶棄すべしということであるが、三つの内、「声（聖）知」はほぼ「知」に対する批判と同じ、「巧利」はほぼ「欲」に対する批判と同じである。それ故、本章の趣旨は第三章と重なる点があると認められよう。絶棄すべき三つの内の「仁義」は、第三章には現われないものである。これは当時の儒教倫理の代表格であるが、単に儒教倫理だからという理由で批判するのではなく、素朴な人民の中に伝統的に保持されてきた「畜（孝）茲（慈）」（さらにはその根底にある「道」「徳」）を阻害するという理由で批判するのである。

さて、ここで話が多少岐路にそれるが、『老子』において聖人の理想的な統治を提唱する際、「仁義」などの儒教倫理に批判的に言及する様相を一瞥しておきたい。――例えば、『老子』第五章に、次のようにある。

天地は仁ならず、万物を以て芻狗《すうく》と為す。声《せい》（聖）人《じん》は仁ならず、百省《ひゃくせい》（姓）を以て〔芻〕狗と〔為す〕[70]。

これも、「声（聖）人」の理想的な統治を提唱した政治思想と見て差し支えあるまい。その「声（聖）人」の統治のやり方は、「天地」が「万物」を「芻狗」（藁人形）のように取り扱うのをモデルとして、「百省《ひやくせい》（姓）」を「芻狗」のように取り扱うのだと言う。この「天地」は、老子にとって所与の空間的世界を意味するものではあろうが、ほとんど「道」の類義語である。[71] ここでは、その「天地」が「万物」を取りしきる存在論の中に、儒教倫理の「仁」などといった人間的な価値の入りこむ余地が全然ないのと同様に、「声（聖）人」が「百省《ひやくせい》（姓）」を取り扱う統治の中に、儒教倫理の「仁」などを入りこませてはならないと唱えている。

また、『老子』第十七章・第十八章にある、「仁義」「大偽《だいい》（為）」「畜《こう》（孝）茲《じ》（慈）」「貞臣」といった儒教の倫理的・政治的な価値に向けた揶揄と批判も、同じように、聖人の理想的な統治を提唱した政治思想の中に現われるものである。第十七章・第十八章は、

大上《たいじよう》は下之《したこれ》有るを知り、……猷《ゆう》（猶）呵《こ》（乎）として其《そ》れ言を貴《す》（遺）つるや、功を成し事を遂《と》げて、百省《ひやくせい》（姓）は我《われ》自然なりと胃《い》（謂）う。故《ゆえ》に大道廃《すた》れて、案《すなわ》（焉）ち仁《じん》義《ぎ》有り。知快《ちえ》（慧）出《い》でて、案《すなわ》（焉）ち大偽《だいい》（為）有り。六親和《りくしんわ》せずして、案（焉）ち畜《こう》（孝）茲《じ》（慈）〔有り〕。邦家閽《ほうかこん》（昏）乱《らん》して、案（焉）ち貞臣《ていしん》有り。

と言う。両章は、当代の「大道が廃《すた》れ」「知快《ちえ》（慧）が出《い》で」「六親《りくしん》が和せず」「邦家《ほうか》が閽《こん》（昏）乱《らん》し」ている社会状況を克服して、最善の君主「大上」の理想的な統治に戻ろう、と訴えたものである。その統治とは、彼がただ君臨するだけで統治せず、ぼんやりと一切の政

令を出すことを捨ててしまった政治であって、ここには「仁義」「大偽（為）」「畜（孝）茲（慈）」「貞臣」の儒教的な倫理や政治が入りこむ余地は全くない(72)。

さらに、『老子』第三十八章に現われる「仁・義・礼・前識《ぜんしき》（つまり知）」といった儒教倫理も、老子の目指す理想的な統治の方法とは真逆《まぎやく》のものと意味づけられている。

是《ここ》を以て大丈夫《だいじょうぶ》は亓《そ》（其）の厚《あつ》きに居りて、亓《そ》（其）の泊《うす》（薄）きに居らず。亓（其）の実《じつ》に居り〔て〕、亓（其）の華に居らず。故に皮《かれ》（彼）を去り此《これ》を取る。

本章の「大丈夫」は、第三章に登場した「声（聖）人」に相当する。そのことは、本章の「大丈夫」について述べた、

亓《そ》（其）の厚《あつ》きに居りて、亓《そ》（其）の泊《うす》（薄）きに居らず。亓（其）の実《じつ》に居りて、亓（其）の華に居らず。故に皮《かれ》（彼）を去り此《これ》を取る。

が、「声（聖）人」について述べた第三章の「亓《そ》（其）の心を虚《むな》しくして、亓（其）の腹を実《み》たし、亓（其）の志《こころざし》を弱くして、亓（其）の骨を強くす。」や、同じく第十二章の「腹《はら》の為《た》めにして目の為めにせず。故に罷《かれ》（彼）を去りて此《これ》を耳（取）る。」と、表現の上で極めて近い関係にあることからも肯われよう。「大丈夫」の理想的な統治のやり方は、「亓《そ》

（其）の厚《あつ》き」「亓（其）の実《じつ》」である「道」「徳」を採用するのであって、「亓《そ》（其）の泊《うす》（薄）き」「亓（其）の華」すなわち「仁・義・礼・前識《ぜんしき》（知）」の儒教倫理は、「道」「徳」の疎外形態に過ぎないので、捨て去って顧みないのだと言うのである。(73)

以上、『老子』中の「仁義」などの儒教倫理への批判を一瞥し終えたところで、話を本題に戻そう。上述したように、第三章は聖人の理想的な統治の内容として、「知」の批判・「無知」の提唱と「欲」の批判・「無欲」の提唱の両者を挙げるが、『老子』中には両者の内、「知」の批判・「無知」の提唱だけを挙げるものがある。『老子』第六十五章に、

故《ゆえ》に曰《い》わく、「道を為《おさ》むる者は、以《もつ》て民を明らかにせんとするに非《あら》ざるなり、将《まさ》に以て之を愚《おろ》かにせんとするなり。」と。民の〔治め〕難《がた》きや、亓《そ》（其）の知《ち》あるを以てなり。故に知を以て邦《くに》を知《おさ》（治）むるは、邦《くに》の賊《ぞく》なり。不知《ふち》を以て邦を知（治）むるは、〔邦の〕徳《とく》なり。恒《つね》に此《こ》の両者《りようしや》を知るは、亦《ま》た稽《かい》（楷）式《しき》なり。恒に稽（楷）式を知る、此《これ》を玄徳《げんとく》と胃《い》（謂）う。玄徳は深《ふか》し遠《とお》し、物と〔反《はん》す〕。乃《すなわ》ち〔大順《たいじゆん》に至《いた》る〕。

とあるのがそれである。(74)本章の「道を為《おさ》むる者」は、第三章の「声（聖）人」に同じ。それ故、本章もまた聖人の理想的な統治を論じた章である。また、本章の「民を明らかにせんとす」は、下文の「知を以て……知《おさ》（治）む」に同じ。本章の「之を愚《おろ》かにせんとす」は、下文の「不知《ふち》を以て……知（治）む」に同じく、第三章の「亓《そ》（其）の心を虚《むな》しくして、亓

（其）の腹を実《み》たし、亓（其）の志《こころざし》を弱くして、亓（其）の骨を強くす。」に相当する。そして、本章の「愚か」「不知」は、世間的な一次レベルから言えばそのまま「愚か」「不知」であるけれども、老子の「道」の思想の中ではひっくり返って二次レベルの真の「明らか」「知」に転ずるものである。本章の末尾においても、「愚か」「不知」の類義語である「玄《げん》徳《とく》」（ほぼ「道」に同じ）が世間的な「物」とは正反対であって、しかも「反―順」の対立を越えた絶対の「大順」に至ることが、高唱されているのを見られたい。したがって、本章における「知」の批判・「無知」の提唱は、世間的な意味では人民を「愚か」「不知」にしようとするものの、真の意味では逆説的・弁証法的にひっくり返って人民を「明らか」「知」にすることになる、と理解してよいと思う。

　これに類似して、「知」の批判・「無知」の提唱を掲げることによって、あるべき理想的な統治の内容を示唆する文章が、『老子』第五十八章にある。

〔亓《そ》（其）の正《まつりごと》（政）閔《びん》（紊）閔《びん》（紊）たれば、亓（其）の民は屯《とん》（惇）屯《とん》（惇）たり〕。亓（其）の正（政）察察《さつさつ》たれば、亓（其）の邦《くに》は夬《かい》（快）夬《かい》（快）たり。

である。本章の「察察《さつさつ》」も第六十五章の「明らか」「知」を行う政治であろうが、統治者の政治が「察察《さつさつ》」であるならば、それは人民・国家にとってよくない、と言う。[75]

　以上の第六十五章・第五十八章とは異なって、第三章の画く聖人の理想的な統治の「無

知」と「無欲」の内、「欲」の批判・「無欲」の提唱だけを挙げるものもある。『老子』第十二章に、

五色《ごしょく》は人の目をして明《めしい》（盲）ならしめ、馳騁田臘《ちていでんりょう》（猟）は人の〔心をして発狂せ〕しめ、得難きの貫《たから》（貨）は人の行いをして方《さまた》（妨）げしめ、五味《ごみ》は人の口をして𠹭《そこな》（爽）わしめ、五音《ごおん》は人の耳をして聾《みみしい》ならしむ。是《ここ》を以て声《せい》（聖）人《じん》の治《ち》や、腹《はら》の為《た》めにして〔目の為めにせ〕ず。故に罷《かれ》（彼）を去りて此《これ》を耳《と》（取）る。

とある。(76) 第十二章の、

是《ここ》を以て声（聖）人の治《ち》や、腹《はら》の為《た》めにして目の為めにせず。故に罷《かれ》（彼）を去りて此《これ》を耳《と》（取）る。

が、上述したとおり、第三章の、

是《ここ》を以て声（聖）人の治《ち》や、亓《そ》（其）の心を虚《むな》しくして、亓（其）の腹を実《み》たし、亓（其）の志《こころざし》を弱くして、亓（其）の骨を強くす。

や、第三十八章の、

是《ここ》を以て大丈夫《だいじょうふ》は亓《そ》（其）の厚《あつ》きに居りて、亓《そ》（其）の泊《うす》（薄）きに居らず。亓（其）の実《じつ》に居りて、亓（其）の華に居らず。故に皮《かれ》（彼）を去り此《これ》を取る。

と表現の上で極めて近いことは、誰の目にも明らかである。しかし、本章は、聖人の理想的な統治について、ただ「欲」の批判・「無欲」の提唱だけを挙げるものであり、この点で第三章・第三十八章と若干の相異がある。

### b　聖人の統治は善人も不善人もともに貴ぶ

『老子』中には、聖人の理想的な統治について述べて、善人を貴び不善人を愛し、両者をともに包容するという政治思想がある。例えば、『老子』第二十七章に、

善《よ》く行く者は勶《てつ》（轍）迹无《せきな》く、〔善く〕言う者は瑕適《かたく》（謫）无く、善く数うる者は檮《ちゅう》（籌）箖《さく》（策）を以《もち》いず、善く閉《と》ざす者は闗《かん》（関）籥《やく》（鑰）无くして啓《ひら》く可《べ》からざるなり、善く結ぶ者は〔纆《ぼく》〕約《やく》〔无く〕して解《と》く可からざるなり。是《ここ》を以て声《せい》（聖）人《じん》は恒《つね》に善く人を俅《すく》（救）いて、棄人《きじん》无く、物に棄財《きざい》无し。是《これ》を怈《じょう》（畳）明《めい》と胃《い》（謂）う。故に善〔人は、善人〕の師《し》なり。不善人《ふぜんにん》は、善人の齎《たから》（資）なり。其の師を貴《とうと》ばず、其の齎

（資）を愛せざれば、知ありと唯《いえど》（雖）も大いに眯《まよ》（迷）う。

とある。[77] 本章の前半の「善」は、絶対的な善である。それを踏まえた「声《せい》（聖）人《じん》」の理想的な統治は、「人」「物」への絶対的な救済であり、いかなる「人」「物」をも棄てない。すなわち、「善人」と「不善人」をともに貴び愛するのだと言う。それだけでなく、「物に棄財《きざい》无し」とあるところから、恐らく「善物」と「不善物」をともに貴び愛するに違いない。言い換えれば、一切の「人」と「物」を全て絶対的に肯定するのである。

これとほぼ同じ政治思想を述べる例が、『老子』第四十九章に次のようにある。

〔声《せい》（聖）人《じん》は恒《つね》に心无《な》く〕、百《ひやく》〔姓《せい》〕の心を以て〔心と〕為す。善《ぜん》なる者は之《これ》を善《よ》しとし、不善《ふぜん》なる者も亦《ま》た〔之《これ》を〕善しとして、〔善しとせらるるを徳《う》（得）るなり。信《まこと》なる者は之を信《まこと》とし、信ならざる者も亦た之を信として〕、信とせらるる〔を徳《う》（得）る〕なり。[78]

本章における聖人の理想的な統治も、第二十七章とほとんど同じである。「声《せい》（聖）人《じん》」は、「善者」も「不善者」もともに「善し」と肯定し、「信者」も「不信者」もともに「信なり」と是認して、あらゆる「百姓」を全て絶対的に包容する。その結果、「声（聖）人」は見返りに「百姓」から「善き・信なる」統治者と認められて、両者の「心」はぴたりと一致して寸分たがわないまでになる。このような統治者と被統治者との親和した政治状況が、章頭に言う「声（聖）人は恒《つね》に心無《な》く、百姓《ひゃくせい》の心を以て心と為す。」に他ならない。

さらにまた、『老子』第六十二章に、

〔道《みち》〕なる者は、万物の注《しゅ》（主）なり、善人《ぜんにん》の琛《たから》（宝）なり、不善人《ふぜんにん》の琛《たも》（保）つ所なり。美言《びげん》は以《もっ》て市《う》る可《べ》く、尊行《そんこう》は以て人に賀《くわ》（加）う可し。人の不善《ふぜん》や、何《なん》の〔棄《す》つることか之《これ》〕有らん。

とある文章にも、[79]同じ政治思想が含まれる。その「美言」「尊行」は（明文はないが）「人の善」に相当するものであり、それなりのプラスの価値を持つ。それが「善人《ぜんにん》の琛《たから》（宝）」だからである。反対の「人の不善」に相当するものは具体的に表現されていないが、例えば「悪言」「賤行」などであろう。老子はこれをも棄ててはならないと主張する。これが「不善《ふぜん》人《にん》の琛《たも》（保）つ所」だからである。したがって、本章の倫理思想は、「美言」「尊行」も「悪言」「賤行」もともに肯定し、「人の善」も「人の不善」もともに是認して、相互に対立する両者を全て認めようとするものである。これを政治思想の面から分かりやすく単純化すれば、統治の対象である「善人」と「不善人」を全く差別することなく、両者の対立を乗り越えた絶対的に高いレベルの「善」である「道」の立場に立って、「善人」と「不善人」の一切を絶対的に包容しようとしていることになる。

第六十二章において注目される点は、「善人」を肯定するのはともかくとして「不善人」をも肯定する哲学的な背景が画かれていることである。——「善人」は「瑑《たから》（宝）」である根源の「道」を持つから、肯定されるのは当然であるが、それだけでなく「不善人」も同じ「道」を「瑑《たも》（保）つ」ので、やはり肯定されるべきだという理由である。これは、「善人」「不善人」を含む一切の「万物」を根源的な「道」が生み出しており、それ故、あらゆる「物」の中には「道」が含有されるとする哲学（形而上学・存在論）に他ならない。しかし、第二十七章・第四十九章には明画されていなかった背景である。本章の上文でも触れたように、この哲学的背景は、例えば、『荘子』知北遊篇に、

東郭子《とうかくし》荘子《そうじ》に問いて曰わく、「所謂《いわ》ゆる道は悪《いず》くにか在る。」と。荘子曰わく、「在らざる所无し。……螻蟻《ろうぎ》に在り。……稊稗《ていはい》に在り。……瓦甓《がへき》に在り。……屎溺《しにょう》に在り。」と。

とあり、『荘子』天下篇に「古《いにしえ》の所謂《いわ》ゆる道術《どうじゅつ》なる者は、果《は》たして悪《いず》くにか在《あ》る。曰わく、「在らざる无し。」と。」とあった。「道」は世間からさげすまれている、「螻蟻《ろうぎ》」「稊稗《ていはい》」「瓦甓《がへき》」「屎溺《しにょう》」にも在るので、それらの一切「万物」はいずれもみな価値を認められて、大事に取り扱われなければならない、とする哲学である。『老子』ではまだこうした新しい哲学は成熟していないが、しかし、その萌芽はすでにきざし始めていたのである。

### ｃ　聖人の統治は富貴に驕らないが威厳がある

老子は、倫理思想でも政治思想でも、常に柔弱・謙下を強調する。この点については、前章や本章の上文でくり返し解明してきた。であるから、理想的な統治者たる聖人の行う政治は、驕らないものとなるはずである。ただし、以上に解明してきた柔弱・謙下は、どちらかと言えば、老子固有の哲学・世界観に裏打ちされた独特のイデオロギー的な思想であって、古来、老子に特徴的な思想として誰にもよく知られたものであった。本項ではそれとは異なって、聖人の社会的な地位や財産、行使する刑罰、徴収する租税などといった、具体的な諸事項への対処の過程における、聖人の驕らない政治の問題を検討しよう。

最初に、統治者の豊かな財産・金品に基づく驕りを批判している文章を見てみる。例えば、『老子』第九章に、

金玉《きんぎょく》室に盈《み》つれば、之を守るもの莫《な》きなり。貴富《きふ》にして驕《おご》（驕）れば、自ら咎《とが》を遺《のこ》すなり。

とある。(80) 本章は、「貴」という高い社会的地位に上ることも、「金玉」「富」という財産を蓄積することも、ともに強い調子で否定する。これは、統治者としての聖人のあるべき理想的な姿を画いた文章ではなく、あくまで人々が「貴富」に対して取るべき態度を一般的に述べたものに過ぎない。けれども、老子の目指す聖人の理想的な統治像を理解するための参考資

料とすることに不可はあるまい。

また、『老子』第五十三章に、

我をして摞《かか》（挈）ぐるに知《ち》有らしむれば、大道《たいどう》〔を行きて〕、唯《た》だ〔他（迆）《よこしま》〕なるを是《こ》れ畏《おそ》れん〕。……朝《ちょう》は甚だ除《きょ》められ、田《た》は甚だ芜《あ》（蕪）れ、倉《くら》は甚だ虚《むな》しきに、文采《ぶんさい》を服《ふく》し、利《り》〔剣《けん》を〕帯《お》び、〔飲〕食〔に猒《あ》き〕、貨〔財に余《あま》り有り。是《これ》を盗杅《とう》（竽）と胃《い》（謂）う。道に非《あら》ざるかな〕。

とある。本章の後半は、「大道」を「知る」立場から見た、当代の統治者たちの奢侈にふける腐敗したありさまの描写である。ここから、老子の目指す聖人の理想的な統治像を理解することは十分に可能である。その傍線部分「朝《ちょう》は甚だ除《きょ》められ、田《た》は甚だ芜《あ》（蕪）れ、……飲食に猒《あ》き、貨財に余《あま》り有り。」は、彼らが人民の生活を犠牲にしつつ、社会的な地位の高さの上に胡坐《あぐら》をかき、衣食などの物資に豪奢を極めた暮らしを謳歌する様子をリアリスティックに活写している。[81] これを写真フィルムのネガ・ポジのように反転させれば、それがそのまま聖人の理想的な統治、つまり驕らぬ政治となる。

また、『老子』第七十五章に「人の飢《う》うるや、亓《そ》（其）の涗《ぜい》（税）に取食するの多きを以《もっ》てなり、是《ここ》を以《もっ》て飢《う》う。」とある。[82] 本章もまた、上で検討した第九章・第五十三章に類似して、聖人の理想的な統治を画くものではない。当代のある人々（実際は統治者たち）が租税を多く徴収することによって、人類全体を飢餓状態に陥れている事実を抉摘するものである。そして、これもやはり聖人の理想的な統治、つまり驕って苛斂誅求《かれんちゅうきゅう》に走らない政治を示唆する資料と見なすことができよう。

ところで、『老子』第七十七章に、

天下〔の道は〕、……余り有る者は之を敗《そん》（損）し、足《た》らざる者は之を補《おぎな》う。故《ゆえ》に天の道は、〔余り〕有るを敗《そん》（損）し〔て足らざるを益《ま》す。人の道は則《すなわ》ち〕然《しか》らず、〔足らざるを〕敗（損）し〔て〕余り有るに奉《ほう》ず。孰《だれ》か能《よ》く余り有りて以て天に奉《ほう》ずるを取ること有る者ぞ、〔唯《た》だ道を又《ゆう》（有）する者のみならんか。是《ここ》を以《もっ》て声《せい》（聖）人《じん》は為《な》れども又《ゆう》（有）せず、功を成せども居《お》らざるなり〕。

とある。[83] 上引の諸例とは異なって、ここには「声《せい》（聖）人《じん》」が登場しており、それは「道を又（有）する者」の換言であるから、この文章は間違いなく「声（聖）人」の理想的な統治を画いた文章と読むことができる。章中の「足らざるを敗《そん》（損）して余り有るに奉《ほう》ず」という「人の道」は、統治者が人民に対して経済的搾取を行うことを指し、「余り有るを敗《そん》（損）して足らざるを益《ま》す」という「天の道」は、そのアンチテーゼであって、人民に対して経済的搾取を行わず、また人民の「足らざる」生活を救済する、理想的な統治を言う。そして、「天に奉《ほう》ずるを取る」とは、以上のような「天の道」に進んで従うという意味であるから、本章の目的は、自らは統治者として経済的に「余り有る」者でありながら、以上の「天の道」に従って、人民への経済的搾取を行わず人民の「足らざる」を救済する、「声(聖)人」の理想的な統治を画くところにあったのである。

『老子』第八十一章に、

善〔なる者は多からず、多き〕者は善ならず。聖人《せいじん》は積《つ》むこと无《な》し、……。〔故に天の道は、利《り》して害《そこな》わず。人の道は、為《な》して争《あらそ》わず〕。

とある(84)文章中の、財産を多く貯めこむことを否定する「聖人」は、恐らく上に見た第七十七章と同じであって、人民への経済的搾取を行って驕ることのない、理想的な統治者をイメージしているのではなかろうか。

次に、統治者たちの把持する高い地位と強大な権力を背景にした、賞罰(特に刑罰)に基づく強権政治などの驕りを批判している文章を見よう。例えば、『老子』第七十二章に、

〔民之《たみこ》れ〕畏《い》(威)を畏《おそ》れ〔ざ〕れば、則《すなわ》ち大《たい》〔畏《い》(威)将《まさ》に至《いた》らんとす〕。亓《そ》(其)の居《お》る所に閘《な》(狎)るる母《な》(毋)かれ、亓(其)の生《い》くる所に猒《あ》く毋《な》かれ。夫《そ》れ唯《た》だ猒《あ》かず、是《ここ》を〔以《もっ》て猒《あ》かれず。是を以て声《せい》(聖)人《じん》は自《みずか》ら知れども自ら見《あら》わさざるなり、自ら愛すれ〕ども自ら貴ばざるなり。

とある。[85] 本章の「亓《そ》（其）の居《お》る所」は、統治者の占有する高い社会的地位を指し、「亓（其）の生《い》くる所」は、同じく獲得した豊かな経済的生活を指す。「閘《な》（狎）るる母《な》（毋）かれ」「猒《あ》く毋《な》かれ」と言うのは、それらの上に胡坐をかいて人民に驕ってはならない、という誡告である。そして、これを実践しえているのが、以下の理想的な統治者「声（聖）人」のありさまなのであった。

　また、『老子』第七十四章に、

〈若《も》し民恒《たみつね》に且《まさ》に死を畏《おそ》れざらんとすれば〉、奈何《いかん》ぞ殺《ころ》すを以て之《これ》を愳《おそ》（懼）れしめんや。若《も》し民恒《たみつね》に死を是《おそ》〈畏〉るるに、而《しか》も〈畸《き》（奇）を〉為す者あれば、吾将《われまさ》に得て之《これ》を殺さんとす、夫《そ》れ孰《だれ》か敢《あ》えてせんや。若《も》し民〈恒《つね》に且《まさ》に〉必ず死を畏《おそ》れんとすれば、則ち恒《つね》に殺すを司《つかさど》る者有り。夫《そ》れ殺すを司る者に伐《か》〈代〉わりて殺すは、是大匠《これたいしょう》に伐《か》〈代〉わりて斲《き》ることなり。夫《そ》れ大匠に伐《か》〈代〉わりて斲《き》る者は、則《すなわ》ち亓《そ》（其）の手を傷つけざること〈希《まれ》〉なり。

とある。[86] 本章の「吾」は、コンテキストの上では、統治者たちの中の一人を指す。彼はその統治する社会に「畸《き》（奇）を為す者」つまり犯罪者が生じた場合、以後、同様の犯罪が生ずるのを未然に防ぐために（「夫《そ》れ孰《だれ》か敢《あ》えてせんや」）、その犯罪者を「殺す」ことを通じて社会の秩序を保つのだと言う。ただし、本章の後半では、この社会には常時、犯罪を処罰する機関・制度（「殺すを司《つかさど》る者」）が設置されており、あるべき統治者はこのような「殺すを司《つかさど》る者」に代わって直接、犯罪の処罰に乗り出してはならない、と注文をつけている。以上に基づいて考えるならば、あるべき統治というものは、社会に生ずる犯罪を処罰することを否定するわけではないが、さりとて統治者が把持する強大な権力を行使して、直接、犯罪の処罰に乗り出したりはしない、ということになろうか。

　これと似た点があるのが『老子』第七十九章である。

大怨《たいえん》を和《わ》すれば、必ず余怨《よえん》有り、焉《なん》ぞ以《もっ》て善と為す可《べ》けんや。是《ここ》を以て聖《せい》〔人《じん》〕は右介《ゆうけい》（契）を〔執《と》り〕て、以て人を責《せ》めず。故《ゆえ》に徳有るものは介《けい》（契）を司《つかさど》り、徳〔无き〕ものは勶《てつ》（徹）を司る。夫《そ》れ天道は親しむこと無く、恒《つね》に善人に与《くみ》す。

本章が取り扱うテーマは、前半は、国家と国家の間の政治的・軍事的な協力関係を結ぶ条約（「介《けい》（契）」）についてであるが、後半は、これを話柄にして国内政治における、「徳有るもの」と「徳无きもの」の役割分担に論及する。本章の「聖人」は、下文の「徳有るもの」に等しく、老子の言う「道」を有する者に他ならない。その理想的な統治のあり方は、優位に立つ当事者として「右介《ゆうけい》（契）」（証明書）を手に執るという大局を押さえるだけで、その「右介（契）」を根拠にして相手（外国の統治者や国内の人民）を責めたてる権力政治に走ることはないと述べる。一方、「徳无きもの」は、老子の言う「道」を有しない者のことであるが、「勶《てつ》（徹）」という租税徴収の実務などに辣腕をふるうことを通して、「以て人を責《せ》め」る役割を担うことが期待されている。(87)

また、『老子』第六十章に、次のようにある。

〔大邦《たいほう》を治《おさ》むるは、小鮮《しょうせん》を亨《に》（烹）るが若《ごと》し。道《みち》を以《もっ》て〕天下に〔立《のぞ》（莅）めば〕、亓《そ》（其）の鬼《おに》は神《しん》ならず。……亓（其）の申《しん》（神）人を傷つけざるのみに非ざるなり、聖人《せいじん》も亦《ま》た傷つけざる〔なり。夫《そ》れ両《ふた》つながら〕相《あ》い〔傷つけ〕ず、〔故《ゆえ》に〕徳は交《こも》ごも焉《これ》に帰《き》す。

本章の趣旨は、「聖人」が「道」に基づいて「大邦」つまり「天下」を統治する理想的な政治を提唱することである。その内容は、「大邦《たいほう》を治《おさ》むるは、小鮮《しょうせん》を亨《に》（烹）るが若《ごと》し。」のように比喩をもって画かれているが、天下の人民に対して刻削な政策を取らず、法律・刑罰によらない寛裕な政治を行うことであろう。(88)こうした「道」に基づく統治によって、聖人は冥界の鬼神たちを支配して人々を傷つけさせず、それだけでなくさらに聖人自身も人々を傷つけることがない、という内容の理想を実現するのだと提唱している。

最後に、以上のように、聖人は豊かな財産、高い地位、強大な権力を把持しているにもかかわらず、その上に胡坐をかいて人民に驕った統治を行おうとしない、だからこそ、彼は統治者として真の威厳を持つ、などと述べる『老子』諸章を検討する。

すでに上文で見たように、『老子』第七十二章に、次のようにあった。

亓《そ》(其)の居《お》る所に閘《な》(狎)るる母《な》(毋)かれ、亓(其)の生《い》くる所に猒《あ》く毋《な》かれ。夫《そ》れ唯《た》だ猒《あ》かず、是《ここ》を〔以《もっ》て猒かれず〕。

ここには、統治者たる者が、把持する高い地位と豊かな生活に「猒《あ》か」ないという態度を取ることによって、その結果「民」から「猒《あ》かれ」ることがないという見返りを受ける、ギブ・アンド・テイクの仕組みが画かれている。これを実践しえた者が「声(聖)人」であり、だから、こうした聖人には自ずから真の威厳が具わると考えられていたのである。

また、『老子』第二十六章に、次のようにある。

〔重きは〕巠《かる》(軽)きものの根《ね》為《た》り、清《しず》(静)かなるは趮《さわが》しきものの君《きみ》為《た》り。是《ここ》を以《もっ》て君《くん》子《し》は衆《しゅう》(終)日《じつ》行くも、其の甾《し》(輜)重《ちょう》を蘺《はな》(離)れず。……若何《いかん》ぞ万乗《ばんじょう》の王にして、身を以て天下に巠《かろ》(軽)がろしくせんや。巠《かろ》(軽)がろしくすれば則ち本《もと》を失い、趮《さわが》しくすれば則ち君を失う。

本章は、まず、重いものが軽いものを取りしきる根本となり、静かなものが動くものを支配する君主となるという哲学を、一般論の形で説き起こす。続いて、これを踏まえて政治思想を展開し、「君子《くんし》」の重々しい態度と「万乗《ばんじょう》の王」の重々しい態度について述べる。中心は後者の「万乗の王」であって、これは全「天下」を統治する天子・皇帝を指すのであろう。中心は彼にはあるべき統治者として、全「天下」に対して「巠《かろ》（軽）がろしく・趮《さわが》しく」振る舞わず、逆に「重く・清《しず》（静）か」に振る舞うことが求められる[89]。その中身は、本章の文面からは抽象的なことしか分からないけれども、本項で検討してきたところに基づいて推測するならば、「重き」とは全「天下」の統治者としての天子・皇帝の威厳の重さを言い、「清《しず》（静）か」とは彼の統治のやり方の静謐さ・寛裕さを言うと考えられる。換言すれば、全「天下」の統治者たる天子・皇帝は、豊かな財産、高い地位、強大な権力の上に胡坐をかいて、人民に対して経済的搾取に走る刻削な統治、法律・刑罰の厳格な適用による酷薄な政治、を行ってはならない。全く逆に、経済においても法律・刑罰においても人民に対して静謐・寛裕な政策を採用すべきである。そうすれば、彼の統治者としての威厳はいやが上にも高まることになる、というのである。

戦国末期～前漢、武帝期初年には、黄老思想が盛行していた。それは当時、「黄老の術」また「黄老の言」と呼ばれており、黄帝と老子を押しいただく顕著な特徴を具えた思想であった。その中心に座っていたのが、『老子』の政治思想に他ならない[90]。

『老子』の政治思想には、相互に矛盾・対立する二つの側面が含まれる。一つは、天子・皇帝の君主権力を中央集権の方向で強化する一君万民の政治思想であり、もう一つは、天子・皇帝権力を弱化・無化して民衆の自主性・自律性を尊重する民本主義である。前者は、主宰者「道」が被宰者「万物」の一切の存在・変化を取りしきると見る、『老子』や道家に伝統的な古くからの「道」の形而上学・存在論に基づいて形成されたものであり、後者は、主宰者「道」の無為を原因として被宰者「万物」の自主的・自律的なあり方が結果すると見る、新たに登場した万物の「自然」に基づいて形成されたものである[91]。

このような黄老思想が前漢初期に盛行した原因・理由について、今日までの日本の研究の通説は、戦国末期～前漢初期のうち続く戦乱によって疲弊しきった社会・人々が、黄老学派の説く統治者は「無為・清静」であるべしとする政治思想を歓迎したからだと唱えてきた[92]。しかし、筆者はこの見解は一面的であると考える。上述の二つの側面の内、後者だけしか取り上げていないからである。黄老思想には万物の「自然」の側面だけでなく、また「道」の形而上学・存在論の側面もあって、しかも以上の矛盾・対立する両者が曲がりなりにも何とか折り合いをつけて統一されている。『老子』の政治思想の本質はこの二律背反を抱懐している点にこそあると考えなければならない[93]。

このII、第3章「『老子』の政治思想」では、行論の便宜上、主に前者の側面、すなわち天子・皇帝の君主権力を中央集権の方向で強化しようとする政治思想を取り上げた。後者の側面、すなわち民衆の自主性・自律性を尊重しようとする民本主義の政治思想は、わずかに本章、E、b「聖人の統治は善人も不善人もともに貴ぶ」と本章、E、c「聖人の統治は富貴に驕らないが威厳がある」において補遺的に論じたに止まった。読者におかれては、合わせて後出の第5章「『老子』の自然思想」をも検討されたい。

**注**

(1) 第二十二章の「一」は、「道」を指す。この問題については、本書のⅡ、第2章、B、e「プラス価値ではなくマイナス価値を」とその注(39)を参照。第三十九章の「一」も同じであり、本書のⅡ、第1章、C、b「「万物」は「一」を得て存在する」とその注(58)を参照。

本章と同じように、「道」としての「一」を「執る」ことが、その「聖人」をして優れた天子・皇帝たらしめるという政治思想を論じた文章は、『老子』と相い前後する時代に相当多く出現する。例えば、『呂氏春秋』執一篇に「王者　一を執りて、万物の正と為る。」、同じく為欲篇に「聖王　一を執れば、四夷《しい》皆な至る。……一を執る者は至貴《しき》なり。」、同じく有度篇に「先王……一を執りて、万物治まる。」とあり、『管子』心術下篇に「一を執りて失わざれば、能く万物に君《きみ》たり。」(内業篇にもほぼ同文がある)、『韓非子』揚権篇に「聖人は一を執りて以て静かに、名をして自《みずか》ら命《なの》らしめ、事をして自《みずか》ら定めしむ。」とある。

(2) 傍線部分の、「一」を把えた「声《せい》(聖)人《じん》」が全天下を統治する天子・皇帝となるという思想を含む、第二十二章の章旨については、本書のⅡ、第2章、D、a「無欲・不欲の提唱」とその注(128)を参照。「天下の牧《ぼく》」は、底本(馬王堆甲本)・乙本・北京大学簡はいずれも「天下の牧」に作って、『老子』の本来の姿を止めている。通行本(王弼本)が「天下の式」に作るのは、後になって文字を改めたのであろう。

第二十二章の「曲《ま》がれば則《すなわ》ち金〈全《まった》〉し」は、『荘子』天下篇の関尹《かんいん》・老聃《ろうたん》論には、老子の思想を「人皆な福を求むるも、己独り曲がりて全《まった》し。曰わく、「苟《いやしく》も咎《とが》を免《まぬか》れん。」と。」と画くから、本章は、前漢初期の文帝期ないし景帝期にはすでに『老子』中に含まれていたと認められよう。その内容については、『荘子』逍遥遊篇・人間世篇（二例）・山木篇に、樹木を題材に取って、直伸の木は有用であるために一早く伐採されるけれども、巻曲の木は無用であるために生を全うすることができる、とする論説や問答が収められている。本章はそれらと同じ表現や思想を踏まえて書かれているとするのが、近年では通説になっており、筆者もこれに賛成したい。『荘子』逍遥遊篇などの曲木保全の文章を引用して立論するものは、武内義雄『老子の研究』第二十二章、福永光司『老子』第二十二章、高明『帛書老子校注』二十三、金谷治『老子 無知無欲のすすめ』23（旧第二十二章）、蜂屋邦夫『老子』第二十二章、神塚淑子『老子』第二十二章などである。ただし、本章の下文に「古《いにしえ》の所胃《いわ》（謂）ゆる曲《ま》がれば金《まった》〈全〉しなる者は、幾《あ》（豈）に語《ことば》ならんや。」の「古」が、『荘子』諸篇の上述の表現や思想を指すとまでは、言い切れないように思う。

「誠に金《まった》〈全〉きもの之に帰《き》す」については、通行本（王弼本）は「誠全而帰之」に作って「而」の字があるが、馬王堆両本、北京大学簡の出土資料はいずれも「誠全帰之」に作って「而」がない。この個所は、最古の出土資料本『老子』に従って「誠の全 之に帰《き》す」または「誠に全 之に帰《き》す」と読むべきである。出土資料本登場以前の日本の大多数の学者は、通行本（王弼本）に基づいて通説を形成してきたが、それらは「誠に全《まっと》うして之を帰《かえ》す」と読む。通説によれば、主語は「聖人」、「帰《かえ》す」相手は天や道とする者が多い。「之」つまり「全うして帰《かえ》す」ものは、学者によってまちまちであるが、自分の身体とする説が目立って多い。それらの中には、木村英一『老子の新研究』五十四章、木村英一・野村茂夫『老子』五十四章、神塚淑子『老子』五十四章のように、自分の身体を全うして天道に帰《かえ》すことを『老子』の「孝」の思想だと認める者さえある。

どうしてこのような荒唐無稽な状態に陥るのかと言えば、一つには、『呂氏春秋』孝行篇に「父母全うして之を生じ、子全うして之を帰し、……孝と謂う可し。」とあり、『大戴礼』曽子大孝篇と『礼記』祭義篇がそれを襲っている。『老子』第二十二章とこれらの儒教文献との表面上の類似に引かれて、両者は同じ意味だと誤解したためである。両者の表面上の類似は単なる偶然に過ぎない。上記の三書以外に、武内義雄『老子の研究』第二十二章、福永光司『老子』第二十二章、諸橋轍次『掌中　老子の講義』第五十四章なども、コンテキスト・思想内容の異同を何ら吟味することなく、『呂氏春秋』孝行篇などの「子全うして之を帰す」に基づいて『老子』本章を解釈している。二つには、本章のコンテキスト、また『老子』特有の逆説・弁証法が、『老子』に習熟していない者には分かりにくいためである。――「聖人」はひたすら「争わ」ない、つまり「曲がる」に徹する。だからこそ「能く之と争うもの莫《な》し」という望ましい結果を得る、つまり「全し」となる。後者の結果を言葉を換えて述べれば、「誠に全きもの」がこの「聖人」の下に帰着するのである。「之」は、聖人を指す。なお、中国にも日本にも、以前に筆者とほぼ同じ解釈に到達した者が現われていた。成玄英『老子義疏』曲則章、加藤常賢『老子原義の研究』22である。

(3) 第二十八章の「声（聖）人は用うれば則ち官長《かんちょう》と為る」の意味については、本書のII、第1章、B、b「万物生成論と退歩史観の結合」とその注（46）、II、第2章、B、e「プラス価値ではなくマイナス価値を」とその注（47）（56）を参照。

(4) 第三十五章冒頭の二文の解釈については、本書のII、第1章、A、a「形而上の「道」と形而下の「万物」」とその注（10）、II、第5章、C、c「主体の「無為」と客体の「自然」その3」を参照。

(5) 第三十二章において「道」を「小なる楃《あらき》（樸）」に譬える修辞は、本章章末の「小浴《しょうこく》（谷）」にまで及んでいる。この件については、本書のII、第1章、A、c「「道」は無名である」とその注（27）を参照。また、本章前半の趣旨は、第三十七章前半の趣旨に近い。本書のII、第2章、D、b「無為・不為の提唱」とその注（167）を参照。

「樸は小なりと雖も」以下、「自ら均しくす」まで（通行本）を、武内義雄『老子の研究』第三十二章、馬叙倫『老子校詁』第三十二章は、第三十七章の錯簡であるとして削去する。しかし、この部分は、出土資料の郭店本・馬王堆両本・北京大学簡にも含まれており、このテキスト・クリティークは誤りであることが判明した。

「天地も相い谷《がっ》〈合〉して、以て甘洛《かんろ》（露）を兪《いた》（輸）す。」は、瑞祥説《ずいしょうせつ》を述べた句である。侯王の（本文に画かれているような）優れた統治をめでて、天地が瑞祥（祥瑞とも言う）たる甘露を下す、という天人相関論の一種である。ただし、このような瑞祥説（天人相関論）は『老子』にはほとんどないので、この部分を瑞祥説であると認める者は意外に少なく、河上公『老子注』聖徳第三十二、成玄英『老子義疏』道常章、諸橋轍次『掌中　老子の講義』第三十二章、木村英一・野村茂夫『老子』三十二章、楠山春樹『老子入門』三十七章が目立つに過ぎない。瑞祥の中でも「甘露が下る」という現象は、『老子』と相い前後する時代の『呂氏春秋』貴公篇・『淮南子』本経篇・『春秋繁露』王道篇など比較的多くの古典文献に見える。

(6) 第三十七章の「万物将に自ら慁（為）さんとす」については、本書のⅡ、第1章、A、c「「道」は無名である」とその注（22）、Ⅱ、第2章、D、b「無為・不為の提唱」とその注（167）、Ⅱ、第5章、C、b「主体の「無為」と客体の「自然」その2」と注（34）、Ⅱ、第5章、D、a「自然思想の民本主義」を参照。

(7) 第三十九章の「一」が「道」であることについては、本書のⅡ、第1章、C、b「「万物」は「一」を得て存在する」とその注（58）、Ⅱ、第2章、A、b「『老子』に見える反疎外論と主体性論の残滓」、Ⅱ、第2章、D、a「無欲・不欲の提唱」、Ⅱ、第3章、B、b「「道」をもって君主の統治を助ける臣下」、Ⅱ、第5章、A、b「「道」の重要性」を参照。第三十九章の「侯王」が「一」なる「道」（「賤《いや》しき・下《ひく》き」）を得ることによって天子・皇帝となるという思想については、本書のⅡ、第2章、D、a「無欲・不欲の提唱」とその注（133）、Ⅱ、第3章、B、b「「道」をもって君主の統治を助ける臣下」、Ⅱ、第5章、A、b「「道」の重要性」を参照。本章の「侯王《こうおう》は一を得て以て正《せい》と為る」の「正」については、馬王堆乙本が「天下の正」に作るのが最も章旨に合致する。しかし、馬王堆甲本・北京大学簡がただ「正」とだけ言うのも、同じ含意である。

第三十九章の「侯王」が「孤《こ》・寡《か》・不槖《ふこく》（穀）」という謙称を用いることによって、さらに上位にのし上がっていくとする思想については、本書のⅡ、第2章、B、a「水にならう柔弱・不争《ふそう》・謙下《けんか》の倫理」、Ⅱ、第2章、C、c「無言・不言の提唱」の注（104）、Ⅱ、第3章、B、b「「道」をもって君主の統治を助ける臣下」を参照。

（8）戦国中期～前漢初期の天人相関論と「天地人」の三才思想については、以下の拙論を参照されたい。――拙論「中国古代の天人相関論――董仲舒の場合」（シリーズ『アジアから考える』第7巻「世界像の形成」、東京大学出版会、一九九四年）、拙論「儒家の「三才」と『老子』の「四大」」（『中村璋八博士古稀記念東洋学論集』、汲古書院、一九九五年）。

（9）第四十五章の後半の「躁《あつ》（燥）きは寒《さむ》きに勝ち、静かなるは熱きに勝つ。」（通行本）の一文は、甚だ難解である。そのために、姚鼐《ようだい》『老子章義』、武内義雄『老子の研究』第四十五章のように、章末の「清静なれば天下の正と為る」（通行本）とともに錯簡として第五十七章に移動させる説もある。また、「清静なれば天下の正と為る」も、大濱晧『老子の哲学』の十一章「対立と統一」は、錯簡として第十五章に移動させる説を唱えた。しかし、出土資料の郭店本・馬王堆両本・北京大学簡にそれらがみな含まれるので、以上の本文批判はいずれも誤りだったことが確定している。

「躁《あつ》（燥）きは寒《さむ》きに勝ち、静かなるは熱きに勝つ。」（通行本）については、「静かなるは躁《さわ》がしきに勝ち、寒きは熱きに勝つ。」に改めるべしとする説が、蔣錫昌『老子校詁』四十五章、厳霊峰『老子章句新編』（台湾国立編訳館、一九七四年）の四十五章、陳鼓応『老子今註今訳及評介』（修訂版、台湾商務印書館、一九八三年）の四十五章などによって唱えられたが、上述の出土資料の登場と高明『帛書老子校注』四十五の批判とによって消え去った。さらに、「躁《さわ》がしきは寒《さむ》きに勝つ」の句を「寒《さむ》きは躁《さわ》がしきに勝つ」に改めるべしとする、馬叙倫『老子校詁』第四十五章の説もある。以下、この部分の趣旨に関して、煩瑣な学説批判を割愛して結論だけを記そう。――この部分は尻取り形式で書かれており、「寒《さむ》き」に対して「趮《あつ》

（燥）き」が勝ち、その「炅《あつ》（熱）き」に対して「靚《しず》（静）か」が勝つ、という構成である。その「趮」は、「燥」の仮借字であるが、『毛詩』汝墳篇の陸徳明『経典釈文』に「楚人は火を名づけて燥と曰う」とあり、「寒」の反義語、「炅（熱）」の類義語となることができよう。そして、最後に勝ちをしめる「靚《しず》（静）か」を受けて、「請《せい》（清）靚《せい》（静）」であれば「天下」において勝つという本章の結論を述べたものと考えられる。「請《せい》（清）靚《せい》（静）」はマイナス価値の倫理であり、上文に画かれた事物の世界の逆説的・弁証法的な構造、また特に「欠《か》けたる・盅《むな》（盅）しき・詘《まが》（屈）れる・拙《つたな》き・炳《しりぞ》（黜）く」を受けて言う（本書のII、第2章、B、e「プラス価値ではなくマイナス価値を」を参照）。この「請《せい》（清）靚《せい》（静）なれば以て天下の正《せい》と為《な》る可《べ》し」は、マイナス価値が勝ってプラス価値に転ずる現象の一つではあるが、上文の「欠けたる」が勝って「大成」となり、「盅《むな》（盅）しき」が勝って「大盈《たいえい》」となり、「詘《まが》（屈）れる」が勝って「大直」となり、「拙き」が勝って「大巧《たいこう》」となり、「炳《しりぞ》（黜）く」が勝って「大贏《たいえい》」となる、という諸現象を踏まえてそれらの最後に述べられており、以上の逆説・弁証法の最終的な総決算と位置づけられているのである。

「請《せい》（清）靚《せい》（静）なれば以て天下の正《せい》と為《な》る可《べ》し」の解釈については、本書のII、第2章、B、b「雄《おす》よりも雌《めす》を、牡《おす》ではなく牝《めす》を」、II、第5章、A、b「「道」の重要性」を参照。また、「清静」の態度を取れば、その人は「天下の正」となることが可能だなどとする思想は、ほぼ同時代の道家系の文献に頻繁に現われる。例えば、『呂氏春秋』君守篇に、「天の大静は、既に静かにして又た寧らかにして、以て天下の正と為る可し。」、『荘子』在宥篇に、「必ず静かに必ず清らかにし、女の形を労《ろう》する無く、女の精を揺《うご》かす无ければ、乃《すなわ》ち以て長生《ちょうせい》す可し。」、『史記』曹相国世家に「蓋公は為めに治道は清静なれば民自ら定まるを貴ぶなりと言い、此の類を推して具《つぶ》さに之を言う。」（『漢書』曹参伝もほぼ同じ）、同じく老子列伝に「李耳は無為にして自ら化し、清静にして自ら正しくす。」、同じく汲黯《きゅうあん》伝に「黯 黄老の言を学び、官を治め民を理《おさ》むるに清静を好み、丞史を択《えら》びて之に任《まか》す。」、『文子』道徳篇に「無為なる者は、静かを守ることなり。静かを守る、故に能く天下の正と為る。」とある、等々。

(10) 第五十六章全体の解釈については、本書のⅡ、第1章、A、b「「道」は人間が把えることのできないもの」とその注(16)、Ⅱ、第1章、A、d「無知によって「道」を把える」とその注(35)、Ⅱ、第2章、C、b「無知・不知の提唱」、Ⅱ、第2章、C、d「無我・無心の境地」を参照。また、「天下の貴《とうと》きものと為る」に天子・皇帝の地位に上るという含意もあることについては、本書のⅡ、第2章、D、a「無欲・不欲の提唱」とその注(134)、Ⅱ、第5章、A、b「「道」の重要性」の注(9)を参照。

「玄同」の意味は、奥深い合一ということ。多くの見解は表面的にはほぼ一致しているが、しかし、何と何とが「合一」すると認めるのかによって、以下のように見解が分かれる。

第一に、『荘子』胠篋篇に「曽史《そうし》の行いを削《けず》り、楊墨《ようぼく》の口を鉗《とざ》し、仁義を攘棄《じょうき》して、天下の徳《とく》始めて玄同《げんどう》せん。」とあるのに基づいて、「天下」の人々の「徳」(能力)の有無・上下がなくなってそれらが合一・均一化する、と理解する説がある。その「徳」とは、『荘子』胠篋篇に即して言えば、曽参・史鰌《ししゅう》や楊朱・墨翟の唱える「仁義」などの倫理的・政治的な能力を意味する。これを唱える者は、高亨『老子正詁』五十六章、高亨『老子注訳』五十六章、高明『帛書老子校注』五十六など。しかし、この説は「玄同」を『荘子』胠篋篇風に外面的に把えていて、『老子』には適合しない。ちなみに、「玄同」という言葉は、『老子』第五十六章と『荘子』胠篋篇を除いて、他に『淮南子』原道篇・説山篇、『文子』道原篇・下徳篇などにも見える。

第二に、諸橋轍次『掌中　老子の講義』第五十六章の説がある。彼によれば、「玄同」とは「玄妙不可思議で、しかも万物を打って一丸とする。」という意味。すなわち、万物が合一して斉同・一体になることである。この説の中には正しい部分も含まれているけれども、しかし、到達した万物斉同の世界の中に修道者の我《われ》・己《おのれ》が入っておらず、やはり外面的な把え方のように感じられる。

第三に、「玄同」が、直前のいわゆる「和光同塵」——自分の能力を包み隠して俗世間と交わるという意味の処世訓——をまとめた言葉であると見るところから、楠山春樹『老子入門』四章・五十六章は、「〔本当の知者——得道の人は〕、……世俗の塵に同化する。」と解釈する。しかし、この説はいわゆる「和光同塵」の正しい意味を把えそこねており、通俗的な解釈と言わざるをえない。これほど通俗的ではないけれども、木村英一・野村茂夫『老子』五十六章の「その（対象の）現実に合一させる」こととするのも、同じタイプの解釈である。

　第四に、最も多くの支持を集めている見解は、修道者の我《われ》・己《おのれ》が「道」と合一することが「玄同」だとするものである。例えば、成玄英『老子義疏』知者章、蘇轍『老子解』五十六章、陳景元『老子註』の五十六章（焦竑『老子翼』の五十六章所引）、馮振『老子通証』五十六章、木村英一『老子の新研究』五十六章、福永光司『老子』第五十六章、蜂屋邦夫『老子』第五十六章などがこれを唱える。河上公『老子注』玄徳第五十六の「玄は、天なり。人能く此の上の事を行う、是を天と道を同じくすと謂うなり。」という解釈も、同じタイプと見ることができよう。これらは結論的には誤りではないが、上文の「亓《そ》（其）の閲《あな》（兌）を塞《ふさ》ぎ」以下を直接的かつ正確に把えておらず、十分に適切な解釈とは認められない。

　第五に、李嘉謀『老子註』五十六章の「出ずる無く入る無く、内無く外無く、己無く物無し。是を玄同と謂う。」とする見解がある。深浅・広狭まちまちであるけれども、他に、呂恵卿『道徳真経伝』五十六章、陳鼓応『老子註訳及評介』（修訂増補本、中華書局、一九八四年）の五十六章、金谷治『老子　無知無欲のすすめ』56などが同じ解釈を施している。上文では、修道者があらゆる感覚・知覚の働きを停止することを通じて、世界と自己との存在を撥無し（李嘉謀の言う「己無く物無し」）、こうして世界の合一とそれへの己の合一とを成し遂げることを言う。同時にそれは、修道者による「道」の把握、つまり修道者が「道」それ自体になることに他ならない。筆者が最も支持するのは、このタイプの説である。

「天下の貴《とうと》きもの」という一句の古典文献における他の用例は、『老子』第六十二章のを除いて、『荀子』に次のようにある。

人には気有り生有り知有り、亦た且つ義も有り、故に最も天下の貴きものと為るなり（王制篇）。
有れども有《たも》たざるなり、夫れ故に天下の貴きものと為る（君子篇）。

(11) 第六十二章の「不善人《ふぜんにん》の𤩎《たも》（保）つ所なり」については、「保つ所」（通行本）を否定詞の「不」を加えて「保たざる所」に作るテキストがあり（高明『帛書老子校注』六十二を参照）、成玄英『老子義疏』道者章、朱謙之『老子校釈』六十二章、加藤常賢『老子原義の研究』62などはそういうテキストを使用したために、以下の諸説とは全然異なる解釈となっている。しかし、「不」のないテキストを正文としなければならない。底本（馬王堆甲本）上文の「𤩎」は、乙本は「𤩎」、北京大学簡は「葆」、通行本（王弼本）は「宝」にそれぞれ作るが、いずれも「宝《たから》」の意味である。それに対してこの部分の「𤩎」は、乙本は「保」、北京大学簡は「葆」、通行本（王弼本）は「保」にそれぞれ作る。いずれも「保《たも》つ」の意味であろう。

その「𤩎《たも》（保）つ」について述べれば、第一に、王弼『老子注』が「保《やす》んじて以て全うす」（道によって身を保んじて全うするの意）と読み、河上公『老子注』が「保《やす》んじ倚《よ》る」（道によって身を保んじ身を倚せるの意）と読んだので、「不善人之所保也」（通行本）をこの方向に沿って解釈する者が比較的多い。例えば、蘇轍『老子解』六十二章、呂恵卿『道徳真経伝』六十二章、李嘉謀『老子註』六十二章、李哲明『老子衍』（厳霊峰『無求備斎老列荘三子集成補編』所収、成文出版社、一九八二年影印）の六十二章、馮振『老子通証』六十二章、蔣錫昌『老子校詁』六十二章、木村英一・野村茂夫『老子』六十二章、陳鼓応『老子註訳及評介』六十二章など。ただし、この解釈では「不善人」を美化することになるのではなかろうか。

第二に、「所保」（通行本）の「保」を上文と同じく「宝」と見、動詞の「宝《たから》とす」と解して、「宝《たから》とする所」と読む解釈がある。高亨『老子正詁』六十二章、福永光司『老子』第六十二章の説である。しかし、これでは「不善人」を一層美化することになると思う。

第三に、「所保」（通行本）の「保」を（道によって不善人が）「保《たも》たる」「保《ほ》せらる」「保《やす》んぜらる」と受け身に読んだり、（道が不善人を）「保《たも》つ」「保《やす》んず」「保《いだ》く」などと読む説がある。これは日本人学者に多い解釈であり、武内義雄『老子の研究』第六十二章、木村英一『老子の新研究』六十二章、諸橋轍次『掌中老子の講義』第六十二章、小川環樹『老子』第六十二章、金谷治『老子　無知無欲のすすめ』62、楠山春樹『老子入門』二十七章、蜂屋邦夫『老子』第六十二章などが唱える。早く林希逸『老子鬳斎口義』道者万物之奥章第六十二もこの説であった。第一のタイプと類似する点もあるが、語学的に無理な読み方をする場合が多い。

第四に、「所保」（通行本）の「保」を「抱く」「懐く」の意とする説がある。不善人も「道」を有しているとする解釈である。馬叙倫『老子校詁』第六十二章、大濱晧『老子の哲学』の三章「存在と当為の合一」の説である。善人は言うまでもないが、不善人も「道」が生んだものであるから、「道」を含有しているという形而上学・存在論である。下文に「人の不善《ふぜん》は、何《なん》の棄《す》つることか之《これ》有らん。」とあるのも、これと綺麗に呼応する。この問題については、本書のⅡ、第3章、E、b「聖人の統治は善人も不善人もともに貴ぶ」を参照。

また、第六十二章の「天下の貴《とうと》きものと為る」に天子・皇帝の地位に上るという含意があることについては、本書のⅡ、第2章、D、a「無欲・不欲の提唱」とその注(135)、Ⅱ、第5章、A、b「「道」の重要性」とその注(9)を参照。

(12) 第六十六章の章旨については、本書のⅡ、第2章、B、a「水にならう柔弱・不争《ふそう》・謙下《けんか》の倫理」とその注(15)、Ⅱ、第2章、C、c「無言・不言の提唱」とその注(104)、Ⅱ、第3章、D、a「不争の倫理に基づく非戦」を参照。

「亓《そ》（其）の諍《あらそ》（争）うこと无《な》きを以てに非《あら》ずや、故《ゆえ》に天下《てんか》能《よ》く与《とも》に静《あらそ》（争）うもの莫《な》し。」の一文は、ほぼ同じかまたは類似した文が、『老子』第二十二章（底本（馬王堆甲本））に「夫《そ》れ唯《た》だ争わず、故に能く之と争うもの莫《な》し。」とある以外に、『老子』と相い前後して成った古典文献に多く現われる。以下のとおり。

矜《ほこ》らず、夫れ故に天下与《とも》に能《のう》を争わずして、善く其の功を用うるを致す。……夫れ故に天下の貴きものと為る（『荀子』君子篇）。

静かにして聖に、動きて王に、為す无くして尊く、樸素《ぼくそ》にして天下能《よ》く之と美を争うもの莫《な》し（『荘子』天道篇）。

是の故に聖人は清道を守りて雌節を抱き、因循・応変して、常に後れて先んぜず。柔弱にして以て静かに、舒安にして以て定まり、大いなるを攻め堅きを礱《みが》き、能く之と争うもの莫し（『淮南子』原道篇）。

老子曰わく、「夫れ唯だ争わず、故に能く之と争うもの莫《な》し。」と（『淮南子』道応篇）。

（13）第六十七章の「三璞（宝）」が結局は「道」であることについては、本書のⅡ、第2章、B、e「プラス価値ではなくマイナス価値を」とその注（54）、Ⅱ、第2章、D、c「無事の提唱」、Ⅱ、第3章、D、b「「道」の哲学に基づく非戦」、Ⅱ、第3章、D、c「やむをえず行う戦争」を参照。また、本章の「事《こと》を成《な》すの長《ちょう》と為る」の内容については、本書のⅡ、第2章、B、e「プラス価値ではなくマイナス価値を」とその注（47）を参照。

「事《こと》を成《な》すの長《ちょう》と為る」については、通行本（王弼本・河上公本）が「成器長」に作るので、意味をどう取るべきかに関して見解が分かれていた。しかし、出土資料本が、馬王堆甲本は「為成事長」、乙本・北京大学簡は「為成器長」に作ることが分かったので、問題は一件落着した（高明『帛書老子校注』六十九を参照）。北京大学簡から通行本（王弼本・河上公本）に至る間に、誰かが「為」と「成」という二つの動詞が同義で重複すると誤解して「為」を削除してしまったらしい。「為る」は「成事長」と為《な》る、「成器長」と為《な》るの意、すなわち第二十八章の「官長と為る」の意である。「成す」は「事を成す」「器を成す」の意、すなわち事業を成し遂げ、万物を成し遂げるの意である。二つは異なる意味であって両方とも必要なのである。ただし、出土資料本が出現する以前の時代に、「為」の字を補って「為成器長」に作るべきことを主張した炯眼の持ち主が存在した。兪樾『諸子平議』である。その後、兪樾を支持したのは、武内義雄『老子の研究』第六十七章、朱謙之『老子校釈』六十七章、馬叙倫『老子校詁』第六十七章、加藤常賢『老子原義の研究』67などである。なお、馬叙倫は、王弼『老子注』と河上公『老子注』もそれぞれの注文を検討してみると、本来は「為」の字が具わっていたことを立証できると説いていた。

　出土資料本出現以前の旧式の読み方の中では、「器の長と成る」とするのがましな説であって、成玄英『老子義疏』天下章、王元沢『老子註』の六十七章（焦竑『老子翼』の六十七章所引）、高亨『老子正詁』六十七章、高亨『老子注訳』六十七章、木村英一・野村茂夫『老子』六十七章、陳鼓応『老子註訳及評介』六十七章、蜂屋邦夫『老子』第六十七章などがこれを唱える。これに対して、「成器の長たり」と読むのは、福永光司『老子』第六十七章、楠山春樹『老子入門』六十七章であるが、この読解では動詞がなくなってしまう。また、「器長を成す」「器の長を成す」と読むのは、諸橋轍次『掌中　老子の講義』第六十七章、小川環樹『老子』第六十七章、金谷治『老子　無知無欲のすすめ』67であるが、これでは古代漢語にならない。

(14) 第七十八章の「聖人の言」の引用文については、本書のⅠ、第2章、1、C「『荘子』に現われた『老子』」、Ⅱ、第2章、B、d「柔弱の提唱における逆説的・弁証法的な構造」、Ⅱ、第2章、C、c「無言・不言の提唱」、Ⅱ、第5章、A、b「「道」の重要性」とその注（9）を参照。

(15) 第四十八章の「為す無くして為さざる無し」を中心とする章旨については、本書のⅡ、第2章、D、b「無為・不為の提唱」とその注（154）、Ⅱ、第2章、D、c「無事の提唱」とその注（172）、Ⅱ、第3章、C、a「『老子』第五十四章の全「天下」政治秩序の構想　その1」とその注（32）、Ⅱ、第5章、A、a「「道」の万能性」とその注（3）、Ⅱ、第5章、E、a「古い形而上学・存在論と新しい自然思想」を参照。

(16) 第五十七章全体の構成については、本書のⅡ、第2章、D、a「無欲・不欲の提唱」とその注（140）を参照。また、第五十七章の「事とする無し」と「天下を取る」との関係については、本書のⅡ、第2章、D、a「無欲・不欲の提唱」、Ⅱ、第3章、D、c「やむをえず行う戦争」を参照。

　章頭の三句の相互関係には、以下の二種の意味づけがこめられていると思われる。その一種は、有力な統治者が、第一に、一つの国家を支配する「邦を之（治）む」から出発し、第二に、戦争によって複数の諸国を兼併する「兵を用う」の段階に進んだ後、第三に、全天下を統治する政治権力を獲得する「天下を取る」に達するという、天下統一のプロセスの構想である。老子は、第一の「邦を之（治）む」と第二の「兵を用う」を絶対的に否定することはないが、第三の「天下を取る」を最も重視していると考えられる。その二種は、国家を支配するための正攻法「正しき」方法と、諸国を兼併するための奇策「畸（奇）なる」方法は、老子にあってはともに「有為」であって、方法としては否定的に評価せざるをえないものである。それに対して、天下の政治権力を獲得するための「事とする无き」方法は、老子の推奨する「無為」である。それ故、以上のような天下統一の構想において、「有為」を退け「無為」を押し出すという意味づけがあったと思われる。なお、章頭の三句の構成については、本書のⅡ、第3章、D、c「やむをえず行う戦争」を参照。

(17) 第六十一章の「大邦」が「小邦」を兼併すべきだとする思想については、本書のⅡ、第2章、D、a「無欲・不欲の提唱」とその注(138)、Ⅱ、第3章、D、c「やむをえず行う戦争」を参照。

国家間の相互関係を述べる類似の文章としては、『孟子』梁恵王下篇に、

斉の宣王問いて曰わく、「鄰国と交わるに、道有るか。」と。孟子対《こた》えて曰わく、「有り。惟だ仁者のみ能く大を以て小に事うるを為す。是の故に湯は葛《かつ》に事え、文王は昆夷《こんい》に事えたり。惟だ智者のみ能く小を以て大に事うるを為す。故に大王は獯鬻《くんいく》に事え、句践《こうせん》は呉に事えたり。大を以て小に事うる者は、天を楽しむ者なり。小を以て大に事うる者は、天を畏るる者なり。天を楽しむ者は天下を保ち、天を畏るる者は其の国を保つ。」と。

とあるが、老子が囲繞されている政治的・歴史的な環境は、孟子のそれに比べて相当、秦漢帝国の形成に向かって進んだ後のものである。

(18) 第八十章の理想国の特徴とその歴史的な位置づけについては、本書のⅡ、第3章、C、d「『老子』第五十四章の全「天下」政治秩序の構想　その2」を参照。

その「小国寡民」については、日本や中国が近代に入って以来、これを老子が理想国家・理想社会であるユートピアを画いたものとする単純な見解が多かった。すなわち、当時の中国の一般の国家・社会が進みつつあった、耕戦の民の増加、国土の開墾など生産力の強化による富国化、戦争による領土の拡張、法治の徹底による国家の強大化、道具・技術の開発による生活の便利化、文明の発展、歴史の進化、などに対して全然賛成せず、まっ向からこれに反対して、国民の少人口化・素朴化、国家の小規模化・弱小化、反文明、歴史の復古などを提唱した文章である、と見なす見解が多かった。例えば、武内義雄『老子の研究』第八十章、馮振『老子通証』八十章、木村英一『老子の新研究』八十章、諸橋轍次『掌中　老子の講義』第八十章、木村英一・野村茂夫『老子』八十章、高亨『老子注訳』八十章、森三樹三郎『老子・荘子』のⅠ、1、二「理想郷の農村共同体と無為自然の政治」、陳鼓応『老子註訳及評介』八十章などがそれである。これらの中にはこのユートピアを「原始的な村落共同体」として性格づける者も少なくない。これらの見解には、近代以前にすでに先駆があって、蘇轍『老子解』八十章、王元沢『老子註』八十章などが、以上のユートピア思想の原型を画いていた。それ故、近代に入って日本・中国において提出することの容易な見解であったと思われる。

ところが、近年になると、『老子』中に「天下」や「大国」という言葉が頻出し、また老子は「天下」「大国」の立場に立って立論するのが常であるという事実を指摘しつつ、その「天下」「大国」と本章の「小国寡民」との関係を説明しようとする見解が現われた。この見解の代表者である福永光司『老子』第八十章によれば、両者は、

「大国」なり「天下」なりは、おそらくこのような原始的な村落共同体を単位とする集合体として考えられていたに違いない。

のように関係づけられると言う。すなわち、『老子』のこうした「小国寡民」は「天下」「大国」を構成する基礎単位であり、『老子』の「天下」「大国」は多数の「小国寡民」の積み重ねとして構想されている。した

がって、「小国寡民」のユートピア性は「天下」「大国」のユートピア性でもある、と唱えるのである。他に、金谷治『老子　無知無欲のすすめ』80、楠山春樹『老子の人と思想』の第六章、第一節、3「原始に復れ」、楠山春樹『老子入門』八十章、神塚淑子『老子』第八十章などがこの方向を進む。筆者はしかし、『老子』を囲繞していた歴史的・社会的な環境が戦国末期ないし前漢初期であることをもっとリアリスティックに勘案して、「小国寡民」を郡県制や郡国制の下における郡・県・国などと理解する必要があると考える。

なお、早く王弼『老子注』・河上公『老子注』も単純なユートピア論者ではなく、福永光司の指摘した「小国」と「大国」との関係をすでに考慮していた。王弼は、国小民寡でさえ「反古」（復古の意）は可能であるので、国大民衆であればましてのことだ、と注する。また河上公は、聖人が大国民衆を治める場合、それを小寡と見なして「倹約」などのやり方で対処する、と注する。

(19) 第二十九章冒頭部分の解釈については、本書のⅡ、第2章、D、b「無為・不為の提唱」とその注(144)を参照。

(20) 第五十九章の傍線部分の政治思想と養生思想の複合した意味については、本書のⅡ、第2章、B、c「母への賛美」とその注(28)、Ⅱ、第4章、D、b「『老子』における養生と政治との絡みあい」とその注(34)を参照。

本章の「国」の字は、郭店本は「䧕」に作るので、前漢の高祖劉邦の諱《いみな》を避けて改めた字ではない。元から「䧕」を用いていたと考えられるが、ここでは「国」と同じ意味と見ておく。北京大学簡も「国」に作る。より抽象的な一定の領域という意味であるかもしれない。同じような「国」の例が、『老子』第二十五章に、

〔道は大なり〕、天は大なり、地は大なり、王《おう》も亦《ま》た大なり。国中《こくじゅう》に四《し》大《だい》有りて、王は一《いち》に居《お》り。

とある（馬王堆両本）。この「国」の字は郭店本も同じく「国」に作る。それ故、これも高祖劉邦の諱を避けて改めた字ではない。そして、北京大学簡はこれを「或（域）」に作り、通行本（王弼本・河上公本）も

「域」に作るので、やはりより抽象的な一定の領域という意味であろうか。しかし、ここでも「国」と同じ意味と見ておきたい。第二十五章の当該個所については、本書のⅡ、第5章、B、a「『自然』の出現状況と性質」とその注（15）を参照。なお、底本（馬王堆甲本）が「国」の字を用いるのは、以上の第五十九章と第二十五章の二章だけである。

(21) 第十六章の「王」は、王弼『老子注』の「周普せざる所無し」とする解釈が多少は参考になる。王弼も現実の君主とは見ていなかったのである。第十六章の傍線部分の解釈については、本書のⅡ、第4章、D、c「『老子』における人生の最終目的としての養生」とその注（35）を参照。

(22) 第六十五章に現われる政治における「不知」の提唱については、本書のⅠ、第2章、1、B「『韓非子』に現われた『老子』」、Ⅱ、第2章、C、b「無知・不知の提唱」、Ⅱ、第3章、E、a「聖人の統治は人民の心を虚しくして腹を実たす」を参照。

また、傍線部分の一文は、同じ趣旨の文章が『淮南子』に次のようにある。

智を以て治を為す者は、以て国を持し難く、唯だ太和に通じて自然の応を持する者のみ、能く之を有するを為す（覧冥篇）。

君 智を好めば、則ち時に倍《そむ》きて己に任じ、数を棄てて慮を用う。……独り其の智に任じて、失 必ず多し。故に智を好むは、窮術なり（詮言篇）。

(23) 第五十八章の上段の「閑閑」「屯屯」は、馬王堆乙本に基づいて補った。この部分の「閑閑」「屯屯」「察察」「夬夬」は、擬態語であるために字の書き方は、例えば「閑閑」は、昏昏（北京大学簡）・悶悶（王弼本）のようにまちまちで、また通行本の中には閔閔に作るテキストもある。「屯屯」は、萅萅（北京大学簡）・淳淳（王弼本）、また通行本には偆偆・醇醇・蠢蠢・諄諄・諸諸に作るテキストもある。「察察」は、計計（北京大学簡）、また通行本に詧詧に作るテキストがある。「夬夬」は、缺缺（王弼本）、また通行本に鞅鞅に作るテキストがある。これらの字は発音は同じかまたは近似しており、意味は基本義が同一かまたは共通しているものの、文字作りは相当にばらついている。それ故に学者は適当な字を採用して、恣意的に意味解釈を行いがちである。それを避けるためには、一つには、類似または関連する文献を捜して、この部分を解釈する上で参考にする必要がある。二つには、基本義の字書的な意味を検討して、その引伸義の範囲の中で解釈しなければならない。

「閔閔」が「察察」と反対立する言葉であることは、『老子』第二十章に「鬻《ぞく》(俗)人《じん》は蔡《さつ》(察)蔡《さつ》(察)たるも、我は独り閟《びん》(紊)閟《びん》(紊)呵《こ》(乎)たり。」とあることから明らかである。「閔」はその「閟《びん》」と同じで、「閔」「閟」は「紊」の異体字。許慎『説文解字』に「紊は、乱なり。」とある。「閔閔《びんびん》」は、もつれ乱れるさま。さまざまの解釈がある中で、馬叙倫『老子校詁』第五十八章が最も優れる。政治が閔《びん》(紊)閔《びん》(紊)として乱れていると言うのは、強いマイナス価値の表現であるが、ここには『老子』特有の逆説・弁証法が働いている(後述)。したがって、木村英一『老子の新研究』五十八章、木村英一・野村茂夫『老子』五十八章の、「政《まつりごと》がおほらかである」(木村英一の場合)のような否定の契機の弱い解釈が多いけれども、適切ではない。「察察」は、上引の第二十章の「蔡蔡《さつさつ》」である。また、『荀子』栄辱篇に、

快快として亡ぶる者は、怒ればなり。察察として残《そこな》わるる者は、忮《そこな》えばなり。……此《これ》小人の務むる所にして、君子の為さざる所なり。

とあるが、これは古い『老子』第五十八章を踏まえているようである。「察」は、許慎『説文解字』に「察は、覆審なり。」とあり、「察察」は明敏なさま。察察たる政治とは、具体的には、王弼『老子注』五十八章が、

刑名を立て、賞罰を明らかにして、以て姦偽《かんぎ》を検《しら》ぶ。故に曰わく、「〔其の政〕察察なり。」と。

と敷衍したような内容であろうか。ただし、これも世間的な意味でプラス価値を帯びていることに注意されたい。

「屯」は、藤堂明保『漢字の語源研究』(学燈社、一九六三年)が、春・鈍・惇などと同じ単語家族に属さ

せた上で、『説文解字』を引用しつつ「出なやんで、ずっしりと力の蓄えられたことを示す。」としたのによる。藤堂明保は、「惇」について『説文解字』の「惇は、厚なり。」を引いて、

どっしりと落ち着いていること。鈍・蠢と同系のコトバだが、悪い意味には用いない。

と言う。その「惇」の仮借字であろう。「屯屯」は、どっしりと重々しいさま、プラス価値の言葉である。政治の閔《びん》（紊）閔《びん》（紊）たる乱れが、かえって民の屯《とん》（惇）屯《とん》（惇）たる落ち着きを生み出すと言うのは、上述した『老子』の逆説・弁証法を締めくくるものである（下文も同じ）。「夬」は、藤堂明保『漢字の語源研究』によれば、缺・快などと同じ単語家族で、その基本義は「コ型に引きぬく」のだという。また、藤堂明保による「夬」の『説文解字』の説明は「分決（えぐりとる）なり。……抉（えぐる）の原字。」である。そうだとすれば、「快快」は、抉り奪って取るさま、「邦」が他国に対して奪い取ろうとするさま、「邦」ではなく「民」の字だとすれば、「民」が互いに奪いあうさまであろう。王弼『老子注』十六章が、この部分について「殊類分析して、民争競を懐《おも》う。故に曰わく、「其の民缺缺《かいかい》たり」と。」と解説するのが優れる。本章の「快快」は、上引の『荀子』栄辱篇の「快快」と同義と思われるが、その楊倞注の「其の快意を肆《ほしい》ままにす」（王先謙『荀子集解』もほぼ同じ）は、十分にしっくりとこない注釈である。そして、政治が察察として明敏に行われれば（プラス価値）、その結果、国家は夬《かい》（快）夬《かい》（快）として争奪に走る（マイナス価値）ことになるというのも、『老子』一流の逆説・弁証法に他ならない。

第五十八章上段の趣旨は、政治がマイナス価値であっても人民がプラス価値となり、逆に政治がプラス価値であっても「邦」がマイナス価値となる場合のあることを挙げて、現実社会の世間的なプラス価値とマイナス価値とが固定的には把えられないことを逆説的に述べ、そのことによって本章中段・下段の文章を導き出すことである。本章におけるこうした政治の「閔《びん》（紊）閔《びん》（紊）」と「察察《さつさつ》」との逆説的・弁証法的な関係については、本書のⅡ、第3章、E、a「聖人の統治は人民の心を虚しくして腹を実たす」とその注（78）、Ⅱ、

(24) 第十章の傍線部分については、本書のⅡ、第2章、C、b「無知・不知の提唱」を参照。

第2章、D、b「無為・不為の提唱」を参照。「民を愛す」は、戦国時代の墨家の唱えたスローガンであり、『墨子』尚同下・節用中・天志中・経説下の諸篇に現われる。『老子』の本章はその影響を受けたものと考えられる。

(25) 第十八章の「邦家《ほうか》閟《こん》(昏)乱《らん》して、案(焉)ち貞臣《ていしん》有り。」の句にこめられた意味などについては、本書のI、第2章、3、C「形成途上にある最古のテキストとしての郭店楚簡『老子』」とその注(32)、II、第1章、B、b「万物生成論と退歩史観の結合」の注(48)、II、第2章、C、b「無知・不知の提唱」、II、第3章、E、a「聖人の統治は人民の心を虚しくして腹を実たす」を参照。

「貞臣」は、郭店本は「正臣」、馬王堆両本は「貞臣」、北京大学簡は「貞臣」、通行本(王弼本)は「忠臣」にそれぞれ作る。「正」と「貞」とは互いに通仮する字なので、「正臣」も「貞臣」も同じ意味。本来の『老子』は「正臣」「貞臣」に作り、国家・社会に対して正しい臣下の意。北京大学簡以後、変化が生じて「忠臣」、つまり君主に対して忠実な臣下の意、が勝るに至ったのではなかろうか(蜂屋邦夫『老子』第十八を参照)。馬叙倫『老子校詁』第十八章は、「忠臣」に作るのが正しいとしていたが、出土資料本の出現によってそれは誤りであることが判明した。「貞臣」と「忠臣」との相異については、高明『帛書老子校注』十八、金谷治『老子　無知無欲のすすめ』18、蜂屋邦夫『老子』第十八章などは、「同じ意味とみてよい」(金谷治の場合)とするけれども、両者の間に若干の相異があるのではなかろうか。忠臣が自分の事える君主個人に忠誠を尽くすのに対して、貞臣はより広く国家・社会に向かって正義を行うので、本章でも「邦家《ほうか》閟《こん》(昏)乱《らん》して、案(焉)ち貞臣《ていしん》有り。」と言うのである。『史記』趙世家に「夫れ貞臣は難至りて節見《あら》われ、忠臣は累至りて行い明らかなり。」とあるのは、両者の類似性と相異性とを語る恰好の資料である。

(26) 第三十六章の「邦《くに》の利器《りき》は以て人に視《しめ》(示)す可からず」と同じ句は、古典文献にしばしば現われる。その中の「邦《くに》の利器《りき》」が何を指すかについては、文献によって異なるが以下のように二大分される。その一、『荘子』胠篋篇では、「聖人」自身あるいは「聖人」が作った「仁義聖知」などの天下・国家を統治する方法であり、その二、『韓非子』喩老篇・内儲説下篇・『韓詩外伝』巻七・『淮南子』道応篇・『説苑』君道篇では、君主が臣下や人民をコントロールする際に用いる「賞罰」の大権である。『老子』第三十六章の「邦の利器」は、以上の二つと完全に同じではないが、『荘子』胠篋篇にやや近いと言うことができよう。『荘子』胠篋篇には、以下のようにある。

彼の鉤《こう》を窃《ぬす》む者は誅《ちゅう》せられ、国を窃む者は諸侯《しょこう》と為る。諸侯の門にして仁義存《そん》すれば、則ち是仁義聖知《これじんぎせいち》を窃むに非《あら》ずや。……故に曰わく、「……国の利器《りき》は以て人に示《しめ》す可からず。」と。彼《か》の聖人なる者は、天下の利器なり。天下に明らかにする所以《ゆえん》に非ざるなり。

「利器」を公開してはならない範囲として「天下」をも視野に入れていることに注意。

(27) 第六十章の「大邦《たいほう》を治《おさ》むるは、小鮮《しょうせん》を亨《に》（烹）るが若《ごと》し。」の大意は、『淮南子』斉俗篇が、

老子曰わく、「大国を治むるは、小鮮を烹《に》るが若《ごと》し。」と。寛裕を為す者は、数《しば》しば撓《みだ》す勿《な》かれと曰い、刻削《こくさく》を為す者は、其の鹹酸《かんさん》を致すのみと曰う。

と解釈し、また『詩経』檜風、匪風篇の毛伝が、

魚を烹《に》るに煩《わずら》わしくすれば則ち砕け、民を治むるに煩わしくすれば則ち散ず。魚を烹るを知れば、則ち民を治むるを知らん。

と解釈するのが穏当である。他に、『韓非子』解老篇の、

小鮮を烹《に》て数《しば》しば之を撓《みだ》せば、則ちその沢《たく》を賊《そこな》い、大国を治めて数《しば》しば法を変ずれば、則ち民之に苦しむ。是を以て有道の君は静かなるを貴びて、変法を重んぜず。故に曰わく、「大国を治むる者は、小鮮を烹《に》るが苦《ごと》〈若〉し。」と。

とする解釈がある。この説は、大国の統治を広い視野から総括的に論じてはおらず、法律、中でも変法の問題に集注して論じている。その意味ではあまり適切な解釈とは言えないが、しかしこの説の影響を受けて、ここで統治の手段としての法律・変法に言及する解釈が、以下のように少なくない。洪頤煊『読書叢録』、

金谷治『老子　無知無欲のすすめ』60、楠山春樹『老子入門』六十章、小川環樹『老子』第六十章、蜂屋邦夫『老子』第六十章などである。

「道《みち》を以《もっ》て天下に立《のぞ》（莅）む」の解釈を含む第六十章の章旨については、本書のⅡ、第3章、E、c「聖人の統治は富貴に驕らないが威厳がある」とその注（88）を参照。

(28) 第四十章において「弱」という性質を「道」に根拠づける点については、本書のⅡ、第2章、B、d「柔弱の提唱における逆説的・弁証法的な構造」を参照。第四十二章における王公の謙遜した自称については、本書のⅡ、第1章、B、a「始源の「道」から「天地」「万物」が生まれた」とその注（41）、Ⅱ、第2章、B、a「水にならう柔弱・不争《ふそう》・謙下《けんか》の倫理」、Ⅱ、第2章、C、c「無言・不言の提唱」の注（104）を参照。また、第四十二章の「強良（勍）」に対する否定については、本書のⅡ、第2章、B、c「母への賛美」、Ⅱ、第2章、B、d「柔弱の提唱における逆説的・弁証法的な構造」とその注（30）（35）、Ⅱ、第2章、C、a「無学・不学の提唱」とその注（63）を参照。

(29) 冒頭の一文の非戦思想を含む第三十章の章旨については、本書Ⅱ、第2章、D、c「無事の提唱」とその注（181）、Ⅱ、第3章、D、b「「道」の哲学に基づく非戦」を参照。また、第三十章の「其の事は還るを好む」が肯定的な意味であることと、この句が諸テキスト間で異なることについては、本書のⅡ、第1章、A、d「無知によって「道」を把える」とその注（31）、Ⅱ、第2章、D、c「無事の提唱」とその注（181）、Ⅱ、第3章、D、b「「道」の哲学に基づく非戦」を参照。
「人主」は、君主のことであるが、戦国後期以降、多用されるようになった言葉である。『晏子春秋』に数例、『荀子』『呂氏春秋』『韓非子』『商君書』に頻出、『荘子』『呉子』に各一例あるが、『周易』『春秋三伝』『論語』『孟子』『墨子』『孝経』『慎子』『孫子』にはない。「道を以て人主を佐く」は、老子の「道」を体得した上で臣下となって禄仕し、君主の政治を補佐しようとする者のことを言う。しかし、老子の「道」は、本来「天地・万物」の全体をおおうスケールの実在であるから、臣下の抱く「道」をテーマとする本章は何かしら『老子』の本旨にそぐわない感じがしないでもない。そこで、福永光司『老子』第三十章は、老子的な無為の有道者が官僚として政治機構に参与するという発想は、儒家・法家の思想に影響を受けた道家思想の後次的な展開と見ていいであろう。

と説いたのであった。ただし、最古のテキストたる郭店『老子』第三十章上段・中段にすでにこの部分が含まれている。よって、本章上段・中段を前漢初期以後の成立と考えることはできない。ちなみに、『老子』第五十四章もすでに郭店『老子』に含まれるが、本章の政治思想と内容上、密接に関連して、「身・家・郷・邦・天下」などの「亓（其）の徳」について論じている、ということもある。とすれば、我々は、以上のような福永光司とは異なった分析の視点を持つ必要がある。――このような者が誕生している社会状況は、戦国中期以前の古くからのことではなく戦国後期以降の新しい現象であるが、それがすでに最古の『老子』に反映していたのである。

(30) 前漢初期の黄老思想については、以下の諸書を参照。――金谷治『秦漢思想史研究』（加訂増補版、平楽寺書店、一九八一年）の第二章「漢初の道家思潮」、拙著『訳注「淮南子」』（講談社、二〇一二年）の「解説『淮南子』の成立――前漢初期の政治と思想の中で」。

(31) 第五十四章における「道」の全能性の分析については、本書のⅡ、第3章、C、ａ「『老子』第五十四章の全「天下」政治秩序の構想　その1」、Ⅱ、第5章、A、ａ「「道」の万能性」を参照。

第五十四章は、相い対立する前半と後半との両部分から成る。前半は、「道」が人間の所属する「身」「家」「郷」「邦」「天下」の全ての領域においてそれぞれ重要な成果をもたらすこと、そういう意味における「道」の普遍性・一般性（また全能性）を論ずる。それに対して、後半は、「道」が「身」「家」「郷」「邦」「天下」のそれぞれの領域において異なり、それぞれ異なった対処（「観る」）のし方を必要とすること、そういう意味では「道」の個別的・具体的を論ずる。ただし、従来の研究には、このように本章の前半と後半とが対立するという認識はほとんど見られない。

こうした認識に達するためには、『老子』第五十四章と、密接に関連する『礼記』大学篇の「八条目」および『管子』牧民篇との比較・対照が必要である。だが、それを行っている研究がほとんど存在しないのである。『礼記』大学篇の「八条目」との比較・対照を行っている研究は、管見の及ぶかぎり皆無。しかし『管子』牧民篇に言及するものはないではない。例えば、李《り》賡芸《こうげい》『炳燭編』巻三（朱謙之『老子校釈』五十四章所引）、武内義雄『老子の研究』第五十四章、高亨『老子正詁』五十四章、高亨『老子注訳』五十四章、福永光司『老子』第五十四章、木村英一『老子の新研究』五十四章などである。これらの中では、高亨（両書）と福永光司が『管子』牧民篇の当該個所の思想を『老子』第五十四章と同じと認める。しかし、彼らも『管子』牧民篇に対して堅実な研究を行ってはおらず、また導き出した結論も誤っており、つまるところ、中国古代思想史の現実に肉薄した検討とはなっていない。

（32）『老子』中の「道」の全能性を述べた文章としては、第四十八章に「道を聞く者は日に云《そん》（損）す。……為す无くして為さざる无し。」とあるのが代表的な例である。第四十八章の「為す无くして為さざる无し」を中心とする章旨については、本書のⅡ、第2章、D、b「無為・不為の提唱」、Ⅱ、第2章、D、c「無事の提唱」とその注（172）、Ⅱ、第3章、A、c「無事・無為によって「天下」を取る」、Ⅱ、第5章、A、a「「道」の万能性」とその注（3）、Ⅱ、第5章、E、a「古い形而上学・存在論と新しい自然思想」を参照。

（33）第五十四章に現われる諸「徳」が、「道」と同定できる性質を持っていることについては、本書のⅡ、第1章、A、b「「道」は人間が把えることのできないもの」、Ⅱ、第3章、C、a「『老子』第五十四章の全「天下」政治秩序の構想　その1」とその注（31）を参照。

（34）『荘子』秋水篇と『韓非子』解老篇との「道理」については、本書のⅡ、第5章、E、c「「道」の形而下化に向かって」とその注（44）（55）を参照。

（35）『礼記』大学篇の著者と成書年代との研究史の整理は、伝説的な議論の紹介をも含めて、次の両論を参

照。――武内義雄『学記・大学』（『武内義雄全集』第三巻「儒教篇」二、角川書店、一九七九年）の「序論」、赤塚忠『「大学」解説』（『赤塚忠著作集』三「儒家思想研究」、研文社、一九八六年）の第一「『大学』の研究史」。

(36) 近代以後の日本の優れた研究の代表的な見解を挙げれば、津田左右吉『儒教の研究』三（『津田左右吉全集』第十八巻、岩波書店、一九六五年）の第四篇「『大学』の致知格物」は、

中庸篇や楽記篇は前漢の後半期もしくは末期の作であるから、かういふ見かたからは、「大学」もまた其のころのものとしなければならぬことになる。

とし、また、武内義雄『学記・大学』の「序論」は、

学記・大学の両篇を採録した礼記の編者戴聖は宣帝時代の学者であるから、これら両篇の成立年代は前漢の武帝から宣帝に至る約百年間に局限せられる。

とする。さらに、板野長八『儒教成立史の研究』（岩波書店、一九九五年）の第六章、第三節、(二)、2「『大学篇』の社会的背景」は、基本的に武内義雄を支持しつつ、

その作成の時期は、武帝ないし董仲舒の時代であるか、それより少し後であろう。……戴聖によって『礼記』が編纂された宣帝時代以前のことであろう。

としている。

(37) 『論語』学而篇の本章について、何晏『論語集解』は、

上とは凡そ己の上に在る者を謂うなり。言うこころは孝弟の人は、必ず恭順にして、其の上を犯すを好む者少きなり。本は、基いなり。基い立ちて後大成す可きなり。

とし、何晏『論語集解』所引の苞咸の説は、「先ず能く父兄に事え、然る後に仁道成す可きなり。」とする。皇侃『論語義疏』は本章のテーマを、父兄に対する諫争のこととするが、そうではあるまい。「孝弟」という血縁的な倫理が、より「上」の「国」「天下」における「恭順」の倫理や、「上を犯すを好ま」ない政治に

繋がっていく意義を論じている、と考えられる。本章における「孝弟」と「仁」との関係をいかに見るべきか、および最後の一句を「其れ仁を為すの本か」と読まず「其れ仁の本為《た》るか」と読むべきことについては、朱子学の解釈を批判的に検討した次の両著を参照。——小島祐馬『古代中国研究』（筑摩書房、一九六八年）の「中国古代の社会経済思想」、「儒家の社会経済思想」、一「封建制度と家族道徳」、狩野直喜『論語孟子研究』（みすず書房、一九七七年）の「論語研究」、六「論語本文の解釈に就きて」。

(38)『論語』為政篇本章の「奚ぞ其れ政を為すを為さん」について、皇侃『論語義疏』は次のように解釈するが、ほぼこれに従いたい。

此は是孔子或る人に正答するなり。言うこころは孝友を有政に施行して家家皆な正しければ、則ち邦国は自然に正しきを得。亦た又た何を用って官位を為《おさ》めて乃ち是政を為すとせんや。

(39)『孟子』離婁上篇の本章について、朱熹『孟子集注』は、

大学の所謂ゆる「天子自《よ》り庶人に至るまで、壹《いつ》に是皆な身を脩むるを以て本と為す。」は、是が為めの故なり。

とするが、まさにそのとおりである。大学篇「八条目」の一部分の藍本となった文章であるに違いない。

(40)前漢、武帝期に成った『漢書』董仲舒伝の賢良対策に、

人君為る者は、心を正して以て朝廷を正し、朝廷を正して以て百官を正し、百官を正して以て万民を正し、万民を正して以て四方を正す。四方正しくして、遠近敢えて正しきに壹《いつ》ならざる莫くして、邪気其の間を奸《おか》す者有る亡し。

とある。「心を正す」が大学篇「八条目」の「正心」と一致する点だけでなく、「人君為る者」の個人的倫理が同心円的かつ有機的に拡大・発展していき、その延長線上で最後に「四方を正す」という政治秩序に到達する、という体系的構想を開示している点でも、大学篇「八条目」と共通性があることを指摘することができよう。

(41)『荀子』君道篇の本章について、久保愛『荀子増注』は、『礼記』に曰わく、「身修まりて后《のち》(後)家斉い、家斉いて后(後)国治まり、国治まりて后(後)天下平らかなり。」と。を引用して注釈に代えている。

(42)『孝経』という儒家の経典の成書が『呂氏春秋』の編纂の少し前、戦国末期にあることは、今日不動の定論となっている。その思想の特徴については、板野長八『中国古代社会思想史の研究』(研文出版、二〇〇〇年)の「戦国秦漢における孝の二重性」、二「孝経の孝と忠孝篇の孝」が、以下のように解説するのがよいと思う。

以上の如く『孝経』の孝は封建制度下の家族のみならず宗族をも支える徳であって、その点では孟子の孝と同様であるが、それにもかかわらずそれは父の権威と君の権威、及び宗族と君主とが衝突することなくして君主の一元的支配が可能であるように、またそれは父母に対するのみならず君主に対しても実践し得るように、すなわち忠孝一本となり得るように改変されていたのである。

言い換えれば、「家」における父への「孝」が「国」「天下」における君への「忠」に、うまく繋がるように構成されていたのである。

(43)第五十四章の引用個所の解釈については、諸説紛々の状態であり、優れた解釈が存在しない。いくつかの解釈をタイプごとに挙げることにしよう。

その一は、王弼『老子注』は、「天下を知るを得る」には「己を察して以て之を知り、外に求めざるなり。」と説くところから、『礼記』大学篇「八条目」のように己の身を基本にして家・郷・邦・天下をも知ることができると考えているらしい。馮振『老子通証』五十四章もこのタイプに属する。

その二は、河上公『老子注』は、「身を以て身を観《み》る」の経文に対して、「修道の身を以て不修道の身を観《み》れば、孰《いずれ》か亡び孰か存せんや。」と注しており(「家」以下についても同様)、その中心は「天下の修道」の君主が昌《さか》え、「背道」の君主が亡びることを知る点に置かれている。成玄英『老子義疏』善健章もこのタイプに属する。

その三は、林希逸『老子鬳斎口義』善健不抜章第五十四は、「身を以て身を観《み》る」の経文に対して、「吾が一身に即して、以て他人の身を観《み》る可し。」と注する（「家」以下も同様）。その目的は、「道の用うる所皆な同じきを言うなり」とあるとおり、「道」の普遍性・一般性に頼ることによって、正しい観察を進めることに置かれているようである。この説は支持者が比較的多く、高亨『老子注訳』五十四章、高明『帛書老子校注』五十四、陳鼓応『老子註訳及評介』五十四章が同じタイプである。また、諸橋轍次『掌中　老子の講義』第五十四章は、同じ経文に対して「上の身は、古人・先輩の身、下の身は己れの身を指す。以下同じ。」と注する。上に紹介した林希逸などと「身」における自他が逆転しているが、やはり同じタイプと見てよいと思う。ただし、このタイプに対しては、蜂屋邦夫『老子』第五十四章に鋭い批判がある。

その四は、加藤常賢『老子原義の研究』54の説である。加藤常賢は、

「以身」とは前に「之を身に脩む」とあるから、「身を脩むるの法をもつて」の意である。以下「以家」「以郷」「以邦」「以天下」も同じ……。

と唱える。以上の三つのタイプよりも進んだ見解と言ってよかろう。福永光司『老子』第五十四章、木村英一『老子の新研究』五十四章、蜂屋邦夫『老子』第五十四章もこのタイプである。

(44)『老子』には、第五十四章の「吾何《われなに》を以て天下の然《しか》るを知るや、此《これ》を以てなり。」と同じ句法の表現が、他に二例ある。第二十一章の「吾《われ》何を以《もつ》て衆仪《しゅうほ》（父）の然《しか》るを知るや、此《これ》を以てなり。」と第五十七章の「吾何《われなに》を以て亓《そ》（其）の然《しか》るを知るや」である。第二十一章は本章と同じ仕組みであって、「吾《われ》何を以《もつ》て衆仪（父）の然《しか》るを知るや」は、族長たち（「衆仪（父）」）が「道」に服従すると認める根拠を問い、「此《これ》を以てなり」は、上文に画かれた「道」の不可把握性をもって答えとしたもの。第五十七章は、通行本（王弼本）は「吾何を以て其の然るを知るや、此を以てなり。」に作るが、郭店本・馬王堆両本・北京大学簡には「此

を以てなり」がなく、ないのが古い『老子』の本来の姿である。だから、上の二例（第二十一章と第五十四章）とは異なる句法と把えるべきである。ついでに述べれば、第五十七章の「吾何《われなに》を以て亓《そ》（其）の然《しか》るを知るや」は、上文の「正《ただ》しきを以て邦《くに》を之《おさ》（治）め、畸《き》（奇）なるを以て兵を用い、事《こと》とする无《な》きを以て天下を取る。」という命題の成立根拠を問い、次の「夫《そ》れ天下に忌諱《きき》多くして、民彌《たみいよ》（弥）いよ貧し。」以下全体がその答えとなっている。

(45) 安井息軒『管子纂詁』牧民篇がこの個所について、次のように注釈するのがよい。

此《これ》天下を以て天下を為むるの道を謂う。言うこころは人君 私親する所無きこと天地の如くなれば、則ち天下の民は、之を尊ぶこと日月の如し。唯だ君の為す所を以て、己の節度と為すなり。

(46) 『管子』形勢篇には、次の文章がある。

道の言う所の者は一なれども、之を用うる者は異なる。道を聞きて家を為むるを好む者有り、一家の人なり。道を聞きて郷を為むるを好む者有り、一郷の人なり。道を聞きて国を為むるを好む者有り、一国の人なり。道を聞きて天下を為むるを好む者有り、天下の人なり。道を聞きて万物を定むるを好む者有り、天下〈地〉の配なり。

「道」の「家」「郷」「国」「天下」における普遍性・一般性と個別性・具体性との両者を説く点、また「一家の人」「一郷の人」よりも「天下の人」を重視する点は、『老子』第五十四章の思想に近い。しかし、『管子』形勢篇が「天下の人」のさらに上に「天下〈地〉の配」を押しいただく点は、『老子』第五十四章には見えず、それとは異なる。恐らく『管子』牧民篇の少し後に成立して、牧民篇とともに『老子』第五十四章の成立に刺激を与えた文章ではなかろうか。

(47) 第八十章の理想国の特徴とその歴史的な位置づけについては、本書のII、第3章、A、c「無事・無為によって「天下」を取る」とその注(18)を参照。

「什伯の器」（通行本）が何を指すかについては、兪樾『諸子平議』が「乃ち兵器なり」と唱えて以来、中国でも日本でもこの説を支持する者が多い。同時に兪樾は前後の文脈を、「什伯の器有れども用いざらしむ」を解説したのが下文の「甲兵《こうへい》有りと雖も、之を陳《つら》ぬる所無し。」であり、「民をして死を重《おも》んじて遠くに徙《うつ》らざらしむ」を解説したのが下文の「舟輿有りと雖も、之《これ》に乗る所無し。」であると整理したので、上文の「什伯の器有れども用いざらしむ」と下文の「甲兵《こうへい》有りと雖も、之を陳《つら》ぬる所無し。」との意味上の重複は何とか処理された。しかし、本章がそのようにしっかりした構成の文章であることは疑わしいし、その上、近年の出土資料本は馬王堆両本が「十百人《じゅうひゃくにん》の器《うつわ》」に作り、北京大学簡は「什伯人の気（器）」に作って、ともに「人」の字がある。よって、「十百人《じゅうひゃくにん》の器《うつわ》」に作るのが古い『老子』の本来の姿であったと考えられる。我々は別の解釈の可能性を模索しなければならない。

別の解釈の試みのその一は、焦竑『焦氏筆乗』八十章、奚侗『老子集解』八十章の、什器・什物とする説であるが、上述のとおり古い本来の『老子』には「人」の字があるので、この解釈も成立しえない。その二は、「材《ざい》什夫《じゅうふ》・伯夫《はくふ》に堪うるの長者なり」とする説であり、蘇轍『老子解』八十章、大田晴軒『老子全解』八十章などが唱えた。朱謙之『老子校釈』八十章はこれに反対するが、筆者はこれに賛成である。ただし、これを拡大・引伸して、十人・百人にぬきんでた役人たちの常駐する行政機関（役所）としてみてはどうであろうか。その三は、高明『帛書老子校注』六十七、陳鼓応『老子註訳及評介』八十章などの唱える、普通の人の十倍・百倍の力を発揮する文明の利器で、兵器をも含めて船舶や機械などを指す、とする説である。この説の源は胡適にある（陳鼓応による）ようである。

(48)『荘子』に現われたユートピア思想として以下に引用する諸章の内、馬蹄篇については本書のⅡ、第2章、A、b「『老子』に見える反疎外論と主体性論の残滓」を参照。また、山木篇についてはⅡ、第5章、D、b「自然思想の政治における君主像」を参照。

(49)第三章の全体の趣旨および冒頭の三文の主語をどのように理解すべきかについては、本書のⅡ、第2章、C、b「無知・不知の提唱」とその注(66)、Ⅱ、第3章、D、a「無欲・不欲の提唱」、Ⅱ、第3章、

E、a「聖人の統治は人民の心を虚しくして腹を実たす」とその注（68）、Ⅱ、第4章、C、d「無知・無欲・無為によって養生を実現する」とその注（17）を参照。

(50) 第八章の「水の不争」が「道」の比喩・象徴であることについては、本書のⅡ、第2章、B、a「水にならう柔弱・不争《ふそう》・謙下《けんか》の論理」とその注（12）を参照。

(51) 第二十二章の「不争」の解釈については、本書のⅡ、第2章、B、a「水にならう柔弱・不争《ふそう》・謙下《けんか》の論理」を参照。

(52) 第六十六章の「不争」の解釈については、本書のⅡ、第2章、B、a「水にならう柔弱・不争《ふそう》・謙下《けんか》の論理」、Ⅱ、第3章、A、b「柔弱・謙下・無欲・無為によって「天下」全体を統治する」とその注（12）を参照。

(53) 第七十六章における「柔弱」の提唱と「堅強」の否定については、本書のⅡ、第2章、B、a「水にならう柔弱・不争《ふそう》・謙下《けんか》の論理」とその注（14）、Ⅱ、第2章、B、d「柔弱の提唱における逆説的・弁証法的な構造」とその注（33）、Ⅱ、第4章、C、d「無知・無欲・無為によって養生を実現する」を参照。

(54) 第五十章の章旨とその中に含まれる逆説的・弁証法的な養生思想については、本書のⅡ、第4章、C、a「『老子』中に残る養生批判」とその注（9）を参照。

(55) 第六十八章の「諍《あらそ》（争）わざるの徳」については、本書のⅡ、第2章、B、a「水にならう柔弱・不《ふ》争《そう》・謙下《けんか》の論理」を参照。

第六十八章末尾の一文（四句）の句読は、従来諸説に分かれていた。第一に、王弼『老子注』に始まる伝統的な解釈は、最後の二句「是を天《てん》に配すと謂う、古《いにしえ》の極《きょく》なり。」を「是を天古の極に配すと謂う」と読む。成玄英『老子義疏』古之章、加藤常賢『老子原義の研究』68、木村英一・野村茂夫『老子』六十八章などの説である。ただし、「天古」が聞き慣れない言葉である点に難点がある。

第二に、やはり伝統的な解釈で、河上公『老子注』に始まる説は「是を天《てん》に配すと謂う、古《いにしえ》の極《きょく》なり。」

と読む。近代以降、出土資料本が登場した以後も最も盛行している説である。日本では、木村英一『老子の新研究』六十八章、福永光司『老子』第六十八章、諸橋轍次『掌中　老子の講義』第六十八章、金谷治『老子　無知無欲のすすめ』68など、中国では、林希逸『老子鬳斎口義』善為士章第六十八、高亨『老子注訳』六十八章などがこれを唱える。

ところが第三に、清末になって兪樾『諸子平議』が新説を唱え、これが多くの支持を受けるようになっていった。末尾の一文を「是《これ》を争わざるの徳と謂い、是を人の力を用うと謂い、是を天《てん》の極に配すと謂う。」と読み、「古」は衍字、「徳・力・極」が押韻し、三句の句形も綺麗な対句をなすと見るものである。中国では、馬其昶『老子故』六十八章、馬叙倫『老子校詁』第六十八章、高亨『老子正詁』六十八章、馮振『老子通証』六十八章、朱謙之『老子校釈』六十八章など、また日本では、大濱皓『老子の哲学』の十三章「政治思想」、森三樹三郎『老子・荘子』のI、1、三「老子の人生哲学」、小川環樹『老子』第六十八章などがこれに従った。しかし、出土資料の馬王堆両本、北京大学簡が登場するに及んで、この説は消えていった。なぜなら、出土資料本は「是を人の力を用うと謂う」をいずれも「是を人を用うと胃《い》（謂）う」に作り、「之力」の二字がなく押韻もしていないからである。また、出土資料本にはいずれも「古」があり衍字ではないからでもある。兪樾の卓抜な新説も成立しないことが判明したのだ。それ故、現在では上記の第二説が最も妥当な句読であると言ってよい。馬王堆両本を検討・配慮した、高明『帛書老子校注』七十、陳鼓応『老子註訳及評介』六十八章、蜂屋邦夫『老子』第六十八章なども、第二説に戻っている。

本章末尾の一文の構成は、最初の「是《これ》を諍《あらそ》（争）わざるの徳と胃《い》（謂）う」が、上文の「善《よ》く士《し》為る者は武《ぶ》ならず、……善く人を用うる者は之が下《した》と為る。」の四句を総括して、本章の章旨が「諍《あらそ》（争）わざるの徳」にあることを説明した部分。次の「是を人を用うと胃（謂）い、是を天《てん》と胃（謂）う。」が、その目的を「人・天」に分けて説明した部分。最後の「古《いにしえ》の極《きよく》なり」が、その「諍《あらそ》（争）わざるの徳」は老子の理想とする太古の極則であることを説明した部分、という構成であろう。

(56) 第八十一章の「人の道は、為《な》して争《あらそ》わず。」の解釈については、本書のⅡ、第2章、B、a「水にならう柔弱・不争《ふそう》・謙下《けんか》の倫理」とその注（18）、Ⅱ、第2章、D、b「無為・不為の提唱」とその注（171）を参照。

(57) 冒頭の一文の非戦思想を含む第三十章の章旨については、本書のⅡ、第2章、D、c「無事の提唱」とその注（181）、Ⅱ、第3章、B、b「「道」をもって君主の統治を助ける臣下」とその注（29）を参照。

　また、第三十章の「其の事は還るを好む」が肯定的な意味であることと、この句が諸テキスト間で異なることについては、本書のⅡ、第1章、A、d「無知によって「道」を把える」とその注（31）、Ⅱ、第2章、D、c「無事の提唱」とその注（181）、Ⅱ、第3章、B、b「「道」をもって君主の統治を助ける臣下」を参照。

(58) 第四十六章冒頭の二文は、郭店本には含まれておらず、馬王堆両本になって始めて第四十六章の下文とともに現われる。一方、『韓非子』解老篇・喩老篇は、馬王堆両本と同じく、この二文を含んでおり本章の下文と一緒になって現われる。それ故、郭店本は『韓非子』解老篇・喩老篇、馬王堆両本よりも古い『老子』の姿を残したテキストであり、同時に解老篇・喩老篇は『老子』の最古の注釈と見ることができる。ところで、この二文は、『塩鉄論』未通篇がこれを敷衍して、

　此の時に当たりて、走馬を卻《か》りて以て糞す。其の後師《し》旅《りょ》数《しば》しば発して、戎馬《じゅうば》足らず、牸牝《じひん》陣に入る。故に駒犢《くとく》戦地に生まる。

と述べているので、これに基づいて解釈することが多い。しかし、『塩鉄論』は前漢後期の作品であるから、十分に依拠できるか否かについて不安がある。より古い時代の資料『韓非子』解老篇・喩老篇があるので、それによるのがよいと思う。

「走馬」は、軍令を伝達するための速駆け馬。『韓非子』喩老篇が「走馬」を「遽伝」と言い換えていることが参照される。「却《か》る」は、「しりぞく」と読んで馬を戦場での任務から退けるの意とする解釈が多い。あ

るいは「かえす」と読んで馬を農民に返還する、また民間に下げわたすの意とする解釈もある。しかし、以上はいずれも不適当。高亨『老子正詁』四十六章が、古典文献中の「馬を却《か》る」という言葉の用例を集めて意味を導きだしたのに従って、農地で馬をその後ろから駆《お》うの意としてはどうだろうか。「戎馬《じゅうば》」は、軍馬の意。ここでは、軍馬としての牝馬を指す。長年の戦争のために軍馬の牡馬が乏しくなって、牝馬までもが戦場に投入される状況になることがその背景にある。『韓非子』解老篇にその詳しい説明があり、そこでは「戎馬」を「将馬」と言い換えている。この「将馬」は牝馬の意（小野沢精一『韓非子』上（集英社、一九七五年）を参照）。「郊」は、都市の近郊（『韓非子』解老篇を参照）。「生む」は、軍馬となった牝馬が子馬を出産すること。

(59)　第六十九章の「吾《われ》敢《あ》えて主と為らずして客と為る」の解釈については、本書のⅡ、第2章、B、e「プラス価値ではなくマイナス価値を」とその注(52)、Ⅱ、第2章、C、c「無言・不言の提唱」とその注(102)を参照。また、本章の「葆《たから》（宝）」が結局のところ「道」を指すことについては、本書のⅡ、第2章、B、e「プラス価値ではなくマイナス価値を」とその注(53)(54)を参照。

本章の「行く无《な》きを行き、臂《ひじ》无きを襄《はら》（攘）い、兵无きを執《と》り、敵无きを乃《つ》（扔）く。」について、読み方は基本的に、林希逸『老子鬳斎口義』用兵有言章第六十九、福永光司『老子』第六十九章、蜂屋邦夫『老子』第六十九章に従った。「行く无《な》きを行く」などは、第六十三章の「无為《むい》を為し、无事《むじ》を事《こと》とし、无《む》未《み》（味）を味《あじ》わう。」などと同じ句法であり、後者が「无為・无事・无未（味）」の強調表現であるのと同じく、「无行」などの強調表現である。従来の通説は「行《ゆ》くに行《みち》無く、攘《はら》うに臂《うで》無く、執るに兵無く、扔（引）くに敵無し。」（金谷治の場合）と読んできた。近年の日本では、金谷治『老子　無知無欲のすすめ』69以外に、武内義雄『老子の研究』第六十九章、木村英一・野村茂夫『老子』六十九章、小川環樹『老子』第六十九章など、中国では、成玄英『老子義疏』用兵章、呂恵卿『道徳真経伝』六十九章、高亨『老子正詁』六十九章、高亨『老子注訳』六十九章、楼宇烈『老子道徳経注校釈』六十九章、「校釈」（三）、高明

『帛書老子校注』七十一などがこの方向を取るが、王弼『老子注』がすでにこの解釈であったらしい。また、

行列を作っても作らざる如く、臂をまくり張っても張らざる如く、敵に接しても接せざる如く、武器を執っても執らざる如しとの意（諸橋轍次の場合）。

のように、一種の比喩表現と把える者も多い。諸橋轍次『掌中　老子の講義』第六十九章以外に、河上公『老子注』玄用第六十九、蘇轍『老子解』六十九章、呉澄『道徳真経註』の六十九章（焦竑『老子翼』の六十九章所引）、馮振『老子通証』六十九章、陳鼓応『老子註訳及評介』六十九章などがこの説である。「行く」は、軍隊が進軍すること。二つの「行」は同じ意味であり、第六十三章の「无為《むい》を為し、无事《むじ》を事《こと》とし、无《む》未《み》（味）を味《あじ》わう。」などと同じ句作りである。そうでなければ、この部分の表現のおもしろさが半減してしまう。前の「行」を動詞の「行く」の意とし、後の「行」を名詞の道や行列の意（上引の金谷治・諸橋轍次の場合）などと解釈する者が多いが、不適当。「襄（攘）」は、喧嘩をする時の所作で、臂をはらうこと。第三十八章に「臂《ひじ》を攘《はら》いて之を乃《つ》（扔）く」とある、「臂《ひじ》を攘《はら》う」と同義である。楼宇烈『老子道徳経注校釈』六十九章、「校釈」〔三〕、高亨『老子注訳』六十九章が、第三十八章の「臂《ひじ》を攘《はら》いて之を乃《つ》（扔）く」とは異なる意味だとするのは、誤り。「乃《つ》（扔）く」は、引くの意とする解釈が非常に多く、これが定説であるが、第三十八章にも本章にもしっくりしない。朱駿声『説文通訓定声』が「扔は、手を以て之に攖《せま》るなり。」と言うように、突っかかっていくこと、ではなかろうか。

(60) 第六十三章の「无為を為し、无事を事とし、无未（味）を味わう。」の三句の解釈については、本書のⅡ、第2章、D、a「無欲・不欲の提唱」とその注(111)、Ⅱ、第2章、D、b「無為・不為の提唱」とその注(147)(156)、Ⅱ、第2章、D、c「無事の提唱」を参照。

(61) 第六十四章の「不欲《ふよく》を欲《ほっ》す」「不学《ふがく》を学ぶ」を含む下段の解釈については、本書のⅡ、第1章、A、d「無知によって「道」を把える」の注(34)、Ⅱ、第2章、C、a「無学・不学の提唱」とその注(61)、Ⅱ、第2章、D、a「無欲・不欲の提唱」、Ⅱ、第2章、D、c「無事の提唱」を参照。

(62) 第七十三章の章旨は、政治（軍事をも含む）において「勇なる者」としてプラス価値・積極性に向う「人の道」を批判した上で、そのような両種の「勇」を乗り越えた根源の「天の道」を画くことである。このことについては、本書のⅡ、第2章、B、e「プラス価値ではなくマイナス価値を」とその注（50）、Ⅱ、第2章、D、a「無欲・不欲の提唱」を参照。

(63) 第六十七章の「三璞《さんぽう》（宝）」が結局「道」と同定されることについては、本書のⅡ、第2章、B、e「プラス価値ではなくマイナス価値を」とその注（54）、Ⅱ、第2章、D、c「無事の提唱」、Ⅱ、第3章、A、b「柔弱・謙下・無欲・無為によって「天下」全体を統治する」、Ⅱ、第3章、D、c「やむをえず行う戦争」を参照。

(64) 第三十一章の一部の句作りと全体の構成については、従来より誤り・重複・混乱があるとして、それらを解決するためにさまざまな意見が提出されてきた。近代以降のそのような学説史の整理は、大濱晧『老子の哲学』の十三章「政治思想」の注35と注36、福永光司『老子』第三十一章が行っている。

章頭の「夫《そ》れ兵《へい》なる者は」については、通行本（王弼本・河上公本など）はみな「夫佳兵者」の四字に作って「佳」の字がある。この字や一句の解釈をめぐって、従来さまざまな意見が提出されたわけである。以下の四つのタイプに分けることができる。

第一に、古い伝統的な説やそれに従う見解は、「佳」の字があることに疑問を呈せずそのままにして解釈している。例えば、河上公『老子注』偃武第三十一、成玄英『老子義疏』佳兵章、林希逸『老子鬳斎口義』夫佳兵章第三十一、呂恵卿『道徳真経伝』三十一章、李嘉謀『老子註』三十一章、焦竑『焦氏筆乗』三十一章である。また、王念孫『読書雑志』志余編の新見解（後述）を知った後に出た近代以降の見解の中にも、「佳」字のあるままで通ずるとして解釈する者が少なくない。例えば、大濱晧『老子の哲学』の十三章「政治思想」、諸橋轍次『掌中　老子の講義』第三十一章、小川環樹『老子』第三十一章などである。これらの多くは「佳」を兵にかかる形容詞とし、「佳兵」を美なる兵、優れた武器、立派な軍隊などと解釈するが、中には、河上公『老子注』偃武第三十一、林希逸『老子鬳斎口義』夫佳兵章第三十一、呂恵卿『道徳真経伝』三十一章、李嘉謀『老子註』三十一章、焦竑『焦氏筆乗』三十一章などのように、「佳」を動詞とし、「佳兵」を兵を佳しとする、軍隊を美化するの意とする者もある。

第二に、清代になって王念孫『読書雑志』志余編が新説を唱えた。「佳」は「隹」の誤字で、「隹」は「唯」「惟」「維」とも通ずる強調の助詞である。『老子』中には「夫れ唯《た》だ……、故に……。」という表現形式が少なくないが、本章もその一つだと言うのである。この新説は支持者が極めて多かった。例えば、中国では、高亨『老子正詁』三十一章、馮振『老子通証』三十一章、朱謙之『老子校釈』三十一章など、日本では、武内義雄『老子の研究』第三十一章、福永光司『老子』第三十一章、木村英一『老子の新研究』三十一章、加藤常賢『老子原義の研究』31、楠山春樹『老子入門』三十一章などが支持した。

第三に、馬王堆両本が出現して、両本ともに「夫れ兵なる者は」に作っており「佳」の字がないことが判明すると、この問題は収束に向かった。通行本（王弼本・河上公本）の「佳」は衍字であることが決定的になったのである。今日ではこの説が最新・最善であると言ってよい。馬王堆両本を根拠にして、「佳」を衍字として取り扱う者には、例えば、陳鼓応『老子註訳及評介』三十一章、劉殿爵「馬王堆漢墓帛書老子初探（下）」（『明報月刊』一九八二年九月号、香港明報有限公司）、高明『帛書老子校注』三十一、金谷治『老子 無知無欲のすすめ』31、神塚淑子『老子』第三十一章、蜂屋邦夫『老子』第三十一章などがある。

第四に、その後、北京大学簡が出現するに及んで、問題が複雑化してきた。北京大学簡は「夫れ兵なる者は」を「夫れ鮭美は」に作る。「鮭」は通行本の「佳」の仮借字であろうが、「美」は隷書の「兵」の形が類似するので「兵」を誤写したのであろう。だとすると、通行本が正しいことになる。あるいは北京大学簡は「美」のままでよいのかもしれない。と言うのは、傅奕本が「夫れ美兵なる者は」に作り、『史記』扁鵲倉公列伝が『老子』を引いて「夫れ美好なる者は」に作るので、古い『老子』のテキストの中に「美」の字があった可能性を否定しきれないからである。結局、『老子』テキストに「夫れ兵なる者は」に作る馬王堆両本の系統と、「夫れ佳兵なる者は」または「夫れ美兵なる者は」に作る北京大学簡・傅奕本の系統との二系統が存在していて、前者は歴史の中で消えていったが後者は生き残ったと考えておきたい。

　第三十一章の全体の構成については、馬王堆両本が出現する以前には本文に大きな混乱があると認める者が多かった。その結果、例えば、あれこれの文章を第三十一章の経文ではないとしたり、王弼注の注文であろうと疑って削除したり、他の章に移動させたり、第三十一章内に置くにしても、一部の文章を順序を入れ替えたり、等々の意見が枚挙するに遑がないほど出ていた。しかし、馬王堆両本が出現した後は、通行本は基本的に誤りを含んでおらず、そのままの形で使用して構わないことが判明した。ただし、『老子』原本により近い郭店本の登場に伴って、章頭（底本（馬王堆甲本））の「夫《そ》れ兵《へい》なる者は、不祥《ふしょう》の器《うつわ》（なり）。物或《ある》いは之を悪《にく》む、故に欲《よく》有る者は居《お》らず。」は、本来の古い『老子』にはなく、前漢初期までに付加された部分であることが明らかになったのである。とは言うものの、これも衍文と見る必要はない。

(65)　第六十七章の「茲《いつく》（慈）しみ」を含む「三瑮（宝）」の解釈については、本書のⅡ、第2章、B、e「プラス価値ではなくマイナス価値を」、Ⅱ、第2章、D、c「無事の提唱」を参照。また、本章の「三瑮（宝）」が結局は「道」であることについては、本書のⅡ、第2章、B、e「プラス価値ではなくマイナス価値を」とその注（54）、Ⅱ、第2章、D、c「無事の提唱」、Ⅱ、第3章、A、b「柔弱・謙下・無欲・無為によって「天下」全体を統治する」、Ⅱ、第3章、D、b「「道」の哲学に基づく非戦」を参照。

　本章章末の一文は、底本（馬王堆甲本）は「天将《てんまさ》に之を建《た》てんとす、女《なんじ》茲（慈）しみを以て之を垣《まも》れ。」であるが、通行本（王弼本）は「天《てん》将に之を救わんとす、慈しみを以て之を衛れ。」に作っており、両者の間に相当の開きがある。「建」は、建立の意（高明『帛書老子校注』六十九を参照）。ここでは「我」つまり「事を成《な》すの長《ちょう》」について言うのだから、新しい天下を建設するの意であろう。通行本の「救」とは大きく異なる。なお、「建」は下文の「垣」と押韻する。「之」は、新天下の建設を指す。下文の「之」も同じ。この解釈には、木村英一『老子の新研究』六十七章、木村英一・野村茂夫『老子』六十七章を参照した。上文で戦争と守禦を論じているので、「之」という客語は天下を指すはずである。
「女」は、「汝」の仮借字で「なんじ」の意。馬王堆乙本は「如」に作るが、これも「汝」の仮借字。これらは馬王堆両本が現われて始めて登場した字である。高明『帛書老子校注』六十九、蜂屋邦夫『老子』第六十七章が、「如」の仮借字で「則」の意とし、「すなわち」と読むのは不適当。北京大学簡がこの字を「若」に作るからである。「女」のない通行本のままでも、林希逸『老子鬳斎口義』天下皆謂第六十七、木村英一『老子の新研究』六十七章などは、「なんじ」の含意を読みこんでいたのを参照。「茲（慈）しみ」は、上文の「三琛《さんぽう》（宝）」中の一宝ではあるけれども、コンテキストから判断して他の二宝、つまり「検《つつま》（倹）」や か」「敢《あ》えて天下の先《さき》と為《な》らず」を代表しそれらを含んで言う。この点もすでに、林希逸『老子鬳斎口義』天下皆謂第六十七、呂恵卿『道徳真経伝』六十七章などが指摘していた。「垣」は、「衛」と通仮する字。意味も「まもる」（高明『帛書老子校注』六十九を参照）。

本章章末の一文の解釈は、従来も今日も一つの見解に収束することはなく、諸説紛々の状態であるが、次のいくつかのタイプに分かれる。第一は、天が之（何を指すかは解釈者によって分かれる）を救おうとする場合、天が「慈しみ」をもって之を守ってくれる、とする説。例えば、高亨『老子正詁』六十七章、加藤常賢『老子原義の研究』67、高亨『老子注訳』六十七章、金谷治『老子　無知無欲のすすめ』67、高明『帛書老子校注』六十九、陳鼓応『老子註訳及評介』六十七章などである。このタイプは単純・明快であるために多数を占める。しかし、上文にあったとおり、「茲《いつく》（慈）しみ」などは修道者の「市《じ》（持）して之《これ》を琛《たも》（保）つ」べきマクシムである（林希逸『老子鬳斎口義』天下皆謂第六十七を参照）から、この解釈は不適当。

第二は、天は善人を救おうとする時、必ず「慈しみ」のある人に味方して、彼に自ら衛るようにさせるとする説。河上公『老子注』三宝第六十七、葉夢得『老子解』の六十七章（焦竑『老子翼』の六十七章所引）がこれを唱える。第三は、天は「慈しみ」を行う人を救おうとするのだから、人は「慈しみ」をもって衛る必要があるとする説。成玄英『老子義疏』天下章が唱えた。

第四に、天はこの人を救おうとして彼に「慈しみ」の心を持たせるが、そのために人々はみな彼を衛るとする説。蘇轍『老子解』六十七章が唱えた。第五は、天は「慈しみ」を行っている人を見て、彼を「慈しみ」をもって救おうとするとする説。福永光司『老子』第六十七章、諸橋轍次『掌中　老子の講義』第六十七章、蜂屋邦夫『老子』第六十七章などが相互に若干のニュアンスはあるが、このタイプに属する。

第六は、天が国家を助けようとしているのだから、人は「慈しみ」によってそれを衛らなければならないとする説。林希逸『老子鬳斎口義』天下皆謂第六十七、木村英一『老子の新研究』六十七章がこれを説く。出土資料本『老子』が登場した今日、我々の検討するに堪える解釈はまだそれほど多くはないが、第六のタイプは通行本を用いた解釈の中で比較的優れたものと言うことができよう。

(66) 第二十六章の構成と章旨については、本書のII、第3章、E、c「聖人の統治は富貴に驕らないが威厳がある」とその注(89)を参照。また、第二十六章の「静か」の倫理思想については、本書のII、第2章、B、b「雄《おす》よりも雌《めす》を、牡《おす》ではなく牝《めす》を」、II、第3章、E、c「聖人の統治は富貴に驕らないが威厳がある」を参照。
本章の「環官《かんかん》（観）有りと唯《いえど》（雖）も、燕処《えんしょ》すれば則《すなわ》ち昭《ちょう》（超）若《じゃく》たり。」は、難解である。まず、「環《かん》官《かん》」は、通行本（王弼本）は「栄観」に作る。そのために高明『帛書老子校注』二十六が、従来の研究史を詳細に整理したが、馬王堆両本の出現によって問題がさらに複雑化したと嘆いている。「栄」は「営」の仮借字であり、「環」もまた「栄」「営」の仮借字であろう。その意味は、許慎『説文解字』に「営は、帀居《そうきょ》なり。」とあるように、周囲に垣根を回らせて建てる建築様式を言う。「官」は「観」の仮借字で、『釈名』釈宮室に「観は、観るなり。上に於いて観望するなり。」とあるように、景色を観望するために建てられた高《たか》殿《どの》。第二十章に「衆人《しゅうじん》は……、春台《うてな》に登るが而《ごと》（如）し。」と画かれた「台」に類似する建物であろう。よって、底本（馬王堆甲本）の「環官《かんかん》」は、通行本の「栄観」と同じ意味になる。なお、通行本の「栄観」を

「美しい見せ物」（加藤常賢『老子原義の研究』26）、「壮麗ながめ」（小川環樹『老子』第二十六章）、「立派な建物」（蜂屋邦夫『老子』第二十六章）のように、「栄」を如字に取って意味づけた解釈もある。

「環官《かんかん》（観）」と「燕処《えんしょ》」との関係は、どう考えたらよいのであろうか。――この「君子」は「環官（観）」に行ってそこで「燕処」したのであろうか、それとも「環官（観）」に行かずそこを避けて自宅で「燕処」したのであろうか。「環官（観）有りと唯（雖）も」という句の文気から言って、「環官（観）」を避けて自宅で「燕処」したものと思われる。それ故「環官（観）」は、本章の文脈で言えば、「巠《かる》（軽）きもの・趮《さわが》しきもの」の代表として把えられている。そして、この方向で注釈を施したのは、わずかに河上公『老子注』重徳第二十六だけのようである。

(67) 第三章の「亓《そ》（其）の心を虚《むな》しくす」の句などの解釈については、本書のⅡ、第2章、C、d「無我・無心の境地」とその注(106)、Ⅱ、第4章、C、d「無知・無欲・無為によって養生を実現する」とその注(17)、Ⅱ、第4章、D、b「『老子』における養生と政治との絡みあい」を参照。

(68) 第三章における「知」の否定については、本書のⅡ、第2章、C、b「無知・不知の提唱」とその注(66)、Ⅱ、第2章、D、b「無為・不為の提唱」とその注(143)を参照。第三章冒頭の三文の意味を含む本章全体の趣旨については、本書のⅡ、第2章、B、a「水にならう柔弱・不争《ふそう》・謙下《けんか》の倫理」、Ⅱ、第2章、C、b「無知・不知の提唱」とその注(66)、Ⅱ、第2章、D、a「無欲・不欲の提唱」、Ⅱ、第3章、D、a「不争の倫理に基づく非戦」、Ⅱ、第4章、C、d「無知・無欲・無為によって養生を実現する」とその注(17)を参照。

本章の章旨と関連して、これが「愚民政治」と解釈される恐れがあることに言及するのは、金谷治『老子　無知無欲のすすめ』3である。また、第三章の内容を、愚民政治の主張であると認める研究には、武内義雄『老子の研究』第三章がある。

(69) 第十九章の「声《せい》（聖）を絶《た》ち知《ち》を棄《す》つれば、民の利は百負《ひゃくばい》（倍）す。」以下の三文の趣旨については、本書のⅡ、第2章、C、b「無知・不知の提唱」とその注（65）、Ⅱ、第2章、D、a「無欲・不欲の提唱」とその注（121）を参照。

（70）第五章は上段・中段・下段から成っている。その上段が中段・下段との間に思想内容の上で深い関係がないことについては、本書のⅠ、第2章、3、C「形成途上にある最古のテキストとしての郭店楚簡『老子』」とその注（31）、Ⅱ、第1章、C、a「「道」の虚静から「万物」が生み出される」とその注（52）を参照。

（71）第五章の「天地の間」が「道」の類義語であることについては、本書のⅡ、第1章、C、a「「道」の虚静から「万物」が生み出される」とその注（52）を参照。

（72）第十八章の「仁義」「大偽《だいい》（為）」などの儒教の倫理的・政治的なプラス価値が「大道」「知快（慧）の未出」などの廃壊の結果生じたものとされていることについては、本書のⅠ、第2章、3、C「形成途上にある最古のテキストとしての郭店楚簡『老子』」、Ⅱ、第1章、B、b「万物生成論と退歩史観の結合」とその注（48）、Ⅱ、第2章、C、b「無知・不知の提唱」、Ⅱ、第2章、D、b「無為・不為の提唱」を参照。

（73）第三十八章の章旨と構成については、本書のⅡ、第1章、B、b「万物生成論と退歩史観の結合」、Ⅱ、第2章、D、b「無為・不為の提唱」とその注（141）（142）を参照。また、『老子』第三十八章の「仁・義・礼・前識」というセット・フレーズの思想史的なコンテキストについては、本書のⅡ、第1章、B、b「万物生成論と退歩史観の結合」を参照。

（74）第六十五章の章旨とその逆説・弁証法については、本書のⅡ、第2章、C、b「無知・不知の提唱」とその注（69）を参照。また、第六十五章の「道を為《おさ》むる者は、以《もっ》て民を明らかにせんとするに非《あら》ざるなり、将《まさ》に以て之を愚《おろ》かにせんとするなり。」の解釈については、本書のⅡ、第2章、C、b「無知・不知の提唱」とその注（89）、Ⅱ、第2章、D、b「無為・不為の提唱」とその注（161）を参照。

（75）第五十八章における政治の「閔《びん》（紊）閔《びん》（紊）」と「察察《さつさつ》」とをめぐる逆説・弁証法については、本書のⅡ、第3章、B、a「「道」・柔弱・謙下・無為によって「邦」を統治する」とその注（23）を参照。

底本（馬王堆甲本）の「〔亓《そ》（其）の民は屯《とん》（惇）屯《とん》（惇）たり〕」「亓（其）の邦《くに》は夬《かい》（快）夬《かい》（快）たり」の上の「民」は、欠字を乙本によって補った。下の「邦」は、乙本は欠字。通行本は各本いずれも「民」に作る。「邦」の字を通行諸本が「民」に作ることについて、『馬王堆漢墓帛書〔壱〕』の「徳経」、註釈〔二七〕は、本来は「邦」であったのを高祖劉邦の諱を避けて「民」に改めたのではないかと推測する。一方、高明『帛書老子校注』五十八は、「民」の誤字とする。『老子』の前後の章を調べてみると、第五十七章・第五十九章・第六十章・第六十一章はいずれも「邦」の字を用いて国家論を論じているので、本章も本来は「邦」であったと考えられる。

(76) 第十二章に現われる「欲」の否定については、本書のⅡ、第2章、C、b「無知・不知の提唱」、Ⅱ、第2章、D、a「無欲・不欲の提唱」とその注（110）、Ⅱ、第4章、C、d「無知・無欲・無為によって養生を実現する」とその注（18）を参照。

(77) 第二十七章の章旨の理解については、本書のⅡ、第2章、C、b「無知・不知の提唱」、Ⅱ、第2章、C、c「無言・不言の提唱」とその注（103）を参照。

本章の「善人《ぜんにん》は、善人の師《し》なり。不善人《ふぜんにん》は、善人の齎《たから》（資）なり。」の二文については、諸テキスト間に大きな相異があり、それが文脈を把えることを困難にしてきた。通行本（王弼本）が前の一文を「善人は、不善人の師《し》なり。」に作ることである。このテキストによって二文を解釈するならば、善人は悪人にとって導きの師、悪人は善人にとって他山の石、といった何の変哲もない教訓となってしまう。そして、従来の通説はこの方向で解釈を行ってきた。ところが、馬王堆乙本（甲本は欠字）・北京大学簡が出現すると、ともに「善人は、善人の師《し》なり。」に作ることが判明した。また、河上公『老子注』が「人の善を行う者は、聖人は即ち以て人の師と為す。」と注するのによれば、河上公本も「善人は、善人の師《し》なり。」に作っており（王弼『老子注』は注文に混乱があって不明）、加うるに『韓非子』喩老篇が『老子』第二十七章を引用して二文を解釈するのを調べてみると、これも「善人は、善人の師《し》なり。不善人《ふぜんにん》は、善人の齎《たから》（資）なり。」に対応した議論を行っている。それ故、古い『老子』の本来の姿は、「善人は、善人の師《し》なり。」に作っていたに相違ない。

二文をめぐる前後の文脈を考えてみよう。まず、この部分における主体は「善人の師《し》なり・善人の齎《たから》（資）なり」の「善人」である。この「善人」は、上文で「声《せい》（聖）人《じん》は恒《つね》に善く人を俅《すく》（救）いて、棄人《きじん》無く、物に棄財《きざい》無し。」と評された「声《せい》（聖）人《じん》」の言い換えである。この「善人」が世間一般の善人を「師」とし、世間一般の悪人をも「齎《たから》（資）」とするのは、上文で「棄人《きじん》無く、物に棄財《きざい》無し。」と述べたことをやや詳しく述べたものと思われる。

次に、この「善人」は「声《せい》（聖）人《じん》」の言い換えであるから、悪人は言うに及ばず世間一般の善人とは懸絶した、真の「善人」であり至高の存在であると考えられる。本章とほぼ同じ思想を述べた文章が、第四十九章に「声（聖）人は、……善《ぜん》なる者は之《これ》を善《よ》しとし、不善《ふぜん》なる者も亦《ま》た之《これ》を善しとす。」とあり、また第六十二章に、

道《みち》なる者は、万物の注《しゅ》（主）なり、善人《ぜんにん》の㻛《たから》（宝）なり、不善人《ふぜんにん》の㻛《たも》（保）つ所なり。……人の不善《ふぜん》や、何《なん》の棄《す》つることか之《これ》有らん。

とある。三つの章を並べてみて分かることは、第六十二章の「道」を把えた者こそが、第二十七章・第四十九章の「声《せい》（聖）人《じん》」であり、第二十七章の「善人」に他ならない。ところで、「声（聖）人」が善人と悪人とをともに「善し」とし（第四十九章）、善人と悪人とをともに「師・齎（資）」として「棄て」ない（第二十七章・第六十二章）のは、なぜであろうか。その答えは第六十二章にある。――「道」は善人が宝物のように大切に守持し、悪人でさえ抱持する持ち物だからだという、哲学的な理由である。言い換えれば、善人を作ってこの世に生み出したのも「道」であれば、悪人を作ってこの世に生み出したのも「道」であり、したがって、善人が「道」を持つのは勿論であるが、悪人でさえ「道」を持つからなのである。

終わりに、このように理解するならば、本章冒頭に「善《よ》く行く者は徹《てつ》（轍）迹無《せきな》く、……善く結ぶ者は纆《ぼく》約《やく》無くして解《と》く可からざるなり。」とあるのは、老子の言う「善」が世間的な「行く・言う・数う・閉ざす・結ぶ」ことを離脱した、真の「善」、絶対の「善」であることを説いた文章であるということも、明瞭になるのではなかろうか。だからこそ、直後に真の「善」（つまり「道」）を把えた「声《せい》（聖）人《じん》」を画くわけである。この点については、本書のⅡ、第2章、C、c「無言・不言の提唱」とその注（103）を参照。

本章は上述のように、前後の文脈を把えることが難しいために、激しい本文批判に見舞われてきた。例えば、中国では清代の陶紹学（馬叙倫『老子校詁』第二十七章所引）が、

　是《ここ》を以て聖人は常に善く人を救う、故に棄人《きじん》無し。常に善く物を救う、故に棄物無し。

の部分を、上文との繋がりが悪いという理由で、第六十二章の「人の不善《ふぜん》は、何《なん》の棄《す》つることか之《これ》有らん。」の下に移すべしと主張した。逆に、馬叙倫『老子校詁』第二十七章は、第六十二章の「人の不善《ふぜん》は、何《なん》の棄《す》つることか之《これ》有らん。」を本章の文であると見なし、本章の「故に善人なる者は、不善人の師《し》なり。」の上に移すべしと主張した。日本では、武内義雄『老子の研究』第二十七章が、

　是《ここ》を以て聖人は常に善く人を救う、故に棄人《きじん》無し。常に善く物を救う、故に棄物無し。

および

　故に善人なる者は、不善人の師《し》なり。不善人なる者は、善人の資なり。其の師を貴《とうと》ばず、其の資を愛せざれば、智ありと雖も大いに迷う。

の部分を、老子の精神と一致せず老子の言ではないとして削去した。しかしながら、出土資料本『老子』の出現によって、これらの本文批判は全て誤っており、基本的に従来の通行本に大きな欠陥がないことが判明している。

(78) 第四十九章の章旨については、本書のⅡ、第2章、C、d「無我・無心の境地」を参照。

(79) 第六十二章の中で、「美言」「尊行」が「人の善」に当たり、「人の不善」とともに一応、肯定されてい

ることについては、本書のⅡ、第2章、C、c「無言・不言の提唱」とその注（92）を参照。

（80）第九章の章旨については、本書のⅡ、第2章、B、e「プラス価値ではなくマイナス価値を」とその注（41）を参照。

本章の「貴富にして騎（驕）れば、自ら咎を遺すなり。」は、『荘子』天下篇の「人皆な福を求むるも、己独り曲がりて全し。曰わく、「苟も咎を免れん。」と。」と同じ趣旨であるかもしれない。本書のⅠ、第2章、1、C「『荘子』に現われた『老子』」とその注（17）、Ⅱ、第2章、D、a「無欲・不欲の提唱」とその注（125）を参照。

（81）第五十三章が「大道」を知る「知」に基づいて、当代の奢侈にふける統治者を非難する章であることについては、本書のⅡ、第2章、C、b「無知・不知の提唱」とその注（73）を参照。

「朝《ちょう》は甚だ除《きょ》めらる」の「除」については、大別すると二種類の解釈がある。一つは、「除」を如字に解するもの、段玉裁『説文解字注』の「凡そ旧を去り更新するを除と曰う。級を取拾して更易するの義なり。」というのが本義である。二つは、「汚」の仮借字と見るもの、『広雅』釈詁に「塗は、汚なり。」（逸文）とある意味である。二種類の意味は正反対であって、前者は「きよめる」の意で、伝統的な古い解釈、後者は「よごす」の意で、近代になって提唱された新しい解釈である。本章の最古の解釈である『韓非子』解老篇が、「朝《ちょう》は甚だ除《きょ》めらるなる者は、獄訟《ごくしょう》繁きなり。」と解説しており、それは朝廷において法律に基づく裁判を通じて犯罪が綺麗に処置されていることを指すから、前者のように「除」を如字に取るのがよい。この点では、王弼『老子注』も河上公『老子注』も同じ。ただし、この句の下文の、

田《た》は甚だ芜《あ》（蕪）れ、倉《くら》は甚だ虚《むな》しきに、文采《ぶんさい》を服《ふく》し、利剣《りけん》を帯《お》び、飲食に猒《あ》き、貨財に余《あま》り有り。

は、いずれも外面的・即物的な意味であるから、「朝《ちょう》は甚だ除《きょ》めらる」も『韓非子』解老篇のような深い解釈でない方が整合的である。例えば、王弼『老子注』が「朝は、宮室なり。除は、潔好なり。」とし、河上公『老子注』が「台樹を高くし、宮室修まるなり。」とするので、問題はないと思う。

底本（馬王堆甲本）の「是《これ》を盗杅《とう》（竽）と胃《い》（謂）う」の「杅」の字は、乙本も同じ。北京大学簡は「竽《う》」に作り、通行本（王弼本）は「夸」に作る。『韓非子』解老篇は、次のように解説する。

竽なる者は、五声の長者なり。故に竽先んずれば則ち鍾瑟皆な随い、竽唱うれば則ち諸楽皆な和す。今大姦作《お》これば則ち俗の民唱え、俗の民唱うれば則ち小盗必ず和す。

これに従って「竽」に作り、大きな竹管楽器のこととする。本章においては、楽器の親方の意であろう。通行本（王弼本）は「夸」に作るが、この字は許慎『説文解字』に「夸は、奢なり。大に从いて于の声。」とあるように、音価が同じであるから「竽」と通仮する。また、畢沅は、「古《いにしえ》于に従う字は皆な大と訓《よ》む。」として「訏」「芋」の例を挙げる（馬叙倫『老子校詁』第五十三章所引）。それ故、「盗杅《とう》（竽）」は盗賊の親分、大泥棒の意である。筆者と同じ理解に達した者は少なく、高亨『老子正詁』五十三章、高亨『老子注訳』五十三章、陳鼓応『老子註訳及評介』五十三章、蜂屋邦夫『老子』第五十三章ぐらいしかいない。他の諸説を挙げると、第一に、河上公『老子注』益証第五十三は「盗誇」に作って、盗んで人に誇ることとする。ほぼ同じ解釈をする者に、成玄英『老子義疏』使我章、林希逸『老子鬳斎口義』使我介然章第五十三がある。第二に、武内義雄『老子の研究』第五十三章は、「夸」を奢侈の意とした上で、「泥棒をして奢侈をする」の意とする。ほぼ同じ解釈をする者に、木村英一『老子の新研究』五十三章、福永光司『老子』第五十三章、加藤常賢『老子原義の研究』53、金谷治『老子　無知無欲のすすめ』53などがある。第三に、諸橋轍次『掌中　老子の講義』第五十三章の「盗みをして栄華を誇る者」とする解釈がある。楠山春樹『老子入門』七十章も同じ解釈である。第四に、小川環樹『老子』第五十三章は、「盗人のはじまり」とする。第五に、馬叙倫『老子校詁』第五十三章、朱謙之『老子校釈』五十三章にも、それぞれ独自の解釈がある。

（82）第七十五章の趣旨と構成については、本書のⅡ、第2章、D、b「無為・不為の提唱」とその注（158）、Ⅱ、第4章、C、a「『老子』中に残る養生批判」とその注（7）、Ⅱ、第4章、D、b「『老子』における養生と政治との絡みあい」を参照。

(83) 第七十七章の三種の「道」の解釈については、本書のⅡ、第2章、D、a「無欲・不欲の提唱」とその注(127)を参照。また、本章の「道を又《ゆう》(有)する」聖人については、本書のⅡ、第1章、A、d「無知によって「道」を把える」を参照。

(84) 第八十一章の財富を多く貯めこむことを嫌う思想については、本書のⅡ、第2章、B、e「プラス価値ではなくマイナス価値を」とその注(43)、Ⅱ、第2章、D、a「無欲・不欲の提唱」とその注(130)を参照。

(85) 第七十二章後半の内容と趣旨については、本書のⅡ、第2章、B、e「プラス価値ではなくマイナス価値を」とその注(46)、Ⅱ、第2章、C、b「無知・不知の提唱」とその注(85)を参照。

前半の傍線部分の解釈には古来、適切なものがない。「亓《そ》(其)の居《お》る所に閘《な》(狎)るる母《な》(毋)かれ、亓(其)の生《い》くる所に猒《あ》く母《な》かれ。夫《そ》れ唯《た》だ猒《あ》かず。」の主語は、統治者である。底本(馬王堆甲本)の「母(毋)」は、乙本・北京大学簡も「母」に作り、通行本(王弼本)は「無」に作るが、禁止の意を表わす否定詞。底本(馬王堆甲本)の「閘」は、乙本は「伸」、北京大学簡は「柙」、通行本(王弼本)は「狎」にそれぞれ作る。「閘」「伸」「柙」などは「狎」の仮借字であろう。『春秋左氏伝』杜預注に「狎は、安習なり。」とある意で、狎れ親しんで侮ること。次の「猒《あ》く」の類義語でもある。諸説のほとんど全てが誤解する中で、呉澄『道徳真経註』七十二章が、「狎は、玩習なり。」と解釈したのが最もよい。「狎」の字義だけならば、武内義雄『老子の研究』第七十二章、木村英一『老子の新研究』七十二章もほぼ正解に達している。ところが、河上公本がこれを「狭」に作るために「狭」の字または意に取って、無理な解釈に走る者が中国でも日本でも非常に多い。一つには、「其の居《お》る所を狭むること無かれ」の一句を「かれら(人民)の住んでいる場所をせばめるな」と解釈する者がある。諸橋轍次『掌中　老子の講義』第七十二章、小川環樹『老子』第七十二章、蜂屋邦夫『老子』第七十二章である。二つには、一句を「(自分の安んずる所以を持って)居る所を狭くしない」と解釈する者がある。これには、加藤常賢『老子原義の研究』72のような外面的な解釈もあるが、多くは内面的なもの（内容は人によってまちまち）である。河上公『老子注』愛己第七十二、成玄英『老子義疏』民不畏威章、林希逸『老子鬳斎口義』民不畏威第七十二、蘇轍『老子解』七十二章、呂恵卿『道徳真経伝』七十二章、李嘉謀『老子註』七十二章、馮振『老子通証』七十二章などがこれを唱える。三つには、奚侗『老子集解』七十二章が、「狭」「陜」に「迫まる」の意があるところから、一句を「人民の居処を陜迫してはならない」と解釈したのに従う者がある。高亨『老子正詁』七十二章、高明『帛書老子校注』七十四、陳鼓応『老子註訳及評介』七十二章、金谷治『老子　無知無欲のすすめ』72などである。なお、「居《お》る所」は、居住する場所・土地のことではなく、統治者のいる社会的に高いポジションのことであろう。

「亓（其）の生《い》くる所に猒《あ》く毋《な》かれ」の一句も、大意は前句に類似する。底本（馬王堆甲本）・乙本の「猒」は、北京大学簡・通行本（王弼本・河上公本）は「厭」に作るが、両字は通仮する。許慎『説文解字』の「猒は、飽なり、足なり。」の意であり、満ち足りて飽き飽きすること。下文の二つの「猒」も同じ意味である。通行本の「厭」字については、従来より以下の三つの解釈に分かれていた。第一に、伝統的な古い説は「嫌う」の意としてきた。成玄英『老子義疏』民不畏威章、蘇轍『老子解』七十二章がそうであり、近代日本でも、武内義雄『老子の研究』第七十二章、諸橋轍次『掌中　老子の講義』第七十二章、などがこれに従う。第二に、「圧」の意、つまり圧迫することとする説がある。上文の「狎」を「狭」の字または意としたことに影響されて、近代以降はこの説も盛行しており、中国では、馬叙倫『老子校詁』第七十二章、朱謙之『老子校釈』七十二章など、日本では、金谷治『老子　無知無欲のすすめ』72、蜂屋邦夫『老子』第七十二章などが支持する。より古く、呂恵卿『道徳真経伝』七十二章もこの解釈であったらしい。第三に、「あく」と読んで満足するの意に取る説もある。木村英一『老子の新研究』七十二章、福永光司『老子』第七十二章などが唱える。この説が最もよいと考えるが、ただし、これらも文脈を把え損なっている。なお、「生《い》くる所」は、「人民の生業」などではなくて、上文の「居《お》る所」に類似して、統治者の得た豊かな生活のことであろう。

「夫《そ》れ唯《た》だ猒《あ》かず、是《ここ》を以《もっ》て猒《あ》かれず。」の一文については、参照に価いする解釈がない。前の「猒《あ》かず」の主語は統治者、後の「猒《あ》かれず」の主語は人民である（受け身に訓読したのは分かりやすさのため）。大意は「統治者は自分の地位・生活に満足して飽き飽きしない（謙虚である）ことによって、始めて人民から飽き飽きされる（嫌がられる）こともなくなる。」ということ。王弼『老子注』は、「自ら猒《あ》きず、是《ここ》を以て天下之に猒く莫し。」と注釈するが、「猒」字をいかに解釈したかの問題を除けば、これが最も優れている。

また、「夫《そ》れ唯《た》だ猒《あ》かず、是《ここ》を以《もっ》て猒《あ》かれず。」と同じ文型の文が『老子』中に他にもある。例えば、底本（馬王堆甲本）『老子』では、第二章に「夫れ唯《た》だ居らず、是《ここ》を以て去らず。」、第二十二章に「夫《そ》れ唯《た》だ争わず、故に能く之と争うもの莫《な》し。」、第七十章に「夫《そ》れ唯《た》だ知る无《な》し、是《ここ》を以《もっ》て我を知らず。」などとある。これらは、「声《せい》（聖）人《じん》」の柔弱・謙下の態度（「居らず」「争わず」「知る无し」）とその対象とする万物との間に発生する、ギブ・アンド・テイクの関係を画いており基本的に本章と同じである。
(86) 第七十四章の「殺すを司《つかさど》る者」とは、誰を指すのであろうか。河上公『老子注』に始まる旧来の通説は、ほとんど例外なく「天」や「道」であると言う。例えば、蘇轍『老子解』七十四章、呂恵卿『道徳真経伝』七十四章以来、近代日本の武内義雄『老子の研究』第七十四章、福永光司『老子』第七十四章、蜂屋邦夫『老子』第七十四章などがそうである。しかし、冷静になって考えてみると、犯罪者の処罰を「天」や「道」に任せるというのは、『老子』の思想としては大袈裟に過ぎるし、実際問題としては社会混乱を助長するだけではなかろうか。だから、単純に「首切り役人」と解釈すべきである。大濱晧『老子の哲学』の十三章「政治思想」、小川環樹『老子』第七十四章、高明『帛書老子校注』七十六だけがこの解釈である。
実は底本（馬王堆甲本）・乙本には、通行本（王弼本・河上公本）と大きく異なる点がある。それは、「常に殺すを司《つかさど》る者有り」の前に「若《も》し民恒《つね》に且《まさ》に必ず死を畏《おそ》れんとすれば」の一句があることである。この句は、章頭の「若《も》し民恒《たみつね》に且《まさ》に死を畏《おそ》れざらんとすれば」と対をなしており、これによって、老子がここで想定している社会状態が事変や戦争のない平時であって、章頭の「若《も》し民恒《たみつね》に且《まさ》に死を畏《おそ》れざらんとすれば」のような内乱や戦争に明け暮れるデスペレートな時代ではないことが明瞭となる。そうだとすれば、ここに大袈裟な「天」や「道」を持ち出す必要はないはずである。なお、この部分から、『老子』の法律・刑罰に対する新しい考え方を知ることもできよう。——法律・刑罰を全面的に否定するのではなく、限られた範囲の内で条件付きで容認するという考えである。

(87) 第七十九章の「大怨《たいえん》を和《わ》す」の「大怨」は、普通の大きな怨みを指すのではない。本章を引用した『文子』微明篇に、

　師を起こすこと十万、日に費やすこと千金。師旅の後は、必ず凶年有り。故に兵なる者は、不祥の器なり、君子の宝に非ざるなり。大怨《たいえん》を和《わ》すれば、必ず余怨《よえん》有り、奈何《いかん》ぞ其れ不善を為さんや。

とあるのによれば、戦争を行って攻撃した相手国から買う怨みを指す（本書のⅡ、第2章、D、b「無為・不為の提唱」の注（149）を参照）。

「介（契）」は、中国古代において売買・貸し借りその他の契約を行う場合の、当事者双方が取り交わす証明書・割り符の類を言う。一つの証明書を左右に割いて契約する双方が半分ずつ持つが、優位に立つ債権者が右の「契」（割り符）を執り、劣位に立つ債務者が左の「契」を執る、という慣習があった。本章が想定している契約の場面は、一般的な民間の売買や貸し借りではなく、主に当時の諸国家が互いに競争しあう状況下における、政治的・軍事的な協力関係を結ぶ同盟条約や戦争を終結させるために結ぶ平和条約などではなかったかと思われる。その詳細については、拙著『老子』第七十九章、【注釈】（二）を参照。「以て人を責《せ》めず」は、聖人は契約の債務者に対してその履行を責めたてたりはしないの意。ここでは、国家間の政治的・軍事的な条約について言う。それと同時に、これは次の一文における「有徳」者の態度でもある。逆に考えれば、「无徳」者は租税徴収（「勶（徹）」）の際に「以て人を責め」る苛斂誅求を行うが、老子はこれを容認しているのである。

「天道」あるいは「天の道」は、第四十七章に既出。「親しむこと无し」は、えこひいきしない、無私の意。「恒」は、「天道」の恒常不変性を示す言葉。「善人」は、第二十七章・第六十二章に既出。本章の場合、河上公『老子注』任契第七十九、成玄英『老子義疏』和大怨章、林希逸『老子鬳斎口義』和大怨章第七十九以来、「介《けい》（契）を司《つかさど》」る「有徳」者を指すとするのが通説である。しかし、この「有徳」者は、文脈上「聖人」であって「天道」サイドの存在であるから、その「天道」に味方される人間ではありえない。したがって、上文の「以て人を責《せ》めず」の「人」を指すと取らなければなるまい。「善人に与す」は、善人に味方する・善人を助けるの意。「夫《そ》れ天道は親しむこと无く、恒《つね》に善人に与《くみ》す。」は、上文の「聖人《せいじん》は右介《ゆうけい》（契）を執《と》りて、以て人を責《せ》めず。」の正しさの哲学的な根拠を示す命題である。「天道」のこのようなあり方をモデルにして、「聖人」つまり「有徳」者は政治や軍事を営み、また人間社会をも組織すべきだと、老子は主張しているわけである。

（88）「道《みち》を以《もっ》て天下に立《のぞ》（莅）む」の解釈を含む第六十章の章旨については、本書のII、第3章、B、a「「道」・柔弱・謙下・無為によって「邦」を統治する」とその注（27）を参照。

第六十章章末の一文の「両《ふた》つながら」が何と何との両つを指すか、また「徳は交《こも》ごも焉《これ》に帰《き》す」とはどういう意味かについては、若干見解が分かれる。多数派の通説は、両つとは「鬼」と「聖人」を指し、後句は「徳」が全て「人」に帰一するということと解釈する。本文を素直に読めばこの解釈しかありえない。その上、最古の『老子』解釈である『韓非子』解老篇がそのように解釈しているし、王弼『老子注』も同じ見解だから、これは当然の解釈であろう。近代日本でも、武内義雄『老子の研究』第六十章、木村英一『老子の新研究』六十章以下、いずれも同じ見解である。筆者もこれでよいと考える。ところが、中国には古くから、両つとは「人」と「鬼」であり、後句は人が鬼を傷つけず鬼が人を傷つけず、互いに恩徳を与えあうとする説があった。例えば、成玄英『老子義疏』治大国章、呂恵卿『道徳真経伝』六十章などである。また、両つとは「聖人」と「鬼」であるとする説もあった。例えば、河上公『老子注』居位第六十、林希逸『老子鬳斎口義』治大国章第六十である。これらの中には、「人」と「鬼」が互いに傷つけあわないのは、背後に「道」や「道」を抱いた「聖人」がいるからであって、だから彼らは「徳」を「道」や「聖人」に帰着させるとする解釈もある。蘇轍『老子解』六十章、李嘉謀『老子註』六十章、馮振『老子通証』六十章などである。こうした一見不可解な解釈が登場した因由は、本章の経文「聖人《せいじん》も亦《ま》た傷つけざるなり」の「傷つけず」には客語が欠けており（王弼本は「人」とある）、それを「鬼」であるとも解釈しうるという事情も与っていた（林希逸の場合）。

(89) 第二十六章の「静か」の倫理思想については、本書のII、第2章、B、b「雄《おす》よりも雌《めす》を、牡《おす》ではなく牝《めす》を」、II、第3章、D、c「やむをえず行う戦争」を参照。
「万乗の王」は、戦車一万輛を有する大国の王。ここでは戦国時代の各国の君主よりも、統一された天下の天子・皇帝を指しているようである。
「身を以て天下に巠《かろ》（軽）がろしくす」は、自分自身を天下という場で軽々しく取り扱うこと。木村英一『老子の新研究』二十六章、福永光司『老子』第二十六章、金谷治『老子 無知無欲のすすめ』26は、この一文を第十三章の、

身を為《おさ》むるを天下を為むるよりも貴べば、……。身を以《おさ》（為）むるを天下を為むるよりも愛すれば、……。

や、『荘子』在宥篇の、

身を以《おさ》（為）むるを天下を為むるよりも貴べば、……。身を以《おさ》（為）むるを天下を為むるよりも愛すれば、……。

と同じ思想と解釈するが、文脈を理解しないものである。「巠《かろ》（軽）がろしくす」は、上文・下文の「重きは巠《かる》（軽）きものの根《ね》為《た》り」「巠《かろ》（軽）がろしくすれば則ち本《もと》を失う」の「巠（軽）」と全く同じ言葉。統治者の天下という場における政治的態度の軽さ、権力の軽さ、ひいては威厳の軽さを言う。

「巠《かろ》（軽）がろしくすれば則ち本《もと》を失い、趮《さわが》しくすれば則ち君を失う。」は、本章冒頭の「重きは巠《かる》（軽）きものの根為《ねた》り、清《しず》（静）かなるは趮《さわが》しきものの君為《きみた》り。」を受けて、それに呼応する文である。天子・皇帝がもしも軽々しく騒がしい態度を取るならば、統治者としての根本・地位を失うことになる、という趣旨である。

(90) 黄老思想の特徴やそれが前漢初期に盛行した社会的背景については、本書のⅡ、第5章、A、b「「道」の重要性」、Ⅱ、第5章、D、b「自然思想の政治における君主像」を参照。

(91) 黄老思想の政治思想と哲学に含まれる、以上の相互に矛盾・対立しあう新旧二つの側面については、本書のⅡ、第5章、E、a「古い形而上学・存在論と新しい自然思想」、Ⅱ、第5章、E、b「道家の哲学と政治思想の危機」を参照。

(92) この見解の代表者は金谷治『秦漢思想史研究』である。該書の第二章、第一節「呂太后の専制と道家的保身」、および第二章、第三節「黄老の術について」を参照。

(93) 『老子』の政治思想におけるこの二律背反については、本書のⅡ、第5章、E、a「古い形而上学・存在論と新しい自然思想」を参照。

# 第4章　『老子』の養生思想

「養生」すなわち「生命を長らえさせる」とは、個人が病気にかかったり不慮の事故にあって横死したりせず、「天」から与えられた生命を本来のままに生き尽くすことを意味する。

## A　先秦儒教にとっての養生

「養生」という言葉の中国古典文献の中に残っているものとしては、『孟子』に見えるものが最も早い例であろう。『孟子』梁恵王上篇に次のようにある。

(孟子) 曰わく、「……農時の違《たが》わざれば、穀は勝《あ》げて食《くら》う可《べ》からざるなり。数罟《さくこ》洿池《おち》に入らざれば、魚鼈《ぎょべつ》は勝げて食う可からざるなり。斧斤《ふきん》時を以て山林に入れば、材木は勝げて用う可からざるなり。穀と魚鼈と、勝げて食う可からず、材木も勝げて用う可からず。是《これ》民をして生を養い死を喪《おく》(送) りて憾《うら》み無からしむるなり。生を養い死を喪《おく》(送) りて憾《うら》み無きは、王道の始めなり。」と。

この「生を養う」は、「民」の生活を維持するというほどの単純な内容のものであって、後に老子などの道家の思想家たちが言う、哲学的な意味を賦与された複雑な「養生」にはまだなっていない。ここでは末尾に「王道の始めなり」とあって、やや高い評価を与えているように見えるが、しかし、孟子は儒家の倫理思想の立場から、この「養生」を「民」のものでしかないとして、結局、低く評価した。また、同じく離婁下篇に次のようにある。

孟子曰わく、「生を養うなる者は以て大事に当つるに足らず。惟《た》だ死を送ることのみ以て大事に当つ可し。」と。

「民」が自ら生を養う[1]ことを、「大事」と見なすことはできないと明言するのだ。

このように「養生」という課題が切実であるのは人民であり、それなりに意義があると認めはするものの、しかしこれに高い評価を与えることがないのは、戦国末期の儒家荀子も同様であった。例えば、『荀子』儒効篇には、

俗に従うを以て善と為し、貨財を以て宝と為し、生を養うを以て己の至道《しどう》と為す、是《これ》民の徳なり。……是《かく》の如くなれば則ち勁士《けいし》と謂う可し。……是《かく》の如くなれば則ち篤厚《とっこう》の君子と謂う可し。……是《かく》の如くなれば則ち聖人と謂う可し。

とあり、社会全体の構成を倫理的な観点から「民」「士」「君子」「聖人」の上下四階層から成るとしながら、「養生」はせいぜいのところ最下層の「民」のマクシムでしかなく、「士」「君子」「聖人」のごとく階層が上になるに連れて、マクシムは段階を追って重要になっていくのだと言う。また、同じく栄辱篇にも、

> 夫れ天 蒸民《じょうみん》を生ずるに、之を取る所以《ゆえん》有り。……是《これ》天子の天下を取る所以なり。……是諸侯の国家を取る所以なり。……是士大夫の田邑を取る所以なり。……是官人百吏の禄秩を取る所以なり。孝悌原愨《こうていげんかく》、軥録疾力《こうろくしつりょく》して、以て其の事業を敦比《とんび》して、敢えて怠傲《たいごう》せず。是庶人の煖衣飽食《だんいほうしょく》、長生久視《ちょうせいきゅうし》して、以て刑戮《けいりく》を免《まぬか》るるを取る所以なり。……是姦人《かんじん》の危《き》辱死刑《じょくしけい》を取る所以なり。

とあり、儒効篇とほぼ同様に、社会全体の構成を「天子」「諸侯」「士大夫」「官人百吏」「庶人」「姦人」の六階層から成るとしつつ、各階層の獲得する（「取る」）ものとその条件（「取る所以」）を分析的に画く。その「庶人」は儒効篇の「民」と同じであり、この階層の獲得するものは「煖衣飽食《だんいほうしょく》、長生久視《ちょうせいきゅうし》して、以て刑戮《けいりく》を免《まぬか》るる」ことであるが、その中の「長生久視」は養生思想の専門術語であり、不老長寿の意に他ならない(2)。

以上に検討した孟子と荀子の二人の文章から、一般に、戦国時代末期までの儒家の思想家たちが「養生」に対して、基本的に冷淡な態度を取ったことを知ることができる。

## B　養生思想の誕生と初期道家の養生

そもそも中国古代の養生の説は、老子や道家が歴史上初めて提唱した思想・技術ではない。逆に、初期道家の誕生に先だつかまたは並ぶ戦国中期から後期にかけて、楊朱《ようしゅ》・子華《しか》子《し》・詹何《せんか》などといった、人間の生命・身体の充実を重んずる思想家たちが活動しており、彼らの思想が、『老子』や道家の養生思想の形成に何らかの影響を与えたのではないかと思われる。これらの思想家たちの生涯や思想について確実に言えることは少ししかないけれども、大体の状況から判断して両者の間には繋がりがあったように感じられる。

### a　楊朱《ようしゅ》の「我《われ》」の重視

孟子の同時代人で、やや年長であるらしい楊朱は、『孟子』滕文公下篇に、

孟子曰わく、「……聖王作《お》こらず、諸侯放恣《ほうし》に、処士横議《おうぎ》し、揚朱・墨翟《ぼくてき》の言、天下に盈《み》つ。天下の言は、揚に帰せざれば則ち墨に帰す。楊氏《ようし》は我《わ》が為《た》めにす。是《これ》君を無《な》みするなり。墨氏は兼ね愛す、是《これ》父を無《な》みするなり。父を無みし君を無みするは、是禽獣《これきんじゅう》なり。……揚墨《ようぼく》の道息《や》まざれば、孔子の道は著《あき》らかならず。是《これ》邪説 民を誣《し》い、仁義を充塞《じゅうそく》するなり。仁義充塞すれば、則ち獣を率いて人を食《は》ましめ、人将《まさ》に相い食まんとす。」と。

のように現われ、また、同じく尽心上篇に、

孟子曰わく、「楊子《ようし》は我が為めにす。一毛《いちもう》を抜いて天下を利するも、為さざるなり。墨子は兼ね愛す。頂《いただ》きを摩《ま》し踵《きびす》に放《いた》りて天下を利するも、之を為す。」と。

のように現われるのが最も早い。二つの文章中では、墨翟《ぼくてき》の兼愛説《けんあいせつ》（相互愛の普遍化を説く）と対蹠的な立場に立つ為我説《いがせつ》（自身の保全を最優先すべしと説く）を唱えたが、ともに「孔子の道」を妨害する思想として孟子から言葉を極めて非難されている。

この楊朱は、『呂氏春秋』不二篇で、

群衆人《ぐんしゆうじん》の議を聴きて以て国を治むれば、国危《あや》うきこと日無からん。何を以て其の然るを知るや。老耽《ろうたん》は柔らかきを貴び、孔子は仁を貴び、墨翟《ぼくてき》は……、関尹《かんいん》は……、子列子《しれつし》は……、陳駢《ちんへん》は……、陽生《ようせい》は己《おのれ》を貴び、孫臏《そんぴん》は……、王廖《おうりよう》は……、児良《げいりよう》は……。

のように、当時の十人の有力な思想家に数えられて、その「己《おのれ》を貴ぶ」の説が挙例されている。また、『淮南子』氾論篇では、

> 兼ね愛し賢《かしこ》きを上《とうと》び、鬼を右《とうと》んで命を非とするは、墨子の立つる所なり。而《しか》れども楊子は之を非とす。性《せい》を全《まっと》うし真《しん》を保ち、物を以て形《かたち》を累《わずら》わさざるは、楊子の立つる所なり。而れども孟子は之を非とす。

と描写されてもいる。このように前漢初期になると、それ以前の先秦時代の諸思想の歴史の整理が行われて、その中で道家という学派の勢力拡張が押し進められたために、従来は楊朱のものとは認められていなかった「真《しん》を保つ」も、彼の唱えた思想ということになった。かくして、時の経過とともに次第に道家に吸引されてしまった思想家なのである。

以上の資料の中で最も信用できる『孟子』によれば、楊朱の思想は、「君」や「天下」に代表される政治的な秩序や価値の反対の極に「我」を置いて、その「我」を何にもまして重要と考えるものであった。

### b　子華子《しかし》と詹何《せんか》の生命・身体の重視

以上の楊朱と似たところのある思想家が、『呂氏春秋』審為篇に二人登場する。

一人は、子華子である。子華子は韓の昭釐侯《しょうきこう》（昭侯に同じ。前三六二年ごろ～三三三年在位）に向かって、

> 韓魏《かんぎ》相い与《とも》に争いて地を侵《おか》す。……子華子曰わく、「今天下をして銘《めい》を君の前に書かしめ

ん。之を書きて曰わく、「左手之を攫《つか》めば則ち右手廃《はい》し、右手之を攫めば則ち左手廃す。然れども之を攫めば必ず天下を有す。」と。君将《まさ》に之を攫まんとするか、亡《も》しくは其れ不《しから》ざるか。」と。昭釐侯曰わく、「寡人《かじん》は攫まざるなり。」と。子華子曰わく、「甚だ善し。是に自りて之を観れば、両臂《りょうひ》は天下よりも重きなり、身は又た両臂よりも重し。韓の天下よりも軽きこと遠く、今の争う所の者は、其の韓よりも軽きこと又た遠し。君固《まこと》に身を愁《うれ》えしめ生を傷つけて、以て得ざるを憂臧《ゆうせき》〈戚〉せんや。」と。昭釐侯曰わく、「善し。寡人に教うる者衆《おお》きも、未《いま》だ嘗《かつ》て此の言を聞くを得ざるなり。」と。

のごとく、自己の生命・身体の方が「天下」や韓国の支配権を握ることよりも重要であることを諭《さと》している。

『呂氏春秋』審為篇のこの文章は、後に『荘子』譲王篇に取られた。そのために、子華子のことを完全な道家の思想家と見なす学者もいるが、しかしそれは誤り。あくまで道家の先駆者と考えるべきである。(3) なぜなら、自己の生命・身体の方が「天下」の支配権を握ることよりも重要だ、というような割り切った思想は単に道家だけでなく、『呂氏春秋』審為篇とほぼ同じ時代に、他に儒家・墨家の思想家たちも容認するようになっていたからである。例えば、前漢初期の儒家の作である馬王堆帛書『五行』第十四章説に、

「感《した》（戚）しみて之を信《まこと》にするは、親しむなり。」とは、亓《そ》（其）の〔感しみ〕を信にするを言うなり。而《なんじ》の四《し》體《たい》（体）を撾《さ》（剮）けば、女《なんじ》（汝）に天下を予《あた》えんというも、為さざるなり。如《なんじ》（汝）の兄弟を撾《さ》（剮）けば、女（汝）に天下を予《あた》えんというも、悉《まよ》（迷）わざるなり。是《これ》之を信にするのみ。亓（其）の〔感〕しみを信にして、而《しか》る笱《のち》（後）に能く相い親しむなり。……「父を愛して、亓（其）の殺《つぎ》（継）に人を愛するは、仁なり。」とは、父を愛して、而る笱（後）に人に及ぶを言うなり。父を愛すれども亓（其）の鄰〔の〕子を殺すは、未だ仁と胃《い》（謂）う可からざるなり。

とあり、(4)また、戦国末期の墨家の作である『墨子』貴義篇に、

子墨子《しぼくし》曰わく、「万事　義よりも貴きは莫し。今　人に謂いて曰わく、「子に冠履《かんり》を予《あた》うれども、子の手足を断《た》てば、子は之を為すか。」と。必ず為さざらん。何の故となれば、則ち冠履は手足の貴きに若《し》かざればなり。又た曰わく、「子に天下を予《あた》うれども、子の身を殺せば、子は之を為すか。」と。必ず為さざらん。何の故となれば、則ち天下は身の貴きに若《し》かざればなり。一言を争いて以て相い殺すは、是《これ》義の其の身よりも貴ければなり。故に曰わく、「万事　義よりも貴きは莫し。」と。」と。

とあるのを見られたい。これらは、『呂氏春秋』審為篇と同じような、「天下」の支配権より

も個人の「養生」を重視する思想を熟知した上で、しかしそれよりも価値の高い「仁」（『五行』の場合）や「義」（『墨子』の場合）の実践を主張した文章である。このように、当時、道家以外の思想家たちも、自己の生命・身体の方が「天下」の支配権を握ることよりも重要だというような思想は、ある程度まで共通・一致して述べていたのである。

ところで、『五行』第十四章説と『墨子』貴義篇は、こうした共通認識の基礎の上に立って、それぞれの抱く「仁」や「義」を「養生」以上に高い倫理的価値として押し出している。その「仁」と「義」は、儒家と墨家という唱える学派の相異に伴って同じ内容ではないし、また、前漢初期や戦国末期という時代の新古によっても異なる場合が多いけれども、両学派、特に儒家が「養生」に絶対的な価値を与えていない点に、我々は注目する必要がある。と言うのは、上文で述べたように、戦国中期までの儒家は、「養生」を一定の意義があるものと認めはするものの、所詮《しょせん》「民」「庶人」のマクシムであるとして冷淡な態度を取った。戦国末期の儒家も、「民」「庶人」の「養生」のさらに上に、「士」「君子」「聖人」や「官人百吏」「士大夫」「諸侯」「天子」のより高い倫理的な諸価値の実現を位置づけた。それ故、本項の『五行』第十四章説の「養生」に対する態度は、先秦儒家のそれと同じメダルの裏表と見なすことができるからであり、前漢初期という新しい時代を迎えて、儒家が「養生」に対して取った態度の新展開と認めることができるからである。

『呂氏春秋』審為篇《ちゅうざん》には、もう一人、老子や道家に先だつ「養生」思想家が登場する。詹何《せんか》である。詹何は、中山の公子牟《こうし　ぼう》（魏牟《ぎぼう》に同じ。前二六六年ないし二五五年～二五一年以降）

との間に、次のようなやり取りがあった。

> 中山《ちゅうざん》の公子牟《こうしぼう》　詹子《せんし》に謂《い》いて曰わく、「身は江海《こうかい》の上《ほとり》に在るも、心は魏闕《ぎけつ》の下に居《お》り。奈何《いかん》せん。」と。詹子曰わく、「生を重んぜよ。生を重んずれば則ち利を軽んず。」と。

このように、「生《せい》を重んぜよ。生を重んずれば則ち利を軽んず。」などと「養生」思想を教えている。『呂氏春秋』審為篇のこの文章も、後に『荘子』譲王篇と『淮南子』道応篇に取られている。[5]

以上のように、「養生」の説や術は、道家にとって先行する外来の思想であった。やがて戦国末期以後になると、学派の相異を越えて広く唱えられ実践されるようになっていったが、道家もまた戦国末期以前からこれを本格的に取り入れるようになり、その思想が『荘子』養生主篇を始めとして道家系の諸文献の至るところに顔を出している。

### c　初期道家にとっての養生

道家の思想家たちが「養生」思想を外から取り入れた時代がいつであるかは、正確には分からない。状況から判断して、恐らく戦国末期より少し前であろうと推測するしかない。けれども、道家も最初から手放しでこの外来の新思想を賛美していたのではなく、最初は道家の従来の伝統的な諸思想を重んずる立場に立って、「養生」に対して独自のクレームをつけていた。この点は、上述の儒家・墨家がそれぞれの立場から独自のクレームをつけていたのと似ており、現存する道家の諸文献にそのクレームが残されている。

ここでは、『荘子』『淮南子』における人為的に追求した「養生」へのクレームを検討しておきたい。例えば、前漢初期に成った『荘子』刻意篇に、

吹呴《すいく》（欨）呼吸《こきゅう》し、故《ふる》きを吐《は》き新しきを納《い》れ、熊経鳥申《ゆうけいちょうしん》して、寿《いのちなが》きを為すのみ。此道《どう》（導）引《いん》の士、形を養うの人、彭祖《ほうそ》の寿考《じゅこう》なる者の好む所なり。夫《そ》れ……道《どう》（導）引《いん》せずして寿《いのちなが》きが若《ごと》きは、忘れざる無きなり、有《ゆう》せざる無きなり、澹然《たんぜん》として極《きわ》まり無くして、衆美《しゅうび》之《これ》に従う。此《これ》天地の道、聖人の徳なり。故に曰わく、「夫れ恬惔寂漠《てんたんせきばく》、虚無無為《きょむむい》は、此《これ》天地の平《へい》にして、道徳の質《しつ》なり。」と。……平易恬惔なれば、則ち憂患《ゆうかん》も入《い》る能《あた》わず、邪気《じゃき》も襲《い》る能わず。故に其の徳全《まった》くして神虧《しんか》けず。

とある。「吹呴《すいく》（欨）呼吸し、故《ふる》きを吐《は》き新しきを納《い》れ、熊経鳥申《ゆうけいちょうしん》して、寿《いのちなが》きを為すのみ。」という内容の「道（導）引」による「形を養う」術を、『荘子』刻意篇は「天地の道、聖人の徳」に反すると考えて否定的に評価する。その「天地の道、聖人の徳」は、すぐ下文で「恬惔寂漠《てんたんせきばく》、虚無無為《きょむむい》」と同一視されているとおり、反人為の境地に他ならない。道家がこうした「導引」の術を取り入れたのは、以下に引用する諸資料に基づくならば、前漢初期に入ってからのことであるが、その少し前に『老子』原本の編纂は最初の第一歩を踏み出し

ていた。しかし、当時『荘子』刻意篇がこれを人為的な術と見なしてクレームをつけるなど、決して手放しで賛美していたわけではなかったのである。それだけでなく、それと同時かまたはそれ以前の他の道家も、養生思想と接触した当初から同様のクレームをつけていたと推測される。

『荘子』刻意篇中の「吹呴（欨）呼吸し、故きを吐き新しきを納れ、熊経鳥申す。」などという「導引」の術に注目してみると、しばらく後にこれを踏まえて成った『淮南子』に、以下のような文章がある。

吹呴《すいく》呼吸《こきゆう》し、故《ふる》きを吐《は》き新しきを内《い》れ、熊経鳥伸《ゆうけいちようしん》し、鳧浴蝯躩《ふよくえんかく》し、鴟視虎顧《ししここ》するが若《ごと》きは、是形《これかたち》を養うの人なり、以《もつ》て心を滑《みだ》すに〔足〕らず（精神篇）。

今夫《そ》れ王喬《おうきよう》・赤誦子《せきしようし》は、吹嘔《すいく》（欨）呼吸し、故《ふる》きを吐《は》き新しきを納《い》れ、形を遺《わす》れ智《ち》を去り、素《そ》を抱き真《しん》に反《かえ》りて、以て玄眇《げんみよう》（妙）に遊び、上 雲天《うんてん》に通ず。今其の道を学ばんと欲し、其の気を養い神を処《お》らしむることを得ずして、其の一《ある》いは吐き一《ま》いは吸い、時に詘《かが》（屈）み時に伸ぶるを放《なら》えば、其の雲に乗り升仮《しようか》する能《あた》わざること、亦た明らかなり（斉俗篇）。

王喬《おうきよう》・赤松《せきしよう》は塵埃《じんあい》の間を去り、群慝《ぐんとく》の紛《みだ》れを離れ、陰陽の和を及《す》（吸）い、天地の精を食《くら》い、呼《は》きて故《ふる》きを出だし、吸いて新しきを入れ、虚しきを喋《ふ》（蹀）み軽く挙がり、雲に乗り霧に遊ぶ。性を養うと謂う可きも、未だ孝子《こうし》と謂う可《べ》からざるなり（泰族篇）。

これらは、いずれも「導引」の術を内容とする「養生」を画くけれども、決して手放しで賛美することはなく、道家の立場（精神篇と斉俗篇）または儒家の立場（泰族篇）に立った上で、これに批判を加えるのである。

ついでに述べれば、『史記』留侯世家によれば、前漢初期の功臣張良は、

留侯《りゅうこう》は性 病い多し、即ち道（導）引して穀《こく》を食《くら》わず、門を杜《と》ざして出でざること歳余なり。……留侯乃ち称して曰わく、「……願わくは人間《じんかん》の事を棄て、赤松子《せきしょうし》に従いて游《あそ》ばんのみ。」と。乃ち辟穀《へきこく》を学び、道（導）引して身を軽くす。

とあるように、「導引」の術を行っている。また、『漢書』王吉伝には、儒者である王吉が昭帝（前八七年〜七四年在位）にあてた上疏文の中に、

休《いこ》うには則ち俛仰詘《ふぎょうくつ》（屈）信《しん》（伸）して以て形を利《り》し、進退歩趨《ほすう》して以て下《した》を実《じつ》にし、新しきを吸い故《ふる》きを吐《は》きて以て臧《ぞう》（臓）に練《ね》り、意を専《もっぱ》らにし精を積みて以て神《しん》を適《やわら》ぐれば、以て生を養うに於いて、豈に長ならずや。

などとある。「導引」の術が時代が下るに従って次第に、学派のいかんを問わず何の批判も

伴わずに支持されるようになっていった状況が窺われるであろう。さらにその後、神仙・道教が流行するにつれて、ますます盛んになっていったことについては、『後漢書』方術列伝や『三国志』の『魏書』方技伝などを参照されたい。

『荘子』からもう一例、人為的に追求した「養生」へのクレームを挙げよう。戦国末期ないし前漢初期の成書と考えられる『荘子』達生篇に、次のようにある。

生《せい》の情《じょう》に達《たつ》する者は、生《せい》の以て為す无《な》き所を務めず。命《めい》の情に達する者は、知《ち》の奈何《いかん》ともする无き所を務めず。……悲しいかな、世の人の形を養えば以て生を存するに足ると以為《おも》うや。而《しか》れども形を養うも果《は》たして以て生を存するに足らざれば、則《すなわ》ち世は奚《なん》ぞ為すに足らんや。夫れ形を為むるを免れんと欲すれば、世を棄《す》つるに如《し》くは莫《な》し。世を棄つれば則ち累《わずら》い无く、累い无ければ則ち正平《せいへい》に、正平なれば則ち彼《かれ》と更生《こうせい》し、更生すれば則ち幾《まった》し。事《こと》は奚《なん》ぞ棄つるに足りて、生《せい》は奚ぞ遺《わす》るるに足るか。事を棄つれば則ち形労《つか》れず、生を遺るれば則ち精虧《せいか》けず。夫《そ》れ形全《まった》く精復《せいふく》すれば、天と一《いつ》と為る。天地なる者は、万物の父母なり。合すれば則ち体《たい》を成《な》し、散ずれば則ち始めを成す。形精 虧《か》けず、是《これ》を能《よ》く移《うつ》ると謂う。精《せい》にして又《ま》た精にすれば、反《かえ》りて以て天を相《たす》く。

ここでは、「形を養う」「生を有つ」という内容の人為的・執着的な「養生」を効果がないと言って退け、それらに代わって「世を棄つ」「生を遺《わす》る」という内容の自然的・無執的な「養生」を提唱する。荘子によれば、後者は身体も疲れず精気も損われない真の「養生」であるが、それは「天と一《いつ》と為る」「反《かえ》りて以て天を相《たす》く」、言い換えれば天地の万物を化育する働きに参加する、規模壮大な哲学的な「養生」なのであった。

『荘子』達生篇の冒頭の「生《せい》の情《じょう》に達《たつ》する者は、生《せい》の以て為《な》す无き所を務めず。命《めい》の情に達する者は、知《ち》の奈何《いかん》ともする无き所を務めず。」は、上述のとおり、人為的・執着的な「養生」の批判に根拠を提供した文である。その後に成った道家の諸文献でこの文を引用するものがいくつかあるけれども、しかし、これを根拠にして「養生」を批判するものは存在しないようである。それどころか、むしろ養生思想を根拠づけるためにこれを引用する場合が大多数なのだ。この現象も、上述したような「導引」の術が時代が下るに従って何の批判も伴わずに支持されるようになっていった状況と、軌を一にするものではなかろうか。その例は『淮南子』俶真篇・詮言篇・泰族篇、『文子』下徳篇・九守篇などに現われるが、ここでは『淮南子』詮言篇の例を一つだけ掲げておく。

故に性の情に通ずる者は、性の以て為す無き所を務めず。命《めい》の情に達する者は、命の奈何《いかん》ともする無き所を憂えず。……詹何《せんか》曰わく、「未だ嘗《かつ》て身治まりて国乱るる者を聞かざるなり、未だ嘗て身乱れて国治まる者を聞かざるなり。」と。……身なる者は、事の規矩なり。未だ己を枉《ま》げて能く人を正す者を聞かざるなり。

この文章は、『荘子』達生篇の冒頭とほぼ同じ、

性の情に通ずる者は、性の以て為す無き所を務めず。命《めい》の情に達する者は、命の奈何《いかん》ともする無き所を憂えず。

を引用した後、前項で見た「養生」思想家詹何《せんか》の言葉を引用する。その「身治まる」は身体が養生されるの意、「身乱る」は身体が養生されないの意であって、その言葉は、個人の養生の成否が国家の治乱の根本であるとして、養生が政治的な意義を持つことを誇張したものである。『荘子』達生篇の冒頭の文章が、真逆《まぎやく》の意味に方向転換させられて養生を根拠づけるために使用されていることは、一見して明らかである。

以上のように、道家の諸文献で戦国末期〜前漢初期に成ったものの中には、新しい外来の養生思想に対して、道家の従来の伝統的な諸思想を重んずる立場から、独自のクレームをつけるものが少なくなかった。しかし、前漢、武帝期あたりを境目に時代が下れば下るほど、道家も「養生」を何のクレームもつけずに支持するようになっていったのである。

## C 『老子』の養生思想

### a 『老子』中に残る養生批判

『老子』の中には、前漢初期の底本（馬王堆甲本）は言うに及ばず、戦国末期の郭店本にも「養生」を批判する個所がある。これらは、より古い道家の伝統的な諸思想に基づいてクレームをつけたものと考えられる。例えば、『老子』第五十五章に、

〔徳を含むこと〕の厚《あつ》き〔者は〕、赤子《あかご》に比《なぞら》う。……生を益《ま》すを祥《わざわ》（妖）いと曰い、心 気を使うを強《つよ》しと曰う。〔物壮《さか》んなれば〕即《すなわ》ち老《お》ゆ、之《これ》を道ならずと胃《い》（謂）う。〔道なら〕ざれば蚤《はや》（早）く〔已《や》む〕。

とあり、養生に成功するためには、「赤子」のように「徳」を「厚く含ま」なければならず、目的意識的に「生を益《ま》し」たり、「心」が体内の「気」を無理にコントロールしたりするような養生は、「道ならず」でしかないとして言葉を極めて退けている。(6)

また、『老子』第七十五章の「生を求む」「生を貴ぶ」も、当時の養生思想の一種であるが、老子はこれをも「死を巠《かろ》（軽）んず」るあまりに養生に失敗するやり方だとして明確に否定する。

民の死を巠《かろ》（軽）んずるは、亓《そ》（其）の生《せい》を求むるの厚《あつ》きを以てなり、是《ここ》を以て死を巠（軽）んず。夫《そ》れ唯《た》だ生《せい》を以て為《な》す无《な》き者は、是《これ》生を貴《とうと》ぶより賢《まさ》れり。

とあるように、ひたすら長生きすることを求めてあれこれと人為を弄しないやり方こそが、真の養生を可能にする、と言うのである。(7) さらに、『老子』第七章に、

天は長く地は久《ひさ》し。天地の能《よ》く〔長く〕且《か》つ久しき所以《ゆえん》の者は、其の自《みずか》ら生きんとせざるを以てなり、故に能く長生す。是《ここ》を以て声《せい》（聖）人《じん》は其の身を芮《しりぞ》（退）けて身先んじ、其の身を外にして身存す。其の〔私《わたくし》〕无《な》きを以てならずや、故に能く其の私を成す。

とあり、(8)『老子』第五十章に、

生《せい》に〔出《い》でて、死に入《い》る。生の徒《と》は十に三〕有り、〔死の〕徒は十に三有り、而《しこ》うして民の生生《せいせい》として、動きて皆な死地《しち》に之《ゆ》くもの之《こ》れ十に三有り。夫《そ》れ何の故《ゆえ》ぞや、亓《そ》（其）の生生たるを以《もっ》てなり。蓋《けだ》し〔聞く、「善《よ》く」〕生を執《と》る者は、……矢《じ》（兕）も亓《そ》（其）の角《つの》を椯《つ》（揣）く所无《な》く、虎も亓（其）の蚤《つめ》（爪）を昔《お》（措）く所无く、兵も〔亓（其）の刃《やいば》を〕容《い》るる所无し。」と。〔夫《そ》れ〕何の故《ゆえ》ぞや、亓《そ》（其）の死地《しち》无きを以てなり。

とある。(9) 第七章では「自《みず》ら生きんと」し「身存す」に努める養生思想を否定して、「天地」のあり方をモデルに「自《みず》ら生きんとせず」「身を外にす」る真の養生を推奨する。また、第五十章では「生生として」生きることを強く求める民衆の養生願望を、かえって正反対の「死地に之く」要因だとして戒める。恐らく、生きることに関して何の人為をも弄しないやり方こそが、真の養生に繋がると言うのであろう。

以上、『老子』の中に残る養生に対する批判を検討してきた。これらは数量の上では多いとは言えず、逆に言えば、『老子』にはむしろ手放しで養生を賛美する文章が普通である。それは『老子』の養生思想には、道家が養生を取り入れてから少し時間が経った後の、主に前漢初期に成ったものが多いからだと思われる。とは言え、以上に見た養生へのクレームは、前項で検討した『荘子』『淮南子』の養生批判と基本的に同じ内容・性質を持っている。すなわち、道家の従来の思想伝統、特に反人為を重んずる立場から、養生の人為性に対してクレームをつけたのである。新来の養生に対するこうした態度は、本項の最初に引用・分析した『老子』第五十五章が馬王堆両本だけでなく郭店本にも含まれるところから、道家としては戦国末期以前にすでに始まっていたことと推測される。そして、この点は、上述したように、先秦時代の儒家・墨家がそれぞれの立場を維持しつつ独自の批判を展開して新来の養生思想に対処したのと類似する現象であった。

### b　「道」「徳」の把握によって養生を実現する

道家はなぜ養生思想を受容したのであろうか。——本書の上文ですでに述べたように[10]、初期道家の万物斉同の哲学は、世界の真実態を「一の無」と把えるのがその最終段階であったが、このような哲学をそのままの形で保持していながら同時に個人の生命・身体を重視する思想を抱くというのは、まずありえない話ではなかろうか。それ故、彼らが養生思想を受容するようになるのは、古い万物斉同の哲学を放棄して、一方で「一の無」を「道」の属性に限定しつつ保持しながら、他方で「万物」の「多の有」性を回復していった戦国末期よりやや以前のことであろうと推測される。道家による養生思想の受容は、このような形而上学上・存在論上の方向転換と表裏一体の関係にあった。ただし、以上のような事情は、道家による養生思想の取り入れの一般的な条件の説明にはなっても、具体的な原因・理由の説明としては不十分と感じられる。

具体的な因由は、つまるところ、道家の思想家たちの書いた実際の養生思想の中に見出されなければなるまい。ここでは行論の便宜のために、あらかじめ答えを出しておく。——老子を含む道家の思想家たちがその思想的営みにおいて最も重視していたものは、第一に、「道」や「徳」を把握することであった。第二に、やや拡大して言えば、「道」「徳」と密接に関連し「道」「徳」の一部を成す「無知」「無欲」「無為」などに到達することであった。両者の思想的営みにおいて、養生は修道者が「道」「徳」を把握することに成功したために生じた具体的な成果と認められたのである。この時、養生と「道」「徳」の把握との関係は、『老子』などの比較的古い思想にあっては「道」「徳」の把握が主目的で、養生はその副産物であると位置づける傾向が強いけれども、時間の経過とともに、逆に養生が主目的で、「道」「徳」の把握はその背景であると位置づける傾向も現われてくる。

本項では、まず第一の、「道」「徳」の把握によって養生がもたらされるとする養生思想について考察したい。例えば、『老子』第十章に、次のようにある。

営魄《えいはく》（魄）に戴《の》（載）り一《いち》を抱《いだ》きて、能《よ》く离《はな》（離）るること毋《な》からんか。気を槫《もつぱ》（専）らにし柔《やわ》らかきを至《きわ》（致）めて、能く嬰児《えいじ》たらんか。脩除玄藍《しゅうじょげんかん》（鑑）して、能く疵《きず》つくこと毋《な》からんか。(11)

ここでは、「一」という「道」を抱いてそれから離れないことを中心に、「気を槫《もつぱ》（専）らにし柔《やわ》らかきを至《きわ》（致）め」るという養生の技をも伴いつつ、「嬰児」の生命力を身に宿す養生上の成果を挙げる願望が語られている。また、『老子』第三十章に、次のようにある。

是《これ》を（果《か》）にして強《きよう》たらずと胃《い》（謂）う。物壮《さか》んにして老《お》ゆ、是《これ》を之道《これみち》ならずと胃（謂）う。道ならざれば蚤《はや》（早）く已《や》む。

本章下段の「物壮《さか》んにして老《お》ゆ、是《これ》を之道《これみち》ならずと胃（謂）う。道ならざれば蚤《はや》（早）く已《や》む。」は、最古の郭店本にはなく、馬王堆両本に至って始めて現われた文章である。「物」が強・壮であることは「道」に対する違反であり、そうなると「物」は早々に「老い」また「已む」のだという内容である。(12) これは、「道」の把握がなければ養生は不可能とする養生思想であろうが、同時にまた戦争政策を批判した政治思想と見ても悪くはなく、そのように見れば上下首尾一貫した一章となる。

また、『老子』第五十二章に、次のようにある。

天下に始《はじ》め有り、以《もっ》て天下の母《はは》と為す。旣《すで》（既）に亓《そ》（其）の母を得て、以て亓（其）の〔子を〕知り、〔旣《すで》（既）に亓（其）の子を知りて〕、復《ま》た亓（其）の母を守れば、身《み》を没《ぼっ》（歿）するまで殆《あや》うからず。亓《そ》（其）の閟《あな》（兌）を塞《ふさ》ぎ、亓（其）の門を閉《と》ざせば、身を終《お》うるまで堇《つか》（勤）れず。亓（其）の閟《あな》（兌）を啓《ひら》き、亓（其）の事《こと》を済《な》せば、身を終《お》うるまで〔来《かえ》らず〕。小《ちい》さきを〔見る〕を〔明《あき》らか〕と曰《い》い、柔《やわ》らかきを守るを強《つよ》しと曰う。亓（其）の光《ひかり》を用いて、亓（其）の明《あき》らかなるに復帰《ふっき》し、身《み》の央《わざわ》（殃）いを遺《のこ》す毋《な》き、是《これ》を常《つね》に襲《い》ると胃《い》（謂）う。

上段は、「天下の始め・天下の母」である「道」が「亓（其）の子」である「天下」の万物を生み出すという存在論または万物生成論を踏まえて、「万物」を知るだけでなく「道」を守ることが重要であり、それによって「身《み》を没《ぼっ》（歿）するまで殆《あや》うからず」という養生も可能になる、と唱える。[13] 中段は、いわゆる「和光同塵」風の文章を連ねながら、「道」の把握は人間が感覚・知覚の働きを全て停止して世界と合一することによって始めて達成されるが、それが「身を終《お》うるまで堇《つか》（勤）れず」という養生を可能にする、と説く。[14] 下段は、「至「小」かつ「柔」弱な「道」を把えることが、「身《み》の央《わざわ》（殃）いを遺《のこ》す毋《な》し」という養生を生み出す、と述べる。[15] このように、本章は全体が「道」の把握が養生を可能にするという養生思想で構成されているのである。

### c　養生と赤子・嬰児の比喩

前項の『老子』第十章の個所で見たように、『老子』には「道」の把握による養生思想を述べる場合に、「嬰児」や「赤子」の比喩・象徴を用いることがある。無知・無欲・無為の上に素朴であって、それ故「道」を把えた生命力にあふれる者として、『老子』には「嬰児」「赤子」のシンボルを挙げる例が他にもまだある。『老子』第五十五章に、次のように言う。

> 〔徳を含むこと〕の厚《あつ》き〔者は〕、赤子《あかご》に比《なぞら》う。……〔物壮《さか》んなれば〕即《すなわ》ち老《お》ゆ、之《これ》を道ならずと胃《い》（謂）う。〔道なら〕ざれば蚤《はや》（早）く〔已《や》む〕。

上文で見たとおり、「徳」を分厚く蓄えた者は「赤子」のように養生を実現できるとし、逆に「道」を把えていない者は「蚤《はや》（早）く已《や》ん」でしまい、養生はおぼつかないとする。
また、『老子』第二十章に、

我《われ》は泊《はく》（怕）焉《えん》として未だ佻《きざ》（兆）さず、〔嬰児《えいじ》の未だ咳《わら》わざるが〕若《ごと》く、纍《るい》（儽）呵《こ》（乎）として〔帰る所无《な》き〕が如《ごと》し。

とあり、『老子』第二十八章に、

其の雄《おす》を知り、其の雌《めす》を守れば、天下の渓《たに》と為《な》る。天下の渓と為れば、恒徳《こうとく》雞《はな》〈離〉れず。恒〈徳〉雞〈離〉れざれば、嬰児《えいじ》〔に〕復帰《ふっき》す。

とある。二つの「嬰児」は、基本的には無知・無欲・無為で純真・素朴な境地の比喩であろう[16]。しかし、特に第二十八章の「嬰児」には養生思想上の意味、すなわち「道」（本章では「恒徳」）の把握を通じて生命力が充溢してくることの比喩、という意味がこめられているように感じられる。

なお、養生思想は『老子』以外の道家の諸文献、『荘子』『淮南子』『文子』などにも頻繁に現われる。ここでは、「嬰児」「児子」を養生のシンボルとして挙げる例を、『荘子』から引いておく。『荘子』達生篇に、田開之という人物の言葉の中に、魯に単豹《ぜんぴょう》なる者有り、巌居《がんきょ》して水飲《すいいん》し、民と利を共《とも》にせず。行年《こうねん》七十にして、猶《な》お嬰児《えいじ》の色有り。

とあり、同じく庚桑楚篇に、老子の語った言葉として、

衛生の経は、……能く翛然《しょうぜん》たらんか、能く侗然《どうぜん》たらんか、能く児子《じし》たらんか。児子終日嘷《しゅうじつさけ》(号)びて嗌嗄《のどか》(嗄)れざるは、和《わ》の至りなり。終日握りて手挽《かが》まざるは、其の徳を共《とも》にすればなり。終日視て目瞚《まじろ》がざるは、偏《かたよ》ること外に在らざればなり。……是《これ》衛生の経なるのみ。

とある。これらは「嬰児」「児子」を養生を行いえている者のシンボルとして挙げて、その横溢する若々しい生命力を賛美する文章である。

**d　無知・無欲・無為によって養生を実現する**

続いて第二に、「道」「徳」の把握による養生ではないが、「道」「徳」と密接に関連し「道」「徳」の把握の一部を成す、無知・無欲・無為などによって不老長生が実現できるとする養生思想を検討する。例えば、『老子』第三章に、次のようにある。

是《ここ》を以て声《せい》（聖）人《じん》の〔治《ち》や、亓《そ》（其）の心を虚《むな》しくして、亓（其）の腹を実《み》たし、亓（其）の志《こころざし》を弱くして〕、亓（其）の骨を強くす。恒《つね》に民をして无知《むち》・无欲ならしめ、〔夫《か》の知《ち》をして敢えてせざら〕しむ。

その「亓《そ》（其）の心を虚《むな》しくして、亓（其）の腹を実《み》たし、亓（其）の志《こころざし》を弱くして、亓（其）の骨を強くす。」は、聖人の理想的な統治のありさまである。これを通じて、聖人は人民を「无知・无欲」にさせるのであるが、その「无知・无欲」とは、人民の「心・志」つまり精神を「虚・弱」にすることに他ならない。それに対して、「腹・骨」つまり身体の方は「実・強」にすることが目指されているが、後者は不老長生の養生思想を指す。本章では、「无知・无欲」はこういう形で養生を可能にするものとされている。(17)

これとよく似ているのが、『老子』第十二章の次の文章である。

五色《ごしょく》は人の目をして明《めしい》（盲）ならしめ、馳騁田臘《ちていでんりょう》（猟）は人の〔心をして発狂せ〕しめ、得難きの儥《たから》（貨）は人の行いをして方《さまた》（妨）げしめ、五味《ごみ》は人の口をして咁《そこな》（爽）わしめ、五音《ごおん》は人の耳をして聾《みみしい》ならしむ。是《ここ》を以て声《せい》（聖）人《じん》の治《ち》や、腹《はら》の為《た》めにして〔目の為めにせ〕ず。

その「腹《はら》の為《た》めにして目の為めにせず」は、やはり聖人の理想的な統治のありさまである。「目の為めにせず」とは、上文の「五色《ごしよく》は人の目をして明《めしい》（盲）ならしめ」以下を受けて、感覚器官や知覚器官などに起こる欲望を極力抑えるの意であろう。そして、この「欲」の否定の彼方《かなた》には「道」の把握・実現が見通されていたと思われる。(18) 一方、「腹《はら》の為《た》めにす」は、本章のどこにも明示されていないけれども、第三章との表現の類似などから判断して、やはり身体の養生を言うのではなかろうか。したがって、本章においても無欲の唱道が養生思想と裏腹の関係で結びついているのである。

欲望追求の否定が「殆うからず」などの望ましい結果をもたらすとする養生思想は、『老子』にやや顕著な思想である。例えば、『老子』第三十二章に、

> 始めて制《せい》して〔名《な》〕有り。〔名も亦《ま》た既《すで》に〕有れば、夫《そ》れ〔亦た将《まさ》に止《とど》まるを知らんとす。止まるを知るは殆《あや》うから〕ざる所以《ゆえん》なり。

とあり、(19)『老子』第四十四章に、

> 名《な》と身《み》とは孰《いずれ》か親《した》しき、身と貨《たから》とは孰《いずれ》か多《た》なる、得《う》ると亡《うしな》うとは孰《いずれ》か病《へい》なる。……故《ゆえ》に足《た》るを知れば辱《はずかし》められず、止《とど》まるを知れば殆《あや》うからず、以て長久《ちょうきゅう》なる可《べ》し。

とある。(20) 両章に共通するのは、人間は名誉や財貨に対する欲望を抑止することによって身体が危殆に瀕する恐れがなくなり、それどころか不老長生をも実現することが可能となる、という養生思想である。

　また、人間の生存への欲求、生きることへの執着を捨てることが、逆説的・弁証法的にかえって生存を可能にし、生きることを持続させるとする養生思想が、『老子』には含まれている。これも以上の名誉・財貨への欲望の抑止を説く無欲の場合と、同じように考えて差し支えあるまい。例えば、上引の『老子』第七章に、

　天は長く地は久《ひさ》し。天地の能《よ》く〔長く〕且《か》つ久しき所以《ゆえん》の者は、其の自《みずか》ら生きんとせざるを以てなり、故に能く長生す。是《ここ》を以て声《せい》（聖）人《じん》は……、其の身を外にして身存す。

とある。ここでは、自ら生きようとする生存への欲求を捨てているからこそ、かえって長くかつ久しく生きることができる、という「天地」のあり方をモデルにして、自分の身体を軽んずることによって、かえってその身体を存続させることに成功する、という「声《せい》（聖）人《じん》」の養生を導き出している。また、上引の『老子』第七十五章に、

　民の死を巠《かろ》（軽）んずるは、亓《そ》（其）の生《せい》を求むるの厚《あつ》きを以てなり、是《ここ》を以て死を巠（軽）んず。夫《そ》れ唯《た》だ生《せい》を以て為《な》す无き者は、是《これ》生を貴《とうと》ぶより賢《まさ》れり。

とあるのも、第七章の思想に近い。「生を求む」「生を貴ぶ」のではなくて、「生《せい》を以て為す无《な》き」こと、すなわち、生きることを求めて人為を弄しないやり方こそが、人民に死を重く受けとめさせて、真の養生を可能にさせると述べるのである。

なお、『老子』第七十六章に、

人の生《い》くるや柔弱《じゅうじゃく》なり、亓《そ》（其）の死するや蓳《きん》（筋）仞《じん》（肕）は賢《けん》（堅）強《きょう》なり。万物草木の生くるや柔脆《じゅうぜい》なり、亓（其）の死するや棹《こ》（枯）槀《こう》（槁）なり。故《ゆえ》に曰《い》わく、「堅《けん》強《きょう》なる者は死の徒《と》なり、柔弱微細《じゅうじゃくびさい》なるものは生の徒なり。」と。兵は強ければ則ち勝たず、木は強ければ則ち恒《お》（桓）わる。

とあるのは、人間の「柔弱」なあり方をかえって「生の徒」であると認めて、(21)養生を可能にするエートスとして高く評価するものであるが、本項で上来検討してきた、無知・無欲・無為などによる養生の実現という思想の一種と理解することができよう。

以上に検討したように、老子は、第一に、養生を修道者が根源の「道」「徳」を把握しえたために生じた成果であると認めて、これに対して積極的・肯定的な態度を取った。第二に、「道」「徳」と密接に関連する無知・無欲・無為などに達しえたために得られた成果であるとも認めて、これを積極的に肯定したのである。

## D　『老子』における養生と政治

戦国末期、『老子』を含む道家が養生思想を外から取り入れた当初、彼らは手放しでこの外来の新思想を賛美していたのではなく、初めは道家の従来の思想伝統、特に反人為を重んずる立場から、「養生」の人為性に対して独自のクレームをつけていた。にもかかわらず、老子などが養生思想を積極的・肯定的に取り入れたのは、養生を修道者が「道」「徳」を把握することに成功しえたための成果、または無知・無欲・無為などに達しえたための成果、と認めたからである。そしてこれ以降は、時代が下れば下るほど、道家は「養生」を何のクレームもつけず手放しで支持するようになっていった。

ところで、『老子』を除く戦国時代の道家の養生思想には、一つの重要な特徴がある。――養生思想を唱える道家の思想家たちが、養生と政治とを決して両立しえない二律背反と見なした上で、養生を取って政治を退ける場合が少なくないことである。

### a　戦国道家における養生と政治の対立

詳しく述べれば、養生の道を歩むことと、政治権力、特に天下・国家の支配権を獲得したり、それを行使して天下・国家の統治にたずさわったりすることとを、鋭く矛盾・対立するものと把えながら、政治を否定しつつ養生を提唱していることである。

例えば、『荘子』譲王篇にはそのような文章が多く集めてあるが(22)、ここではその中の一章を引いて検討する。

韓魏《かんぎ》相い与《とも》に争いて地を侵《おか》す。……子華子曰わく、「今 天下をして銘《めい》を君の前に書かしめん。書の言に曰わく、「左手《ひだりて》之を攫《つか》めば、則ち右手《みぎて》廃《はい》す。右手之を攫めば、則ち左手廃す。然れども之を攫む者は、必ず天下を有《ゆう》す。」と。君能《よ》く之を攫むか。」と。昭僖侯曰わく、「寡《か》人《じん》攫《つか》まざるなり。」と。子華子曰わく、「甚《はなは》だ善し。是《これ》に自《よ》りて之《これ》を観《み》れば、両臂《りょうひ》は天下よりも重きなり。身は亦《ま》た両臂よりも重し。韓《かん》の天下よりも軽きこと、亦た遠し。今の争う所の者は、其の韓よりも軽きこと、又た遠し。君固《まこと》に身を愁《うれ》えしめ生を傷つけて、以て得ざるを憂戚《ゆうせき》せんや。」と。僖侯曰わく、「善きかな。寡人に教うる者衆《おお》きも、未《いま》だ嘗《かっ》て此の言を聞くを得ざるなり。」と。

これは、本項の上文で引用した『呂氏春秋』審為篇とほとんど同じ文章であって、戦国末期以前の道家系（道家の先駆者）の手に成るものの再録と考えられるが、ここでは子華子の口を通じて、生命・身体の保持と天下の支配権の獲得とを鋭く対立させた上で、何のクレームもつけず単純に前者を取るべきことを訴えている。

子華子が設けた「左手《ひだりて》之を攫《つか》めば、則ち右手《みぎて》廃《はい》す。右手之を攫めば、則ち左手廃す。然れども之を攫む者は、必ず天下を有《ゆう》す。」という状況下、何のクレームもつけずこれを退けて生命・身体の保持を取るのは、確かに単純には見えるものの、実はやや後に出た養生思想である。上文で見たように、類似する状況設定の下、ほぼ同時代の馬王堆『五行』第十四章説と『墨子』貴義篇が、同様にまず「天下」を退け生命・身体を取る。しかし、『五行』も『墨子』もその大切な生命・身体を決して絶対視することはなく、それより重要な価値として「仁」や「義」があることを主張していた。これらは、より古い儒家・墨家の思想伝統に基づいて新来の養生思想にクレームをつけたものであった。そして、戦国末期の道家も養生思想に対して同様な批判を持していたことは、上文で指摘したとおりである。こうした以前の道家や周辺の諸子百家の養生思想に対する、冷たく複雑な目差しとは異なって、『荘子』譲王篇の養生思想は『呂氏春秋』審為篇と同じく、単純に養生と政治とを対立させて養生を取り、それをほとんど絶対的な価値を有するものとして取り扱う。

当時の道家が書いた別の文章を挙げてみよう。『呂氏春秋』重己篇に、

今吾《わ》が生の我《わ》が有為《ゆうた》りて、我を利することも亦《ま》た大なり。其の貴賤《きせん》を論ずれば、爵《しゃく》ありて天子と為《な》るも、以て比《くら》ぶるに足らず。其の軽重《けいちょう》を論ずれば、富みて天下を有《と》するも、以て之に易《か》う可《べ》からず。其の安危《あんき》を論ずれば、一曙《いっしょ》に之を失えば、終身《しゅうしん》復《ま》た得《え》ず。……性命の情に達せざれば、之を慎むも何の益《えき》かあらん。

とあり、[23]『淮南子』俶真篇に、

> 古《いにしえ》の真人《しんじん》は、天地の本《もと》に立ちて、中至《ちゅうせい》〈正〉にして優游《ゆうゆう》し、徳を抱《いだ》き和《わ》を煬《あぶ》れば、而《すなわ》ち万物 雑累《ざつるい》せん。孰《だれ》か肯《あ》えて人間《じんかん》の事を解構《かいこう》して、物を以て其の性命を煩《わずら》わさんや。

とある。[24]どちらもともに、人間の「性命」つまり生命[25]を保持することと、「天子と為」ったり「天下を有し」たりして人間社会の雑事（「人間の事」）につきまとわれることとを、鋭い矛盾・対立と把えた上で、養生の絶対的な価値を高唱している。

さらに、『淮南子』精神篇に、次のようにある例を追加しよう。

> 夫れ天下を以て為す〔無〕き者は、学の建鼓なり。尊勢厚利は、人の貪る所なり。之をして左〔手〕は天下の図に拠《よ》りて、右手は其の喉を刎《は》ねしむれば、愚夫も為さず。此に由りて之を観れば、生は天下よりも尊〈貴〉きなり。聖人は食 以て気を接《つ》ぐに足り、衣 以て形を蓋うに足り、情を適にして余りを求めず、天下無きも其の性を虧《か》かず、天下を有するも其の和を羨《すご》さず。天下を有すると、天下無きとは、一実なり。

これは、上述の『呂氏春秋』審為篇・『荘子』譲王篇・『墨子』貴義篇・馬王堆『五行』第十四章説などと同じ話柄を用いて、『墨子』・馬王堆『五行』のような生命・身体の上位に位置する倫理的価値の存在を認めず、『呂氏春秋』・『荘子』と同じく個人の養生と天下の政治とを対立させた上で、単純に養生を取るべきことを訴えた文章である。そして、戦国末期〜前漢初期の道家文献にこうした趣旨の文章は、決して少なくない。

## b　『老子』における養生と政治との絡みあい

以上のような特徴を有する戦国末期〜前漢初期普通・一般の道家とは異なって、『老子』の養生思想は、基本的に個人の生命・身体の保持と天下の支配権の獲得とを矛盾・対立と把えることがない。いやそれどころか、養生と政治とが相い依り相い待ち、互いに絡みあって進むものとして提唱される場合が多い。

まず、このⅡ、第４章「『老子』の養生思想」で今までに引用・検討してきた『老子』諸章について述べれば、政治の領域の諸問題に全然触れずに単独で養生のテーマだけを論じた章は、わずかに第四十四章・第五十章・第五十五章の三章に限られる。それに対して、何らかの形で多少なりとも政治の諸問題と対立させて養生を論じた章は、第三十二章と第五十二章の二章だけである。ただし、その第三十二章も、前半における无名の「道」を把握した上での「天下」の政治と、後半における有名の「万物」が出現した後の養生とは、万物生成論の二つの段階における異なったテーマの対比であって、決して二つの間の矛盾・対立を述べているわけではない。また、第五十二章は、亓《そ》（其）の閲《あな》（兌）を塞《ふさ》ぎ、亓（其）の門を閉《と》ざせば、身を終《お》うるまで菫《つか》（勤）れず。亓（其）の閲《あな》（兌）を啓《ひら》き、亓（其）の事《こと》を済《な》せば、身を終《お》うるまで〔来《かえ》らず〕。

の部分に、かすかに養生と政治との対立的設定が感じられる。前半は、人間（修道者）の感覚・欲望を撥無することに基づく世界への合一（つまり「道」の把握）を画いて、それが養生という成果を生むことを論じ[27]、後半は、感覚・欲望を作用させることによる「亓（其）の事《こと》を済《な》す」、すなわち諸事業の推進を画いて、それが人間の本来性への復帰を遮遏《しゃあつ》することを論ずる。後者の「亓（其）の事《こと》を済《な》す」の中には、政治のテーマも入るであろうから、この部分に養生と政治との対立的設定があると認めてもよい。しかし、『老子』における両者の対立は、このようにかすかに感じられる程度のものでしかない。

以上のように、三章が政治に全然触れずに養生だけを論じ、また二章が何らかの形で政治と対立させて養生を論じていたのに対して、本節で今までに引用・検討してきた『老子』諸章の多くは、養生と政治（軍事をも含む）とを無関係とは把えず、また矛盾・対立とも把えない。相い依り相い待ち、互いに絡みあって進むものとして、両者を合わせて一緒に提唱するのだ。以下、いくつかの代表的な例を再び検討して、本項の趣旨を確認したい。

『老子』第三章の、

是《ここ》を以て声《せい》（聖）人《じん》の〔治《ち》や、亓《そ》（其）の心を虚《むな》しくして、亓（其）の腹を実《み》たし、亓（其）の志《こころざし》を弱くして〕、亓（其）の骨を強くす。恒に民をして无知《むち》・无欲ならしめ、〔夫《か》の知《ち》をして敢えてせざら〕しむ。〔為さざるのみなれば、則ち治《おさ》まらざる无し〕。

と、『老子』第十二章の「是《ここ》を以て声（聖）人の治《ち》や、腹《はら》の為《た》めにして〔目の為めにせず。」は、「声（聖）人の治」という理想的な統治の内容が、「亓（其）の腹を実《み》たし、……亓（其）の骨を強くし」たり「腹の為めにし」たりの養生であることを明示する。(28) その上、第三章では、引用個所の上文でも下文でもやはりあるべき政治を論じている。

また、『老子』第七章の、

天は長く地は久《ひさ》し。天地の能《よ》く〔長く〕且《か》つ久しき所以《ゆえん》の者は、其の自《みずか》ら生きんとせざるを以てなり、故に能く長生す。是《ここ》を以て声《せい》（聖）人《じん》は其の身を芮《しりぞ》（退）けて身先んじ、其の身を外にして身存す。

は、「天地」の「自《みずか》ら生きんとせざ」るあり方をモデルにして、そこから「声（聖）人」の「其の身を芮《しりぞ》（退）けて身先んず」るという政治と、「其の身を外にして身存す」るという養生とを、同時並行的に導き出す。(29) 養生と政治とは相い依り相い待ち、互いに絡みあって進むものという思想である。

また、『老子』第三十章の、

道を以て人主《じんしゅ》を佐《たす》くるには、兵を以て天下〔に〕強《きょう》たらず、〔其の事は還《かえ》るを好む。師の〕居《お》る所は、楚朸《そきょく》（棘）之《ここ》に生ず。善《よ》くする者は果《か》なるのみ、以て強きを取る毋《な》かれ。……物壮《さか》んにして老《お》ゆ、是《これ》を之道《これみち》ならずと胃《い》（謂）う。道ならざれば蚤《はや》（早）く已《や》む。

は、上段・中段が戦争批判の政治思想、下段が養生思想である。[30] 両者に根拠を提供しているのは共通して「道」の哲学であり、具体的には「強・壮」を嫌う柔弱謙下の倫理である。それ故、本章においては、養生と政治とは何ら矛盾・対立する関係になく相補的なものであるが、それは両者ともに「道」の哲学を根拠にしているからである。

また、『老子』第七十五章の、

人の飢《う》うるや、亓《そ》（其）の涗《ぜい》（税）に取食するの多きを以《もつ》てなり、是《ここ》を以《もつ》て飢《う》う。百姓《ひゃくせい》の治《おさ》まらざるや、亓《そ》（其）の上《うえ》の以て為す有る以て〔なり〕、是を以て治まらず。民の死を巠《かろ》（軽）んずるは、亓（其）の生《せい》を求むるの厚《あつ》きを以てなり、是を以て死を巠（軽）んず。夫《そ》れ唯《た》だ生《せい》を以て為《な》す无き者は、是《これ》生を貴《とうと》ぶより賢《まさ》れり。

は、人類の遭遇する大きな困難を、重税による飢餓・政治社会の混乱・求生軽死の風潮という三つの側面から論ずるが、前二者は政治の問題、後者は養生の問題である。[31] 養生と政治との関係を老子がどう考えているかは、ここには明示されていないので推測するしか方法はないが、上来検討してきたところに従うならば、やはり矛盾・対立ではなく、相い依り相い待ち、相補的なものという設定ではなかろうか。

以上、本章で今までに引用・検討してきた『老子』諸章の養生思想をあらためて検討して、それらの多くが養生と政治とを相補的な関係と把えていることを確認してきた。

次に、本章においてまだ引用・検討していない『老子』の二つ章の養生思想を、養生と政治との関係に注目しながら考察してみよう。その一つは、『老子』第十三章である。

> 龍《ちょう》（寵）辱《じょく》に驚《おどろ》くが若《ごと》くし、大梡《たいかん》（患）を貴ぶこと身の若くす。……故に身を為《おさ》むるを天下を為むるよりも貴べば、若《すなわ》ち以て天下を迈《たく》（託）す可《べ》し。身を以《おさ》（為）むるを天下を為むるよりも愛すれば、女《すなわ》（如）ち以て天下を寄《よ》す何《べ》（可）し。

章末の二文は、「身を為《おさ》む」（第二文の「身を以《おさ》（為）む」も同義）ることと、「天下を為む」ることとを比較して、前者の養生を後者の政治よりも「貴ぶ・愛す」る人物であって、始めて「天下」の政治を「迈《たく》（託）す・寄《よ》せ」ることができる、という趣旨の思想を述べたものである[32]。二文の中における養生と政治との関係は、前段階の第一次レベルでは、本項の上文で検討したような矛盾・対立ではなくせいぜいのところ対比・相異であり、後段階の第二次レベルでは、養生と政治とが相い依り相い待ち、互いに絡みあって進むものと把えられている。こういう意味で、第十三章は『老子』の養生思想の基本的特徴を具えていると認めることができるのではなかろうか。

この二文と類似する文章は、戦国末期〜前漢時代（またそれ以後）の道家文献の中に多く現われる。その最も古い表現は、『呂氏春秋』貴生篇に、

堯《ぎょう》天下を以て子州支父《ししゅうしほ》に譲《ゆず》らんとす。子州支父対《こた》えて曰わく、「我を以て天子と為《な》すは猶《な》お可《か》なり。然《しか》りと雖《いえど》も、我適《たま》たま幽憂《ゆうゆう》の病《やま》い有り、方《まさ》に将《まさ》に之を治《おさ》めんとす。未《いま》だ天下を在《み》るに暇《いとま》あらざるなり。」と。天下は重物《じゅうぶつ》なり。而《しか》れども以て其の生を害せず、又た況《いわ》んや它《た》（他）物《ぶつ》に於いてをや。惟《た》だ天下を以て其の生を害せざる者にのみ、以て天下を託《たく》す可《べ》し。

とあり、それを模倣して改作した『荘子』譲王篇に、

堯《ぎょう》天下を以て許由《きょゆう》に譲《ゆず》らんとす。許由受けず。又た子州支父《ししゅうしほ》に譲らんとす。子州支父曰わく、「我を以て天子と為《な》すは猶お之《これ》可なり。然《しか》りと雖《いえど》も、我適《たま》たま幽憂《ゆうゆう》の病い有り、方《まさ》に且《まさ》に之を治めんとす。未《いま》だ天下を治《おさ》むるに暇《いとま》あらざるなり。」と。夫《そ》れ天下は至重《しじゅう》なり。而《しか》れども以て其の生を害せず、又た況《いわ》んや他物《たぶつ》をや。唯《た》だ天下を以て為す无き者にのみ、以て天下を託す可きなり。

> 舜《しゅん》天下を以て子州支《ししゅうし》伯《はく》に譲《ゆず》らんとす。子州支伯曰わく、「予《われ》適《たま》たま幽憂《ゆうゆう》の病い有り、方《まさ》に且《まさ》に之を治めんとす。未《いま》だ天下を治《おさ》むるに暇《いとま》あらざるなり。」と。故に天下は大器なり。而《しか》れども以て生に易えず。此《これ》有道者の俗に異なる所以《ゆえん》の者なり。

とある文章である。[33]『老子』第十三章は、『呂氏春秋』貴生篇の影響を受けてその後に成ったものであるが、『呂氏春秋』『荘子』の子州支父・子州支伯の台詞《せりふ》では、養生と政治とが鋭い矛盾・対立と把えられ、作者たちの地の文ではその克服が図られている。これらに比べると、『老子』第十三章における両者の関係ははるかに宥和的になっている。

『呂氏春秋』『荘子』の矛盾・対立の克服の方策は、個人の養生を取って天下の政治を捨てようとする人物こそかえって天下の政治を託するのに適わしいとして、逆説的・弁証法的に矛盾・対立を止揚していくことである。これによれば、天下を統治する政治の課題は人々の「生を養う」ことに他ならず、それを行うことのできる統治者は自ら「生を養っ」ている者だけだ、ということになる。道家の養生思想が切り開いた新しい政治思想と評することができようか。そして、『老子』第十三章が、後段階の第二次レベルでは、養生と政治とを相い依り相い待ち、互いに絡みあって進むものと把えたのは、『呂氏春秋』の矛盾・対立の克服の方策を受けつぐものであった。すなわち、一方で、個人の養生は政治との対比・相異に媒介されて天下の人々の養生へと止揚され、同時に他方で、天下の政治は養生との対比・相異に媒介されて人々の政治へと止揚される。少なくともその可能性が以上の『呂氏春秋』貴生篇・『老子』第十三章・『荘子』譲王篇などの道家の養生思想に胚胎していた。ちなみに、後段階の第二次レベルにおける天下の政治の新たな提唱が、前段階の第一次レベルにおける養生の人為性に対する、道家の伝統的な諸思想からするクレームとは根本的に異なるものであることは、言うまでもない。

その二つは、『老子』第五十九章である。

〔人を治《おさ》め天に事《つか》うるには、嗇《しょく》に若《し》くは莫《な》し。夫《そ》れ唯《た》だ嗇なり、是《ここ》を以て蚤《はや》（早）く服《そな》（葡）う。蚤（早）く服（葡）う、是《これ》を重《かさ》ねて徳を積むと胃《い》（謂）う。……亓《そ》（其）の極を知る莫ければ〕、以て国を有《たも》つ可《べ》し。国の母《はは》を有てば、以て長《ちょう》久《きゅう》なる可し。是《これ》を槿《ね》（根）を深《ふか》くし氏《もと》（柢）を固《かた》くすと胃《い》（謂）う、長《ちょう》〔生久視《せいきゅうし》の〕道なり。

章頭に「人を治《おさ》む」とあるように、これは政治思想をテーマとする文章である。そのためには、統治者が派手なむだ使いを抑えてつつましく生きる「嗇」という最善の方法を採用し、速やかに「道」を身に具える必要がある。そうすれば、統治者は国家を所有することも、また国家を長続きさせることも可能となるなどと説く[34]。ところで、少し前の戦国末期以前から、文中の「嗇」は精気・精力を節約するという意味の、また「長久」「長生久視」は不老長寿という意味の、養生思想におけるテクニカル・タームであった。「嗇」や「長久」「長生久視」などは、本章では養生思想上と政治思想上との二重の意味を帯びていると見られる。

それ故、本章は個人の生命・身体を長生きさせようとする養生の術を下敷きにした上で、国家統治の長久化、国家存続の長久化という政治課題を訴える、という構造を持っている。——まさしく養生と政治との相補的な絡みあいに他ならない。

### c　『老子』における人生の最終目的としての養生

上述のように、『老子』を除く戦国末期〜前漢初期の道家の養生思想は、養生と政治とを鋭く矛盾・対立するものと把えつつ、政治を否定して養生を提唱することが多かった。それに対して、『老子』の養生思想には基本的にこうしたことがない。すなわち、養生と政治とを矛盾・対立とは見なさず、むしろ両者は相い依り相い待ち、互いに絡みあって進むものと把えていた。

これは一体なぜであろうか。振りかえって考えてみると、上述したように、『老子』を始めとする道家が養生思想を取り入れた戦国末期以前から、彼らはこの外来の新思想に対して道家の従来の伝統を重んずる立場に立って、養生は人為的であってはならないとする独自のクレームをつけていた。その後は、他の諸子百家もこぞって養生思想を是認するという大勢の中で、道家もこのクレームを次第に収束させて、養生は修道者が「道」「徳」や無知・無欲・無為などに到達したために得られた成果であると認めるように変わっていく。戦国末期〜前漢初期の道家思想を集めた文献である『老子』に、養生思想が若干の残滓を例外としてほぼ積極的・肯定的に提唱されているのは、以上の経緯がもたらした帰結に他ならない。他方、『老子』を除く戦国時代の一般の道家の思想家たちにとって、政治という事象は忌み嫌う人為の最たるものであって、政治権力、特に天下・国家の支配権を獲得したり、それを行使して天下・国家の統治にたずさわったりすることを、あたかも唾棄するかのように心の底から嫌っていた。戦国末期〜前漢初期の一般の道家が、個人の養生を天下の政治と鋭く矛盾・対立するものと把え、養生を取って政治を退けたのは、この間の事情を如実に物語るものである。それだけでなく、一般の道家は、以上のような養生と政治との矛盾・対立を、戦国混乱の終焉と秦漢帝国の誕生という時代状況の大変動にもかかわらず、なかなか調整・克服することができず、伝統的な道家思想の核心の一つであると見なしていつまでも引きずっていた。

それに引き替え、『老子』は戦国末期よりやや以前に編纂が始まった文献ではありながら、基本的に天下の政治に対して唾棄するかのような排除的な態度を取ることはない。むしろ養生と並んでこれをも積極的に肯定する側に回ったのである。その主な因由は、すでにII、第3章「『老子』の政治思想」で検討したとおり、そもそも『老子』の哲学における「道—万物」という主宰—被宰の関係は、政治思想における天子—万民という支配—被支配の関係に、簡単にスライドすることができるものであって、だから『老子』の政治思想は、最初から「道」の哲学やその親戚筋に当たる柔弱・謙下・無欲・無為などの倫理思想を根拠にすえて、唱えられていたことにあった。単純化して述べれば、『老子』においては、養生も「道」の現われであり、政治も「道」の現われだったからである。

こういう事情の下で、『老子』には養生に極めて高い評価を与えて、それを人生の最終目的と見なして絶賛している文章がある。『老子』第十六章がそれである。

常を知れば容《い》れ、容るれば乃《すなわ》ち公《こう》なり、公なれば乃ち王なり、王なれば乃ち天なり、天なれば乃ち道なり。〔道なれば乃ち久《ひさ》しく〕、身を沕《ぼっ》（没）するまで怠《あや》（殆）うからず。

ここでは、「吾」（「声（聖）人」または「侯王」）が徹底的な「虚し・情（静）か」を推し進めた結果、一斉に生長するようになった「万物」が、その後、修道の過程を、

容る↓公なり↓王なり↓天なり↓道なり↓久し↓身を沕《ぼっ》（没）するまで怠《あや》（殆）うからず

のようにたどることを通じて、最終的に「身を沕《ぼっ》（没）するまで怠《あや》（殆）うからず」という養生の完成に到達することを論じている。[35]「身を沕《ぼっ》（没）するまで怠《あや》（殆）うからず」は、老子にとっては、恐らく養生の完成形態であり、「天」や「道」などの実現のさらに上に位置する、人生の最終目的と見なすべき絶対境なのであった。

また、『老子』第三十三章に次のようにあるのも、ほぼ同様である。[36]

人を知る者は知《ち》あるなり、自《みずか》ら知る〔者は明《あき》らかなり。人に勝つ〕者は力《ちから》有るなり、自ら勝つ者は〔強《つよ》きなり。足《た》るを知る者は富《と》む〕なり、強《し》いて行う者は志《こころざし》有るなり。其の所を失わざる者は久《ひさ》しきなり、死して忘《ほろ》（亡）びざる者は寿《いのちなが》きなり。

本章は全体として四つの人間類型を概論する。「知あり・明らか」な人、「力有り・強き」人、「富み・志有り」の人、「久しく・寿き」人である。前三者は並列であるかそれとも漸進であるかは、よく分からないが、最後の「久しく・寿き」人は、前三者を総合してそれらの頂点に立つ人間類型と考えられる。王弼『老子注』は、「其の所を失わざる者は久《ひさ》しきなり」について、

明らかなるを以て自ら察し、力を量りて行い、其の所を失わざれば、必ず久長なるを獲ん。

と述べるが、これは第一類型と第二類型とを踏まえて、その上に最後の養生が位置づけられるとする解釈に他ならず、基本的に正しい解釈であると思われる。そして、本章が最終目的に掲げたのは「死して忘《ほろ》（亡）びざる者は寿《いのちなが》きなり」という一種の養生であるが、「其の所を失わざる者は久《ひさ》しきなり」が主として生命・身体の養生つまり「養形」であるのとは異なって、これはもはや生命・身体の養生を越えてその先に進み、死後も永遠に生き続ける聖人の霊魂・精神の養生つまり「養神」なのである。(37)——『老子』の養生思想の最後にたどりついたのは、この地点であった。

以上、本章では、『老子』に現われる養生思想を多角的に検討してきた。『老子』の養生思想は、数量の点では必ずしも多いとは言えない。しかし、その大部分は、根源者である「道」や「徳」を把握することを通じて、またはその親戚筋に当たる無知・無欲・無為などに達することによって、養生思想の希求する「長生久視」を実現することができると唱えるものであった。これは『老子』の養生思想の顕著な特徴の一つと言えよう。そしてまた、基本的に、個人の生命・身体の保持と天下の支配権の獲得とを矛盾・対立とは見なさず、養生と政治とが相い依り相い待ち、互いに絡みあって進むものと把えるものでもあった。これもまた『老子』の養生思想の特徴の一つと言ってよい。

その上さらに、『老子』の中には時代に先駆けた新しい養生思想もいくつか萌芽していた。例えば、このような養生に極めて高い評価を与えて、これを他に及ぶもののない人生の最終目的と見なしたのは、戦国初期～中期の養生家である楊朱・子華子・詹何を除けば、『老子』に始まって以後も引き継がれていった重要な思想の一つである。また、ほとんど全てが「養形」つまり生命・身体の不老長寿を言う養生思想ではありながらも、その中で霊魂・精神が死後も永遠に生き続けるという内容の養生つまり「養神」を唱えたのも、時代に先駆けた新しい試みの一つである。

このような意味において、『老子』の養生思想は、いつまでも養生思想の古典たる位置を失うことはないと考えられる。

**注**

（1）本章の趙岐注はこの個所に対して、
　孝子親に事えて養いを致すも、未だ以て大事と為すに足らず。終わりを送り礼の如くすれば、則ち能く大事を奉ずと為すなり。

という注をつける。これによれば、「養生」は親の生を養うの意、つまり親に孝養を尽くすこととなる。この解釈はこの個所を養生思想とは把えない。しかし、趙岐注は上引の梁恵王上篇の「生を養い死を喪《おく》（送）る」について、同じ解釈を施していないから、二つの同じ句に対する解釈が不整合と評価せざるをえない。我々は趙岐注から離れて、やはり両者とも同じ養生思想の表現と把えるべきである。
（2）「長生久視」という言葉は、『老子』第五十九章にも見え、前後する時代の諸文献に多く現われる養生思想の専門術語である。戦国末期の『呂氏春秋』重己篇にも、「世の人主・貴人は、賢と不肖と無く、長生久視を欲せざる莫し。」とある。『呂氏春秋』重己篇につけた高誘注が「視は、活なり。」と注するとおり、「視」はいきるの意。
（3）子華子の言葉は、『呂氏春秋』にかなり取られている。審為篇のを除いて他に、貴生・先己・誣徒・明理・知度の諸篇にも見える。
（4）馬王堆帛書『五行』第十四章説の引用個所の解釈については、拙著『馬王堆漢墓帛書五行篇研究』（汲古書院、一九九三年）の第二部、第十四章説を参照。
（5）詹何の言動を述べた文章は、『呂氏春秋』では他に、執一篇・重言篇にも見える。
（6）第五十五章の養生思想の解釈については、本書のⅡ、第2章、C、b「無知・不知の提唱」、Ⅱ、第4章、C、c「養生と赤子・嬰児の比喩」を参照。
　第五十五章の「生を益《ま》すを祥と曰う」の意味については、河上公『老子注』が「祥は、長なり。生を益して自ら生きんと欲し、日に以て長大なるを言うなり。」と肯定的に解釈したので、高亨『老子注訳』五十五章のようにこれに従う者もいる。この場合、「祥」は「さいわい」の意となる。しかし、この種の解釈は少数であって、大多数は否定的な解釈を取る。「生を益《ま》す」は、生命・身体の不老長寿を願って導引や服薬などを行うこと。『老子』第五十章の「民の生生《せいせい》たり」や第七十五章の「亓《そ》（其）の生を求むるの厚し」と同じ趣旨。また、『荘子』徳充符篇の「人の好悪《こうお》を以て内《うち》其の身を傷つけず、常に自然に因《よ》りて生を益さず。」とも近い内容である（呂恵卿『道徳真経伝』五十五章を参照）。「祥」は、加藤常賢『老子原義の研究』55が、朱駿声『説文通訓定声』を引いて説くように「殃」や「殀」の仮借字。馬叙倫『老子校詁』第五十五章もこれに近い。「祥」の字の中に「祥」の意と「不祥」の意との両義があるとするのが通説であるが、不適当。「生を益《ま》す」ことがなぜ「祥《わざわ》（妖）い」であるのかと言えば、それが人為的に「強《つよ》し・壮《さか》ん」を追求るためであろう。

「心 気を使うを強《つよ》しと曰う」の「心 気を使う」は、人間の精神が身体内の生命を構成する元素をコントロールして人為の方向に持っていくこと。『荘子』人間世篇に、

　之を聴くに耳を以てする無《な》くして、之を聴くに心を以てせよ。之を聴くに心を以てする無くして、之を聴くに気を以てせよ。耳は聴くに止《とど》まり、心は符《しる》すに止まる。気なる者は、虚《むな》しくして物を待つ者なり。唯《た》だ道は虚しきに集《とど》まるのみ。

とあるのは、『老子』本章と同じように、「心」よりも「気」を重視する考えを示している。「強《つよ》しと曰う」は、その結果、人間の身体が上文に掲げた「柔弱」ではなく「強壮」になること。この部分の趣旨に最も適う『老子』の文句は、第十章の「気を槫《もっぱ》（専）らにし柔《やわ》らかきを至《きわ》（致）めて、能く嬰児《えいじ》たらんか。」である。

「物壮《さか》んなれば即《すなわ》ち老《お》ゆ、之《これ》を道ならずと胃《い》（謂）う。道ならざれば蚤《はや》（早）く已《や》む。」は、第三十章に重出しており、従来より両章のこの二文をめぐって議論があった。章末の「道ならざれば蚤《はや》（早）く已《や》む」の

一文を除いて、他は郭店本第五十五章にも含まれるので、本来は、戦国末期に書かれていた養生思想を表現する文であったと考えられる。この問題については、本書のⅡ、第4章、C、b「『道』『徳』の把握によって養生を実現する」とその注（12）を参照。なお、「物壮《さか》んなれば即《すなわ》ち老《お》ゆ」以下を、あらゆる条件下で一般的・普遍的に行われている法則、例えば、「盛者必衰」の理《ことわり》（楠山春樹の場合）などと理解する者があり、福永光司『老子』第五十五章、金谷治『老子　無知無欲のすすめ』55、楠山春樹『老子入門』二十四章などが、この方向に向かうが、不適当。あくまで養生思想の範囲内での立言であり、「生を益《ま》す・心気を使う」強壮な人間について述べた言葉である。

（7）第七十五章の章旨と構成については、本書のⅡ、第2章、D、b「無為・不為の提唱」とその注(158)、Ⅱ、第3章、E、c「聖人の統治は富貴に驕らないが威厳がある」、Ⅱ、第4章、D、b「『老子』における養生と政治との絡みあい」を参照。また、本章の養生思想の概略については、本書のⅡ、第4章、C、d「無知・無欲・無為によって養生を実現する」、Ⅱ、第4章、D、b「『老子』における養生と政治との絡みあい」を参照。

「亓（其）の生《せい》を求むるの厚《あつ》きを以てなり」は、通行本（王弼本・河上公本）の「其」を「其の上」に妄改する説がある。この件については、本書のⅡ、第2章、D、b「無為・不為の提唱」の注(158)に既述。また、Ⅱ、第4章、C、a「『老子』中に残る養生批判」とその注（9）を参照。「民の死を巠《かろ》（軽）んずるは」と次の「夫《そ》れ唯《た》だ生《せい》を以て為《な》す无き者は」の主語は、いずれも「民」である。また、「生《せい》を求む」と「生を貴《とうと》ぶ」はほぼ同じ内容であり、身体・生命の長生のために導引や服薬などの人為を行うことを言う。上述の第五十五章の「生を益す」ともほぼ同じ。さらに、第五十章に次のようにある。

> 而《しこ》うして民の生生《せいせい》として、動きて皆な死地《しち》に之《ゆ》くもの之《こ》れ十に三有り。夫《そ》れ何の故《ゆえ》ぞや、亓《そ》（其）の生生たるを以《もつ》てなり。

その「生生たり」もこれらとほぼ同じであるが、主語は「民」と明言されている。

（８）第七章に含まれる『老子』特有の逆説・弁証法については、本書のⅡ、第２章、Ｂ、ｅ「プラス価値ではなくマイナス価値を」とその注（55）、Ⅱ、第２章、Ｄ、ａ「無欲・不欲の提唱」とその注（118）を参照。また、第七章の後半部分における養生と政治との絡みあった様相については、本書のⅡ、第４章、Ｄ、ｂ「『老子』における養生と政治との絡みあい」を参照。

「其の自《みずか》ら生きんとせざるを以てなり」の「生」は、（万物を）生ずるの意ではなくて、生きるの意。以下の文章のロジックは、「身を芮《しりぞ》（退）けて身先んず」「身を外にして身存す」「私《わたくしな》无きを以て……故に能く私を成す」という逆説・弁証法であるから、この部分も「自《みずか》ら生きんとせざるを以て、故に能く長生す」であり、二つの「生」は同じ意味でなければならない。後者の「長生」は養生思想上の長寿のことであるから、前者の「自生」も生きるの意と決まってくる（本書のⅡ、第４章、Ｃ、ｄ「無知・無欲・無為によって養生を実現する」を参照）。そして、王弼『老子注』・河上公『老子注』以来の通説もそのように理解してきた。福永光司『老子』第七章が、前者を「生ず」、後者を「長生す」と読んで、ともに万物を生成するという意味の万物生成論と解釈するのは、不適当。大濱晧『老子の哲学』の九章「無知」、蜂屋邦夫『老子』第七章も、その影響を受けている。ただし、こうした万物生成論による解釈も中国では古くから伝統があった。例えば、成玄英『老子義疏』天地長久章は、「言うこころは天地は但《た》だ生を万物に施して、自ら己の生を営まざるなり。」と解釈して、ここに天地の万物を生成する作用を読みこんでいる。同様の解釈としては、蘇轍『老子解』七章、李嘉謀『老子註』七章、武内義雄『老子の研究』第七章、高亨『老子注訳』七章がある。もっとも、成玄英以来の万物生成論的な解釈も、前者の「不自生」は「みずから生きんとせず」と読んできたようである。

　この地点から振りかえってみると、章頭の「天は長く地は久《ひさ》し」以下の天地のあり方の描写は、養生思想を基礎にして比喩的・象徴的に画かれていることに気づく。これによって、本章が執筆された当時、老子の周辺で養生思想がいかに盛行していたかが窺われよう。また、下文の「其の身を外にして身存す」も、従来の通説の中には誤解が多いけれども、テーマは養生である。本章の構成は、前半の、天地の「自《みずか》ら生きんとせざるを以て、故に能く長生す」というあり方をモデルにして、後半で「声《せい》（聖）人《じん》」の理想的な生き方を画いているが、後半の「身存す」の意味は前半の「長生す」とそれほど異ならないからである。

以上のような第七章の養生思想の概略については、本書のⅡ、第4章、D、b「『老子』における養生と政治との絡みあい」を参照。

（9）第五十章に含まれる逆説的・弁証法的な養生思想については、本書のⅡ、第3章、D、a「不争の倫理に基づく非戦」を参照。

第五十章冒頭の「生《せい》に出《い》でて、死に入《い》る。」は、生の状態になって出ていき、死の状態になって入っていくこと。「出でて生まれ、入りて死す。」という読み方の方がよいかもしれない。『荘子』の次の二つの文章が参照される。

古の真人は、生を説《よろこ》（悦）ぶを知らず、死を悪《にく》むを知らず。其の出《い》ずるも訢《よろこ》ばず、其の入《い》るも距《こば》まず。翛然《しょうぜん》として往《ゆ》き、翛然として来たるのみ（大宗師篇）。

生有り死有り、出ずる有り入る有り。入出《にゅうしゅつ》して其の形を見る无し、是を天門《てんもん》と謂う。天門なる者は、无有《むゆう》なり（庚桑楚篇）。

「出でて」来る元、「入る」先は、『荘子』庚桑楚篇に言うように「無」であるが、その「無」は時に「道」とされる場合もある。

本章のテーマは、寿命（生死）という観点から全ての人間を三つの類型に整理した上で、特に誤った養生に突っ走る第三類型の「民」と対比して、正反対を行く正しい養生の「善《よ》く生を執《と》る者」を画くこと、一言で言えば、養生思想にある。その第一類型は長生きできるように生まれついたタイプ、第二類型は若死にするように生まれついたタイプ、第三類型は長生きを願って導引や服薬などの無理な養生を行い、そのためにかえって死に赴くタイプである。最後の第三類型の真逆《まぎゃく》に画かれているのが、「善《よ》く生を執《と》る者」という正しい養生の実践者であって、彼には第三類型の者が陥る「死地」（死の危険性）がない、と安全が保証されている。なお、以上のような解釈を行うのに参照した研究は、易順鼎『読老札記』と高延第『老子証義』五十章である。

本章の「民の生生《せいせい》として、動きて皆な死地《しち》に之《ゆ》く……。夫《そ》れ何の故《ゆえ》ぞや、亓《そ》（其）の生生たるを以《もっ》てなり。」の措辞と趣旨は、第七十五章の、

民の死を巠《かろ》（軽）んずるは、亓（其）の生《せい》を求むるの厚《あつ》きを以てなり、是を以て死を巠（軽）んず。

と基本的に同じ（本書のⅡ、第2章、D、b「無為・不為の提唱」の注（158）、Ⅱ、第4章、C、a「『老子』中に残る養生批判」の注（7）を参照）。中んづく第五十章の「生生たる」は、第七十五章の「生を求むるの厚き」または「生を求むる」の意である。そして、第五十章の「亓《そ》（其）の生生たるを以《もっ》てなり」は、馬王堆乙本・北京大学簡はほぼ底本（馬王堆甲本）に同じであるが、通行本（王弼本）は「其の生生たるの厚きを以《もっ》てなり」に作って、一層第七十五章の表現に近い。したがって、第五十章の「民の生生たる」と第七十五章の「民の生を求むるの厚き」は、当時の同じ状況——多くの民衆が養生思想に強く心を惹かれていた——を記した表現ではなかろうか。

（10）初期道家の「一の無」の哲学については、本書のⅡ、第1章、C、b「「万物」は「一」を得て存在する」を参照。また、戦国後期以降、この哲学が変化していったことについては、本書のⅡ、第2章、C、d「無我・無心の境地」を参照。

（11）第十章の「一を抱く」の哲学的な内容については、本書のⅡ、第1章、C、b「「万物」は「一」を得て存在する」とその注（57）を参照。

本章第二文中の「気を槫《もっぱ》（専）らにす」は、気（生命・身体を構成する元素）を純粋のままに守り、心に思慮・欲望のような夾雑物を介入させないこと。王弼『老子注』と河上公『老子注』の解釈が特に優れる。その反対命題が第五十五章の「心 気を使う」であり、第五十五章には本章と同じように「赤子《あかご》」「骨弱《ほねよわ》く筋《きん》

柔《やわ》らか」というキーワードがみな登場している。また、『管子』に次のような文章がある。

能く専らならんか、能く一ならんか、能く卜筮毋くして凶吉を知らんか。能く止まらんか、能く已まんか、能く人に問う毋くして、自ら之を己に得んか。……鬼神の力に非ざるなり、其の精気の極みなり。気を一にして能く変ずるを精と曰い、事を一にして能く変ずるを智と曰う。……変を極めて煩わしからざるは、一を執るの君子なり（心術下篇）。

気を摶らにすること神の如ければ、万物備わりて存す。能く摶らならんか、能く一ならんか、能く卜筮無くして吉凶を知らんか。能く止まらんか、能く已まんか、能く諸《これ》を人に求むる勿くして、之を己に得んか。……鬼神の力に非ざるなり、精気の極みなり。……意を一にし心を摶らにし、耳目淫《みだ》れざれば、遠しと雖も近きが若し（内業篇）。

これらは、『老子』や『荘子』を踏まえて成った後代の文章であり、心意の作用をも重視する点が『老子』第十章と大きく異なるけれども、「気を一にす」「気を摶らにす」が本来、気を純一無雑に保つことであって、そのことを通じて修道者が万物の根源に降り立とうとする点は共通している。

「柔《やわ》らかきを至《きわ》（致）む」は、ここでは身体の柔弱さを極めること。「能く嬰児《えいじ》たらんか」は、生命力に溢れる嬰児になりたいものだという願望を表わす。「嬰児」は、『老子』の養生思想におけるキーワードである。

第三文中の「滌除玄覧《てきじょげんらん》」（通行本）は、もともと「滌除《てきじょ》し玄覧《げんらん》す」と読んでいたが、近代になって「玄覧《げんらん》を滌除《てきじょ》す」という読み方が唱えられ、二つの読み方の対立が生まれた。しかし、王弼『老子注』・河上公『老子注』も「滌除《てきじょ》し玄覧《げんらん》す」の説であり、その後も、成玄英『老子義疏』載営章、林希逸『老子鬳斎口義』載営魄章第十等々、「滌除《てきじょ》し玄覧《げんらん》す」の方が圧倒的に多い。内容から考えてもそれが適切である。「玄覧《げんらん》を滌除《てきじょ》す」の説を唱えた、武内義雄『老子の研究』第十章、高亨『老子正詁』十章、福永光司『老子』第十章、金谷治『老子 無知無欲のすすめ』10は、その根拠に河上公『老子注』能為第十と『淮南子』脩務篇とを挙げるが、両書を誤読している。また、高亨が引く『太玄経』童の「其の玄鑒を修む」の「玄鑒」も、心を指すのではなく、「玄覧」と同様に奥深いものの見方を言うのではなかろうか。

「脩除《しゅうじょ》」は、馬王堆両本・北京大学簡は同じ。通行本（王弼本）は「滌除」に作る。「脩」と「滌」とは音が近く通仮する（高明『帛書老子校注』十を参照）。意味は、汚れを洗い清めること。主に心・精神の汚れ（官能の欲望、雑多な知慮）を言う。『老子』第十章と関係の深い『管子』に、次のような文章がある。

　其の欲を虚しくすれば、神将《まさ》に入舎せんとす。不潔を掃除すれば、神乃ち留処せん。人は皆な智を欲すれども、其の智（知）る所以を索むる莫きかな。智よ智よ、之を海外に投じて自ら奪う無からん。……故に曰わく、「……其の宮を潔《きよ》くし、其の門を開く。」と。宮なる者は、心を謂うなり。心なる者は、智の舎なり。故に宮と曰う。之を潔くするなる者は、好過を去るなり。門なる者は、耳目を謂うなり。耳目なる者は、聞見する所以なり（心術上篇）。

　神有り自ら身に在り、一往一来するも、之を能く思う莫し。……敬みて其の舎を除すれば、精将に自ら来たらんとす。……容を厳かにして畏敬すれば、精将に至り定まらんとす。之を得て捨つる勿く、耳目淫れず、心 他図無かれ（内業篇）。

二つの文章は、心と耳目の「不潔を掃除す」ることを論ずるが、その「不潔」とは「智」と「欲」であり、それらが除かれた結果、心と耳目に「神・精」が宿るようになると述べる。『老子』第十章の「脩除《しゅうじょ》」も『管子』両篇の「掃除」などと同じ意味と考えられる。ちなみに、こうした「脩除《しゅうじょ》」や「掃除」は、当時の民間宗教で行われていた祓除《ふつじょ》の儀礼に由来するものであろう。

底本（馬王堆甲本）の「玄藍《げんかん》（鑑）」は、馬王堆乙本は「玄監（鑑）」、北京大学簡は「玄鑑」、通行本（王弼本）は「玄覧」にそれぞれ作る。意味は、奥深く（「玄」）照らして見る（「鑑」）こと、道に到達した深い地点から（「玄」）世界の真実の姿を見極める（「鑑」）こと。蘇轍『老子解』十章が「万物を玄覧す」と意味を押さえ、また焦竑『焦氏筆乗』十章が「玄覧は、玄妙の見なり。」と解釈したのがよい。

「能く疵《きず》つくこと毋《な》からんか」は、病いにかからずにいたいものだという願望を表わす。許慎『説文解字』に「疵は、病いなり。」とあり、ここでは心を汚す知恵と欲望の汚れを原因とする病いを言う（高亨『老子正詁』十章を参照）。

(12) 第三十章中の養生思想については、本書のⅡ、第3章、D、b「『道』の哲学に基づく非戦」、Ⅱ、第4章、D、b「『老子』における養生と政治との絡みあい」を参照。

本章の「物壮《さか》んにして老《お》ゆ、是《これ》を之道《これみち》ならずと胃《い》（謂）う。道ならざれば蚤《はや》（早）く已《や》む。」の二文十二字については、第五十五章に重出しており、両章のこの二文の処理をめぐって従来より議論があった。姚鼐『老子章義』は、第五十五章を正文、第三十章を衍文であるとし、逆に、馬叙倫『老子校詁』第三十章・第五十五章、高亨『老子正詁』五十五章、高亨『老子注訳』五十五章などは、第三十章を正文、第五十五章を衍文とする。その後、前漢初期の馬王堆両本が登場して、第三十章・第五十五章の両者ともにこの二文を含んでいたところから、テキストを固定的なものと把える以上のような本文批判への信頼が揺らいだ。さらにその後になって、戦国末期の郭店本が出現した。これによれば、戦国末期までの古い『老子』は、第三十章にこの二文がなく、第五十五章は「勿《もの》（物）壓《さか》（壮）んなれば則ち老《お》ゆ、是《これ》を道ならずと胃《い》（謂）う。」の一文に作り、最後の一文「道ならざれば蚤《はや》（早）く已む」がない。

これらに基づいて以下のように考える。第一に、そもそもテキストは絶えず動きながら、時の経過とともに少しずつ整理され完成へと進んでいくものである。両章に即するならば、戦国末期までの『老子』第三十章にはこの二文は存在していなかった。二文がここに付加されるのは、郭店本から馬王堆甲本に至る間の時代のことである。ただし、これを衍文と見なす必要はない。また、郭店本では第五十五章はほぼできていたけれども完成はしておらず、その完成は第三十章への付加と同じ時代になされたのであろう。第二に、第五十五章の「勿《もの》（物）壓《さか》（壮）んなれば則ち老《お》ゆ、是《これ》を道ならずと胃《い》（謂）う。」の一文が先に成書されたのは、第五十五章全体の章旨にぴたりと適うものだったからである。第五十五章は冒頭の「悳《とく》（徳）を畬《ふく》

(含)むことの厚き者は、赤子《あかご》に比《なぞら》う。」以下、全て養生思想を論じており、この一文もまさに養生思想に他ならない（本書のⅡ、第4章、C、a「『老子』中に残る養生批判」とその注（6）を参照）。特に「勿《もの》(物)壄《さか》(壮)んなれば」の部分は、直前の「心《こころ》㷊《き》(気)を事《つか》(使)うを彊《つよ》(強)しと曰う」を受けると思われるから、一文は第五十五章の成書の始めから具わっていた可能性が高い。それに対して、第三十章全体の章旨は戦争批判の政治思想である。ここに一文が付加されたのは、第五十五章に似て直前に「是《これ》を果《か》にして強《きよう》たらずと胃《い》(謂)う」の一句があるからには違いないが、それよりも本来、養生思想に限られていた「勿《もの》(物)壄《さか》(壮)んなれば則ち老《お》ゆ、是《これ》を道ならずと胃《い》(謂)う。」の意味が、「道」の哲学を根底にすえつつ、政治思想にも適用できるように抽象化・普遍化されたからである。それには多少の時間がかかったことと思われる。それ故、河上公『老子注』倹武第三十、高亨『老子注訳』三十章などが、第三十章章末の二文を、政治思想と養生思想とを兼ねた意味に解釈するのは、適切な処置である。

「已む」は、「亡」の意。第三十章の政治思想としては、滅亡するの意、第五十五章の養生思想としては、死ぬの意。

(13) 第五十二章上段の解釈については、本書のⅡ、第1章、A、a「形而上の「道」と形而下の「万物」」とその注（9）、Ⅱ、第1章、B、a「始源の「道」から「天地」「万物」が生まれた」、Ⅱ、第2章、B、c「母への賛美」を参照。

(14) 第五十二章中段の解釈については、本書のⅡ、第1章、A、b「「道」は人間が把えることのできないもの」の注（16）、Ⅱ、第1章、A、d「無知によって「道」を把える」とその注（35）（36）、Ⅱ、第1章、B、a「始源の「道」から「天地」「万物」が生まれた」、Ⅱ、第2章、C、b「無知・不知の提唱」、Ⅱ、第2章、C、d「無我・無心の境地」、Ⅱ、第3章、A、b「柔弱・謙下・無欲・無為によって「天下」全体を統治する」とその注（10）を参照。

(15) 第五十二章の「小さきを見るを明らかと曰う」に始まる下段の解釈については、本書のⅡ、第1章、

A、c「「道」は無名である」とその注（28）、II、第2章、C、b「無知・不知の提唱」とその注（81）を参照。

『老子』の「小《ちい》さき」について、「道」を仮称・形容して「小」と呼ぶ場合もあることは、すでにII、第1章、A、c「「道」は無名である」で第三十二章・第三十四章・第五十二章を引いて議論した。本章の「小」は、成玄英『老子義疏』天下章が「小は、微細の名なり、即ち至妙の理なり。」と説くのでも悪くはないが、ストレートに「道」を指すと言わない点、隔靴掻痒の感がある。張爾岐『老子説略』五十二章、福永光司『老子』第五十二章、蜂屋邦夫『老子』第五十二章も同様の説である。「明《あき》らか」は、以上のように根源者「道」を把える認識であるから、根源的な認識ということになる。下文の「亓（其）の明《あき》らかなるに復《ふっ》帰《き》す」の「明《あき》らか」は、これを受けた表現である。このような絶対的な明知は『老子』に多く現われる。――第十六章の「常を知るは、明らかなり。」、第三十三章の「自《みずか》ら知る者は明《あき》らかなり」、第四十七章の「見ずして名《あき》（明）らかなり」、第五十五章の「和を知るを明らかと曰う」等々。大田晴軒『老子全解』五十二章、朱謙之『老子校釈』五十二章を参照。

「柔《やわ》らかきを守るを強《つよ》しと曰う」は、世間的な「柔《やわ》らかき」を守ることが、かえって絶対的な「強《つよ》し」になるという趣旨である。これは、本章下段の本筋から離れるように見える（本書のII、第2章、B、d「柔弱の提唱における逆説的・弁証法的な構造」とその注（37）を参照）けれども、「柔らか→強し」が、「小《ちい》さき→明《あき》らか」とともに「道」の逆説的・弁証法的な性質の一つであるために、この部分で言及したのであろうし、また、下段のテーマが上段・中段と並んでやはり養生思想であるために、それと関係する身体の「柔らか→強し」に言及したのでもあろう。

「亓（其）の光《ひかり》を用いて、亓（其）の明《あき》らかなるに復帰《ふっき》す。」については、従来、「光」と「明らか」との異同を解明することに努力を傾注してきた。その結果、通説は、「光」が外を照らして輝き出る知恵であるのに対して、「明」は内面にむかって真相を洞察する真知である（金谷治の場合）。

などと主張する。この種の解釈を支持する者は近代以降では非常に多く、枚挙するに遑がないほどである。例えば、中国では、馮振『老子通証』五十二章、朱謙之『老子校釈』五十二章、陳鼓応『老子註訳及評介』五十二章、高明『帛書老子校注』五十二など、日本では、金谷治『老子　無知無欲のすすめ』52、蜂屋邦夫『老子』第五十二章、神塚淑子『老子』第五十二章などである。しかし、「光」は他に第四章・第五十六章・第五十八章に見えるが、内外の相異に関わりなく作用して事物の現象を知る知恵の光であり、一方、「明」も上述のとおり、内外の区別なく働いて万物の本質を見抜く「道」の明かるさ、言い換えれば、「道」を把える明知でありかつ「道」（を把えた者）の持つ明知である。したがって、以上の通説は尊重に価いしない解釈と言わざるをえないが、実は河上公『老子注』帰元第五十二が最初に提唱した見解であった。以上の見解よりも優れるのは、李嘉謀『老子註』五十二章の、

　明なる者は本なり、光なる者は明の自《よ》りて出だす所なり。元もと明は本為《た》り、其の末 分かれて視と為《な》り聴と為り覚と為り触と為る者は、皆な其の光なり。道は本自《よ》り末に流れ、学は末自《よ》り其の本を求む。

であり、福永光司『老子』第五十二章、大濱晧『老子の哲学』の九章「無知」なども、同じ方向と見なすことができる。だとすると、本章は「光」という人間の持つ普通・一般の知恵を、それを用いて「道」の明知に復帰していく出発点とすることができると、肯定的に評価したことになる。この「光」の肯定は、Ⅱ、第2章、C「『老子』の無学・無知・無言による否定的超出」などで解明してきた、老子の基本思想たる「知」の批判・「無知」の提唱と矛盾するのではなかろうか。この矛盾を自覚していたからこそ、本章ではこれを「知」とは呼ばず「光」と呼んだのであり、また、第四章・第五十六章ではその「光」を事実上否定するにもかかわらず、「其の光を和《やわ》らぐ」という穏和な表現を採用したのであろう。いずれにしても、ここには道家による「知」の復権という新しい思想が胎動しているのを感ずることができる。

「身《み》の央《わざわ》（殃）いを遺《のこ》す毋《な》し」の「央《わざわ》（殃）い」は、主として養生思想における生命上・身体上の災いを言

う。本項で解明してきたように、『老子』の養生思想の基本は、「道」の把握によって養生がもたらされるというものだからである。

「是《これ》を常《つね》に襲《い》ると胃《い》（謂）う」の「常」は、常に変わらず一定の本質を保つ根源者「道」の意。一般に、この字は底本（馬王堆甲本）では前漢、文帝の諱「恒」を避けて「常」と書く場合が多いが、意味に相異はない。本章の「常」は避諱の字ではなく、戦国末期からこの字を用いていた（郭店本第五十五章を参照）。当時、「常」と「恒」とには使用上の区別があって、「常」は名詞として使用し、「恒」は形容詞・副詞として使用していた。それ故、本章の名詞の「常」は「道」そのものを指す。「襲」は、底本（馬王堆甲本）・北京大学簡は「襲」、乙本は欠字、通行本（王弼本）は「習」にそれぞれ作る。他にも「習」に作るテキストは多い（朱謙之『老子校釈』五十二章を参照）。諸家が一様に説くように両字は同音で通仮する。そうなると、「襲」と「習」のどちらの字を取っても構わないのであるが、「襲」の字を取って「因《よ》る」「順《したが》う」の意とする者が多い。例えば、中国では、高延第『老子証義』五十二章、馮振『老子通証』五十二章、高亨『老子正詁』五十二章、高亨『老子注訳』五十二章、日本では、金谷治『老子 無知無欲のすすめ』52、蜂屋邦夫『老子』第五十二章、神塚淑子『老子』第五十二章などがこの解釈である。しかし、すでに「道」の絶対的な明知に復帰して、身に殃《わざわ》いの残っていない境地まで進んでいる者を、「道」に「因り従っ」ている人だと評価するのでは、評価が低過ぎるのではなかろうか。河上公『老子注』が「習」に作って「常道を習い修む」の意としたり、成玄英『老子義疏』天下章、陳鼓応『老子註訳及評介』五十二章が「常道を承け襲う」の意とするのもこれと同様である。それ故、これらはみな不適当。武内義雄『老子の研究』第五十二章、福永光司『老子』第五十二章が「入る」の意としたのに従う。すなわち、「常《つね》に襲《い》る」とは、「道」に入り「道」と一体になった人だと評価しているのである。

(16) 第二十章の「我《われ》は泊《はく》（怕）焉《えん》として未だ佻《きざ》（兆）さず」の解釈については、本書のⅡ、第2章、C、a「無学・不学の提唱」の注（66）、Ⅱ、第2章、C、d「無我・無心の境地」とその注（107）を参照。「嬰児《えいじ》の未だ咳《わら》わざるが若《ごと》し」の句は、難しい表現であるが、「我」の形兆がない、「無我」の状態を形容する言葉であろうか。

第二十八章の「其の雄《おす》を知り、其の雌《めす》を守れば、天下の渓《たに》と為《な》る。」について、「雄」は男性的な剛強な生き方の比喩・象徴であり、「雌」は女性的な柔弱な生き方の比喩・象徴である。この点では諸説はみな一致する。「其の雄《おす》を知り、其の雌《めす》を守れば」は、第五十二章の「旣《すで》（既）に亓（其）の子を知りて、復《ま》た亓（其）の母を守れば」という表現を我々に思い起こさせるが、内容の上でも共通点があると思われる。「雄」を知ってその生き方を取りうるにもかかわらずそれを取らず、逆に「雌」を知ってその生き方を目的意識的に保ち続ける、という趣旨である（林希逸『老子鬳斎口義』知其雄章第二十八を参照）。以下の「其の白《あか》るきを知り、其の辱《けが》（黷）れたるを守る。」「其の白《しろ》きを知り、其の黒きを守る。」も同様。その背景には、第六十一章の、

牝の恒《つね》に靚《しず》（静）かなるを以て牡《おす》に勝つは、亓（其）の靚（静）かなるが為《た》めなり。

と同じような牝牡観（雌雄観）があったと考えられる。「渓」は、馬王堆乙本が「雞」に作るのは「渓」の仮借字、北京大学簡・通行本（王弼本）は「谿」に作る。「渓」と「谿」は、同じ字で、谷間の意。下文の「谷」との相異は、『爾雅』釈水が「水の川に注ぐを谿と曰い、谿に注ぐを谷と曰う。」と言って、大小で区別するのがよい。「渓」「谷」の第一の含意は、天下の低い下位に位置することであり、第四十一章の「上徳は浴《たに》（谷）の如し」の「浴《たに》（谷）」も同じ。だからこそ、結局のところ、かえって高い上位に上りうるのである。下文に「声《せい》（聖）人《じん》は用うれば則ち官長《かんちょう》と為る」とあるのは、このことを証言している。「渓」「谷」の第二の含意は、あらゆる山々の水がここに流入してくるように、天下の人々がこの「声《せい》（聖）人《じん》」のもとに帰服してくることである。王弼『老子注』・河上公『老子注』以来、通説は第二の含意を重視してきた。しかし実際を言えば、『老子』全体においても本章においても第二の含意は明確に表現されていない。それ故、これは強調すべきでない。

「天下の渓と為れば、恒徳《こうとく》雞《はな》〈離〉れず。」の「恒徳《こうとく》」は、恒常不変の「徳」（「道」の働き）の意。「万物」の現象が不断に変化して止まないのに対して、根源の「道」は確固として変化しないので、このように言う。この「恒徳《こうとく》」を、現代日本の研究、例えば、福永光司『老子』第二十八章、金谷治『老子 無知無欲のすすめ』28、神塚淑子『老子』第二十八章などは、第一章の「道《みち》の道とす可《べ》きは、恒《つね》の道に非《あら》ざるなり。」と関係づける。これらの嚆矢をなす見解は、林希逸『老子鬳斎口義』知其雄章第二十八であろうか。しかし、この見解は不十分。なぜなら、第一章の「恒《つね》の道」は「道」の不可把握性の故に生まれる、知識論上の「恒に非ず」であるのに引き替え、本章の「恒」は森羅万象の「恒に非ず」に対置した、根源者たる「道」自体の存在論的な「恒」だからである（本書のII、第1章、A、b「『道』は人間が把えることのできないもの」の注（18）を参照）。「雞《はな》〈離〉れず」は、第十章に「一《いち》を抱《いだ》きて、能《よ》く离《はな》（離）るること毋《な》からんか。」の「离《はな》（離）るること毋《な》し」とほぼ同じ意味である。

「恒徳雞《はな》〈離〉れざれば、嬰児《えいじ》に復帰《ふっき》す。」の一文に、養生思想が含まれる可能性については、本書のII、第2章、B、b「雄《おす》よりも雌《めす》を、牡《おす》ではなく牝《めす》を」を参照。本章の「嬰児」は、王道『老子億』二十八章（焦竑『老子翼』の二十八章所引）が養生思想として解釈したのを例外として、通説は純粋・素朴の含意を読み取ってきた。純粋・素朴の含意を否定する必要はないけれども、『老子』の「赤子」「嬰児」は養生への関心から論じられている（第十章・第五十五章を参照）ので、本章のもそれと同じと考えたい。よって、一文の大意は、恒常不変の「徳」を身につけてそれから離れなければ、人間の本来の姿である、赤ん坊の旺盛な生命力に立ち返ることができる、という意味になる。

(17) 第三章全体の趣旨については、本書のII、第2章、C、b「無知・不知の提唱」とその注（66）、II、第2章、D、a「無欲・不欲の提唱」、II、第3章、D、a「不争の倫理に基づく非戦」、II、第3章、E、a「聖人の統治は人民の心を虚しくして腹を実たす」とその注（68）を参照。また、第三章の「亓《そ》（其）の心を虚《むな》しくす」の句などの解釈については、本書のII、第2章、C、d「無我・無心の境地」とその注

（106）、Ⅱ、第3章、E、a「聖人の統治は人民の心を虚しくして腹を実たす」、Ⅱ、第4章、D、b「『老子』における養生と政治との絡みあい」を参照。

「亓《そ》（其）の心を虚《むな》しくして、……亓（其）の骨を強くす。」の趣旨は、本文に述べたとおりであるが、さらに敷衍しておく。この文を前後関係の中で押さえるならば、「民」の「心・志を虚・弱にす」るのが無知・無欲に向かう方向であり、「腹・骨を実・強にす」るのが生命・身体の養生に向かう方向である。ここから、本章では人民の知欲と養生とが矛盾・対立の関係で把えられており、また、老子の政治思想で重視されている課題の一つが人民の養生であることを知ることができよう。

（18）第十二章に現われる「欲」の否定については、本書のⅡ、第2章、C、b「無知・不知の提唱」、Ⅱ、第2章、D、a「無欲・不欲の提唱」とその注（110）、Ⅱ、第3章、E、a「聖人の統治は人民の心を虚しくして腹を実たす」を参照。

また、第十二章の「声（聖）人の治《ち》や、腹《はら》の為《た》めにして目の為めにせず。故に罷《かれ》（彼）を去りて此《これ》を耳《と》（取）る。」という表現が、第三章・第三十八章と類似しており、思想内容の点でも重なるものがあることについては、本書のⅡ、第3章、E、a「聖人の統治は人民の心を虚しくして腹を実たす」、Ⅱ、第4章、D、b「『老子』における養生と政治との絡みあい」を参照。特に、ここに養生思想が含まれることについては、Ⅱ、第2章、D、a「無欲・不欲の提唱」とその注（110）を参照。

その「目の為めにせず」が、人間の「目」だけでなく「心」「行い」「口」「耳」という感覚器官・知覚器官における欲望追求を否定する意味であることは、多くの学者の見解が一致する。しかし、「腹《はら》の為《た》めにす」については、これを人間の身体的生命を維持・確保するためという養生思想として意味づける見解は、極めて少ない。わずかに馮振『老子通証』十二章、木村英一『老子の新研究』十二章ぐらいのものである。このような状況になっている因由は、以前は養生思想に対する関心が今日ほど盛んではなかったからだと思われる。その他の諸説を挙げれば、一つは、目の「外」に対して、腹は「内」にある「道」を充実させることとする者がある。成玄英『老子義疏』五色章、林希逸『老子鬳斎口義』五色章第十二、李嘉謀『老子註』十二章、加藤常賢『老子原義の研究』12が唱える。二つは、目の多知・多欲の追求に対して、腹は無知・無欲の素朴とする者がある。呂恵卿『道徳真経伝』十二章、蒋錫昌『老子校詁』十二章、高明『帛書老子校注』十二、蜂屋邦夫『老子』第十二章である。三つは、目の嗜欲外誘に対して、腹は腹を実たして気を守ることとする見解がある。武内義雄『老子の研究』第十二章である。四つは、目が視覚を代表とする感覚的な欲望一般を指すのに対して、腹は腹を充実させて底力をつけることとする見解がある。福永光司『老子』第十二章、小川環樹『老子』第十二章、金谷治『老子　無知無欲のすすめ』12である。五つは、目などの五官の欲望の追求に対して、腹は道念を固めることとする見解がある。諸橋轍次『掌中　老子の講義』第十二章である。以上の諸説にはいずれも少しずつピントの合わない点がある。

(19) 第三十二章全体の根底にある哲学の大枠は、「道→万物」の関係を「名無《なな》し→名《な》有り」の存在論的な展開として押さえ、それらを「樸《あらき》（樸）→器」として比喩的・象徴的に表現することである。すなわち、根源の「道＝無名＝樸」から現象の「万物＝有名＝器」が生まれるという存在論である。本章のこの大枠と章旨については、本書のⅡ、第1章、A、c「『道』は無名である」とその注(21)、Ⅱ、第2章、D、a「無欲・不欲の提唱」とその注(119)、Ⅱ、第5章、C、b「主体の『無為』と客体の『自然』その2」とその注(33)を参照。また、本章後半において「名が有る」状態に至って欲望追求の抑止が課題となることについては、本書のⅡ、第2章、D、a「無欲・不欲の提唱」とその注(119)を参照。

　第三十二章の後半は、論述の道筋が複雑なせいもあって、従来の研究の中には脈絡を通じさせた解釈がほとんどない。「始めて制《せい》して名《な》有り」は、名の無い「樸《あらき》（樸）」（「道」）が切り裁かれて名の有る「器」（「万物」）が作られる、という意味である。第二十八章の「樸《あらき》（樸）は散ずれば則ち器《うつわ》と為る」も全く同じことを述べた句であり、「道」から「万物」が生まれてくるという存在論の哲学である。従来の解釈の中では、李嘉謀『老子註』三十二章、武内義雄『老子の研究』第三十二章、福永光司『老子』第三十二章、木村英一

『老子の新研究』三十二章がよいが、福永光司と木村英一は「器」が「万物」に他ならないこと（道器論）を正確に理解していない。

「名も亦《ま》た既《すで》に有れば」は、名を有する「万物」が生まれた段階になると、という意味。この「名」は広く「万物」の名称を指すが、王弼『老子注』に誤られて、尊卑などの名分を言う政治的な「名」と誤解する者が非常に多い。例えば、諸橋轍次『掌中　老子の講義』第三十二章、小川環樹『老子』第三十二章、高明『帛書老子校注』三十二、楠山春樹『老子入門』三十七章など。

「夫《そ》れ亦た将《まさ》に止《とど》まるを知らんとす」は、一体、修道者である侯王《こうおう》も、「万物」を対象とする欲望追求をストップするのを知ることになろう、という意味。「止《とど》まる」は、自己の「万物」への欲望を止めること。第四十四章に「足《た》るを知れば辱《はずかし》められず、止《とど》まるを知れば殆《あや》うからず。」とあるが、その「足る」「止まる」と同義。

「止まるを知るは殆《あや》うからざる所以《ゆえん》なり」は、「万物」への欲望をストップすることを知るならば、それは生命・身体を危険な目に遭わせない養生の原因となる、という意味である。このように、第三十二章においても、「万物」への欲望追求を抑止すること、つまり無欲が、養生の原因と位置づけられている。

(20) 第四十四章全体の趣旨と「止《とど》まるを知れば殆《あや》うからず」の養生思想の特徴については、本書のⅡ、第2章、D、a「無欲・不欲の提唱」とその注(129)(132)を参照。

(21) 第七十六章における「柔弱」の提唱と「堅強」の否定については、本書のⅡ、第2章、B、a「水にならう柔弱・不争《ふそう》・謙下《けんか》の倫理」とその注(14)、Ⅱ、第2章、B、d「柔弱の提唱における逆説的・弁証法的な構造」とその注(33)、Ⅱ、第3章、D、a「不争の倫理に基づく非戦」を参照。また、第七十六章に養生思想が含まれることについては、本書のⅡ、第2章、B、a「水にならう柔弱・不争《ふそう》・謙下《けんか》の倫理」、Ⅱ、第3章、D、a「不争の倫理に基づく非戦」を参照。

本章の「兵は強ければ則ち勝たず」の「不勝」の字は、劉師培『老子斠補』七十六章、蔣錫昌『老子校詁』七十六章が、『列子』黄帝篇・『淮南子』原道篇などが老耼や老子の言葉を引いて「兵は強ければ則ち滅び、木は強ければ則ち折る。」に作るのを根拠にして、「滅」の字に改める。この新説を採用して、武内義雄『老子の研究』第四十二章、高亨『老子注訳』七十六章、陳鼓応『老子註訳及評介』七十六章なども「滅」に改めた。しかし、出土資料本はいずれも「不勝」に作り、また意味上も違いがないので、改めるべきではない。

「木は強ければ則ち恒《お》(極)わる」の「恒」の字は、馬王堆乙本は「競」、北京大学簡は「核」、王弼本は「兵」、河上公本は「共」にそれぞれ作る。通行本の「兵」や「共」では意味が通じないので、従来議論が出ていた個所である。黄茂材『老子解』(高明『帛書老子校注』第七十六章所引)・兪樾『諸子平議』が上引の『列子』黄帝篇・『淮南子』原道篇などを根拠にして、「兵」「共」を「折」に改めて以来、「折」の誤字とするのが通説となっていた。日本の学者では、金谷治『老子　無知無欲のすすめ』76、小川環樹『老子』第七十六章、楠山春樹『老子の人と思想』の第六章、第四節「思想形成の順序」、神塚淑子『老子』第七十六章などがこれを支持する。しかし、馬王堆両本が登場した以上、今日ではこれに基づいて考察しなければならない。底本(馬王堆甲本)の「恒」は、『馬王堆漢墓帛書〔壱〕』の「徳経」、註釈〔五九〕に従って、「極」の仮借字とするのがよいと考える。許慎『説文解字』に「極は、竟なり。亙は、古文の極なり。」とあり、終わるの意。乙本の「競」は「竟」の仮借字、北京大学簡の「核」は「極」の仮借字であろう。そして、河上公本の「共」は「極」「競」と通仮し、王弼本の「兵」は「共」の訛伝ではなかろうか。

「木は強ければ則ち恒《お》(極)わる」の趣旨は、『荘子』の次の三つの文章の趣旨に近い。

夫《そ》れ柤梨《さり》橘柚《きつゆう》は、……大枝《おおえだ》は折られ、小枝《こえだ》は泄《ひ》(抴)かる。……故に其の天年を終えずして、中道《ちゅうどう》に夭《よう》す(人間世篇)。

宋《そう》に荊氏《けいし》なる者有り、楸《ひさぎ》・柏《ひのき》・桑《くわ》に宜《よろ》し。……故に未《いま》だ其の天年を終えずして、中道《ちゅうどう》にして斧斤《きんぷ》に夭《よう》せらる(人間世篇)。

直木《ちょくぼく》は先ず伐《き》られ、甘井《かんせい》は先ず竭《つ》く（山木篇）。

いずれも養生思想から見た天寿を全うできない木についての表現である。

(22)『荘子』譲王篇は、全体として前漢初期に集められた文章群である。それらの多くは戦国末期に編纂された『呂氏春秋』から取って『荘子』に入れたものであって、ここに引用した文章も『呂氏春秋』審為篇から取ったものである。よって、その原型は戦国末期以前の道家によって書かれた文章と認めることができよう。

(23)『呂氏春秋』重己篇は、この下文で初期道家の作である『荘子』斉物論篇の「万物斉同」哲学を非難しながら、新来の養生思想を鼓吹している。

夫れ慎むを知らざる者は、是《これ》死生存亡・可不可、未だ始めより別有らざるなり。未だ始めより別有らざる者は、其の謂う所の是は未だ嘗て是ならず、其の謂う所の非は未だ嘗て非ならず、其の謂う所の非を是とし、其の謂う所の是を非とす。此を之大惑と謂う。……此を以て身を治むれば、必ず死し必ず殃《わざわ》いあり。此を以て国を治むれば、必ず残せられ必ず亡ぶ。夫れ死殃残亡は、自ら至るに非ざるなり、惑い之を召《まね》くなり。寿長の至るも常に亦た然り。

のように、「死生存亡」を斉同と見る哲学（「万物斉同」）を「大惑」であると非難した上で、死亡と区別した生存を大切にする養生思想（「寿長」）を訴える。それ故、『呂氏春秋』重己篇はやはり戦国末期の道家の作であり、本文に引用した個所における養生と政治との二律背反的な把握は、古い道家の伝統的な思想ではない。

(24)『淮南子』俶真篇の文章は、『荘子』在宥篇の次の文章を踏まえている。

故に君子苟《いやしく》も能く其の五蔵（臓）を解くこと無く、其の聡明を擢《ぬ》くこと無く、……従容として無為なれば、而《すなわ》ち万物炊累せん。吾又た何の暇ありてか天下を治めんや。

(25)道家の思想家たちは、しばしば「性命」「性命の情」というテクニカル・タームを使用して、養生思想を「性命の情を失わず」などと表現することがある。道家の言う「性命」とは人間の身体的な生命を意味し、「情」とはその実情・事実を意味する場合が多い。この問題の概括的な考察については、拙著『道家思想の新研究』の第10章、第2節「「不失性命之情」という理想」を参照。

(26) 第三十二章後半に含まれる養生思想の概略については、本書のⅡ、第4章、C、d「無知・無欲・無為によって養生を実現する」とその注(19)を参照。

(27) 第五十二章に含まれる養生思想の概略については、本書のⅡ、第4章、C、b「「道」「徳」の把握によって養生を実現する」とその注(15)を参照。また、第五十二章における「事を済す」の否定については、本書のⅡ、第2章、D、c「無事の提唱」とその注(176)を参照。

(28) 第三章の「亓《そ》(其)の心を虚《むな》しくす」の解釈については、本書のⅡ、第2章、C、d「無我・無心の境地」とその注(106)、Ⅱ、第3章、E、a「聖人の統治は人民の心を虚しくして腹を実たす」、Ⅱ、第4章、C、d「無知・無欲・無為によって養生を実現する」とその注(17)を参照。また、第三章と第十二章の養生思想の概略については、本書のⅡ、第4章、C、d「無知・無欲・無為によって養生を実現する」とその注(17)(18)を参照。

(29) 第七章の養生思想の概略については、本書のⅡ、第4章、C、a「『老子』中に残る養生批判」とその注(8)を参照。

(30) 第三十章の養生思想の概略については、本書のⅡ、第3章、D、b「「道」の哲学に基づく非戦」、Ⅱ、第4章、C、b「「道」「徳」の把握によって養生を実現する」とその注(12)を参照。

(31) 第七十五章の趣旨と構成については、本書のⅡ、第2章、D、b「無為・不為の提唱」とその注(158)、Ⅱ、第3章、E、c「聖人の統治は富貴に驕らないが威厳がある」、Ⅱ、第4章、C、a「『老子』中に残る養生批判」とその注(7)を参照。また、第七十五章の養生思想の概略については、本書のⅡ、第4章、C、a「『老子』中に残る養生批判」とその注(7)、Ⅱ、第4章、C、d「無知・無欲・無為によって養生を実現する」を参照。

(32) 第十三章全体の構成と章末の二文の趣旨については、本書のII、第2章、D、b「無為・不為の提唱」とその注(159)を参照。

章末傍線部分の二文を理解するのに必要な事項は、第一に、本章を取り巻く思想環境を知ることであり、第二に、本章やこれと関連する文献を精読することである。

その第一は、本文で述べたところを簡単にまとめれば、『老子』以前の道家思想史にあっては、個人の養生(「身を為《おさ》む」)と天下の政治(「天下を為む」)とを矛盾・対立するものと把え、「身」を肯定して「天下」を否定するという態度が普遍的であった、という思想環境である。例えば、『呂氏春秋』貴生篇に次のようにある。

天下は重物《じゅうぶつ》なり。而《しか》れども以て其の生を害せず、又た況《いわ》んや它《た》(他)物《ぶつ》に於いてをや。

これが本章成立の直接の前提である。本章にはこうした思想環境がもろに顔を出しているが、老子はこれをそのまま踏襲するのではなく修正を加えている。――始めに、養生と政治とを対比・比較して、養生を政治よりも重んずるという態度を取る(前段階)。これは従来の道家の路線の踏襲である。次に、「若《すなわ》ち以て天下を沰《たく》(託)す可《べ》し。……女《すなわ》(如)ち以て天下を寄《よ》す何《べ》(可)し。」のように、「吾の身」を最も重視する者こそ「天下」を任せるに適わしいと言って、政治も取り養生も取るという態度に移る(後段階)。こうして肯定されるに至った「天下」の政治は、己の「身」の養生を最重視する者が行うものであるから、その最重要の課題は己を含む天下の人々の養生を実現する、ということになると思われる。実はすでに、本文に引用した『呂氏春秋』貴生篇がこの思想史上の転換を行っていたが、しかし『呂氏春秋』には「天下」の政治否定の契機がまだ強かった。『老子』第十三章は『呂氏春秋』の以上の思想を踏まえて理論的に一歩を進めただけでなく、さらに『老子』全篇にこの新たな養生思想を書きこんで、養生と政治との矛盾・対立を止揚したのである。

その第二は以下のとおり。この部分は前後綺麗な対文をなし、二文とも同じ思想を述べている。「身を為《おさ》む」は、郭店本は前は欠字、後は「以身」、馬王堆甲本・乙本は前はともに「身を為《おさ》む」、後はともに「以身」、北京大学簡は前後ともに「以身」、通行本（王弼本）は前後ともに「以身」、にそれぞれ作る。また同じ文章のある『荘子』在宥篇は前後ともに「以身」、『淮南子』道応篇は前後ともに「為身」、にそれぞれ作る。以上から、諸本の「以身」は馬王堆両本に従って「身を以《おさ》（為）む」と読み、「以」を「為」の仮借字とする。「身を為《おさ》む」の下の「於」は、比較を表わす助詞。郭店本は前は欠字、後はなし、馬王堆両本は前はともに「於」、後はともになし、北京大学簡は前後ともになし、通行本（王弼本）は前後ともになし、にそれぞれ作る。また『荘子』在宥篇は前後ともに「於」、『淮南子』道応篇は前後ともになし、にそれぞれ作る。以上から、「於」は馬王堆両本の前、『荘子』在宥篇の前後に従って、前後ともにあるのが本来のテキストと思われるが、ただし「於」がなくても比較の意味は十分読み取ることができる。「天下を為む」の下の「若」または「如」は、「則ち」という接続詞である。以上を総合すると、「身を為むることを天下を為むることよりも貴べば、則ち以て天下を託す可し。身を為むることを天下を為むることよりも愛すれば、則ち以て天下を寄す可し。」という読み方になる。

第一の思想環境を背景とし、第二の諸文献の精読を行って、両者を結合するならば、本章の養生思想の顕著な特徴が理解できるだけでなく、『老子』全体の養生思想の動向も把握することができるであろう。

(33)『老子』第十三章末尾の二文と同一または類似の文を含む道家文献は、他にもまだ少なくない。例えば、『荘子』在宥篇、『淮南子』道応篇・詮言篇、『文子』上仁篇などがある。ここでは、『荘子』在宥篇の文章を引用しておく。

故に君子《くんし》已《や》むを得ずして天下に臨莅《りんり》すれば、无為《むい》に若くは莫《な》し。无為にして而る後其の性命の情に安んず。故に身を以《おさ》（為）むるを天下を為《おさ》むるよりも貴《とうと》べば、則ち以て天下を託《たく》す可し。身を以《おさ》（為）むるを天下を為むるよりも愛すれば、則ち以て天下を寄《よ》す可し。故に君子苟《いやしく》も能く其の五蔵（臓）を解くこと无く、其の聡明を擢《ぬ》くこと无く、……従容として无為なれば、而《すなわ》ち万物は炊累せん。吾又た何の暇ありてか天下を治めんや。

『老子』第十三章（戦国末期の成書）と同じ二文を含む、やや後れて成った前漢初期の文章である。養生と政治との関係は、「君子《くんし》已《や》むを得ずして天下に臨莅《りんり》すれば、……。」とあるように政治に対して宥和的になっているが、しかし「吾又《ま》た何の暇《いとま》ありてか天下を治めんや」ともあるように、『老子』に比べて政治批判の契機はなお強い。

(34) 第五十九章における政治思想と養生思想との絡みあった意味については、本書のⅡ、第2章、B、c「母への賛美」とその注(28)、Ⅱ、第2章、B、e「プラス価値ではなくマイナス価値を」とその注(51)、Ⅱ、第3章、B、a「「道」・柔弱・謙下・無為によって「邦」を統治する」とその注(20)を参照。

本章の「国の母《はは》を有てば、以て長久《ちょうきゅう》なる可し。」は、国の母である「道」を把握するならば、その国や国の統治者としての地位を「長久」にすることができる、という政治思想である。一方、「是《これ》を柢《ね》（根）を深《ふか》くし氐《もと》（柢）を固《かた》くすと胃《い》（謂）う、長生久視《ちょうせいきゅうし》の道なり。」は、これと関連する表現が『荘子』繕性篇に、

時命《じめい》に当たらずして大いに天下に窮すれば、則ち根《ね》を深くし極《きょく》を寧《やす》んじて待つ。此《これ》身を存するの道なり。

とあるとおり、「柢《ね》（根）氐《もと》（柢）」である「道」を深く固く把握して自分の生命・身体を「長生久視《ちょうせいきゅうし》」に保つ、という養生思想である。この両者の関係はどうなっているのであろうか、老子の真意は政治と養生のどちらにあるのであろうか。——政治の「長久」と養生の「長生久視《ちょうせいきゅうし》」とが同じ表現、同じ意味であることに注目するならば、両者は相い依り相い待つだけでなく、用語の意味も、政治であると同時に養生、養生であると同時に政治、のように相互に浸透しており、老子は両者をともに肯定し、かつ意識的にダブったイメージを作り出そうとしていることが分かる。本章章末における政治と養生のこうしたダブった意味に言及するのは、河上公『老子注』守道第五十九に始まるが、その後は蘇轍『老子解』五十九章、馮振『老子通

証』五十九章、木村英一『老子の新研究』五十九章などにも言及がある。

(35) 第十六章下段の趣旨については、本書のII、第3章、B、a「「道」・柔弱・謙下・無為によって「邦」を統治する」を参照。

第十六章の引用個所は、文脈上「常を知る」がさかのぼれば「命に復る」を間に挟んで「情《しず》(静)か」に繋がっているから、したがって、修道者(「吾」)が「虚し・情《しず》(静)か」を徹底させるならば、最後には「道」に到達し「道」の永遠性(「久し」)を身に体しつつ、自《みずか》らも一生涯危険な目に遭わずにいられる(「身を沕《ぼっ》(没)するまで怠《あや》(殆)うからず」)、という養生思想を述べた文章ということになる。

本章の「王」の字は、古来異説が多い。例えば、武内義雄『老子の研究』第十六章は「生」の誤りとし、馬叙倫『老子校詁』第十六章は「周」の誤りとする。また、労健『老子古本考』(朱謙之『老子校釈』十六章所引)、陳鼓応『老子註訳及評介』十六章の、「全」の誤りとする説もあり、これは比較的有力であった。けれども、出土資料本はいずれも「王」に作り、かつ高明『帛書老子校注』十六の鋭い労健説批判もあるので、これらはみな不適当。従来どおり「王」に作るのがよい。また、「王」の字のままで理解する者の中にも、蘇轍『老子解』十六章、諸橋轍次『掌中　老子の講義』第十六章のように、「往」(人々が往き来する)の意とする説があったが、武内義雄の批判するとおり不適当。ただし、蘇轍などの説は本章の「王」が現実の王を指してはおらず、王者たるべき者という理念的な意味であることを探り当てているように感じられる。

章末の「身を沕《ぼっ》(没)するまで怠《あや》(殆)うからず」は、身を終えるまで危険な目に遭わない、という意味である。ただし、上文にはこの修道者が「道」そのものとなり、その結果「久し」という「道」の属性を身につけると説かれているので、ここには彼がただ単なる長寿者であるのに止まらず、永遠の生命を生きる者だとする宗教的な意味がこめられているのかもしれない。この問題については、成玄英『老子義疏』致虚極章、神塚淑子『老子』第十六章を参照。

（36）第三十三章の内容や特徴については、本書のⅡ、第2章、C、b「無知・不知の提唱」とその注（84）を参照。

「其の所を失わざる者は久《ひさ》しきなり」の「其の所」は、自分のいるべき場所。養生思想では本来与えられている生命・身体を指し、政治思想では君主の国家における地位などを指す。「其の所を失わず」は、自分の持ち場を失わないの意。政治思想を重視するならば、第二章に、

　万物昔《お》（作）これども……、為れども……、功を成せども……。夫れ唯《た》だ居らず、是《ここ》を以て去らず。

とある、「去らず」とほぼ同義。第二章では、万物の「昔《お》（作）こり・為り・功を成し」た成果の上に、「声《せい》（聖）人《じん》」は居坐ろうとしないからこそ、それが「去ら」ないのである。また、『周易』困卦の彖伝に、

　険《けわ》しきも以て説《よろこ》（悦）ぶ。困《くる》しみて其の所を失わざれば、亨《とお》るは、其れ唯だ君子のみなるか。

とある、「其の所を失わず」とも意味が近い。「久し」は、第七章・第十六章・第四十四章・第五十九章などに重出する言葉。「道」の永遠不滅性を根底に置いて、養生思想では生命・身体が不老長寿であること、政治思想では国家や君位が長く存続すること、などの意である。ここでは、養生と政治の二重の意味がこめられているようであるが、あくまで養生が基本である。一句の大意は、自分に本来与えられている生命・身体を大事に守る者は長生きすることができる（国家における地位などを大事に守る君主は国家や君位を長く持続させることができる）、ということ。

　底本（馬王堆甲本）の「死して忘《ほろ》（亡）びざる者は寿《いのちなが》きなり」の「忘」は、馬王堆乙本は同じく「忘」、北京大学簡・通行本（王弼本）は「亡」にそれぞれ作る。今の河上公本は「亡」に作るが、注文によればもともと「妄」に作っていた可能性が高い（馬叙倫『老子校詁』第三十三章を参照）。「忘」「妄」「亡」の三字は同音で通仮する。「妄」の意に取って解釈する者は、河上公『老子注』辯徳第三十三、朱謙之『老子校釈』三十三章であり、「忘」に作って解釈する者は高亨『老子注訳』三十三章である。ともに本文の中で意味を疎通させることはできるけれども、十分に適切ではない。高明『帛書老子校注』三十三の言うよう

に、「亡」の字を取り、底本（馬王堆甲本）の「忘」は「亡」の仮借字とするのがよいと思う。ただし、その「亡」は死亡の意ではなく、滅亡・消滅の意である。「忘《ほろ》（亡）びざる」ものとは、（一）生命・身体に対して精神・霊魂を指すか、または（二）一生を生きた態度・生き方を指すか、または（三）君主として残した功績・恩沢を指すか、のいずれかもしくは全てであろう。（二）は、福永光司『老子』第三十三章がこれに与する。（三）は、高延第『老子証義』三十三章、奚侗『老子集解』三十三章、高亨『老子正詁』三十三章、加藤常賢『老子原義の研究』33、諸橋轍次『掌中　老子の講義』第三十三章などがこれに与する。これらの中でやや詳しい高亨『老子正詁』によれば、『春秋左氏伝』襄公二十四年に、

> 古人に言える有り、曰わく、「死して朽ちず。」と。何の謂いぞや。……「大上は徳を立つる有り、其の次は功を立つる有り、其の次は言を立つる有り。」と。久しと雖も廃せられざる、此を之れ朽ちずと謂う。

とある。高亨は『老子』本章の「死して亡びず」は『春秋左氏伝』の「死して朽ちず」と同じと唱える。『老子』が儒教的な「徳」や世間的な「言」を是認することはないけれども、「功」を立てることはしきりに肯定しているので、この点を斟酌して両者の共通性を認めても差し支えあるまい。「寿《いのちなが》きなり」は、上文で「死す」と言うのだから、生命・身体の長寿のことではありえない。上述したように、（一）霊魂の永生、または（二）生き方の永承、または（三）政績の永続、のいずれかもしくは全てであろう。一句の大意は、身体は死んでも霊魂が消滅してしまわない者は永遠に生きることができる（君主として死んでも在位中に挙げた功績の消滅しない者は永遠に生き続けることができる）、ということ。ここでは、（一）と（三）を混交する解釈を採用してみた。

(37) 第三十三章のように、『老子』を含む道家の養生思想の中に「養神」や「養心」が登場する場合があることについては、拙著『道家思想の新研究』の第10章、第3節、B「「気」の一元論と「養生」「養心」」を参照。例えば、前漢初期に成書された『荘子』刻意篇（『老子』の一部分とほぼ同じ時代）に、次のように

ある。

故に曰わく、「形労《かたちろう》して休《いこ》わざれば則《すなわ》ち弊《つか》れ、精《せい》用いて已《や》まざれば則ち労《つか》る。労るれば則ち竭《つ》く。」と。

……故に曰わく、「純粋にして雑わらず、静一《せいいつ》にして変わらず、淡《たん》にして无為《むい》に、動くに天行《てんこう》を以てす。」と。此神《これしん》を養うの道なり。

# 第5章 『老子』の自然思想

『老子』の中には、「自然」という言葉を使用して「道―万物」の関係、聖人―万民の関係などを論ずる一系列の思想がある。本書ではこれを「自然思想」と呼ぶ。

自然思想は、もともと道家だけが抱いた特有の思想であり、その最も早い提唱者は老子であった。当時の諸子百家の中では、法家の一部が前漢初期の黄老思想の盛行の流れに乗って比較的早くからこれを受け入れたけれども、より重要な儒家や墨家などが戦国時代にこれを受け入れることはなかった。また、道家の諸思想の中でも古くから存在していた伝統的な思想ではなく、逆に戦国末期になって老子などが従来の伝統的な思想に対して異を唱えつつ提唱するに至った新しい思想である。

これが論じられる領域は、今まで本書が検討してきた『老子』思想の四つの主要領域、すなわち哲学・倫理思想・政治思想・養生思想の全てに及んでいる。言い換えれば、『老子』哲学の中に自然思想が含まれ、倫理思想の中にも自然思想が含まれ、政治思想にも養生思想にも自然思想が含まれるのである。しかし、本書では紙幅の制限と行論の便宜を考慮して、主として哲学における自然と政治思想における自然とをリンクさせながら、『老子』の自然思想を検討することにしたい(1)。

## A　『老子』の形而上学・存在論――「道」と「万物」

### a　「道」の万能性――「道」が「万物」を支配する

『老子』には形而上学・存在論という哲学がある。「道」という根源的な実在が「万物」を誕生させ、「万物」を老病させ、「万物」を死亡させる、等々のことを行うと考える哲学であり、「道」こそが世界の主宰者として「万物」の一切の発生・変化・消滅を支配し決定する、と把える哲学である。このテーマについては、前出のII、第1章「『老子』の哲学」においてすでに詳論したところであるが、ここでは簡略にその結論を確認しておきたい。

例えば、『老子』第四十二章に「〈道《みち》は一《いち》を生じ、一は二《に》を生じ、二は三《さん》を生じ、三は万物を生ず〉。」とあるように、根源者たる「道」が世界を主宰して「万物」を生み出す。[2] また、『老子』第四十八章に、

〈道を聞く者は日に云《そん》(損)す。之を云《そん》(損)し有《ま》(又)た云《そん》(損)して、以て為す无《な》きに至る。為す无くして為さざる无し。将《まさ》に〉天下を取らんと〈欲《ほっ》する〉や、恒《つね》に〈事《こと》とする无し。亓《そ》(其)の事とする有るに及《およ》びてや、以て天下を取るに足《た》らず〉。

とあるように、[3] 修道者が「為す无きに至り」て「道を聞く」ことができるならば、彼は「為

さざる无し」つまり全能となるのだと認められている。その背景には、「道」自体が全能の主宰者であるとする形而上学・存在論が横たわっている。

また、『老子』第五十一章に、次のようにある。

道之《みちこれ》を生《しよう》じて、徳之《とくこれ》を畜《やしな》い、物之《ここ》に刑《あら》（形）われて、器之《うつわここ》に成《な》る。是《ここ》を以《もつ》て万物は道を尊《とうと》びて〔徳を〕貴《とうと》ぶ。……道之《みちこれ》を生じ之を畜《やしな》い、之を長《ちよう》じ之を遂《と》げしめ、之を亭《さだ》め〔之を毒《あつ》くし、之を養い之を復《おお》（覆）う〕。

「道」は世界の主宰者として一切「万物」に対して、「之を生じ之を畜う」以下のような、ありとあらゆる働きかけを行う。(4) さらに、『老子』第五十四章に、次のようにある。

〔之《これ》を身に脩《おさ》むれば、亓《そ》（其）の徳は乃《すなわ》ち真《まこと》なり。之を家に脩むれば、亓（其）の徳は〕余《あま》り〔有り〕。之を〔郷《きよう》に〕脩むれば、〔亓（其）の徳は乃ち長し。之を邦《くに》に脩むれば、亓（其）の徳は乃ち夆《ゆた》（豊）かなり。之を天下に脩むれば、亓（其）の徳は乃ち慱《あまね》（溥）し〕。

「道」は修道者がこれを修めるならば、「身」「家」「郷」「国」「天下」(5)のいかなる場においても、最も望ましい結果を出してくれる全能の実在だとされている。

以上、簡略に見てきたように、「道」という根源者は全能の能力を持っている。このような「道」の全能性を唱える形而上学・存在論が『老子』の中に多く含まれることは、全ての読者が一致して認めるところであろう。

### b　「道」の重要性――哲学と倫理思想・政治思想において

『老子』にとって、一体なぜ「道」は重要なのであろうか。この問題を客観的側面に即して考えるならば、人間という存在者は「万物」の中の一つの「物」として存在しているために、必然的に「道―万物」の形而上学的・存在論的な関係に巻きこまれざるをえないところから、『老子』の「道―万物」関係の哲学（形而上学・存在論）の中で検討することが必要となる。この方向の検討は、本書では主としてⅡ、第１章、A「『老子』の形而上学」とⅡ、第１章、C「『老子』の存在論」において進めてきた。また、同じ問題を主観的側面に即して考えるならば、上述の「道―万物」の形而上学的・存在論的な関係の故に、人間は「道」による被宰者として、あるがままの状態では疎外をこうむり非主体的にしか生きられない哀れな存在者であるところから、それを克服する反疎外論・主体性論という倫理思想の中で検討することが必要となる。この方向の検討は、本書では主としてⅡ、第２章、A「『老子』における人間疎外の克服と主体性の獲得」において行ってきた。ここでは両者の検討を総合した結論だけを簡略に示すことにしたい。

さて、初期道家の思想家たちにとって、そもそも「道」という実在は、哲学的な意味においてであるが、世界の主宰者として「万物」のあらゆる存在・運動・変化を取りしきっている。人間はその「万物」の中の一つとしてあるが、全能の「道」からただ一方的に取りしきられるだけの「物」であり、その意味ではあくまで没主体的にしか生きられない、疎外された存在者である。[6]言い換えれば、人間は、ただあるがままの生き方を続けている限り、自分自身の主人公として一生を生きていくこともできない「物」なのである。しかし、このような没主体的な疎外された人間も、全能の「道」を把握し「道」と一体になり、さらには「道」それ自体になることを通じて、ただ支配される側にあるだけの「万物」から抜け出すことが可能となる。全く逆に、支配する側にある「道」の立場に転じ、ひいては世界において主人公として生きることが可能となるのである。

老子があれほどまでに「道」を重視する理由は、まさにこの点にある。――修道者が「道」の把握を通じて、人間疎外を克服し人間としての主体性を獲得するためであり、また、世界の主人公となって有意義な人生を送るためであった。それ故、以上のような「道」の把握は、『老子』の反疎外論・主体性論の一環をなす倫理思想と見なしうるのであるが、また同時にその哲学の根底に由来するものでもあった。その上、上述したように、『老子』全体が述べている主な思想は、哲学・倫理思想・政治思想・養生思想・自然思想の五つであるが、五思想の中では哲学が、自然思想を除いて他の三思想の根底の位置に置かれており、他の三思想を同じ仕組みによって根拠づけている。すなわち、哲学の「道—万物」という主宰—被宰関係を根底に置きそれからのスライドによって、倫理思想の「道—万物」に基づいた主体―客体関係、政治思想の「帝王―万民」という支配―被支配関係、養生思想の「道―身体」という原因―結果関係、のいずれもが導き出されてくる。こういうわけで、『老子』思想の全体の中で、「道」の哲学の持つ意味には極めて重いものがあった。

次に、『老子』の政治思想について述べれば、その中心テーマは、以上の「道」の形而上学・存在論を根拠にして、修道者が「道」の把握を通じて「天下を取る」こと、つまり「天下」全体を統治する天子・皇帝となることである。上引の『老子』第四十八章においても、「将《まさ》に天下を取らんと欲《ほっ》するや、恒《つね》に事《こと》とする無し。」とあったように、修道者が「道」の実際の内容である「无事」（上文の「无為」に同じ）の把握を通じて、「天下を取る」ことが目指されていた。なぜこうなるのかと言えば、それは形而上学・存在論の「道―万物」の哲学的な支配関係を政治思想にスライドさせると、甚だ容易に「聖人―百姓」「侯王―民」の政治的な支配関係ができあがるからであって、『老子』の哲学はもともとその政治思想とぴたりと合致するロジックを含んでいたのである。

他の例を挙げてみよう。『老子』第四十五章に「請《せい》（清）靚《せい》（静）なれば以て天下の正《せい》と為《な》る可《べ》し」とある。[7] この「天下の正」は天子・帝王の意であって、このことに関しては王念孫『読書雑志』志余篇に優れた考証がある。それ故、この部分は「請《せい》（清）靚《せい》（静）」（「無為」のカテゴリー）というやり方で「道」を把握するならば、修道者は帝王となることができる、という意味であることになる。また、『老子』第三十九章の「侯《こう》（王《おう》は一を得）て以て正《せい》と為る」も同様である。この「正」の字は、馬王堆乙本が「天下の正」に作るのが最も章旨に適わしいが、いずれにしてもこの部分の趣旨は、「侯王」が「一」つまり「道」を得ることによって帝王となる、と言うのである。(8) さらに、『老子』第七十八章の、

故《ゆえ》に聖人《せいじん》の言《げん》に云《い》いて曰《い》わく、「邦《くに》の詬《よご》（垢）れを受く、是《これ》を社稷《しゃしょく》の主《しゅ》と胃《い》（謂）う。邦の不祥《ふしょう》を受く、是を天下の王と胃（謂）う。」と。

も、以上と同様である。「社稷《しゃしょく》の主《しゅ》」と「天下の王」は同じレベルの統治者、つまり天子・皇帝を意味すると思われるが、後者の「天下の王」は第四十五章・第三十九章の「天下の正」を指している。(9)

以上のような『老子』の政治思想、すなわち修道者が「道」の把握を通じて「天下を取り」、全天下に君臨する天子・皇帝となるという思想は、結局のところ、君主権力を中央集権の方向で強化しようとする一君万民の思想と把えられよう。そして、このような政治思想は前漢初期の政治状況にぴたりと適合するものであった。『史記』や『漢書』は、前漢初期の文帝・景帝・武帝・竇太后や周辺の重臣たち、言い換えれば当時の多くの最高権力者たちがこぞって『老子』を読んでおり、また、時あたかも黄老思想が隆盛を極めていたことを一再ならず証言しているが、その主な理由はここにあったと考えなければならない。この点から逆に推測するならば、以上のような哲学・政治思想などを盛りこんだ『老子』という書物の編纂は、こうした政治状況が間もなく到来することを十分に見通すことのできる時代、す

なわち戦国末期〜前漢初期にあったと見ることができよう。

### c　道家の形而上学・存在論の伝統と『老子』

以上に簡略に確認してきた『老子』の形而上学・存在論は、特に『老子』だけに限って現われる独特のものではなく、道家一般に広く認められる伝統的な哲学であった。『老子』に先だつ戦国中期〜後期の道家の文献である、『荘子』斉物論篇・逍遥遊篇の一部がすでに唱えており、それ以来戦国末期まで維持されていた道家の哲学であった。[10] ただし、古い道家は、以上のような形而上学・存在論をその時々の政治思想とリンクさせることはほとんどなく、また、形而上学・存在論をやや後出の養生思想とリンクさせることもまだ顕著ではなくて、その思想的営為の中心は、あくまでもこれを根拠にしながら、ひたすら人間のあるべき生き方（倫理思想）を追求することに向かっていたのであった。

## B　『老子』や道家における「自然」という言葉

そもそも『老子』の自然思想というものは、以上の古い道家の伝統的な形而上学・存在論とそれに基づく政治思想などとは相互に矛盾・対立し、したがって、正反対の方向に向かう傾きのある新しい思想である。この新たに唱えられるようになった『老子』の自然思想は、『老子』の諸思想全体の内部に一種の矛盾・対立をもたらすことになったが、この問題とその解決のための思想的営為の射程は、『老子』や前漢初期の黄老思想の中だけに収まらず、後漢・三国・六朝時代に至る長く広い範囲に及んだのであった。

ここでは、まず古い「自然」という言葉の性質と意味について検討しよう。

### a 「自然」の出現状況と性質

「自然」という言葉は、これを最も早い時点で使用しているのが道家思想とその影響下にあった諸思想だけであったという事実から判断して、道家が人為を否定するために使用し始める一対の概念——主体に関する「無為」と客体に関する「自然」——の片割れとして、戦国末期になって始めて思想界において使用された(11)、すなわち始めて思想概念として誕生した、と推測される(12)。

また、古代漢語の「自然」は、それが初めて誕生したばかりの時点では、文法的には「泰然」「漠然」などと同じような副詞の一つであり、「万物」「百姓」のあり方（存在様式や運動形態）を形容する言葉であって、実在的・対象的な nature を意味する名詞ではなかった。——これらのことは、今日ではほぼ学者の間の共通認識になっている。

「自然」の今ここに述べた性質、すなわち主体にとって客体である「万物」「百姓」について言う言葉として、初めて誕生したという性質は、中国思想史を論ずる上で特に重要であるので、それを示すいくつかの例を引用しておこう。

例えば、『老子』第六十四章に、

〔是《ここ》を以《もっ》て声《せい》（聖）人《じん》は〕不欲《ふよく》を欲《ほっ》して、得難《えがた》きの⿰月焉《たから》（⿰貝焉）を貴ばず。不学《ふがく》を学びて、衆《しゅう》人《じん》の過《す》ぐる所に復《かえ》る。能《よ》く万物の自《し》〔然《ぜん》〕を輔《たす》け〔て〕、敢《あ》えて為さず。

とあり、⒀これを踏まえて書かれた『韓非子』喩老篇に、

夫れ物に常容有り、因りて乗じて以て之を導き、因りて物の容に随う。故に静かなれば則ち徳に建ち、動けば則ち道に順う。……一人の力を以てすれば、則ち后稷《こうしょく》も足らず。自然に随えば、則ち臧獲《ぞうかく》も余り有り。故に曰わく、「万物の自然を恃《たの》みて、敢えて為さざるなり。」と。

とあり、『荘子』応帝王篇に「无名人曰わく、「……物の自然に順《したが》いて、私《わたくし》を容《い》るる无《な》ければ、而《すなわ》ち天下治まらん。」と。」とあり、同じく田子方篇に、

老耼曰わく、「……夫れ水の汋《しゃく》に於《お》けるや、為す無くして才自然なり。至人の徳に於けるや、脩《おさ》めずして物離るる能わず。天の自《みずか》ら高く、地の自ら厚く、日月の自ら明らかなるが若《ごと》し。夫れ何をか脩めん。」と。

とあり、『淮南子』原道篇に、

是《こ》の故に天下の事は、為す可《べ》からざるなり、其の自然に因《よ》りて之を推《お》す。万物の変は、究《きわ》む可からざるなり、其の要帰の之趣く〈要趣を乗《と》りて之に帰《き》す〉。……故に一人の能《のう》に任ずれば、以て三畝《さんぽ》の宅も治むるに足らざるなり。道理の数に脩《したが》〈循〉い、天地の自然に因《よ》れば、則ち六合《りくごう》も均《ひと》しくするに足らざるなり。……此《これ》に由《よ》りて之を観れば、万物は固《もと》より以《すで》〔已〕に自然なり、聖人《せいじん》又た何をか事とせん。

とあり、同じく泰族篇に、

天其の高きを致し、地其の厚きを致し、月其の夜を照らし、日其の昼を照らし、陰陽化し〈列星朗《あき》らかに〉、列星期するは〈陰陽化するは〉、〔為す〕有るに非ず。〔其の〕道を〔正せば〕、而《すなわ》ち物自然なり。……天地・四時は、万物を生ずるに非ざるなり。神明接《まじ》わり、陰陽和すれば、而ち万物之《ここ》に生ず。聖人の天下を治むるは、民の性を易うるに非ざるなり、其の有する所に拊循《ふじゅん》して之を滌蕩《できとう》す。……夫れ物に以て自然なる有り、而《しか》る後人事に治むる有るなり。

とある、等々。

以上に掲げた「自然」は、いずれも「万物の自然」「物の自然」「才の自然」「天下の自然」「天地の自然」であって、ここから帰納して一般的な結論を導き出すならば、「自然」というのは、「聖人」という主体、「汝」という主体、「水」という主体、「天地・四時」という主体[14]などにとって、客体である「万物」「百姓」等々のあり方（存在様式や運動形態）を言う言葉である、と認めることができよう。

こういう状況であるから、「万物の自然」「天地の自然」などのようにその上にはっきりと「万物の」「天地の」などという句が冠せられていない場合でも、「自然」は、主体にとって客体である「万物」「百姓」に関する「自然」なのである。例えば、『老子』第二十五章に「人は地に法《のっと》り、〔地は〕天に法り、〔天は道に〕法り、〔道は自然に〕法る。」とある。この「自然」は、主体である「人」つまり「王」にとって、客体である「万物」または「百姓」のあり方を形容する「自然」であろう[15]。現代中国の研究である盧育三『老子釈義』（天津古籍出版社、一九八七年）は、第二十五章について、

ここの「自然」は自然界を指すのではなくて、「みずから」という意味である。道それ自体は何かを作為することも何かを造作することもなく、万物の自然に従っており、万物があれこれやるとおりに、道もあれこれやる。まさにこのようであるからこそ、道は万物を生長・発育させることができるのである。

のように、その「自然」を「万物の自然」と解釈している。(16)

また、『荘子』徳充符篇に、

荘子曰わく、「……吾が謂う所の情无しとは、人の好悪《こうお》を以て内《うち》其の身を傷つけず、常に自然に因《よ》りて生を益さざるを言うなり。……道之に貌を与え、天之に形を与えて、好悪を以て内其の身を傷つくる无し。今子《し》は子の神《しん》を外にし、子の精《せい》を労《ろう》し、樹《き》に倚《よ》りて吟《ぎん》じ、槁梧《こうご》に拠《よ》りて瞑《めい》す。」と。

とある。この「自然」は、主体である「人」の、特に「神・精」にとって、客体である「其の身」のあり方としての「自然」であり、その具体的な内容は「道之に貌を与え、天之に形を与う。」を指すと考えられる。(17)

また、『韓非子』安危篇に、

故に国を安んずるの法は、饑《う》えて食《くら》い、寒《こご》えて衣《き》るが若《ごと》く、令せずして自然なり。……令《も》使し人をして饑寒を去らしむれば、賁育と雖も行う能わず。自然を廃すれば、道に順うと雖も立たず。強勇の行う能わざる所は、則ち上安きこと能わず。

とある。ここに見える二例の「自然」は、主体である「上」すなわち君主にとって、客体である「人」すなわち民衆の「自然」であり、具体的には「饑えて食い、寒えて衣る」に代表される民衆のあり方を指す。

さらに、『淮南子』諸篇に次のようにある。

人主《じんしゅ》の術は、无為《むい》の事に処《お》りて、不言《ふげん》の教えを行う。……名は各々自《おのおのみずか》ら名づけ、類は各々自《みずか》ら類し、事は猶《な》お自然のごとくにして、己《おのれ》より出《い》ずるもの莫《な》し（主術篇）。

故に聖人《せいじん》は……自然に法脩《ほうじゅん》〈循〉して、己与《おのれあずか》る所無し。慮《りょ》は数《すう》に勝たず、行いは徳に勝たず、事は道に勝たず。為す者には成らざること有り、求むる者には得られざること有り（詮言篇）。

吾が所謂《いわゆる》無為《むい》の若《ごと》き者は、私志《しし》公道に入るを得ず、耆《き》（嗜）欲《よく》正術を枉《ま》ぐるを得ず、理に循《したが》いて事を挙げ、資《し》に因《よ》りて〔功〕を立て、自然の勢いを権《お》〈推〉して、曲故《きょくこ》容《い》るを得ざる者なり。……夫《か》の火を以て井を熯《かわ》かし、淮《わい》を以て山に灌《そそ》ぐが若《ごと》きは、此己《これおのれ》を用いて自然に背《そむ》く。故に之を有為《ゆうい》と謂う（脩務篇）。

これらの「自然」はいずれも「己」と対立している。その内容は、主体である「人主」「聖人」「人」にとっての、客体である「事」「水潦・五穀」（「万物」）のカテゴリー）のあり方を形容するものとなっている。(18)

## b 「自然」の古い意味——「みずから」

「自然」の意味は、元来は「みずから」であった。詳しく解釈するならば、「他者の力を借りないで、それ自身に内在する働きによって、そうなること、もしくはそうであること」であって、[19]「おのずから」ではなかったと考えられる。以後の中国思想史の展開の中で、「自然」が元来の「みずから」に加えて「おのずから」の意味をも持つに至ったのは、確かに否定することのできない事実である。[20]しかし、筆者はそのように変化していった原因・理由は、主に以下の二つの点にあると推測している。

第一は、哲学においてであれ、あるいは倫理思想・政治思想・養生思想においてであれ、道家思想のいかなる領域の議論においても、「自然」概念が使用される場面では常に、もともと「主体→客体、原因→結果」という強烈な実践的なバイアスがかかっていたが、そのことのために、主体の何の働きかけもしない「無為」によって客体の「自然」が発動するという全体の仕組みの中の客体の「みずから」は、全体の仕組みを見ようという眼を捨てて主体の視角からだけ眺めるならば、むしろ客体の「おのずから」であるかのように映るという、漢語特有のアスペクトの問題とも関連する事情である。[21]

第二は、従来の道家思想の中では、主体「道」と客体「万物」との間の距離は相互に甚だ遠くに隔たっていたのであるが、「自然」概念を必要とした道家の新しい思想は次第にその距離を接近させていき、そのことを通じて、当初は客体についてだけ述語された「自然」がやがて主体についても適用されるようになり、こうして客体の「自然」の上述の二つの意味の内、当初の「みずから」よりも、主体の「無為」に親和的な「おのずから」の方がかえって有力になっていった、という道家思想の歴史に関係する事情である。蛇足ながら付記すれば、いわゆる「自然無為」や「無為自然」という句は、この段階になって始めて発生したものである。

「自然」が「みずから」だけでなく「おのずから」をも意味するように変化していった因由として以上に述べた二点は、「自然」概念を使用する際に発生した主体と客体とにまつわる語学的な事情と、「自然」概念がうながした主体と客体との関係についての思想史展開の事情、と要約することができるが、結局のところ「自然」概念それ自体に変化の因由があったのである。

試みに、許慎（後漢、三〇年～一二四年）『説文解字』をひもといて、「自然」の意味を担う「自」について調べてみると、「𦣹は、鼻なり。鼻の形を象《かたど》る。凡そ自の属は、皆な自に从《したが》う。𦣹は、古文の自なり。」とある。段玉裁（清代、一七三五年～一八一五年）『説文解字注』は、これを、

此 鼻を以て自を訓じて、又た曰わく、「鼻の形を象《かたど》る」と。王部に曰わく、「自は読みて鼻の若し。今俗に作始の生子を以て鼻子《びし》と為す是《これ》なり。」と。然らば則ち許は自と鼻と義同じく音も同じと謂えども、自を用いて鼻と為す者は絶少なり。凡そ自に从《したが》うの字は、尸部の「屇は、臥息なり。」と言部の「詯は、胆气　声に満ち人の上に在るなり。」との如き

は、亦た皆な鼻息に於いて会意す。今義の従や、己や、自然や、皆な引伸の義なり。

と解説する。すなわち、「自」という言葉は、古い語源的な「鼻」の意味から後に「従《より》」「己《おのれ》」「自然《しぜん》」の三つの意味が派生したと言うのである。

この「鼻」という意味の「自」は、今日調べうる最古の資料である殷周時代の甲骨文・金文にも、用例が少数しか現われていないから、この「鼻」の意味の「自」からいかなる過程を経て後代のさまざまな意味の「自」が生まれてきたかについては、我々の推測の限りではない。(22) しかし、段玉裁が『説文解字』の語源的な意味の「鼻」と派生義(「引伸の義」)の「従」「己」「自然」の三つの意味と、の合計四つを挙げたことで、「自」の古い時代の意味は全て尽くされる。そして、殷周時代の「鼻」の意味と、戦国末期になって思想概念として使用されるに至る「自然」の意味とを除外すれば、古典的諸文献に用例が多く現われごく普通に使用された意味は、疑いもなく「従」と「己」の二つである。ところで、「自然」という意味が思想界において思想概念として使用されるようになるためには、「自然」を頂点にいただくその裾野に、「自」という言葉の多く現われる用例の、ごく普通に使用される意味が拡がっている必要がある。それには、上述の「従」と「己」の両者の中では、介詞として時間的・空間的な起点を示す「従」の意味よりも、「みずから」という名詞としてごく普通に多用された「己」の意味こそが適わしい。(23)

以上のようなわけで、「自然」という言葉の元来の意味は「みずから」であり、「万物」

「百姓」が自分の内部に有している力によって自主的・自律的に存在したり変化したりする、そのような「みずから」性を意味していたのである。

### c　古い道家の「自然」――『呂氏春秋』義賞篇において

すでに述べたように、『老子』や『荘子』など道家が「自然」という言葉を使用し始めるのは、比較的新しいことであって（戦国末期）、その本来の「自然」は、「おのずから」という意味でもなければ「大自然」という意味の名詞でもない。文法的には副詞または形容詞であり、「万物」の自主性・自律性を示す、「みずから」という意味であった。例えば、戦国末期に成書された『呂氏春秋』義賞篇に、次のような文章がある。

> 春気《しゅんき》至れば、則ち草木産《そうもくさん》す。秋気《しゅうき》至れば、則ち草木落つ。産《さん》すると落つるとは、或《ある》もの之を使《せ》しむ、自然に非ざるなり。故に之を使《せ》しむる者至れば、物は為《な》らざる無し。之を使《せ》しむる者至らざれば、物は為る可《べ》き無し。古《いにしえ》の人は其の使しむる所以《ゆえん》を審《つまび》らかにす、故に物は用を為《な》さざる莫《な》し。賞罰の柄《へい》は、此上《うえ》の使しむる所以なり。

本篇の中心思想は、民衆に対する「賞罰」の適切な行使を唱える法家の政治思想である。その「賞罰の柄」を「上の使しむる所以」であると意味づけるに先だって、本篇は冒頭部分で、「物」の存在・変化をめぐる世界の一般的なあり方を、「之を使《せ》しむる者」――「物」という関係の形而上学・存在論として論じており、後者の哲学を根拠にして前者の政治思想を主張している。法家が自らの政治思想の根拠に哲学を求めるようになるのは、戦国末期あたりから開始されたことであるが、当時、諸思想に根拠を提供することのできる哲学を持っていたのは、ただひとり道家だけであった。したがって、本篇の「之を使しむる者」―「物」の形而上学・存在論も、道家の理論、すなわち「道―万物」の形而上学・存在論のヴァリエーションであると見なすことができよう。

　この文章の主張、すなわち春に草木が芽生え、秋にそれが枯れ落ちるのは「自然に非ざるなり」と言うのは、現代日本の我々には奇妙に感じられる。しかし、それは「自然」の概念が『呂氏春秋』義賞篇と現代日本とで全然異なるからである。本篇の「自然」概念それ自体は、「草木」がその外部にある何か他のもの（「春気」「秋気」の背後にある窮極的な根源者「道」）に支配されることなく、自分の内部に有する力で「産」「落」することを意味する。他方、この概念を使用して作者が表わしている思想は、「気」の背後にある根源者「之を使しむる者」という主体こそが、「草木」という客体の「産すると落つると」、さらには一般に「物」という客体の「為る」と「為らず」とを決定しているのであって、「草木」などの「物」にはそうした「みずから」としての「自然」性はない、と考えている。だとすれば、『呂氏春秋』義賞篇は後述する『老子』の「自然」と全く同じ概念を使用していながらも、その「自然」に関する思想は[24]『老子』とは百八十度反対の方向を向いており、ここに我々は、『老子』以前の古い道家にあっては、「自然」の従来の意味が「みずから」であることと、その従来の形而上学・存在論に基づいて「万物」の「自然」が否定されていることと、の二点を確認することができたことになる。

また、『春秋繁露《しゅんじゅうはんろ》』同類相動篇に、次のような文章がある。

琴瑟《きんしつ》其の宮《きゅう》を報弾《ほうだん》すれば、他《た》の宮《きゅう》　自《みずか》ら鳴って之に応ず、此　物の類《るい》を以て動く者なり。其の動くものは声《こえ》を以てして形無く、人其の動くものの形を見ざれば、則ち之を自《みずか》ら鳴ると謂《い》うなり。又た相い動かして形無ければ、則ち之を自然と謂う。其の実《じつ》は自然に非ず、之をして然《しか》らしむる者有るなり。物には固《もと》より実《まこと》に之を使《せ》しむるもの有るも、其の之を使《せ》しむるものは形無し。

これは、戦国末期ではなく前漢、武帝期以降に書かれたものであり、しかも道家ではなく儒家の董仲舒《とうちゅうじょ》学派の作品であるから、『呂氏春秋』義賞篇と同日に論ずることはできない。しかし、前漢初期に盛行した『老子』を含む道家の自然思想に反対する立場から、古い道家の唱える「自然」をほぼ正確に把握していたと推測することができる[25]。それかあらぬか、本文中に見える「自然」も、『呂氏春秋』義賞篇に似ていて、この言葉の古い意味「みずから」をよく保存している。

## C　『老子』自然思想の構造

### a　主体の「無為」と客体の「自然」その1

以上のような性質と意味を有する「自然」概念を、初めて思想的な文章の中で使用したのは、すでに述べたとおり、戦国末期の道家の思想家たちであった。例えば、比較的早い時期の「自然」の用例を含む文献である『老子』第十七章に、

大上《たいじょう》は下之《したこれ》有るを知り、……（猷《ゆう》（猶）呵《こ》（乎）として）其《そ》れ言を貴《す》（遺）つるや、功を成し事を遂《と》げて、百省《ひゃくせい》（姓）は我《われ》自然なりと胃《い》（謂）う。

とある。この「自然」は、なるほど文章表現の上では「我」の「自然」ではあるが、しかし思想内容の上では、この「我」は決して主体ではなくあくまでも客体である。思想内容上では、実は「大上」（至上の理想的君主）こそが主体であり、「我」はその客体である「下」「百省（姓）」を受け、「下」「百省（姓）」を指す。であるから、この部分の解釈としては、許抗生『帛書老子注訳与研究』第十七章が、

功績が成され事業が遂げられても、庶民はむしろ彼ら自身が成し遂げたのだ（君主とは何

の関係もない）と言う。

とするのが最も正確である。そして、この部分をこのように解釈して誤りでないならば、筆者が上文で述べてきた古い「自然」の性質と意味との二点の正しさが、『老子』のこの部分によっても確認されたことになるであろう。[26]

ところで、この『老子』第十七章の文章を注意深く読んでみると、次に挙げるような一つの重要な思考のパターンを発見することができる。——主体「大上」が「無為」の態度を取るという原因があれば、その結果として客体「百省（姓）」は「自然」になる、と考える「主体→客体、原因→結果」のパターンである。これは上文で、「自然」が使用される場面では常に強烈な実践的バイアスがかかっている、と述べたことと同一の事態を指している。ここで問題となるのは、

猷（猶）呵（乎）として其れ言を貴（遺）つるや、功を成し事を遂げて、百省（姓）は我自然なりと胃（謂）う。

という部分である。その前半の主語は「大上」の君主（つまり「聖人」）である。状況の原因となる「猷（猶）呵（乎）として其れ言を貴（遺）つ」は、ぼんやりとして（または、ゆったりとして）言葉を捨てる（または、忘れる）ならば、という意味である。「貴言」は、

言葉を貴ぶという意味ではない。『老子』『荘子』『淮南子』等々の道家の諸文献の中に、言葉を貴ぶなどという表現は現われないからである。それ故、「貴言」は、「遺言」の仮借字と解釈するのがよい。(27)「不言」「無言」「希言」「忘言」「去言」等々の、道家が常用する表現の一つと見なすことができよう。そして、状況の結果は、「百省（姓）」が「功を成し事を遂ぐ」だけでなく、それを自力で行ったことと思いこむに至ると言う。この「言を貴（遺）つ」も「無為」の一種と認めてよく、当該部分は「無為」を原因として「自然」が結果するという構造となっている。図示すれば以下のとおりとなる。

主体・原因：大上の無為（猷呵として其れ言を貴つ）

——→客体・結果：百省（姓）の自然（功を成し事を遂ぐ）

この点から推測するならば、上文に引用した第六十四章に、

是《ここ》を以《もっ》て声（聖）人は不欲《ふよく》を欲して、得難《えがた》きの⿰月爲《たから》（⿰貝爲）を貴ばず。不学《ふがく》を学びて、衆人《しゅうじん》の過《す》ぐる所に復《かえ》る。能《よ》く万物の自然《しぜん》を輔《たす》けて、敢《あ》えて為さず。

とある文章は、その「能く万物の自然を輔けて、敢えて為さず。」は、「敢えて為さざれば、而《すなわ》ち能く万物の自然を輔く。」という意味ではなかろうか。(28) 仮りにこの推測が成り立つとして、「主体→客体、原因→結果」のパターンを図示すれば以下のとおり。

主体・原因：聖人の無為（敢えて為さず）

──→客体・結果：万物の自然（能く万物の自然を輔く）

また、『老子』第二十三章に、

言うこと希《まれ》なれば、自然なり。飄風《ひょうふう》も朝を冬《お》（終）えず、暴雨《ぼうう》も日を冬（終）えず。孰《だれ》か此《これ》を為す、天地なり。〔而《しか》れども久しくする能《あた》わず、有《ま》（又）た兄《いわ》（況）んや人に〕於《お》いて〔をや〕。故に従事《じゅうじ》して道《みち》ある者は道に同《どう》じ、徳ある者は徳に同じ、者《しつ》〈失〉ある者は失に同ず。〔徳に〕同ずる〔者は〕、道も亦《ま》た之を徳とす。失《しつ》に同ずる者は、道も亦た之を失とす。

とある。この「言うこと希なり」は「言わず」とほぼ同義であって、「無為」のカテゴリーに属する。本章の前半は、主体「人」の「言うこと希なり」という原因によってもたらされる客体「飄風・暴雨」の「自然」という結果が、簡潔な筆致で画かれている。その「飄風《ひょうふう》も朝を冬《お》（終）えず、暴雨《ぼうう》も日を冬（終）えず。」という現象は、「天地」が「為し」たわけではなく、まして「人」が「為し」うるはずもなく、他でもない「飄風・暴雨」が「みずから」行ったことなのである。[29] そうだとすれば、我々はここでも同一のパターンを発見したと言って差し支えない。これを図示すれば、以下のとおり。

主体・原因：人の無為（言うこと希なり）

──→客体・結果：飄風・暴雨の自然（飄風《ひょうふう》も朝を冬《お》えず・暴雨《ぼうう》も日を冬えず）

また、『老子』と相い前後する時期に書かれた諸他の文献の中にも、その「無為」と「自然」との間に同様のパターンを指摘することができる例は少なくない。以下に、若干の例を挙げておく。例えば、『荘子』繕性篇に、

古《いにしえ》の人は、混芒《こんぼう》の中に在りて、一世《いっせい》と与《とも》にして澹漠《たんばく》を得たり。……是《こ》の時に当たりてや、之を為す莫《な》くして常に自然なり。

とあり、同じく田子方篇に、

老聃曰わく、「……夫れ水の汋《しゃく》に於《お》けるや、為す无くして才 自然なり。至人の徳に於けるや、脩《おさ》めずして物 離るる能わず。」と。

とある。[30]『荀子』正名篇に「性の和の生ずる所、精合《がっ》し感応《おう》じ、事とせずして自然なり、之を性と謂う。」とあり、『韓非子』安危篇に「故に国を安んずるの法は、饑えて食い、寒えて衣るが若く、令せずして自然なり。」とある。[31]『荀子』の「事とせず」の意味は「為さず」つまり無為と異ならない。『韓非子』の「令せず」の意味は「人主」が政令を下さないことで、これも「為さず」に近い。また、『楚辞』遠遊篇に、

曰わく、「道は受く可《べ》くして、伝う可からず。其の小は内無く、其の大は垠《かぎ》り無し。而《なんじ》（汝）の竟《こん》（魂）を滑《みだ》すこと無ければ、彼将《まさ》に自然ならんとす。」と。

とある。『淮南子』詮言篇に、

唯だ迹を為す無きに滅して、天地〔の〕自然に随う者のみ、能く理に勝ちて名を受《あい》〈愛〉すること為《な》〈無〉きを唯《な》（為）す。

とあるが、これを踏まえた『韓詩外伝』巻一に、

伝に曰わく、「……唯だ跡を人に滅して、能く天地の自然に随いてのみ、能く理に勝ちて名を愛すること無きを為す。」と。

とあり、同じように『文子』符言篇に「老子曰わく、「……唯だ天地の自然に随いてのみ、能く理に勝つ。」と。」とある。『淮南子』泰族篇に、

天其の高きを致し、地其の厚きを致し、月其の夜を照らし、日其の昼を照らし、陰陽化し〈列星朗《あき》らかに〉、列星期するは〈陰陽化するは〉、〔為す〕有るに非ず。〔其の〕道を〔正

せば」、而《すなわ》ち物自然なり。

とあり、(32)『文子』精誠篇に、

老子曰わく、「天其の高きを致し、地其の厚きを致し、日月照らし、列星朗《あき》らかに、陰陽和するは、為す有るに非ず。其の道を正せば、而《すなわ》ち物自然なり。」と。

とある、等々。これらは原本『老子』の編纂以前に書かれた（『荀子』正名篇）か、あるいはそれ以後に書かれたにしても『老子』からさほど隔たっていない時期の、比較的古い「自然」の思想を残している例である（『荘子』繕性篇・田子方篇、『韓非子』安危篇、『楚辞』遠遊篇、『淮南子』詮言篇・泰族篇、『韓詩外伝』巻一）。

### b　主体の「無為」と客体の「自然」　その2

『老子』の中には、「自然」という言葉が合計五例出現している（馬王堆両本・北京大学簡・通行本（王弼本）もみな同じ）。それらは大体のところ本来の意味で使用されているが、しかし、ただそれらの「自然」を見て頭をひねっていても、それだけでは意味が分からない場合が多い。我々はもっと視野を拡げて、追求の範囲もさらに拡げる方がよい。『老子』中には、「自然」という言葉を使用していない個所においても、多くのこれと同じ思考のパターンを見出すことができる。第一に、「自」という副詞を頭に冠して「自○」という句型を取る場合がある。例えば、『老子』第三十二章に、次のようにある。

道《みち》は恒《つね》に名《な》无《な》し。楃《あらき》（樸）は〔小《しよう》なりと〕唯《いえど》（雖）も、〔天下敢《あ》えて臣《しん》とせず。侯《こう》〕王《おう》若《も》し能《よ》く之を守れば、万物は将《まさ》に自《みずか》ら賓《ひん》せんとし、天地も相い谷《がっ》〈合〉して、以て甘洛《かんろ》（露）を兪《いた》（輸）し、民《たみ》も之《これ》に〔令《れい》する〕もの莫《な》く〔して、自《みずか》ら均《ひと》し〕くす。

ここに表現されているのは、「侯王」が「无名」の「道」を「守る」という原因を作り出すことができるならば、その結果として「万物」は自分の方から「賓し」てやって来るし、また、「民」に対して「侯王」が何の「令」を下さなくても、彼らは自分の方から「均」一化されるようになる、という思想である。章頭の「无名」は「無為」のカテゴリーであり、この章もまさしく「主体→客体、原因→結果」の構造を持っている。そして、その「自ら賓す」「自ら均しくす」はともに「自然」の具体的な現われと把えることができる。(33) これを図示すると、以下のとおり。

主体・原因：侯王の無為（能く之（道）を守る）
——→客体・結果：万物・民の自然（自ら賓す・自ら均しくす）

また、『老子』第三十七章に、次のようにある。

道《みち》は恒《つね》に名無《なな》し。侯王若《こうおうも》し（能《よ》く）之《これ》を守れば、万物将《まさ》に自《みずか》ら爲《な》（為）さんとす。……辱《はずかし》められずして以て情《しず》（静）かなれば、天地も将に自《みずか》ら正さんとす。

「侯王」が「无名」の「道」を「守る」という原因があれば、結果的に「万物」は自分の方から「化す」るし、また、「侯王」が「辱められずして以て情（静）か」という原因があれば、「天地」も自分の方から「正し」くなる、という思想である。この章の構造も「主体↓客体、原因↓結果」である。(34)その「自ら爲（為）す」「自ら正す」はともに自然思想の具体的な現われと言うことができる。これを図示すると、以下のとおり。

主体・原因：侯王の無為（能く之（道）を守る・辱《はずかし》められずして以て情《しず》か）

——→客体・結果：万物・天地の自然（自ら爲す・自ら正す）

さらに、『老子』第五十七章に、次のようにある。

（是《ここ》を以て声（聖）人の言《げん》に曰《い》わく）、「我為《われな》す無くして、民自《みずか》ら化《か》す。我静かなるを好みて、民自ら正《ただ》す。我事《こと》とする無くして、民（自ら富《と》む。我 不欲《ふよく》を欲《ほっ》して、民自ら樸《ぼく》なり。」と）。

その内容は、明瞭であるから詳説する必要はあるまい。この章の思想構造も「主体↓客体、原因↓結果」である。その「自ら化す」「自ら正す」「自ら富む」「自ら樸なり」はいずれも同様に自然思想の具体的な現われである。(35)これを図示すると、以下のとおり。

主体・原因：聖人の無為（為す无し・静かを好む・事とする无し・不欲を欲す）

——→客体・結果：民の自然（自ら化す・自ら正す・自ら富む・自ら樸なり）

以上の三つの章における「主体→客体、原因→結果」のパターンは、上文で「自然」に即して検討してきたものと全く同じである。このような拡大した視野の下で広範囲の追求を進めるならば、『老子』中に相当多く現われるこれらの「自〇」という言葉も、その自然思想を研究する資料として生かすことができるし、また、「自〇」が個別的・具体的な自然思想であり、「自然」は「自〇」を総合化・抽象化したものである、という両者の相互関係も容易に理解することができるようになる。

以上の検討に基づいて、筆者は以下のように結論したい。すなわち、「無為」という言葉が、主体の原因である「言を貴（遺）つ」「言うこと希なり」「无名を守る」「静かなるを好む」(36)「事とする无し」「不欲を欲す」等々を総括した、それらの言葉を代表する抽象的な概念であるのと同じように、それとペアーを組む「自然」という言葉も、客体の結果である「自ら愿す」「自ら正す」「自ら化す」「自ら富む」「自ら樸なり」等々を総括した、それらの言葉を代表する抽象的な概念なのである。(37)

なお、以上と同じ思考のパターンは、『老子』以外の道家系の諸文献にも非常に多く見出される。その例は枚挙するに遑がないほどであるが、ここではごく少数の代表的な例だけを挙げておこう。『荘子』応帝王篇に、老耼曰わく、「明王の治は、……有るも名を挙ぐる莫《な》く、物をして自《みずか》ら喜ばしめ、測《はか》られざるに立ちて、有る无《な》きに遊ぶ者なり。」と。

とあり、同じく在宥篇に、

広成子……曰わく、「……視る无《な》く聴く无く、神《しん》を抱きて以て静かなれば、形《かたち》は将《まさ》に自《みずか》ら正さんとす。……慎みて女《なんじ》の身を守れば、物将《まさ》に自《みずか》ら壮《さか》んならんとす。」と。

とあり、また同じく在宥篇に、

鴻蒙《こうもう》曰わく、「……汝徒《なんじた》だ无為《むい》に処《お》れば、物は自《みずか》ら化せん。……心を解《と》き神《しん》を釈《す》て、莫然《ばくぜん》として魂《たましい》无《な》ければ、万物は云云《うんうん》として、各《おのお》の其の根に復《かえ》らん。……其の名を問う无く、其の情を闚《うかが》う无ければ、物は故《もと》より自《みずか》ら生ぜん。」と。

ともある。『管子』形勢篇に「上 事とする無ければ、則ち民自《みずか》ら試《もち》う。蜀を抱きて言わずして、廟堂《びょうどう》既に脩まる。」とあり、同じく形勢解篇は、この傍線部分を解釈して、明主の天下を治むるや、其の民を静めて擾《みだ》さず、其の民を佚《やす》んじて労《くる》しめず。擾さざれば、則ち民自ら循《したが》う。労しめざれば、則ち民自ら試《もち》う。故に曰わく、「上事とする無ければ、則ち民自ら試《もち》う。」と。

と述べている。同じく内業篇に、

彼の心の情は、安らかにして以て寧らかなるを利とす。煩わす勿《な》く乱す勿ければ、和は乃ち自《みずか》ら成る。……神有り自ら身に在り、一《ある》いは往き一いは来たるも、之を能く思うもの莫し。……敬《つつし》みて其の舎を除すれば、精将に自ら来たらんとす。

とある。『淮南子』本経篇に、

故に至人《しじん》の治は、……自然の性に随《したが》いて、已《や》むを得ざるの化に縁《よ》る。洞然《どうぜん》として無為《むい》にして、天下自《みずか》ら和し、憺然《たんぜん》として無欲にして、民自《みずか》ら樸《ぼく》なり。

とあり、馬王堆帛書『十六経』順道篇に、

刑《かたち》（形）恒に自《みずか》ら定まるは、是我《これわれ》兪《ゆ》（愉）静《せい》なればなり。事恒に自ら㐌《ほどこ》（施）すは、是我无為なればなり。静翳《せいえい》して動かざれば、来るものは自ら至り、去るものは自ら往く。

とある、等々。

### c　主体の「無為」と客体の「自然」その3

第二に、『老子』中には、「自然」や「自〇」という句型を取らず通常の文型を用いて、以上と同類の思考――「道」「聖人」が「無為」であることによって、「万物」「百姓」が「みずから」存在し運動・変化するに至る、と考える「主体→客体、原因→結果」の思考――を表出する場合がある。この例もまた少なくないけれども、ここでは『老子』から二、三の代表的な例を引くだけに止めておく。例えば、『老子』第二章に次のようにある。

是《ここ》を以て声《せい》（聖）人《じん》は無為《むい》の事に居《お》り、〔不言の教えを〕行う。〔万物昔《お》（作）これども始《おさ》（治）めざる〕なり、為《な》れども志《たの》（恃）まざるなり、功を成せども居らざるなり。

本章では、「聖人」の「无為」「不言」という原因によって、「万物」の「昔《お》（作）こる・為る・功を成す」という結果がもたらされる、と唱える。ここには、確かに「自然」も「自〇」句も見えないけれども、「万物」が「昔《お》（作）こる・為る・功を成す」のは、「万物」が自分の力でこれらを行うのであるから、「自」が冠されていなくても意味は同じであって、自然思想と認めて構わない。ただ、「自」が冠されている方が、「万物」の自主性・自律性が強調されることになる。(38) これを図示すると、以下のとおり。

主体・原因：聖人の無為（无為《むい》の事に居《お》り・不言の教えを行う）

――→客体・結果：万物の自然（昔《お》（作）こる・為る・功を成す）

また、『老子』第十六章に、

虚《むな》しきを至《いた》（致）すこと極《きわ》まり、情《しず》（静）かなるを守ること表《あつ》〈裻（篤）〉ければ、万物は旁《なら》（並）びに作《お》こり、吾以《われもっ》て其の復《かえ》るを観るなり。天〈夫《そ》〉れ物は雲《うん》（貟）雲《うん》（貟）として、各《おの》おの其の〔根〕に復帰《ふっき》す。

とある。この文章の主語は、修道者「吾」（「声（聖）人」または「侯王」）である。その「吾」が「虚し・情《しず》（静）か」という倫理的態度を徹底的に推し進めるならば（原因）、「万物」は自らの力で一斉《いっせい》に立ち起こり、わらわらと群がり繁りつつそれぞれの根源たる道に復帰していく（結果）、と唱える。(39) この「虚《むな》しきを至《いた》（致）すこと極《きわ》まり、情《しず》（静）かなるを守ること表《あつ》〈裻（篤）〉し。」も、「無為」のカテゴリーに属する句であり、それ故、章頭の構造は「無為→自然」に他ならない。これを図示すると、以下のとおり。

主体・原因：聖人の無為（虚しきを至すこと極まる・静かを守ること表《あつ》し）

――→客体・結果：万物の自然（旁びに作こる・各おの其の根に復帰す）

さらに、『老子』第三十五章に「大象《たいしょう》を執《と》れば、〔天下〕往《ゆ》く。往きて害あらず、安《やす》らか・平《たい》らか・大《ゆたや》（泰）かなり。」とある。この部分は、「聖人」や「侯王」などといった人間が「大象《たいしょう》」（「道」に同じ）と把えることによって、「天下」の「万物」が動き始め（「往く」）、その結果「天下」の「万物」は「安《やす》らか・平《たい》らか・大《ゆたや》（泰）か」になる、という趣旨である。単純化すれば、「聖人」の「道」の把握が原因となって「天下」の順調な運行が結果する、という思想に他ならない。だから、これは以上に論じてきた自然思想の変形の一つと見なせるかもしれない(40)。これを図示すると、以下のとおり。

主体・原因：聖人の無為（大象を執る）──→客体・結果：天下の自然（往く）

ただし、本章の「大象《たいしょう》」は直接的に「道」を指しており、上文で検討してきた『老子』諸章の同様の文章の場合、一般的な「無為」や具体的な「言うこと希なり」「静かなるを好む」「事とする無し」等々が使用されていたのとは異なっている。その上、「天下往く」の句に自然思想であることを明示する「自」や「自然」という副詞が伴っていないという問題もある。これらの点を考慮するならば、基本的には、道家の伝統的な形而上学・存在論にのっとって、「聖人」「侯王」が「道」を把えることを通じて「天下」を主宰するという哲学・政治思想を述べたものと把えるのが穏当ではなかろうか。

## D　『老子』自然思想における政治

### a　自然思想の民本主義——「百姓」「民」の主体化

本章の最初に述べたように、『老子』の自然思想は、その四つの主要な思想領域、すなわち哲学・倫理思想・政治思想・養生思想の全てに顔を出している。ただし、本書では紙幅の制限と行論の便宜を考慮して、主に哲学における自然と政治思想における自然とをリンクさせつつ、『老子』の自然思想を検討してきた。

以上に述べてきた自然思想の内容を、その政治思想に即して単純化して示すならば、次のように言うことができよう。——「侯王」などの統治者が「言を貴（遺《す》）つ」「名无し」「虚し・情《しず》（静）か」等々、まとめて表わせば「無為」の態度を取るならば、それが原因となって被統治者の「百姓」「民」が「自ら賓す」「自ら均しくす」「自ら正す」等々、一言で表わせば「自然」に諸活動を展開する、という結果がもたらされることである、と。

そうだとすれば、老子がこの自然思想において理想とする政治状況は、一方で「侯王」などが「無為」になることである。それは政治的な統治者として何も行わないことであり、実際政治の上で何の作用も及ぼさず、何の影響力も発揮しないことを意味する。それ故、極言するならば、これは統治者が存在しない状況にほぼ等しい。（もっとも、正確を期して付記すれば、統治者が存在しない状況が理想だと老子は決して唱えることはない。）このような原因が作り出されるならば、他方の「百姓」「民」が自分の力で諸活動を展開しなければならない結果になるのは、理の当然である。ここに「侯王」などの「無為」の態度の下、「百姓」「民」は政治の客体から転じてむしろ主体の立場に立たされることになった。そして、老子がこうした政治状況を肯定的に把えていたことに、筆者は瞠目する者である。これが理念型としての『老子』の「自然」の政治思想であるが、ただし、その「自然」の現実社会への適用は、このような単純なものではありえない。

上に引用した『老子』第十七章に、

大上《たいじょう》は下之《したこれ》有るを知り、……〔猷《ゆう》（猶）呵《こ》（乎）として〕其《そ》れ言を貴《す》（遺）つるや、功を成し事を遂《と》げて、百省《ひゃくせい》（姓）は我《われ》自然なりと胃《い》（謂）う。

という文章があった。その「大上《たいじょう》は下之《したこれ》有るを知る」という、君臨すれども統治せざる君主は、『老子』の「自然」の政治思想の理想とする統治者像である。また、上引の『老子』第三十七章にも「道《みち》は恒《つね》に名《な》無《な》し。侯王《こうおう》若《も》し〔能《よ》く〕之《これ》を守れば、万物将《まさ》に自《みずか》ら愿《な》（為）さんとす。」とあり、さらに、上引の『老子』第五十七章にも、

〔是《ここ》を以て声（聖）人の言《げん》に曰《い》わく〕、「我為《われな》す無くして、民自《みずか》ら化《か》す。我静かなるを好みて、民自ら正《ただ》す。我事《こと》とする無くして、民〔自ら富《と》む。我 不《ふ》欲《よく》を欲《ほっ》して、民自ら樸《ぼく》なり。」と〕。

とあった。これらも『老子』第十七章に準じて考えることができよう。

哲学と政治との絡みあったコンテキストにおいて、「大上」「侯王」「声（聖）人」にマイナス価値・消極的態度を要求するのに引き替え、「百姓」「万物」「民」に自主・自律のプラス価値・積極的態度を容認するこの「自然」の政治思想は、中国古代における民主主義の一つのタイプと認めることができるのではなかろうか。あるいはまた無政府主義の一つのタイプと言うべきかもしれない。

『老子』の自然思想をどのように評価するかといった評価のやり方は、ことがらの本質上、『老子』を読む側の現代の我々の多種多様の価値観に左右され、またそれによって決定されることでもある。それ故、この問題を掘り下げることは『老子』読者に任せて、筆者としてはこれ以上深入りしないことにしたい。ただ、かつて無政府主義者のトルストイや朱謙之などが『老子』を愛好した原因・理由は、この点にもあったと思われる。本書では、これを民本主義という言葉で呼んでおく。

### b　自然思想の政治における君主像

前漢初期においては、周知のとおり、黄老思想が人々から歓迎されていた。黄老思想の中心は『老子』である。建国の功臣である曹参が斉の丞相として恵帝元年（前一九四年）以来九年間、斉国で実施した「黄老の術」は、『史記』曹相国世家に、

孝恵帝の元年、諸侯相国の法を除き、更《あらた》めて参を以て斉の丞《じょうしょう》相と為す。……膠西《こうせい》に蓋公《がいこう》

有り、善く黄老の言を治むるを聞き、人をして幣《へい》を厚くして之を請わしむ。既に蓋公を見れば、蓋公は為めに治道は清静にして民自《みずか》ら定まるを貴ぶなりと言い、此の類を推して具《つぶ》さに之を言う。……其の治の要は黄老の術を用う、故に斉に相たること九年、斉国は安集し、大いに賢相と称せり。

と画かれているように、蓋公より教えられた「清静にして民自ら定まる」——君主が清静である（「無為」のカテゴリー）ならば、民衆は自《みずか》ら安定する（「自然」のカテゴリー）ようになる——であった。やはり、君主にマイナス価値・消極的態度を求めるとともに、民衆に自主・自律のプラス価値・積極的態度を認めたのである。そしてこれは、今まで検討してきた『老子』の「自然」の政治思想と完全に一致するものであり、それが当時広く人々から支持されていたわけである。

ただし、これほどまでに広く人々から支持され、かつ成果を挙げることのできた「黄老の術」が、「自然」の政治思想の理念型の問題としてではなく歴史的事実の問題として、具体的かつ実際にいかなる内容を持っていたかについては、個別の事例に則して精密かつ実証的な研究に基づいて判断を下す必要がある。なぜなら、君主の「無為」↓民衆の「自然」の関係は、中央の皇帝権力を弱化・無化して民衆の自主性・自律性に任《まか》せる民本主義の方向に行く、とばかりは限らないからである。これには、例えば、長安中央の皇帝権力を抑えて斉国・魯国などの地方分権を進める、という含意があるかもしれないからであり、また、皇帝の一元的な支配を弱めて豪族や貴族の政治的基盤の強化を目指す、という含意があるかもしれないからである。

ところで、『老子』の「自然」の政治思想において同時並行で進められた、君主の無為化と民衆の自主化・自律化とは、道家の諸他の文献においても認めることができる。例えば、『荘子』山木篇に、次のようにある。

市南子《しなんし》曰わく、「……今魯国《ろこく》は独り君の皮に非ずや。吾願わくは君形《かたち》を刳《えぐ》り皮を去り、心を洒《あら》い欲を去りて、无人《むじん》の野に遊ばんことを。……故に人を有《ゆう》する者は累《わずら》い、人に有せらるる者は憂う。故に尭《ぎょう》は人を有《ゆう》するを非《ひ》とし、人に有せらるるを非とするなり。吾願わくは君の累いを去り、君の憂いを除きて、独り道と大莫《たいばく》の国に遊ばんことを。」と。

主人公の市南子《しなんし》にとって、理想とすべき社会は「人」が「人」を所有するのでもなければ、「人」が「人」に所有されるのでもないユートピアであり、市南子は魯侯に向かって、そうしたユートピア「无人の野」「大莫の国」に「遊ん」ではどうかと勧めている。このように、民衆の「自然」を容認するようになった、戦国末期以降の道家の政治思想は、君主が民衆を中央集権的に統治することを、形式上ではともかくとして内容上では正当化することができない。それどころか全く逆に、君主の政治権力を弱めるべきことを主張したり、さらには君主の統治それ自体を根本から否定したりする場合さえあったのである。

また、『淮南子』主術篇に、次のようにある。

> 法籍《ほうせき》礼義なる者は、君に禁じて擅断《せんだん》すること無からしむる所以なり。人自《みずか》ら恣《ほしい》ままにするを得ること莫《な》ければ、則ち道勝つ。道勝てば而《すなわ》ち理達す。故に無為《むい》に反《かえ》る。無為なる者は、其の凝滞《ぎょうたい》して動かざるを謂《い》うに非《あら》ざるなり。以て言《そ》〈其〉の己《おのれ》従《よ》り出ずるもの莫きを其《い》〈言〉うなり。

そもそも「法籍礼義」が作られた目的は「君」の「擅断」を禁止するためであると明言し、加うるに、その最終目標を「無為」の政治に「反」ることであるとも述べている。その「無為」とは、「言《そ》〈其〉の己《おのれ》従《よ》り出ずるもの莫し」、すなわち君主自身の力で生み出されるものが何一つないという意味であるから、これは君主の中央集権的な統治に反対しているどころか、さらにそれを越えて君主制の否定にまで近づいている、と認めざるをえない。

## E　『老子』の形而上学・存在論と自然思想との矛盾・対立

### a　古い形而上学・存在論と新しい自然思想

『老子』本来の古くからの形而上学・存在論が基礎となり根拠を提供して、その範囲の中で政治思想を考える場合は、君主が民衆の全ての活動を一元的にコントロールし、民衆はただそのコントロールに服従するだけ、という内容の一君万民の中央集権的な政治思想となる。一方、新たに登場した「自然」に基づく政治思想は、君主は「無為」であって何の作用も影響力も及ぼさず、だからこそ民衆は自ら《みずか》社会の主人公となって自主的・自律的に諸活動を展開する、という内容の民本主義となる。こういうわけで、この二つの政治思想は両立することの難しい矛盾・対立関係に立っている。

この問題をめぐる『老子』の政治思想の実際は、それが画かれている章によって若干異なる。「道」の形而上学・存在論に基づいて一君万民の政治を強調する章もあるし、「万物」の「自然」に基づいて民本主義の政治を強調する章もある。けれども、全体的な大局から見るならば、以上の矛盾・対立する両者を曲がりなりにも何とか統一しているところに、『老子』の政治思想の本質があると言うことができよう。矛盾・対立する両者を統一するための理論的仕組みは、『老子』の中に保持されており、我々はそれを取り出すことができる。『老子』の政治思想の基本は、形式の面から言えば、古くからの形而上学・存在論に基づくもので、一君万民の中央集権である。すなわち、「聖人」「侯王」が「百姓」「民」の全てを一元的にコントロールする、と考える政治思想である。ところで、新たに導入された「自然」の政治思想においては、「聖人」は「無為」の態度を取るという原因を作り出し、その結果「百姓」の「自然」が引き起こされるのであるが、この「聖人」の「無為」は、既引の『老子』諸章によって明らかなとおり、目的意識的に追求された「無為」であると老子は考えている。こういう事情であるから、君主の「無為」の原因によって結果的に民衆が「自然」になるのも、君主の民衆に対する支配―被支配関係の一環に位置づけられており、最初から上述の形式の内に収まるように構想されていた。言い換えれば、内容の面では新しい「自然」の民本主義ではあるけれども、形式の面では古くからの一君万民の中央集権であって、万民の「自然」も一君のコントロールの範囲内に収まるものと見なされていたのである。

例えば、『老子』第四十八章の、

道を聞く者は日に云《そん》（損）す。之を云《そん》（損）し有《ま》（又）た云《そん》（損）して、以て為す无《な》きに至る。為す无くして為さざる无し。将《まさ》に天下を取らんと欲《ほっ》するや、恒《つね》に事《こと》とする无し。亓《そ》（其）の事とする有るに及《およ》びてや、以て天下を取るに足《た》らず。

に戻って考察してみよう。本章は、哲学として読むにしても政治思想として読むにしても、基本的に「道」の形而上学・存在論およびそれに基礎を置く思想であって、「自然」の哲学および政治思想ではない。何よりもここには「自然」や「自○」という言葉が使用されていないからだ。主人公の「道を聞く者」つまり修道者は、「為す无《な》きに至り」てついに「道」を修得した後は、「為さざる无し」という全能の存在者になると述べられている。したがって、本章の基本的な思想が古くからの形而上学・存在論を基礎としていることは、明らかである。そして、修道者の「為す无し」は、下文に、

将に天下を取らんと欲するや、恒に事とする无し。亓（其）の事とする有るに及びてや、
以て天下を取るに足らず。

という自戒が追記されていることからも分かるように、彼が目的意識的に追求した「无為」なのである。

彼の「為す无し」はどのような仕組みで「為さざる无し」の全能性を引き起こすのであろうか。老子という思想家はこのような逆説的・弁証法的な論理を常用するものであるとか、「為す无し」は「道」それ自体であるから、それは全能なのであるとか、などといった説明があるかもしれない。これらはそれなりに正しいし説得力もあるけれども、なお抽象的に過ぎ具体的な説明になっていないように感じられる。修道者の「之を云《そん》（損）し有《ま》（又）た云《そん》（損）す」「為す无し」というマイナス価値・消極的態度が、「為さざる无し」「天下を取る」というプラス価値・積極的態度に転ずるのには、より具体的な説明がほしいところである。それは本章の文章表現には現われないが隠れた背景の中に、今まで検討してきたような自然思想として横たわっているように感じられる。——修道者が「為す无し」の消極的態度を取るという原因を作れば、その結果「万物」「百姓」が「自然」に諸活動を展開するようになり、とどのつまり彼は「為さざる无し」という積極的態度を取ることができることになる、という背景が設定されているのではなかろうか。言い換えれば、修道者が最後に到達した「為さざる无し」の全能性は、実は「万物」「百姓」の「自然」に依存しており、それに担わ

れているのである。ちなみに、上に引いた『老子』第二十五章の「人は……〔道〕に法り、〔道〕は自然に法る。」には、このような含意もあると考えられる。それ故「万物」「百姓」の「自然」こそが、修道者の「為さざる无し」の表面に現われない実際の内容をなすものである、と理解することができると思う。

老子がこうした「万物」「百姓」の「自然」を肯定的に眺めていたことは、上文に既述したとおりである。とは言うものの、それが『老子』における「道」の形而上学・存在論と「万物」の「自然」との矛盾・対立を、以上のように曲がりなりにも何とか統一した、その一方の片割れについての肯定であることに、我々は十分注意をはらわなければならない。なぜなら、両者の矛盾・対立とその統一というこの地点から、本章の以下のF「「自然」の行き過ぎをめぐって」の問題も発生してくるからである。

ついでに述べる。『老子』第三章に、次のようにある。

賢《かしこ》きを上《とうと》ばざれば、〔民をして争わざらしむ。得難きの貨《たから》を貴ばざれば〕、民をして〔盗みを〕為さざら〔しむ。欲す可《べ》きを見《しめ》さ〕ざれば、民をして乱れざらしむ。是《ここ》を以て声《せい》〔聖〕人《じん》の〔治《ち》や、……為さざるのみなれば、則ち治《おさ》まらざる无し〕。

「声〔聖〕人」の統治の「為さざるのみ」という原因は、上文の「賢《かしこ》きを上《とうと》ばず」「得難きの貨《たから》を貴ばず」「欲す可きを見《しめ》さず」を受けて言い、「治《おさ》まらざる无し」という結果は、「民をして争わざらしむ」「民をして盗みを為さざらしむ」「民をして乱れざらしむ」を受けて言う。これによれば、本章の「声（聖）人」の民衆に対する統治者としての性質は、上引の第四十八章のそれよりもずっと強く、ここには、基本的に自然思想は含まれていないようである[41]。ただし、「治まらざる无し」の全能性が、ここでも「民」の動向に係っている点は、第四十八章と共通している。

　以上に検討してきたのは、主に政治思想の中に現われた、古い形而上学・存在論と新しい自然思想との矛盾・対立、およびその統一の問題であった。ここでは、政治思想の基礎にある哲学に目を移して、哲学における同類の問題がどのように取り扱われたかを簡略に確認しておきたい。――一方の、「道」が根源者として「万物」を哲学的な意味において支配すると考えていた古い形而上学・存在論と、他方の、「道」は「無為」でありその「万物」に対する支配はないも同然だから、「万物」は「道」の哲学的な作用抜きで（「道」の形而上学・存在論の弱化・否定の上に）、自力で存在し変化すると見る新しい自然思想とは、やはり相互に矛盾・対立しあう。この矛盾・対立する両者を曲がりなりにも何とか統一しているのが、『老子』哲学の本当の姿なのだと考えられる。とは言うものの、『老子』に源を発したこのような自然思想は、「道」の形而上学的・存在論的な意味を弱めて、場合によってはそれを否定・排除してしまう性質を持つものであった。

## b 道家の哲学と政治思想の危機

前漢初期に盛行した道家の政治思想である黄老思想は、上引の『史記』曹相国世家からも明らかなように、以上の相互に矛盾・対立しあう新旧二つの側面を保持していた。この黄老思想は、同じ時代の、とりわけ文帝期（前一七九年〜一五七年）あたりから景帝期（前一五六年〜一四一年）を経て武帝期（前一四〇年〜八七年）初年に向かう政治的に重要な時期において、前漢朝廷の歴代の天子・皇帝たちの、君主権の強化を思想的に正当化せよという次第に高まる要求に対して、結局、何一つ満足な答えを提出することができなかった。そのために儒家との思想的・政治的な競争に敗れて、虚しく武帝期の儒教重視の始まる時代を迎えることになり、その結果、自らは他の諸子百家とともに抑黜《よくちゅつ》されざるをえなかったのであった。近年の多くの研究によれば、黄老学派がこのように後れを取ってしまった主な因由は、君主は「無為」「清静」であるべしとする政治思想にあったと言う[42]。筆者は、これを必ずしも否定しないけれども、しかし、『老子』を始めとする同じ時代の道家の政治思想には、両立させることの難しい矛盾・対立が保持されていたことが、一層重要な問題なのではないかと考える。——形式的には、「無為」が主体たる君主の態度について言い、それが客体たる民衆のあり方について言う「自然」と、緊密に因果の関係で結びつけて把握されていたという事実や、また、内容的には、君主の態度がどうであれ、民衆が自力で存在し変化・運動しているとする、「自然」の事実と価値が積極的に容認されていたということなどは、軽視できないと考えられる。戦国末期〜前漢初期の道家の政治思想の中に発生した以上のような問題は、やがてその従来の形而上学・存在論に跳ね返ってきた。なぜなら、君主が民衆を一元的に強権支配することが思想的に正当化しがたいのであれば、その基礎に置かれた「道―万物」の形而上学的・存在論的な支配―被支配関係もそれに伴って動揺するし、中でも「道」の「万物」を存在させ変化させる窮極的な根源者としての意義が、弱められたり失われたりするからである。

こうして、この時代の道家の思想家たちは、形而上学・存在論という哲学の分野においても、窮極的な根源者としての意義を失いかけている「道」に対して、新たな意義づけの方向を模索しなければならなかった。その方向は、今日残っている道家の文献資料から推測すれば、以下の三つの方向が模索されていた。――第一は、「道」の形而上学・存在論と「万物」の「自然」との矛盾・対立を、より高い次元で統一しつつ一層超越的な「道」の形而上学・存在論を新たに構築する方向である。第二は、「道」を形而上のものから形而下のものに改めて（「道」の形而下化）、「万物」の「自然」との間にある矛盾・対立を弱化あるいは無化する方向である。第三は、「道」の形而上学・存在論を一層強く打ち出すと同時に、「万物」の「自然」を一定のレベルに抑えることによって、両者の矛盾・対立を弱める方向である。この第三はすでに『老子』諸章の中に出現しているものであるが、下文のF「「自然」の行き過ぎをめぐって」において述べる。

ここではまず、第一、すなわち「道」の形而上学・存在論と「万物」の「自然」との矛盾・対立を、より高い次元で統一しつつ一層超越的な「道」の形而上学・存在論を新たに構築する方向、を検討してみよう。

以上の「道」の形而上学・存在論と「万物」の「自然」との矛盾・対立は、前漢時代から同じ道家の思想家たちによって注目されていた。『荘子』則陽篇の「季《き》真《しん》の為す莫《な》し」と「接子《しょうし》の使《せ》しむる或《あ》り」との対立がそれを明示している。

少知曰わく、「季《き》真《しん》の為す莫《な》しと、接子《しょうし》の使《せ》しむる或《あ》りとは、二家の議、孰《いずれ》か其の情《じょう》に正しく、孰か其の理《り》に徧《かたよ》（偏）れる。」と。

太公調曰わく、「雞《にわとり》鳴き狗吠《いぬほ》ゆるは、是《これ》人の知る所なり。大知《たいち》有りと雖《いえど》も、言を以て其の自《よ》りて化《か》せし所を読《よ》む能《あた》わず、又た以て其の将《まさ》に為《な》らんとする所を意《おも》う能わず。……之を使《せ》しむる或《あ》ると、之を為《な》す莫《な》きとは、未《いま》だ物を免《まぬか》れずして、終《つい》に以て過《あやま》りを為す。使《せ》しむる或るは則ち実なり、為す莫きは則ち虚《きょ》なり。名有り実有るは、是《これ》物の居《きょ》にして、名无く実无きは、物の虚《きょ》に在り。言う可く意《おも》う可きも、言えば愈《いよ》いよ疏《うと》し。……道は有る可からず、有《ま》（又）た无かる可からず。道の名為《な》るや、仮《か》りて行う所なり。使《せ》しむる或ると為す莫きとは、物の一曲《いっきょく》に在り。夫《そ》れ胡《なん》ぞ大方《たいほう》を為《おさ》めん。……道は物の極にして、言黙《げんもく》は以て載《の》するに足らず。言に非ず黙に非ず、議に極《きわ》まる所有り。」と。

この文章が直接議論している具体的なテーマは、「雞《にわとり》鳴き狗吠《いぬほ》ゆ」という現象（「物」）をどのように解釈するかという問題である。これに関しては、「季《き》真《しん》の為す莫《な》し」と見る解釈と「接子《しようし》の使《せ》しむる或《あ》り」と見る解釈とがあり、両者はまっ向から対立していたことが分かる。「為す莫し」とは、「無為」すなわち「雞《にわとり》鳴き狗《いぬ》吠《ほ》ゆ」という現象が「自然」に生起すると見る自然思想を指し、「使しむる或り」とは、「雞《にわとり》鳴き狗《いぬ》吠《ほ》ゆ」の現象を「道」が主宰者として生起させると見る形而上学・存在論を指している。(43)

当時の道家の思想家たちの中には、『荘子』則陽篇の少知と太公調のように、こういう状況を自らの哲学・政治思想などの危機と受け止めて、新旧二つの思想の間で動揺しながら(少知の場合)もこの危機を乗り越えるための思想的な営みに取り組んだ(太公調の場合)者が、少なくなかった。そして、『荘子』則陽篇の作者が太公調の口を借りて論じたところが、この問題への第一の模索の方向であった。その太公調は、両者の解釈をいずれも「物の一曲《いっきょく》」に拘泥したものに過ぎないと言って退け、それに代わって「物」を一層超越した絶対的な「道」による解釈を提唱するが、それは「言黙《げんもく》の以《も》て載するに足らざ」るものとして、不可知の実在としている。この模索の方向は、これより以後、恐らく理論による定立ではなく、実践に基づく体得を目指して進んでいったのではなかろうか。ちなみに、「季真《きしん》の為す莫《な》し」と「接子《しようし》の使《せ》しむる或《あ》り」について、郭象『荘子注』は、

季真曰わく、「道は為す莫きなり」と。接子曰わく、「道は使しむる或り」と。使しむる或りとは、物をして之れ功あらしむる有るなり。

と注釈するが、ほぼ正しい理解であると思われる。それに引き替え、成玄英『荘子疏』は「季真・接子は、並びに斉の賢人なり。倶に稷下に遊ぶ、故に二賢に託して理を明らかにす。」などと説くが、根拠のある資料に基づいたしっかりした解釈ではない。

### c 「道」の形而下化に向かって

次に、第二、すなわち「道」を形而上のものから形而下のものに改めて、それと「万物」の「自然」との間にある矛盾・対立を弱化または無化する方向、を検討する。

このような哲学・政治思想などの危機に直面して、当時の道家の思想家たちの多数が模索したのは、第二の方向であった。これは、政治思想の面はさておき哲学の面だけに限って大雑把に概括するならば、「道」の形而下化と把握することができよう。

例えば、『荘子』秋水篇において、

> 北海若曰わく、「……物の生《い》くるや、驟《か》くるが若《ごと》く馳《は》するが若く、動くとして変わらざる無く、時として移らざる無し。何をか為さんや、何をか為さざらんや。夫《そ》れ固《もと》(故)より将《まさ》に自《みずか》ら化《か》せんとす。」と。

のように、「物」の「自ら化す」つまり「自然」の思想を語った北海若に向かって、河伯は「河伯曰わく、「然らば則ち何ぞ道を貴ぶや」と。」のように反問している。すなわち、自然思想と「道を貴ぶ」こととが両立しえない関係にあるとする前提に立った上で、特に改めて「道」の意義を問いたずねているのだ。このような問答は、以上に述べた思想史展開のコンテクストの中で始めて起こりえたことなのである。[44]――このような意味で、「万物」の「自然」の提唱は、当の道家自身にとっても実は危機的なことであった。さて、引用の『荘子』秋水篇は、下文にその続きが書かれている。河伯の先の問いに対して、北海若は、

　北海若曰わく、「道を知る者は、必ず理に達す。理に達する者は、必ず権《けん》に明らかなり。権に明らかなる者は、物を以て己《おのれ》を害《がい》せず。……。」と。

と答えた。これによれば、『荘子』秋水篇の作者つまり道家の思想家にとって、中心的な問題は依然として「物を以て己《おのれ》を害《がい》せず」という反疎外論や主体性論にあり、「道」はその解決のために必要とされる概念であるという点では従来と変わりがない。けれども、「道」は個々の「物」の中にその本質的属性「理」として内在すると考えられており、「万物」のあらゆる存在・変化を主宰していたかつての窮極的な根源者としての全能性は、あらかた消失してしまったかのようである。哲学におけるこうした模索は、道家にとってはこれまで行ったことのない新しい試みであって、上述したあの危機を乗り越えるという問題に対する解答であろうが、つまるところ、当時における「道」の形而下化という思想的な営みの一つの代表例と見なすことができよう。

この新しい試みの藍本となったオリジナルは、法家の思想家が『老子』を解釈して前漢初期に成書した、『韓非子』解老篇に見えるものである。その『韓非子』解老篇は、「道」を個々の「物」の中に内在して、その「物」を「成」らしめる本質的属性「理」の総和であると見なした上で、両者を結びつける「道理」という概念を創作している。[45]

道なる者は、万物の然《しか》る所なり、万理《ばんり》の稽《あつ》まる所なり。理《り》なる者は、物を成《な》すの文《ぶん》なり。道なる者は、万物の成る所以《ゆえん》なり。故に曰わく、「道は、之を理《おさ》むる者なり。」と。……凡《およ》そ理《り》なる者は、方円《ほうえん》・短長・麤靡《そび》・堅脆《けんぜい》の分《ぶん》なり。故に理《り》定まりて後 道《みち》を得可《うべ》きなり。

この文章中の「稽」は、王先謙の言うとおり「合」の意味であるから、「道」とは「方円・短長・麤靡・堅脆の分」であるさまざまの「理」の「稽《あつ》」まったもの、ということになる。『韓非子』解老篇は、このようにして「道」から形而上学・存在論における窮極的な根源者としての意義を排除して、それを形而下的な性質のものへと変化させたけれども、「道理」の概念を創作して行ったこの新しい試みは、決して孤立した珍しい現象ではなかった。例えば、ほぼ同時代の馬王堆帛書『経法』論篇にも、次のようにある。

明らかにして以て正しき者は、天の道なり。適《てき》なる者は、天の度《ど》なり。信《まこと》なる者は、天の期《き》なり。極まりて〔反《かえ》る〕者は、天の生《せい》（性）なり。必《ひつ》なる者は、天の命《めい》なり。□□なる

〔者〕は、〔天の〕□〔なり〕。□□なる者は、天の物の為《た》めに命ずる所以《ゆえん》なり。此を之七《しち》法《ほう》と胃《い》（謂）う。七法各《おの》おの其の名に当たる、之を物と胃（謂）う。物の各おの〔道に合《がっ》する者は〕、之を理《り》と胃（謂）う。

「明らかにして以て正し」「適なり」「信なり」「極まりて〔反る〕」「必なり」「□□なり」「□□なり」という七つの属性を持った「物」が、それぞれ「道」に合致した状態を「理」と称している。これも『韓非子』解老篇の「道理」概念の一つの展開と言ってよかろう。

既述のように、道家の諸思想においては、「道」と「万物」とは、もともと主宰—被宰、支配—被支配の関係にあった。それ故、両者の間の距離は相互に無限の遠さをもって隔たっていた。それに対して、『韓非子』解老篇や『荘子』秋水篇の引用個所などの、「道」が「万物」の中に「理」として内在すると見る「道理」概念は、その距離を著しく接近させる新しい哲学の試みと評価することができる。ところで、この「道理」が登場するようになるためには、本章のテーマである「自然」に関連する諸問題を除いて、他にまだ直接これに繋がる哲学上の前提条件があった。それは、まだ「理」という新概念に想到し使用する地点にまで来てはいないけれども、実在たる「道」が存在者たるあらゆる「万物」の中に内在していると見る哲学である。例えば、『荘子』知北遊篇に、次のようにある。

東郭子《とうかくし》荘子《そうじ》に問いて曰わく、「所謂《いわ》ゆる道は悪《いず》くにか在る。」と。荘子曰わく、「在らざる所无し。……螻蟻《ろうぎ》に在り。……稊稗《ていはい》に在り。……瓦甓《がへき》に在り。……屎溺《しにょう》に在り。……至道《しどう》は是《かく》の若《ごと》く、大言《たいげん》も亦《ま》た然《しか》り。……物を物とする者は、物と際《さい》する無し。」と。

ここでは、「道」が全ての「物」の中に内在することが具体的に画かれていて、甚だ分かりやすくかつおもしろい。末尾の一文は、「物を物とする者」つまり「道」が、全ての「物」との間にも区別（「際」）を持たず、一切万物と混然一体となっていることを言う。

また、同じく天下篇に「古《いにしえ》の所謂《いわ》ゆる道術《どうじゅつ》なる者は、果《は》たして悪《いず》くにか在《あ》る。曰わく、「在らざる无し」と。」とある。『荘子』天下篇は、前漢の文帝期ないし武帝期の作品であるから、「道理」という概念を知っていると思われるが、ここに引用した部分は、知北遊篇の上引個所と同じ時代のより古い表現を踏まえている。ここで特に注意されるのは、従来の道家思想では、「道」から無限の遠さをもって離れているが故に、「万物」は何ら語る価値のないつまらぬ被宰者でしかなかったのに対して、これらの思想では、「万物」の中に「道」が内在するのだから、それは語る価値の十分にある存在者であるとする、「万物」への新しい見方が導き出されていることである。そして、こうした「万物」への新しい見方は、「万物」「百姓」の自主性・自律性を容認する自然思想の根底にあるものと共通点を有している。[46]

以上のような「道理」の概念やこれを用いて試みた新しい哲学は、すぐ後の『韓非子』の喩老・難勢の諸篇、『淮南子』の原道・主術・詮言などの諸篇にも継承されていき、さらにずっと後の宋学の「理一分殊」説の知られざる先駆となったのであった。

## F　「自然」の行き過ぎをめぐって

上述したように、この時代の道家は、窮極的な根源者としての意義を失いつつある「道」に対して、新たな意義づけを模索して「道」の起死回生を図ろうとした。その模索の三つの方向の内、第一と第二については上文ですでに述べた。ここでは、第三、すなわち「道」の形而上学・存在論を一層強く打ち出し、「万物」の「自然」を一定のレベルに抑えて、両者の矛盾・対立を弱める方向、を検討する。しかし実は、この方向は、「自然」の提唱者である『老子』諸章の中にすでに出現していたものであった。

### a　自然思想に含まれる危険性

老子は、「自然」のほとんど最初の提唱者ではあったが、しかし、その老子にしても自分の唱える自然思想を手放しで賛美していたわけではない(47)。上述のとおり、哲学の上では、「道」の「万物」に対する形而上学的・存在論的な主宰性という形式を確保しつつ、その上で「万物」の自主性・自律性を容認していた。また政治の上では、「聖人」の「百姓」「民」に対する中央集権的な政治支配という形式を捨て去ることなく、それとの統一・バランスを図りながら、その範囲の内で「百姓」の自主性・自律性を容認する政治思想を唱えていた。なぜかと言えば、特に政治思想の上で、「百姓」「民」の「自然」を手放しで賛美する民本主義は、「聖人」「侯王」にとって必ずしも望ましいものとは限らないと、老子は考えていたからである。

以上に述べたのは、『老子』の哲学と政治思想において、「道」の形而上学・存在論と「万物」の自然思想との間に、統一・バランスが求められていたことについての一般的な状況である。しかし、時と場合によっては、自然思想は危険性・マイナス面をも伴うものであった。「万物」「百姓」「聖人」の行き過ぎた「自然」、特に政治における一定の規準を逸脱した自主性・自律性は、「聖人」にとって危険でありマイナスであった。このように、形而上学・存在論と自然思想との間に矛盾・対立が発生する可能性が明確に意識される場合、すなわち「自然」が行き過ぎる恐れのある場合には、老子は「道」の形而上学・存在論を一層強く打ち出して、「万物」の「自然」を一定のレベルに抑えようと努めている。

### b 「自然」の行き過ぎに対する規制

行き過ぎた「自然」の危険性に対して、老子は規制を加えるべきだと考える。その具体例は、『老子』第三十七章と第十六章に見えている。

『老子』第三十七章には、次のように言う。

道《みち》は恒《つね》に名无《なな》し。侯王《こうおう》若《も》し〔能《よ》く〕之《これ》を守れば、万物将《まさ》に自《みずか》ら𢡺《な》〔為〕さんとす。𢡺《な》〔為〕して〔作《お》こら〕んと欲すれば、〔吾《われ》将に之を闐《しず》〔鎮〕むるに〕无名《むめい》の楃《あらき》〔樸〕を〔以《もっ》てせんとす」。

当該個所の思想は、以下のとおり。——「侯王」が「名无し」の「道」を「守る」ことを原因として、その結果「万物」は「自《みずか》ら𢡺《な》（為）す」ようになる。ここまでのことであれば、侯王にとって望ましいことであり、特に問題となることはない。しかし、この点を越えて「万物」が先に進んでしまう危険性を、老子はあらかじめ予想していた。それは、「自ら𢡺（為）す」つまり自主的・自律的な諸活動が行き過ぎるために、何か不都合な事柄を起こそうとする（「作《お》こらんと欲す」）恐れに他ならない。そうなった場合、侯王にはそれを鎮圧する（「鎮む」）必要が生ずるが、鎮圧の方法についても老子は言及している。「无名《むめい》の楃《あらき》（樸）を以《もっ》てす」つまり「道」を使用するという方法である。このように、「万物」の「自然」が行き過ぎてしまい、一定の規準を逸脱した自主性・自律性に転ずる恐れがある場合は、老子は「道」の形而上学・存在論を一層強く打ち出して、「侯王」の中央集権的な「百姓」支配の範囲の内に収まるようにその「自然」を規制したのである。

『老子』第十六章には、次のようにある。

虚《むな》しきを至《いた》（致）すこと極《きわ》まり、情《しず》（静）かなるを守ること表《あつ》〈裻（篤）〉ければ、万物は旁《なら》（並）びに作《お》こり、吾《われ》以《もっ》て其の復《かえ》るを観るなり。天《そ》〈夫〉れ物は雲《うん》（貟）雲《うん》（貟）として、各《おの》おの其の〔根〕に復帰《ふっき》す。〔情《しず》（静）かと曰《い》い〕、情（静）かなるは是《これ》を命《めい》に復《かえ》ると胃《い》（謂）う。命に復るは、常《つね》なり。常を知るは、明らかなり。常を知らざれば、宂《みだ》（妄）りなり。宂（妄）りに作《な》すは、兇《きょう》（凶）なり。

本章の冒頭には、「吾」という修道者が「虚し・情《しず》（静）か」という態度を徹底的に（「極《きわ》めて……表《あつ》〈裻（篤）〉く」）招来し保持する（「至《いた》（致）し……守る」）という原因があるならば、その結果「万物」は一斉に立ち上がり（「旁《なら》（並）びに作《お》こる」）、わらわらと活発発地に諸活動を展開しつつ（「雲《うん》（貟）雲《うん》（貟）として」）、それぞれの「其の根」である根源の「道」に「復帰し」ていく、というその状況が略述されている。それ以下の、

情《しず》（静）かと曰《い》い、情（静）かなるは是《これ》を命《めい》に復《かえ》ると胃《い》（謂）う。命に復るは、常《つね》なり。常を知るは、明らかなり。常を知らざれば、宂《みだ》（妄）りなり。宂（妄）りに作《な》すは、兇《きょう》（凶）なり。

の部分は、「万物」の「自然」な諸活動の描写であり、主語は「万物」である。この中の「常を知らず」の内容は、ここでは、「情（静）かならず」ということになるが、「情（静）か」でなく一定の規準を逸脱して（「常を知らず」）、でたらめに不都合な事柄を起こすならば（「宂（妄）りに作《な》す」）、それは「兇（凶）なり」と老子は強く注意を喚起する。こうい

うわけで、老子は行き過ぎた「自然」のもたらす危険性・マイナス面を承知しており、「万物」「百姓」の自主性・自律性の暴発を「兇（凶）」として否定するのであった。

以上の考察から、『老子』における「万物」「百姓」の「自然」は、「道」「聖人」のコントロールの下に位置づけられており、後者が一定の規準を逸脱した自主性・自律性に転じようとする場合には、「道」「聖人」の形而上学的・存在論的な主宰性が一層強く打ち出されて、「万物」「百姓」のあり方がその範囲内に収まるように規制されていた、と言うことができよう。

## G　後漢以後における自然思想史の素描

このようにして、戦国末期に至り道家によって初めて提唱された「万物」「百姓」の「自然」の思想は、「自然」概念それ自体もその内容・意義・役割を少しずつ変えながら、それ以後の中国思想史の展開に対して諸方面で多大な衝撃と影響を与えていった。以下、主に後漢〜魏晋南北朝時代における自然思想の歴史的展開を、大雑把に素描してみたい。

### a　王充の自然思想

その後の前漢時代を通じて、儒家の思想家たちは、道家の「自然」から強い影響を受けることはあまりなかったようである。ただ、武帝期以降の董仲舒とその弟子・亜流から成る董仲舒学派は、その少数の例外であって、『春秋繁露』実性篇・同類相動篇などにおいて、自らの思想的立場から道家の自然思想に反対する立場を表明したことがある。また、さらにその後になると、彼らは同じく『春秋繁露』保位権篇・身之養重於義篇などにおいて、結局、道家の自然思想を受け入れてこれに賛成している。(48)

前漢・後漢時代の道家の思想家の中で、自然思想の発展に最も多く寄与した者としては何と言っても王充（紀元後二七年〜一〇〇年ごろ）に指を屈しなければならない。王充こそは、「自然」を最も深く思索した思想家の一人であった。その著書『論衡』には「自然」という題名の一篇があるが、これは「自然」をテーマとする論文としては歴史上最初に出現したものである。(49) 彼の「自然」についての諸思想は、以上に述べてきた道家の自然思想の後漢における展開と見なすことができるものであるが、ここではその内容・特徴をごく簡単に紹介するに止める。

まず最初に、注意する必要があるのは、王充による「自然」という言葉の使用法が、今まで見てきた『老子』を始めとする戦国末期〜前漢初期のそれとは異なる、ということである。王充にあっては、「自然」と「無為」とが内容・意義・役割の上でほとんど区別なく使用されている。従来「無為」はもっぱら「道」「聖人」の態度を表わすのに使用されていた言葉であり、「自然」が「万物」「百姓」のあり方だけを言う言葉であったのと綺麗な対をなしていた。そして、この用語法上の区別は、道家の自然思想に含まれる、「道」と「万物」との間に、また「聖人」と「百姓」との間に設定されていた「主体↓客体、原因↓結果」の構造から来るものであった。それ故、後漢中期の王充思想における「自然」と「無為」との区別の欠如は、今ここに確認した、戦国末期以来の道家の自然思想の中に重要な変化が発生している事実を示すものと理解することができる。その重要な変化とは、端的に言えば、「道」「聖人」の「万物」「百姓」に対する主宰性・支配性が弱化・無化したことに他ならない。[50]こうして前漢初期以来、「自然」が「万物」「百姓」に関してだけでなく「道」「聖人」に関しても語られるようになるにつれて、「自然」は従来「道」「聖人」の態度を表わすのに使用されていた「無為」と区別がなくなってしまう。「自然無為」という述語が主に「道」「聖人」に関して使用されるに至るのは、以上のような自然思想史の展開の結果と把えることができよう。管見の及ぶ限りでは、「自然無為」という言葉は、王充『論衡』の中に散見しているのが、出現の最も早い例である。

例えば、『論衡』初稟篇に、

自然・無為は、天の道なり。文に命ずるに赤雀を以てし、武に白魚を以てするは、是《これ》有為なり。……上天は自然なるも、命使の験《しるし》有りとするは、是則ち天道は有為にして、朋友は自然なるなり。漢祖 大虵《だいじゃ》を斬るの時に当たりて、誰か斬らしむる者ぞ。豈に天道の先ず至る有りて、乃ち敢えて之を斬らしめんや。勇気奮発するは、性の自然なり。夫れ大虵を斬ると、秦を誅し項を殺すとは、同一の実なり。周の文武 命を受けて殷を伐つも、亦た一義なり。高祖は命の之をして将たらしむるを受けざるに、独り文武のみ雀魚の命を受けたりと謂うは、誤れり。

とあり、また同じく譴告篇に、

夫れ天道は、自然なり、無為なり。人に譴告《けんこく》するが如きは、是《これ》有為にして、自然に非ざるなり。黄老《こうろう》の家の、天道を論説するは、其の実を得たり。

とあり、また同じく自然篇に、

至徳・純渥《じゅんあく》の人は、天気を稟《う》くること多し、故に能く天に則り、自然・無為なり。気を稟《う》くること薄少なれば、道徳に遵《したが》わず、天地に似ず、故に不肖と曰う。不肖なる者は、似ざることなり。天地に似ず、聖賢に類せず、故に有為なり。……賢の純なる者は、黄老《こうろう》是なり。黄なる者は、黄帝なり、老なる者は、老子なり。黄老の操《おこな》いは、身中恬澹《てんたん》にして、其の治は無為に、身を正し己を共《うやうや》（恭）しくして陰陽自《みずか》ら和し、為すに心無くして物自ら化し、生ずるに意無くして物自ら成る。

とある、等々。傍線部分の「自然・無為は、天の道なり。」や「至徳・純渥《じゅんあく》の人は、……自然・無為なり。」はいずれも、前漢後期以来、顕学となって盛行していた董仲舒学派の天人相関論に基づいて、天子・皇帝に「譴告」や「授命」を行う宗教的な人格神「天」「天道」が存在しまた有為であると認める、当時の儒家の諸説を批判したものである。これらにおける「自然」と「無為」とは、ともに『老子』に由来する言葉であるにもかかわらず、両者の間に顕著な相異が設けられていないことが注意される。

さて、『論衡』に現われた王充の自然思想で特に重要と考えられるものは、以下の四点である。第一に、王充は、窮極的な根源者としての「道」「天」「天道」が世界を主宰していると見る見方や、それを宗教化した董仲舒以来の天人相関論における宗教的主宰神としての「天」「上帝」の考えにまっ向から反対して、世界のあり方を「自然」である、つまり「万物」の「みずから」「おのずから」であると主張した。このことは上引の『論衡』諸篇を瞥見するだけですでに十分明らかであるけれども、さらに明瞭な例を追加しよう。例えば、『論衡』自然篇に、次のようにある。

> 天の動行するや、気を施すなり、体 気を動かせば乃ち出で、物乃ち生ず。由《な》（猶）お人の気を動かすや、体 気を動かせば乃ち出で、子《こ》も亦た生ずるがごときなり。夫れ人の気を施すや、以て子を生ぜんと欲するに非ず、気施されて子自《みずか》ら生ずるなり。天の動くも以て物を生ぜんと欲せず、而れども物自《みずか》ら生ず、此則ち自然なり。気を施すも物を為さんと欲せず、而れども物自《みずか》ら為す、此則ち無為なり。

また同じく自然篇に、次のようにある。

春に万物の生ずるを観、秋に其の成るを観るに、天地之を為さんや、物自然なるなり。……諸物の天地の間に在るや、猶お子《こ》の母の腹中に在るがごときなり。母子の気を懐《みごも》り、十月にして生ずるに、鼻口耳目も、髪膚毛理も、血脈脂腴も、骨節爪歯も、自然にして腹中に成るは、母 之を為すなり。

このように王充は、董仲舒以来盛行している当代儒教の天人相関論的な「天」「道」「上帝」を批判しただけでなく、さらに『老子』以前から長年道家思想の伝統となっていた、「道」の形而上学・存在論を完全に否定・排除して「万物」の「自然」を鼓吹した。

第二に、その「道」「天」「上帝」の主宰の下で、世界の諸現象（特に災異や瑞祥）が天子・皇帝を始めとする統治者の、倫理や政治の善し悪しを究極的な原因として発生すると見る、当時盛行していた天人相関論[51]に基づく天譴説（災異説・瑞祥説）にも反対しながら、世界のあり方を「万物」の自主性・自律性によるものだとくり返し主張した。例えば、『論衡』初稟篇に、次のようにある。

文王興こるに当たりて、赤雀《せきじやく》適《たま》たま来たり、魚《うお》躍《おど》り烏《からす》飛び、武王適《たま》たま見たり。天 雀《すずめ》をして至《いた》り白魚《はくぎょ》をして来たらしむるに非《あら》ず、吉物《きつぶつ》動飛《どうひ》して聖〔人〕遇《あ》えるなり。白魚王の舟《ふね》に入《い》りしとき、王陽《おうよう》曰わく、「偶適《ぐうてき》なり。」と。光禄大夫《こうろくたいふ》の劉琨《りゅうこん》は、前《さき》に弘農太守《こうのうたいしゅ》為《た》りしとき、虎河《かわ》を渡《わた》る。光武皇帝《こうぶこうてい》曰わく、「偶適《ぐうてき》自然なり、或《ある》もの之を使《せ》しむるに非《あら》ざるなり。」と。故に夫《か》の王陽《おうよう》の適《たま》たまと言い、光武《こうぶ》の偶《たま》たまと曰うは、自然に合《がっ》すと謂《い》う可《べ》きなり。

この第二の点は、今日に至る研究では、王充が当時の迷信を批判した唯物論・合理主義の現われなどとする評価が多いけれども、そのような表面的で軽小な評価では、この批判の持つ思想史上の重大な意義は到底把えられないと思う。

第三に、人間が諸価値を実現するために対象に対して目的意識的に働きかける人為をも、大部分は世界の「自然」性（みずから・おのずから）に属することだと認め、それ故に人為はあまり効果がなく意味もなく、世界の存在・変化におけるその役割は小さいと主張した。例えば、『論衡』自然篇に、

宋人に木を刻《きざ》みて楮葉《ちょよう》を為す者或《あ》り、三年にして乃ち成る。孔子曰わく、「〔天〕地をして三年にして乃ち一葉を成さしむれば、則ち万物の葉有る者は寡《すく》なし。」と。孔子の言の如くなれば、万物の葉は自《みずか》ら生ずるを為すなり。自《みずか》ら生ずるを為すや、故に能く並びに成る。如《も》し天之を為せば、其の遅きこと当に宋人の楮葉を刻するが若《ごと》くなるべし。……有為の化の、其の久しく行う可《べ》からざるは、猶お王夫人の形の久しく見《あら》わるる可《べ》からざるがご

ときなり。

とあり、また同じく自然篇に、

然《しか》れども自然《しぜん》なりと雖《いえど》も、須《すべか》らく為《な》すこと有りて輔助《ほじょ》すべし。耒耜《らいし》もて耕耘《こううん》し、春に因《よ》りて播《は》種《しゅ》する者は、人之《ひとこれ》を為すなり。穀《こく》の地に入るに及びて、日夜長夫《ちょうだい》〈大〉となるは、人《ひと》為す能わざるなり。之を為すこと或《あ》る者は、之を敗《やぶ》るの道なり。宋人《そうひと》に其の苗《なえ》の長《ちょう》ぜざるを閔《うれ》うる者有り、就《つ》いて之を揠《ぬ》くに、明日枯死《みょうにちこし》せり。夫れ自然を為さんと欲《ほっ》する者は、宋人の徒《と》なり。

とある。引用文の後者は、有名な『孟子』公孫丑上篇に見える「助長」の物語から話柄を取っているが、元来の物語にはなかった意義を新たにつけ加えて、世界の「自然」性の前で人為が無効果・無意味であることを言うものに変えている。

第四に、世界のあり方としての「自然」の根拠を、その一元的な構成元素「気」に求めた。これは『老子』にはまだほとんど現われていなかった思想であり、その後の前漢・後漢の道家思想史の中で育まれてきた思想である。例えば、『論衡』明雩《めいう》篇に、

世は審《まこと》に尭湯《ぎょうとう》のとき水旱《すいかん》あるは、天の運気《うんき》にして、政《まつりごと》の致《いた》す所に非《あら》ずと称す。夫れ天の

運気は、時 自然に当たるなり、雩《う》祭《さい》して請求《せいきゅう》すと雖《いえど》も、終《つい》に補益《ほえき》無し。而《しか》れども世は又た湯《とう》は五過《ごか》を以て桑林《そうりん》に禱《いの》れば、時に立ちどころに雨を得たりと称す。

とあり、また同じく商〈適〉虫篇に、

且つ夫れ将に雨ふらんとするとき、螘《はむし》出で蚋《ぶゆ》蜚《と》びて、気と相い応ずるを為すなり。或いは時に諸虫の生じて、自《みずか》ら時気と相い応ずれば、如何《いかん》ぞ輒《すなわ》ち罪を部吏《ぶり》に帰せんや。天道は自然に、吉凶は偶《たま》たま会うに、非常の虫適《たま》たま生じて、貪吏《たんり》署に遭い、人 貪吏の操《おこな》いを察して、又た災虫の生ずるを見れば、則ち部吏の為し致す所と謂うなり。

とあり、また同じく自然篇に、

天は自然・無為なりと謂う者は何ぞや、気なり。恬澹《てんたん》として欲無く、為す無く事とする無き者なり、老耼《ろうたん》は得て以て寿《いのちなが》し。老耼之を天より稟《う》くるも、天をして此の気無からしむれば、老耼は安《いず》くんぞ此の性を稟受《ひんじゅ》する所ぞ。

とある。明雩篇では、儒家の天人相関論の災異説・天譴説を取り上げて批判する議論の中で、世界の「自然」性が「天の運気」によるものだとする結論を導き出す。すなわち、尭湯の時、水害・旱魃が発生したのは彼らの倫理や政治が悪かったからだと見る見方を退けながら、その理論の中に「天の運気」説と「桑林に禱《いの》る」説との矛盾があることを抉剔《けってき》した上で、「天の運気」説を取るべきことを主張している。また、商〈適〉虫篇では、世界に貫徹している「天道は自然」であるが、それは「気」によって担われており、この世の「吉凶」とは、人間の行為（「貪吏《たんり》署に遭う」など）とその時々の「気」のあり方（「時気」）との偶然の一致（「偶《たま》たま会う」）の産物であるに過ぎない、と道破する。さらに、自然篇では、世界のあり方としての「天」は、「自然・無為」という本質を持つけれども、その「天」は、「気」という非人格的な元素によって構成されており、だからこそ「気」の「恬澹《てんたん》として欲無く、為す無く事とする無し。」という性質を具えるのだと主張する。

　このように、王充は、「自然」の根拠を構成元素「気」に求めたが、しかし、その「気」の性質を人間の努力・行為を加えて変更できるものとは考えず、ただ「命なり」「運なり」「偶適なり」などと述べて暗闇の中にそのまま放置した。したがって、王充は、世界が今ここにあってこのように存在し運動・変化している必然性を明確に把握したけれども、しかし、その必然性がいかなるものであるかという一歩深い本質にまで立ち入ることはなかった、と評しなければならない。けれども、王充は戦国末期の道家の創始した自然思想を、後漢時代の現実社会の中で大きく発展させた、と言うことができる。当時盛行していた儒家の天人相関論を批判するという回路を常に通ることによって、王充は、「道」の「万物」に対する形而上学的・存在論的な主宰者としての意義を徹底的に否定・排除した。そして、その代わりに「万物」が「みずから」「おのずから」存在し運動・変化するという自然思想を樹立したのであった。

## b　鄭玄の万物生成論における「忽然《こつぜん》として自《みずか》ら生ず」

次に、後漢の儒家の学者鄭玄《じょうげん》（一二七年〜二〇〇年）を取り上げたい。とは言うものの、ここでは、彼の学問体系の全体を論じようというのではなく、その万物生成論の中の自然思想を一瞥しておこうと言うのである。

前漢、武帝期の『淮南子』から下って、後漢末期の鄭玄の時代に至るまでの間、万物生成論は、道家の手に成るものに限らず種々さまざまに論じられており、「天」の祭祀の必要性や天文学の発達もあって隆盛を極めていた。しかし、この時代までの万物生成論は、概して言えば、従来の道家の万物生成論が設けた「道」→「万物」の枠組を襲用していて、「道」から「万物」が生じていく過程が詳細かつ具体的に画かれるようにはなったものの、その枠組を大きく変更する新たな理論の提唱は見られなかった。――第一に、万物生成の始源、天地未分の以前に、絶対の「無」というものがあり、それは窮極的な根源者としての「道」に他ならない。第二に、その「無」「道」が世界における全能の主宰者として「天地」「万物」を生じた、という理論を依然としてくり返していた。

従来の理論の第一については、後漢の張衡（七二年〜一三九年）『霊憲』に、

> 太素の前は、幽清玄静、寂漠冥黙にして、象《しょう》を為す可《べ》からず。厥《そ》の中は惟だ虚に、厥の外は惟だ無なり。是《かく》の如き者は永久なり、斯《これ》を溟涬《めいこう》と謂う。蓋《けだ》し乃《すなわ》ち道の根なり。道の根既に建ちて、無自《よ》り有を生ず。太素始めて萌《めば》え、萌ゆるも未だ兆さず、気を幷《あ》わせて色を同じくし、渾沌《こんとん》として分かれず。故に『道志《どうし》』の言に云わく、「物有り渾成し、天地に先だちて生ず。」と。……是《かく》の如き者も又た永久なり、斯《これ》を庬鴻《ほうこう》と謂う。蓋《けだ》し乃《すなわ》ち道の幹《みき》なり。
>
> 道の幹既に育ちて、物有り体を成す。是《ここ》に於いて元気剖判《ぼうはん》し、剛柔始めて分かれ、清濁位を異にす。天は外に成り、地は内に定まる。……動いては以て行施し、静かにしては以て合化し、堙鬱《いんうつ》して精を構え、時に庶類を育《そだ》つ、斯《これ》を太元と謂う。蓋し乃ち道の実《み》なり。
>
> （『後漢書』天文志上の劉昭「注補」による。）

という文章がある。このように、万物の最初の状態である「太素の前」を、作者は「道の根」であると認めており、さらにこれ以前の状態があるとは考えていない。その内容はただ「虚・無」だと述べるところから見て、これが『老子』などの道家の哲学に由来する万物生成論であることは明らかである。そして、「道の根」以後の展開については、これが万物の主体となって「有」を生じ「物」を生じていく、という構想を述べている。

従来の理論の第二については、『淮南子』精神篇に、古《いにしえ》未だ天地有らざるの時、惟《た》だ像《しょう》あるのみにして形無く、窈窈冥冥《ようようめいめい》、芒芠漠閔《ぼうぶんばくびん》、澒濛鴻洞《こうもうこうどう》として、其の門を知る莫《な》し。二神有り混生《こんせい》し、天を経《けい》し地を営み、孔乎《こうこ》として其の終極する所を知る莫く、滔乎《とうこ》として其の止息《しそく》する所を知る莫し。是《ここ》に於《お》いて乃《すなわ》ち別れて陰陽と為り、離れて八極と為り、剛柔《ごうじゅう》相い成り、万物乃《すなわ》ち形《あらわ》る。

という文章がある。後漢の高誘『淮南子注』は、その始めの部分を、

天地の未だ形を成さざるの時を念《おも》えば、形有る无きもの形有るものを生ず、故に天地成る。皆な未だ形を成さざるの気なり。……皆な形无きの象なり。故に「其の門を知る莫《な》し。」と曰うなり。二神は陰陽の神なり。混生は倶に生ずるなり。

などと解釈する。「形有る无きもの」とは「無」のこと、「形有るもの」とは「有」のことであって、高誘の趣旨は「無」が主宰者として「有」を「生」じたと言うのである。

ところが、鄭玄に至ると、儒家の文献である『易緯乾鑿度《えきいけんさくど》』に、

故に曰わく、「太易《たいえき》有り、太初《たいしょ》有り、太始《たいし》有り、太素《たいそ》有り。」と。太易なる者は、未《いま》だ気を見《み》ざるなり。太初なる者は、気の始めなり。太始なる者は、形の始めなり。太素なる者は、質の始めなり。気・形・質具《そな》わりて、未だ離れず、故に渾淪《こんりん》と曰う。渾淪なる者は、

万物相い渾成《こんせい》して、未だ相い離れざるを言う。

とある万物生成論の、最初の「太易なる者は、未《いま》だ気を見《み》ざるなり。」に注釈をつけて、「其の寂然《じゃくぜん》として物無きを以て、故に之を名づけて太易《たいえき》と為《な》す。」と解釈し、次の「太初なる者は、気の始めなり。」に注釈をつけて、

元気の本始《ほんし》する所なり。太易《たいえき》は既《すで》に自《おの》ずから寂然《じゃくぜん》として物無し。焉《いず》くんぞ能《よ》く此の太初を生ぜんや。則ち太初なる者は、亦《ま》た忽然《こつぜん》として自《みずか》ら生ずるなり。

と解釈する。これらの解釈によれば、「太易」は万物生成の始源の「寂然《じゃくぜん》として物無し」つまり「無」であり、「太初」は「有」の最初の段階である「元気の本始《ほんし》する所」である。ところが、この「無」はもはやかつての道家が唱えた世界の主宰者としての「道」ではなく、ただ単に「物」が「無」い状態を言う言葉であるに過ぎない。であるから、「太初」以下の「有」を「生」ずる主宰者の性質を具えていないと、鄭玄は主張する。そして、かつての「無」「道」を全能の主宰者とする万物生成論に代えて、鄭玄が唱えたのは、始源の「無」から最初の「有」が「忽然として自《みずか》ら生じ」たとする自然思想であった。言葉の正確な意味における流出論（Emanationslehre）である。――こうして、『老子』などに由来する自然思想は、道家の範囲内に止まらずそれを越えて広く作用を及ぼし、まず万物生成論の領域から

儒教にも受容されたのである。

### c　魏晋玄学の「自《みず》ら化し自ら生ず」を経て宋学の「天理自然」へ

魏晋南北朝時代には一般に、「道」を中心にすえる形而上学・存在論は、何晏（一九三年ごろ～二四九年）や王弼（二二六年～二四九年）などを例外とすればほぼ姿を消して、(52)それに代わって「万物」の「自ら化し自ら生ず」、つまり「自然」が「道」であると唱えられるようになる。

王弼は、確かに「無」を「本」とする形而上学・存在論を堅持しつつ、これを基礎にして全ての思索を展開させた(53)けれども、その王弼にしても『老子』第二十五章の、

故に道は大なり、天は大なり、地は大なり、王《おう》も亦《ま》た大なり。域中《いきちゅう》に四大《しだい》有りて、王は其の一《いち》に居《お》り。人は地に法《のっと》り、地は天に法り、天は道に法り、道は自然に法る（王弼本）。

に対して、まず「域中に四大有り」について、

四大は、道・天・地・王なり。凡そ物に称有り名有れば、則ち其の極に非ざるなり。……然らば則ち是《みち》〈道〉は道〈是〉《こ》れ称中の大なり、無称の大に若《し》かざるなり。称無ければ得て名づく可《べ》からず、〔故に〕「域」と曰うなり。道・天・地・王は皆な無称の内に在り。故

に「域中に四大有り」と曰う者なり。

と注釈し、続いて「人は地に法《のっと》る」以下について、

法は、法則を謂うなり。人は地に違《たが》わずして、乃ち全安を得れば、地に法《のっと》るなり。地は天に違わずして、乃ち全載を得れば、天に法るなり。天は道に違わずして、乃ち全覆を得れば、道に法るなり。道は自然に違わずして、乃ち其の性を得れば、自然に法る者なり。方に在りては方に法り、円に在りては円に法り、自然に於いて違う所無きなり。自然なる者は、無称の言、窮極の辞なり。

と注釈して、「自然」を「四大」の最高位にある「道」の上位に別格として位置づけた。ここで注目される点は、第一に、「域中に四大有り」に数えられた「道」は、「称有り名有る」ことを通じて対象化・相対化された「道」でしかなく、「称中の大」であって「無称の大」には及ばないと述べていること。第二に、それに引き替え、「自然」は、「域中の四大」に入っていない「称無く名無し」の「無称の大」であって、注釈の最後に「自然なる者は、……窮極の辞なり。」とあるように、窮極的・絶対的な「道」と認められていること。(54) 第三に、「自然」の内容については、「方に在りては方に法り、円に在りては円に法る。」とあるように、万物の「方・円」がそれであり、引伸・拡大して言えば、「自然」とは、「万物の自

然」、「万物の性」を指すことである。(55)

また、『老子』第三十七章の、

道《みち》は常に為す無くして為さざる無し。侯王《こうおう》若《も》し能《よ》く之《これ》を守れば、万物将《まさ》に自《みずか》ら化せんとす（王弼本）。

の冒頭部分に対して、「自然に順うなり。万物は為《な》すに由《よ》りて以て治《はじ》〈始〉め以て之を成さざる無きなり。(56)」という注釈を施した。その「道は常に為す無し」の趣旨を「自然に順うなり」と解釈したのは、今見た第二十五章の「道は自然に法る」の趣旨を踏まえたものである。

以上から考えるならば、王弼の「道」の主要な内容の一つが「自然」であることが分かる。したがって、王弼がその論著の至るところで「万物」の「自然」を強調したのは、当然と言わなければならない。

郭象（二五二年ごろ～三一二年）になると、「道」の形而上学・存在論は完全に否定され姿を消してしまう。例えば、その『荘子注』序に、

然れども荘生は未だ之を体せずと雖も、言は則ち至れり。……上は造物〔の〕物無きを知り、下は物有るの自《みず》ら造《つく》るを知るなり。

とあるように、彼は戦国後期以来の道家の「造物」つまり「道」の形而上学・存在論を完全に捨て去り、それに代わって「万物」の「自然」（みずから・おのずから）の思想、すなわち「物有るの自《みずか》ら造る」や「塊然として自《みずか》ら生ず」を主張した。

詳しく述べれば、『荘子注』斉物論篇に、

> 无は既に无なれば、則ち有を生ずる能わず。有の未だ生ぜざるとき、又た生を為す能わず。然らば則ち生を生ずる者は誰ぞや。塊然《かいぜん》として自《おの》ずから生ずるのみ。自《おの》ずから生ずるのみにして、我生ずるに非ざるなり。我既に物を生ずる能わず、物も亦た我を生ずる能わざれば、則ち我自然なり。自己にして然れば、則ち之を天然と謂う。天然なるのみ、我為すに非ざるなり、故に天を以て之を言う。天を以て之を言うは、其の自然を明らかにする所以なり、豈に蒼蒼《そうそう》の謂いならんや。

とあるように、「无」「天」からそれらが従来持っていた、「万物」の存在・変化に対する形而上学的・存在論的な主宰性を剝奪したのである。文章中の「塊然《かいぜん》として自《おの》ずから生ず」という表現は、類似する言い回しが郭象『荘子注』の諸篇にしばしば現われるが、先に一瞥した鄭玄の万物生成論における、始源の「無」から最初の「有」が「忽然として自ら生じ」たとする、自然思想を受け継ぐものであることは、明らかではなかろうか。

そこで、郭象もその『荘子注』のあらゆる個所で、「無」「道」の「万物」に対する根源的な主宰者としての役割を否定する一方、「万物」の「自ら成す」「自ら得」「自ら生ず」等々、要するに「自然」をくり返し強調したのである。さらに一例を挙げておく。『荘子注』知北遊篇に、

誰か物に先んずるを得る者ぞや。吾《われ》陰陽を以て物に先んずと為さんも、陰陽なる者は即ち所謂ゆる物なるのみ。誰か又た陰陽に先んずる者ぞ。吾自然を以て之に先んずと為さんも、自然は即ち物の自爾《じじ》なるのみ。吾至道を以て之に先んずと為さんも、至道なる者は乃ち至無なり。既《すで》に以（已）に無なり、又た奚《なん》ぞ先と為らん。然らば則ち物に先んずる者は誰ぞや。而れども猶お物有りて已《や》むこと無し。明らけし物の自然にして、然らしむるもの有るに非ざるなり。

とある。「物」の先となって「物」を生み出した形而上学的・存在論的な主宰者は、「陰陽」でないのは言わずもがな、道家に伝統的な「至道」「無」でもありえない、そうした主宰者は存在しないと考えるべきだというのが、この文章の結論である。このように、「至道」「無」の形而上学・存在論を否定・排除すると同時に、郭象は形而上学・存在論と対立する「物の自爾《じじ》」「物の自然」という思想、すなわち「万物」が自らの力で存在し変化するのが、世界の真実態だとする自然思想を提起するのであった。

さらに後、裴頠《はいき》（二六七年～三〇〇年）や張湛（東晋後期）もこの「自然」を受け継いでいる。裴頠《はいき》はその「崇有論」（『晋書』裴秀列伝）において、「夫れ至無なる者は、以て能く生ずること無し、故に始生《しせい》する者は自ら生ずるなり。」と唱えている[57]。また、張湛は『列子』天瑞篇の、

子列子曰わく、「……夫《そ》れ有形は無形より生ずれば、則ち天地は安《いず》く従《よ》り生ずる。故に曰わく、「太易《たいえき》有り、太初《たいしょ》有り、太始《たいし》有り、太素《たいそ》有り。」と。太易なる者は、未《いま》だ気を見《み》ざるなり。太初なる者は、気の始めなり。太始なる者は、形の始めなり。太素なる者は、質の始めなり。気・形・質具《そな》わりて、未だ相い離れず、故に渾淪《こんりん》と曰う。渾淪なる者は、万物相い渾成《こんせい》して、未だ相い離れざるを言う。」と。

という万物生成論に注釈を施した。初めの「夫《そ》れ有形は無形より生ず」に対して、

之を生ずと謂《い》う者は、則ち無ならず。無なる者は、則ち生ぜず。故に有無《うむ》の相い生ぜざること、理《り》として既《すで》に然《しか》れば、則ち有は何に由《よ》りてか生ずる。忽爾《こつじ》として自《みずか》ら生ず。忽爾として自ら生じて、其の生ずる所以《ゆえん》を知らず。〔其の〕生ずる所以を知らざれば、生ずるは則ち本《もと》もと無に同じ。本もと無に同じきも、無に非ざるなり。此《これ》有形の自《みずか》ら形づくり、無形の以て相い形づくる者なるを明らかにするなり。

と解釈し、以下、「則ち天地は安《いず》く従《よ》り生ずる」を「天地は従《よ》りて生ずる所無くして、自然に生ず。」とし、「故に曰わく、「太易《たいえき》有り、太初《たいしょ》有り、太始《たいし》有り、太素《たいそ》有り。」と。」を「此《これ》物の微《び》自《よ》り著《ちょ》に至り、変化《へんか》の相い因襲《いんしゅう》するを明らかにするなり。」とし、「太易なる者は、未《いま》だ気を見《み》ざるなり。」を、

易《えき》なる者は、窮滞《きゅうたい》せざるの称《しょう》なり。太虚《たいきょ》の域《いき》に凝寂《ぎょうじゃく》たり、将《は》た何の見《み》る所ぞや。易繫《えきけい》の太極《たいきょく》、老氏《ろうし》の渾成《こんせい》の如《ごと》きなり。

とし、「太初なる者は、気の始めなり。」を「陰陽未だ判かれず、即ち下句の所謂ゆる渾淪なり。」と解釈している。

以上に検討してきた郭象・裴頠・張湛などは、いずれも先行する王充の「自然・無為」（「道」の主宰性からの離脱）と鄭玄の「忽然《こつぜん》として自《みずか》ら生ず」（「万物」の自生性の強調）とを継承した上で、「無」「道」の形而上学・存在論を捨て去って、代わりに「万物」の「自然」を強調する方向に向かっていった思想家たちであると見ることができよう。しかしながら、魏晋南北朝時代の玄学の思想家たちは、王充が「万物」の「自然」は「命」であり「運」であり「偶適」であり、人間の力ではコントロールすることのできない何ものかであると考えて、より深いその本質にまで立ち入らず不明のままに放置してしまう態度や、それ

に伴う暗黒のペシミスティックな運命論・宿命論に関しては、それほど共感を覚えず、むしろ反対であったようである。

例えば、王弼は『周易略例』明象において、

物は妄然《もうぜん》たること无《な》し、必ず其の理《り》に由《よ》る。之を統《す》ぶるに宗《そう》有り、之を会わするに元有り。故に繁くして乱れず、衆《おお》くして惑わず。

と説き、『周易注』乾卦文言伝で、

夫《そ》れ物の動きを識《し》れば、則ち其の然《しか》る所以《ゆえん》の理は、皆な知る可《べ》きなり。竜の徳為る、妄りを為さざる者なり。

と説いた。憶測をたくましくするならば、これらは王充が「万物」の「自然」を結局は「妄然」と見なしたのだと考えて、その思想を念頭に置きつつ批判したものではなかろうか。

郭象もまた『荘子注』斉物論篇において、

物物《ぶつぶつ》に理有り、事事《じじ》に宜《よろ》しき有り。群ごとに分かれて類ごとに別かるるなり。……夫れ物物自ら分かれ、事事自ら別かる。而れども己に由りて以て之を分別せんと欲する者は、彼

の自ら別かるるを見ざるなり。……至理の来たるは、自然にして迹無し。其の自ら明らかにするに任ず、故に其の光は弊《つか》れざるなり。

と説き、『荘子注』徳充符篇において、

既に之を自然より稟《う》くれば、其の理已に足れり。則ち沈思して以て難を免《まぬか》れ、或いは明戒して以て禍いを避くと雖も、物は妄然《もうぜん》たること無く、皆な天地の会《あつ》まりにして、至理《しり》の趣《おもむ》く所なり。

と説いている。そして、魏晋玄学の以上の思想、すなわち「万物」の「自然」の中に「然《しか》る所以《ゆえん》の理」があるとか、「物物《ぶつぶつ》に理有り、事事《じじ》に宜《よろ》しき有り。」とかいった思想は、やがて宋学の理気論の継承するところとなったのである。

以上で、Ⅱ、第5章「『老子』の自然思想」を終えるが、終えるに当たって今まで述べてきた内容を総括・確認しつつ、若干の思想史的な補足を加えておきたい。

「自然」の概念とそれを用いた自然思想は、戦国末期の『老子』を始めとする道家が中国思想史上ほとんど最初に提唱したものである。早い時期の「自然」の提唱者である老子は、それ故、道家の古い「道」の形而上学・存在論と新しい「万物」の自然思想との矛盾・対立を何とか統一し、両者の間に一まず橋を架けるだけに止まった。だから、『老子』の「自然」は自然思想の歴史的展開の中で、まだほんの萌芽の段階にあったと把えなければならない。これ以後、前漢・後漢を通じて道家の思想家たちの内部で、自然思想は少しずつ理論的に整備されていったが、同時に「自然」と歩みを共にする新しい思想の試み（「道」の形而下化など）も次第に増加していった。

とは言うものの、この自然思想は両漢の思想界の正統の地位に伸し上がることはなかった。なぜなら、第一に、道家の内部では、古くからの伝統となっていた「道」の形而上学・存在論が引き続き維持されており、それと矛盾・対立する新しい自然思想はなかなか重視されるようにはならなかったからである。第二に、道家以外の諸学派においても、戦国末期〜前漢初期の多くの政治思想は、墨家や韓非後学の法家などのように、道家の「道」の形而上学・存在論の影響を受けて「天」「道」という世界の主宰者を立て、それを理論的な根拠にして天下・国家における君主権の強化を図っていたからである。第三に、儒家では、前漢、武帝期以降の董仲舒学派が、この自然思想に明確に反対の態度を取りつつ自らの天人相関論を形成していったが、董仲舒学派の天人相関論を含む儒教が前漢末期には国教化されることによって正統となったからである。結局のところ、両漢帝国の時代に適わしい思想は天人相関論の方であり、自然思想はあくまで日陰の地位に甘んずるしかなかったのである。

ところが、前漢末期以降になると、讖緯説《しんいせつ》に甚だしく傾斜した天人相関論に対する批判が思想界に登場し、時の経過とともにその度合が強化され数量が増加していった。このような動きの中で、それまで日の目を見ることの少なかった自然思想が、一層理論的に整備されて明瞭な姿を表わすようになる。それらの新たに登場した理論の中では、後漢の王充と鄭玄の自然思想が重要であるが、とりわけ王充の「自然」は、当時の正統であった天人相関論をまっ向から批判しながら形成されたものである。さらにその後、王充や鄭玄を受け継ごうとする思索の営みが次々に現われた。郭象や張湛などの魏晋玄学の自然思想であり、それに含まれる反形而上学・反存在論である。郭象や張湛らは、「無」「道」の「万物」に対する形而上学的・存在論的な主宰者としての役割を否定・排除する一方、それらと矛盾・対立する関係にある「万物」の「自ら化し自ら生ず」つまり「自然」を強調し、なおかつこれこそが世界の真実態に他ならないと主張したのであった。

乱暴な議論であることを承知の上で、時代社会との関係を憶測してみれば、以上のような自然思想に現われたさまざまな歩みは、それが含有する思想の諸側面――「道」の形而上学・存在論に対立する「万物」という存在者への見方、政治権力者である天子・皇帝に対立する臣下・民衆への見方、一君万民政治の集権的中央に対立する分権的地方への見方――をもって、後漢時代の豪族の存在、三国時代の名士の存在、南北朝時代の貴族の存在を特徴とする、それぞれの社会状況の展開に適わしい、と言いうるかもしれない。

こうして、『老子』を始めとする道家が唱道した、かつての「道―万物」の形而上学・存在論による世界解釈は完全に消滅し、ここに自主的・自律的に存在し変化する「万物」だけから成る一枚岩の世界が出現して、その仕組みの根本的な解明が次の時代（宋学など）に委ねられることとなったのである。

**注**

(1) 筆者による『老子』の自然思想の研究については、以下の拙著と拙論を参照。――拙著『道家思想の新研究』の第12章「聖人の「無為」と万物の「自然」」、拙論「『老子』の形而上学と「自然」思想――北京大学簡に基づいて――」（『東洋の思想と宗教』第三十三号、早稲田大学東洋哲学会、二〇一六年三月）。

(2) 第四十章・第四十二章に含まれる存在論また万物生成論の解釈については、本書のⅡ、第1章、B、a「始源の「道」から「天地」「万物」が生まれた」とその注（39）、Ⅱ、第1章、C、b「「万物」は「一」を得て存在する」を参照。

(3) 第四十八章の中で特に重要な「為す无くして為さざる无し」は、馬王堆両本と北京大学簡が残欠しているために、その補足のやり方に色々な意見が出ているが、後半の、

　天下を取らんと欲《ほっ》するや、恒《つね》に事《こと》とする无し。亓《そ》（其）の事とする有るに及《およ》びてや、以て天下を取るに足《た》らず。

が「為す无くして為さざる无し」の具体的な一例であることを考慮すれば、このように補足すべきことは明らかである。以上の補足と解釈については、本書のⅡ、第2章、D、b「無為・不為の提唱」とその注（154）を参照。

　第四十八章の「為す无くして為さざる无し」を中心とする章旨については、本書のⅡ、第2章、D、b「無為・不為の提唱」とその注（154）、Ⅱ、第2章、D、c「無事の提唱」とその注（172）、Ⅱ、第3章、A、c「無事・無為によって「天下」を取る」、Ⅱ、第3章、C、a「『老子』第五十四章の全「天下」政治

秩序の構想　その1」とその注（32）、Ⅱ、第5章、E、a「古い形而上学・存在論と新しい自然思想」を参照。

（4）第五十一章の「道」が主宰者となって万物を「生じ・畜い」等々させるという思想については、本書のⅡ、第1章、A、a「形而上の「道」と形而下の「万物」」とその注（4）、Ⅱ、第2章、A、b「『老子』に見える反疎外論と主体性論の残滓」、Ⅱ、第2章、D、b「無為・不為の提唱」とその注（169）を参照。

（5）第五十四章における「道」の全能性については、本書のⅡ、第3章、C、a「『老子』第五十四章の全「天下」政治秩序の構想　その1」とその注（31）を参照。

（6）初期道家の代表的な哲学著作である『荘子』斉物論篇に、

一たび其の成形《せいけい》を受くれば、亡《ほろ》びずして以て尽《つ》くるを待つ。物と相い刃《き》り相い靡《きし》（礲）り、其の行《ゆ》くゆく尽くること馳《は》するが如くして、之を能《よ》く止《とど》むる莫《な》し。亦た悲しからずや。終身役役《しゅうしんえきえき》として、其の成功を見ず。苶《でつ》（薾）然《ぜん》として疲役《ひえき》して、其の帰《かえ》る所を知らず。哀しまざる可《べ》けんや。人は之を不死と謂《い》うも、奚《なん》の益かあらん。其の形《かたち》化すれば、其の心之《これ》と然《しか》り。大哀《たいあい》と謂わざる可《べ》けんや。人の生くるや、固《もと》より是《かく》の若《ごと》く芒《ぼう》たるか。

などとあるように、『老子』以前の古い道家文献に、作者が人間疎外を受けて没主体的にしか生きられないことを嘆く文章が少なくない事実は、周知のことに属する。

（7）第四十五章における修道者や統治者の「請《せい》（清）靚《せい》（静）」の態度については、本書のⅡ、第2章、B、b「雄《おす》よりも雌《めす》を、牡《おす》ではなく牝《めす》を」、Ⅱ、第3章、A、b「柔弱・謙下・無欲・無為によって「天下」全体を統治する」とその注（9）を参照。

第四十五章と同じ内容・意義の「請《せい》（清）靚《せい》（静）」は、前漢初期の黄老思想が盛んに唱道した統治者の態度として、当時の道家の文献にしばしば登場する。最も有名な例は『史記』曹相国世家に見えるもので、恵帝元年（前一九四年）に丞相となって斉に赴任した曹参が膠西《こうせい》の蓋公《がいこう》から教えられた統治の要点に「蓋公は為めに治道は清静なれば民自ら定まるを貴ぶなりと言う」とある。その他、『管子』小問篇、『淮南子』原道・主術・要略の諸篇、『文子』道原・九守・道徳・微明・自然・下徳などの諸篇にも見える。

(8) 第三十九章の「侯王」が「一」なる「道」を得ることによって天子・皇帝となるという思想については、本書のⅡ、第2章、D、a「無欲・不欲の提唱」とその注（133）、Ⅱ、第3章、A、a「「道」を把握して「天下」全体を統治する」とその注（7）、Ⅱ、第3章、B、b「「道」をもって君主の統治を助ける臣下」を参照。

(9) 第七十八章の「聖人の言」の引用文については、本書のⅠ、第2章、1、C「『荘子』に現われた『老子』」、Ⅱ、第2章、B、d「柔弱の提唱における逆説的・弁証法的な構造」、Ⅱ、第2章、C、c「無言・不言の提唱」、Ⅱ、第3章、A、b「柔弱・謙下・無欲・無為によって「天下」全体を統治する」を参照。

以上を補足する意味で、他の例を挙げておく。『老子』第六十二章の「故に天下の貴きものと為る」は、表面的には「道」の貴さについて言う述語であるが、同時に「道」を把握した「天子」の貴さを言うのでもあろう。この件については、本書のⅡ、第2章、D、a「無欲・不欲の提唱」とその注（135）、Ⅱ、第3章、A、b「柔弱・謙下・無欲・無為によって「天下」全体を統治する」を参照。また、『老子』第五十六章の「故に天下の貴きものと為る」にも、修道者が「道」を把えることを通じて「天下」に君臨する天子・皇帝となるという含意がある。この点については、本書のⅡ、第2章、D、a「無欲・不欲の提唱」とその注（134）、Ⅱ、第3章、A、b「柔弱・謙下・無欲・無為によって「天下」全体を統治する」を参照。さらに、『老子』第二十二章の「是《ここ》を以《もっ》て声《せい》（聖）人《じん》は一《いち》を執《と》りて、以て天下の牧《ぼく》と為る。」の「天下の牧」も、第四十五章・第三十九章の「天下の正」と同じ意味であろう。この点については、本書のⅡ、第2章、D、a「無欲・不欲の提唱」とその注（133）、Ⅱ、第3章、A、a「「道」を把握して「天下」全体を統治する」とその注（1）、Ⅱ、第3章、D、a「不争の倫理に基づく非戦」を参照。「天下の牧」は、底本（馬王堆甲本）・乙本・北京大学簡はいずれも「天下の牧」に作って『老子』の本来の姿を止めているが、通行本（王弼本）は「天下の式」に改めたために意味が曖昧になってしまった。
(10)『老子』以前により古い道家思想が存在し、それが後に編纂された『荘子』に含まれていることについては、本書のⅠ、第2章、1、C「『荘子』に現われた『老子』」、Ⅱ、第2章、A、a「『道』の形而上学・存在論における人間の位置づけ」、拙著『道家思想の新研究』の第5章「『万物斉同』の哲学」、第6章「『道』の形而上学」、第10章「『養生』の説と『遊』の思想」などを参照。
(11)「自然」が、主体にとって客体である「万物」「百姓」について言う言葉として、初めて誕生したものであることについては、以下の論著を参照。――栗田直躬「上代シナの典籍に見えたる『自然』と天」（早稲田大学哲学会『フィロソフィア』第二十二号、一九五二年）の三「『自然』という語の成りたちと『老子』に見える『自然』」、松本雅明『中国古代における自然思想の展開』（中央公論事業出版、一九七三年）の第一章、第五節「自然」。
　筆者は、道家思想の中心を「無為自然」の思想であると把えたり、『老子』を原始道家の思想の表現と見なしたりする通説に賛成しない。それどころか、こうした通説に批判的な態度を取って始めて、戦国中期～前漢、武帝期の道家の思想史や、また漢初の黄老思想、後漢の王充などの道家思想、魏晋玄学の老荘解釈などの道家の思想史の、展開や意義などを理解する出発点に立つことができると考える者である。
(12)「自然」という言葉が中国思想史の中でまとまって登場するのは、やはり『老子』の五例の「自然」が最も早い。しかし、『老子』の「自然」は、第二十五章に名詞的用法があることからも明らかなように「自然」の最も古い用例ではなく、古い用例は先秦の道家の中でも『老子』以前の諸文献の中にすでに出現していたのではないかと推測される。ただし、後に述べる『呂氏春秋』義賞篇の一例を除外すれば、紀元前三〇〇年ごろに成った『荘子』斉物論篇を始めとして初期道家の文献に「自然」は全く登場していない。その主な理由は、「自然」は初期道家の有していた従来の思想ではなく、逆に従来の道家思想とは明確に対立するものだったからである。

ところで、現存する最古の『老子』のテキストは、既述のように戦国末期に編纂された郭店本であるが、それには通行本『老子』に見える五例の「自然」の内、三例が見えているけれども、第二十三章と第五十一章の二例が見えていない。また、前漢初期に成った馬王堆甲本では、第二十五章の当該個所が残欠しているのを除けば他の四例も、また乙本の五例も全てそろって存在している。

(13) 第六十四章の「能く万物の自然を輔けて、敢えて為さず。」の解釈については、本書のII、第2章、D、b「無為・不為の提唱」とその注(157)、II、第5章、C、a「主体の「無為」と客体の「自然」」その1」とその注(28)を参照。

第六十四章のこの部分は、奚侗『老子集解』六十四章、高本漢(スウェーデンのベルンハルト・カルルグレン)『老子韻考』(朱謙之『老子校釈』六十四章所引)の言うように、「貨」「過」「為」が押韻しており、それ故、三連対文である。この句作りを正確に読み取った者は、奚侗『老子集解』六十四章、木村英一『老子の新研究』六十四章、加藤常賢『老子原義の研究』64、高明『帛書老子校注』六十四ぐらいしかなく、そのために文意の解釈に混乱が生じている。例えば、福永光司『老子』第六十四章は、

「衆人の過つ所に復《かえ》し、以て万物の自然を輔く」は、上の「学ばざるを学ぶ」をも含めて『荘子』(内篇徳充符篇)に「学に務めて以て前行の悪を復補す」とあるのを参照。『荘子』の「復補」はここの「復輔」と同義。補って本来の在り方に戻すことをいう。

と解説し、上引の高明『帛書老子校注』六十四も、その影響を受けたようである。しかし、これは句作りも意味理解も正しくない。『荘子』徳充符篇の「復補」は、『老子』本章の「……に復る」と「を輔けて、……」とは無関係である。

この部分は、上文の論述を受けて「声(聖)人」の「不欲《ふよく》を欲《ほっ》す」つまり無欲、「不学《ふがく》を学ぶ」つまり無学、「敢《あ》えて為さず」つまり無為を述べ、これをもって本章の結論とするという文脈である。三連対文の第一文の「得難《えがた》きの〓《たから》(〓)を貴ばず」は無欲に包摂され、第二文の「衆人《しゅうじん》の過《す》ぐる所に復《かえ》る」は無学に包摂

され、第三文の「能《よ》く万物の自然《しぜん》を輔《たす》く」は無為に包摂される。だから、第三文において主の位置のものは「敢《あ》えて為さず」つまり無為の思想であって、「能《よ》く万物の自然《しぜん》を輔《たす》く」つまり自然の思想は無為に包摂される、従の位置のものと解釈される。この部分の第三文を、筆者と同じように「敢《あ》えて為さず」にウェートをかけて読解した者は古くからあり、例えば、成玄英『老子義疏』其安章、林希逸『老子鬳斎口義』其安易持章第六十四、蘇轍『老子解』六十四章、高亨『老子正詁』六十四章などがそれである。

本文で、「自然」は主体にとって客体である「万物」「百姓」について言う言葉として初めて誕生したと述べたが、例外がないわけではない。『老子』第五十一章に、

〔道〕の尊く、徳の貴きや、夫《そ》れ之を財《しゃく》（爵）するもの莫《な》くして、恒《つね》に自然《しぜん》なればなり。

とある「自然」は、「道」と「徳」に関する述語であって、「万物」に関するものではない。『老子』の合計五例の「自然」の中の唯一の例外である。この例外は、恐らく「道」「徳」を「万物」の次元にまで引き下ろして、「万物」と比較・対照して論じようとしたために起こったことではなかろうか。

(14) 本文の「聖人」は『老子』第六十四章・『韓非子』喩老篇・『淮南子』原道篇の場合、「汝」は『荘子』応帝王篇の場合、「水」は『荘子』田子方篇の場合、「天地・四時」は『淮南子』泰族篇の場合である。

(15) 第二十五章の当該個所については、本書のⅡ、第3章、B、a「「道」・柔弱・謙下・無為によって「邦」を統治する」を参照。

本章の当該個所については注意すべきことがいくつかある。第一に、「人は地に法《のっと》る」以下の一文の句読の面から言えば、唐代の李約『道徳真経新註』（高亨『老子注訳』二十五章所引）は、「王は地に法《のっと》りて地なり、天に法りて天なり、道に法りて道なり、自然に法る。」と句読していた。現代日本の大濱晧『老子の哲学』の十章「自然」がこの句読を支持し、また現代中国の高亨『老子正詁』二十五章、高亨『老子注訳』二十五章が、その影響を受けて本文を「王は地に法《のっと》り、天に法り、道に法り、自然に法る。」に改める。しかし、これに対しては高明『帛書老子校注』二十五の批判があり、やはり適当ではないと思う。

第二に、「道」の思想の面から言えば、「道」は道家にとって窮極な根源者である。そのさらに上に「道」が規範とする「自然」があるといった思想は、通常の古い道家思想ではありえない。この文を素直に理解して、「道」の上にさらに「自然」を置くという解釈でよいとするのは、成玄英『老子義疏』有物章、林希逸『老子鬳斎口義』有物混成章第二十五であるが、林希逸が自ら言うように「奇論」である。このような「道」と「自然」との関係をめぐる難問があるために、上の第一に指摘した句読上の異説も生まれたわけである。本文の上文にあるとおり、「自然」は「国中」の「四大」に含められておらず、その意味では窮極的な根源者と見なされていないことを考慮すれば、「道は自然に法る」は、「道」の内容が「自然」だという趣旨を述べたまでで、「道」のさらに上に真に窮極的な根源者「自然」があると唱えているのではあるまい。現代ではこの方向で解釈する者が多数となっている。例えば、福永光司『老子』第二十五章、陳鼓応『老子註訳及評介』二十五章、楠山春樹『老子入門』二十五章、神塚淑子『老子』第二十五章などである。その淵源は、河上公『老子注』象元第二十五、呂恵卿『道徳真経伝』二十五章あたりであろうか。筆者が本文で述べたように、『老子』の「自然」は基本的に「万物」の「自然」という意味である。ただし、さらに考えてみると、「道」の内容は「自然」だけであるとは限らない。「無為」「万物一体」「気の運動」等々、他にもまだありうる。それ故、「道は自然に法る」は、道家内部の異なった諸流派の中で「道」とは何であるかが盛んに議論された後を受けて、老子が自らの思索する「道」の概念を提起したものと理解すべきである。そして、道家内部の諸流派の「道」とは何であるかに関する議論は、例えば、『荘子』知北遊篇や同じく則陽篇などにその代表的な文章が見えるが、戦国末期～前漢初期までに諸見解がほぼ出そろっていた。『老子』第二十五章はその後に位置する文章なのである。

第三に、語学的な面から言えば、その「自然」は名詞的用法の用例であり、もともと副詞として始まったこの言葉の古い用例ではない。

第四に、「王」に関する政治思想の面から言えば、「人」の代表としての「王」を「天」「地」などと肩を並べる「大」なる存在と見るのも、通常の古い道家思想とは異なっている。これは、『荀子』に始まる、人間の作為の意義を強調する「三才」の思想を踏まえたものである。『荀子』に次のような文章がある。

天地は君子を生じ、君子は天地を理《おさ》む。君子なる者は、天地の参なり、万物の摠（総）なり、民の父母なり（王制篇）。

天に其の時有り、地に其の財有り、人に其の治有り。夫れ是を之れ能く参ずと謂う（天論篇）。

荀子のように「天地人」の「三才」とはせずに「道」を含む「四大」としたり、「四大」の間に「人↓地↓天↓道」のごとく重要性の差を持ちこんだりしているのは、その道家的なヴァリエーションと言うべきであろう。ちなみに、『老子』中に荀子の思想を踏まえた部分があることについては、本書のI、第2章、3、C「形成途上にある最古のテキストとしての郭店楚簡『老子』」、II、第1章、B、b「万物生成論と退歩史観の結合」、II、第2章、C、a「無学・不学の提唱」、II、第2章、D、a「無欲・不欲の提唱」を参照。老子の荀子思想に対する批判（負）と受容（正）の影響は、一部分は戦国末期の郭店本から始まり、前漢初期の馬王堆両本に至って全面化した。影響をこうむった問題は、第十八章の「大偽」（負）、第三十八章の「礼」（負）、第四十八章の学問観（負）、第二十五章の「三才」（正）などの重要な問題に及んでいる。

(16) 盧育三『老子釈義』の「老子釈義（上）」、二十五章の原文は、以下のとおり。

這裏的〝自然〟不是指自然界、而是自己如此的意思。道本身無所作為、無所造作、順応万物之自然、万物怎様、道亦怎様。正因為如此、道才能生長発育万物。

(17)『荘子』徳充符篇の引用個所は、客体である「身・貌・形」と主体である「神・精」とを対立的に把えている。ここでの「自然」の具体的な内容については、羅勉道『南華真経循本』（『正統道蔵』所収）が「道之に貌を与え、天之に形を与うるなる者は、自然なり。」と注釈するのを参照。

(18) 本文に言う主体の「人主」は主術篇、「聖人」は詮言篇、「人」は脩務篇の場合であり、客体の「事」は主術篇・詮言篇、「水潦・五穀」は脩務篇の場合である。

(19) 森三樹三郎『「無」の思想　老荘思想の系譜』(講談社、一九六九年)の1、〈1〉、「ミズカラとオノズカラ」による。また、『老子』に現われる「自然」の意味が「みずから」である、その語義の中心は「自」にあり「然」はサフィックス(接尾辞)である、などのことを明確に唱えたのは、栗田直躬「上代シナの典籍に見えたる「自然」と天」の三「「自然」という語の成りたちと『老子』に見える「自然」」である。

(20) 松本雅明『中国古代における自然思想の展開』の第一章、第五節「自然」は、「おのずから」の意味の「自」の用法は、古くは存在しなかったものであって、道家が「自然」という言葉を使用して以後始めて出現するに至った、という趣旨の重要な指摘を行っている。

(21) 「自然」に関してこの種のアスペクトの問題に言及している論文には、栗田直躬「上代シナの典籍に見えたる「自然」と天」の三「「自然」という語の成りたちと『老子』に見える「自然」」、蜂屋邦夫『中国の思惟』(法蔵館、一九八五年)の「自然観」がある。

(22) 笠原仲二『中国人の自然観と美意識』(創文社、一九八二年)の第一編、第一章、第一節、一「自と鼻と始との関係」は、「自」の本義と引伸義などに関して詳細な訓詁学的な考証を行っているが、残念ながら筆者にはその全体の可否を判断する能力がない。ただし、「自」の語源的な意味の「鼻」であることが甲骨文・金文によっても確かめられるという趣旨の主張は、間違いないようである。

(23) 現代日本語の中には、副詞の「自」を含む「自信」「自覚」「自学自習」「自縄自縛」等々の漢語が非常に多い。これらは古代中国から日本に伝わって今日も使用されている言葉であるが、ほとんど全ての「自」は「みずから」の意であって「おのずから」の意ではない。この点にも注意がはらわれるべきである。

(24) 『呂氏春秋』の時代に、『老子』がまだ編纂されていなかったことについては、本書のI、第2章、1、A「『荀子』『呂氏春秋』に現われた『老子』」ですでに述べた。それ故、『呂氏春秋』中の道家的な文章は、原本『老子』や郭店本『老子』の編纂以前に古い道家の思想家たちが抱懐していたもの、と考えなければならない。

(25) 董仲舒が前漢初期の道家の自然思想に明確に反対していたことについては、拙論「中国古代の天人相関論——董仲舒の場合」を参照。

(26) 第十七章の傍線部分の趣旨については、本書のⅡ、第2章、C、c「無言・不言の提唱」、Ⅱ、第2章、D、b「無為・不為の提唱」とその注(165)、Ⅱ、第2章、D、c「無事の提唱」、Ⅱ、第5章、D、a「自然思想の民本主義」を参照。

第十七章の「自然」については、近代以降の日本の『老子』専門学者たちは、例外なく誰もが「おのずからしかり」と読んで、「人民たちはみな、このわたしをあるがままだと考える。」(福永光司の場合)とか、「人民たちは皆、「私はひとりでにこうなった」と言う。」(神塚淑子の場合)とか日本語訳している。比較的早い時期の作品である武内義雄『老子の研究』第二十三章、木村英一『老子の新研究』十七章、福永光司『老子』第十七章から始まって、最近の作品である金谷治『老子 無知無欲のすすめ』17、蜂屋邦夫『老子』第十七章、神塚淑子『老子』第十七章などもほぼ同じ。これに対して、上文の注(19)に引用したように、『老子』の専門家でない栗田直躬などが、かえって「自然」が「みずから」の副詞形であることを明確に把えたのは、皮肉なことである。大濱晧『老子の哲学』の十章「自然」は、『老子』の「自然」について「現象世界は何ものかによってそうであるのでなく、自己自身によってそうである」と解釈する。大筋は正しい見解と思われるが、その背景説明は解釈者特有の思弁哲学によってなされており、難解かつ混乱している。

本章末尾の「功を成し事を遂《と》げて、百省《ひゃくせい》(姓)は我《われ》自然なりと胃《い》(謂)う。」の許抗生による現代中国語訳は、「功成了、事就了、而老百姓却説是他們自己成就的(与君主没有関係)。」である。また、以下の論著は、『老子』第十七章の「自然」を「自己如此」または「自如此」と解釈している。これらは宋代の呂恵卿『道徳真経伝』や、元代の呉澄『道徳真経註』の説を踏襲したものであって、許抗生の解釈の先駆と見なすことができよう。——胡適『中国哲学史大綱』上巻(上海商務印書館、一九一九年)、張舜徽『周秦道論発

微』、陳鼓応『老子註訳及評介』十七章、張松如『老子説解』（斉魯書社、一九八七年）の十七章、盧育三『老子釈義』十七章。

(27) 第十七章における大上の「言を貴（遺）つ」→百省（姓）の「功を成し事を遂ぐ」という関係については、本書のⅡ、第2章、C、c「無言・不言の提唱」、Ⅱ、第2章、D、b「無為・不為の提唱」、Ⅱ、第2章、D、c「無事の提唱」を参照。また、「言を貴（遺）つ」の解釈については、本書のⅡ、第2章、C、c「無言・不言の提唱」とその注（96）、Ⅱ、第2章、D、b「無為・不為の提唱」とその注（165）を参照。

その「貴」を「遺」の仮借字とする用例を、筆者はまだ発見していないが、底本（馬王堆甲本）『老子』第二十章に「我《われ》は独《ひと》り遺《とぼ》（匱）し」とあり、乙本は欠字、北京大学簡は「我は蜀（独）り遺（匱）し」、通行本（王弼本）は「我は独り遺（匱）しきが若し」にそれぞれ作る。これらの「遺」は、いずれも「匱」の仮借字である。「貴」と「匱」とは音価が全く同じであるから、これは参考にすることができる。

(28) 第六十四章引用個所の三文の趣旨については、本書のⅡ、第1章、A、d「無知によって「道」を把える」の注（34）、Ⅱ、第2章、C、a「無学・不学の提唱」とその注（61）、Ⅱ、第2章、D、a「無欲・不欲の提唱」、Ⅱ、第2章、D、b「無為・不為の提唱」とその注（157）、Ⅱ、第2章、D、c「無事の提唱」、Ⅱ、第3章、D、b「「道」の哲学に基づく非戦」を参照。

(29) 第二十三章の構成と趣旨については、本書のⅡ、第2章、A、b「『老子』に見える反疎外論と主体性論の残滓」とその注（6）、Ⅱ、第2章、C、c「無言・不言の提唱」とその注（97）、Ⅱ、第2章、D、c「無事の提唱」とその注（180）を参照。また、本章の「自然」の意味については、本書のⅡ、第2章、A、b「『老子』に見える反疎外論と主体性論の残滓」の注（6）、Ⅱ、第2章、C、c「無言・不言の提唱」を参照。

第二十三章の後半は、「人」の「言うこと希なり」が、「風・雨」などの「万物」の「自然」をもたらす、という因果応報のメカニズムを解明している。——第一に、「従事して道ある者は道に同ず」る者は別格であるから論じないこととして、第二に、「従事して……徳ある者は徳に同ず」る者に対しては「道」が「之を徳とす」るという結果で報い、第三に、逆に「従事して……者〈失〉ある者は失に同ず」る者に対しては「道」が「之を失とす」るという結果で応ずるという、一種の災異説・瑞祥説的なメカニズムである。そして、第一または第二の肯定的な場合が、前半に画かれた「言うこと希なり→自然なり」に当たるのではないかと推測される。この問題については、本書のⅡ、第2章、D、c「無事の提唱」とその注(180)を参照。

(30)『荘子』田子方篇の引用個所については、本書のⅡ、第5章、B、a「「自然」の出現状況と性質」を参照。

(31)『韓非子』安危篇の引用個所の「自然」概念については、本書のⅡ、第5章、B、a「「自然」の出現状況と性質」を参照。

(32)『淮南子』泰族篇の引用個所の「自然」概念については、本書のⅡ、第5章、B、a「「自然」の出現状況と性質」を参照。

(33)第三十二章全体の根底にある哲学の大枠は、単純化すれば、根源の「道＝無名＝樸」から現象の「万物＝有名＝器」が生まれるとする存在論である。本章のこの大枠と章旨については、本書のⅡ、第1章、A、c「「道」は無名である」とその注(21)、Ⅱ、第2章、D、a「無欲・不欲の提唱」とその注(119)、Ⅱ、第4章、C、d「無知・無欲・無為によって養生を実現する」とその注(19)を参照。

本章の二つの「自」は、どちらも「みずから」であって「おのずから」ではない。ところで、中国の研究は、王弼『老子注』三十二章以来、現代に至るまで「みずから」なのか「おのずから」なのか判別のつかない解釈が多い。ただし、河上公『老子注』聖徳第三十二、成玄英『老子義疏』道常章、林希逸『老子鬳斎口義』道常無名章第三十二などは「みずから」と読んだようである。また、特に現代の高亨『老子注訳』三十二章は、明確に「みずから」である。それに対して、日本の研究は、大多数が「おのずから」である。例えば、比較的早く世に出た武内義雄『老子の研究』第三十七章、木村英一『老子の新研究』三十二章、福永光司『老子』第三十二章、諸橋轍次『掌中　老子の講義』第三十二章あたりから始まって、近年の金谷治『老子　無知無欲のすすめ』32、楠山春樹『老子入門』三十七章、蜂屋邦夫『老子』第三十二章に至るまで、いずれもみな「おのずから」と読む。しかし、小川環樹『老子』第三十二章は、唯一例外的に一つめの「自」を「みずから」としている。

(34) 第三十七章の「道は恒に名无し。侯王若し能く之を守れば、万物将に自ら𢡺（為）さんとす。」の解釈については、本書のII、第1章、A、c「「道」は無名である」とその注（22）、II、第2章、D、b「無為・不為の提唱」とその注（167）、II、第3章、A、a「「道」を把握して「天下」全体を統治する」、II、第5章、D、a「自然思想の民本主義」を参照。

第三十七章冒頭の「道は恒に名无し」は、出土資料本『老子』の各テキスト間に相異がある。この問題については、本書のII、第1章、A、c「「道」は無名である」とその注（22）、II、第2章、D、b「無為・不為の提唱」とその注（167）を参照。郭店本は「衍《みち》（道）は亙《つね》（恆）に為《な》す亡《な》（無）きなり」、馬王堆両本は「道《みち》は恒《つね》に名《な》无《な》し」、北京大学簡は「道《みち》は恒《つね》に為す無し」、通行本（王弼本・河上公本）は「道《みち》は常に為す無くして為さざる無し」にそれぞれ作る。上引の諸注に記したとおり、「為す無し」に作る（郭店本・北京大学簡）のが古い『老子』の本来の姿であり、「名无し」に作り（馬王堆両本）、「為す無くして為さざる為し」に作る（通行本）のは、やや後にそれを改変したものである。

通行本（王弼本・河上公本）の「道《みち》は常に為す無くして為さざる無し」は、いつごろ誰の手に成るテキストであるかは不明であるが、王弼『老子注』はこの一文を「道」に関する哲学的な原理論であり、下文の「侯王《こうおう》若《も》し能《よ》く之《これ》を守れば、万物将《まさ》に自《みずか》ら化せんとす。」を「侯王」と「万物」とに関する政治的な応用論、と理解したらしい。――「道《みち》は常に為す無し」を原理にすえて、その上に「侯王《こうおう》能《よ》く之《これ》を守る」の応用が現われ、「為さざる無し」を原理にすえて、その上に「万物自《みずか》ら化す」の応用が現われる、という構成を設定したようである。それ故、原理の「為さざる無し」の実際の内容は、応用の「万物自《みずか》ら化す」（万物の自主性・自律性）によって担われる、と見なしていたと考えられる。したがって、王弼『老子注』にとって、章頭は「道《みち》は常に名無し」や「道《みち》は常に為す無し」では不都合であり、どうしても「道《みち》は常に為す無くして為さざる無し」である必要があったのである。

さて、王弼注は、本文の「道《みち》は常に為す無し」に対して「自然に順うなり」と注するが、これは「為す無し」の内容を「自然」と言い換えて分かりやすくするとともに、『老子』第二十五章の「道は自然に法る」の趣旨をここに盛りこんだのであろう（本書のII、第5章、G、c「魏晋玄学の「自《みずか》ら化し自ら生ず」」を経て宋学の「天理自然」へ」とその注（54）を参照）。一方、本文の「為さざる無し」に対して、「万物は為《な》すに由《よ》りて以て治《はじ》〈始〉め以て之を成さざる無きなり」と注する（陶鴻慶『老荘札記』・波多野太郎「老子王注校正巻第二」（『横浜市立大学紀要A』人文科学第十五、一九五三年所収）の本文校訂は正しくない）。このように、原理の「為さざる無し」の現われとして応用の「万物自《みずか》ら化す」を位置づけたのである。ここに我々は、王弼の第三十七章理解を明知することができる。すなわち、第一に、「道」の哲学的な「為さざる無し」の内容を担う、その政治的な実際は「万物自《みずか》ら化す」であり、より具体的には「万物は為《な》すに由《よ》りて以て治《はじ》〈始〉め以て之を成さざる無きなり」である。第二に、「万物自ら化す」は、より具体的には「万物」の「万物は為《な》すに由《よ》りて以て治《はじ》〈始〉め以て成す」ことであるから、そうだとすると、「自ら化す」は「おのずから化す」ではなくて「みずから為す」の意である。ちなみに、河上公『老子注』は、本章の「自」が「みずから」であることを一層明確に説いている。

その後の本章の二つの「自」の読み方の意見分布は、『老子』第三十二章の二つの「自」のそれと大体同じ（上の注（33）を参照）。日本の研究は大多数が「おのずから」であり、小川環樹『老子』第三十七章も、ここでは「おのずから」と読む。

また、第三十七章の「天地」は、「道」の側にあるものではなくて、「万物」の側にあるものと位置づけられている。この「天地」を郭店本は「万物」に作り、王弼本は「天下」に作る。両者は、「天地」の中にある「万物」、「天下」の中にある「百姓」の意味に取るのが適当ではないかと思う。

(35) 第五十七章下段に含まれる自然思想については、本書のII、第2章、B、b「雄《おす》よりも雌《めす》を、牡《おす》ではなく牝《めす》を」、II、第2章、D、a「無欲・不欲の提唱」とその注(140)、II、第2章、D、b「無為・不為の提唱」とその注(155)、II、第5章、D、a「自然思想の民本主義」を参照。これらの中で、修道者または統治者の「静か」に注目するものについては、本書のII、第2章、B、b「雄《おす》よりも雌《めす》を、牡《おす》ではなく牝《めす》を」を参照。

(36) 盧育三『老子釈義』の「緒論」、「道常無為而無不為」は、

《老子》書中的〝無知〟・〝無欲〟・〝不言〟・〝無事〟・〝不有〟・〝不恃〟・〝不宰〟・〝弗居〟、等等、都属于無為的範囲。

と主張している。『老子』だけでなく、『荘子』天道篇に「夫れ虚静・恬淡・寂漠・无為なる者は、天地の平《へい》にして、道徳の至《いた》りなり。」とあるのによっても、「虚静」「恬淡」「寂漠」「无為」の四者が同類の言葉であることが分かる。

(37)「自然」が「自ら爲す」「自ら正す」「自ら化す」等々の「みずから」という性質を総括した概念であることは、前漢、武帝期以降、道家と対立していた儒家の董仲舒学派の作品である『春秋繁露』立元神篇の次の文章によっても確認することができる。

三者皆な亡ければ、則ち民は麋《び》鹿《ろく》の如く、各おの其の欲に従い、家ごとに自ら俗を為し、父は子を使う能わず、君は臣を使う能わず。城郭有りと雖も、名づけて虚邑と曰う。此の如くなれば、其の君は塊を枕にして僵《たお》れ、之を危うくするもの莫くして自ら危うくし、之を喪《ほろ》ぼすもの莫くして自ら亡ぼし、是を自然の罰と謂う。……三者皆な奉ずれば、則ち民は子弟の如く、敢えて自ら専らにせず、邦は父母の如く、恩を待《ま》たずして愛し、厳を須たずして使う。野居・露宿すと雖も、宮室よりも厚し。是の如き者は、其の君枕を安んじて臥せ、之を助くるもの莫くして自ら強くし、之を綏《やす》んずるもの莫くして自ら安

んじ、是を自然の賞と謂う。「自然の罰」は「自ら危うくす・自ら亡ぼす」ことであり、「自然の賞」は「自ら強くす・自ら安んず」ることである。これらがおのずからやって来た「罰・賞」ではなくて、みずから招いた「罰・賞」であることは、誰の目にも明らかであろう。

なお、『春秋繁露』は、董仲舒とその弟子たちの作品を集めて成った書物である。その「自然」という言葉・思想に対する見方は、ただ一種類だけに収斂しておらず、かなりばらつきがあって複雑である。第一に、必ずしも道家の用語法に縛られないコンテキストでは、ごく普通の「みずから」という素朴な意味で使用しており、しかもその「自然」を肯定する（竹林篇・立元神篇・深察名号篇）。第二に、道家の自然思想を熟知した上で、自らの哲学・倫理思想・政治思想の立場から基本的にそれに反対の意思を表明する場合がある（実性篇・同類相動篇・郊語篇）。これが董仲舒自身やその周辺の儒家本来の見方である。第三に、道家の自然思想から強い影響を受けて、君主や天道の「無為」―臣下・民・天地の「自然」という「主体→客体、原因→結果」の構造を述べる場合がある（保位権篇・身之養重於義篇・順命篇）。第三は以上の第一・第二よりも後、董仲舒学派の亜流の手に成る文章と考えられる。

(38) 第二章の「声《せい》（聖）人《じん》は无為の事に居り、不言の教えを行う。」の解釈については、本書のⅡ、第2章、C、a「無学・不学の提唱」、Ⅱ、第2章、C、c「無言・不言の提唱」とその注（95）、Ⅱ、第2章、D、b「無為・不為の提唱」、Ⅱ、第2章、D、c「無事の提唱」を参照。また、第二章の「声《せい》（聖）人《じん》は无為《むい》の事に居《お》り、不言の教えを行う。」と「万物昔《お》（作）こる・為る・功を成す」との間に因果関係があり、自然思想の「無為→自然」の構造が含まれることについては、本書のⅡ、第2章、C、c「無言・不言の提唱」とその注（95）、Ⅱ、第2章、D、b「無為・不為の提唱」とその注（164）、Ⅱ、第2章、D、c「無事の提唱」を参照。「万物」は「昔《お》（作）こる・為る・功を成す」の三つの動詞の主語であり、三つの動詞はいずれも自動詞である。この点を明晰に把えていた研究は、今までのところ、ただ高亨『老子注訳』二章だけである。「昔《お》(作)こる→為る→功を成す」が、既述のとおり(本書のⅡ、第2章、D、b「無為・不為の提唱」とその注(164)を参照)、「万物」の展開のプロセス「誕生→成長→完成」を順序よく画いた言葉であるのに対応して、「始《おさ》(治)めず・志《たの》(恃)まず・居らず」の主語はいずれも「声《せい》(聖)人《じん》」であり、「万物」の展開のプロセスに見合うように「始《おさ》(治)めず→志《たの》(恃)まず→居らず」のごとく発展的に述べられている。日本の近代以降の研究について述べれば、この部分の「声《せい》(聖)人《じん》の无為・不言→万物の昔(作)・為・成功」という自然思想を読み取った研究は皆無である。「昔《お》(作)こる」の主語が「万物」であることを否定する者はさすがにいないが、「為れども……、功を成せども……。」の主語は「声《せい》(聖)人《じん》」や「道」であると解釈する者が圧倒的に多い。例えば、武内義雄『老子の研究』第二章、木村英一『老子の新研究』二章、福永光司『老子』第二章あたりから始まって、森三樹三郎『老子・荘子』のⅢ、4、「絶対無差別の立場」、金谷治『老子　無知無欲のすすめ』2、蜂屋邦夫『老子』第二章に至るまでほとんど進展が見られない。

(39) 第十六章の「虚し・情(静)か」と「万物旁(並)びに作こる」との間に主体の原因→客体の結果という関係があることについては、本書のⅠ、第2章、4、B、a「第十六章の「正しきを積む」」、Ⅱ、第1章、C、a「「道」の虚静から「万物」が生み出される」とその注(54)、Ⅱ、第2章、B、b「雄《おす》よりも雌《めす》を、牡《おす》ではなく牝《めす》を」、Ⅱ、第5章、F、b「「自然」の行き過ぎに対する規制」を参照。

「虚《むな》し」と「情《しず》(静)か」とは、『荘子』天道篇に、「夫れ虚静恬淡《きよせいてんたん》、寂漠无為《せきばくむい》なる者は、……道徳の至《いた》りなり。」とあるように、道家においては近い意味である。「虚《むな》し」は、「実」の反義語で、心を空にすることを言う。『老子』第三章に、

是《ここ》を以て声(聖)人の治《ち》や、亓《そ》(其)の心を虚《むな》しくして……、亓《そ》(其)の志《こころざし》を弱くして……。恒に民をして无知《むち》・无欲ならしめ……。

とあるように、修道者が感覚・知覚の作用の所産である感情・欲望・知恵・思慮を撥無して、「道」と一体

になること。『荘子』人間世篇に、

之を聴くに耳を以てする無《な》くして、之を聴くに心を以てせよ。之を聴くに心を以てする無くして、之を聴くに気を以てせよ。耳は聴くに止《とど》まり、心は符《しる》すに止まる。気なる者は、虚《むな》しくして物を待つ者なり。唯《た》だ道は虚しきに集《とど》まるのみ。

とあるのも参考になる。『老子』本章の「虚」の解釈として、「無欲」だけを言う者が多い。例えば、日本では、武内義雄『老子の研究』第十六章、諸橋轍次『掌中　老子の講義』第十六章、木村英一・野村茂夫『老子』十六章、また中国では、高亨『老子注訳』十六章、陳鼓応『老子註訳及評介』十六章、高明『帛書老子校注』十六などがそれであるが、「無欲」という理解だけでは不十分である。

「情《しず》（静）か」は、「動」や「趮」の反義語で、身心を動かさないこと。「無為」と近い概念である。『老子』第二十六章に「清《しず》（静）かなるは趮《さわが》しきものの君為《きみた》り」、同じく第五十七章に「我為《われな》す無くして……。我静かなるを好みて……。」という使用例がある。また、『荘子』在宥篇に、次のようにあるのを参照。

吾女《なんじ》に至道を語らん。……視る無《な》く聴く無く、神《しん》を抱きて以て静かなれば、形《かたち》は将《まさ》に自《みずか》ら正さんとす。必ず静かに必ず清らかにし、……乃《すなわ》ち以て長生《ちょうせい》す可し。

『老子』第十六章が「虚し」と「情《しず》（静）か」の徹底を提唱するのは、以上に引用した諸資料に基づいて考えれば、修道者が「虚静」を通じて「道」を把握するためである。また、それによって「道」の働きが世界に限なく顕現して、「万物」が自力で「旁《なら》（並）びに作《お》こる」のようにするためでもある。それ故、本章の冒頭は、「虚《むな》しきを至《いた》（致）すこと極《きわ》まり、情《しず》（静）かなるを守ること表《あつ》〈裻（篤）〉し。」が原因となって、「万物は旁《なら》（並）びに作《お》こる」の結果を生ずる、という自然思想を含んでいるのである。ところが、以下の諸書はこの文脈を理解せず、修道者の「虚静」を受ける句として、「万物は旁《なら》（並）びに作《お》こる」よりも「吾以《われもつ》て其の復《かえ》るを観るなり」に重きを置く解釈を施すが、適当とは思われない。森三樹三郎『老子・荘子』のⅢ、4、「虚静の道への復帰」、神塚淑子『老子』第十六章、蜂屋邦夫『老子』第十六章である。ただし、これらの解釈には先駆者がおり、林希逸『老子鬳斎口義』致虚極章第十六、蘇轍『老子解』十六章、呂恵卿『道徳真経伝』十六章などであった。

(40) 第三十五章冒頭の二文が自然思想として解釈できる可能性があることについては、本書のⅡ、第1章、A、a「形而上の「道」と形而下の「万物」」とその注(10)、Ⅱ、第3章、A、a「「道」を把握して「天下」全体を統治する」を参照。

(41) 第三章の傍線部分の趣旨については、本書のⅡ、第2章、D、b「無為・不為の提唱」とその注(143)を参照。一文は、第四十八章の「為す无くして為さざる无し」という一般的な命題の、政治への具体的な応用でもある。

(42) 天子・皇帝の一君万民の中央集権を理論的に正当化するという課題で、黄老が儒家に対して後れを取った主な因由が、君主の「無為」「清静」にあったという指摘については、以下の論著を参照。ただし、見解はどの学者もみな同じというわけではなく、人によって若干のニュアンスがある。――金谷治『秦漢思想史研究』の第五章、第六節「政治・処世・養性」、町田三郎『秦漢思想史の研究』(創文社、一九八五年)の第五章、二「道家思想について」、日原利国『漢代思想の研究』(研文出版、一九八六年)の第一部、一「中世(前期)の思想」、本田済『東洋思想研究』(創文社、一九八七年)の第二部、三「『淮南子』の一面」、内山俊彦『中国古代思想史における自然認識』(創文社、一九八七年)の第七章「秦~漢初の道家と法家」。

(43) 『荘子』則陽篇の引用個所は、前漢時代の作であろう。その内容の詳しい分析については、拙著『荘子下 全訳注』の「則陽　第二十五」を参照。

(44) 『荘子』秋水篇の引用個所の解釈については、拙著『荘子上 全訳注』の「秋水　第十七」を参照。秋水篇の引用個所の成立は、『荀子』以後の戦国最末期と推測しておきたい。

(45) 『韓非子』解老篇の思想の分析については、拙論「『韓非子』解老篇の「道理」について」(『高知大学学術研究報告』第十八巻人文科学第七号、一九七〇年)、内山俊彦『中国古代思想史における自然認識』の第七章、三「韓非学派」を参照。

(46) これらと共通する新しい哲学の試みは、他にもまだある。『淮南子』という書物は、前漢、景帝期～武帝期初年に編纂された道家系の思想書であるが、この書においても、「道」と「物」とについて、あるいは「道」と「事」とについて、従来とは異なった新たな関係づけが提唱されている。以下の両論文を参照。赤塚忠「劉安」(『中国の思想家』(上)、勁草書房、一九六三年)、拙論「淮南子要略篇について」(『池田末利博士古稀記念東洋学論集』、池田末利博士古稀記念事業会、一九八〇年)。

(47) 『老子』の自然思想が「万物」「百姓」の自主性・自律性の承認という一色の絵具で塗りこめられていないことに関する詳しい解明については、拙著『道家思想の新研究』の第12章、第4節、B、b「「自然」思想のアンビヴァレンス」を参照。

(48) 前漢時代の董仲舒学派が道家の「自然」に対していかなる対応をしたかについては、本書のⅡ、第5章、B、c「古い道家の「自然」」、Ⅱ、第5章、C、b「主体の「無為」と客体の「自然」その２」の注(37)を参照。

(49) 通行本『文子』にも自然篇があるが、その編纂は『論衡』自然篇の成書よりもさらに後のことと思われる。

(50) 「道」「聖人」の主宰性・支配性の弱化・無化という問題については、本書ではⅡ、第5章、E、c「「道」の形而下化に向かって」でその概略を述べた。詳細については、拙著『道家思想の新研究』の第12章、第5節、B、b「「自然」思想に発生した変化」を参照。

(51) 現代の日本や中国の学者の間では、中国の天人相関論に対する関心が高い。しかし、日本でも中国でも、「天」に属する現象と「人」に属する現象との両者を、プラス方向の相関で関係づけて論ずる思想であれば、何でも天人相関論であると呼び、マイナス方向の相関で関係づけずに論ずる思想であれば、何でも天人分離説であると呼んでしまう嫌いなしとしない。筆者は「天」や「人」、また両者の相互関係などを厳密に定義し、それに基づいて有意味な思想史的研究を行う必要があると考える者である。拙論「中国古代の天人相関論――董仲舒の場合」を参照。

(52) 何晏の「無」の形而上学・存在論については、以下の諸書を参照。堀池信夫『漢魏思想史研究』(明治書院、一九八八年)の第三章、一、(三)「何晏の思想」、福永光司『魏晋思想史研究』(岩波書店、二〇〇五年)の第I部、一「何晏の思想――その学問と政治理念――」。

(53) 王弼の「無」の形而上学・存在論については、以下の諸論著を参照。板野長八「何晏王弼の思想」(『東方学報(東京)』第十四冊の一、東方文化学院、一九四三年五月)、堀池信夫『漢魏思想史研究』の第三章、一、(四)「王弼の思想 II」。

(54) 王弼の「自然」の特徴の第一と第二については、以下の諸書を参照。堀池信夫『漢魏思想史研究』の第三章、一、(四)「王弼の思想 II」、楼宇烈『老子道徳経注校釈』二十五章、校釈(二〇)(二八)。

(55) 王弼の「自然」の内容が「万物の自然」であり、また「万物の性」であることについては、板野長八「何晏王弼の思想」がすでに指摘している。これは、『老子』の「自然」概念の特徴とも一致していて、有益な指摘である。

(56) 第三十七章のこの個所の王弼注については、本書のII、第5章、C、b「主体の「無為」と客体の「自然」 その2」とその注(34)を参照。

(57) 裴頠の自然思想の分析については、堀池信夫『漢魏思想史研究』の第三章、二、(四)「裴頠の崇有思想」を参照。

# 終わりに

『老子』という書にもともと盛りこまれていた思想として、筆者が読み取ったものは、以上のとおり主として五つの思想である。

この他にも独立した章節を立てて取り上げるべき領域の思想はあるかもしれない。例えば、認識論・知識論（「知・学」に関する思想）、論理思想（逆説・弁証法的論理）、宗教思想（「天・帝・鬼」に関する思想）、芸術思想（「美・音・楽《がく》」に関する思想）、言語思想（「言」に関する思想）、心理学（「心」に関する思想）、国家論（「邦・天下・王公」に関する思想）、法律思想（法律・刑罰に関する思想）、経済思想（「利・富」に関する思想）、軍事思想（「争・戦・軍」に関する思想）、歴史思想（退歩史観）等々は、『老子』思想の独立した領域として十分に成り立つことができるし、また実際に今日まで研究者によって研究・執筆されてきてもいる。しかし、『老子』の根幹をなす主要な思想は、本書で取り上げた以上の五つの思想でよいと思う。それに、上に掲げた認識論・知識論、論理思想、宗教思想以下についても、本書はそれらを無視あるいは軽視することはなく、努めてそれらの多くの重要部分に関して、五領域の主要思想の中で論及するようにしてきた。

五つの思想の相互関係は、Ⅱ「『老子』の思想」の中でしばしば指摘してきたとおり、第

1章の「哲学」が基礎・根底となって、第2章の「倫理思想」、第3章の「政治思想」、第4章の「養生思想」を支えるというものである。また、哲学以外の倫理思想と政治思想と養生思想との三者の関係は、基本的にはプラス相関のまろやかな関係であり、マイナス相関の矛盾・対立は例外的にしか現われない。例えば、倫理思想と政治思想はただ領域が異なるだけでその間に矛盾・対立はなく、両者歩調を合わせて進み、政治思想と養生思想も互いに相い依り相い待ち、互いに絡みあって進み、表裏一体の感を呈する場合さえある。その因由は、哲学における「道―万物」の支配―被支配の存在論的関係が、倫理思想・政治思想・養生思想の三者に同じように基礎・根底を提供するためである。

ただし、第5章の「自然思想」は、以上の古い道家の伝統的な哲学の「道―万物」の支配―被支配関係をそのまま前提とした思想ではなく、全く逆に「道」の「無為」を原因として「万物」が「自然」(自主的・自律的)に動き出すという新しい思想である。したがって、『老子』の自然思想は、従来のその哲学とは相互に矛盾・対立し、正反対の方向に向かう傾きのあるものであり、上述の倫理思想・政治思想・養生思想の中にはすでにこの新興の思想を基礎・根底にして唱えられるものもあった。こういうわけで、『老子』の中には、諸思想に基礎・根底を提供する思想として、従来の哲学と新興の自然思想との二つの矛盾・対立しあう思想が含まれることになった。とは言うものの、『老子』の自然思想は、自然思想の歴史的展開の上では早い時期の萌芽的な未完成の状態にあったから、哲学と自然思想とが同じ『老子』の中に同居するという緊張を孕んだ構造は、実際には理論的に大きな破綻をもたらすこともなく、両者は混在・共存しながら何とかその間に統一・バランスが図られていた。第5章「『老子』の自然思想」で述べたように、この問題とその解決のための思想的営みの歴史的射程は、『老子』自身や前漢初期の黄老思想の中だけに収まりきらず、後漢・三国・六朝時代に至る長く広い範囲に及んだのである。

以上のような内容を持つ『老子』の諸思想が、以後の中国思想史の展開やまた近隣の東アジア諸国の文化の発展に与えた影響は、文字どおり深刻・広範・巨大である。しかし本書では、こうした問題視角から取り扱った、『老子』の倫理思想・政治思想・養生思想それぞれの検討や意味づけは、これ以上進めることができず他日を期する他はない。また、自然思想については、戦国後期ないし前漢初期におけるその内容や意味づけを論じただけでなく、それ以後の後漢・三国・六朝時代に至る長く広い範囲に及んだ自然思想を、第5章「『老子』の自然思想」で概略、検討した。ここではくり返さない。

本節の最後に、『老子』の哲学、特に形而上学・存在論が与えた後世への影響について若干の概括的な考察を加えておきたい。

さて、世界を大分して「道」と「万物」（または「器」）との二つから成るとする見方は、もともと戦国後期以来の『老子』『荘子』などの道家のオリジナルな哲学であった。そして、『老子』中の「道—万物」関係を論ずる哲学は、この世にある「万物」がそれ自身の力で存在しているのではなく、「道」によって主宰・支配されていることを論ずる存在論であ

る。ところで、これとほぼ同じ内容の「道―器」関係を論ずる議論、すなわち道器論が、『周易《しゅうえき》』繋辞上伝《けいじじょうでん》に、

形而上なる者は、之を道と謂い、形而下なる者は、之を器《うつわ》と謂う。

のように、儒教の重要な経典である『周易』に含まれることは、昔からよく知られた事実である。『老子』の哲学と『周易』繋辞上伝の道器論とは、どちらが先でどちらが後の成立であろうか、どちらがオリジナルでどちらがコピーであろうか。両者の間には、一体いかなる繋がりがあるのであろうか。

『易』という経典の成立には古来、神話・伝説がつきまとっている。例えば、『漢書』芸文《げいもん》志《し》には「易の道は深し。人は三聖を更《か》え、世は三古を歴《へ》たり。」とある（後漢の班固の撰）が、伏羲《ふくぎ》（包犠とも書く）が八卦を画き、文王・周公が卦を重ねて六十四卦とし、また卦《か》辞《じ》・爻辞《こうじ》を書き、孔子が十翼《じゅうよく》を作った。このように三人の聖人の手によって完成し、上古・中古・近古という三つの時代を経過したと言うのである。これに依拠するならば、十翼の一篇である『周易』繋辞上伝は、春秋末期の孔子の著わしたものということになる。けれども、こうした神話・伝説に依拠して『易』の成立の歴史的事実を論ずるのは、二十一世紀の現代の学問としてはあまりにも荒唐無稽な時代錯誤である。

幸いなことに、今日では三種類の出土資料本『易』が公表されて、『易』の成立について

より合理的な研究を行って、史実に接近することができるようになっている。——戦国末期ないし前漢初期に筆写された上海博楚簡『易』と、前漢初期の文帝期（紀元前一七九年〜一五七年在位）前半（前一六八年）までに筆写された馬王堆帛書『易』、前漢初期の文帝期前半（前一六五年）までに筆写された阜陽漢簡『易』である。ここでは、行論に関係の深い馬王堆『易』だけを取り上げるが、この資料は通行本『易』の経文に当たる『六十四卦』と、通行本十翼に当たる『易伝』六篇（二三子問・繫辞・易之義・要・繆和・昭力）の、二つの部分から構成されている。十翼（彖伝上・下、象伝上・下、繫辞伝上・下、文言伝、説卦伝、序卦伝、雑卦伝）が、前漢文帝期までにどの程度まで成立していたかという問題視角からその十篇を調べてみると、彖伝上・下、象伝上・下は、馬王堆『易伝』六篇に含まれていない。また、文言伝、説卦伝の大部分、序卦伝、雑卦伝も、馬王堆『易伝』六篇には存在していないと言ってよい。以上のことは、馬王堆『易伝』が編纂されたこの時には、まだこれらの諸伝が成書されていなかったことを証《あか》している。問題は繫辞伝上・下であるが、繫辞上伝の文章はそのほとんど全部が、しかも通行本の章序のとおりに馬王堆『易伝』繫辞篇に含まれている。繫辞下伝は馬王堆『易伝』繫辞篇・易之義篇・要篇に分散して含まれてはいるけれども、一部分を除いてその章序は通行本と一致していない。したがって、この時、繫辞上伝は大体のところ完成の域に達していたが、一方、繫辞下伝はまだ下書きの類が準備された段階にあるにすぎず、全体として繫辞伝はその形成過程のただ中にあったと考えるべきである（この部分の詳細については、拙論「『馬王堆漢墓帛書周易』要篇の研究」（『東京大

学東洋文化研究所紀要』第百二十三冊、一九九四年）を参照）。

以上の諸事実から、儒教の経典としての『易』の十翼の成書は、前漢文帝期のこの時点に至ってもまだそれほど進んでおらず、『老子』の編纂が前漢初期にはほぼ完成に達していた（馬王堆『老子』甲本）のと比べて、いくらか後れるのではないかと思われる。であるから、馬王堆『易伝』繫辞篇に、

刑《けい》（形）而上《じじよう》なる者は、之を道と胃《い》（謂）う。刑《けい》（形）而下《じか》なる者は、之を器と胃（謂）う。

のように、通行本『周易』繫辞上伝と同じ文章があるにしても、この道器論の方が、同じ趣旨の『老子』の哲学よりも早く成立していたと言うことはできない。『老子』第五十一章の、

道之《みちこれ》を生《しよう》じて、徳之《とくこれ》を畜《やしな》い、物之《ここ》に刑《あら》（形）われて、器之《うつわここ》に成《な》る。……道之《みちこれ》を生じ之を畜《やしな》い、之を長《ちよう》じ之を遂《と》げしめ、之を亭《さだ》め（之を毒《あつ》くし、之を養い之を復《おお》（覆）う）。

という哲学の方が先のオリジナルであり、馬王堆『易伝』繫辞篇・通行本『周易』繫辞上伝の方はその影響下に書かれた後のコピーである、と見なすことが許されよう。（ちなみに、戦国末期の成書である郭店楚簡『老子』には第五十一章は含まれていない。）以上は、片々

たる一小事実の考証でしかないように見えるかもしれない。しかしこれを引伸・拡大して言うならば、『周易』繋辞上伝の道器論を始めとする儒家の形而上学・存在論は、上述の神話・伝説とは裏腹に、総じて『老子』の哲学の強いインパクトの下にそれを踏まえて成立したもの、ということになるのである。

当時（戦国末期～前漢初期）の儒家の思想家たちが、本質的に異なった思想、互いに対立する立場であるにもかかわらず、『老子』など道家の哲学の影響を受けたのは、理由のあることであった。というのは、春秋末期から始まって戦国末期に至る間の儒家の思想家たちには、一つのあまり得意でない思想の領域があった。それは他でもない、哲学（形而上学・存在論・万物生成論）である。戦国後期に入り対立する道家が知識社会に登場して、根源的実在「道」―存在者「万物」の相互関係を、初めて道器論という形の存在論によって論ずるようになると、この分野を不得意とする儒家には、従来、倫理や政治という「万物」の現象世界しか論じてこなかった自らの思想体系を、新たに何らかの根本理論をもって基礎づける必要性が生じたのである。そして、この必要性を充たすために選ばれた理論が、道家の創始した「道―万物」関係論の哲学であり、しかもこの哲学は法家や墨家の思想家たちもすでに注目し吸収しようとしていた（法家については『韓非子』に解老篇・喩老篇があることを参照）。

また、この目的のために選ばれた素材が、戦国末期のこの時点までまだ単なる占《うらな》いの書でしかなく、哲学・倫理・政治などとはほとんど縁のなかった『易』であった。『史記』秦始

皇本紀に、

丞《じょう》相李斯《しょうりし》曰わく、「……臣請う史官の秦記に非ざるものは皆な之を焼かん。博士官の職とする所に非ざるものは、天下に敢えて『詩』『書』・百家の語を蔵する者有れば、悉《ことごと》く守《しゅ》尉《い》に詣《いた》り雑《あつ》めて之を焼かん。敢えて『詩』『書』を偶語《ぐうご》する者有れば弃市《きし》せん。古を以て今を非《そし》る者は族《ぞく》せん。吏の見知《けんち》して挙げざる者は与《とも》に同罪とせん。令下ること三十日にして焼かざるものは、黥《げい》して城旦《じょうたん》と為さん。去らざる所の者は、医薬・卜筮・種樹の書なり。若し法令を学ぶこと有らんと欲すれば、吏を以て師と為さん。」と。制して曰わく、「可なり。」と。

とある。これは、秦代に入って、始皇帝が天下統一の後、紀元前二一三年に法家の丞相李斯《りし》の献策を容れて挟書律（禁書律）を発布した時の経緯を記した文章である。これによれば、挟書律の主なねらいは、知識人たちの『詩』『書』を語りあう形による政治批判を根絶することにあり、そのために『詩』『書』や諸子百家の書を民間で所蔵することを禁止したのであるが、この時、例外的に所蔵が許されたのは「医薬・卜筮・種樹（農業）」の書であった。そして、このような知識人弾圧政策は前二一三年になって突如として開始されたのではなく、戦国末期の秦国やその占領地においてすでに始まっていたのではないかと推測される。『易』は、この時、政治に無害な純然たる「卜筮」の書として所蔵が許されたわけであるが、そうだとすれば、この時までに儒家の諸思想を盛りこんだ十翼という『易』の解釈書『易伝』はまだ作られておらず、『易』の儒教化・経典化もまだ進んでいなかったと考えなければならない。なお、少し後の文（後漢の班固の撰）ではあるが、『漢書』芸文志「六芸略」の易家の総序に、

秦の燔書に及ぶも、『易』は筮卜の事為《た》れば、伝える者は絶えず。

とあるのによっても、秦代までの『易』がまだ儒教の経典にはなっておらず、卜筮の段階に止まるものであったことが証明される。

こうした政治状況の中で、儒家は卜《うらな》いの書である『易』を経典として取り入れ、『六十四卦』を読んでそれに解釈（十翼）を施すことを隠れ蓑にして、自らの思想活動を続行していったのである。その過程で十翼の中に、『六十四卦』にもともと具わっていなかった儒家の高度な倫理思想・政治思想などをふんだんに盛りこんだのは、言うまでもない。しかし、それよりもさらに注目すべきことは、儒家の思想家たちが『易』という素材を媒介にしながら、思想の面ではその解釈の中に『老子』など道家の「道」の哲学（形而上学・存在論など）を大量に取りこんで自らの思想を豊かにしていった事実である。上文で見た馬王堆『易伝』六篇中の繫辞篇など、またそれに続く通行本十翼中の繫辞伝上・下は、戦国末期に始まり秦代を経て前漢初期に及ぶ儒家の思想家たちの、こうした哲学上の欠如を補おうとする思

想的な営みの産物に他ならない（この部分の詳細については、拙著『道家思想の新研究』の第6章「「道」の形而上学」を参照）。

以上のような儒家の種々さまざまの努力の結果、『易』の儒教化・経典化は相当程度の成功を収めたと見なすことができる。その中に儒家の高度な倫理思想・政治思想などが盛りこまれているだけでなく、『老子』由来の「道—万物」の哲学（形而上学・存在論など）を含んでいるために、前漢初期には、『易』は孔子が読みかつ解釈を施した儒家の正統的なテキストであり、儒家の信奉者であれば必ず学習しなければならない経典である、と認められるに至ったからである。また、前漢武帝期から国家正統思想としての儒教重視が始まり、後漢時代に入ると儒教はいわゆる国教の地位に就くことになって、以後、基本的に中国の歴史を通じ一貫してその地位を保ってきた。それだけでなく、各時代の儒教はその都度、朝鮮・ベトナム・日本などにも移入されて、東アジア地域の社会・文化・歴史に対しても大きな規制力を発揮して、その影響は今日に至るまで持続している。一方『易』は、その後、六経（『易』『書』『詩』『春秋』『礼』『楽』）の中に占める地位がその存在論・形而上学の故をもって次第に高まり、前漢も半ばを過ぎるとついに六経の首座に立つまでになる。そして、以後近代に至るまで、支配的な思想としての儒教の中で『易』は永くこの首座の地位を保ってきたが、その因由は主にこれが形而上学・存在論などを含んで第一哲学として機能しうる点にあったのである。

# 『老子』原文・読み下し・現代語訳

# 第一章

道可道也、非恆道也。名可名也、非恆名也。无名、萬物之始也。有名、萬物之母也。〔故〕恆无欲也、以觀其眇。恆有欲也、以觀其所噭。兩者同出、異名同胃。玄之有玄、衆眇之〔門〕。

道《みち》の道とす可《べ》きは、恒《つね》の道に非《あら》ざるなり。名の名とす可きは、恒の名に非ざるなり。名无《な》きは、万物の始めなり。名有るは、万物の母なり。〔故に〕恒に无欲にして、以て其の眇《みょう》（妙）を観る。恒に有欲にして、以て其の噭《あき》（皦）らかなる所を観る。両者は同じく出で、名を異にし胃《い》（謂）を同じくす。之を玄《げん》にし有《ま》（又）た玄にするは、衆眇《しゅうみょう》（妙）の〔門〕なり。

道というものがあれこれ唱えられている中で、道として定立することのできるわたしの道も、恒常不変の真の道であるとは言えない。道についての名（理論）があれこれ説かれている中で、道の名（理論）として表現することのできるわたしの名（理論）も、恒常不変の真の名（理論）であるとは言えない。

人間が名を与えることを越えた無名の状態こそが、万物の始まりとしての真の道であり、同時にまた、やむをえず名を与えた後の有名の状態も、やはり万物を生み出す母としての真の道なのである。〔したがって〕、人間は無欲の態度に徹することによって目に見えぬ道を把《とら》え、同時にまた、有欲の態度に徹することによって姿形《すがたかたち》のある万物を把《とら》えるのだ。

この道と万物との両者は、同一の真の根源から出てきたものであって、名前（表現）こそ異なるものの意味〔内包〕は同じである。そこで、この両者を否定しつつ真の根源に向かって遡及し、その否定をくり返しながらさらに真の根源に向かって遡及していくならば、ついには多数の霊妙な宝物の蔵されている〔門〕にたどりつくであろう。

## 第二章

天下皆知美爲美、惡已。皆知善、訾不善矣。有无之相生也、難易之相成也、長短之相刑也、高下之相盈也、意〈音〉聲之相和也、先後之相隋也、恆也。是以聲人居无爲之事、行〔不言之教。萬物昔而弗始〕也、爲而弗志也、成功而弗居也。夫唯〔弗〕居、是以弗去。

天下皆《み》な美の美《び》為《た》るを知るも、悪なるのみ。皆な善を知るも、訾《こ》〔斯〕れ不善なり。有无《うむ》の相い生ずるや、難易の相い成るや、長短の相い刑《あら》〔形〕わるるや、高下《こうげ》の相い盈《み》つるや、意《おん》〈音〉声《せい》の相い和するや、先後の相い隋《したが》〔随〕うや、恒《つね》なり。是《ここ》を以て声《せい》〔聖〕人《じん》は无為《むい》の事に居《お》り、〔不言の教えを〕行う。〔万物昔《お》〔作〕これども始《おさ》〔治〕めざる〕なり、為《な》れども志《たの》〔恃〕まざるなり、功を成せども居らざるなり。夫れ唯《た》だ居ら〔ず〕、是《ここ》を以て去らず。

天下の人々は誰しも美がそのまま美であると考えているが、実はその美は醜《しゅう》に他ならない。誰しも善がそのまま善であると考えているが、実はその善は悪に他ならないのだ。

同じように、人々が知という作為を施した結果、本来は何もないはずの万物の世界の中に、有と無とが相互に依存しあって発生し、難と易とが相互に依存しあって成立し、長と短とが相互に依存しあって形成され、高と低とが互いに相いよって現象し、楽音と雑音とが互いに相いよって調和し、前と後とが互いに相いよって行列をなすようになる。この世界に存在する万物の諸性質（存在・事実・価値）は、全て例外なくこのように人知の作為が作り出した相互依存なのである。

それ故、理想的な人物である聖人《せいじん》は、以上の万物の諸性質に基づいて営まれる、人為の一切を捨てて無為の事業に立脚し、〔全ての言葉を排して無言の教化を〕実行する。〔聖人のこうした態度が原因となってその結果、万物が生起してくるけれども、聖人はそれを支配せず〕、万物が成長してくるけれども、聖人はそれを頼りにせず、万物が功績を挙げるけれども、聖人はそれを統治する地位に居坐らない。そもそも居坐ら〔ない〕からこそ、聖人は統治者の地位を去ることもないのである。

## 第三章

不上賢、〔使民不争。不貴難得之貨、使〕民不爲〔盜〕。不〔見可欲〕、使民不亂。是以聲人之〔治也、虛亓心、實亓腹、弱亓志〕、強亓骨。恆使民无知・无欲也、使〔夫知不敢。弗爲而已、則无不治矣〕。

賢《かしこ》きを上《とうと》ばざれば、〔民をして争わざらしむ。得難きの貨《たから》を貴ばざれば〕、民をして〔盗みを〕為さざら〔しむ。欲す可《べ》きを見《しめ》さ〕ざれば、民をして乱れざらしむ。是《ここ》を以て声《せい》（聖）人《じん》の〔治《ち》や、亓《そ》（其）の心を虚《むな》しくして、亓（其）の腹を実《み》たし、亓（其）の志《こころざし》を弱くして〕、亓（其）の骨を強くす。恒に民をして无知《むち》・无欲ならしめ、〔夫《か》の知《ち》をして敢えてせざら〕しむ。〔為さざるのみなれば、則ち治《おさ》まらざる无し〕。

統治者が能力のある賢者を尊重することをやめれば、〔人民が競争に熱中することもなくなる。珍しい財貨を珍重することをやめれば〕、人民が〔泥棒を〕働くこともなく〔なる。ものをほしがる気持ちを表《おもて》に現わす〕ことをやめれば、人民の心が混乱することもなくなるのである。

それ故、理想的な統治者である聖人《せいじん》の行う〔政治は、人民の心は空《から》にして雑念を起こさせず、腹は一杯にして生命を維持させ、やる気は抑えて行動に走らせず〕、骨は強くして身体を丈夫にさせる。常に人民を無知・無欲の状態に置き、それだけでなく、〔あの知識人たちに妙なことをやる気を起こ〕させ〔ないのだ。このように、統治者がひたすら無為の政治に徹するならば、いかなる国家をもうまく統治することができるに違いない〕。

## 第四章

〔道沖、而用之有弗〕盈也。潚呵始萬物之宗。銼其〔兌〕、解其紛、和其〔光〕、同〔其塵。湛呵始〕或存。吾不知〔誰〕子也、象帝之先。

〔道は沖《むな》（盅）しけれども、之を用うれば〕盈《み》た〔ざる有る〕なり。潚《えん》（淵）呵《こ》（乎）として万物の宗《もと》に始《に》（似）たり。其の〔兌《するど》（鋭）き〕を銼《くじ》（挫）き、其の紛《みだ》れに解し、其の〔光〕を和《やわ》らげ、〔其の塵《ちり》〕に同《どう》ず。〔湛呵《たんこ》（乎）として〕或《ある》いは存するに〔始《に》（似）たり〕。吾《われ》〔誰《だれ》の〕子なるかを知らず、帝の先《さき》に象《に》たり。

〔一体、道という実在は空《から》の器《うつわ》のようなものであるが、その働きはどんなに注いでも〕一杯になる〔ことがない〕。深々として万物を生み出す大本《おおもと》でもあるかのようだ。

この道は、それに向かおうとする人（修道者）が、己《おのれ》の〔鋭い頭脳を〕挫《くじ》いて、乱れた万物それ自体の中に融即《ゆうそく》し、己の〔知恵の光を〕和《やわ》らげて、〔塵のような混沌たる世界〕と一つになった、その揚げ句の果てに現われるものである。〔深々と水を湛《たた》えて〕その奥底に存在する〔かのようだ〕。

わたしにはそれが〔誰から生まれた〕子供か分からない。どうやら世界の万物を生み出した天帝よりも、さらに古い先祖であるらしい。

## 第五章

天地不仁、以萬物爲芻狗。聲人不仁、以百省〔爲芻〕狗。天地〔之〕間、其猶橐籥輿。虚而不漏、蹥而兪出。多聞數窮、不若守於中。

天地は仁ならず、万物を以て芻狗《すうく》と為す。声《せい》（聖）人《じん》は仁ならず、百省《ひやくせい》（姓）を以て〔芻〕狗と〔為す〕。天地〔の〕間《あいだ》は、其れ猶《な》お橐籥《たくやく》のごときか。虚《むな》しくして漏《つ》（竭）きず、蹥《うご》（動）きて兪《いよ》（愈）いよ出《い》ず。多く聞けば数《しば》しば窮《きゆう》す、中《むな》（盅）しきを守るに若《し》かず。

一体、天地という存在は、仁徳を持たぬ無慈悲なもので、万物を藁人形《わらにんぎよう》のように取り扱う。同じように、聖人という理想的な統治者も、仁徳を持たぬ無慈悲なもので、人々を〔藁〕人形のように〔取り扱うのだ〕。

天と地〔の〕間《あいだ》は、あたかも鞴《ふいご》のようなものではなかろうか。その中は虚無《きよむ》であるけれどもその働きは無尽蔵で、動くにつれて次から次へと万物が生み出されてくる。同じように、多くの知識を摂取して自己を充実させようとする者は、必ず行きづまる。空虚の態度を守るに越したことはないのである。

## 第六章

浴神〔不〕死、是胃玄牝。玄〔牝〕之門、是胃〔天〕地之根。緜緜呵若存、用之不堇。

浴《こく》（谷）神《しん》は死せ〔ず〕、是《これ》を玄牝《げんぴん》と胃《い》（謂）う。玄〔牝〕の門は、是《これ》を〔天〕地の根と胃（謂）う。緜緜《めんめん》呵《こ》（乎）として存するが若《ごと》く、之を用うるも堇《つ》（勤）きず。

そもそも谷間に宿る神《かみ》は、永遠に〔不〕滅であり、これを奥深い牝《めす》と言う。奥深い〔牝〕の陰門《ほと》は、これを〔天〕地が万物を生み出す根源と言う。この根源は太古より連綿と存続しているかのようであって、その働きはいつまでも尽きることがない。

## 第七章

天長地久。天地之所以能〔長〕且久者、以其不自生也、故能長生。是以聲人芮其身而身先、外其身而身存。不以其无〔私〕輿、故能成其私。

天は長く地は久《ひさ》し。天地の能《よ》く〔長く〕且《か》つ久しき所以《ゆえん》の者は、其の自《みずか》ら生きんとせざるを以てなり、故に能く長生す。是《ここ》を以て声《せい》（聖）人《じん》は其の身を芮《しりぞ》（退）けて身先んじ、其の身を外にして身存す。其の〔私《わたくし》〕无《な》きを以てならずや、故に能く其の私を成す。

そもそも天と地とは、永遠悠久な存在である。その天地が〔永遠〕かつ悠久でありうる理由は、何であろうか。それは、自ら生き続けようとしないからであり、だからこそかえって永遠悠久でありうるのだ。

こういうわけで、聖人という理想的な人間は、我が身を人の後尾《こうび》に置くので、かえって人の先頭に立つことができ、我が身を度外《どがい》に視るので、かえって人よりも長生きすることができる。それは、聖人に〔私欲〕がないからではなかろうか。だからこそ、かえって私欲を成し遂げることができるのである。

## 第八章

上善治水。水善利萬物而有〈不〉靜、居衆〈人〉之所惡、故幾於道矣。居善地、心善潚、予善信、正善治、事善能、蹱善時。夫唯不靜、故无尤。

上善《じょうぜん》は水に治《に》（似）たり。水は善く万物を利《り》して静《あらそ》（争）わ有〈ず〉、衆《しゅう》〈人《じん》〉の悪《にく》む所に居《お》り、故に道に幾《ちか》し。居るには地を善しとし、心には潚《ふか》（淵）きを善しとし、予《くみ》（与）するには信《まこと》あるを善しとし、正《まつりごと》（政）には治まるを善しとし、事には能《のう》あるを善しとし、踵《うご》（動）くには時にかなうを善しとす。夫《そ》れ唯《た》だ静《あらそ》（争）わず、故に尤无《とがな》し。

一体、最上の善は、水に譬えられる。水というものは、万物に優れた恵みをもたらすだけであって、勝ちを求めて他と争おうとせず、大〔衆〕の嫌がる低い地位に安住している。だからこそ、道に近い存在なのだ。

ところで、人間が居住するには大地の上が善く、心の持ち方としては奥深いのが善く、つき合う相手としてはまじめな者が善く、政治を執る場合はうまく統治できるのが善く、事業を行う場合は有能な者が善く、行動を起こす場合は時宜《じぎ》にかなうのが善い。以上の大地・奥深さ・まじめさ・統治・有能さ・時宜は、いずれも水のように、勝ちを求めて他と争おうとしないので善いとされるのである。

そもそも勝ちを求めて他と争おうとしないからこそ、咎《とが》めを受けることもないのだ。

## 第九章

揰而盈之、不〔若其已。掜而〕兌之□之、不可長葆之。金玉盈室、莫之守也。貴富而驕、自遺咎也。功述身芮、天〔之道也〕。

揰《じ》（持）して之を盈《み》たすは、〔其の已《や》むるに若《し》か〕ず。〔掜《きた》（揣）えて〕之を兌《するど》（鋭）くすれば、長く之を葆《たも》（保）つ可《べ》からず。金玉《きんぎょく》室に盈《み》つれば、之を守るもの莫《な》きなり。貴富《きふ》にして驕《おご》（驕）れば、自《みずか》ら咎《とが》を遺《のこ》すなり。功述《こうと》（遂）げ身芮《しりぞ》（退）くは、天〔の道なり〕。

器を支えながら水を一杯に満たした上、さらに満たし続けようとするのは、〔やめた方が〕よい。刃物を〔鍛《きた》えて〕鋭く尖《とが》らせておこうとしても、鋭さを長く維持することはできない。同じように、金玉財宝を室内に満ちあふれんばかりに貯めこむならば、いつまでもこれを守りとおすことはできない。高い地位と豊かな財産を手に入れた上、さらに驕慢に走るならば、人は誰しも自ら禍《わざわ》いを招くことになるものだ。

このように、事業で功績を為し遂げて頂点を極めるならば、その身はそこから転じて下降していくものだ、これこそが天〔の道という普遍的なルールなのである〕。

## 第十章

〔戴營袙抱一、能毋离乎。槫氣至柔〕、能嬰兒乎。脩除玄藍、能毋疵乎。愛〔民栝邦、能毋以爲乎。天門啓闔、能爲雌乎。明白四達、能毋以知乎〕。生之畜之、生而弗〔有、長而弗宰也。是胃玄〕德。

〔営袙《えいはく》（魄）に戴《の》（載）り一《いち》を抱《いだ》きて、能《よ》く离《はな》（離）るること毋《な》からんか。気を槫《もっぱ》（専）らにし柔《やわ》らかきを至《きわ》（致）めて〕、能く嬰児《えいじ》たらんか。脩除玄藍《しゅうじょげんかん》（鑑）して、能く疵《きず》つくこと毋《な》からんか。〔民を〕愛し〔邦《くに》を栝《い》（活）かして、能く為《な》すを以《もち》うること毋からんか。天門啓闔《けいこう》して、能く雌《めす》と為らんか。明白四達《めいはくしたつ》して、能く知を以《もち》うること毋からんか〕。之を生じ之を畜《やしな》うに、生ずれども〔有せ〕ず、〔長ずれども宰《つかさど》らざるなり。是《これ》を玄《げん》〕徳《とく》〔と胃《い》（謂）う〕。

〔生命を営む我が身体に宿《やど》り、全一なる道を抱きしめて、それらから離れないでいることができないものだろうか。精気を純一無雑のままに守り、身体の柔らかさを推し進めて〕、生命力の旺盛な赤ん坊に戻ることができないものだろうか。理知や欲望という心中の穢《けが》れを祓《はら》い清め、深く世界の本質を諦視《ていし》して、知・欲から来る心の病いなどから免れていたいものだ。〔人民を〕愛し、〔国家を滅亡から救い出しながら、しかも人為を働かせずにそれをやってのけたいものだ。天の門を開《あ》け閉《し》めし、万物を生み出して、多産の雌《めす》の役割を果たしたいものだ。道を把える明晰な洞察を持ち、世界の森羅万象に通じていながら、しかも理知を用いずにそれをやってのけたいものだ〕。

以上を首尾よく実現することができたならば、そのような道の体得者は、万物を生み出し、万物を養い育てることができるだろう。しかし、万物が生まれてきても彼はそれを〔私有せ〕ず、〔万物が育ってきても彼はそれを支配しないのである。これを奥深い〕徳〔と言う〕。

## 第十一章

卅〔楅同一轂、當〕其无、〔有車〕之用〔也〕。然埴爲器、當其无、有埴器〔之用也。鑿戸牖〕、當其无、有〔室〕之用也。故有之以爲利、无之以爲用。

卅《そう》〔楅《ふく》（輻）は一轂《いっこく》を同じくするに〕、其の无《む》に〔当たりて〕、〔車《くるま》〕の用《よう》〔有るなり〕。埴《しょく》を然《こ》（撚）ねて器《うつわ》を為《つく》るに、其の无に当たりて、埴器《しょくき》〔の用〕有る〔なり〕。戸牖《こよう》を鑿《うが》つに〕、其の无に当たりて、〔室〕の用有るなり。故に有《ゆう》の以て利《り》を為すは、无《む》の以《もっ》て用を為せばなり。

およそ車輪というものは、三十本の〔輻《や》が一つの轂《こしき》に集まっているが〕、轂《こしき》のまん中に無《む》の穴が〔空《あ》いている。であればこそ、車輪は回転して〕その役割を〔果たすことができるのである〕。器というものは、粘土《ねんど》をこねて作るのであるが、そのまん中に無《む》のくぼみが空《あ》いている。だからこそ、土器は〔ものを盛ってその役割を〕果たすことができる〔のだ。部屋というものは、戸や窓をくり抜いてこしらえるが〕、そのまん中に無《む》の空間が空《あ》いている。だからこそ、〔部屋は人々が出入りして〕その役割を果たすことができるのだ。

それ故、有《ゆう》が人々に利益をもたらすのは、根源にある無《む》がその役割を果たしているためである。

## 第十二章

五色使人目明、馳騁田臘使人〔心發狂〕、難得之賈使人之行方、五味使人之口[illegible]、五音使人之耳聾。是以聲人之治也、爲腹不〔爲目〕。故去罷耳此。

五色《ごしょく》は人の目をして明《めしい》（盲）ならしめ、馳騁田臘《ちていでんりょう》（猟）は人の〔心をして発狂せ〕しめ、得難きの賈《たから》（貨）は人の行いをして方《さまた》（妨）げしめ、五味《ごみ》は人の口をして[illegible]《そこな》（爽）わしめ、五音《ごおん》は人の耳をして聾《みみしい》ならしむ。是《ここ》を以て声《せい》（聖）人《じん》の治《ち》や、腹《はら》の為《た》めにして〔目の為めにせ〕ず。故に罷《かれ》（彼）を去りて此《これ》を耳（取）る。

およそ人間にとって、五色をちりばめた美しいものを見たがる過度の欲望は、その目を盲《めしい》にしてしまう。乗馬や狩猟といった歓楽の過度の追求は、その〔心を狂わ〕せてしまう。珍しい財貨をむさぼる過度の追求は、その行いを誤らせてしまう。五味を盛った美味しい食物を食べたがる過度の欲望は、その口をしびれさせてしまう。五音を用いた美しい音楽を聞きたがる過度の欲望は、その耳を聾《みみしい》にしてしまう。

こういうわけで、理想的な統治者たる聖人《せいじん》の行う政治は、人々に腹を満たして生命を維持させるけれども、〔耳目などの過度の欲望は追求させ〕ないのだ。だから、あちらを捨ててこちらを取るのである。

## 第十三章

龍辱若驚、貴大梡若身。苛胃龍辱若驚。龍之爲下、得之若驚、失〔之〕若驚、是胃龍辱若驚。何胃貴大梡若身。吾所以有大梡者、爲吾有身也。及吾无身、有何梡。故貴爲身於爲天下、若可以迈天下矣。愛以身爲天下、女何以寄天下矣。

龍《ちょう》（寵）辱《じょく》に驚《おどろ》くが若《ごと》くし、大梡《たいかん》（患）を貴ぶこと身の若くす。苛《なに》（何）をか龍（寵）辱に驚くが若くすと胃《い》（謂）う。龍《ちょう》（寵）の下《げ》為《た》るも、之を得《う》れば驚くが若くし、〔之を〕失えば驚くが若くす、是《これ》を龍（寵）辱に驚くが若くすと胃（謂）う。何をか大梡（患）を貴ぶこと身の若くすと胃（謂）う。吾《われ》に大梡（患）有る所以《ゆえん》の者は、吾に身有るが為《た》めなり。吾に身无《な》きに及《およ》びては、有《ま》（又）た何をか梡《うれ》（患）えん。故に身を為《おさ》むるを天下を為むるよりも貴べば、若《すなわ》ち以て天下を迈《たく》（託）す可《べ》し。身を以《おさ》（為）むるを天下を為むるよりも愛すれば、女《すなわ》（如）ち以て天下を寄《よ》す何《べ》（可）し。

世間の人々は、立身出世して栄誉を受けるか、それとも没落して恥辱を受けるかにどぎまぎと一喜一憂し、地位や財産の獲得などという大きな災《わざわ》いを自分の身体のように貴んでいる。

栄誉を受けるか恥辱を受けるかに一喜一憂するとは、どういうことか。立身出世して栄誉を受けるなどは、つまらぬことでしかないのに、うまくいけばいったでどぎまぎし、だめになればなったでどぎまぎする。これが、栄誉を受けるか恥辱を受けるかに一喜一憂する、ということである。

地位・財産という大きな災《わざわ》いを身体のように貴ぶとは、どういうことか。一体、わたしに大きな災《わざわ》いがあるのは、身体があればこそである。もしもわたしに身体がなければ、何の災《わざわ》いもあるはずがない。

だから、天下を統治することよりも、自分の身体を修めることを貴ぶ者であって、始めて天下を任せることができる。天下を統治することよりも、自分の身体を修めることを愛する者であって、始めて天下をあずけることができるのだ。

## 第十四章

視之而弗見、名之曰聲。聽之而弗聞、名之曰希。播之而弗得、名之曰夷。三者、不可至計、故園〔而爲一〕。一者、其上不攸、其下不忽。尋尋呵不可名也、復歸於无物。是胃无狀之狀、无物之〔象。是胃沕朢。隋而不見其後、迎〕而不見其首。執今之道、以御今之有、以知古始。是胃〔道紀〕。

之を視《み》れども見えず、之を名づけて聲《こまか》（微）しと曰《い》う。之を聴《き》けども聞こえず、之を名づけて希《かす》かと曰う。之を播《なつ》れども得ず、之を名づけて夷《おぼつかな》しと曰う。三者は、至《ち》（致）計《きつ》（詰）す可《べ》からず、故に囷《くく》（捆）り〔て一と為す〕。一なる者は、其の上は攸《とお》（悠）からず、其の下は忽《ちか》からず。尋《じょう》（縄）尋《じょう》（縄）呵《こ》（乎）として名づく可からざるなり、无物《むぶつ》に復帰《ふっき》す。是《これ》を无状《むじょう》の状《じょう》、无物の〔象《しょう》〕と胃《い》（謂）う。〔是を沕《こつ》（忽）朢《こう》（恍）と胃（謂）う。隋《したが》（随）えども其の後《うし》ろを見ず、迎《むか》う〕れども其の首《こうべ》を見ず。今の道を執《と》りて、以て今の有《ゆう》を御《ぎょ》して、以て古始《こし》を知る。是を〔道紀《どうき》〕と胃（謂）う。

ここに何かあるものがある。それは人間が、目をこらして視ようとしても何も見えない。これを微《こま》かいと呼んでおこう。耳をすまして聴こうとしても何も聞こえない。これを希《かす》かと呼んでおく。手を伸ばして触ろうとしても何も把《とら》えられない。これを夷《おぼつか》ないと呼ぼう。これらの三者は、いずれも人間の感覚によってはその正体をつきとめることができないものだ。だから、三者を引っ括《くく》っ〔て一つと見なすのである〕。

この一つのものは、その上部がはるか彼方《かなた》にあるわけではなく、その下部がすぐ近くにあるわけでもない。時と所《ところ》を選ばず世界に遍在《へんざい》する何ものかであって、どうにも名づけようがない。姿形《すがたかたち》のない非存在に立ち返っているのである。これは、形の次元を越えた形、物の次元を越えた〔姿《すがた》〕と言わなければならない。〔また、ぼんやりとしたおぼろげな実在とも言うことができよう〕。〔後ろから追いかけようとしてもその尻は見えず、前から出迎えようと〕してもその頭は見えない、甚だ厄介な実在なのである。とは言うものの、現代社会に現われている道をしっかと握りしめ、現代社会の万事万象をきちんと処理するならば、太古の根源的な実在であるこの道を把《とら》えることも可能となる。これこそが〔道を把《とら》えるポイント〕に他ならない。

# 第十五章

〔古之善爲道者、微眇玄達〕、深不可志。夫唯不可志、故強爲之容。曰、與呵其若冬〔渉水、猶呵其若〕畏四〔哭、嚴〕呵其若客、渙呵其若淩澤、沌呵其若楃、湷〔呵其若濁、湛呵其〕若浴。濁而情之余清、女以動之余生。葆此道、不欲盈。夫唯不欲〔盈、是以能敝而〕成。

〔古《いにしえ》の善《よ》く道を為《おさ》むる者は、微眇《びみよう》（妙）玄達《げんたつ》して〕、深くして志《し》（識）る可《べ》からず。夫《そ》れ唯《た》だ志（識）る可からず、故に強《し》いて之《これ》が容《かたち》を為さん。曰《い》わく、「与呵《よこ》（乎）として其《そ》れ冬〔水を渉《わた》るが〕若《ごと》く、〔猶呵《ゆうこ》（乎）として其れ〕四《し》〔哭《りん》（鄰）〕を畏《おそ》るるが〔若く、厳《げん》（儼）〕呵《こ》（乎）として其れ客《きやく》の若く、渙呵《かんこ》（乎）として其れ淩《こおり》（凌）の沢《と》（釈）けるが若く、沌《とん》（敦）呵《こ》（乎）として其れ楃《あらき》（樸）の若く、湷《ちゆん》（沌）〔呵《こ》（乎）として其れ濁《にご》れるが若く、湛呵《そうこ》（乎）として其れ〕浴《たに》（谷）の若し。」と。濁りて之を情《しず》（静）かにすれば余《おもむ》（徐）ろに清《す》み、女《やす》（安）らかにして以て之を動《うご》かせば余（徐）ろに生ず。此《こ》の道を葆《たも》（保）てば、盈《み》つるを欲《ほつ》せず。夫《そ》れ唯《た》だ〔盈つる〕を欲せず、〔是《ここ》を以《もつ》て能《よ》く敝《たお》（敝）るれども〕成《な》る。

〔その昔、正しく道を修めた人は、深遠・高尚な上に、八方に通ずる知恵を有していたので〕、その奥深さはとても測り知ることができなかった。そもそも測り知ることができない人なのである。ここでは敢えて仮りにその姿形《すがたかたち》を素描してみることにしたい。――「その人の姿形《すがたかたち》と言えば、おずおずと真冬に〔氷の張った川を渉る旅人《たびびと》でもあるかの〕よう、〔ぐずぐずと〕四方の〔敵国を〕恐れる君主でもある〔かのよう、おごそか〕に居住《いず》まいを正した客人でもあるかのよう、さらさらととけて流れ出す氷のよう、どっしりと素朴・まじめに構えて樸《あらき》のよう、どんより〔と淀《よど》んで濁《にご》り水のよう、ざーざーと勢いよく流れて〕渓谷《けいこく》の水のよう。」と。

　この人は、濁り水に静けさを与えて、やがて清らかに澄ませることもできるし、安らかな状態に動きを与えて、やがて万物を生み出すこともできるのである。

　この道を保持している者は、満ち足りた充実を望むことはない。そもそも〔充実〕を望まない〔からこそ、かえって失敗してもふたたび〕新たに成功を勝ち取る〔ことができるのだ〕。

## 第十六章

至虚極也、守情表也、萬物旁作、吾以觀其復也。天〈夫〉物雲雲、各復歸於其〔根。曰情〕、情是胃復命。復命、常也。知常、明也。不知常、市。市作、兇。知常容、容乃公、公乃王、王乃天、天乃道。〔道乃久〕、沕身不怠。

虚《むな》しきを至《いた》〔致〕すこと極《きわ》まり、情《しず》〔静〕かなるを守ること表《あつ》〈裻〔篤〕〉ければ、万物は旁《なら》〔並〕びに作《お》こり、吾以《われもつ》て其の復《かえ》るを観るなり。天《そ》〈夫〉れ物は雲《うん》〔貟〕雲《うん》〔貟〕として、各《おの》おの其の〔根〕に復帰《ふつき》す。〔情《しず》〔静〕かと曰《い》い〕、情〔静〕かなるは是《これ》を命《めい》に復《かえ》ると胃《い》〔謂〕う。命に復るは、常《つね》なり。常を知るは、明らかなり。常を知らざれば、市《みだ》〔妄〕りなり。市〔妄〕りに作《な》すは、兇《きょう》〔凶〕なり。常を知れば容《い》れ、容るれば乃《すなわ》ち公《こう》なり、公なれば乃ち王なり、王なれば乃ち天なり、天なれば乃ち道なり。〔道なれば乃ち久《ひさ》しく〕、身を沕《ぼつ》〔没〕するまで怠《あや》〔殆〕うからず。

理想的な人物である聖人が己《おのれ》の心をどこまでも虚《むな》しくし、あくまで静けさを守っていくならば、やがて万物は一斉に生々《せいせい》と生長し始めて、聖人自身も万物が根源の道に復帰していく様子をながめることになるだろう。一体、万物はわらわらと生《お》い茂りつつ、それぞれその〔根源の道〕に復帰していくのだ。〔このように根源の道に復帰していく時、万物はあくまで静けさを守らなければならない〕。この静けさを守るならば、万物は自己の内面にある天命に復帰することができる。万物が自己の天命に復帰することは、世界の恒常不変な姿である。そして、世界の恒常不変性をわきまえる能力が明知であり、わきまえない無能力が迷妄である。迷妄に陥った上で事業に手を出すならば、その結果は凶となるより他はない。

ところで、生長してきた万物が世界の恒常不変性をわきまえていれば、一切を包容することができ、一切を包容していれば、公平無私となり、公平無私であれば、王者の力を獲得することができ、王者の力を獲得していれば、天地の生成・化育の働きに参加することができ、天地の働きに参加していれば、結局、それが道の実現に他ならない。〔そして、道を実現していれば、万物は永遠不滅の世界に参入することも可能となり〕、身を終えるまで危険な目に遭わずにいられるのである。

## 第十七章

大上下知有之、其次親譽之、其次畏之、其下母之。信不足、案有不信。〔猷呵〕其貴言也、成功遂事、而百省胃我自然。

大上《たいじょう》は下之《したこれ》有るを知り、其の次は親しみて之を誉め、其の次は之を畏《おそ》れ、其の下は之を母《あなど》（侮）る。信足《しんた》らざれば、案《すなわ》（焉）ち信ぜられざること有り。〔猷《ゆう》（猶）呵《こ》（乎）として〕其《そ》れ言を貴《す》（遺）つるや、功を成し事を遂《と》げて、百省《ひゃくせい》（姓）は我《われ》自然なりと胃《い》（謂）う。

およそ国家の統治者というものは、以下の四つのタイプに分けることができよう。最善の統治者は、下位の人民にただその存在が知られているだけで、君臨するけれども統治しない君主である。次善の統治者は、人民から親しまれ誉められる君主である。その次の統治者は、人民から畏れられる君主である。最悪の統治者は、人民から侮《あなど》られる君主である。最悪の例からも分かるように、統治者に十分な信実がなければ、人民の不信を買うことになる。

望ましい統治者は、最善のタイプである。彼のように〔ぼんやりとして〕一切の言葉を忘れてしまうならば、それが原因となって、人々は功績を挙げ事業を成し遂げる結果を得るが、しかし彼らはこれを自分たちが自力で成し遂げたものと考えるのだ。

## 第十八章

故大道廢、案有仁義。知快出、案有大僞。六親不和、案〔有〕畜茲。邦家閲亂、案有貞臣。

故《ゆえ》に大道廃《すた》れて、案《すなわ》（焉）ち仁義《じんぎ》有り。知快《ちえ》（慧）出《い》でて、案《すなわ》（焉）ち大偽《だいい》（為）有り。六親《りくしんわ》和せずして、案（焉）ち畜《こう》（孝）茲《じ》（慈）〔有り〕。邦家《ほうか》閲《こん》（昏）乱《らん》して、案（焉）ち貞臣《ていしん》有り。

こういうわけで、根源の絶対的な道が失われたために、仁義などという高潔な倫理がもてはやされるようになった。あざとい理知が出現したために、偉大なる作為などという人間の努力が唱えられるようになった。家族の間にあった親和が消えたために、孝行や慈愛などという義務が〔要求されるようになった〕。国家の秩序が乱れたために、節義の臣下などという立派な人物が羽振りを利かすようになったのである。

## 第十九章

絶聲棄知、民利百負。絶仁棄義、民復畜茲。絶巧棄利、盗賊无有。此三言也、以爲文未足、故令之有所屬。見素抱〔樸、少私而寡欲〕。

声《せい》（聖）を絶《た》ち知《ち》を棄《す》つれば、民の利は百負《ひゃくばい》（倍）す。仁を絶ち義を棄つれば、民は畜《こう》（孝）茲《じ》（慈）に復《かえ》る。巧《こう》を絶ち利を棄つれば、盗賊《とうぞく》有ること无《な》し。此《こ》の三言《さんげん》や、以《もっ》て文未《ぶんいま》だ足らずと為す、故に之をして属《つづ》（続）く所有らしめん。「素《そ》を見《あら》わし〔樸《ぼく》〕を抱《いだ》き、〔私《わたくし》を少なくして欲を寡《すく》くす。」と〕。

現代社会にあまねく行きわたっている、聖徳《せいとく》や知恵《ちえ》などという大仰《おおぎょう》な建て前を捨て去るならば、人民の利益は増加して今の百倍にも達することであろう。仁愛《じんあい》や正義《せいぎ》などという作りものの教えを捨て去るならば、人民は本来具わっていた孝行・慈愛の心を取りもどすに違いない。技巧や利益などという美味《おい》しい撒《ま》き餌《え》を捨て去るならば、それを人々から奪い取ろうとする盗賊もいなくなるはずである。

しかし、これらの三つの文句だけでは、いささか文化の潤《うるお》いに欠けるように感じられる。そこで、次の言葉をこれに付け加えておきたい。すなわち、「素地のままを外面に現わし〔純朴さ〕を内面に守りつつ、〔私心を抑え我欲を寡《すく》なくする、こんな風にして何とか社会を変えていきたいものだ。」と〕。

## 第二十章

〔絶學无憂〕。唯與訶、其相去幾何。美與惡、其相去何若。人之所〔畏〕、亦不〔可以不畏。朢呵其未央才〕。衆人熙熙、若郷於大牢、而春登臺。我泊焉未佻、若〔嬰兒未咳〕、纍呵如〔无所歸。衆人〕皆有餘、我獨遺。我禺人之心也、惷惷呵。鬻〔人昭昭、我獨若〕閒呵。鬻人蔡蔡、我獨悶悶呵。忽呵其若〔海〕、朢呵其若无所止。〔衆人皆有以、我獨閔〕以悝。吾欲獨異於人、而貴食母。

〔学《がく》を絶《た》てば憂《うれ》い无《な》し〕。唯《い》と訶《か》とは、其の相い去ること幾何《いくばく》ぞ。美と悪《あく》とは、其の相い去ること何若《いかん》。人の〔畏《おそ》るる〕所は、亦《ま》た〔以て畏れざる可《べ》から〕ず。〔朢《こう》（恍）呵《こ》（乎）として其れ未《いま》だ央《つ》きざるかな〕。衆人《しゅうじん》は熙《き》（熙）熙《き》（熙）として、大牢《たいろう》を郷《う》（饗）くるが若《ごと》く、春台《うてな》に登るが而《ごと》（如）し。我《われ》は泊《はく》（怕）焉《えん》として未だ佻《きざ》（兆）さず、〔嬰児《えいじ》の未だ咳《わら》わざるが〕若《ごと》く、纍《るい》（儽）呵《こ》（乎）として〔帰る所无《な》き〕が如《ごと》し。〔衆人《しゅうじん》は〕皆な余《あま》り有るも、我《われ》は独《ひと》り遺《とぼ》（匱）し。我は禺《ぐ》（愚）人《じん》の心なり、惷《ちゅん》惷《ちゅん》呵《こ》（乎）たり。鬻《ぞく》（俗）〔人《じん》は昭《しょう》昭《しょう》たるも、我は独り〕閒《こん》（昏）呵《こ》（乎）たる〔が若《ごと》し〕。鬻《ぞく》（俗）人《じん》は蔡《さつ》（察）蔡《さつ》（察）たるも、我は独り閔《びん》（紊）閔《びん》（紊）呵《こ》（乎）たり。忽呵《こつこ》（乎）として其れ〔海〕の若く、望《こう》（恍）呵《こ》（乎）として其れ止《とど》まる所无《な》きが若し。〔衆人は皆《み》な以《もち》うるもの有るも、我は独り閲《かたく》（頑）なにして〕以て悝《ひな》（俚）びたり。吾は独り人に異なりて、食母《しょくぼ》を貴《とうと》ばんと欲す。

〔およそ学問さえ捨ててしまえば、我々の抱く悩みは全てなくなる〕。学問によって教えられる、ハイという返辞とコラという怒鳴り声とは、そもそもどれほどの違いがあろうか。美しいものと醜いものとは、一体、どれほどの隔《へだ》たりがあろうか。だから、学問の教えるものは全て捨てて構わないのだけれども、ただ人々の〔畏れる〕ものだけは、わたしも〔畏れないわけにはいか〕ない。〔道というものはぼんやりとしていて、人間にとって把《とら》えることの極めて難しい実在だ〕。道を知ろうとしない大衆は浮き浮きとして楽しく生きている。彼らは、あたかも大ご馳走の饗宴に臨むかのようであり、また春、高台に登ってあたりを見晴るかすかのようでもある。しかし、わたしはつくねんとしてまだこの世に姿を現わす前の状態にいる。あたかも〔まだ笑うことを知らない赤ん坊〕のようでもあり、またぐったりと疲れはてて〔帰るところのない者〕のようでもある。〔大衆は〕誰しもみなあり余る財貨を持っているけれども、わたしだけは貧乏だ。

わたしは愚か者の心の持ち主、のろのろと間が抜けている。道を知ろうとしない世間の〔人々は、はきはきと知恵がよくまわるのに引き替え、わたしだけは〕どんよりと暗くよどんで〔いるかのようだ〕。世間の人々はてきぱきと敏腕を振るうのに対して、わたしだけはもたもたしている。

この道はおぼろげで果てしなく〔海〕のように拡がっており、ぼうっとどこまでも伸びて止まるところがないかのようである。〔大衆は誰しもみな世わたりの方便《たずき》を持っているが、わたしだけは頑迷《がんめい》固陋《ころう》〕でその上田舎臭《いなかくさ》い。

わたしはただ一人、他の人々とは異なって、万物をはぐくみ育てる乳母《うば》にも譬えられる、この道を大切にしたいと思う。

## 第二十一章

孔德之容、唯道是從。道之物、唯朢唯忽。〔忽呵朢〕呵、中有象呵。朢呵忽呵、中有物呵。灣呵鳴呵、中有請吔〈呵〉。其請甚眞、其中〔有信〕。自今及古、其名不去、以順衆佼。吾何以知衆佼之然、以此。

孔徳《こうとく》の容《かたち》は、唯《た》だ道に是従《これしたが》う。道の物《もの》たる、唯《こ》れ朢《こう》（恍）唯《こ》れ忽《こつ》。〔忽呵《こつこ》（乎）たり朢《こう》（恍）〕呵《こ》（乎）たり、中に象《しょう》有るかな。朢《こう》（恍）呵《こ》（乎）たり忽呵《こつこ》（乎）たり、中に物有るかな。灣《ゆう》（幽）呵《こ》（乎）たり鳴《めい》（冥）呵《こ》（乎）たり、中に請《じょう》（情）有るかな。其の請（情）甚《はなは》だ真なり、其の中に〔信《まこと》有り〕。今自《よ》り古《いにしえ》に及ぶまで、其の名去らず、以て衆佼《しゅうほ》（父）を順《したが》わしむ。吾《われ》何を以《もっ》て衆佼（父）の然《しか》るを知るや、此《これ》を以てなり。

一体、偉大な徳（道の働き）というものは、どのようなありさまをしているのかと言えば、ただひたすら根源の道に従っているだけである。そもそも道という実在は、ぼんやりであり、おぼろげであって、全く把《とら》えどころがない。その本来の姿をたずねてみると、〔おぼろげでぼんやり〕とした混沌の中から、何やら象《かたち》のようなものが生まれてき、ぼんやりとおぼろげな混沌の中から、何やら物《もの》のようなものが生じてきた。やがて、奥深いまっ暗闇の混沌の中で、具体的性質を具えた事物への分化が始まったが、その具体的事物は寸毫《すんごう》の虚飾も含まない真実であって、その中で〔人類の誠実な態度も育《はぐく》まれてきたのである〕。

現代の状況からさかのぼって上古の時代に至るまで、道には賞賛の声が与えられて消えることはなく、そのために道は、天地や陰陽という物の世界の棟梁たちを服従させてきたのである。どうしてわたしに棟梁たちのことが分かるのかと問うならば、それは以上に述べたことによってであると答えよう。

## 第二十二章

曲則金〈全〉、枉則定、洼則盈、敝則新、少則得、多則惑。是以聲人執一、以爲天下牧。不〔自〕視故明、不自見故章、不自伐故有功、弗矜故能長。夫唯不争、故莫能與之争。古〔之所胃曲金〈全〉者、幾〕語才。誠金〈全〉歸之。

曲《ま》がれば則《すなわ》ち金《まった》〈全〉く、枉《ま》がれば則ち定《さだ》まり、洼《くぼ》〔窪〕めば則ち盈《み》ち、敝《やぶ》るれば則ち新たに、少なければ則ち得《え》、多ければ則ち惑《まど》う。是《ここ》を以《もっ》て声《せい》〔聖〕人《じん》は一《いち》を執《と》りて、以て天下の牧《ぼく》と為る。〔自《みずか》ら〕視《しめ》〔示〕さず故に明らかに、自ら見《あら》わさず故に章《あき》〔彰〕らかに、自ら伐《ほこ》らず故に功有り、矜《ほこ》らず故に能《よ》く長し。夫《そ》れ唯《た》だ争わず、故に能く之と争うもの莫《な》し。古《いにしえ》〔の所胃《いわ》〔謂〕ゆる曲《ま》がれば金《まった》〈全〉しなる者は、幾《あ》〔豈〕に〕語《ことば》ならんや。誠に金《まった》〈全〉きもの之に帰《き》す。

そもそも人がこの世に生きていこうとする場合、役立たずの木のように曲がりくねっていれば、かえって生を全うすることができる。尺取り虫のように身を屈するならば、かえってまっ直ぐに伸びることができる。谷のようにくぼんでいるならば、かえってよそからの流入によって己《おのれ》は充実してくる。衣服のようにぼろぼろに破れるならば、かえってやり直して新しくなることができる。財産を少ししか持たなければ、逆に色々なものを手に入れることができる。それとは反対に、金銭をたくさん貯めこむならば、逆に心に迷いが生じて途方にくれることになる。だから、理想的な人物たる聖人《せいじん》は、こうした事物の逆説的なありかたの根源にある唯一の道をしっかと握りしめて、天下の人々を統治する牧人《まきびと》となるのである。

このような聖人は、〔自分を外に向かって〕誇示しようとしないから、誰からも認められるようになる。自分を外に向かって顕示しようとしないから、麗《うるわ》しい光を放つまでになる。他に対して自分を誇ろうとしないから、功績を挙げることができる。他に対して尊大に構えようとしないから、統治者としての地位も長続きできるのである。一体全体、聖人は他人と争うことがない。だからこそ、聖人と争うことのできる者もいないのだ。

昔〔からの諺に、「役立たずの木のように曲がりくねっていれば、生を全うすることができる。」と言うが、これは一体〕、作り話であろうか。まこと、全ての完全なものが聖人の有《ゆう》に帰するのだ。

## 第二十三章

希言、自然。飄風不冬朝、暴雨不冬日。孰爲此、天地。〔而弗能久、有兄〕於〔人乎〕。故從事而道者同於道、德者同於德、者〈失〉者同於失。同〔於德者〕、道亦德之。同於失者、道亦失之。

言うこと希《まれ》なれば、自然なり。飄風《ひょうふう》も朝を冬《お》（終）えず、暴雨《ぼうう》も日を冬（終）えず。孰《だれ》か此《これ》を為す、天地なり。〔而《しか》れども久しくする能《あた》わず、有《ま》（又）た兄《いわ》（況）んや人に〕於《お》いて〔をや〕。故に従事《じゅうじ》して道《みち》ある者は道に同《どう》じ、徳ある者は徳に同じ、者《しつ》〈失〉ある者は失に同ず。〔徳に〕同ずる〔者は〕、道も亦《ま》た之を徳とす。失《しつ》に同ずる者は、道も亦た之を失とす。

そもそも統治者がめったに口から言葉を発することがなければ、その結果、一切の万物は自力で動き始めるであろう。例えば、どんな強いつむじ風でも吹き始めて半日もたてば止《や》んでしまうし、どんな激しい暴雨でも降り始めて一日もたてば止《や》んでしまう。一体、誰がつむじ風を起こし、暴雨を降らせているのだろうか。万物の上にぬきんでた天地に他ならない。〔しかし、そのような天地でさえ、万物の有する自力に打ち勝つことはできず、つむじ風・暴雨を長続きさせることはできないのだ。まして統治者などといった人間のできることであるはずがない〕。

だから、あらゆる万物が、有する自力を発揮しつつ意識的に人為を加えて根源の道を把《とら》えようとする場合は、道と一体になり、道の働きである徳を把《とら》えようとする場合は、徳と一体になり、徳の欠けた仁・義・礼・知などを把《とら》えようとする場合は、それらと一体になる、という結果を手にする。そして、最終的には、〔徳と〕一体になった〔者は〕、道から徳（道の働き）の有る人と評価され、仁・義・礼・知などと一体になった者は、道から徳の欠けた人と評価されることになるのだ。

## 第二十四章

炊者不立、自視〔者〕不章、〔自〕見者不明、自伐者无功、自矜者不長。其在道、曰粽食贅行。物或惡之、故有欲者〔弗〕居。

炊《つまだ》〔企〕つ者は立たず、自《みずか》ら視《しめ》〔示〕す〔者〕は章《あき》〔彰〕らかならず、〔自ら〕見《あら》わす者は明らかならず、自ら伐《ほこ》る者は功無く、自ら矜《ほこ》る者は長からず。其の道に在りては、粽《よ》〔余〕食贅行《しょくぜいこう》と曰《い》う。物或《ある》いは之を惡《にく》む、故に欲《よく》有る者は居《お》ら〔ず〕。

この世に生きる人々の生きざまを眺めてみると、背伸びをして何かを求めようとする者は自立することができず、自分を外に向かって誇示しようとする〔者〕は麗《うるわ》しい光を放たず、〔自分を〕外に向かって顕示しようとする者は誰からも認められず、他に対して自分を誇る者は功績を挙げることができず、他に対して自分から尊大に構える者は統治者としての地位が長続きしない、といった具合である。このような生きざまは、根源的な道の立場からすれば、食べ残した余り物、無駄で余計な徒労に他ならない。人々の嫌う生きざまなのだから、道を修めようという大志を抱く者はこんなところに安住は〔しない〕のである。

## 第二十五章

有物昆成、先天地生。繡呵繆呵、獨立〔而不孩〕、可以爲天地母。吾未知其名、字之曰道。吾強爲之名曰大。〔大〕曰筮、筮曰〔遠、遠曰反。道大〕、天大、地大、王亦大。國中有四大、而王居一焉。人法地、〔地〕法天、〔天〕法〔道、道〕法〔自然〕。

物有り昆（混）成し、天地に先だちて生ず。繡《せき》（寂）呵《こ》（乎）たり繆《りよう》（寥）呵《こ》（乎）たり、独立〔して孩《あらた》（改）まらず〕、以《もっ》て天地の母と為《な》す可《べ》し。吾未《いま》だ其の名を知らず、之に字《あざな》して道《みち》と曰《い》う。吾強《し》いて之が名《な》を為《な》して大《だい》と曰う。〔大なるを〕筮《ゆ》（逝）くと曰い、筮（逝）くを〔遠ざかる〕と曰い、〔遠ざかる〕を反《かえ》ると曰う。道は大なり、天は大なり、地は大なり、王《おう》も亦《ま》た大なり。国中《こくじゅう》に四大《しだい》有りて、王は一《いち》に居《お》り。人は地に法《のっと》り、〔地は〕天に法り、〔天は道に〕法り、〔道は自然に〕法る。

何やら一つになって形成されているものがあって、それは天と地が生まれる以前から存在している。ひっそりと静かで、清らかで深く、ただこれだけが一つしっかと自立して世界を成し〔ており、ここにはまだ何の動きも兆《きざ》していない〕。天と地を生み出した母と認めることができよう。わたしにはまだその名前が分からないので、仮りに呼び名をつけて「道」と呼ぶことにしておこう。無理に名前をつければ「大きい」と呼んでもよいと思う。〔やがて、この大きなものに〕動きが兆し始めると、〔次第にここから離れて遠ざかっていくが、結局、またもとの根源に立ち返ってくる〕。〔こうして見ると、道は大きく〕、天は大きく、地は大きく、王もまた大きな存在である。世界の内には、以上の四つの大きなものが存在しているが、王はその一角を占めているのだ。それらの関係について述べれば、人間の代表である王は地のあり方を規範として国家に君臨し、〔その地は、次に〕天のあり方を規範として世界を条件づけ、〔その天は、さらに根源的な道のあり方を〕規範として世界を秩序づけている。〔そして、その道は、万物の自力で活動する自律性を〕規範として世界を主宰しているのである。

## 第二十六章

〔重〕爲巠根、清爲趮君。是以君子衆日行、不離其甾重。唯有環官、燕處〔則昭〕若。若何萬乘之王、而以身巠於天下。巠則失本、趮則失君。

〔重きは〕巠《かる》（軽）きものの根《ね》為《た》り、清《しず》（静）かなるは趮《さわが》しきものの君《きみ》為《た》り。是《ここ》を以《もっ》て君子《くんし》は衆《しゅう》〔終〕日《じつ》行くも、其の甾《し》（輜）重《ちょう》を離《はな》（離）れず。環官《かんかん》（観）有りと唯《いえど》（雖）も、燕処《えんしょ》すれば〔則《すなわ》ち昭《ちょう》（超）〕若《じゃく》たり。若何《いかん》ぞ万乗《ばんじょう》の王にして、身を以て天下に巠《かろ》（軽）がろしくせんや。巠《かろ》（軽）がろしくすれば則ち本《もと》を失い、趮《さわが》しくすれば則ち君を失う。

〔帝王たる者の取るべき態度について考えてみよう。一般に、重いもの〕は軽いものを取りしきる根本であり、静かなものは騒がしいものを支配する君主である。それ故、君子たる者は一日中、戦場を行軍する場合でも、重々しく構えて輜重車《しちょうしゃ》の側《かたわ》らを離れようとしない。騒々しい歓楽街には物見の楼台があるけれども、君子は自宅で静かにくつろぎ、〔超〕然と構えて見向きもしないのだ。まして天下に君臨する帝王たる者、その天下に対して自ら軽々しく振る舞ってなるものか。軽々しく振る舞うならば、帝王としての根本を失い、騒がしく振る舞うならば、帝王としての地位を失うことになるのである。

# 第二十七章

善行者无勶迹、〔善〕言者无瑕適、善數者不以檮箣、善閉者无闗籥而不可啓也、善結者〔无纆〕約而不可解也。是以聲人恆善㤹人、而无棄人、物无棄財。是胃怈明。故善〔人、善人〕之師。不善人、善人之齎也。不貴其師、不愛其齎、唯知乎大眯。是胃眇要。

善《よ》く行く者は勶《てつ》（轍）迹无《せきな》く、〔善く〕言う者は瑕《か》適《たく》（謫）无く、善く数うる者は檮《ちゅう》（籌）箣《さく》（策）を以《もち》いず、善く閉《と》ざす者は闗《かん》（関）籥《やく》（鑰）无くして啓《ひら》く可《べ》からざるなり、善く結ぶ者は〔纆《ぼく》〕約《やく》〔无く〕して解《と》く可からざるなり。是《ここ》を以て声《せい》（聖）人《じん》は恒《つね》に善く人を㤹《すく》（救）いて、棄《き》人《じん》无く、物に棄《き》財《ざい》无し。是《これ》を怈《じょう》（畳）明《めい》と胃《い》（謂）う。故に善〔人は、善人〕の師《し》なり。不《ふ》善人《ぜんにん》は、善人の齎《たから》（資）なり。其の師を貴《とうと》ばず、其の齎（資）を愛せざれば、知ありと唯《いえど》（雖）も大いに眯《まよ》（迷）う。是《これ》を眇《みょう》（妙）要《よう》と胃（謂）う。

一体、行くことなき道を行く善き歩き手は後に少しの足跡も残さず、言うことなき道を言う〔善き〕語り部《べ》は言葉に何の瑕疵《かし》もなく、計算することなき道を計算する善き数え手は算木《さんぎ》などは使わない。また、道という家を守る善き戸締《とじ》まりはかんぬき・錠前《じょうまえ》を掛けないけれども、その門は誰にも開けられず、道という貨財を守る善き縄掛《なわが》けは〔縄《なわ》〕・紐《ひも》で縛《しば》ら〔ない〕けれども、その結び目は誰にも解けない。このように道を把えた真の善さは、世間の善さを遥かに越えたものなのである。

こういうわけで、理想的な統治者たる聖人は、常に救いの手を差し伸べて人々を活かすので、善人であれ悪人であれ世間のどんな人間をも見捨てず、良財であれ悪財であれ世間のどんな貨財をも見捨てないのだ。これを重ね重ねの明知と言う。

だから、世間の善〔人は、善人〕にとって学ぶべき師匠であり、世間の悪人も、善人にとって活かすべき宝物である。もしも自分の師匠を貴ばず、自分の宝物を大事にしないならば、どんなにたくさんの知恵を持っていたとしても、とんでもない錯乱に陥《おちい》る他はない。こういう仕組みのことを奥深い道の核心と言うのである。

## 第二十八章

知其雄、守其雌、爲天下溪。爲天下溪、恆德不雞〈離〉。恆〔德〕不雞〈離〉、復歸〔於〕嬰兒。知其白、守其辱、爲天下浴。爲天下〔浴〕、恆德乃〔足。恆〕德乃〔足、復歸於楃〕。知其〔白〕、守其黑、爲天下式。爲天下式、恆德不貣。〔恆〕德不貣、復歸於无極。楃散〔則爲器、聲〕人用則爲官長。夫大制无割。

其の雄《おす》を知り、其の雌《めす》を守れば、天下の渓《たに》と為《な》る。天下の渓と為れば、恒徳《こうとく》雞《はな》〈離〉れず。恒〔徳〕雞〈離〉れざれば、嬰児《えいじ》〔に〕復帰《ふっき》す。其の白《あか》るきを知り、其の辱《けが》（黷）れたるを守れば、天下の浴《たに》（谷）と為る。天下の〔浴（谷）〕と為れば、恒徳乃《すなわ》ち〔足《た》る。恒〕徳乃ち〔足れば、楃《あらき》（樸）に復帰す〕。其の〔白《しろ》き〕を知り、其の黒きを守れば、天下の式《しき》と為る。天下の式と為れば、恒徳貣《たが》（忒）わず。〔恒〕徳貣《たが》（忒）わざれば、无極《むきょく》に復帰す。楃《あらき》（樸）は散ずれば〔則ち器《うつわ》と為るも、声《せい》（聖）〕人《じん》は用うれば則ち官長《かんちょう》と為る。夫《そ》れ大制《たいせい》は割《さ》くこと无し。

ここに人間のあり方についての、一つの根本的な法則がある。——男の強さをわきまえた上で、女の弱さを保ち続けるならば、全天下の底辺に位置する谷間となる。全天下の谷間となれば、常に変わらぬ徳（道の働き）が身に備わり、常に変わらぬ〔徳〕が備われば、赤ん坊の旺盛な生命力〔に〕立ち返ることができるだろう。

晴れがましい栄達の位を味わった上で、恥ずかしい困窮の身に安んずるならば、全天下の底部に位する峡谷となる。全天下の〔峡谷〕となれば、常に変わらぬ徳が〔満ち足り、常に変わらぬ〕徳が〔満ち足りれば、樸《あらき》の自然な素朴さに立ち返ることができるだろう〕。

世間の唱える〔正義〕を認めた上で、不正の立場に甘んじて身を置くならば、全天下の人々が模範と仰ぐモデルとなる。全天下のモデルとなれば、常に変わらぬ徳に狂いが生ぜず、〔常に変わらぬ〕徳に狂いが生じなければ、果てしなく拡がる道の世界に立ち返ることができるだろう。

ところで、自然で素朴なこの樸《あらき》は、ばらばらに切り分けられ〔た後、人々の使用する器物となるけれども、聖〕人はそのような器物ではなくあの樸《あらき》を活用する。このことを通じて、聖人は文武百官の上に君臨する帝王となることができるのである。そもそもこの樸の最上の切り分け方とは、何の切り分けも行わないことに他ならない。

## 第二十九章

將欲取天下而爲之、吾見其弗〔得已。夫天下、神〕器也、非可爲者也。爲者敗之、執者失之。物或行或隨、或炅或〔䂳、或強或羸〕、或坏或撱。是以聲人去甚去大去楮。

将《まさ》に天下を取らんと欲して之を為せば、吾《われ》其の〔得〕ざるを見る〔のみ。夫《そ》れ天下は、神《しん》〕器《き》なり、為《な》す可《べ》き者に非《あら》ざるなり。為す者は之を敗《やぶ》り、執《と》る者は之を失う。物或《ある》いは行き或いは随《したが》い、或いは炅《ねっ》（熱）し或いは〔䂳《ふ》（吹）き、或いは強く或いは羸《よわ》く〕、或いは坏《つちか》（培）い或いは撱《こぼ》（堕）つ。是《ここ》を以《もっ》て声《せい》（聖）人《じん》は甚《はなは》だしきを去り大《おお》（泰）いなるを去り楮《す》（奢）ぎたるを去る。

現代社会には、天下を取ってやろうと考えて、そのために人為に走る者がいるけれども、そんなやり方では到底、〔できるはずが〕ないとわたしは思う。〔一体、天下というものは、霊妙な〕容《い》れ物であって、人為に走ってどうにかできるものではない。天下という容《い》れ物に対して人為的に、何かを為そうとすればそれをぶち壊してしまうし、捕《つか》まえようとすればそれを取り逃がしてしまうのだ。天下に向かって人々が起こしている行動は、種々さまざまである。例えば、自分でその先頭に立って行く者もいれば後尾についていく者もおり、それを熱して暖める者もいれば〔吹いて冷ます者〕もおり、〔それに強い態度を取る者もいれば弱い態度の者もおり〕、それをはぐくみ育てる者もいればぶち壊《こわ》す者もいる。こういうわけで、理想的な統治者たる聖人は、極端な人為に走らず、度はずれの行為をやめ、大げさな作為を捨てるのである。

## 第三十章

以道佐人主、不以兵強〔於〕天下、〔其事好還。師之〕所居、楚朸生之。善者果而已矣、毋以取強焉。果而毋驕、果而勿矜、果而〔勿伐〕、果而毋得已居。是胃〔果〕而不強。物壮而老、是胃之不道。不道蚤已。

道を以て人主《じんしゅ》を佐《たす》くるには、兵を以て天下〔に〕強《きょう》たらず、〔其の事は還《かえ》るを好む。師の〕居《お》る所は、楚朸《そきょく》（棘）之《ここ》に生ず。善《よ》くする者は果《か》なるのみ、以て強きを取る毋《な》かれ。果《か》にして驕《おご》（驕）る毋かれ、果にして矜《ほこ》る勿《な》かれ、果にして〔伐《ほこ》る勿かれ〕、果にして已《や》むを得ること毋かれ。是《これ》を〔果《か》〕にして強《きょう》たらずと胃《い》（謂）う。物壮《さか》んにして老《お》ゆ、是《これ》を之道《これみち》ならずと胃（謂）う。道ならざれば蚤《はや》（早）く已《や》む。

根源の道を用いて君主の政治を補佐しようとする臣下の場合は、君主が天下〔に対して〕軍事力で強権を奮うことはさせず、〔君主を道に立ち返らせる仕事の中に喜びを感ずる。それと言うのも、軍隊が〕駐屯したところは、田畑が荒れはてて、ただ楚棘《いばら》しか生えないからだ。政治を立派に行う君主は、優れた結果をきちんと出すだけであって、天下に強権を奮うことを目指してはならない。結果をきちんと出して驕《おご》らず、結果をきちんと出して威張《いば》らず、結果をきちんと出して〔手柄顔《てがらがお》をせず〕、結果をきちんと出してやむをえないかのように振る舞うべきである。これが、〔結果をきちんと出す〕だけで強権は奮わない、ということなのである。

一体、物という存在には、強壮になって程なく老耄《ろうもう》に転ずる場合があるが、これは根源の道に対する違反から生まれる。道に違反する者は早々に亡びてしまうのだ。

# 第三十一章

夫兵者、不祥之器〔也〕。物或惡之、故有欲者弗居。君子居則貴左、用兵則貴右。故兵者、非君子之器也。〔兵者〕、不祥之器也。不得已而用之、銛襲爲上、勿美也。若美之、是樂殺人也。夫樂殺人、不可以得志於天下矣。是以吉事上左、喪事上右。是以便將軍居左、上將軍居右、言以喪禮居之也。殺人衆、以悲依立之。戰勝、以喪禮處之。

夫《そ》れ兵《へい》なる者は、不祥《ふしょう》の器《うつわ》〔なり〕。物或《ある》いは之を悪《にく》む、故に欲《よく》有る者は居《お》らず。君子《くんし》は居れば則《すなわ》ち左《ひだり》を貴《とうと》び、兵を用うれば則ち右《みぎ》を貴ぶ。故に兵なる者は、君子の器に非ざるなり。〔兵なる者は〕、不祥の器なり。已《や》むを得ずして之を用うれば、銛《てん》（恬）襲《しゅう》（慴）なるを上《うえ》と為す、美《び》とする勿《な》かれ。若《も》し之を美とすれば、是《これ》人を殺すを楽しむなり。夫れ人を殺すを楽しめば、以て志《こころざし》を天下に得可《うべ》からず。是《ここ》を以《もっ》て吉事《きちじ》には左を上《とうと》び、喪事《そうじ》には右を上ぶ。是《ここ》を以て便《へん》（偏）将軍《しょうぐん》左に居り、上将軍《じょうしょうぐん》右に居るは、喪礼《そうれい》を以て之に居るを言うなり。人を殺すこと衆《おお》ければ、悲依《ひあい》（哀）を以て之に立《のぞ》（莅）む。戦いて勝てば、喪礼《そうれい》を以て之に処《お》り。

そもそも軍隊というものは、不吉な道具〔である〕。人々の嫌うものであるから、道を修めようという大志を抱く者はこんなところに安住はしない。

道を把《と》えた君子は、普段の日常生活では左を貴ぶが、軍隊を動かす場合には右を貴ぶものだ。だから、軍隊というものは、君子の使用する道具ではない。〔軍隊は〕、不吉な道具なのである。やむをえず使用することもあるが、その時には、静かに落ち着いて懼《おそ》れを抱きながら使用するのが最上であって、これを美化してはならない。もしも美化するならば、それは人殺しを楽しむことに他ならない。一体、人殺しを楽しむような統治者には、己《おのれ》の大志を天下に実現することなどとてもおぼつかないのだ。

こういうわけで、縁起《えんぎ》のよい冠婚《かんこん》の儀礼では左を貴ぶが、縁起の悪い葬祭《そうさい》の儀礼では右を貴ぶものだ。それ故、戦場では副将軍は左に布陣し、上将軍は右に布陣するが、これは葬祭《そうさい》の礼式に従って配置につくという意味である。戦争で大勢の人を殺した場合は、悲しみの心をこめて戦後の処理に臨み、勝利を得た場合でも、葬祭の礼式に従って対処するのである。

## 第三十二章

道恆无名。楃唯〔小、而天下弗敢臣。侯〕王若能守之、萬物將自賓、天地相谷〈合〉、以兪甘洛、民莫之〔令、而自均〕焉。始制有〔名。名亦既〕有、夫〔亦將知止。知止〕所以不〔殆〕。俾道之在天〔下也、猷小〕浴之與江海也。

道《みち》は恒《つね》に名《な》无《な》し。楃《あらき》（樸）は〔小《しょう》なりと〕唯《いえど》（雖）も、〔天下敢《あ》えて臣《しん》とせず。侯《こう》〕王若《おうも》し能《よ》く之を守れば、万物は将《まさ》に自《みずか》ら賓《ひん》せんとし、天地も相い谷《がっ》〈合〉して、以て甘洛《かんろ》（露）を兪《いた》（輸）し、民《たみ》も之《これ》に〔令《れい》する〕もの莫《な》く〔して、自《みずか》ら均《ひと》し〕くす。始めて制《せい》して〔名《な》〕有り。〔名も亦《ま》た既《すで》に〕有れば、夫《そ》れ〔亦た将《まさ》に止《とど》まるを知らんとす。止まるを知るは殆《あや》うから〕ざる所以《ゆえん》なり。道の天〔下〕に在るを俾《たと》（譬）うれ〔ば、猷《な》（猶）お小《しょう》〕浴《こく》（谷）の江海《こうかい》に与《お》（於）けるがごときなり。

根源的な道は、絶対に名前をつけて呼ぶことができないものである。そこで、譬えを用いて言うならば、それは自然のままの素朴な樸《あらき》に似ていようか。樸《あらき》は〔小さい〕けれども、〔天下に誰一人として、それを臣下に使ってやろうという豪気な統治者、つまり侯王はいないのだ〕。もしも〔侯〕王がこの樸《あらき》を抱き続けることができるならば、その結果、一切の万物が自ら進んで彼の下に馳せ参ずることであろう。天と地は和合してそれを祝福し、めでたい甘露をこの世に降らせることであろう。人民は〔命令を下す〕までもなく、〔自ら進んで醇化され、ここに天下統一が実現することであろう〕。

さて、その樸《あらき》が一たび切り分けられると、そこに〔さまざまの名前を持つ万物〕が生まれてくるが、〔名前を持つ万物が〕生まれた後も、一体、この樸《あらき》を抱き続ける侯王は、〔それらの万物を所有したがる欲望追求を抑止することができるであろう。そして、この欲望追求の抑止を忘れないことこそが、人間社会において危険な目に遇わ〕ないでいられる秘訣なのだ。根源的な道の中から天〔下の万物〕が生まれてくるありさまは、譬《たと》えて〔みれば、小さな〕谷川の水が流れ注いでやがて大河・大海となるようなものである。

## 第三十三章

知人者知也、自知〔者明也。勝人〕者有力也、自勝者〔強也。知足者富〕也、強行者有志也。不失其所者久也、死不忘者壽也。

人を知る者は知《ち》あるなり、自《みずか》ら知る〔者は明《あき》らかなり。人に勝つ〕者は力《ちから》有るなり、自ら勝つ者は〔強《つよ》きなり。足《た》るを知る者は富《と》む〕なり、強《し》いて行う者は志《こころざし》有るなり。其の所を失わざる者は久《ひさ》しきなり、死して忘《ほろ》（亡）びざる者は寿《いのちなが》きなり。

振り返って考えてみれば、他人の能力を知る者は、知の働きが盛んであるが、それに引き替え、自分の内面を知る〔者は、真実の明知を具えている。また、他人と戦ってそれに打ち勝つ〕者は、強い力を持っているが、自分自身に打ち勝つ者には、〔本当の強さがある。以上の知と力を活かして、一定の欲望充足で満足することを知る者は、物心両面で豊かに〕なるが、自分に強《し》いて根源の道を行おうとする者には、意志の強さがある。そして、自分の本来の持ち場を失わない者は、生命を長続きさせることができるが、死んでも朽ち果てない功績を挙げる者は、精神を永遠に生き続けさせることができるのである。わたしも最後には、この長続きと永遠に到達したいものだ。

## 第三十四章

道〔渢呵、其可左右也。成功〕遂事而弗名有也。萬物歸焉而弗爲主、則恆无欲也、可名於小。萬物歸焉〔而弗〕爲主、可名於大。是〔以〕聲人之能成大也、以其不爲大也、故能成大。

道は〔渢《はん》（氾）呵《こ》（乎）として、其《そ》れ左右《さゆう》す可《べ》きなり。功を成し〕事を遂《と》ぐれども名有《めいゆう》せざるなり。万物焉《これ》に帰《き》すれども主と為らざるに、則《すなわ》ち恒《つね》に无欲《むよく》なれば、小《しょう》と名《な》づく可《べ》し。万物焉《これ》に帰《き》す〔れども〕主と為ら〔ざれば〕、大《だい》と名づく可し。是《ここ》を〔以《もっ》て〕声《せい》（聖）人《じん》の能《よ》く大を成すや、其の大を為さざるを以てなり、故に能く大を成す。

一体、道という根源者は〔あたかも大水があふれ出るかのように、左へ右へとどこまでも拡がっていく。この道のお陰で、万物は功績を挙げ〕事業を成し遂げるけれども、道はそれらに名前をつけたり自分の所有としたりなどしないのである。
　万物がこの道の下に帰服してくるけれども、道はその上に君臨する統治者になろうとしない。だから、もし人間が無欲の態度に徹するならば、彼は道を目に見えぬ小さな実在と名づけて定立することができよう。それと同時に、道は万物が帰服してき〔ても、その上に〕君臨する統治者になら〔ない〕のだから、偉大な実在と名づけて定立することもできよう。
　こういう〔わけで〕、道を模範と仰ぐ聖人が大きな事業を成し遂げることができるのは、彼が大きな事業を為そうなどとはしないからであって、だからこそ、かえって大きな事業を成し遂げることができるのだ。

## 第三十五章

執大象、〔天下〕往。往而不害、安・平・大。樂與餌、過格止。故道之出言也、曰、談呵其无味也。〔視之〕不足見也、聽之不足聞也、用之不可既也。

大象《たいしよう》を執《と》れば、〔天下〕往《ゆ》く。往きて害あらず、安《やす》らか・平《たい》らか・大《ゆたや》（泰）かなり。楽《がく》と餌《じ》とには、過格《かきやく》（客）も止《とど》まる。故《ゆえ》に道《みち》の言《げん》に出《い》ずるや、曰わく、「談《たん》（淡）呵《こ》（乎）として其《そ》れ味《あじ》无《な》きなり。」と。〔之《これ》を視《み》るも〕見るに足《た》らざるなり、之を聴《き》くも聞くに足らざるなり、之を用うるも既《つ》くす可《べ》からざるなり。

聖人が偉大な象《かたち》、すなわち根源の道をしっかと握って離さなければ、〔天下のあらゆる万物は〕一斉に動き始める。あらゆる万物が一斉に動き始めて、何らの障害も発生せず、やがて天下には安静・平和・豊泰《ほうたい》がもたらされるであろう。

譬え話に借りて述べてみれば、旅の道中でふと出会う楽《がく》の音《ね》と食べ物には、どんなに先を急ぐ旅人でも喜んで足を止《と》めるものである。しかし、人の口から言葉となって吐き出される根源の道は、「あっさりとしていて何の味なのか分からない。」と言う。道という実在は、〔目をこらして視ようとしても〕見ることができず、耳をすまして聴こうとしても聞くことができないけれども、それを用いればその働きはいつまでも尽きることがないものなのだ。

## 第三十六章

將欲拾之、必古張之。將欲弱之、〔必古〕強之。將欲去之、必古與之。將欲奪之、必古予之。是胃微明。友弱勝強。魚不〔可〕脱於瀟、邦利器不可以視人。

将《まさ》に之《これ》を拾《おさ》（歙）めんと欲すれば、必ず古《しばら》（姑）く之を張《は》る。将に之を弱《よわ》くせんと欲すれば、〔必ず古《しばら》（姑）く〕之を強くす。将に之を去《さ》らんと欲すれば、必ず古（姑）く之を与《あ》（挙）ぐ。将に之を奪《うば》わんと欲すれば、必ず古（姑）く之を予《あた》う。是《これ》を微明《びめい》と胃《い》（謂）う。友《じゅう》（柔）弱《じゃく》なるは強きに勝つ。魚は瀟《ふち》（淵）より脱《だっ》す〔可《べ》か〕らず、邦《くに》の利器《りき》は以て人に視《しめ》（示）す可からず。

一般に、ある物を縮めてやろうと考える時には、しばらくそれを拡げておかなければならない。ある物を弱くしてやろうと考える時には、〔しばらく〕それを強くしておか〔なければならない〕。取り除いてやろうと思うならば、しばらくそれを挙げ用いておく必要がある。奪い取ってやろうと思うならば、しばらくそれに施し与えておく必要がある。

こうしたやり方を、深遠で把《とら》えがたい明知と呼ぶが、柔らかで弱いものこそが強いものに打ち勝つという、逆説的な真理に他ならない。そもそも魚をその本来の住《す》み処《か》たる深い淵から取り出しては〔なら〕ないのと同様に、以上に述べた国家統治のための便利な道具も、人々の眼に明らかさまに曝《さら》してはならないものなのだ。

## 第三十七章

道恒无名。侯王若〔能〕守之、萬物將自𢡺。𢡺而欲〔作、吾將闐之以〕无名之楃。〔闐之以〕无名之楃、夫將不辱。不辱以情、天地將自正。

道《みち》は恒《つね》に名《な》无《な》し。侯王《こうおう》若《も》し〔能《よ》く〕之《これ》を守れば、万物将《まさ》に自《みずか》ら𢡺《な》（為）さんとす。𢡺《な》（為）して〔作《お》こら〕んと欲すれば、〔吾《われ》将に之を闐《しず》（鎮）むるに〕无《む》名《めい》の楃《あらき》（樸）を〔以《もっ》てせんとす。之を闐（鎮）むるに〕无名の楃（樸）を〔以てすれば〕、夫《そ》れ将《まさ》に辱《はずかし》められざらんとす。辱《はずかし》められずして以て情《しず》（静）かなれば、天地も将に自《みずか》ら正さんとす。

そもそも根源的な道は、絶対に名前をつけて呼ぶことができないものである。もしもこの道を統治者たる侯王が抱き続ける〔ことができる〕ならば、あらゆる万物は自らの力で進んでさまざまの活動を行うようになるだろう。進んでさまざまの活動を行う中で〔何かをしでかそ〕うとする者があれば、〔侯王たるわたしは、それを〕自然のままの無名の樸《あらき》、すなわちこの道〔によって鎮《しず》めようと思う〕。自然のままの無名の樸《あらき》〔によって鎮《しず》めるならば〕、わたしは困窮《こんきゅう》の地位に身を落とす辱《はずかし》めを受けることもあるまい。わたしが困窮の辱めを受けることもなく、その上、静けさを保つことができるならば、あの天地でさえ自ら進んでわたしを祝福し、めでたくも順調な運行をもたらすに違いない。

## 第三十八章

〔上德不德、是以有德。下德不失德、是以无〕德。上德无〔爲而〕无以爲也、上仁爲之〔而无〕以爲也、上義爲之而有以爲也、上禮〔爲之而莫之應也、則〕攘臂而乃之。故失道而后德、失德而后仁、失仁而后義、〔失義而后禮。夫禮者、忠信之泊也〕、而亂之首也。〔前識者〕、道之華也、而愚之首也。是以大丈夫居亓厚、而不居亓泊。居亓實、〔而〕不居亓華。故去皮取此。

〔上徳《じょうとく》は徳《とく》ならず、是《ここ》を以《もっ》て徳有り。下徳《かとく》は徳を失わず、是《ここ》を以《もっ》て〕徳〔无《な》し〕。上徳は〔為《な》す〕无く〔して〕以て為す无きなり、上仁《じょうじん》は之《これ》を為し〔て〕以て為す〔无き〕なり、上義《じょうぎ》は之を為して以て為す有るなり、上礼《じょうれい》は〔之を為して之に應《おう》ずること莫《な》ければ、則ち〕臂《ひじ》を攘《はら》いて之を乃《つ》〔扔〕く。故に道を失いて而《しか》る后《のち》〔後〕に徳あり、徳を失いて而る后〔後〕に仁あり、仁を失いて而る后〔後〕に義あり、〔義を失いて而る后〔後〕に礼あり。夫《そ》れ礼なる者は、忠信《ちゅうしん》の泊《うす》〔薄〕きものにして〕、乱の首《はじ》めなり。〔前識《ぜんしき》なる者は〕、道の華《はな》にして、愚《ぐ》の首《はじ》めなり。是《ここ》を以て大丈夫《だいじょうふ》は亓《そ》〔其〕の厚《あつ》きに居りて、亓《そ》〔其〕の泊《うす》〔薄〕きに居らず。亓〔其〕の実《じつ》に居り〔て〕、亓〔其〕の華に居らず。故に皮《かれ》〔彼〕を去り此《これ》を取る。

〔そもそも最上の徳は、世間的な徳とは正反対である。だからこそ、真の徳がある。下等の徳は、世間的な徳を捨てることができない。だからこそ〕、真の徳〔がないのだ〕。その最上の徳は〔人為を〕行わず、〔また〕人為を行うねらいも持たない。さらに、最上の仁は人為は行う〔けれども〕、人為を行うねらいは〔持たない〕。ところが、最上の義となると人為も行い、また人為を行うねらいも持っている。下って、最上の礼まで来ると〔人為を行うだけでなく、その礼に応えない者に対しては〕、腕まくりして突っかかっていく。

　こういうわけで、根源の道が廃《すた》れたためにそれに代わって徳が現われ、徳が廃れたためにそれに代わって仁が現われ、仁が廃れたために代わって義が説かれ、〔義が廃れたために代わって礼が説かれるようになったのだ〕。

〔一体、礼というものは、人間のまごころの浅薄化がもたらした産物であって〕、社会的混乱の始まりである。〔ものごとを予見する知というものは〕、道を覆い隠すあだ華であって、人間の愚昧化の始まりである。したがって、ひとかどの人物ともなれば、重厚な道・徳に身を置いて、浅薄な礼・知には身を置かず、実質の備わる道・徳に安住し〔て〕、あだ華でしかない礼・知には安住しない。だから、あちらを捨ててこちらを取るのだ。

## 第三十九章

昔之得一者、天得一以清、地得〔一〕以寧、神得一以霝、浴得一以盈、侯〔王得一〕而以爲正。亓致之也、胃天毋已清將恐〔蓮〕、胃地毋〔已寧〕將恐〔發〕、胃神毋已霝〔將〕恐歇、胃浴毋已盈將恐渇、胃侯王毋已貴〔以高將恐欮〕。故必貴而以賤爲本、必高矣而以下爲基。夫是以侯王自胃〔曰〕孤寡不橐。此亓賤〔之本〕與、非〔也〕。故致數與无與。是故不欲〔祿祿〕若玉、硌硌〔若石〕。

昔の一《いち》を得《え》たる者は、天《てん》は一を得て以て清《きよ》く、地は〔一を〕得て以て寧《やす》らかに、神《かみ》は一を得て以て霝《れい》(霊)あり、浴《たに》(谷)は一を得て以て盈《み》ち、侯《こう》〔王《おう》は一を得〕て以て正《せい》と為る。亓《そ》(其)の之《これ》を致《いた》すや、天は已《もっ》(以)て寧らかなること毋《な》ければ将《まさ》に恐らく〔蓮《さ》(裂)け〕んとすと胃《い》(謂)い、地は〔已《もっ》(以)て寧らかなること〕毋ければ将に恐らく〔発《うご》か〕んとすと胃(謂)い、神《かみ》は已(以)て霝(霊)あること毋ければ〔将に〕恐らく歇《つ》き〔んとす〕と胃(謂)い、浴《たに》(谷)は已(以)て盈つること毋ければ将に恐らく渇《か》(竭)れんとすと胃(謂)い、侯王《こうおう》は已(以)て貴《とうと》くして〔以《か》つ高きこと〕毋ければ〔将に恐らく欮《たお》(蹶)れんとす〕と胃(謂)う。故に必ず貴《とうと》からんとすれば而《すなわ》ち賤《いや》しきを以て本《もと》と為し、必ず高からんとすれば而《すなわ》ち下《ひく》きを以て基《もと》いと為す。夫《そ》れ是《ここ》を以《もっ》て侯王は自ら胃(謂)いて孤《こ》・寡《か》・不《ふ》橐《こく》(穀)と〔曰《い》う〕。此亓《これぞ》(其)の賤《いや》しきを〔之本《これもと》とする〕か、非《あら》ざる〔か〕。故に数与《すうよ》(誉)を致《いた》せば与《ほ》(誉)まれ无《な》し。是《こ》の故《ゆえ》に〔祿《ろく》(碌)祿《ろく》(碌)たること〕玉《たま》の若《ごと》きを欲《ほっ》せず、硌硌《らくらく》たること〔石《いし》の若くならん〕。

古来、根源の道である一を把《とら》えたもののありさまは、以下のとおり。――天は一を把《とら》えたために清く澄み、地は〔一を〕把《とら》えたために落ち着き、神は一を把《とら》えたために霊験あらたかで、谷は一を把《とら》えたために水をたたえ、侯《こう》〔王《おう》は一を把《とら》えた〕ために統治者となったのであった。

ここから推測するならば、次のように言うことができよう。――天は清く澄むための根源を失えばやがて〔裂けて〕しまうだろう。地は〔落ち着くための根源〕を失えばやがて〔動き出す〕だろう。

神は霊験あらたかであるための根源を失えば〔やがて〕無力となって〔しまうだろう〕。谷は水をたたえる根源を失えばやがて涸れてしまうだろう。侯王は身分が貴く〔かつ地位が高くなる〕根源を失えば〔やがて倒れてしまうだろう、と〕。

それ故、貴い身分を手に入れたいと思うならば、賤しい身分を根本としなければならず、高い地位を手に入れたいと思うならば、低い地位を基礎としなければならない。そうであればこそ、侯王は自分のことを孤《こ》（孤児）・寡人《かじん》（徳の少ない人）・不穀《ふこく》（よからぬ者）と〔名のって〕へり下るのである。これこそ賤しい身分〔を根本とすること〕ではなかろう〔か〕。

だから、多くの名誉を受けようとしてそれを貪るならば、かえって名誉は受けられないのである。こういうわけで、〔ぴかぴかと輝く〕玉のようにはなりたくない、ごつごつと固い〔石のようになりたいものだ〕。

## 第四十章

〔反也者〕、道之動也。弱也者、道之用也。天〔下之物生於有、有生於无〕。

〔反《はん》なる者は〕、道の動《うご》きなり。弱《じゃく》なる者は、道の用《はたら》きなり。天《てん》〔下《か》の物は有《ゆう》より生じ、有は无《む》より生ず〕。

〔そもそも世間の反対を向いて行くのが〕、道の運動であり、剛強ではなく柔弱な態度を取るのが、道の作用である。そして、天〔下のあらゆる万物は、存在としての有から生まれるが、その有は反対・柔弱としての無から生まれる〕。

## 第四十一章

〔上士聞道、菫能行之。中士聞道、若存若亡。下士聞道、大笑之。弗笑、不足以爲道。是以建言有之曰、明道如費、進道如退、夷道如類。上德如浴、大白如辱、廣德如不足。建德如偸、質眞如渝、大方无禺。大器免成、大音希聲、大象无刑。道褒无名。夫唯〕道、善〔始且善成〕。

〔上士《じょうし》道を聞けば、菫《つと》（勤）めて能《よ》く之を行う。中士《ちゅうし》道を聞けば、存《そん》するが若《ごと》く亡《な》（無）きが若し。下士《かし》道を聞けば、大いに之を笑う。笑わざれば、以《もっ》て道と為すに足らず。是《ここ》を以て建言《けんげん》に之《これ》有りて曰わく、「明道《めいどう》は費《くら》（䁪）きが如《ごと》く、進道《しんどう》は退《しりぞ》くが如く、夷道《いどう》は類《るい》（纇）の如し。上徳は浴《たに》（谷）の如く、大白《たいはく》は辱《けが》（黷）れたるが如く、広徳《こうとく》は足《た》らざるが如し。建徳《けんとく》は偸《かりそめ》なるが如く、質真《しっしん》は渝《かわ》るが如く、大方《たいほう》は禺《かど》（隅）无《な》し。大器《たいき》は免《おそ》（晩）く成り、大音《たいおん》は声希《かそけ》く、大象《たいしょう》は刑《かたち》（形）无し。」と。道は褒《おお》きくして名《な》无《な》し。夫《そ》れ唯《た》だ〕道は、善く〔始めて且《か》つ善く成す〕。

〔およそ上等の人物が根源の道の話を聞いた場合は、それを行うことができるようになるまで懸命に努力する。中等の人物が道の話を聞いた場合は、ぼんやりとして何のことかよく分からない。下等の人物が道の話を聞いた場合は、これをあざけって大笑いする。彼らに笑われるようでなければ、真の道とするだけの値打ちはないのだ。

こういうわけで、道のことを述べた格言に次のようにある。すなわち、「真に明るい道はかえって暗いように見え、前に進む道はかえって後ろに退くように見え、平らな道はかえってでこぼこのように見える。最上の徳は一見、低い谷のようであり、偉大な栄達《えいたつ》は一見、汚辱《おじょく》のようであり、広闊《こうかつ》な徳は一見、足りないところがあるかのようである。確乎不抜《かっこふばつ》の徳は、いい加減のように見え、素朴な純真さは、変質しやすいように見え、偉大な真四角《ましかく》は、とがった角がない。絶大な器物はなかなか完成せず、絶大な音声は耳に聞き取れず、絶大な形象は姿を具えていないのである。」と。

　このように、根源の道はあまりに巨大である故に名づけようがない。そして、他でもない〔この道こそが、立派に〔事物を開始し、また立派に事物を完成させるのだ〕。

## 第四十二章

〔道生一、一生二、二生三、三生萬物。萬物負陰而抱陽〕、中氣以爲和。天下之所惡、唯孤寡不槖、而王公以自名也。勿或敗之〔而益、益〕之而敗。故人〔之所〕教、夕議而教人。故強良者不得死、我〔將〕以爲學父。

〔道《みち》は一《いち》を生じ、一は二《に》を生じ、二は三《さん》を生じ、三は万物を生ず。万物は陰《いん》を負《お》いて陽《よう》を抱《いだ》き〕、中《ちゅう》〔沖〕気以《きもつ》て和《わ》を為す。天下の悪《にく》む所は、唯《た》だ孤《こ》・寡《か》・不槖《ふこく》〔穀〕なるも、王公《おうこう》は以て自《みずか》ら名《な》づくるなり。勿《もの》〔物〕或《ある》いは之《これ》を敗《そん》〔損〕し〔て益し〕、之を〔益し〕て敗《そん》〔損〕す。故《ゆえ》に人〔の〕教《おし》うる〔所〕は、夕《ま》〔亦〕た議《ぎ》して人に教えん。故に強良《きょうりょう》〔勍〕なる者は死《し》を得ず、我《われ》〔将《まさ》に〕以て学《おし》〔教〕えの父《ちち》と為さん〔とす〕。

〔およそ万物の生成の過程を考えてみると、無である根源の道が一という世界を生み出し、一は分かれて二から成る世界を生み出し、二はまた分かれて三から成る世界を生み出し、そして三は一切の万物を生み出してきた。一切の万物はそれぞれ陰の気を背負い、陽の気を抱きかかえているが〕、活発に運動する気によって全体のバランスを保っている。このように、一切万物の生成は、人々の嫌う無に由来するのだ。

天下の人々が嫌うことと言えば、他でもない孤《こ》（孤児《みなしご》）・寡人《かじん》（徳の少ない人）・不穀《ふこく》（よからぬ者）に指を屈するが、しかし王公はこれらを自称として使用している。このように、ものごとには減らせば〔かえって増え、増やせば〕かえって減ることがあるものである。

そこで、今日、世間の人々〔が〕教えている〔教訓〕は、わたしもまたその議論に加わって人々に教えよう。すなわち、力で押していく剛強な人間はまともな死に方ができない、人々の嫌う柔弱な無に勝るものはないのだ、と。わたしはこの教訓を人々を導く教えの根本としたいと〔思う〕。

## 第四十三章

天下之至柔、〔馳〕騁於天下之致堅、无有入於无閒。五是以知无爲〔之有〕益也。不〔言之〕敎、无爲之益、〔天〕下希能及之矣。

天下の至柔《しじゅう》の、天下の致《し》（至）堅《けん》を〔馳《ち》〕騁《てい》するは、有る无《な》きの間无《あいだな》きに入《い》ればなり。五《われ》（吾）是《ここ》を以《もっ》て无為《むい》〔の〕益《えき》〔有るを〕知るなり。不《ふ》〔言《げん》の〕教《おし》え、无為《むい》の益《えき》は、〔天《てん》〕下《か》能《よ》く之に及《およ》ぶもの希《まれ》なり。

およそ天下の最も柔らかなものが、天下の最も堅いものを〔思いどおりに〕走らせるのは、最も柔らかなものである無が、最も堅いものの隙間のないところにも入りこんでいくからである。だから、わたしは最も柔らかなものとしての無為〔こそが有〕益なのだと思う。一体、無〔言によって与えられる〕教化、無為を通じて得られる利益は、〔天〕下にこれに匹敵するものはまずあるまい。

## 第四十四章

名與身孰親、身與貨孰多、得與亡孰病。甚〔愛必大費、多藏必厚〕亡。故知足不辱、知止不殆、可以長久。

名《な》と身《み》とは孰《いずれ》か親《した》しき、身と貨《たから》とは孰《いずれ》か多《た》なる、得《う》ると亡《うしな》うとは孰か病《へい》なる。甚《はなは》だ〔愛《おし》めば必ず大いに費《つい》やし、多く蔵《ぞう》すれば必ず厚《あつ》く〕亡《うしな》う。故《ゆえ》に足《た》るを知れば辱《はずかし》められず、止《とど》まるを知れば殆《あや》うからず、以て長久《ちょうきゅう》なる可《べ》し。

一体、名声を獲得することと身体を保持することとは、どちらが自分にとって切実であろうか。身体を保持することと財貨を獲得することとは、どちらが自分にとって大切であろうか。財貨を獲得することとそれを喪失することとは、どちらが自分にとって苦痛であろうか。

ひどく〔名声・財貨に執着すれば必ず大きく消耗することになり、たくさん名声・財貨を蓄積すれば必ずごっそり」亡失することになる。だから、それらの欲望充足に満足することを知る者は、辱めを受けることがなく、適当なところで抑止することを忘れない者は、危険な目に遭うことがない。この人はいつまでも長寿を保つことができるのだ。

## 第四十五章

大成若缺、亓用不幣。大盈若盅、亓用不窮。大直如詘、大巧如拙、大贏如炳。趮勝寒、靚勝炅。請靚可以爲天下正。

大成《たいせい》は欠《か》けたるが若《ごと》きも、亓《そ》（其）の用《はたら》きは幣《つ》（敝）きず。大盈《たいえい》は盅《むな》（盅）しきが若きも、亓（其）の用きは窮《きわ》（窘）まらず。大直《たいちょく》は詘《まが》（屈）れるが如《ごと》く、大巧《たいこう》は拙《つたな》きが如く、大贏《たいえい》は炳《しりぞ》（絀）くが如し。趮《あつ》（燥）きは寒《さむ》きに勝ち、靚《しず》（静）かなるは炅《あつ》（熱）きに勝つ。請《せい》（清）靚《せい》（静）なれば以て天下の正《せい》と為《な》る可《べ》し。

一般に、真に完成しているものは、欠けているかのように見えるが、その働きはいつまでも衰えない。真に充実しているものは、空《から》っぽであるかのように見えるが、その働きはいつまでも尽きない。本当にまっ直ぐなものは曲がっているように見え、本当に巧みなものは下手くそのように見え、本当に前向きのものは尻ごみしているように見えるものである。

それと同じで、熱さは冷たさに打ち勝つけれども、静かにしていればその熱さにも打ち勝つことができる。そして、清らかで静かなものこそが、全天下の正長《おさ》となることができるのだ。

# 第四十六章

天下有道、〔卻〕走馬以糞。天下无道、戎馬生於郊。罪莫大於可欲、𢡢莫大於不知足、咎莫憯於欲得。〔故知足之足〕、恆足矣。

天下に道有れば、走馬《そうば》を〔却《か》り〕て以て糞《ふん》す。天下に道无《な》ければ、戎馬《じゅうば》郊《こう》に生む。罪は欲《ほっ》す可《べ》きより大なるは莫《な》く、𢡢《わざわ》（禍）いは足《た》るを知らざるより大なるは莫《な》く、咎《とが》は得んと欲するより憯《いた》ましきは莫し。〔故《ゆえ》に足《た》るを知るの足るは〕、恒《つね》に足るなり。

およそ天下に根源の道が行われている時代には、軍令伝達用の速駆け馬が無用となって畑を耕すのに〔用いられる、というのどかな光景も見られるようになる〕。けれども、天下に道が行われていない時代には、長年の戦争によって軍馬の牡馬《ぼば》が乏しくなり、牝馬《ひんば》までもが戦陣に投入されて、そのために軍馬が首都の近郊で駒《こうま》を産むようなことさえ起きるのである。

天下に道が行われないのは、人々が欲望の追求に走るからだ。人間にとっての罪悪は、ものを欲しがる物欲を持て余していることほど大きなものはなく、人間の災禍は、欲望充足に満足することを知らずどこまでも追求し続けることほど大きなものはなく、人間の罪咎《つみとが》は、ものを得たいという欲望を抑えきれないでいることほど痛ましいものはない。〔だから、満足することを心で真に知っている者の満足は〕、永遠に変わらない本当の満足なのである。

## 第四十七章

不出於戶、以知天下、不規於牖、以知天道。亓出也彌遠、亓〔知彌少。是以聲人不行而知、不見而名〕、弗爲而〔成〕。

戸《と》を出《い》でずして、以《もっ》て天下を知り、牖《まど》を規《うかが》（窺）わずして、以て天道を知る。亓《そ》（其）の出《い》ずること彌《いよ》（弥）いよ遠ければ、亓（其）の〔知ること彌《いよ》（弥）いよ少なし。是《ここ》を以て声《せい》（聖）人《じん》は行《ゆ》かずして知り、見ずして名《あき》（明）らかに〕、為《な》さずして〔成る〕。

理想的な人物である聖人は、家の戸《と》口《ぐち》から外に出ることなく天下の一切を理解し、部屋の窓から外を覗《のぞ》くことなく天道の全てを理解する。遠く外に出て客観的対象を知ろうとすればするほど、〔知りうる内面の真実はますます少なくなっていくものである〕。〔このような事情によって、聖人はことさら外に出ることもないままに全てが分かり、わざわざ目で見ることをしなくてもよろず明瞭に把《とら》えられ〕、意識的に為すまでもなく〔一切が成し遂げられるのだ〕。

## 第四十八章

爲〔學者日益、聞道者日云。云之有云、以至於无爲。无爲而无不爲。將欲〕取天下也、恆〔无事。及亓有事也、不足以取天下〕。

〔学《がく》を〕為《な》す〔者は日に益《ま》し、道を聞く者は日に云《そん》（損）す。之を云《そん》（損）し有《ま》（又）た云《そん》（損）して、以て為す无《な》きに至る。為す无くして為さざる无し。将《まさ》に〕天下を取らんと〔欲《ほっ》する〕や、恒《つね》に〔事《こと》とする无し。亓《そ》（其）の事とする有るに及《およ》びてや、以て天下を取るに足《た》らず〕。

そもそも〔学問を〕修める〔者は、日に日に外部から知識・倫理を取り入れて益していくが、逆に、根源の道を為《おさ》める者は、日に日に内面から夾雑物を捨て去って減らしていく。減らした上にもさらに減らしていくと、ついに一切の人為を捨て去った無為の境地に達するであろう。無為の境地に達するならば、修道者はかえっていかなることも為し遂げることができるのだ〕。

もしも統治者が天下を取って帝王の位に上り〔たいと思う〕ならば、常に〔事業を捨てて無為でなければならない。仮りに事業を企てて人為を行うことがあるとすれば、天下を取ることはできないのである〕。

## 第四十九章

〔聲人恆无心〕、以百〔姓〕之心爲〔心〕。善者善之、不善者亦善〔之、德善也。信者信之、不信者亦信之、德〕信也。〔聲人〕之在天下、𢡄𢡄焉爲天下渾心。百姓皆屬耳目焉、聲人〔皆孩之〕。

〔声《せい》（聖）人《じん》は恒《つね》に心無《な》く〕、百《ひゃく》〔姓《せい》〕の心を以て〔心と〕為す。善《ぜん》なる者は之《これ》を善《よ》しとし、不善《ふぜん》なる者も亦《ま》た〔之《これ》を〕善しとして、〔善しとせらるるを徳《う》（得）るなり。信《まこと》なる者は之を信とし、信《まこと》ならざる者も亦た之を信として〕、信とせらるる〔を徳（得）る〕なり。〔声（聖）人〕の天下に在《あ》るは、𢣉《きゅう》（翕）𢣉《きゅう》（翕）焉《えん》として天下の為《た》めに心を渾《なが》す。百姓《ひゃくせい》は皆《み》な耳目《じもく》を焉《これ》に属《そそ》ぐも、声《せい》（聖）人《じん》は〔皆な之《これ》を孩《わら》う〕。

〔理想的な統治者たる聖人は、いつでも自分の心を持たず〕、統治下の人〔々〕の心を〔自分の心と〕している。人々の中の善い者は善い者として処遇し、悪い者も善い者として処遇するので、〔人々からは善い統治者と認められるのである。人々の誠実な者は誠実な者として信用し、不誠実な者も誠実な者として信用するので〕、人々からは誠実な統治者と信用さ〔れる〕のだ。〔この聖人〕が統治者として天下に君臨するありさまは、ぴたりと人々の心に密着して天下のために自分の心を洗い流してしまう。このような聖人に対して、人々は一斉に目を向け耳をそばだてるが、聖人は〔ただ無邪気に笑っている〕。

## 第五十章

〔出〕生、〔入死。生之徒十〕有〔三、死之〕徒十有三、而民生生、動皆之死地之十有三。夫何故也、以亓生生也。蓋〔聞、善〕執生者、陵行不〔辟〕矢虎、入軍不被甲兵。矢无所椯亓角、虎无所昔亓蚤、兵无所容〔亓刃。夫〕何故也、以亓无死地焉。

生《せい》に〔出《い》でて、死に入《い》る。生の徒《と》は十に三〕有り、〔死の〕徒は十に三有り、而《しこ》うして民の生生《せいせい》として、動きて皆な死地《しち》に之《ゆ》くもの之《こ》れ十に三有り。夫《そ》れ何の故《ゆえ》ぞや、亓《そ》（其）の生生たるを以《もっ》てなり。蓋《けだ》し〔聞く、「善《よ》く〕生を執《と》る者は、陵《やま》に行くも矢《じ》（兕）虎《こ》を〔辟《さ》（避）け〕ず、軍に入るも甲兵《こうへい》を被《まと》わず。矢《じ》（兕）も亓《そ》（其）の角《つの》を椯《つ》（揣）く所無《な》く、虎も亓《そ》（其）の蚤《つめ》（爪）を昔《お》（措）く所无く、兵も〔亓（其）の刃《やいば》を〕容《い》るる所无し。」と。〔夫《そ》れ〕何の故《ゆえ》ぞや、亓《そ》（其）の死地《しち》无きを以てなり。

およそ人間という存在は、この世に生まれ〔出てきて、やがてこの世から去って死んでいく。その中で、長生きできるように生まれついたタイプの者が十分〕の〔三、若死にするように生まれついた〕タイプの者が十分の三、そして、一旦この世に生を受けながらことさら生を求めようともがいて、かえって死に赴くタイプの者が十分の三である。最後のタイプがなぜこうなるのかと言えば、彼らが生を求めようとしてあまりに生に執着するからである。

わたしの〔聞いたところによれば、「たくみに〕生を養う者は、山陵に分け入る場合も兕《じ》（犀の一種）や虎といった猛獣を〔避け〕ないし、軍隊に入って戦う場合も鎧《よろい》や刀を身にまとわない。なぜなら、この人に向かっては、兕もその角を突き立てようがなく、虎もその爪を引っかけようがなく、刀も〔その刃《やいば》〕を切りこみようがないからだ。」と言う。〔それは一体〕なぜかと言えば、このような人には死の条件がないからである。

## 第五十一章

道生之、而徳畜之、物刑之、而器成之。是以萬物尊道而貴〔徳。道〕之尊、徳之貴也、夫莫之时、而恆自然也。道生之畜之、長之遂之、亭之〔毒之、養之復之。生而〕弗有也、爲而弗寺也、長而弗宰也。此之謂玄德。

道之《みちこれ》を生《しょう》じて、徳之《とくこれ》を畜《やしな》い、物之《ここ》に刑《あら》（形）われて、器之《うつわここ》に成《な》る。是《ここ》を以《もっ》て万物は道を尊《とうと》びて〔徳を〕貴《とうと》ぶ。〔道〕の尊く、徳の貴きや、夫《そ》れ之を时《しゃく》（爵）するもの莫《な》くして、恒《つね》に自然《しぜん》なればなり。道之《みちこれ》を生じ之を畜《やしな》い、之を長《ちょう》じ之を遂《と》げしめ、之を亭《さだ》め〔之を毒《あつ》くし、之を養い之を復《おお》（覆）う。生ずれども〕有《ゆう》せざるなり、為《な》れども寺《たの》（恃）まざるなり、長《ちょう》ずれども宰《つかさど》らざるなり。此《これ》を之《これ》玄徳《げんとく》と謂《い》う。

根源の道が万物を生み出し、その働きである徳がそれを養い育てると、そのことによって万物はそれぞれ形を持ってこの世に出現し、用途を有する道具となって完成していく。それ故、出現・完成させられた万物は根源の道を尊び、〔徳を〕貴ぶわけである。〔道〕がこのように尊く、徳がこのように貴い理由は、そもそも道と徳に爵位を与えることのできる、それら以上のものは存在せず、道と徳がいかなる存在・変化をも常に自力で主宰しているからである。

要約して述べれば、道という実在は、あらゆる万物を生み出し養い育て、生長させ伸長させ、安定させ〔成熟させ、養護し庇護していく。とは言うものの、万物が生み出されても〕道はそれを所有せず、万物が成就しても道はそれに依頼せず、万物が成長しても道はそれを支配しないのである。これを奥深い徳と言う。

# 第五十二章

天下有始、以爲天下母。旣得亓母、以知亓〔子、旣知亓子〕、復守亓母、沒身不殆。塞亓閟、閉亓門、終身不堇。啓亓閟、濟亓事、終身〔不來。見〕小曰〔明〕、守柔曰強。用亓光、復歸亓明、毋遺身央、是胃襲常。

天下に始《はじ》め有り、以《もっ》て天下の母《はは》と為す。旣《すで》（既）に亓《そ》（其）の母を得て、以て亓（其）の〔子を〕知り、〔旣《すで》（既）に亓（其）の子を知りて〕、復《ま》た亓（其）の母を守れば、身《み》を没《ぼっ》（歿）するまで殆《あや》うからず。亓《そ》（其）の閟《あな》（兌）を塞《ふさ》ぎ、亓（其）の門を閉《と》ざせば、身を終《お》うるまで堇《つか》（勤）れず。亓（其）の閟《あな》（兌）を啓《ひら》き、亓（其）の事《こと》を済《な》せば、身を終《お》うるまで〔来《かえ》らず〕。小《ちい》さきを〔見る〕を〔明《あき》らか〕と曰《い》い、柔《やわ》らかきを守るを強《つよ》しと曰う。亓（其）の光《ひかり》を用いて、亓（其）の明《あき》らかなるに復帰《ふっき》し、身《み》の央《わざわ》（殃）いを遺《のこ》す毋《な》き、是《これ》を常《つね》に襲《い》ると胃《い》（謂）う。

この天下には始まりがあり、それは根源の道である。それを天下の万物を生み出す母と呼ぼう。その母である道を把《とら》えた上で、その〔子である万物のありさまを〕知り、〔その子、万物のありさまを知った上で〕、さらにその母、道の立場を守り続けるならば、一生の間、危険な目に遭うことはない。

道を把える把え方について言えば、それは耳目鼻口などといった欲望の穴を塞ぎ、知覚の門を閉ざすことである。この道を守っていくならば、一生の間、疲れることがないけれども、反対にこの道を捨てて、耳目鼻口などの穴を開き、それらを用いて人為の事業を行うならば、一生の間、〔本来の自分に立ち返ることはできないのだ〕。

ところで、小さなものを〔見定める〕のを道を知る〔明知〕と言い、柔らかさを保ち続けるのを道に基づく強靭《きょうじん》と言う。我々が、持って生まれた知恵の光を用いながらも、道を知る明知に立ち戻っていくならば、我が身の災いは全て消え失せるはずである。恒常不変の道への参入とは、こういうことなのである。

## 第五十三章

使我摞有知也、〔行於〕大道、唯〔他是畏。大道〕甚夷、民甚好解。朝甚除、田甚芜、倉甚虚、服文采、帯利〔剣、猒〕食、貨〔財有餘。是胃盜杅。非道也茲〕。

我をして摞《かか》〔挈〕ぐるに知《ち》有らしむれば、大道《たいどう》〔を行きて〕、唯《た》だ〔他《よこしま》（迆）なるを是《こ》れ畏《おそ》れん。大道は〕甚《はなは》だ夷《たい》らかなるも、民は甚だ解《こみち》（径）を好む。朝《ちょう》は甚だ除《きよ》められ、田《た》は甚だ芜《あ》（蕪）れ、倉《くら》は甚だ虚《むな》しきに、文采《ぶんさい》を服《ふく》し、利《り》〔剣《けん》を〕帯《お》び、食〔に猒《あ》き〕、貨〔財に余《あま》り有り。是《これ》を盗杅《とうう》（竽）と胃《い》〔謂〕う。道に非《あら》ざるかな〕。

仮りにもしわたしが知恵を持って高く掲げるとすれば、天下の根源をなす大道〔を歩んで〕、ただ〔脇道にそれるのを慎むことだけに用いたい。大道は〕この上なく平坦なものであるのに、人々はひどく脇道にそれることを好むのである。

現代の天下を眺めてみると、上では朝廷は手入れが行き届き、綺麗《きれい》に掃き清められている一方、下では田畑は荒れ果て、米倉は空っぽである。それにもかかわらず、高貴な身分の者たちは、美しい衣装を身につけ、名〔剣を〕腰に帯び、〔思う存分〕飯《めし》を食い、〔有り余る〕財〔産を貯めこんでいる。こういうのを大泥棒と呼ぶが、道とは縁もゆかりもない連中だ〕。

## 第五十四章

善建〔者不〕拔、〔善抱者不脫〕、子孫以祭祀〔不絕。脩之身、亓德乃眞。脩之家、亓德有〕餘。脩之〔鄉、亓德乃長。脩之邦、亓德乃夆。脩之天下、亓德乃愽〕。以身〔觀〕身、以家觀家、以鄉觀鄉、以邦觀邦、以天〔下〕觀〔天下。吾何以知天下之然茲、以此〕。

善《よ》く建《た》つる〔者は〕抜《ぬ》け〔ず、善く抱《いだ》く者は脱《ぬ》けず〕、子孫以《もっ》て祭祀《さいし》して〔絶《た》えず。之《これ》を身に脩《おさ》むれば、亓《そ》（其）の徳は乃《すなわ》ち真《まこと》なり。之を家に脩むれば、亓（其）の徳は〕余《あま》り〔有り〕。之を〔郷《きょう》に〕脩むれば、〔亓（其）の徳は乃ち長し。之を邦《くに》に脩むれば、亓（其）の徳は乃ち夆《ゆた》（豊）かなり。之を天下に脩むれば、亓（其）の徳は乃ち愽《あまね》（溥）し〕。身《み》を以て身〔を観《み》〕、家を以て家を観、郷を以て郷を観、邦を以て邦を観、天〔下〕を以て〔天下を〕観る。〔吾何《われなに》を以て天下の然《しか》るを知るや、此《これ》を以てなり〕。

根源的な道を確立することの意義について述べてみよう。しっかりと打ち建てられた〔道は〕引き抜かれることが〔なく、しっかりと抱えこまれた道は抜け落ちることがない〕。このようにして創業した祖先を子孫は代々祭り続けて、その祭祀は〔いつまでも絶えることがないであろう〕。

〔この道はさまざまのレベルで有効性を発揮する。この道を、我が身において修めるならば、その結果、我が身は真実となり、我が家において修めるならば、その結果、我が家は〕裕福〔となり、郷里において〕修めるならば、〔郷里は長く維持され、国家において修めるならば、国家は富強となり、天下において修めるならば、天下は普《あまね》く統治されるであろう〕。

しかし同時に、我々は身・家・郷里・国家・天下という各レベルを、それぞれのあり方に即して具体的に理解しなければならない。すなわち、身の立場に立って身のあり方〔を理解し〕、家の立場に立って家のあり方を理解し、郷里の立場に立って郷里のあり方を理解し、国家の立場に立って国家のあり方を理解し、天〔下〕の立場に立って〔天下のあり方を〕理解する、このような配慮が必要なのだ。〔わたしがいかにして天下の情況を知りうるのかと言えば、以上の方法によってである〕。

## 第五十五章

〔含德〕之厚〔者〕、比於赤子。逢蝲螝地弗螫、攫鳥猛獸弗搏。骨弱筋柔而握固、未知牝牡〔之會〕而朘〔怒〕、精〔之〕至也。終日號而不㕅、和之至也。和曰常、知和曰明、益生曰祥、心使氣曰強。〔物壯〕即老、胃之不道。不〔道〕蚤〔已〕。

〔徳を含むこと〕の厚《あつ》き〔者は〕、赤子《あかご》に比《なぞら》う。逢《ほう》（蜂）蝲《らつ》（蠆）螝《き》（虺）地《だ》（蛇）も螫《さ》さず、攫《きよく》鳥猛獣《ちようもうじゆう》も搏《とら》えず。骨弱《ほねよわ》く筋柔《きんやわ》らかなるも握《にぎ》ること固《かた》く、未《いま》だ牝牡《ひんぼ》〔の会《かい》〕を知らざるも朘《しゆん》〔怒《ど》するは〕、精《せい》〔の〕至《いた》りなり。終日号《しゆうじつさけ》ぶも㕅《むせ》（嚘）ばざるは、和《わ》の至りなり。和を常《つね》と曰《い》い、和を知るを明らかと曰い、生を益《ま》すを祥《わざわ》（妖）いと曰い、心 気を使うを強《つよ》しと曰う。〔物壮《さか》んなれば〕即《すなわ》ち老《お》ゆ、之《これ》を道ならずと胃《い》（謂）う。〔道なら〕ざれば蚤《はや》（早）く〔已《や》む〕。

〔心の内奥に徳（道の働き）を〕豊かに〔蔵している人は〕、赤ん坊にも譬えられる。この人に対しては、蜂やさそり、まむしや蛇も嚙みつかず、爪を立てた鳥や、たけだけしい猛獣も襲いかからない。骨格は弱く筋肉はしなやかでも拳《こぶし》の握りは固く、まだ男女〔の交合〕を知らないのに性器が〔勃起するのは〕、身体の気の精妙さ〔の〕極みである。一日中、泣き叫んでいるのに喉《のど》がむせばないのは、身体の気の調和の極みである。

このように、身体の気が調和することを恒常不変性の獲得と言い、気の調和について心得ることを明知と言う。反対に、無理に寿命を伸ばそうとするのを災《わざわ》いと言い、心が身体の気を制御するのを強壮と言う。〔いかなる物もみな強壮にすると〕やがて老弱に転ずるが、これを根源の道に対する違反と言う。〔道に〕違反する者はたちどころに〔亡びることになるのだ〕。

## 第五十六章

〔知者〕弗言、言者弗知。塞亓悶、閉亓〔門、和〕其光、同亓墼、坐亓閲、解亓紛。是胃玄同。故不可得而親、亦不可得而疏。不可得而利、亦不可得而害。不可〔得〕而貴、亦不可得而淺。故爲天下貴。

〔知る者は〕言わず、言う者は知らず。亓《そ》（其）の悶《あな》（兌）を塞《ふさ》ぎ、亓（其）の〔門を〕閉ざし、其の光を〔和《やわ》らげ〕、亓（其）の墼《ちり》（塵）に同《どう》じ、亓（其）の閲《するど》（鋭）きを坐《くじ》（剉）き、亓（其）の紛《みだ》れに解《かい》す。是《これ》を玄同《げんどう》と胃《い》（謂）う。故《ゆえ》に得て親しむ可《べ》からず、亦《ま》た得て疏《うと》んず可からず。得て利《り》す可からず、亦た得て害す可からず。〔得〕て貴《とうと》ぶ可からず、亦た得て浅《いや》（賤）しむ可からず。故《ゆえ》に天下の貴《とうと》きものと為《な》る。

〔そもそも何かを真に知っている者は〕それを話さず、何かについて話す者は実はそれを知っていない。わたしの求める真の知とは、人間が耳目鼻口などといった感覚の穴を塞いで、〔知覚の門〕を閉ざし、己の知恵の光を〔和《やわ》らげて〕、塵のような混沌たる世界と一つになり、己の鋭い頭脳を挫《くじ》いて、乱れた万物のそれ自体の中に融即していく、というものだ。これを混沌たる世界との奥深い合一と言うのである。

このように世界と合一した者に対しては、誰一人として親愛することもできず、また疎外することもできない。利益を与えることもできず、また損害を与えることもできない。高貴な地位につけることも〔でき〕ず、また卑賤な身分に落とすこともできない。だからこそ、天下で最も貴い人となるのだ。

## 第五十七章

以正之邦、以畸用兵、以无事取天下。吾何〔以知亓然〕也戋。夫天下〔多忌〕諱、而民彌貧。民多利器、而邦家茲昬。人多知、而何物茲〔起。法物茲章、而〕盗賊〔多有。是以聖人之言曰〕、我无爲也、而民自化。我好靜、而民自正。我无事、民〔自富。我欲不欲、而民自樸〕。

正《ただ》しきを以《もっ》て邦《くに》を之《おさ》（治）め、畸《き》（奇）なるを以て兵を用い、事《こと》とする无《な》きを以て天下を取る。吾《われ》何《なに》を〔以て亓《そ》（其）の然《しか》るを知る〕や。夫《そ》れ天下に〔忌《き》〕諱《き》〔多く〕して、民《たみ》彌《いよ》（弥）いよ貧し。民に利器《りき》多くして、邦家《ほうか》茲《いよ》（滋）いよ昏《みだ》る。人に知《ち》多くして、何《き》（奇）物《ぶつ》茲《いよ》（滋）いよ〔起こる。法物《ほうぶつ》茲《いよ》（滋）いよ章《あき》らかにして〕、盗賊〔多く有り。是《ここ》を以て声（聖）人の言《げん》に曰《い》わく〕、「我《われ》為《な》す无くして、民〔自ら富《と》む。我 不欲《ふよく》を欲《ほっ》して、民自《みずか》ら化《か》す。我静かなるを好みて、民自ら正《ただ》す。我事《こと》とする无くして、民自ら樸《ぼく》なり。」と〕。

およそ一つの国家を治める場合には正道により、他国と戦争を行う場合には奇策を用いるが、しかし、天下全体を取る場合には、事業を興こさない無為の立場に立つ必要がある。わたしにどう〔して無為の立場でなければならないと分かる〕のかと言えば、以下のとおりである。

一体、天下に〔禁〕令が〔多く発布される〕と、人民はいよいよ貧しくなり、人民の間に文明の利器が普及すると、国家はますます混乱する。人々が知恵を発達させると、奇をてらった品物がますます多く〔作られ、法律などという代物《しろもの》が明示されると〕、盗賊が〔大量に発生することになる。このように、さまざまの事業を興こす有為の立場では悪いことしか生まれないからだ〕。〔こういうわけで、理想的な統治者たる聖人の言葉に次のようにある〕。「わたしが人為を行わなければ、人民は自分から進んで教化され、わたしが静けさを好むならば、人民は自分から進んで正しくなっていく。わたしが事業を行わなければ、人民は〔自分から進んで裕福になり、わたしが無欲に徹するならば、人民は自分から進んで素朴に返っていくのだ。」と〕。

# 第五十八章

〔亓正閔閔、亓民屯屯〕。亓正察察、亓邦夬夬。〓、福之所倚。福、〓之所伏。〔孰知亓極、亓无正也。正復爲奇、善復爲妖。人之悉也、亓日固久矣。是以方而不割、兼而不刺、直而不紲、光而不眺〕。

〔亓《そ》（其）の正《まつりごと》（政）閔《びん》（紊）閔《びん》（紊）たれば、亓（其）の民は屯《とん》（惇）屯《とん》（惇）たり〕。亓（其）の正（政）察察《さつさつ》たれば、亓（其）の邦《くに》は夬《かい》（快）夬《かい》（快）たり。〓《わざわ》（禍）いは、福《ふく》の倚《よ》る所なり。福は、〓《わざわ》（禍）いの伏《ふく》する所なり。〔孰《だれ》か亓（其）の極《きょく》を知らん、亓（其）れ正《せい》无《な》きなり。正は復《ま》た奇《き》と為《な》り、善《ぜん》は復た妖《よう》と為る。人の悉《まよ》（迷）うや、亓（其）の日《ひ》固《もと》（故）より久《ひさ》し。是《ここ》を以て方《ほう》なれども割《さ》かず、兼《れん》（廉）なれども刺《さ》さず、直《なお》けれども紲《の》（泄）びず、光《ひかり》あれども眺《かがや》（燿）かさず〕。

〔一般に、統治者の行う政治がもたもたと乱れていると、人民はどっしりと重厚に構えるものであり〕、統治者の政治がきびきびと明敏であると、国家はずけずけと争奪に走るものである。

これと同じように、禍《わざわ》いがあればその陰に福《ふく》が身を寄せており、福があればその下に禍《わざわ》いが隠れており、禍いと福とを単純に分けて取り出すことはできない。〔両者の相異の根本のところは、一体、誰に分かろうか。そもそも固定的な正しい姿などというものは存在しないのである。正しい姿はやがてひっくり返って奇《あや》しい姿となり、善い形はやがてひっくり返って妖《あや》しい形となるものなのだ。人間が政治や禍福などについてめぐらす知の営みにはこうした事情がまつわっているために、人々が判断に迷うのは当然のことで、それは何も今に始まったことではない〕。

〔だから、方正な態度を取ってもやり過ぎて他人を傷つけることがなく、廉潔な態度を取ってもやり過ぎて他者を損なうことがなく、まっ直ぐであっても行き過ぎのあまり押しが強くなく、知恵の光があっても行き過ぎのあまりまぶしくない、という道の立場に立つ必要があるのである〕。

## 第五十九章

〔治人事天、莫若嗇。夫唯嗇、是以蚤服。蚤服、是胃重積德。重積德、則无不克。无不克、則莫知亓極。莫知亓極〕、可以有國。有國之母、可以長久。是胃深槿固氐、長〔生久視之〕道也。

〔人を治《おさ》め天に事《つか》うるには、嗇《しょく》に若《し》くは莫《な》し。夫《そ》れ唯《た》だ嗇なり、是《ここ》を以て蚤《はや》（早）く服《そな》（葡）う。蚤（早）く服（葡）う、是《これ》を重《かさ》ねて徳を積むと胃《い》（謂）う。重ねて徳を積めば、則ち克《か》たざる无《な》し。克たざる无ければ、則《すなわ》ち亓《そ》（其）の極《きょく》を知る莫《な》し。亓（其）の極を知る莫ければ〕、以て国を有《たも》つ可《べ》し。国の母《はは》を有てば、以て長久《ちょうきゅう》なる可し。是《これ》を槿《ね》（根）を深《ふか》くし氐《もと》（柢）を固《かた》くすと胃《い》（謂）う、長《ちょう》〔生久視《せいきゅうし》の〕道なり。

〔為政者が人々を統治し、天帝を祭祀するためには、派手なむだ使いを抑えてつつましく生きることが最も大切である。ただつつましく生きさえすれば、為政者は速やかに道を身に具えることができるだろう。速やかに道を身に具えることを、幾重にも徳（道の働き）を積み重ねることと呼ぶ。幾重にも徳を積み重ねるならば、彼はどんなものにも打ち勝つことができるだろう。どんなものにも打ち勝つならば、彼の力はどこまでも限りなく拡がっていくだろう。力が限りなく拡がるならば〕、為政者は国家を所有することさえできるのである。
国家の母とも言うべき道を所有するならば、その国家を永続させることも不可能ではない。これを深くしっかりと大地に根を張ることと呼ぶが、これこそが為政者も国家もともに永遠に〔生きながえる〕道に他ならない。

## 第六十章

〔治大邦、若亨小鮮。以道立〕天下、亓鬼不神。非亓鬼不神也、亓神不傷人也。非亓申不傷人也、聖人亦弗傷〔也。夫兩〕不相〔傷、故〕德交歸焉。

〔大邦《たいほう》を治《おさ》むるは、小鮮《しょうせん》を亨《に》（烹）るが若《ごと》し。道《みち》を以《もっ》て〕天下に〔立《のぞ》（莅）めば〕、亓《そ》（其）の鬼《おに》は神《しん》ならず。亓（其）の鬼《おに》神《しん》ならざるに非《あら》ざるなり、亓（其）の神《しん》人を傷《きず》つけざるなり。亓（其）の申《しん》（神）人を傷つけざるのみに非ざるなり、聖人《せいじん》も亦《ま》た傷つけざる〔なり。夫《そ》れ両《ふた》つながら〕相《あ》い〔傷つけ〕ず、〔故《ゆえ》に〕徳は交《こも》ごも焉《これ》に帰《き》す。

〔一体、大国を統治するのは、譬《たと》えてみれば小魚を煮るようなもので、つついたりかき回したりしない。統治を行う聖人が、道の立場に立って〕天下に〔君臨する〕ならば、冥界の鬼神たちもこの世にたたりを下すことはない。冥界の鬼神たちがたたりを下さないのではなく、鬼神たちの霊力がこの世の人々を傷つけることがないのである。彼らの霊力が人々を傷つけないばかりでなく、統治する聖人もまた人々を傷つけない〔のだ。このように、冥界の鬼神たちとこの世の聖人との両者ともに〕人々を〔傷つける〕ことがない。〔その結果〕奥深い徳（道の働き）はこもごも人々の身に集まってくるのである。

## 第六十一章

大邦者、下流也、天下之牝、天下之郊也。牝恆以靚勝牡、爲亓靚〔也、故〕宜爲下。大邦〔以〕下小〔邦〕、則取小邦。小邦以下大邦、則取於大邦。故或下以取、或下而取。〔故〕大邦者不過欲兼畜人、小邦者不過欲入事人。夫皆得亓欲、〔故大〕邦〔者宜〕爲下。

大邦《たいほう》なる者は、下流《かりゅう》なり、天下の牝《めす》なり、天下の郊《こう》なり。牝の恒《つね》に靚《しず》（静）かなるを以て牡《おす》に勝つは、亓《そ》（其）の靚《しず》（静）かなるが為《た》め〔なり、故に〕宜《よろ》しく下《した》と為《な》るべし。大邦は〔以て〕小《しょう》〔邦《ほう》〕に下《くだ》れば、則《すなわ》ち小邦を取《と》る。小邦は以て大邦に下れば、則ち大邦に取《と》らる。故に或るものは下りて以て取り、或るものは下りて取らる。〔故《ゆえ》に〕大邦なる者は兼《か》ねて人を畜《やしな》わんと欲《ほっ》するに過ぎず、小邦なる者は入《い》りて人《ひと》に事《つか》えんと欲するに過ぎず。夫《そ》れ皆な亓《そ》（其）の欲《よく》を得《う》れば、〔故に大〕邦なる〔者 宜《よろ》しく〕下《した》と為《な》る〔べし〕。

一体、大国というものは、譬《たと》えてみれば、大河の下流であり、巨大な天下の牝《めす》であり、広大な天下の郊外である。牝《めす》がいつでも静けさを保っていて牡《おす》に勝つのは、静けさを保っているからこそ〔である。それ故〕大国は下手に出るのがよい。

大国であり〔ながら〕小〔国〕の下手に出るならば、小国を併合することになるであろう。小国でありながら大国の下手に出るならば、大国に併合されることになるであろう。それ故、一方は下手に出ることによって併合し、他方は下手に出ることによって併合される。〔こういうわけで〕、大国もただ小国を併合して、全ての君主を養育しようと望んでいるだけのことであり、小国もただ大国に併合されて、その君主に奉仕したいと願っているだけのことである。そもそも両者ともにその願望を実現する〔のだから、大〕国〔の方こそが〕下手に出るのが〔よい〕。

## 第六十二章

〔道〕者、萬物之注也、善人之瑈也、不善人之所瑈也。美言可以市、尊行可以賀人。人之不善也、何〔棄之〕有。故立天子、置三卿、雖有共之璧以先四馬、不善〈若〉坐而進此。古之所以貴此者、何也。不胃求〔以〕得、有罪以免輿。故爲天下貴。

〔道《みち》〕なる者は、万物の注《しゅ》（主）なり、善人《ぜんにん》の瑈《たから》（宝）なり、不善人《ふぜんにん》の瑈《たも》（保）つ所なり。美言《びげん》は以《もっ》て市《う》る可《べ》く、尊行《そんこう》は以て人に賀《くわ》（加）う可し。人の不善《ふぜん》や、何《なん》の〔棄《す》つることか之《これ》〕有らん。故に天子を立て、三卿《さんけい》を置くに、之《これ》に璧《へき》を共《すす》（供）めて以て四《し》（駟）馬《ば》に先《さき》だたしむること有りと雖《いえど》も、坐《ざ》して此《これ》を進むるに善《し》〈若〉かず。古《いにしえ》の此を貴《とうと》ぶ所以《ゆえん》の者は、何ぞや。求むれば〔以て〕得られ、罪《つみ》有れば以て免《まぬか》ると胃《い》（謂）うにあらずや。故に天下の貴《とうと》きものと為る。

〔一体、根源的な道〕というものは、万物の中心に位置する主《あるじ》であり、善人が大切に守る宝物であり、悪人でさえ抱く持ち物である。善人の宝について述べれば、美しい言葉は市場に出して売り買いすることができるし、尊い行いは他人に与えて役に立てることができる。悪人の持ち物について述べれば、人間の身に具わる悪であったとしても、どうして〔捨ててしまって〕よいものであろうか。

それ故、賢者を選んで天子に立て、その補佐役を三卿《さんけい》に置くというような場合には、まず彼らに璧玉を薦めて招聘の礼を取り行い、その後、四頭立ての馬車を仕立てて迎えに行くなどといった振る舞いよりも、じっと坐ったままで彼らにこの道を贈呈する方がまさっている。

その昔、この道が貴ばれたのは、なぜであろうか。求めるものが〔この道によって〕得られ、罪を犯してもこの道によって免れうるためではなかろうか。だからこそ、天下で最も貴いものとなったのである。

## 第六十三章

爲无爲、事无事、味无未、大小多少、報怨以德。圖難乎〔亓易也、爲大乎亓細也〕。天下之難作於易、天下之大作於細。是以聖人冬不爲大、故能〔成亓大。夫輕若必寡信、多易〕必多難。是〔以聖人〕猷難之、故終於无難。

无《む》為《い》を為し、无事《むじ》を事《こと》とし、无未《むみ》（味）を味《あじ》わい、大小も多少も、怨《うら》みに報《むく》ゆるに徳を以てす。難《かた》きを〔亓《そ》（其）の易《やす》きに〕図《はか》り、〔大なるを亓（其）の細《こま》かきに為すなり〕。天下の難きは易きに作《お》こり、天下の大なるは細かきに作こる。是《ここ》を以て聖人《せいじん》は冬《つい》（終）に大を為さず、故に能《よ》く〔亓（其）の大を成す。夫《そ》れ軽《かる》がるしく若《だく》（諾）すれば必ず信寡《まことすくな》く、易《やす》しとすること多ければ〕必ず難きこと多し。是を〔以て聖人《せいじん》〕すら猷《な》（猶）お之を難《かた》しとす、故に難きこと无《な》きに終わる。

一切の人為を排した無為を為し、全く事業を行わない無事を行い、全然、味のしない無味を味わうことを通じて根源的な道の立場を確立しながら、大であれ小であれ多であれ少であれどんな事態に立ち至ろうと、他人から怨みの仕打ちを受けることがあった場合でも徳（道の働き）でもって応ずるのがよい。

徳でもって応ずるとはどういうことかと言えば、この世の中に生起する難しい事業に対しては、〔その易しい萌芽の状態〕において対策を考え、〔大きな事業に対しては、小さな前兆の段階において対策を施すのである〕。なぜなら、天下のあらゆる難事はいずれも易しい萌芽状態から生起し、天下のあらゆる大事はいずれも小さな前兆段階から発生するからだ。こういうわけで、理想的な人物たる聖人は最後まで大きな事業を為そうとしないが、だからこそ〔大きな事業を成し遂げる〕ことができるのである。

〔一体、軽々しく安請け合いする者は、必ず信実に乏しいものであり、たやすいと甘く見ることが多い者は〕、必ず多くの困難に陥るものだ。こういう〔わけで、理想的な人物たる聖人〕でさえ事態を難しく考えて取り組むのだが、そうであればこそ彼は最後まで困難に陥らないのである。

## 第六十四章

亓安也易持也、〔亓未兆也〕易謀〔也、亓脃也易泮也、亓微也易散也。爲之於亓未有、治之於亓未亂。合抱之木、作於〕毫末、九成之臺、作於羸土、百仁之高、台於足〔下。爲之者敗之、執之者失之。是以聲人无爲〕也、〔故〕无敗〔也〕。无執也、故无失也。民之從事也、恒於亓成事而敗之。故愼終若始、則〔无敗事矣。是以聲人〕欲不欲、而不貴難得之⿰貝爲。學不學、而復衆人之所過。能輔萬物之自〔然、而〕弗敢爲。

亓《そ》（其）の安《やす》らかなるや持《じ》し易《やす》きなり、〔亓（其）の未《いま》だ兆《きざ》さざるや〕謀《はか》り易〔きなり、亓（其）の脆《もろ》きや泮《わか》（判）ち易きなり、亓（其）の微《かす》かなるや散《さん》じ易きなり。之《これ》を亓（其）の未《いま》だ有らざるに為し、之を亓（其）の未だ乱れざるに治む。合抱《ごうほう》の木は〕、毫末《ごうまつ》〔に作《お》こり〕、九成《きゆうせい》の台《うてな》は、羸《るい》（虆）土《ど》に作《お》こり、百仞《ひやくじん》（仞）の高きは、足《そつ》〔下《か》〕に台《はじ》（始）まる。〔之《これ》を為《な》す者は之を敗《やぶ》り、之を執《と》る者は之を失う。是《ここ》を以《もつ》て声《せい》（聖）人《じん》は為す无《な》き〕なり、〔故に〕敗《やぶ》るる无き〔なり〕。執《と》る无きなり、故に失う无きなり。民の事《こと》に従《したが》うや、恒《つね》に亓《ほとん》（幾）ど事を成さんとするに於《お》いて之を敗る。故に終わりを慎《つつし》むこと始めの若《ごと》くすれば、則《すなわ》ち〔事を敗る无し。是《ここ》を以《もつ》て声（聖）人は〕不欲《ふよく》を欲《ほつ》して、得難《えがた》きの⿰貝爲《たから》（⿰貝爲）を貴ばず。不学《ふがく》を学びて、衆人《しゆうじん》の過《す》ぐる所に復《かえ》る。能《よ》く万物の自《し》〔然《ぜん》〕を輔《たす》け〔て〕、敢《あ》えて為さず。

およそ事物という存在者の性質は、安定しているものは維持しやすく、〔まだ兆候《ちようこう》の現われていないものは〕対策を考えやす〔く、脆弱《ぜいじやく》なものは分割しやすく、微細なものは分散させやすいものである。だから、それらに対しては、まだ形の現われない内に処置し、まだ混乱しない内に統治するのがよい。それと言うのも、一抱えの大木も〕、毛先ほどの萌芽〔の状態から生じ〕、九層の高台も、一もっこの土の積み重ねから立ち上がり、百仞《ひやくじん》（約百五十メートル）の高みも、足《あし》〔下《もと》の第一歩〕から登り始めるものだからである。

〔ところで、事物を人為的に為そうとする者はそれをぶち壊し、事物を捕《つか》まえようとする者はそれを取り逃がしてしまう。それ故、理想的な人物たる聖人は、事物に人為を加えようとしない。だから〕、ぶち壊すこともない〔のだ〕。また、事物を捕まえようとしない。だから、取り逃がすこともないのである。一方、世間の民衆が人為を施して仕事を行う場合、いつでも間もなく完成するという段階になってそれをぶち壊してしまう。だから、最終の段階を最初の段階と同じように慎重に取り扱うならば、〔仕事をぶち壊すことはないであろう。こういうわけで、聖人は〕欲望のなさを己《おのれ》の欲望として、得がたい財宝などを珍重せず、また学問のなさを己《おのれ》の学問として、大衆の通り過ぎてしまう根源の道に立ち返り、さらに万物の自力で〔行う自主性〕を助ける〔だけで〕、敢えてそれに人為を加えようとはしないのだ。

## 第六十五章

故曰、爲道者、非以明民也、將以愚之也。民之難〔治〕也、以亓知也。故以知知邦、邦之賊也。以不知知邦、〔邦之〕德也。恆知此兩者、亦稽式也。恆知稽式、此胃玄德。玄德深矣遠矣、與物〔反〕矣。乃〔至大順〕。

故《ゆえ》に曰《い》わく、「道を為《おさ》むる者は、以《もっ》て民を明らかにせんとするに非《あら》ざるなり、将《まさ》に以て之を愚《おろ》かにせんとするなり。」と。民の〔治め〕難《がた》きや、亓《そ》〔其〕の知《ち》あるを以てなり。故に知を以て邦《くに》を知《おさ》〔治〕むるは、邦《くに》の賊《ぞく》なり。不知《ふち》を以て邦を知〔治〕むるは、〔邦の〕徳《とく》なり。恒《つね》に此《こ》の両者《りょうしゃ》を知るは、亦《ま》た稽《かい》〔楷〕式《しき》なり。恒に稽〔楷〕式を知る、此《これ》を玄徳《げんとく》と胃《い》〔謂〕う。玄徳は深《ふか》し遠《とお》し、物と〔反《はん》す〕。乃《すなわ》ち〔大順《たいじゅん》に至《いた》る〕。

そこで、「根源の道を修める者は、この道によって人民に知恵をつけさせようとするのではなく、反対に人民を愚かにしようとするのだ。」と言われている。人民を〔統治する〕ことが難しいのは、彼らに知恵があるからである。

したがって、人々の知恵を駆使して国家を統治するのは、国家を損なうことであり、逆に人々に知恵を捨てさせて国家を統治するのは、〔国家に〕徳（道の働き）をもたらすことである。いつでもこの両者をわきまえていること、これを奥深い徳と言う。奥深い徳は、甚だ深遠であり甚だ遠大であって、世間の事物とは〔逆向き〕である。そうであればこそかえって、〔絶対の順向き、すなわち根源の道に到達するのだ〕。

## 第六十六章

〔江〕海之所以能爲百浴王者、以亓善下之、是以能爲百浴王。是以聖人之欲上民也、必以亓言下之。亓欲先〔民也〕、必以亓身後之。故居前而民弗害也、居上而民弗重也。天下樂隼而弗猒也、非以亓无諍與、〔故天下莫能與〕諍。

〔江《こう》〕海《かい》の能《よ》く百浴《ひゃっこく》（谷）の王《おう》と為《な》る所以《ゆえん》の者は、亓《そ》（其）の善く之《これ》に下《くだ》るを以てなり、是《ここ》を以《もっ》て能く百浴（谷）の王と為る。是を以て聖人《せいじん》の民《たみ》に上《のぼ》らんと欲《ほっ》するや、必ず亓（其）の言《げん》を以て之に下る。亓（其）の〔民に〕先《さき》んぜんと欲する〔や〕、必ず亓（其）の身《み》を以て之に後《おく》る。故に前に居《お》るも民害《がい》とせざるなり、上に居るも民重《おも》しとせざるなり。天下隼《お》（推）すを楽しみて猒《いと》わざるや、亓（其）の諍《あらそ》（争）うこと无《な》きを以てに非《あら》ずや、〔故《ゆえ》に天下《てんか》能《よ》く与《とも》に〕静《あらそ》（争）う〔もの莫《な》し〕。

〔そもそも大河や〕大海があらゆる谷川《たにがわ》に王者として君臨することができるのは、彼らが低いところにいて善くへり下るからである。だからこそ、あらゆる谷川に王者として君臨することができるのだ。こういうわけで、理想的な統治者たる聖人は、人民の上に君臨したいと思う場合、必ず謙虚な言葉を用いて彼らにへり下り、また〔人民の〕前に陣取《じんど》りたいと望む〔場合〕、必ず抑制した振る舞いを行って彼らの後に回る。

それ故、聖人がその前に陣取っていても人民は災厄とは考えず、その上に君臨していても人民は重荷とは感じないのだ。天下中の人々が喜んで彼を推戴《すいたい》して嫌な顔一つしないのは、聖人が誰にもへり下って、勝ちを求めて争おうとしないからではなかろうか、〔だからこそ、天下に誰一人として彼と〕争う〔ことのできる者はいないのである〕。

## 第六十七章

〔天下皆胃我大、大而不宵〕。夫唯〔大〕、故不宵。若宵、細久矣。我恆有三瑮、〔市而珤〕之。一曰茲、二曰檢、〔三曰不敢爲天下先。夫茲、故能勇。檢〕、故能廣。不敢爲天下先、故能爲成事長。今舍亓茲且勇、〔舍亓檢且廣〕、舍亓後且先、則必死矣。夫茲、〔以單〕則勝、以守則固。天將建之、女以茲垣之。

〔天下《てんか》皆《み》な我《われ》を大《だい》なりと胃《い》（謂）うも、大にして不宵《ふしょう》（肖）なり〕。夫《そ》れ唯《た》だ〔大なり〕、故に不宵《ふしょう》（肖）なり。若《も》し宵《しょう》（肖）ならば、細《こまか》きこと久しからん。我恒《つね》に三琛《さんぽう》（宝）有り、〔市《じ》（持）して〕之《これ》を〔琛《たも》（保）つ〕。一《いち》に曰《い》わく茲《いつく》（慈）しむ、二《に》に曰わく検《つつま》（倹）やかなり、〔三に曰わく敢《あ》えて天下の先《さき》と為《な》らず。夫《そ》れ茲《いつく》（慈）しむ、故《ゆえ》に能《よ》く勇《ゆう》なり。検《つつま》（倹）やかなり〕、故に能く広し。敢えて天下の先と為らず、故に能く事《こと》を成《な》すの長《ちょう》と為る。今亓《いまそ》（其）の茲（慈）しみを舎《す》（捨）てて且《まさ》に勇ならんとし、〔亓（其）の検（倹）やかなるを舎（捨）てて且に広からんとし〕、亓（其）の後《おく》るるを舎（捨）てて且に先んぜんとすれば、則《すなわ》ち必ず死せん。夫《そ》れ茲（慈）しみは、〔以て単《たたか》（戦）えば〕則ち勝ち、以て守れば則ち固《かた》し。天将《てんまさ》に之を建《た》てんとす、女《なんじ》茲（慈）しみを以て之を垣《まも》れ。

〔全て天下の人々は、みなわたしのことを大きいと言う。大きくて愚かなのである〕。大体、〔大きい〕からこそ、愚かになったのだ。もし賢かったなら、とっくの昔に小さくなっていたことだろう。

このわたしには、三つの常に変わらぬ宝があり、それを〔大切に守り続けている〕。一つは慈しみ、二つはむだを省くこと、〔三つは天下の先頭に立とうとしないことである。慈しみの心があればこそ、かえって勇敢でありうる。むだを省けばこそ〕、かえって広い領域を統治しうる。天下の先頭に立とうとしなければこそ、かえって事業を成し遂げる政治の首長となりうるのだ。それにもかかわらず、慈しみの心を捨てて勇敢であろうとし、〔むだを省くことを捨てて広い領域を統治しようとし〕、天下のしんがりを勤めることを捨てて先頭に立とうとするならば、きっと命を落とすに違いない。

一体、慈しみの心は、〔それをもって戦場で戦えば〕勝利をおさめ、それをもって城郭を守れば守備も固い。天が新しい天下を打ち建てようとしているのだ、そなたは慈しみの心をもってこれを守るがよい。

## 第六十八章

善爲士者不武、善戰者不怒、善勝敵者弗〔與〕、善用人者爲之下。〔是〕胃不諍之德、是胃用人、是胃天、古之極也。

善《よ》く士《し》為《た》る者は武《ぶ》ならず、善く戦う者は怒《いか》らず、善く敵に勝つ者は〔与《あた》〕らず、善く人を用うる者は之が下《した》と為る。〔是《これ》を〕諍《あらそ》（争）わざるの徳と胃《い》（謂）い、是を人を用うと胃（謂）い、是を天《てん》と胃（謂）う、古《いにしえ》の極《きょく》なり。

一体、ひとかどの人物ともなれば武勇を誇《ほこ》らず、優れた軍人ともなれば怒りに任《まか》せず、巧みに敵を打ち負かす者は相手に〔突っかかっていか〕ず、上に立ってうまく人々を使う者は相手にへり下る、そういうものだ。〔これを〕他と争わない真の徳（道の働き）と言い、人々をうまく使いこなす方法とも言い、天と一致することとも言う。これこそが古代の窮極的な規範に他ならない。

## 第六十九章

用兵有言曰、吾不敢爲主而爲客、吾不進寸而芮尺。是胃行无行、襄无臂、執无兵、乃无敵矣。𥚇莫於〈大〉於无適、无適亓亡吾葆矣。故稱兵相若、則哀者勝矣。

兵《へい》を用うるに言《げん》有りて曰わく、「吾《われ》敢《あ》えて主と為らずして客と為り、吾寸《すん》を進まずして尺《しゃく》を芮《しりぞ》（退）く。」と。是《これ》を行く无《な》きを行き、臂《ひじ》无きを襄《はら》（攘）い、兵无きを執《と》り、敵无きを乃《つ》（扔）くと胃《い》（謂）う。𩪘《わざわ》（禍）いは適《てき》（敵）无《な》きより於《だい》〈大〉なるは莫《な》く、適《てき》（敵）无《な》きは吾が葆《たから》（宝）を亡《うしな》うに斤《ちか》（近）し。故に兵を称《あ》ぐること相《あ》い若《し》けば、則《すなわ》ち哀《かな》しむ者勝たん。

兵法の極意を説く言葉に、「こちら側は主となって戦争を仕掛けず、相手側が仕掛けた後、客として始めて応戦するのがよい。こちら側は前方へ一寸を進撃するよりも、むしろ後方へ一尺を退却するのがよい。」というのがある。戦争に対するこのような態度によれば、真の行軍とは絶対的に行軍をしないこと、真の戦意高揚とは絶対的に腕まくりなどしないこと、真の戦闘行動とは絶対的に武器を振るわないこと、真の戦争勝利とは絶対的に他国を攻撃しないこと、と言うことができる。

国家にとって禍《わざわ》いは、天下無敵の軍事大国にのし上がることより大きなものはない。天下無敵にのし上がれば、わたしの三つの宝（慈《いつく》しみ、むだを省くこと、天下の先頭に立たないこと）はもはや失われたも同然である。だから、こちらと相手が同時に挙兵して互いの兵力が同じ場合は、慈しみの心を持っている方が勝利するのだ。

## 第七十章

吾言甚易知也、甚易行也。而人莫之能知也、而莫之能行也。言有君、事有宗。夫唯无知也、是以不〔我知。知我者希、則〕我貴矣。是以聖人被褐而褱玉。

吾《わ》が言《げん》は甚《はなは》だ知り易《やす》きなり、甚だ行《おこな》い易きなり。而《しか》れども人之《これ》を能《よ》く知るもの莫《な》きなり、而《しこ》うして之を能く行うもの莫《な》きなり。言《げん》に君《きみ》有り、事《こと》に宗《もと》有り。夫《そ》れ唯《た》だ知る无《な》し、是《ここ》を以《もっ》て〔我を知ら〕ず。〔我を知る者希《まれ》なれば、則《すなわ》ち〕我こそ貴《とうと》けれ。是《ここ》を以《もっ》て聖人《せいじん》は褐《かっ》を被《き》て玉《たま》を褢《いだ》（懐）く。

わたしの言葉は、非常に理解しやすいものであり、また非常に実行しやすいものである。それなのに、世間には理解できる人がいないし、また実行できる人がいない。わたしの言葉には中心があり、その実行には根本があって、それは根源の道なのであるが、しかし世間の人々は土台それを理解していないから、結局〔わたしを理解することが〕できないのだ。〔わたしを理解する者がほとんどいないというわけだから、してみると〕わたしは高貴な存在と言うことができよう。このように、理想的な人物たる聖人は、身に襤褸《ぼろ》をまとってみすぼらしく見えたとしても、心は懐《ふところ》に宝玉《たま》を抱いて豊かなのである。

## 第七十一章

知不知、尙矣。不知不知、病矣。是以聖人之不病、以亓〔病病、是以不病〕。

知らざることを知るは、尚《うえ》（上）なり。知らざることを知らざるは、病《やま》いなり。是《ここ》を以《もっ》て聖人《せいじん》の病《や》まざるは、亓《そ》（其）の〔病いを病いとするを〕以て、〔是《ここ》を以《もっ》て病《や》まざるなり〕。

およそある事象について、自分が知っていないことを自覚するのは、立派な態度であり、知っていないことを自覚しないのは、欠陥である。こういうわけで、理想的な人物である聖人には欠陥がないが、それは自分の〔欠陥を欠陥として自覚している〕からであって、〔だからこそ欠陥がないのだ〕。

## 第七十二章

〔民之不〕畏畏、則大〔畏將至〕矣。母閘亓所居、母猒亓所生。夫唯弗猒、是〔以不猒。是以聲人自知而不自見也、自愛〕而不自貴也。故去被取此。

〔民《たみ》之《こ》れ〕畏《い》（威）を畏《おそ》れ〔ざ〕れば、則《すなわ》ち大《たい》〔畏《い》（威）将《まさ》に至《いた》らんとす〕。亓《そ》（其）の居《お》る所に閘《な》（狎）るる母《な》（毋）かれ、亓（其）の生《い》くる所に猒《あ》く母《な》かれ。夫《そ》れ唯《た》だ猒《あ》かず、是《ここ》を〔以《もっ》て猒《あ》かれず。是を以て声《せい》（聖）人《じん》は自《みずか》ら知れども自ら見《あら》わさざるなり、自ら愛すれ〕ども自ら貴ばざるなり。故《ゆえ》に被《かれ》（彼）を去り此《これ》を取る。

〔もしも人民が〕統治者の威厳を畏《おそ》れ〔ない〕ならば、やがて大きな〔天罰という畏れが人類全体に下るであろう〕。統治者と人民との関係について述べれば、統治者は自分の占める高い地位に胡坐《あぐら》をかいてはならないし、自分の得た豊かな生活に安住してはならない。そもそも統治者は自分の地位・生活に安住しないことによって、始めて〔人民から忌み嫌われることもなくなるのだ〕。

〔こういうわけで、理想的な統治者である聖人は、自分の内心を知ることに努めて、自分を外部に押し出そうとはせず、自分の身体を大事にすることに努め〕て、自分の高貴さを誇ろうとはしないのである。それで、あちらを捨ててこちらを取ることになるのだ。

## 第七十三章

勇於敢者〔則殺、勇〕於不敢者則栝。〔此兩者、或利或害、天之所亞、孰知亓故。天之道、不單而善朕〕、不言而善應、不召而自來、彈而善謀。〔天罔経経、疏而不失〕。

敢《あ》えてするに勇《ゆう》なる者は〔則《すなわ》ち殺され〕、敢《あ》えてせざるに〔勇なる〕者は則ち栝《い》（活）く。〔此《こ》の両者《りょうしゃ》は、或《ある》いは利なり或《ある》いは害なるも、天の亜《にく》（悪）む所なり、孰《だれ》か亓《そ》（其）の故《ゆえ》を知らん。天の道は、単《たたか》（戦）わずして善く朕《か》（勝）ち〕、言わずして善く応じ、召《め》さずして自《みずか》ら来たり、弾《たん》（坦）として善く謀《はか》る。〔天罔《てんもう》（網）は経《かい》（恢）経《かい》（恢）たり、疏《そ》なるも失わず〕。

およそ人為を行おうとして勇気を振るう者〔は殺され〕、反対に無為を行おうとして〔勇気を振るう〕者は生きのびる。〔この両者は、確かに一方は利であり他方は害であって、異なるように見えるけれども、根源者たる天はどちらもともに嫌うのだ。誰にその理由が分かるであろうか〕。〔一体、天の道は、およそ人間の勇気などとは縁もゆかりもないものであって、戦争を仕掛けるまでもなく立派に相手に勝ち〕、言葉を用いるまでもなくきちんと相手に応対でき、呼び寄せるまでもなく相手が自らやって来て、静かに構えていながらうまく策謀をめぐらすことができる、という働きを備えている。〔人類全体を上から覆う天の網は広大無辺であって、その目は粗《あら》いけれども何一つ見逃すことはないのだ〕。

# 第七十四章

〔若民恆且不畏死〕、奈何以殺愳之也。若民恆是〈畏〉死、則而爲〔畸〕者、吾將得而殺之、夫孰敢矣。若民〔恆且〕必畏死、則恆有司殺者。夫伐〈代〉司殺者殺、是伐〈代〉大匠斲也。夫伐〈代〉大匠斲者、則〔希〕不傷亓手矣。

〔若《も》し民恒《たみつね》に且《まさ》に死を畏《おそ》れざらんとすれば〕、奈何《いかん》ぞ殺《ころ》すを以て之《これ》を愳《おそ》(懼)れしめんや。若《も》し民恒《たみつね》に死を是《おそ》〈畏〉るるに、而《しか》も〔畸《き》(奇)を〕為す者あれば、吾将《われまさ》に得て之《これ》を殺さんとす、夫《そ》れ孰《だれ》か敢《あ》えてせんや。若《も》し民〔恒《つね》に且《まさ》に〕必ず死を畏《おそ》れんとすれば、則ち恒《つね》に殺すを司《つかさど》る者有り。夫《そ》れ殺すを司る者に伐《か》〈代〉わりて殺すは、是大匠《これたいしょう》に伐《か》〈代〉わりて斲《き》ることなり。夫《そ》れ大匠に伐《か》〈代〉わりて斲《き》る者は、則《すなわ》ち亓《そ》(其)の手を傷つけざること〔希《まれ》〕なり。

〔もしも人民が常に死を畏れようとしない、自暴自棄の状態にあったとすれば〕、どうして死刑をもって彼らをおどすことができようか。もしも人民が常に死を畏れようとした結果、ここに安定した社会秩序が形成されたとして、そのような社会の中で〔奇矯な行動に〕突っ走る者が現われた場合、わたしはそれを逮捕して死刑に処する所存である。一体、誰がそんな行動に突っ走ろうとするであろうか。

もしも人民に〔常に〕必ず死を畏れさせ〔ようとする〕ならば、常に首切り役人を置いておくことになる。しかし、統治者が首切り役人に代わって死刑を執行するならば、それは素人が大工に代わって木を切るようなものだ。一体、大工に代わって木を切るならば、手に怪我をしない者は〔ほとんどいない〕だろう。

## 第七十五章

人之飢也、以亓取食涚之多也、是以飢。百姓之不治也、以亓上有以爲〔也〕、是以不治。民之巠死、以亓求生之厚也、是以巠死。夫唯无以生爲者、是賢貴生。

人の飢《う》うるや、亓《そ》（其）の涚《ぜい》（税）に取食するの多きを以《もっ》てなり、是《ここ》を以《もっ》て飢《う》う。百姓《ひゃくせい》の治《おさ》まらざるや、亓《そ》（其）の上《うえ》の以て為す有る以て〔なり〕、是を以て治まらず。民の死を巠《かろ》（軽）んずるは、亓（其）の生《せい》を求むるの厚《あつ》きを以てなり、是を以て死を巠（軽）んず。夫《そ》れ唯《た》だ生《せい》を以て為《な》す无き者は、是《これ》生を貴《とうと》ぶより賢《まさ》れり。

そもそも人類が飢えに苦しんでいるのは、彼らの中に多くの租税を取り立てる者がいるからであって、それ故飢えるのである。また、人々がうまく統治されないのは、上位者が人為的に統治しようというねらいを持っているから〔であって〕、それ故うまく統治できないのだ。さらに、人民が自暴自棄になって死ぬことを何とも思わないのは、彼らがあまりに強く生きようともがいて生に執着するからであって、それ故死を何とも思わなくなるのである。一体全体、生きることを求めてあれこれと小細工を弄しない者の方こそ、生を大切にする者よりも優れているのだ。

## 第七十六章

人之生也柔弱、亓死也葙仞賢強。萬物草木之生也柔脆、亓死也椲槀。故曰、堅強者死之徒也、柔弱微細生之徒也。兵強則不勝、木強則恆。強大居下、柔弱微細居上。

人の生《い》くるや柔弱《じゅうじゃく》なり、亓《そ》（其）の死するや葙《きん》（筋）仞《じん》（肕）は賢《けん》（堅）強《きょう》なり。万物草木の生くるや柔脆《じゅうぜい》なり、亓（其）の死するや椲《こ》（枯）槀《こう》（槁）なり。故《ゆえ》に曰《い》わく、「堅強《けんきょう》なる者は死の徒《と》なり、柔弱微細《じゅうじゃくびさい》なるものは生の徒なり。」と。兵は強ければ則ち勝たず、木は強ければ則ち恒《お》（桓）わる。強大は下に居《お》り、柔弱微細《じゅうじゃくびさい》は上に居り。

およそ人間がこの世に生きている時は、その身体は柔らかで弱いが、しかし死んでいく時は、その筋肉は堅くて強くなっている。草木を始めとするあらゆる万物も同じであって、生きている時は柔らかで弱いが、死んでいく時は枯れて堅くなるものである。だから、「堅くて強いものは死の仲間であり、柔弱で微細なものは生の仲間である。」と言うのだ。

これと同じように、軍隊もあまりに強いと戦さに勝てず、樹木もあまりに強いと早くその生を終えてしまう。結局のところ、全て強大な存在は敗れて下位に甘んじ、柔弱で微細な存在こそが勝って上位に立つのである。

# 第七十七章

天下〔之道、酉張弓〕者也。高者印之、下者擧之。有餘者敗之、不足者補之。故天之道、敗有〔餘而益不足。人之道則〕不然、敗〔不足而〕奉有餘。孰能有餘而有以取奉於天者乎、〔唯又道者乎。是以聲人爲而弗又、成功而弗居也。若此亓不欲〕見賢也。

天下〔の道は、酉《な》（猶）お弓を張《は》るがごとき〕者なり。高き者は之を印《おさ》（抑）え、下《ひく》き者は之を挙《あ》ぐ。余り有る者は之を敗《そん》（損）し、足《た》らざる者は之を補《おぎな》う。故《ゆえ》に天の道は、〔余り〕有るを敗《そん》（損）し〔て足らざるを益《ま》す。人の道は則《すなわ》ち〕然《しか》らず、〔足らざるを〕敗（損）し〔て〕余り有るに奉《ほう》ず。孰《だれ》か能《よ》く余り有りて以て天に奉《ほう》ずるを取ること有る者ぞ、〔唯《た》だ道を又《ゆう》（有）する者のみならんか。是《ここ》を以《もっ》て声《せい》（聖）人《じん》は為《な》れども又《ゆう》（有）せず、功を成せども居《お》らざるなり。此《かく》の若《ごと》く亓《そ》（其）れ〕賢《かしこ》きを見《あら》わすを〔欲《ほっ》せざる〕なり。

およそ〔根源の道が広く〕天下に〔運行しているありさまは、譬えてみればあたかも弓を張るようなものである。高い上弭《うわはず》は下に抑え、下の下弭《もとはず》は上に引き上げ、長過ぎる弦は切って短くし、短か過ぎる弦は継ぎ足して長くする。だから、天の道は〔余りの〕あるものから取って減らし〔て、足りないものに加えて益すのである。ところが、人の道は〕これとは異なる。〔足りないものから〕さらに取って減らし〔て〕、余りのあるものに献上してやるのだ。

一体、自分はあり余るほど持っていながら、進んで天の道に従おうという考えを抱きうる者は、誰であろうか。〔ただ道を体得した聖人だけであろうな。こういうわけで、聖人は事業が成し遂げられてもそれを所有せず、功績が挙がってもそれを支配する地位に居坐らない。このように〕、自分の優れた能力を外に現わすこと〔を嫌う〕のである。

## 第七十八章

天下莫柔〔弱於水、而攻〕堅強者、莫之能〔勝〕也、以亓无〔以〕易〔之也。水之勝剛、弱之〕勝強、天〔下莫弗知也、而莫之能〕行也。故聖人之言云曰、受邦之詬、是胃社稷之主。受邦之不祥、是胃天下之王。〔正言〕若反。

天下に〔水より〕柔《じゅう》〔弱《じゃく》なるは〕莫《な》く〔して〕、堅強《けんきょう》を〔攻《せ》む〕る者、之《これ》に能《よ》く〔勝つ〕もの莫きや、亓《そ》（其）の〔以て之に〕易《か》わること无《な》きを以て〔なり。水の剛《つよ》きに勝ち、弱きの〕強きに勝つは、天〔下に知らざるもの莫きも、之《これ》を能《よ》く〕行うもの〔莫き〕なり。故《ゆえ》に聖人《せいじん》の言《げん》に云《い》いて曰《い》わく、「邦《くに》の詬《よご》（垢）れを受く、是《これ》を社稷《しゃしょく》の主《しゅ》と胃《い》（謂）う。邦の不祥《ふしょう》を受く、是を天下の王と胃（謂）う。」と。〔正言《せいげん》は〕反《はん》するが若《ごと》し。

およそ天下の中で〔水ほど〕柔らかで〔弱いものは〕ないが、堅くて強いものを〔攻め〕るとなると、これに〔勝つ〕ことのできるものはない。なぜならば、他に〔水の〕代わりを勤め〔うるもの〕がないから〔である。水が剛《かた》いものに勝ち、弱いものが〕強いものに勝つということは、天〔下に誰一人として知らない者がいないけれども、しかしこれを〕実行〔できる者はいない〕のだ。

だから、理想的な人物たる聖人の言葉に、「国家において汚辱の地位を甘受して柔弱に徹する者がいるとすれば、彼は王朝の守護神殿に祀《まつ》られて主神《しゅしん》に拝されるに価《あた》いする。また、国家において不吉の身分を引き受けて柔弱に徹する者がいるとすれば、彼は全天下に君臨して王と称されるに価《あた》いする。」とあるのだ。〔このように、真に正しい言葉は〕世間の常識とは反対のように見えるものである。

## 第七十九章

和大怨、必有餘怨、焉可以爲善。是以聖〔人執〕右介、而不以責於人。故有德司介、〔无〕德司徹。夫天道无親、恆與善人。

大怨《たいえん》を和《わ》すれば、必ず余怨《よえん》有り、焉《なん》ぞ以《もっ》て善と為す可《べ》けんや。是《ここ》を以て聖《せい》〔人《じん》〕は右介《ゆうけい》（契）を〔執《と》り〕て、以て人を責《せ》めず。故《ゆえ》に徳有るものは介《けい》（契）を司《つかさど》り、徳〔无き〕ものは徹《てつ》（徹）を司る。夫《そ》れ天道は親しむこと无く、恒《つね》に善人に与《くみ》す。

押しなべて、ある国家の統治者が戦争に勝利した後、相手国の人々に与えた根深い怨みを解きほぐそうとしたとしても、相手国には必ずその怨みがくすぶり続けるものだ。この程度の処置をどうして善いと認めることができようか。それ故、理想的な統治者たる聖〔人〕は、両国関係で優位に立って協定条約の証書の右半分を〔手に握っている〕場合でも、これを根拠にして相手国の人々を責め立てたりはせず、その結果彼らと怨みを構えることもない。

だから、根源の徳（道の働き）を体得している者は、このような協定証書を処理する大官に任ずるのが適当であるが、他方、徳を〔体得していない〕者は、せいぜい人民から租税を徴収する胥吏《しより》に命ずるのが適当である。そもそも天の道は、特定の相手にえこひいきを行うことはなく、いつでも決まって善人に味方するものである。大官に任ぜられた者はこの徳を握りしめて善い政治を行うように努めなければならない。

## 第八十章

小邦寡民、使十百人之器毋用、使民重死而遠徙。有車周、无所乘之、有甲兵、无所陳〔之。使民復結縄而〕用之、甘亓食、美亓服、樂亓俗、安亓居。〓邦相朢、雞狗之聲相聞、民至〔老死不相往來〕。

小邦寡《しょうほうか》（寡）民《みん》、十百人《じゅうひゃくにん》の器《うつわ》をして用うること毋《な》からしめ、民をして死を重《おも》んじて徙《うつ》ることより遠《とお》ざからしむ。車周《しゃしゅう》（舟）有るも、之《これ》に乗る所无《な》く、甲兵《こうへい》有るも、〔之を〕陳《つら》ぬる所无し。〔民をして復《ま》た縄《なわ》を結びて〕之を用い、亓《そ》（其）の食を甘《あま》しとし、亓（其）の服《ふく》を美《うるわ》しとし、亓（其）の俗《ぞく》を楽しみ、亓（其）の居《すま》いに安《やす》んぜしむ。〓《りん》（鄰）邦《ほう》相《あ》い朢《のぞ》（望）み、雞狗《けいく》の声《こえ》相い聞こゆるも、民〔老《ろう》死《し》に〕至《いた》るまで〔相い往来《おうらい》せず〕。

全天下を構成する行政の単位には、小規模の国家を設置してその人民の人口は少数としたい。この国家における政治のあり方としては、例えば、十人・百人の役人のつめる役所に彼らを率いる官長を置いても、その役割は何もないものとし、人民に死ぬことを重大事と認めさせて、他国に移住する気などは起こらないようにしむける。こうして、車や舟などの移動の手段があってもそれに乗る必要がなく、鎧《よろい》や刀などの兵器があっても〔それを〕繰り出す機会がないようにする。〔人民には縄を結んで互いの意思を伝えあい、文字の代わりに〕それを用いる〔古代の生活に復帰させ〕、自分の食べるものは何でも美味《うま》い、自分の着るものは何でも綺麗《きれい》、自分の習俗は何でも楽しい、自分の住居《すまい》は何でも落ち着く、などのように感じさせる。こうして、少人口の人民を擁する小規模の国家がいくつも設置されて、隣接しあう国家同士は互いに望見することができ、相手国の鶏や犬の鳴き声が互いに聞こえてくるほどに近い場合でも、人民は〔老いて死〕に至るまで〔決して互いに行き来しようとはしない。このような国家制度を建設したいものである〕。

## 第八十一章

〔信言不美、美言〕不〔信。知〕者不博、〔博〕者不知。善〔者不多、多〕者不善。聖人无積、〔既〕以爲〔人、己兪有。既以予人矣、己兪多。故天之道、利而不害。人之道、爲而弗爭〕。

〔信言《しんげん》は美《うるわ》しからず、美言《びげん》は信《まこと》なら〕ず。〔知る〕者は博《ひろ》からず、〔博き〕者は知らず。善〔なる者は多からず、多き〕者は善ならず。聖人《せいじん》は積《つ》むこと无《な》し、〔既《すで》に〕以て〔人の〕為《た》めにして、〔己《おのれ》兪《いよ》（愈）いよ有す。既に以て人に予《あた》えて、己 兪（愈）いよ多し。故に天の道は、利《り》して害《そこな》わず。人の道は、為《な》して争《あらそ》わず〕。

〔そもそも根源の道を把《とら》えた信実の言葉は、美しいものではなく、反対に華やかに飾った美しい言葉には、信実さが〕ないものである。〔道を把《とら》えた真の知〕者は、雑駁な博識などを持っておらず、反対に〔雑駁な博識を持つ〕者は、真の知者ではない。道を把《とら》えた真の善〔人は、多くの富を貯めこむことがなく、反対に富を貯めこんでいる〕者は、真の善人であるはずがない。

一体、理想的な人物である聖人は、富を貯めこむことがない。〔他人の〕ために尽くせば〔尽くすほど、自分の所有はいよいよ益し、他人に富を与えれば与えるほど、自分の富はますます増える。こうして、天の道は、全てのものに利益を与えるばかりで傷害をもたらすことはないが、それに引き替え人の道は、せいぜいあらゆる人為を行って争奪に走らないことができるだけだ〕。

# 後書き

講談社学術文庫に収められた前著『荘子　全訳注』（上・下）が出版されたのは、二〇一四年五月・六月のことである。

これ以前、わたしは二〇一二年九月より二〇一四年八月まで（実際に授業を行ったのは同年六月末日まで）の二年間、中国、山東大学の儒学高等研究院に滞在し、一級教授の資格で研究と教育に従事していた。したがって、上記の『荘子　全訳注』は、この間の山東大学におけるささやかな研究成果の一つであった。前著を脱稿したのは二〇一四年二月末であり、山東大学における勤務を切り上げて帰国したのは、二〇一四年七月である。

この頃（二〇一四年の春）から、講談社との間にわたしの次の仕事として、『老子』の思想を解説した一般向けの分かりやすい教養書を書くという話が持ち上がった。それが本書執筆の発端である。そこで、二〇一四年三月始め頃からぼつぼつ準備を開始したが、執筆を本格化させたのは山東大学から帰国して一段落ついた二〇一四年九月のことであったと思う。その後、一年一ヵ月の時間が経過して、二〇一五年十月には一旦全編の原稿が完成し、同十一月にそれを講談社の園部雅一氏に届けたのである。

ところが、明けて二〇一六年一月、園部氏は丁寧にこれを下読みした上で分量が多すぎるなどの難点を指摘、そこで、わたしは同一月より元原稿を整理する作業に取りかかった。その結果、同三月、元原稿の四分の一以上を割愛した新原稿ができあがった。それが本書である。

本書は、大きな構成としてはⅠ「老子の人物と書物」とⅡ「『老子』の思想」の二つの編から成る。これらの内、Ⅰ、第1章「老子という人」とⅠ、第2章「『老子』という書」は、既発表論文の要点を短くまとめたものである。初出論文の所在については、各章の末尾に付記した注などを参照されたい。

また、本書の中核をなすⅡ「『老子』の思想」の内、第1章「『老子』の哲学」、第2章「『老子』の倫理思想」、第3章「『老子』の政治思想」、第4章「『老子』の養生思想」の四章は、わたしの従来の研究を踏まえて今回新たに書き下ろした文章である。第5章「『老子』の自然思想」の一章は、大体のところ既発表論文をまとめたものであるけれども、今回の出版に際して新見解を盛りこんだ個所もある。これらの関連論文や初出論文の所在についても、各章の末尾の注などを参照されたい。

本書の各編・各章・各節・各項に提示した、『老子』の人・書・思想に関するわたしの見解の多くは、古代以来今日まで紙筆で記されてきた日本・中国・台湾などにおける『老子』解釈と大きく異なっている。このように新しい見解を多く提唱することになったのは、『老子』についての新奇な解釈を好んだためではなく、『老子』の真実の姿を追求したためであることは、言うまでもない。真実の『老子』を追求するために取った方法は、種々さまざまであるが、以下の二点が重要であろうと思う。

第一は、本書の『老子』の人・書・思想に関する研究においては、『老子』の底本に馬王堆帛書甲本を採用するなど、戦国末期～前漢後期ないし末期に筆写された出土資料本『老子』を重視したことである。戦国末期の郭店楚簡本、前漢初期の馬王堆帛書甲本・乙本、前漢後期～末期の北京大学簡の三種類の『老子』である。これらは、それぞれの時代に筆写・閲読・教育・討論などに使用されていた、当時のリアル・タイムの『老子』のテキストである。これらを重視して研究することによって、通行本（王弼本・河上公本）などを通じて作り出されてきた後代の『老子』イメージを、戦国末期～前漢後期ないし末期の古い『老子』本来の真の姿にもどすことができると期待されるが、本書ではこの試みにある程度成功したのではないかと考えている。

第二は、本書の各章の末尾においてやや詳細な注を施したことである。この注で解明した事項は、甚だ多岐にわたっているが、特に目的意識的に追求したのは、『老子』やその他の古典文献中に含まれる語・句・文・文章が、本来いかなる内容・意味を持つはずであるか、また、それらの解釈をめぐる古代以来現代までの研究史の中で、どれが真実の『老子』に肉迫する優れたものであるか、という問題の解明であった。こうしたやや詳細な注を施すことによって、筆者自身の思いこみ・イデオロギー・世界観に基づく手前勝手な『老子』解釈を読者に押しつける危険性を避けつつ、根拠とするに足る確実な歴史上の資料を博捜し、それらに対する合理的でまともな判断を一歩一歩積み重ねることを通じて、最終的に古い『老子』本来の真の姿に接近しようとしたのである。ただし、この第二点は、一般向けの分かりやすい教養書であることを目指した本書を、かえって読者の手から遠ざける逆効果を招いたかもしれないと恐れている。

終わりに、本書の出版を快諾して煩瑣な編輯作業を進めてくださった、講談社の園部雅一氏と編輯スタッフの方々に、心からお礼を申し上げたい。

池田知久　記す

二〇一六年四月二十一日　東京練馬の寓居にて

本書は、書き下ろしです。

池田知久（いけだ　ともひさ）

1942年生まれ。東京大学文学部卒業。同大学院博士課程中退。東京大学教授，（中国）山東大学教授などを歴任。現在，東京大学名誉教授・山東大学名誉教授。専門は中国思想史。編著書に，『荘子 全訳注』（上・下）『訳注「淮南子」』『馬王堆漢墓帛書五行篇研究』『老荘思想』『郭店楚簡儒教研究』『占いの創造力 現代中国周易論文集』『老子』『中国思想文化事典』（共編）などがある。

---

講談社学術文庫

定価はカバーに表示してあります。

『老子《ろうし》』その思想《しそう》を読《よ》み尽《つ》くす

池田《いけだ》知久《ともひさ》

2017年３月10日　第１刷発行
2025年２月12日　第３刷発行

発行者　篠木和久
発行所　株式会社講談社
東京都文京区音羽 2-12-21 〒112-8001
電話　編集（03）5395-3512
販売（03）5395-5817
業務（03）5395-3615

装　幀　蟹江征治
印　刷　株式会社広済堂ネクスト
製　本　株式会社国宝社
本文データ制作　講談社デジタル製作



---

ISBN978-4-06-292416-0

# 「講談社学術文庫」の刊行に当たって

これは、学術をポケットに入れることをモットーとして生まれた文庫である。学術は少年の心を養い、成年の心を満たす。その学術がポケットにはいる形で、万人のものになることは、生涯教育をうたう現代の理想である。

こうした考え方は、学術を巨大な城のように見る世間の常識に反するかもしれない。また、一部の人たちからは、学術の権威をおとすものと非難されるかもしれない。しかし、それはいずれも学術の新しい在り方を解しないものといわざるをえない。

学術は、まず魔術への挑戦から始まった。やがて、いわゆる常識をつぎつぎに改めていった。学術の権威は、幾百年、幾千年にわたる、苦しい戦いの成果である。こうしてきずきあげられた城が、一見して近づきがたいものにうつるのは、そのためである。しかし、学術の権威を、その形の上だけで判断してはならない。その生成のあとをかえりみれば、その根は常に人々の生活の中にあった。学術が大きな力たりうるのはそのためであって、生活をはなれた学術は、どこにもない。

開かれた社会といわれる現代にとって、これはまったく自明である。生活と学術との間に、もし距離があるとすれば、何をおいてもこれを埋めねばならない。もしこの距離が形の上の迷信からきているとすれば、その迷信をうち破らねばならぬ。

学術文庫は、内外の迷信を打破し、学術のために新しい天地をひらく意図をもって生まれた。文庫という小さい形と、学術という壮大な城とが、完全に両立するためには、なおいくらかの時を必要とするであろう。しかし、学術をポケットにした社会が、人間の生活にとってより豊かな社会であることは、たしかである。そうした社会の実現のために、文庫の世界に新しいジャンルを加えることができれば幸いである。

一九七六年六月

野間省一